NJW Praxis

Im Einvernehmen mit den Herausgebern der NJW
herausgegeben von
Rechtsanwalt Prof. Dr. Konrad Redeker
Rechtsanwalt Felix Busse

Band 73

Bilanzkunde für Juristen

Von

Friedrich Graf von Kanitz

Rechtsanwalt, Wirtschaftsprüfer
und Steuerberater in Köln

Verlag C. H. Beck München 2006

Zitierweise: Kanitz, Bilanzkunde

Verlag C. H. Beck im Internet:
beck.de

ISBN 3406532470

Wilhelmstraße 9, 80801 München
Druck: Nomos Verlagsgesellschaft
In den Lissen 12, 76547 Sinzheim

Satz: Druckerei C. H. Beck Nördlingen
(Adresse wie Verlag)

Gedruckt auf säurefreiem, alterungsbeständigem Papier
(hergestellt aus chlorfrei gebleichtem Zellstoff)

Vorwort

Man sieht nur, was man weiß
J.W.v. Goethe

In einem durch Rechtsnormen strukturierten Wirtschaftsleben sind auch Bilanzierungsfragen letztlich Rechtsfragen. Diese entspringen jedoch einer speziellen Materie, auf die der Jurist nicht immer ausreichend vorbereitet ist. In meiner beruflichen Praxis ist es mir daher immer wieder begegnet, dass mich Kollegen der juristischen Fakultät, in aller Regel berufserfahrene Anwälte und Richter, fragten:

„Können Sie mir ein passendes Buch zur Bilanzkunde empfehlen?"

Nun gibt es gerade in Deutschland eine überaus reichhaltige Auswahl an Fach- und Ratgeberliteratur zu Fragen von Buchführung und Bilanzierung. Diese erstreckt sich von einfachen Handreichungen (Motto: „Buchführung leicht gemacht") über Studien- und Praxishandbücher für angehende Bilanzbuchhalter bis hin zu umfänglichen betriebswirtschaftlichen Lehrwerken der Bilanzierung und Jahresabschlussanalyse. Für den juristischen Praktiker, der eine – wenn möglich, rasche – fallbezogene bilanzrechtliche Orientierung sucht, greifen diese Werke jedoch in vielen Fällen entweder zu kurz oder sind auf einem wissenschaftlichen Niveau angesiedelt, das Wissensdurst und Aufnahmebereitschaft des Rat suchenden Juristen übersteigt.

Einerseits helfen schlichte Grundaussagen zu Buchführungsfragen und Jahresabschluss dem juristischen Praktiker oder dem wirtschaftsrechtlich orientierten Studenten der Rechtswissenschaft, der sich ein bilanzrechtliches Rüstzeug verschaffen möchte, häufig nicht wirklich weiter. Andererseits möchte er sich, soweit vermeidbar, nicht mit Bilanztheorien oder anderen betriebswirtschaftlichen Fragestellungen beschäftigen, die keinen unmittelbaren Bezug zu seiner juristischen Fragestellung haben. Gleichwohl ist ihm bewusst, dass er die anstehende bilanzrechtlich geprägte Aufgabe und mögliche gleichartige zukünftige Problemkonstellationen nur erfolgreich bearbeiten kann, wenn er die Begriffswelt der Rechnungslegung und die ihr zugrunde liegenden Zusammenhänge und Prinzipien in einem Umfang beherrscht, der vermeidbare Fehldeutungen und Missverständnisse ausschließt. Schließlich möchte er ein auch in Bilanzierungsfragen respektierter „Counterpart" für berufliche Gesprächs- und Verhandlungspartner wie Prozessparteien, Mandanten oder Angehörige der wirtschaftsprüfenden und steuerberatenden Berufe sein.

Bei dieser Interessenlage erschwert die vorhandene Fachliteratur dem Juristen häufig dadurch den Einstieg in die Materie, dass sie ein Vorverständnis vorausgesetzt, das der Ratsuchende erst noch erwerben will. Wählt er stattdessen Werke mit niedriger fachlicher Eintrittsschwelle, fehlt diesen vielfach die erforderliche Breite und Tiefe der Darstellung, insbesondere aber mangelt es an der fachlichen Brücke zu praxisrelevanten juristischen Fragestellungen, die der eigentliche Anlass für die bilanzrechtlich orientierte Recherche waren. Diese Lücke muss der Jurist dann in der Regel durch ergänzenden Rückgriff auf diverse Kommentarwerke mit rein bilanzrechtlicher Ausrichtung schließen, die ihn jedoch unvermeidlich mit einer fachspezifischen Detailfülle konfrontieren, die er in diesem Umfang häufig nicht benötigt.

In diesen Fällen, so hoffe ich zumindest, wird ihm die Lektüre dieses Buches den ersten, bisher vielleicht vermissten Einstieg in bilanzrechtliche Themen vermitteln. Das dabei gewonnene Grundwissen, das sich auch auf so spezielle Bereiche wie Jahresabschlussprüfung, Insolvenzrechnungslegung, Sonderbilanzen und Unternehmensbewertung erstreckt, wird es ihm darüber hinaus erlauben, mit Werken der weiterführenden Fachliteratur kundig umzugehen, sollte seine Fragestellung nicht bereits unter Zuhilfenahme der nachfolgenden Seiten lösbar sein.

Die geschilderte Ausgangslage ist indessen nicht auf angehende oder praktizierende Juristen beschränkt. Vielmehr stellen sich vergleichbare Fragen z.B. auch für Mitglieder von Geschäftsführungs- und Aufsichtsorganen sowie Mitarbeiter von Unternehmen der Kreditwirtschaft. Auch Angehörige der öffentlichen Verwaltung werden aus den nachfolgenden Ausführungen Wissen schöpfen können, dies nicht zuletzt auch vor dem Hintergrund, dass sich Vermögensmassen und Aktivitäten des öffentlichen Sektors derzeit auf dem Weg von der Kameralistik zur handelsrechtlichen Buchführung befinden. Schließlich dürfte dieses Werk auch für jeden anderen wirtschaftlich Interessierten Hilfe bieten, der auf breiter fachlicher Basis „Bilanzen richtig lesen" will.

Großen Raum nimmt in der aktuellen Diskussion mittlerweile die internationale Rechnungslegung ein, die in der EU seit dem 1. 1. 2005 für die Konzernabschlüsse börsennotierter Unternehmen verbindlich gilt und – zumindest auf längere Sicht gesehen – die in Deutschland für den handelsrechtlichen Jahresabschluss geltenden Grundsätze des HGB vollständig ablösen dürfte. Im Vordergrund steht dabei die Frage, ob eine frühzeitige freiwillige Anwendung internationaler Rechnungslegungsgrundsätze für Unternehmen des Mittelstands sinnvoll sein kann und welche praktischen Fragen sich bei einer Umstellung der Rechnungslegung ergeben. Ungeachtet dieser Entwicklungen stellt das vorliegende Werk – in Anbetracht der für die juristische Praxis voraussichtlich noch auf Jahre hinaus überwiegend weiter maßgeblichen Rechtslage – vornehmlich auf die geltende HGB-Rechnungslegung ab. Auf eine gesonderte zusammenfassende Darstellung der internationalen Rechnungslegung, die anderen Grundsätzen und Prinzipien folgt, wurde nicht zuletzt aus Platzgründen verzichtet, doch werden in diversen Zusammenhängen vergleichende Bezüge zur internationalen Rechnungslegung hergestellt.

Ich danke an dieser Stelle den Herausgebern und dem Verlag, die meiner Anregung zu dem interdisziplinär ausgerichteten Darstellungskonzept des vorliegenden Werks nicht nur gefolgt sind, sondern mich in diesem bestärkt haben. Anregungen und Kritik, insbesondere solche, die geeignet sind, den praktischen Wert dieses Buches für den in erster Linie angesprochenen Leserkreis erhöhen, nehme ich gerne auf.

Köln, im Juni 2006 Friedrich Graf von Kanitz

Inhaltsübersicht

Inhaltsverzeichnis

Abkürzungs- und Literaturverzeichnis

ADS	Adler/Düring/Schmaltz, Rechnungslegung und Prüfung der Unternehmen, Komm. z. HGB, AktG, GmbHG, PublG, nach den Vorschriften des BiRiLiG, 6. Aufl., Stuttgart ab 1995
AfA	Absetzung für Abnutzung
Anh	Anhang
AO	Abgabenordnung
APAG	Abschlussprüferaufsichtsgesetz
APAK	Abschlussprüferaufsichtskommission
Baetge/Kirsch/Thiele	Baetge/Kirsch/Thiele, Bilanzanalyse, 2. Aufl., Düsseldorf 2004
Ballwieser	Ballwieser, Unternehmensbewertung, Stuttgart 2004
Baumbach/Hueck	Baumbach/Hueck, GmbHG, 17. Aufl., München 2000
BB	Betriebs-Berater
BDI	Bundesverband der Deutschen Industrie e. V.
BeckBil-Komm	Beck'scher Bilanz-Kommentar, Handels- und Steuerbilanz, §§ 238 bis 339, 342 bis 342 e HGB mit EGHGB und IAS/IFRS-Abweichungen, 6. Aufl., München 2006
Beck'sches Handbuch	Beck'sches Handbuch der Personengesellschaften, 2. Aufl., München 2002
Beck'sches IFRS-Handbuch	Beck'sches IFRS-Handbuch, 2. Aufl., München 2006
BFH	Bundesfinanzhof
BFHE	Entscheidungen des BFH
BiRiLiG	Bilanzrichtlinien-Gesetz
BMF	Bundesministerium der Finanzen
BMJ	Bundesministerium der Justiz
BMWi	Bundesministerium für Wirtschaft und Technologie
BStBl	Bundessteuerblatt
CCA	Compared Company Approach
Coenenberg	Coenenberg, Jahresabschluss und Jahresabschlussanalyse, 19. Aufl., Stuttgart 2003
DB	Der Betrieb (Zeitschrift)
DPR	Deutsche Prüfstelle für Rechnungswesen
DRSC	Deutsches Rechnungslegungs Standard Committee
DSR	Deutscher Rechnungslegungs Standard
DStR	Deutsches Steuerrecht (Zeitschrift)
EBDIT	Earnings before Depreciation Interest and Taxes
EBIT	Earnings before Interest and Taxes
EBITA	Earnings before Interest Taxes and Amortisation

EBITDA	Earnings before Interest Taxes Depreciation and Amortisation
Ekkenga	Ekkenga, Anlegerschutz, Rechnungslegung und Kapitalmarkt, 1998
EPS	Entwurf des Prüfungsstandards (IDW)
ERS	Entwurf des Rechnungslegungsstandards (IDW)
EStG	Einkommensteuergesetz
EWB	Einzelwertberichtigung
FAS	Financial Accounting Standard (des FASB)
FASB	Financial Accounting Standards Board
FGK	Fertigungsgemeinkosten
Förschle	Förschle, Sonderbilanzen, 3. Aufl., München 2002
FRRP	Financial Reporting Review Panel
GAAP	General Accepted Accounting Principles
GASC	German Accounting Standards Committee
GbR	Gesellschaft bürgerlichen Rechts
GKV	Gesamtkostenverfahren
GmbH-Handbuch	GmbH-Handbuch, Loseblatt-Ausgabe, Centrale für GmbH Dr. Otto Schmidt
GoB	Grundsätze ordnungsmäßiger Buchführung
Gräfer	Gräfer, Bilanzanalyse, 9. Aufl., Herne/Berlin 2005
GuV	Gewinn- und Verlustrechnung
HFA	Hauptfachausschuss (des IDW)
Hörtnagl	Schmitt/Hörtnagl/Stratz, UmwG/UmwStG, 4. Aufl., 2006
Hüffer	Hüffer, Aktiengesetz, 5. Aufl., München 2002 Hüffer, Aktiengesetz, 6. Aufl., München 2004
IAS	International Accounting Standards
IASB	International Accounting Standards Board
IDW	Institut der Wirtschaftsprüfer in Deutschland e. V.
IFRIC	International Financial Reporting Interpretation Committee
IFRS	International Financial Reporting Standards
IKR	Industriekontenrahmen
IT	Informationstechnologie
KapCoRiLiG	Kapitalgesellschaften- und Co-Richtlinie-Gesetz
KFR	Kapitalflussrechnung
Knobbe-Keuk	Knobbe-Keuk, Bilanz- und Unternehmensteuerrecht, 9. Aufl., München 1993
Küting/Weber	Küting/Weber, Die Bilanzanalyse, 7. Aufl., Stuttgart 2004
Küting/Weber	Küting/Weber, Handbuch der Rechnungslegung, Band 1 a, 4. Aufl., 1995
Leffson	Leffson, Grundsätze ordnungsmäßiger Buchführung, 6. Aufl., Düsseldorf 1982

Moxter	Moxter, Bilanzrechtsprechung, 5. Aufl., Tübingen 1996
Moxter	Moxter, Grundsätze ordnungsmäßiger Unternehmensbewertung, 2. Aufl., 1983
Scheffler	Scheffler, Bilanzen richtig lesen, 6. Aufl., 2004
Schmitt/Hörtnagl/Stratz	Schmitt/Hörtnagl/Stratz, UmwG/UmwStG, 4. Aufl., 2006
Scholz/Emmerich	Scholz/Emmerich, Kommentar zum GmbH-Gesetz, 9. Aufl. Köln 2000
SEC	Security and Exchange Commission
TEUR	Tausend Euro
UKV	Umsatzkostenverfahren
US GAAP	US Generally Accepted Accounting Standards
UStG	Umsatzsteuergesetz
WPg	Die Wirtschaftsprüfung (Zeitschrift)
WPH	Wirtschaftsprüfer-Handbuch
WPK	Wirtschaftsprüferkammer
WPO	Wirtschaftsprüferordnung

Teil A. Einführung

I. Judex non calculat?

1 Das juristische Denken ist von alters her durch eine Zurückhaltung gegenüber Zahlenwerken, insbesondere rein kaufmännischen oder gar buchhalterischen[1] Sachverhalten geprägt. Dies findet in dem – oftmals auch weit über seinen eigentlichen Anwendungsbereich hinaus scherzhaft zitierten – Lehrsatz *„iudex non calculat“*[2] seinen Ausdruck, wonach sich die Rechtskraftwirkung eines Urteils nicht auf die richtige Handhabung der Grundrechenarten durch das Gericht erstreckt[3].

2 Dieser Lehrsatz rechtfertigt sich aus dem Gesichtspunkt der Entscheidungsökonomie: Der Richter befindet allein über *Rechts*fragen. Die rechnerischen Grundlagen bezifferter Ansprüche (z.B. ein zutreffend ermitteltes Mengengerüst) bedürfen danach keiner rechtsverbindlichen und ggf. im Instanzenzug überprüfbaren richterlichen Entscheidung, denn sie stehen unter dem Blickwinkel der rechtlich begründeten Urteilsfindung mit Fragen der Terminologie oder Grammatik letztlich auf einer Stufe. Offenkundige Rechenfehler im Urteil können – wie eine versehentlich falsche Begriffswahl *(falsa demonstratio)* oder ein Schreibfehler – auf einfachem Wege berichtigt werden.

3 Mit anderen Worten: Der Richter ist nicht der „Rechenknecht“ der Parteien, diese Niederungen anspruchsbegründender Tatsachen – so scheint es – kann er getrost denselben und damit meist deren Hilfspersonen, also Buchhaltern, Controllern und anderem fachkundigen Personal überlassen. Sollte der zur Entscheidung gestellte Fall vom ökonomischen Sachverhalt her tatsächlich schwierig gelagert sein, ergeht auf Antrag der Parteien ein Beweisbeschluss zur Einholung des Gutachtens eines Sachverständigen. Auch die anwaltlichen Parteivertreter stützen sich meist wesentlich auf dessen fachkundige Einschätzung. Die Kosten des Gerichtsverfahrens? Die ermittelt ohnehin häufig die Kostenstelle des Gerichts. So weit, so gut.

4 Die Digesten des Justinian, aus denen der eingangs zitierte Lehrsatz abgeleitet wird, datieren indessen aus dem 6. Jahrhundert n.Chr. und damit aus einer Zeit, die lange vor dem Aufkommen der doppelten Buchführung[4] und damit der „Erfindung“ des kaufmännischen Rechnungswesens liegt. Die Abstinenz des Juristen gegenüber Rechenwerken geht zudem häufig über eine entscheidungsökonomisch gerechtfertigte Beschränkung der Rechtskraftwirkung hinaus. Sie hat Anschauungen und Lehrinhalte ganzer Juristengenerationen bestimmt. Dies hat mit dazu geführt, dass sich Richtern und Anwälten mit der kaufmännischen Rechnungslegung in vielen Fällen eine weitgehend fremde Welt eröffnet, in einem Ausmaß zudem, das diesen nicht immer voll bewusst ist, sind sie es in ihrer Tagesarbeit doch gewohnt, bisher unbekannte Lebenssachverhalte zu analysieren und rechtlich einzuordnen. Angesichts des in weiten Kreisen der Bevölkerung ohnehin spär-

---

[1] Ein erster terminologischer Hinweis: Der Fachmann betont dieses Adjektiv nicht auf der ersten, sondern der dritten Silbe (buchhaltérisch).

[2] Abgeleitet aus den Digesten des Justinian, Dig. 49.8.1.1 f, wo es u.a. heißt: „... *item fi calculi error in sententia esse dicatur: appellare necesse non est* ...“; heute geregelt in § 319 ZPO.

[3] Vgl. zur Bedeutung auch: *Detlef Liebs,* Lateinische Rechtsregeln und Rechtssprichwörter, München, 6. Aufl. 1998.

[4] Vgl. hierzu Rdn. 31 ff.

lich verbreiteten Wissens über finanzwissenschaftliche Zusammenhänge stellt diese Haltung indessen keine berufsspezifische Besonderheit dar, vielmehr teilt sie der Jurist mit vielen Angehörigen anderer akademischer Fakultäten. Sie bleibt zudem in vielen Fällen folgenlos.

5 Eine Unkenntnis hinsichtlich der Grundzüge der Rechnungslegung wird jedoch immer dann problematisch und kann zu grundlegenden Missverständnissen und Fehlinterpretationen führen, wenn entscheidungserhebliche Sachverhalte so sehr in einem kaufmännisch-buchhalterischen Kontext verwurzelt sind, dass sie ohne eine hinreichende Kenntnis der diesem zugrunde liegenden spezifischen Regeln und Prinzipien nicht zutreffend rechtlich gewürdigt werden können. Der Jurist wird nämlich – anders als im spätrömischen Reich – sowohl bei seiner Beratungstätigkeit als auch in Streitfällen in heutiger Zeit zunehmend vor die Aufgabe gestellt, wirtschaftliche Zusammenhänge auf der Grundlage von Finanzinformationen, insbesondere solchen, die aus handelsrechtlichen Jahresabschlüssen abgeleitet sind, zutreffend einzuschätzen. Bedeutung hat dies nicht nur für die rechtliche Ausgestaltung und Abwicklung von Unternehmenstransaktionen (z.B. im Hinblick auf eine Financial Due Diligence, Asset Deal-Gestaltungen, Earn-Out-Klauseln, Eigenkapitalgarantien, Steuerklauseln). Auch Fragen der Kapitalausstattung (z.B. Mezzaninkapital, Private-Debt-Finanzierungen, Factoring, Leasing, Sale-and-lease-back, Asset-Backed-Securities), der steuerlichen Strukturierung von Erwerbsvorgängen oder grenzüberschreitender Unternehmensverbindungen fordern ebenso ein genaues Verständnis der diesen zugrunde liegenden wirtschaftlichen und bilanziellen Verhältnisse wie Streitigkeiten über Rechtsansprüche, deren Höhe durch handelsrechtliche Abschlüsse und damit letztlich auch durch bestimmte Bilanzierungsmaßnahmen bestimmt ist (z.B. Streitigkeiten über Abfindungsansprüche ausscheidender Gesellschafter oder über die kaufpreisrelevante Höhe von Rückstellungen). Außerdem knüpfen sich in Fällen der Krise, Insolvenz oder Sanierung von Unternehmen wichtige Entscheidungen und Handlungspflichten an Sachverhalte, die sich nur anhand von betriebswirtschaftlichen Finanzdaten bestimmen lassen. Dieser Umstand hat durch die Änderungen des Insolvenzrechts in jüngerer Zeit zusätzliche Relevanz gewonnen, die dem Unternehmenserhalt und damit kaufmännischen Erwägungen einen höheren Rang verliehen haben.

6 Zwar werden dem Juristen zur Lösung der hiermit verbundenen Fragen in der Regel weder ein buchhalterisches Detailwissen noch eine tiefer gehende Kenntnis der betrieblichen Kosten- und Leistungsrechnung eines Unternehmens abverlangt. Auch eine betriebswirtschaftliche Bilanzanalyse wie sie z.B. als Instrument zur Lenkung und Kontrolle eines Unternehmens oder als Ausgangspunkt der Prüfung seiner Sanierungsfähigkeit erforderlich ist, gehört ebenfalls nicht zu seinem berufstypischen Aufgabengebiet – sieht man einmal von dem Sonderfall der Insolvenzverwaltung ab, die nach wie vor eine Domäne des Anwaltsberufs ist. Treten derartige spezifische Fragestellungen auf, wird sich auch der wirtschaftsrechtlich ausgerichtete Jurist im Rahmen interdisziplinärer Zusammenarbeit üblicherweise auf das sachverständige Urteil Dritter stützen können, namentlich das von Angehörigen der wirtschaftsprüfenden und steuerberatenden Berufe oder von qualifizierten Finanzanalysten.

7 Um deren Berichte, Einschätzungen und Feststellungen aber im erforderlichen Umfang nachvollziehen und würdigen zu können, sollte er über ein hinreichendes Verständnis der wesentlichen Grundlagen der handelsrechtlichen Buchführung und Rechnungslegung sowie der Bilanzanalyse verfügen. Auch wird es hilfreich sein, die für die Abschlussprüfung und für die Erstellung von Unternehmensbewertungen geltenden Berufsstandards der Wirtschaftsprüfer in einem Umfang zu kennen, der es ihm erlaubt, Prüfungsberichte und Bestätigungsvermerke sowie Bewertungsgutachten von Wirtschaftsprüfern in ihrem wesentlichen Aussagegehalt zutreffend einschätzen zu können.

Unabhängig davon muss er selbst in der Lage sein, handelsrechtliche Jahresabschlüsse und ggfs. auch Konzernabschlüsse in ihrem jeweiligen Kontext „richtig zu lesen“, d.h. aus diesen eigenständig zutreffende Schlussfolgerungen für die jeweilige rechtliche Fragestellung zu ziehen. Dazu muss er die Inhalte, Aufgaben und Funktionen der Rechnungslegung, den Entstehungsprozess eines Jahresabschlusses und die dabei zu beachtenden wesentlichen Methoden, Normen und Standards zumindest in den Grundzügen kennen, soweit diese den Umfang und den Aussagegehalt von extern verfügbaren Abschlussinformationen wesentlich bestimmen. 8

II. Gibt es die „richtige Bilanz“?

Vorrangiges Betrachtungsobjekt bei allen diesen Fragen ist der handelsrechtliche Jahresabschluss, der – mit fiskalisch motivierten Modifikationen – auch Grundlage der Besteuerung ist. Bei diesem handelt es sich um ein nach vorgegebenen formalen Gesichtspunkten gestaltetes Zahlenwerk, das eine hinreichend umfassende Auskunft geben soll über die Entwicklung und die wirtschaftliche Lage eines Unternehmens. 9

Der Jahresabschluss – häufig begrifflich verkürzt auf „die Bilanz“– erscheint dem unbefangenen Betrachter als eine bisweilen rätselhaft anmutende Zusammenfassung von technischen Rechengrößen zur Erfassung wirtschaftlicher Sachverhalte. Diese Rechengrößen erwecken den Eindruck von objektiven „Messwerten“. Messwerte lassen hinsichtlich ihres Aussagewerts in der überwiegenden Zahl der Fälle nur eine Beurteilung im Sinne des „richtig“ oder „falsch“ zu. 10

Bei der Rechnungslegung liegt der Fall komplexer. In der Tat beruht die wirtschaftliche Erfolgsmessung in ihrem Kern auf gefestigten „handwerklichen“ Ordnungsprinzipien, streng logisch aufgebauten Verarbeitungs- und Verfahrenstechniken sowie verbindlich festgelegten organisatorischen Abläufen. Letzteren wohnt insbesondere bei fehlerfreiem Betrieb integrierter IT-basierter Datenverarbeitungssysteme und funktionierendem internen Kontrollsystem zudem eine weitgehende Eigengesetzlichkeit und Zwangsläufigkeit inne. Ungeachtet dessen gibt es jedoch im Einzelfall nie so etwas wie die „richtige Bilanz“, eine „absolute Wahrheit im bilanziellen Sinne“ existiert nicht.[5] Denn: 11

Jeder Jahresabschluss ist zwar ein nach festgelegten Regeln und Grundsätzen in einem methodischen Vorgehen gewonnenes Gesamtbild der wirtschaftlichen Verhältnisse eines Unternehmens, das allerdings in bestimmten Grenzen zulässigerweise gestaltbar ist. Die in allen Rechnungslegungssystemen in jeweils unterschiedlicher Ausformung vorhandenen Anwendungsspielräume können dabei auch als bewusstes Gestaltungsmittel im Rahmen der Bilanzpolitik eingesetzt werden. 12

Woraus erklären sich diese Spielräume? Der Jahresabschluss soll eine in allen wesentlichen Aspekten vollständige und zutreffende Lagebeschreibung des Unternehmens liefern. Um dies zu erreichen, muss der Jahresabschluss – anders als z.B. der von einer Messeinrichtung festgehaltene Ressourcenverbrauch – im Laufe seines Erstellungsprozesses vom Bilanzierenden in gewissem Umfang durch aktuelle Zusatzinformationen komplettiert und durch zulässige und notwendige Ansatz-, Ausweis- und Bewertungsentscheidungen im Einzelnen ausgestaltet werden. Eine wesentliche Besonderheit der Rechnungslegung liegt nämlich darin, dass für die Bilanzierung nicht nur bestimmte Gestaltungsrechte in darstellungstechnischer Hinsicht bestehen, sondern darüber hinaus vom Bilanzierenden 13

---

[5] *Ekkenga*, Anlegerschutz, Rechnungslegung und Kapitalmarkt, 1998, S. 109.

in einzelnen Bereichen Annahmen, Schätzungen und Bewertungsurteile zu treffen sind, die zwangsläufig eine Bandbreite möglicher Ergebnisse zulassen. Diese vom Normgeber in der Regel bewusst eingeräumten oder zumindest tolerierten Spielräume sind unerlässlich, um der individuellen Struktur und Beschaffenheit des Unternehmens im Jahresabschluss angemessen Rechnung tragen zu können und so das mit ihm angestrebte Ziel zu verwirklichen, nämlich ein individuell zutreffendes Bild von dessen spezifischer wirtschaftlicher Situation zu vermitteln.

Es handelt sich hier um ein klassisches Normsetzungsdilemma: Allgemeine Regeln und Grundsätze erlauben zwar eine flexible Anwendung auf höchst unterschiedliche Einzelsachverhalte und insbesondere auch laufende Veränderungen der rechtlichen und ökonomischen Rahmenbedingungen, wie wir sie gerade im Wirtschaftsleben vorfinden. Sie eröffnen aber andererseits – gewollt oder ungewollt – Auslegungs- und Anwendungsspielräume, die einer gleichförmigen Praxis und damit einer Vergleichbarkeit ähnlich strukturierter Verhältnisse auf objektivierbarer Grundlage entgegenstehen. Diesem Problem haben sich Normsetzer und „Standardsetter" im Bereich der Rechnungslegung unterschiedlich gestellt. Sie haben entweder den prinzipienbasierten Ansatz gewählt – dieser ist traditionell in der kontinentaleuropäischen Rechtssphäre und damit auch in Deutschland anzutreffen – oder es unternommen, ein umfassendes, kasuistisch strukturiertes System von Regeln unterschiedlichsten Detaillierungsgrades zu schaffen, wie wir dies z.B. in der US-amerikanischen Rechnungslegung vorfinden. Aus den Erfahrungen der letzten Jahre wissen wir indessen, dass der *„rules-based approach"* der USA, seinem umfassenden Normierungsanspruch zuwider, erhebliche Missbräuche in der Rechnungslegungspraxis nicht verhindern konnte und deshalb wohl nicht als überlegenes Normierungssystem angesehen werden kann. Trotz der gleichwohl unverkennbaren Dominanz dieses Ansatzes in der internationalen Diskussion hat es derzeit den Anschein, als ob der *„principles-based approach"* in Anbetracht dieser Erfahrungen unverändert über eine gefestigte Anhängerschaft verfügt, was sich unter anderem an der Entwicklung der internationalen Rechnungslegungsstandards (IAS/IFRS[6]) zeigt.

14 Im Gewande einer normativ zugelassenen Ermessensentscheidung können sich – einem trojanischen Pferd vergleichbar – weitergehende Absichten verbergen, z.B. die Erreichung einer bereits öffentlich in Aussicht gestellten Ergebnisgröße unter Einsatz bilanzieller Gestaltungen. Die Vorschriften der Rechnungslegung sehen zwar für grundlegende gestaltende Eingriffe nicht nur einen verbindlichen allgemeinen Handlungsrahmen vor, sondern lösen darüber hinaus bestimmte Informationspflichten hinsichtlich der eingeschlagenen Vorgehensweise aus. Diese Informationen sollen es dem externen Bilanzleser innerhalb gewisser Grenzen ermöglichen, die Ausübung wesentlicher Gestaltungsrechte nachzuvollziehen und so ein unrichtiges Verständnis des Jahresabschlusses zu vermeiden. Darüber hinaus erlaubt der Jahresabschluss aber zahlreiche Weichenstellungen im Detail, die nicht Gegenstand der Berichterstattung sind und damit der Wahrnehmung des externen Bilanzlesers verborgen bleiben.

15 **Ein tieferes Verständnis für die im konkreten Fall verfolgte Bilanzpolitik wird sich nur unter Einbeziehung der konkreten wirtschaftlichen und rechtlichen Rahmenbedingungen des Unternehmens und der spezifischen „Motivlage" der für die Rechnungslegung Verantwortlichen entwickeln lassen. Bilanzpolitische Maßnahmen können auch bei zulässigem Einsatz im Einzelfall dazu führen, dass eine – vom Normgeber tolerierte – Verzerrung der Abschlussinformation eintritt.**

---

[6] In der Vergangenheit „International Accounting Standards" (IAS), seit neuerem „International Financial Reporting Standards" (IFRS).

Ein verzerrtes Lagebild kann nicht nur auf einer Nutzung explizit eingeräumter Ansatz- und Bewertungswahlrechte oder Ermessensspielräume beruhen oder Folge zulässiger Sachverhaltsgestaltungen mit Einfluss auf die Rechnungslegung sein. Es kann auch Ausfluss normierter gläubigerschützender Grundsätze (z.B. Bildung „stiller Reserven" unter Berufung auf das Vorsichtsprinzip) oder steuerlich determinierter Gestaltungen sein. Nur bei Kenntnis dieser Zusammenhänge sowie der ihnen innewohnenden Einflusspotenziale erschließt sich dem externen Bilanzleser der ohnehin begrenzte Informationsgehalt der Rechnungslegung. 16

III. Glossar der Rechnungslegung

Buchführung? Jahresabschluss? Bilanz? Rechnungswesen? Kostenrechnung? Rechnungslegung? Was bedeuten diese Begriffe genau und wie hängen sie inhaltlich miteinander zusammen? Der Jurist ist es gewohnt, bei der Anwendung normierter Tatbestände mit vertrauten oder zumindest nachvollziehbar definierten Begriffsinhalten zu arbeiten, denen er konkrete Lebenssachverhalte subsumptiv zuordnen kann. Die verwendeten Begriffe können sich aus Legaldefinitionen ergeben, als unbestimmte Rechtsbegriffe der Ausformung durch Praxis, Rechtsprechung und Lehre bedürfen oder in anderer Weise unter Anwendung bewährter hermeneutischer Regeln hinreichend bestimmbar sein. Die Beschäftigung mit Gegenständen der Rechnungslegung führt den Juristen jedoch in eine eigene Begriffswelt und Methodik, die zudem in wesentlichen Teilen nicht Bestandteil der juristischen Grundausbildung sind und sich zudem nicht ohne weiteres durch Rückgriff auf bereits vorhandenes Grundlagenwissen oder die Alltagserfahrung zuverlässig erschließen. 17

Diesem besonderem Umstand Rechnung tragend wird hier der Weg beschritten, gleichsam „vor der Klammer" in einem vorangestellten Glossar einige wesentliche Grundbegriffe im thematischen Zusammenhang umfassend zu erläutern, ohne sich dabei einer lehrbuchhaften Systematik zu bedienen, die erfahrungsgemäß einen raschen Zugang erschwert. Da hierbei zugleich begriffliche Interdependenzen deutlich werden sollen, wurden lexikalische Querverweise auf andere Begriffsdefinitionen durch einen „→" kenntlich gemacht. Dem hierbei verfolgten Konzept liegt indessen kein alphabetisches, sondern ein *didaktisches Prinzip* zugrunde: Es beschreitet einen Weg vom Grundlegenden zum Speziellen, bildlich gesprochen: „vom Konto zur Bilanz". Die einzelnen Erläuterungen stehen daher zueinander in einem sachlichen Zusammenhang, bauen aufeinander auf und sind doch so gestaltet, dass sie jeweils weitgehend aus sich selbst heraus verständlich sind. Dieser Abschnitt kann aus diesem Grunde sowohl als kurze Einführung in die begrifflichen Grundlagen der wesentlichen Themenbereiche dieses Buches dienen als auch (unter Nutzung des Stichwortverzeichnisses) wie ein kleines Rechnungslegungs-Kompendium genutzt werden. 18

Rechnungswesen

Mit diesem Terminus wird ein bestimmter organisatorischer Bereich des Unternehmens umschrieben, der sich in heutiger Zeit weitgehend der Mittel der Informationstechnologie (IT), d.h. computergestützter Verarbeitungsverfahren bedient. Diese sollen gewährleisten, dass alle unter kaufmännischen Gesichtspunkten relevanten Einzeltransaktionen (Wertschöpfungsprozesse und andere Geschäftsvorfälle) in einem Unternehmen erfasst, dokumentiert und ausgewertet werden. Das Rechnungswesen liefert Informationen, die es nach deren Verarbeitung und zweckgerichteter Zusammenfassung erlauben, 19 sich ein Bild von der wirtschaftlichen Lage des Unternehmens zu machen, die Geschäftstätigkeit zu kontrollieren und unternehmerische Entscheidungen auf hinreichend fundierter Basis zu treffen. Man spricht daher von einer Dokumentations-, Kontroll- und Dispositionsfunktion des Rechnungswesens.

20 **Sämtliche Verfahren und organisatorischen Vorkehrungen in einem Unternehmen, die der wert- und mengenmäßigen Abbildung betrieblicher Vorgänge dienen, werden unter dem Begriff Rechnungswesen zusammengefasst. Es handelt sich dabei um eine Aufbauorganisation (Handelsbücher) und eine Ablauforganisation (Verarbeitungsverfahren).**

21 Das Rechnungswesen kann funktional in folgende Hauptbereiche unterteilt werden:
- →Finanzbuchhaltung und →Jahresabschluss
- →Kosten- und Leistungsrechnung (Betriebsbuchhaltung)
- Planungsrechnung
- internes Berichtswesen (Controlling)

Buchführung v. Buchhaltung

22 Eine erste begriffliche Unsicherheit zeigt sich oft bereits darin, dass die nahezu wortgleichen Termini „Buchhaltung“ und „Buchführung“ gleichgesetzt bzw. verwechselt werden. Der Begriff *Buchführung* umfasst die bei der Aufzeichnung von Geschäftsvorfällen anzuwendenden Methoden, Techniken und Verfahren sowie die hierbei im Einzelnen zu beachtenden Prinzipien. Es handelt sich also um die Gesamtheit der geltenden Standards für die Aufzeichnung kaufmännischer Vorgänge. Der hierfür seit Jahrhunderten international geltende Erfassungsmodus ist die →doppelte Buchführung. Der Kaufmann ist gesetzlich zur Buchführung verpflichtet (§§ 238 ff. HGB). Dieser Pflicht kommt er organisatorisch durch Einrichtung einer *Buchhaltung* nach, die folglich eine Funktion oder Abteilung des Unternehmens darstellt, die durch die Bereitstellung entsprechender personeller, technischer und organisatorischer Ressourcen wahrgenommen wird, die in der Regel interner Natur sind (Ausnahme: „Außer-Haus-Buchhaltung“ durch beauftragte fachkundige Dritte).

Finanzbuchhaltung

23 Die Finanzbuchhaltung ist ein wesentliches Teilsystem des betrieblichen →Rechnungswesens. Auf ihrer Grundlage wird als jährlicher Rechnungsabschluss der →Jahresabschluss entwickelt. Finanzbuchhaltung und Jahresabschluss stellen die *kaufmännische Buchführung* im Sinne des HGB dar. Beide Begriffe werden häufig auch unter dem Begriff des *externen Rechnungswesens* zusammengefasst, wohingegen die übrigen Bereiche das *interne Rechnungswesen* darstellen. Während für das Erstere wegen des insoweit bestehenden öffentlichen Interesses ein gesetzlich geregelter Rahmen besteht, existieren für die übrigen Bereiche keine gesetzlich normierten Maßstäbe, was sich nicht zuletzt aus der spezifischen Abhängigkeit dieser Systeme von den konkreten betrieblichen Erfordernissen erklärt.

24 Kaufmännische Buchführung und →Kosten- und Leistungsrechnung (Betriebsbuchhaltung) können als unerlässliche Teile des betrieblichen →Rechnungswesens angesehen werden. Sie stehen – ungeachtet ihrer unterschiedlichen Aufgabenstellung – in organisatorisch-technischer Hinsicht in einer engen Wechselbeziehung. Dies folgt bereits daraus, dass Grundlage der Betriebsbuchhaltung die kontenmäßig erfassten Daten der Finanzbuchhaltung sind. Die übrigen Bereiche dienen der Unterstützung der Unternehmensführung, wobei die Planungsrechnung das Ziel verfolgt, die finanziellen Grundlagen der güterwirtschaftlichen Planung (verstanden als Absatz-, Produktions- und Beschaffungs-

planung) zu sichern und somit die Verfügbarkeit der erforderlichen Finanzmittel und die Wahrung der jederzeitigen Zahlungsbereitschaft zu gewährleisten. Demgegenüber befasst sich das interne Berichtswesen vornehmlich mit der Aufbereitung, Verdichtung und Auswertung entscheidungsrelevanter Daten (z. B. in Form von Soll-Ist-Vergleichen, Kennzahlenanalysen und Liquiditätsübersichten).

Kosten- und Leistungsrechnung

Die Kosten- und Leistungsrechnung stellt als Grundlage des internen →Rechnungswesens ein wesentliches Instrument der Unternehmensführung dar. Die *Kostenrechnung* dient der wertmäßigen Fest- und Fortschreibung der gesamten Güter- und Dienstleistungsbewegungen im Leistungsbereich des Unternehmens. Zu ihr zählen die Erfassung der angefallenen Wertverzehre (Kosten) sowie deren Verrechnung auf Kostenstellen oder Kostenträger im Prozess der Leistungserstellung. Die *Leistungsrechnung* hat daneben die Funktion, eine Gegenüberstellung von Kosten und Erlösen einzelner Produkte oder von Produktgruppen zu ermöglichen. Sie erlaubt damit die Ermittlung von Stückerfolgen sowie die Erstellung einer kurzfristigen, nach rein betrieblichen Gesichtspunkten aufgebauten Erfolgsrechnung. 25

Kostenstellen sind organisatorisch abgrenzbare Bereiche oder Abteilungen des Unternehmens, die aus kostenrechnerischer Sicht als selbstständige Einheit angesehen werden (z. B. „Kostenstelle Rohstofflager"). *Kostenträger* sind die Produkte des Leistungserstellungsprozesses im Unternehmen. Sie umfassen die erzeugten Güter und Dienstleistungen. In ihrem Grundaufbau hat die Kosten- und Leistungsrechnung danach folgende Bereiche: 26

- Kostenartenrechnung
- Kostenstellenrechnung
- Kostenträgerrechnung

Die *Kostenartenrechnung* gibt Auskunft darüber, in welchen Umfang die einzelnen Kostenarten (z. B. Personalkosten, Beratungskosten, Kfz-Kosten) angefallen sind. Die *Kostenstellenrechnung* dient dazu, die auf die einzelnen Kostenstellen entfallenden Wertverzehre zu sammeln und auf diese Weise eine Kostenkontrolle pro betrieblicher Abrechnungseinheit zu ermöglichen. Die *Kostenträgerrechnung* beantwortet schließlich die Frage, für welche Kostenträger welche Kosten angefallen sind, und erlaubt damit die Feststellung, was die Produkterstellung das Unternehmen pro Mengeneinheit „gekostet" hat (Kostenträgerstückrechnung). Diese Rechnung stellt daher eine wichtige Grundlage der Vor- oder Nachkalkulation dar. 27

Soweit Kosten in ihrer Höhe vom „Beschäftigungsgrad" des Unternehmens, also der Höhe der aktuell produzierten Ausbringungsmenge, abhängig sind (z. B. Rohstoffkosten), werden diese als *variable Kosten* bezeichnet. Kosten, die vom Ausstoß unbeeinflusst bleiben (z. B. →Abschreibungen auf das Betriebsgebäude) werden demgegenüber als *fixe Kosten* bezeichnet. Eine andere wichtige Unterscheidung der Kosten differenziert nach der Form der Zurechnung zu Kostenstellen oder Kostenträgern. Sind Kosten auf Grund der Art und Weise ihrer Entstehung einem Produkt (Kostenträger) unmittelbar zurechenbar (z. B. Fertigungslöhne), spricht man von *Einzelkosten.* Muss die Zurechnung hingegen durch ein bestimmtes Verfahren erst auf indirektem Wege durch Schlüsselung vollzogen werden (z. B. Kosten der Lagerhaltung für Rohstoffe), spricht man von *Gemeinkosten.* Will man beide begrifflich in einen inhaltlichen Zusammenhang stellen, kann man sich als Regel merken, dass Gemeinkosten typischerweise fixe Kosten und nur selten variabel sind. Fixe Kosten sind hingegen immer Gemeinkosten, Einzelkosten sind stets variable Kosten. Betriebliche „Kosten" sind von →„Aufwendungen" im handelsbilanziellen Sinn zu unterscheiden. 28

29 Die Aufgabenschwerpunkte der Kosten- und Leistungsrechnung bestehen in erster Linie in der

- Ermittlung des Betriebsergebnisses
- Kostenplanung
- Kostenkontrolle
- Angebotspreisermittlung
- Fundierung und Steuerung betrieblicher Entscheidungen
- Bereitstellung von Ausgangsdaten für die bilanzielle Bestandsbewertung

30 Die Ermittlung des laufenden (z.B. monatlichen) Betriebsergebnisses dient der Erfolgskontrolle und soll einen möglichen Handlungsbedarf offenlegen, falls das geplante Erfolgsniveau verfehlt wird. Durch die Ermittlung und Analyse von Kostenabweichungen durch Gegenüberstellung von Plan- und Ist-Größen ist eine gezielte und effektive Kostenkontrolle möglich. Aufgrund der vorhandenen Kosteninformationen können eine Bestimmung von Preisunter- bzw. -obergrenzen sowie eine kostenorientierte Preissetzung erfolgen. Es können ferner z.B. Entscheidungen Eigenfertigung versus Fremdbezug (*„make or buy"*) vorbereitet oder kostenoptimale Bestellmengen und Fertigungslosgrößen bestimmt werden. Schließlich ist die Kostenrechnung Datenlieferant für das externe →Rechnungswesen.

Doppelte Buchführung

31 Der →Finanzbuchhaltung liegt das Prinzip der *doppelten Buchführung* (Doppik) bei der Erfassung von Geschäftsvorfällen zugrunde. Ohne ein Grundverständnis dieser Buchführungstechnik bleiben dem Bilanzleser wesentliche Zusammenhänge, insbesondere die Wechselbeziehung von →Bilanz und →Gewinn- und Verlustrechnung, in ihrer Struktur verborgen. Nachfolgend soll daher eine kleine Einführung in die Funktionsweise der doppelten Buchführung gegeben werden.

32 Das →Rechnungswesen erfasst kaufmännisch relevante Sachverhalte hinsichtlich ihres Gegenstandes und ihrer betragsmäßigen Auswirkung. Diese Vorgänge werden in der buchhalterischen Sprache als *„Geschäftsvorfälle"* bezeichnet. Im Wesentlichen handelt es sich dabei um Beschaffungs-, Veräußerungs- und Zahlungsvorgänge, Teile von Wertschöpfungsprozessen sowie Verbräuche, d.h. wirtschaftliche Güterverzehre. Geschäftsvorfälle haben in der Regel *zwei Komponenten,* man kann – bildlich gesprochen – auch sagen, ein „Doppelgesicht":

33 **Beispiel 1:** Ein Beschaffungsvorgang kann im Bezug einer Dienstleistung (etwa einer Maschinenreparatur) bestehen; dieser Vorgang führt auf Seiten des Unternehmens in Höhe des Vergütungsanspruchs des Dienstleistenden einerseits zur Entstehung einer Verbindlichkeit, also zu einem *Schuldposten,* der durch Zahlung auszugleichen ist[7]. Dies ist jedoch nur die Vermögensebene des Vorgangs. Bereits mit Entstehung der Verbindlichkeit tritt zugleich – und zwar in entsprechender Höhe – beim Unternehmen in der Regel eine *Kostenbelastung* (→Aufwand) ein, die wirtschaftlich dem Ressourcenverzehr durch Inanspruchnahme der Dienstleistung entspricht und den Unternehmenserfolg mindern muss, soll dieser zutreffend und nachvollziehbar unter Berücksichtigung aller maßgeblichen Faktoren ermittelt werden.

Beispiel 2: Ein Veräußerungsvorgang (z.B. die Lieferung einer Ware) begründet auf Seiten des leistenden Unternehmens mit Erfüllung der Lieferverpflichtung eine Kaufpreisforderung und führt damit zur Entstehung eines (neuen) *Vermögenspostens,* der an die Stelle des bisher vorhandenen Veräußerungsgegenstandes tritt, der aus dem Unternehmen ausscheidet. In Höhe der Kaufpreisforderung erzielt das Unternehmen mit deren Entstehen zugleich einen *Erlös* (→Ertrag). Dieser spiegelt

[7] Der (spätere) Zahlungsvorgang führt neben dem Zahlungsabfluss mindert den liquiden Mittelbestand und führt zugleich zum Wegfall der Verbindlichkeit. Er stellt daher lediglich eine Vermögensumschichtung dar, die für die vorliegende Betrachtung ohne Bedeutung ist.

den wirtschaftlichen Erfolg – der Kaufmann verwendet hierfür den Begriff „Umsatz“ – wider, den das Unternehmen bezogen auf das Veräußerungsgeschäft für sich betrachtet erzielt hat und der sich daher im Ergebnis positiv niederschlagen muss[8].

Aus den beispielhaft genannten Geschäftsvorfällen resultiert also jeweils eine Mehrung, Minderung oder Umschichtung des vorhandenen Unternehmens*vermögens*, eine *Bestandskomponente* (z.B. die Entstehung einer Forderung bzw. einer Verbindlichkeit), die begleitet ist von einer *Ergebnis*auswirkung, eine *Erfolgskomponente* (z.B. Entstehung eines →Ertrags oder →Aufwands). Beide Komponenten stellen bezüglich des jeweiligen Geschäftsvorfalls gleichsam zwei Seiten einer Medaille dar. Will man nun bei der Aufzeichnung eines Geschäftsvorfalls beide Komponenten in einem Arbeitsschritt zugleich erfassen, aber jeweils gesondert auswerten können, kommt man zwangsläufig zu dem, was man als „doppelte Buchführung“ bezeichnet. Es handelt sich dabei nicht etwa, wie der Wortlaut im Hinblick auf den sonstigen allgemeinen Sprachgebrauch (z.B. doppeldeutig, doppelzüngig) nahe legen könnte, um zwei sachlich und inhaltlich voneinander abweichende, alternative „Versionen“ derselben Aufzeichnung. 34

Die Erfassungsform der doppelten Buchführung wurde – wie auch andere vertraute Begriffe oder Institute des kaufmännischen Verkehrs (z.B. das Kontokorrentkonto, *„conto corrente“*, oder auch der Wechsel, italienisch: *cambio*, oder das „Indossament“ von *„in dosso“*) – von der italienischen Kaufmannschaft der Renaissancezeit entwickelt[9]. Das Grundelement der Buchführung ist dabei das Konto (italienisch: *„conto“* oder „Rechnung“). Das Sachkonto ist zweispaltig aufgebaut, es hat eine Sollseite und eine Habenseite. 35

Die oben herausgearbeiteten beiden charakteristischen Komponenten der doppelten Buchführung, erfordern zwei Sachkontenarten, nämlich *Bestands*konten und *Erfolgs*konten. Bei der Erfassung von Geschäftsvorfällen wird dem beschriebenen „Doppelgesicht“ in der Form Rechnung getragen, dass eine Sollbuchung (Debit) auf einem Konto und eine Habenbuchung (Credit) auf einem korrespondierenden Gegenkonto erfolgen. Der fragliche Betrag wird also insgesamt *zweifach erfasst*, wobei die von einem Geschäftsvorfall betroffenen beiden Sachkonten jeweils in unterschiedlichen Spalten, d.h. ein Sachkonto im Soll und das andere Sachkonto im Haben angesprochen werden. Dieser Vorgang drückt sich in einem *Buchungssatz* aus, der die jeweilige Soll- und Habenbuchung angibt, die der einzelne Geschäftsvorfall auslöst (z.B. „Forderungen [Sollbuchung] an Umsatzerlöse“[Habenbuchung]). Dem Konzept der Bestands- und Erfolgskonten sowie der Soll- und Habenbuchungen liegt dabei folgende Systematik zugrunde: 36

	Sollbuchung	Habenbuchung
auf Erfolgskonto:	*Erfassung als Aufwand bzw. Ertragsminderung*	*Erfassung als Ertrag bzw. Aufwandsminderung*
auf Bestandskonto:	*Zugang Vermögensposten bzw. Abgang Schuldposten*	*Zugang Schuldposten bzw. Abgang Vermögensposten*

[8] Hinweis: Die Vermögens- und Aufwandswirkungen der (vorausgegangenen) Herstellung oder Beschaffung der veräußerten Ware, die Voraussetzung der Veräußerung und damit der Umsatzerzielung ist, führen zu eigenständigen vorgelagerten Geschäftsvorfällen mit Vermögens- und Ertragsauswirkungen, die in dem dargestellten Beispielsfall außer Betracht bleiben.

[9] Dem heute weitgehend vergessenen Luca Pacioli (1445–1514?), einem Enzyklopädisten des mathematischen Wissens seiner Zeit, wird die Ehre zuteil, in seiner Abhandlung *„Trattato dei computi e delle scritture“* von 1494 die Grundlagen der doppelten Buchführung erstmals umfassend schriftlich niedergelegt zu haben. Dies bedeutet gleichsam die Geburtsstunde neuzeitlicher kaufmännischer Aufzeichnungen und des modernen Rechnungswesens. Leonardo da Vinci soll Pacioli, mit dem er zeitweise zusammenlebte, als „Maestro“ bezeichnet haben.

37 Diese Buchungsweise schafft die technische Voraussetzung dafür, durch die Zusammenfassung aller Bestandskonten eine Übersicht über das Unternehmensvermögen, die →Bilanz, und durch Zusammenfassung aller Erfolgskonten eine Erfolgsrechnung, die →Gewinn- und Verlustrechnung, zu erstellen.

38 **Durch die doppelte Buchführung werden bei der Erfassung von Geschäftsvorfällen in einem Verfahrensschritt zwei unterschiedliche Ermittlungsziele des kaufmännischen Rechnungswesens zugleich verwirklicht: die mengen- und wertmäßige Bestandsführung (Vermögensübersicht) und die Messung des kaufmännischen Erfolgs (Erfolgsrechnung).**

39 Diese noch sehr theoretisch klingenden Zusammenhänge bedürfen zu ihrem besseren Verständnis der Erläuterung an einem praktischen Beispiel. Dabei wird zugleich auch erkennbar, dass mehraktige, vom äußeren Geschehensablauf aber wirtschaftlich zusammenhängende Vorgänge (wie z.B. ein Warengeschäft) buchhalterisch in mehrere „Geschäftsvorfälle" zerfallen können, um ihre zutreffende Abbildung in der Buchhaltung zu ermöglichen.

40 **Beispiel:** Die A-GmbH veräußert – annahmegemäß umsatzsteuerfrei – Warenbestände, die zu Anschaffungskosten von TEUR 100 erworben worden waren, zum einem Kaufpreis von TEUR 150 an einen Kunden und erteilt diesem bei Versand der Ware eine Rechnung. Die Waren, bisher auf einem aktiven Bestandskonto in Höhe der Anschaffungskosten geführt, haben das Unternehmen verlassen, es ist folglich ein entsprechender Aufwand auf einem Erfolgskonto („Materialaufwand") als Sollbuchung zu erfassen, das Bestandskonto Waren ist entsprechend durch eine gegenläufige Habenbuchung zu vermindern. Andererseits ist der Gesellschaft aus dem Verkauf eine Forderung von TEUR 150 erwachsen, die ihrerseits auf dem entsprechenden Bestandskonto („Forderungen") im Soll zu buchen ist. Die Gegenbuchung erfolgt als Habenbuchung auf einem Erfolgskonto („Umsatzerlöse"). Der durch den Verkauf erzielte Gewinn von TEUR 50 ist durch die Erfassung des Umsatzerlöses (+ TEUR 150) und des Materialaufwandes (– TEUR 100) als Saldogröße auf den entsprechenden Erfolgskonten in die Ergebnisrechnung des Geschäftsjahres eingegangen.

41 Der Vollständigkeit halber sei vermerkt, dass auch Geschäftsvorfälle denkbar sind, die – für sich betrachtet – ohne Auswirkungen auf das Ergebnis bleiben; in diesen Fällen werden als Konto und Gegenkonto jeweils Bestandskonten angesprochen. Es tritt lediglich eine Umschichtung in der Vermögensstruktur des Unternehmens ein. Ein typisches Beispiel hierfür sind Investitionen in abnutzbare Vermögensgegenstände, die ergebnisneutral zu behandeln sind und erst über zukünftige Wertverzehre Einfluss auf das Unternehmensergebnis haben (in Form von →Abschreibungen).

42 **Beispiel:** Die A-GmbH erwirbt eine weitere Fertigungsanlage gegen Zahlung eines Kaufpreises von TEUR 200. Der Zugang der Anlage zum Vermögen der Gesellschaft ist auf einem aktiven Bestandskonto (Anlagenkonto) als Sollbuchung zu erfassen. Der Zahlungsabfluss in Höhe des Kaufpreises führt zu einer entsprechenden Minderung des flüssigen Mittelbestandes. Er ist daher buchhalterisch in Form einer bestandsmindernden Habenbuchung auf dem entsprechenden Bestandskonto („Kasse" bzw. „Bank") abzubilden. Es hat also im wirtschaftlichen Ergebnis lediglich eine erfolgsneutrale Verschiebung zwischen zwei aktiven Bestandskonten stattgefunden. Man spricht in diesen Fällen daher von einem „Aktivtausch". Der Anschaffungsvorgang löst erst in der weiteren Zukunft indirekt dadurch Ergebniswirkungen aus, dass die erworbene Anlage über ihre betriebsgewöhnliche Nutzungsdauer abgeschrieben wird. Diese Abschreibungen sind als Sollbuchung auf einem entsprechenden Erfolgskonto zu erfassen, das Anlagenkonto ist durch korrespondierenden Habenbuchungen im Bestand zu mindern.

43 Werden alle Geschäftsvorfälle eines Jahres in Form entsprechender zweiseitiger Soll- und Habenbuchungssätze betrags- und kontenmäßig korrekt erfasst und treten bei den weiteren manuellen oder elektronischen Verarbeitungs- und Übertragungsprozessen keine Fehler oder Datenverluste ein, muss sich nach der inneren Gesetzmäßigkeit der doppelten

Buchführung im Jahresabschluss zwangsläufig ein insgesamt stimmiges Rechenwerk ergeben. Es müssen das sich durch Vermögensvergleich aus der →Bilanz ergebende und das in der →Gewinn- und Verlustrechnung ausgewiesene Periodenergebnis des Unternehmens exakt miteinander übereinstimmen. Diese Übereinstimmung ist daher ein zwingendes Ordnungskriterium. Abstimmungsdifferenzen deuten auf technische oder „handwerkliche“ Fehler hin, deren tatsächliches Ausmaß sich erst bei Identifikation der Fehlerursachen ergibt. Das Fehlen von Abstimmungsdifferenzen belegt somit ein buchungstechnisch richtiges Zustandekommen des →Jahresabschlusses. Ob dieser darüber hinaus nach den hierfür geltenden Regeln auch materiell zutreffend ist, bedarf gesonderter Prüfung.

Von der doppelten Buchführung unterscheidet sich die *kameralistische* Buchführung in 44
ihrer Aufgabenstellung und Struktur wesentlich, die als Verfahren der öffentlich-rechtlichen Rechnungslegung lediglich für öffentliche Haushalte und – mit allerdings deutlich abnehmender Tendenz – Betriebe der öffentlichen Hand vorgesehen ist. Auf sie wird nachfolgend nicht eingegangen.

Rechnungslegung

Die Begriffe „Rechnungslegung“ und „Rechenschaftslegung“ stimmen nicht allein vom 45
Wortlaut her nahezu überein, sie werden vielmehr auch weitgehend synonym gebraucht. Anders ausgedrückt: Rechnungslegung ist ihrem Wesen nach in erster Linie Rechenschaftslegung. *Rechenschaft* in diesem Sinne „bedeutet Offenlegung der Verwendung anvertrauten Kapitals in dem Sinne, dass dem Informationsberechtigten – das kann auch der Rechenschaftslegende selbst sein – ein so vollständiger, klarer und zutreffender Einblick in die Geschäftstätigkeit gegeben wird, dass dieser sich ein eigenes Urteil über das verwaltete Vermögen und die damit erzielten Erfolge bilden kann.“[10] Die Rechnungslegung – verstanden als externe Rechnungslegung[11] – erfolgt im öffentlichen Interesse. Sie unterliegt ferner, allerdings mit gewissen größenabhängigen Einschränkungen, der Publizität, d.h. sie verschafft auch außerhalb des Unternehmens stehenden Personen Einblick in die Lage eines Unternehmens. Die Rechnungslegung ist daher gesetzlicher Regelungsgegenstand.

Unter dem Begriff der externen Rechnungslegung ist die Gesamtheit der Normen und 46
Standards zu verstehen, welche die Aufstellung, Prüfung und Offenlegung von →Jahresabschlüssen, Konzernabschlüssen sowie von →Lageberichten regeln. Die Bestimmungen über die *Aufstellung* von Abschlüssen stellen den Kernbereich der Rechnungslegungsvorschriften dar. Sie umfassen sämtliche kodifizierten Regeln, die beim Ansatz, der Bewertung und dem Ausweis von Posten zu beachten sind. Kapitalgesellschaften und bestimmte, diesen gleichgestellte Personenhandelsgesellschaften unterliegen zudem bei Überschreitung gewisser Größenmerkmale der gesetzlichen Pflicht zur externen *Prüfung* durch einen Abschlussprüfer. Diese soll sicherstellen, dass der geprüfte Abschluss keine wesentlichen Fehler enthält, die geeignet sind, ein falsches Bild der tatsächlichen Lage des Unternehmens zu vermitteln. Schließlich unterliegen Kapitalgesellschaften und bestimmte, diesen gleichgestellte Personenhandelsgesellschaften der Pflicht zur *Offenlegung* ihrer Jahres- bzw. Konzernabschlüsse und anderer offenlegungspflichtiger Unterlagen. Die Offenlegung erfolgt in Deutschland in Abhängigkeit von der Größe der Gesellschaft durch Einreichung bei einem Register und ggf. der Bekanntmachung im Bundesanzeiger.

Die Rechnungslegung unterliegt grundsätzlich nationalstaatlicher Gesetzgebungsho- 47
heit, wobei darüber hinaus in den einzelnen Staaten privatrechtlich organisierte Fachgremien und berufsständische Organisationen[12] in gewissem Umfang die Rolle eines

---

[10] *Leffson*, Grundsätze ordnungsmäßiger Buchführung, S. 47.
[11] Rdn. 23.
[12] Vgl. Rdn. 220ff.

„Standard Setters" für die beteiligten Kreise eingeräumt wird. Für in Deutschland ansässige Unternehmen, die ihre Jahres- und Konzernabschlüsse unter Anwendung deutscher Rechnungslegungsvorschriften aufstellen, bestimmen sich die dargestellten Anforderungen daher grundsätzlich nach den Vorschriften des III. Buchs des HGB (§§ 238–342e HGB) und ergänzenden rechtsformspezifischen Sonderregelungen in Spezialgesetzen (z.B. §§ 29, 42, 42a und 71 GmbHG, §§ 58, 91, 150, 152, 158, 160, 170 bis 176 AktG). Für HGB-Konzernabschlüsse sind ferner die Verlautbarungen des DRSC[13] zur Rechnungslegung zu beachten, die nach ihrer ministeriellen Anerkennung den Rang von Grundsätzen ordnungsmäßiger Buchführung genießen.

48 Es ist allerdings zu beachten, dass nach der seit dem 1. 1. 2005 geltenden Rechtslage deutsche kapitalmarktorientierte Unternehmen, die zur Aufstellung eines Konzernabschlusses verpflichtet sind,[14] diesen nach den vom IASB[15] verabschiedeten Standards der Internationalen Rechnungslegung (IAS/IFRS) zu erstellen haben, soweit diese von der EU-Kommission in einem förmlichen Anerkennungsverfahren in Kraft gesetzt worden sind und daher unmittelbare Geltung haben. Darüber hinaus steht es Unternehmen offen, diese Regeln wahlweise auch auf Jahresabschlüsse (Einzelabschlüsse) anzuwenden. Aus diesem Grund wächst der (tatsächliche oder behauptete) Druck der Finanzmärkte, der Banken oder der Geschäftspartner, nicht zuletzt aber auch der „Beratungsindustrie", auf deutsche mittelständische Unternehmen, ihre Jahresabschlüsse freiwillig nach internationalen Regeln zu erstellen. Veröffentlichungen und Seminarveranstaltungen zum Themenbereich „IFRS und Mittelstand" haben derzeit Konjunktur. Diese stellen u.a. auch die Nutzenpotenziale aus der frühzeitigen Anwendung der IFRS in mittelständischen Unternehmen heraus (z.B. größere Nähe von IAS/IFRS zu relevanten unternehmensinternen Steuerungskennzahlen sowie mögliche Erleichterungen bei der Inanspruchnahme alternativer Finanzierungsformen, der Erfüllung der Transparenzanforderungen nach „Basel II" und der Durchführung grenzüberschreitender Transaktionen). Meinungsumfragen und Untersuchungen von Verbänden und anderen interessierten Kreisen testen laufend das Interesse der mittelständischen Wirtschaft an der internationalen Rechnungslegung.[16] Eine Gruppe bedeutender deutscher Familienunternehmen hat unter Führung der Freudenberg GmbH & Co. KG eine Interessengemeinschaft gebildet, die auf die weitere Entwicklung der IAS/IFRS Einfluss nehmen möchte.[17] Damit ist ein Prozess eingeleitet, der voraussichtlich in einem Zeitraum von bis zu 10 Jahren in der Tat zur endgültigen Ablösung der HGB-Rechnungslegung führen dürfte, die durch den Gesetzgeber in den nächsten Jahren voraussichtlich ohnehin im Sinne internationaler Grundsätze „modernisiert" werden wird. Einstweilen stehen einer generellen Anwendung der geltenden internationalen Grundsätze in Deutschland allerdings noch gewichtige Hindernisse entgegen. Letztere beruhen de lege lata in erster Linie darauf, dass der Jahresabschluss nach HGB seine Funktion als Grundlage für die Bemessung von Steuern (Maßgeblichkeitsgrundsatz) und die Ermittlung von Gewinnansprüchen von Gesellschaftern auf absehbare Zeit behalten wird. Eine kurzfristige Übernahme der IAS/IFRS auch für den handelsrechtlichen Jahresabschluss von Unternehmen macht daher eine kostenträchtige „Parallel-Bilanzierung" nach deutschen *und* internationalen Grundsätzen erforderlich. Als wesentliche

---

[13] Vgl. Rdn. 225ff.

[14] Vgl. hierzu die näheren Ausführungen unter Rdn. 740f.

[15] International Accounting Standards Board.

[16] Vgl. z.B. die Untersuchung „Rechnungslegung im Umbruch", die der Bundesverband der Deutschen Industrie e.V. (BDI) zusammen mit einer WP-Gesellschaft im September 2005 vorgelegt hat (BDI Drucks. 369).

[17] „Vereinigung zur Mitwirkung an der Entwicklung des Bilanzrechts für Familiengesellschaften e.V."

Gründe für ein vorläufiges Festhalten mittelständischer Unternehmen an der HGB-Rechnungslegung sind daher zu nennen:

- Fortbestehende Maßgeblichkeit der HGB-Rechnungslegung für die *steuerliche Gewinnermittlung* (diese Maßgeblichkeit wurde zwar in der Vergangenheit bereits aus fiskalischen Gründen gelockert, stellt aber nach wie vor ein bestimmendes Prinzip der Besteuerung in Deutschland dar)
- Unvereinbarkeit der IAS/IFRS mit geltenden *gesellschaftsrechtlichen Gegebenheiten* (z. B. problematische Abgrenzung von Eigen- und Fremdkapital nach IAS/IFRS – insbesondere für Personenhandelsgesellschaften,[18] Genossenschaften und Genussrechtsemittenten – sowie Gefahr der Aushöhlung des Betriebskapitals durch Ausschüttung von „Scheingewinnen" als Folge des nach IAS/IFRS maßgeblichen Fair-Value-Ansatzes von Vermögenswerten)
- *Hohe Kostenbelastung* (z. B. wegen der Notwendigkeit einer Parallel-Bilanzierung im Übergangszeitraum und umfassenden Berichterstattungs- und Bewertungserfordernissen, die für kleinere und mittlere Unternehmen als zu aufwändig gestaltet angesehen werden und zudem – als Folge von „Verbesserungsprojekten" des IASB – laufenden Änderungen unterliegen)

Ohne eine Fortentwicklung der IAS/IFRS unter angemessener Berücksichtigung der spezifischen Bedürfnisse mittelständischer, nicht börsennotierter Unternehmen,[19] ohne eine Aufgabe des Grundsatzes der Maßgeblichkeit der Handelsbilanz für die Steuerbilanz in seiner bisherigen Form und ohne entsprechende Anpassungen des deutschen Handels-, Gesellschafts- und Insolvenzrechts wird sich ein rascher und umfassender Übergang auf die internationale Rechnungslegung schwierig gestalten. Zumindest für Personenhandelsgesellschaften ist eine freiwillige Anwendung der aktuell geltenden IAS/IFRS nicht ratsam. Nach alledem gilt:

Trotz der zunehmenden Bedeutung der internationalen Rechnungslegung werden die Rechnungslegungsvorschriften des HGB einstweilen für juristische Fragestellungen maßgeblich bleiben, die erfahrungsgemäß ganz überwiegend gesellschaftsrechtlich oder steuerrechtlich relevante Abschlüsse einzelner Unternehmen zum Gegenstand haben. Wenn im Folgenden von „Rechnungslegung" oder den „geltenden Grundsätzen der Rechnungslegung" gesprochen wird, ist damit stets die deutsche Rechnungslegung auf der Grundlage der derzeit geltenden Vorschriften des III. Buchs des HGB und der in diesem Zusammenhang geltenden ungeschriebenen Grundsätze und Methoden angesprochen. Auf abweichende Rechnungslegungsvorschriften (IAS/IFRS oder US GAAP) wird lediglich in spezifischen Einzelfällen gesondert hingewiesen. 49

Jahresabschluss

Der Jahresabschluss stellt das primäre Instrument der externen →Rechnungslegung jedes Kaufmanns oder Unternehmens dar. Er bezeichnet die zum Ende eines jeden Geschäftsjahrs pflichtgemäß zu erstellende Abrechnung für die abgelaufene Periode (in der Regel ein Zeitraum von 12 Monaten). Verstanden wird hierunter der Geschäftsabschluss eines einzelnen Unternehmens, den man – in begrifflicher Abgrenzung zum Konzernabschluss – auch als Einzelabschluss bezeichnet. Der Konzernabschluss stellt eine Zusam- 50

[18] Vgl. hierzu: „Müssen sich Personengesellschaften arm rechnen? Die IFRS-Rechnungslegung kann zur Überschuldung führen" in FAZ v. 28. 11. 2005, S. 20.

[19] Diese wurde vom Normsetzungsgremium IASB bereits durch das Projekt „Accounting Standards for Small and Medium-sized Entities" (kurz „SME-Projekt") eingeleitet, das allerdings bisher noch nicht über ein z. T. kritisch aufgenommenes „Discussion Paper" hinausgekommen ist.

menfassung mehrerer Einzelabschlüsse von rechtlich verbundenen Unternehmen dar, die speziellen Regeln unterliegt und deshalb einem gesonderten Abschnitt dieser Darstellung vorbehalten ist.[20]

51 Der Jahresabschluss besteht in Deutschland bei Kapitalgesellschaften (und diesen gleichgestellten Personenhandelsgesellschaften) aus folgenden Bestandteilen:

- →Bilanz
- →Gewinn- und Verlustrechnung
- →Anhang

52 Ein Jahres- oder Konzernabschluss kann bzw. muss je nach anwendbarem Recht daneben weitere Zahlenwerke enthalten, an erster Stelle ist hier die *Kapitalflussrechnung* (auch Cashflow-Rechnung) zu nennen, die zusätzlicher Bestandteil des Konzernabschlusses ist.

Bilanz

53 Im Vordergrund der hier vorgestellten Begriffswelt steht die „Bilanz". Dieser Terminus wird in der Praxis häufig auch als Synonym für den gesamten handelsrechtlichen →Jahresabschluss gebraucht. So wird auch verständlich, dass man allgemein von *„Bilanz ziehen"*, *„Bilanzierung"* oder *„Bilanzrecht"* spricht, wenn man ganz allgemein den Vorgang der externen Rechnungslegung bzw. die für sie geltenden Regeln bezeichnen möchte, und unter *„Bilanzpolitik"* die Nutzung von Gestaltungsmöglichkeiten in der Rechnungslegung schlechthin versteht. Außerdem hat sich in der betriebswirtschaftlichen Terminologie der Begriff *„Bilanzanalyse"* verfestigt, obgleich es sich dabei der Sache nach um eine Analyse des Jahres- oder Konzernabschlusses handelt.

Bilanzen können zu diversen internen oder externen Zwecken erstellt werden. Die Anlässe und die angestrebten Informationsziele für die Erstellung einer Bilanz können unterschiedlich sein. Es kann sich um laufende Bilanzen (z.B. Monats-, Halbjahres- oder Geschäftsjahresbilanzen) oder Sonderbilanzen handeln, z.B. um Gründungs- oder Eröffnungsbilanzen, Umwandlungs- oder Fusionsbilanzen, Insolvenzeröffnungs- oder Liquidationsschlussbilanzen. Die Bilanz kann unter Beachtung des Steuerrechts (z.B. als Ertragsteuerbilanz) erstellt werden. Sie kann als Einzelbilanz die Vermögensgegenstände und Schulden eines Unternehmens abbilden oder als Konzernbilanz die Einzelbilanzen der einbezogenen Konzernunternehmen zusammenfassen. Auf einige für die juristische Praxis relevante *Sonderbilanzen* wird noch gesondert eingegangen werden.[21]

54 Eine Bilanz ist ein *Rechnungsabschluss.* Mit diesem Zahlenwerk schließt eine Abrechnungsperiode ab. Ursprünglich stellte die Bilanz eine bloße Kontrollrechnung dar. Diese sollte sicherstellen, dass die unterjährig geführte →doppelte Buchführung rechnerisch korrekt und in sich stimmig war, also „aufging". Eine Bestandsrechnung wie die Bilanz „geht auf", wenn sich die aktiven und passiven Bestandskonten[22] bei einer Gegenüberstellung per Saldo, d.h. in ihrer Gesamtheit, betragsmäßig ausgleichen und die sich eine zum Stichtag des Rechnungsabschlusses gegenüber dem Anfangsbestand der Abrechnungsperiode ergebende Vermögensänderung nachvollziehbar und zutreffend als Periodenergebnis (Gewinn oder Verlust) bestimmen lässt. Entwickelt man diese formal anspruchslose Kontrollrechnung weiter, indem man ihr durch eine zweckmäßige Gruppierung und Zusammenfassung der einzelnen Sachkonten ein aussagefähiges Darstellungsformat zugrunde legt, wird hieraus ein eigenständiges Instrument der Rechnungslegung – die „Bilanz" im heutigen Sinne.

---

[20] Rdn. 730ff.
[21] Vgl. insbesondere Rdn. 945ff.
[22] Vgl. Rdn. 36.

Welchem Zweck dient dieses Zahlenwerk? Ein theoretischer Ansatz sieht in der Bilanz vornehmlich den Zweck verwirklicht, das Vermögen eines Unternehmens im Rahmen einer reinen Statusbetrachtung darzustellen (*statische* Bilanzauffassung). Danach beschränkt sich z.B. die Passivierungspflicht allein auf Verbindlichkeiten und (Verbindlichkeits-) Rückstellungen, da nur diese unmittelbaren Einfluss auf die gegenwärtige Vermögenslage haben können (Bilanz als Vermögensbilanz). Zukünftige Zahlungsabflüsse sind in der Bilanz danach nur insoweit zu erfassen als sie sich bereits in vermögensmindernden Schulden konkretisiert haben. Die Gewinnermittlung ist bei diesem bilanztheoretischen Ansatz eher ein „Nebenprodukt" der Bilanzierung und kein originärer Bilanzzweck. Die „Zerschlagungsstatik" (auch als „juristische Bilanzauffassung" bezeichnet) orientiert sich dabei am fiktiven Verwertungsfall, die „Fortführungsstatik" ermittelt das Unternehmensvermögen hingegen unter der Prämisse der Unternehmensfortführung (*„going concern"*), sieht in dem Unternehmen also nicht einen Verwertungsgegenstand, sondern eine Quelle künftiger Erträge. 55

Eine andere Sichtweise stellt die *periodengerechte Gewinnermittlung* als Bilanzzweck in den Vordergrund (Bilanz als Gewinnermittlungsbilanz). Diese Sichtweise ist darauf ausgerichtet, nicht nur alle eingetretenen, sondern auch alle zukünftigen betrieblichen Wertverzehre zu berücksichtigen, die bis zum Bilanzstichtag wirtschaftlich verursacht sind. Dabei kommt es nicht darauf an, ob diese Wertverzehre bereits zu →Schulden des Unternehmens geführt haben. Dieser theoretische Ansatz kann es z.B. gebieten, bestimmte zukünftige →Aufwendungen durch Rückstellungsbildung vorwegzunehmen, sei es, dass entsprechende Schulden noch nicht entstanden sind, sei es, dass diese nicht entstehen werden, da es sich um innerbetriebliche Maßnahmen handelt, die aber gleichwohl Einfluss auf die Kostenentwicklung haben werden (*dynamische* Bilanzauffassung). Diese Anschauung nimmt daher gewisse Verzerrungen des reinen Vermögensstatus bewusst in Kauf, um die wirtschaftliche *Entwicklung der Vermögenslage* zutreffend abzubilden. 56

Die deutsche →Rechnungslegung folgt im Grundsatz der fortführungsstatischen Bilanzlehre (vgl. §§ 242 Abs. 1, 252 Abs. 1 Nr. 2 HGB), verwirklicht jedoch in bestimmtem Umfang dynamische Elemente. 57

Die Bilanz bildet zum Bilanzstichtag, einer Momentaufnahme vergleichbar, die Vermögens- und Finanzlage des Unternehmens durch Gegenüberstellung von Vermögensgegenständen (Aktiva) und Schulden (Passiva) grundsätzlich unter dem Gesichtspunkt der Unternehmensfortführung ab. 58

Hinsichtlich der äußeren Gestalt der Bilanz bedienen sich die Rechnungslegungssysteme Deutschlands und die vieler kontinentaleuropäischer Länder der zweigliedrigen *Kontoform.* Bei dieser stehen sich die zusammengefassten aktiven (Aktiva) und passiven (Passiva) Bestandskonten der Buchführung zwei Waagschalen vergleichbar (lateinisch: *„bi"* = zwei, *„lanx"* = Waagschale) *horizontal* angeordnet gegenüber. Die Summe aller Aktiva bzw. Passiva wird als Bilanzsumme bezeichnet. Darstellungstechnisch wird dabei das →Eigenkapital zwangsläufig unter den Passivposten ausgewiesen, jedenfalls solange es einen positiven Bestand aufweist, die Vermögenswerte des Unternehmens also die Schulden übersteigen. Der Soll- und Habenspalte eines Kontos entsprechen beim deutschen Bilanzformat Aktiva (Aktivseite) und Passiva (Passivseite): 59

AKTIVA	PASSIVA
aktive Bestandskonten	passive Bestandskonten
....	....
....	....

60 Eine Bilanz verfügt dabei in ihrer Grundstruktur über „vier Bausteine“, nämlich das

- Anlagevermögen
- Umlaufvermögen
- →Eigenkapital
- Fremdkapital

61 Die *Aktivseite* der Bilanz fasst die betrieblich genutzten Gegenstände und Werte (z. B. Grundstücke, Gebäude, Maschinen, Vorräte, Forderungen und liquide Mittel) nach bestimmten Strukturprinzipien zusammen. Ein wesentliches dieser Prinzipien ist die voraussichtliche Dauer der Zugehörigkeit der Vermögenswerte zum Unternehmen. Dies führt zu einer Unterscheidung zwischen Gegenständen des *Anlagevermögens,* die dem Unternehmen für längere Zeit zu dienen bestimmt sind, und Gegenständen des Umlaufvermögens, die sich kurzfristig umschlagen. In der deutschen →Rechnungslegung hat sich der Darstellungsgrundsatz herausgebildet, den Vermögensausweis in der Bilanz mit dem langfristig gebundenen Anlagevermögen beginnen zu lassen, dem die Darstellung des kurzfristig gebundenen *Umlaufvermögens* folgt.

62 Die *Passivseite* der Bilanz gibt darüber Auskunft, wie die unter den Aktiva ausgewiesenen Vermögenswerte finanziert sind, d. h. in welcher Form das Kapital zu ihrer Beschaffung aufgebracht wurde. Dabei werden strukturell zwei Finanzierungsquellen unterschieden. Die Finanzierungsmittel können aus →*Eigenkapital* bestehen, also aus externen Kapitalzuführungen der Unternehmensinhaber (Gesellschafter), vermehrt um erwirtschaftete, nicht ausgeschüttete Gewinne, vermindert um angefallene Verluste. Weit überwiegend wird sich das Unternehmen aber über Dritte (z. B. Kreditgeber, Lieferanten) finanzieren, was zu entsprechenden →Schulden führt, die in ihrer Gesamtheit das *Fremdkapital* ausmachen. Das Verhältnis von Eigen- zu Fremdkapital stellt eine wesentliche betriebswirtschaftliche Größe dar, die mit einem mittlerweile gebräuchlichen englischen Ausdruck als *„Leverage“* bezeichnet wird.

63 Da wesentliche Bestandteile des →Eigenkapitals ihrer Bestimmung nach dem Unternehmen ohne zeitliche Begrenzung zur Verfügung stehen, wohingegen Fremdmittel entweder sofort fällig sind oder nur kurz- oder mittelfristig gewährt wurden, kommt in dieser Zweiteilung – insoweit der Aktivseite vergleichbar – grundsätzlich auch eine Differenzierung nach Fristigkeiten zum Ausdruck. Danach ergibt sich folgendes Grundschema der Bilanz, wobei den „vier Bausteinen“ zu Erläuterungszwecken eine Fristigkeitsangabe hinzugesetzt wurde:

AKTIVA	PASSIVA
Anlagevermögen – langfristig	*Eigenkapital – überwiegend langfristig*
Umlaufvermögen – kurz- oder mittelfristig	*Fremdkapital – kurz- oder mittelfristig*

64 Gibt eine einzelne Bilanz nur den Vermögensstatus zu einem bestimmten Zeitpunkt wieder, so erlaubt der Vergleich zweier aufeinander folgender Bilanzen die Ermittlung der zwischenzeitlich erfolgten Änderungen in der Vermögensstruktur des Unternehmens und damit des hieraus eventuell resultierenden Gewinns oder Verlusts. Bleiben Eigen- und Fremdkapitalbestand der vorangegangenen Bilanz unverändert, führen bis zum folgenden Stichtag realisierte Werterhöhungen des Vermögens zu Gewinnen, Wertminderungen zu Verlusten. Diese Ergebnisse sind im →Eigenkapital jeweils als solche abzubilden. In dem ausgewiesenen Gewinn spiegelt sich bilanziell die eingetretene Vermögensmehrung, in dem Verlust die Vermögensminderung unmittelbar wieder. Die Bilanz ist – wieder – ausgeglichen.

65 Dies sei an vereinfachten Strukturbilanzen wie folgt beispielhaft erläutert:

Die A GmbH veräußert im Jahr 02 ein ungenutztes Grundstück, das in der Bilanz des vorangegangenen Geschäftsjahres 01 mit einem Wert von TEUR 250 angesetzt war, zu einem Kaufpreis von TEUR 400. Sie realisiert damit eine Vermögensmehrung von TEUR 150.

AKTIVA	31. 12. 01			PASSIVA
	TEUR		TEUR	
Anlagevermögen	250	Eigenkapital	25	
Umlaufvermögen	0	Fremdkapital	225	
	250		250	

AKTIVA	31. 12. 02			PASSIVA
	TEUR		TEUR	
Anlagevermögen	0	Eigenkapital		
		Stand 1. 1. 02	25	
		Gewinn	150	
		Stand 31. 12. 02		175
Umlaufvermögen	400	Fremdkapital		225
	400			400

Verluste führen stets zu einer Minderung des Eigenkapitals. Dies folgt aus dem Grundsatz, dass dem Kaufmann nicht nur die Unternehmensgewinne als Verzinsung des eingesetzten Kapitals zustehen, sondern er mit diesem Kapital zugleich auch die auf ihn entfallenden Verluste zu tragen hat.

Werfen wir einen kurzen Blick auf alternative Darstellungsformen der →Bilanz, die uns in der Praxis anderer Länder begegnen können. Die britische →Rechnungslegung kennt kein gesetzlich vorgeschriebenes Format. Bevorzugt wird die *vertikal* aufgebaute *Staffelform.* Die →Schulden werden dabei darstellungstechnisch als Abzugsposten von den Vermögenswerten behandelt. Damit wird zugleich der Charakter des →Eigenkapitals als Saldogröße betont. In der US-amerikanischen →Rechnungslegung werden →Vermögensgegenstände sowie →Eigenkapital und →Schulden vergleichbar der kontinentaleuropäischen →Rechnungslegung vergleichbar jeweils unsaldiert zu Blöcken zusammengefasst, die den Bilanzsummen deutscher Prägung entsprechen *(Total Assets – Total Liabilities).* Diese Blöcke werden jedoch nicht horizontal nebeneinander, sondern vertikal angeordnet. Die dargestellten Unterschiede entspringen unterschiedlichen kulturellen Gewohnheiten und sind rein formaler Natur. Andere Aussagen sind mit ihnen nicht verbunden. **66**

Vermögensgegenstand

Die Posten der →Bilanz entfallen nach § 246 Abs. 1 HGB auf drei Kategorien: Vermögensgegenstände, →Schulden und Posten der →Rechnungsabgrenzung. Eine Legaldefinition des Begriffs „Vermögensgegenstand“ existiert nicht. Die Definitionsansätze im Schrifttum sind vielfältig, eine befriedigende allgemeingültige Klärung des Begriffs wurde nicht erreicht. Als mögliche Anhaltspunkte für die Vermögensgegenstandsqualität werden genannt: **67**

- selbstständige Verkehrsfähigkeit (Einzelbeschaffbarkeit, -veräußerbarkeit und -verwertbarkeit)
- Entgeltlichkeit des Erwerbs
- Zuordenbarkeit zu einem Bilanzposten (Aktivierbarkeit)
- Einzelbewertbarkeit („Greifbarkeit“)

„Vermögensgegenstände“ sind alle Aktivposten der →Bilanz mit Ausnahme ausstehender, noch nicht eingeforderter Einlagen (§ 272 Abs. 1 HGB), bestimmter sog. Bilan- **68** zierungshilfen (vgl. §§ 269, 274 Abs. 2 HGB), der aktivischen Rechnungsabgrenzungsposten (§§ 250, 266 Abs. 2 C. HGB) sowie eines nicht durch Eigenkapital gedeckten Fehlbetrags (§ 268 Abs. 3 HGB).

69 In diesem Zusammenhang ist anzumerken, dass die internationale Rechnungslegung, die von „Vermögens*werten*" („*Assets*") spricht, einen weiter gefassten und auf eine andere Sichtweise gegründeten Begriff verwendet, der mehrere kumulativ zu erfüllende Voraussetzungen hat. Danach ist ein Vermögenswert

- eine *Ressource* in der Verfügungsmacht eines Unternehmens,
- die das Ergebnis eines Ereignisses der *Vergangenheit* ist und von der
- *künftiger wirtschaftlicher Nutzen* für das Unternehmen erwartet wird.

Abschreibungen

70 In der →Bilanz ausgewiesene →Vermögensgegenstände sind nach § 253 Abs. 1 Satz 1 HGB zu ihren Anschaffungs- oder Herstellungskosten, „vermindert um Abschreibungen anzusetzen". Es besteht also grundsätzlich ein gesetzliches *Abschreibungsgebot.* Bei den Abschreibungen handelt es sich um →Aufwendungen des Unternehmens, die zu keinen Auszahlungen in der betreffenden Periode führen, sondern einen innerbetrieblichen Vorgang – die zwischenzeitlich eingetretene Wertminderung eines Vermögensgegenstandes – widerspiegeln. Während sich die Notwendigkeit der ergebniswirksamen Erfassung zahlungsbezogener Aufwendungen (wie z. B. die Verbuchung von Lohn- und Gehaltszahlungen) ohne weiteres erschließt, bedarf die nicht mit Auszahlungen verbundene Minderung von Anschaffungs- oder Herstellungskosten abnutzbarer Anlagegüter durch „Abschreibungen" der näheren Erläuterung. Dies eröffnet zugleich die Gelegenheit, zwei wichtige Aspekte für das Verständnis der Rechnungslegung darzustellen, die

- periodengerechte Gewinnermittlung – also die zutreffende Erfassung betrieblicher Wertverzehre im *Ergebnis* einer Abrechnungsperiode unabhängig davon, ob diese unmittelbar zu Ein- oder Auszahlungsvorgängen geführt haben
- Ansammlung von verdienter →*Liquidität* im Unternehmen – also ein Vorgang der Unternehmensfinanzierung.

71 Abschreibungen dienen in erster Linie dazu, betriebliche Wertverzehre, die bei Gegenständen des Anlagevermögens eingetreten sind, im Periodenergebnis abzubilden. Der steuerrechtliche Begriff für diesen Vorgang ist präziser als der handelsrechtliche: „*Absetzungen für Abnutzung*" (kurz: „AfA"). Es handelt sich im Fall planmäßiger Abschreibungen auf Gegenstände des Anlagevermögens (z. B. Gebäude oder Maschinen) um eine über die betriebsgewöhnliche Nutzungsdauer verteilte methodische Aufwandsverrechnung. Diese dient der systematischen Berücksichtigung von nutzungsbedingten Wertminderungen bei Anlagegütern, die zu keinen Auszahlungen geführt haben aber das betriebliche Ergebnis wirtschaftlich belasten, da sie als notwendiger Kostenbestandteil anzusehen sind. Würde man diesen zahlungsunwirksamen Kostenbestandteil nicht durch Abschreibungen buchmäßig erfassen, ergäbe sich eine falsche Darstellung der Vermögens- und der Ertragssituation des Unternehmens, da die Substanzminderung durch Abnutzung von Anlagegütern außer Ansatz bliebe.

72 Betriebswirtschaftlich betrachtet stellen Abschreibungen auf Anlagegüter darüber hinaus eine bedeutsame Quelle der *Selbstfinanzierung* des Unternehmens dar, da durch die zahlungsunwirksame Aufwandsverrechnung steuerfrei →Liquidität im Unternehmen angesammelt wird. Arbeitet ein Unternehmen nämlich profitabel, so übersteigen die Einnahmen in Form von Mittelzuflüssen aus der laufenden Geschäftstätigkeit die Ausgaben in Form von Mittelabflüssen. Der dadurch im Unternehmen entstehende Überschuss der operativen Einzahlungen über die laufenden operativen Auszahlungen einer Periode – der

„Cashflow“[23] – entspricht dabei betragsmäßig nicht dem handelsbilanziellen Ergebnis der Abrechnungsperiode, das auch nicht zahlungswirksame Erfolgsauswirkungen umfasst. Allein Letzteres ist jedoch Ausgangspunkt der steuerlichen Gewinnermittlung und der Gewinnverteilung unter den Gesellschaftern. Der Unterschied zwischen dem erwirtschafteten Liquiditätsüberschuss (also dem Zugang an Kassenvermögen oder Barmitteln) und dem Periodenergebnis besteht in den nicht zahlungswirksamen Buchungsvorgängen, zu denen in erster Linie die Abschreibungen zu rechnen sind. Derjenige Teil des Cashflow, der auf die verrechneten Abschreibungen entfällt, tritt als handelsrechtlicher Ergebnisbestandteil nicht in Erscheinung. Er wird daher grundsätzlich weder durch (anteilige) Steuerzahllasten gemindert noch steht er den Gesellschaftern einer Kapitalgesellschaft zu Ausschüttungszwecken zur Verfügung. Das Unternehmen kann diese Mittel vielmehr in vollem Umfang zu Finanzierungszwecken verwenden, zur Re-Investition in das abnutzbare Anlagevermögen bzw. zur Schuldentilgung, falls die abgeschriebenen Anlagegüter fremdfinanziert wurden. Denn diese müssen nach Ablauf ihrer Nutzungsdauer durch neue ersetzt werden. Zur Begleichung der hieraus resultierenden Kaufpreisschulden sind liquide Mittel erforderlich. Diese können durch Abschreibungen gleichsam im Unternehmen selbst „angespart“ werden. Dies gilt zumindest dann und insoweit, als die Abschreibungen tatsächlich „verdient“, also durch einen entsprechenden Cashflow aus operativer Unternehmenstätigkeit gedeckt sind.

Dieser Ansatz lässt sich betriebswirtschaftlich noch verfeinern, wenn man einem Anla- 73
gegut bestimmte Einnahmeüberschüsse (Cashflows) direkt zuordnen kann. Den Vorgang der Deckung von Anschaffungskosten eines Anlageguts durch die mit diesem erzielten Einnahmeüberschüsse bezeichnet man dabei als *Amortisation* (von Französisch „amortir“= tilgen), den entsprechende Zeitraum als Amortisationszeit. Diese muss mit der handelsbilanziell angesetzten betriebsgewöhnlichen Nutzungsdauer, also der Zeit des tatsächlichen Einsatzes des Anlageguts im betrieblichen Leistungserstellungsprozess, nicht übereinstimmen, vielmehr liegt sie bei rentablen Investitionen mehr oder weniger deutlich unter der tatsächlichen Nutzungsdauer. Sie bezeichnet die sog. „Payback-Periode“, also den Zeitraum, in dem sich eine Investition aus den jährlichen Nettoerträgen unter Berücksichtigung der Abschreibungen „bezahlt macht“. Die Ausgestaltung der Fremdfinanzierung einer Investition erfordert daher eine realistisch geplante Amortisationsrechnung, um den Tilgungszeitraum angemessen festzulegen. Ein vergleichbarer gedanklicher Ansatz liegt übrigens dem angelsächsischen Begriff des „Asset“ (zu Deutsch: „Vermögenswert“) zugrunde, der in der internationalen Rechnungslegung anstelle des deutschen Terminus →Vermögensgegenstand verwendet wird, mit dem er inhaltlich nicht bedeutungsgleich ist. Die Aktivierungsfähigkeit eines „Vermögenswerts“ bestimmt sich nämlich wesentlich nach dessen Eignung, einen zukünftigen wirtschaftlichen Nutzen zu erzielen (vgl. Darstellung unter →Vermögensgegenstand). Dieser bemisst sich anhand von Cashflows.

Den *planmäßigen Abschreibungen* liegen aus Vereinfachungsgründen typisierende 74
Schätzmaßstäbe für die betriebsgewöhnlichen Nutzungsdauern der Anlagegüter zugrunde, die sich in Deutschland faktisch auch für die Handelsbilanz nach steuerrechtlich normierten Vorgaben zu richten haben, will das Unternehmen die Einrichtung zweier unterschiedlicher Anlagenverzeichnisse für handels- und steuerbilanzielle Zwecke vermeiden. Demzufolge wird beim Ansatz von Nutzungsdauern unter Berücksichtigung betrieblicher Besonderheiten weitgehend schematisch verfahren. Die steuerlichen Abschreibungstabellen beruhen zwar auf allgemeinen Erfahrungswerten und stellen daher sinnvolle Anhaltspunkte für die Bestimmung der tatsächlichen Nutzungsdauer dar, sie sind

[23] Vgl. hierzu im Einzelnen Rdn. 721 ff.

aber auch von fiskalischen Gesichtspunkten geprägt. Dies führt gelegentlich zu eher langen Nutzungsdauern und zu linearen Verläufen der Abschreibung, was im Einzelfall den konkreten betrieblichen Gegebenheiten widersprechen kann mit der Folge, dass bilanziell zu hohe Werte ausgewiesen werden. Andererseits ist das Steuerrecht von Lenkungszwecken geprägt und sieht daher wirtschaftliche Anreize in Form von Sonderabschreibungen vor. Diese wiederum können zur Bildung „stiller Reserven" führen, wenn der Abschreibungsverlauf einen erst zukünftig eintretenden Wertverzehr vorwegnimmt und einen zu niedrigen Wertansatz bewirkt.

75 *Außerplanmäßige Abschreibungen* auf den „niedrigeren beizulegenden Wert" – das Steuerrecht spricht in diesen Fällen von Abschreibungen auf den niedrigeren „Teilwert" – tragen besonderen Umständen Rechnung, die im konkreten Einzelfall zu einer Minderung des für bestimmte Vermögensgegenstände tatsächlich realisierbaren Werts geführt haben. Außerplanmäßige Abschreibungen kommen nicht nur für abnutzbare Anlagegüter, sondern auch für Finanzanlagen (z.B. Unternehmensbeteiligungen) oder Gegenstände des Umlaufvermögens (z.B. Vorräte oder Forderungen) in Betracht, die keiner planmäßigen Abschreibung unterliegen. Beispielhaft seien folgende Fälle erwähnt:

- die unerwartet hohe Auslastung einer Maschine führt zu deren vorzeitigem Verschleiß und einer entsprechenden Wertminderung
- wegen deutlich gesunkener Ertragskraft einer Tochtergesellschaft ergibt sich nach den allgemeinen Grundsätzen der Unternehmensbewertung ein Ansatz für die Beteiligung, der geringer ist, als deren bisher bilanzierte Anschaffungskosten
- ein Preisverfall am Absatzmarkt der Produkte des Unternehmens löst einen Abwertungsbedarf im Vorratsbestand aus, da dessen historische Anschaffungs- oder Herstellungskosten unter Berücksichtigung noch anfallender Aufwendungen den nunmehr erzielbaren Marktpreis überschreiten
- die Insolvenz eines Kunden führt dazu, dass eine gegenüber diesem bestehende Forderung wegen Uneinbringlichkeit wertberichtigt werden muss.

76 In der Praxis bezeichnet man diese Buchwertkorrekturen z.T. auch als „Wertberichtigungen". In §§ 253, 254, 279 HGB sind – in Abhängigkeit vom jeweiligen Abschreibungsgegenstand und der Rechtsform des Unternehmens – Fälle geregelt, in denen außerplanmäßige Abschreibungen handelsbilanziell vorzunehmen sind oder vorgenommen werden können. Erholt sich der Wert eines außerplanmäßig abgeschriebenen →Vermögensgegenstands, ist nach § 280 HGB – soweit tatbestandlich anwendbar – eine „Wertaufholung" vorzunehmen, die allerdings die Obergrenze der ursprünglichen Anschaffungs- oder Herstellungskosten nicht überschreiten darf.

Buchwert

77 In der kaufmännischen Buchführung werden →Vermögensgegenstände (z.B. Anlagegüter) und →Schulden (z.B. Kaufpreisverbindlichkeiten) unter Beachtung bestimmter Ansatz- und Bewertungsvorschriften zu einem Wert angesetzt, der als *Buchwert* bezeichnet wird, da er dem bei Anwendung der Grundsätze ordnungsmäßiger Buchführung in den Handelsbüchern geführten Wert des jeweiligen Postens entspricht. Als Buchführungsgrundsätze in diesem Sinne sind in erster Linie das Anschaffungskostenwertprinzip, verstanden als Wertobergrenze (vgl. § 253 Abs. 1 Satz 1 HGB), sowie der Grundsatz der kaufmännischen Vorsicht (vgl. § 252 Abs. 1 Nr. 4 HGB) zu nennen.

78 Der Buchwert eines →Vermögensgegenstandes repräsentiert unter Zugrundelegung dieser Anforderungen nicht notwendig den jeweils aktuellen, im Falle der Veräußerung erzielbaren Wert (Verkehrswert oder *„fair value"*) im Sinne eines voraussichtlichen Einzelveräußerungspreises. Fällt der Verkehrswert (steuerlich: Teilwert) jedoch unter den fortgeführten Buchwert, ist letzterer entsprechend zu korrigieren. Liegt der Verkehrswert

hingegen über dem Buchwert, ohne dass dieser in der Vergangenheit durch außerplanmäßige →Abschreibungen gemindert worden war, ist eine werterhöhende Zuschreibung unzulässig. In Höhe der angenommenen Wertdifferenz besteht eine rechnerische „stille Reserve", die in aller Regel nur dann realisiert wird, wenn ein tatsächlicher Verkauf über Buchwert gelingt.

Kapital

Das Kapital ist die Finanzierungsquelle eines Unternehmens. Es wird auf der Passivseite der →Bilanz ausgewiesen. Je nach der Herkunft und der Haftungsqualität der Finanzmittel unterscheidet man →Eigenkapital und →Fremdkapital. Das Kapital beschafft sich ein börsennotiertes Unternehmen weitgehend auf dem organisierten Kapitalmarkt, der unterschiedliche Instrumente mit Eigen- oder Fremdkapitalcharakter anbietet (z. B. durch Aktienemission, Genussrechtskapital, Anleihen). 79

Eigenkapital

Das Eigenkapital repräsentiert das *bilanzielle Unternehmensvermögen* im Sinne eines mit Haftungsqualität ausgestatteten „Reinvermögens". Rechnerisch betrachtet ist das Eigenkapital eine *Nettogröße,* die sich durch Gegenüberstellung von →Vermögensgegenständen und →Schulden eines Unternehmens ergibt. Das Eigenkapital umfasst die in einem Unternehmen insgesamt zur *Selbst*finanzierung vorhandenen Mittel – verstanden im Sinne eines bilanziellen *Verlustdeckungspotenzials.* Die Frage, ob und in welchem Umfang im konkreten Fall eventuelle Barverluste des Unternehmens ohne Störung der Geschäftstätigkeit tatsächlich aus vorhandener →Liquidität aufgefangen werden können, ist damit allerdings nicht beantwortet. Die Eigenmittel können nämlich in sehr unterschiedlicher Weise im Unternehmen gebunden sein, worüber die Aktivseite der →Bilanz nähere Auskunft gibt. Sie bestehen gewöhnlich nur zu einem kleinen Teil in jederzeit verfügbaren Barreserven in Form von Einlagen bei Kreditinstituten und Kassenbeständen (liquiden Mitteln), zu einem wesentlichen Teil können sie daher erst auf dem Wege wirtschaftlicher Umsetzungsprozesse (z. B. durch Fertigstellung und Veräußerung unfertiger Erzeugnisse, Eintreibung offener Forderungen, Verkauf von Anlagegegenständen) „zu Geld gemacht" und damit zur Schuldentilgung eingesetzt werden. Reichen diese Möglichkeiten nicht oder können sie nur um den Preis der Einschränkung oder Aufgabe der Unternehmenstätigkeit genutzt werden, muss das Unternehmen versuchen, das Eigenkapital und/oder die Fremdfinanzierung zu erhöhen. Das bilanzielle Eigenkapital vermittelt also für sich allein betrachtet keine konkrete Aussage zur kurzfristigen Zahlungsfähigkeit des Unternehmens. Verwertbare Informationen hierzu können erst im Wege der Bilanzanalyse gewonnen werden. Diese Analyse setzt – neben anderem – eine Kenntnis der Fristigkeitsstruktur der Verbindlichkeiten und der aus ihr resultierenden Zeitpunkte von Mittelabflüssen voraus. 80

Die Eigenkapitalziffer repräsentiert demgegenüber den „Wert des Unternehmens im Ganzen", allerdings auf der Grundlage einer reinen *Substanz*betrachtung und – wichtiger noch – unter Beachtung der geltenden Rechnungslegungsgrundsätze, d. h. auf Basis von vorsichtig angesetzten →Buchwerten allein solcher Güter und Rechte, die als *bilanzierungsfähig* angesehen werden. Hierzu zählen selbst geschaffene immaterielle Werte nicht (z. B. Patente, Geschäfts- oder Firmenwert, Kundenstamm, Wert einer Handelsmarke). Dieser Ansatz gewährleistet daher auf Grund seiner spezifischen Zweckbestimmung nicht, dass sich sämtliche wertbildenden Faktoren eines Unternehmens in Höhe ihrer realen Bedeutung in der Eigenkapitalziffer widerspiegeln. Diese entspricht daher in aller Regel nicht dem *„wahren Wert"* des Unternehmens, verstanden als dessen Marktwert oder Verkehrswert aus der Sicht eines potenziellen Erwerbers. Dieser Wert wird deshalb 81 üblicherweise nicht als Substanzwert auf Buchwert- oder Verkehrswertbasis, sondern als Zukunftserfolgswert ermittelt, d.h. als (abgezinste) Summe erwarteter zukünftiger Einnahmeüberschüsse. Andererseits stellen die Eigenkapitalziffer und ihre Relation zur Bilanzsumme (Eigenkapitalquote) wichtige Ausgangsgrößen für die externe Bilanzanalyse dar. Die Höhe des Eigenkapitals fließt zudem regelmäßig in Kaufpreisüberlegungen ein (z.B. in Form von Eigenkapitalgarantien).

Liquidität

82 Eine wichtige Unterscheidung ist die zwischen dem →Eigenkapital und vorhandener Liquidität. Die Gewährleistung hinreichender Liquidität gehört zu den grundlegenden unternehmerischen Zielen. Die Liquidität beschreibt die Fähigkeit eines Unternehmens, zu jedem Zeitpunkt seine fälligen Zahlungsverpflichtungen aus verfügbaren Finanzmitteln fristgerecht erfüllen zu können. Ein Unternehmen kann in substanzieller Hinsicht „reich" sein, d.h. über ein umfangreiches Buchvermögen an Anlagen, Maschinen und Forderungen verfügen, zugleich aber außer Stande sein, zur Aufrechterhaltung des Geschäftsbetriebs notwendige Investitionen oder laufende Aufwendungen (z.B. Personalkosten) zu finanzieren. Ohne die Aufrechterhaltung der Zahlungsbereitschaft ist jedoch der Fortbestand eines Unternehmens gefährdet, es droht die Insolvenz. Diese Zusammenhänge werden in der Öffentlichkeit häufig nicht beachtet, was zu Fehlinterpretationen führen kann.

83 **Beispiel:** Die Y-GmbH ist zum 31. 12. 01 als sog. „Spin-off" durch Übertragung von Betrieben und Betriebsteilen der fortbestehenden X-AG entstanden, die sich allein ihrem Kerngeschäft widmen wollte. In diesem Zusammenhang wurde die Y-GmbH bei einer Bilanzsumme von TEUR 10.000 mit einem „Startkapital" von TEUR 2.500 ausgestattet, das im Wesentlichen in Fertigungsanlagen, Maschinen, Vorräten und Kundenforderungen gebunden war. Die liquiden Mittel betrugen zu diesem Zeitpunkt TEUR 150. Bereits im Jahr 02 treten wirtschaftliche Probleme auf, wichtige Marktanteile gehen verloren, Kunden zahlen schlecht oder fallen aus. Die Liquiditätslage ist angespannt, da den laufenden Barabflüssen keine entsprechenden Zuflüsse gegenüberstehen. Eine →Überschuldung im insolvenzrechtlichen Sinne liegt indessen nicht vor, die Y-GmbH verfügt über ein durch Anlaufverluste gemindertes, aber ausreichendes bilanzielles Eigenkapital.

Die kreditgebende Bank stimmt jedoch einer Ausweitung des Kreditrahmens nicht zu. Bereits im Mai 02 beantragt die Geschäftsführung der Y-GmbH daher vorsorglich die Eröffnung eines Insolvenzverfahrens, da die Auszahlung der Löhne und Gehälter nicht mehr gesichert erscheint. In einer Regionalzeitung heißt es hierzu:

„Nach Informationen dieser Zeitung verfügte die Y-GmbH noch im September 01 über ein Eigenkapital von TEUR 2.500 und TEUR 150 an Barmitteln. Angesichts eines Betriebsverlustes von lediglich TEUR 85 für das gesamte Geschäftsjahr 01 erhob sich zunächst die Frage, wo und wie jetzt in nur wenigen Monaten so viel Kapital versenkt werden konnte. Zwischenzeitlich suchte daher der vorläufige Insolvenzverwalter nach dem verschwundenen Kapital. Nach letzten Nachrichten soll nun angeblich doch nichts fehlen. Warum die Y-GmbH dann aber pleite sein soll, ist nicht klar..."

Diese Darstellung verrät eine – in der deutschen Presselandschaft leider nicht selten anzutreffende – Unkenntnis grundlegender bilanzieller Zusammenhänge. Offenkundig verwechselt der Redakteur nicht nur die Begriffe →Eigenkapital und Liquidität, sondern er scheint darüber hinaus auch die Voraussetzungen für den Eintritt einer Insolvenz nicht zu kennen, die sowohl auf einer →Überschuldung als auch auf einer Zahlungsunfähigkeit beruhen kann. Es wurde im geschilderten Fall kein „Kapital versenkt", es handelt sich auch nicht um ein rätselhaftes „Verschwinden" von Kapital, lediglich standen aktuell keine ausreichenden Barmittel mehr zur Verfügung, um fällige Zahlungen an Mitarbeiter und Lieferanten zu leisten.

84 Für die Liquiditätslage eines Unternehmens ist der *„Working Capital Cycle"* (auch: *„Cash Cycle"*) von besonderer Bedeutung. Dieser umfasst das Umlaufvermögen und die kurzfristigen Verbindlichkeiten – zusammen als *„working capital"* bezeichnet – und spiegelt den Güterkreislauf der betrieblichen Unternehmensaktivität wider:

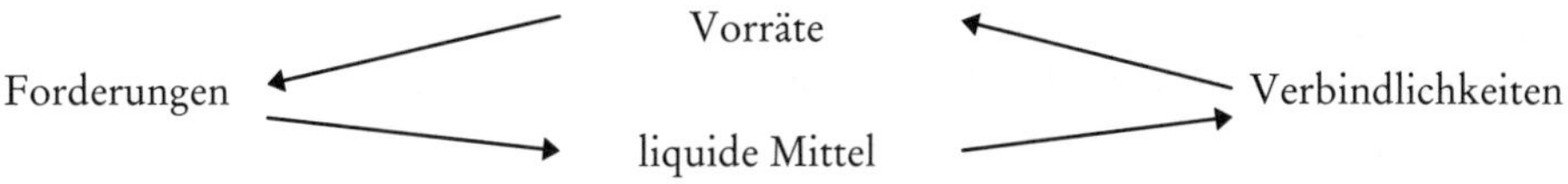

In einem typischen Produktions- oder Handelsunternehmen werden Rohstoffe beschafft, Erzeugnisse produziert bzw. Waren eingekauft, die in der Bilanz unter den „Vorräten" ausgewiesen werden. Die beschriebenen Beschaffungs- oder Herstellungsvorgänge führen zu Mittelabflüssen. Diese müssen finanziert werden und schlagen sich zum Bilanzstichtag in Waren-, Leistungs- oder Geldkrediten – also „Verbindlichkeiten" – nieder. Gleichzeitig entstehen durch den Absatz der Erzeugnisse oder Waren „Forderungen", aus deren Realisierung wiederum Mittelzuflüsse resultieren. Alle diese Transaktionen lösen somit Geldströme unterschiedlicher Fliessrichtung aus. Die Liquiditätslage eines Unternehmens ist ausgeglichen, wenn sich die aus dem Güterkreislauf resultierenden Zu- und Abflüsse betragsmäßig decken und bestehende zeitliche Unterschiede bezüglich deren Eintritts durch ein ausreichendes „Liquiditätspolster" überbrückt werden können. 85

Beispiel: Bei der D-GmbH, einem Lebensmittel-Einzelhandelsunternehmen, ergeben sich im Vergleich zur E-GmbH, einem Maschinenbauer, folgende durchschnittliche „Durchlaufzeiten" in Tagen: 86

	D-GmbH	E-GmbH
Lagerdauer/Produktionszyklus	15	85
Lieferantenkredit	– 30	– 30
	– 15	55
Kundenkredit	2	60
Finanzierungszeitraum	– 13	115

Die D-GmbH, die nahezu ausschließlich sofort kassenwirksame Barumsätze tätigt, finanziert sich praktisch gesehen über ihre Lieferanten und kann dabei einen zinslosen Kredit in Anspruch nehmen. Durchschnittlich 13 Tage können die Mittelzuflüsse aus den Verkäufen im Unternehmen „arbeiten" oder anderweitig angelegt werden.

Demgegenüber hat die E-GmbH einen hohen Überbrückungszeitraum zu beachten: sie muss nicht nur die wesentlich längere Mittelbindung im Leistungserstellungsprozess, sondern auch das ihren Kunden gewährte Zahlungsziel vorfinanzieren. Ihr Kapitalbedarf ist daher allein auf Grund dieser zeitlichen Abläufe wesentlich höher als der der D-GmbH, soll die Zahlungsbereitschaft zu jedem Zeitpunkt gewährleistet sein. Diesen Kapitalbedarf wird sie durch eine entsprechend höhere Eigenkapitalausstattung und/oder Betriebsmittelkredite decken müssen, die ihr Ergebnis durch Kapitalkosten zusätzlich belasten, wohingegen die D-GmbH positive Ergebnisbeiträge aus dem Finanzierungsbereich erwirtschaften kann.

Fremdkapital

Der Begriff „Fremdkapital" umfasst alle von außen bereitgestellten, rückzahlbaren Finanzmittel eines Unternehmens, die nicht über den Haftungscharakter des →Eigenkapitals verfügen. Es repräsentiert daher die kurz-, mittel- oder langfristige Verschuldung des Unternehmens bei seinen Gläubigern (→Schulden). 87

Schulden

Der bilanzielle Begriff der „Schuld" ist im HGB nicht definiert. Das Gesetz verwendet ihn als Oberbegriff für alle Passivposten (vgl. §§ 246 Abs. 1, 247 HGB), die weder dem Eigenkapital zuzurechnen sind (§ 266 Abs. 3 A HGB) noch zu den passivischen Rechnungsabgrenzungsposten zählen (§ 266 Abs. 3 D HGB). Ungeachtet der im Gesetz an anderer Stelle vorgenommenen begrifflichen Trennung des Fremdkapitals in *„Verbindlichkeiten"* und *„Rückstellungen"* (vgl. §§ 253 Abs. 1, 266 Abs. 3 B und C HGB) wird der Begriff „Schuld" im allgemeinen wirtschaftlichen Sprachgebrauch mit dem Begriff „Verbindlichkeit" gleichgesetzt, zumal es sich auch bei den Rückstellungen – von weni- 88 gen Ausnahmen abgesehen – der Sache nach um Verbindlichkeiten handelt. Die Merkmale von Schulden im Sinne des HGB sind nach allgemeiner Auffassung:

- Außenverpflichtung gegenüber einem Dritten
- wirtschaftliche Verursachung in der Vergangenheit
- Wahrscheinlichkeit der Inanspruchnahme

89 Nach den insoweit weitgehend identischen Grundsätzen der internationalen Rechnungslegung ist eine Schuld („*liability*“) eine

- *Verpflichtung* des Unternehmens gegenüber Dritten,
- die das Ergebnis eines Ereignisses der *Vergangenheit* ist und von der
- ein *künftiger Ressourcenabfluss* erwartet wird.

Unterbilanz und Überschuldung

90 Die Begriffe „Unterbilanz“ und der „Überschuldung“, die Fälle des Kapitalverlusts bezeichnen, werden in Schrifttum und Praxis gelegentlich synonym gebraucht. Richtigerweise ist allerdings zu differenzieren: Eine Unterbilanz bezeichnet den Fall, dass das *gesellschaftsvertraglich festgelegte →Eigenkapital* (Gezeichnetes Kapital) und die gesetzlich vorgeschriebenen Reserven (Gesetzliche Rücklage) durch Verluste der Gesellschaft *gemindert* sind, da keine aus Vorjahren vorgetragenen Gewinne oder „freien“ Rücklagen existieren, welche die eingetretenen Verluste betragsmäßig kompensieren können. In diesem Fall reicht das Unternehmensvermögen nicht mehr aus, neben dem Fremdkapital auch das Eigenkapital als verbleibende Haftungsmasse zur Gänze abzudecken. Man spricht daher von *Unter*bilanz. Das Unternehmen weist hingegen noch ein positives Rest-Eigenkapital aus, das Fremdkapital ist folglich noch durch das Unternehmensvermögen gedeckt, eine „*Über*schuldung“ liegt nicht vor. Diese ist erst gegeben, wenn Unternehmensverluste (oder – bei Personengesellschaften – auch Entnahmen) dazu geführt haben, dass das Vermögen des Unternehmens nicht einmal mehr seine →Schulden vollständig deckt, die Bilanz also ein *negatives →Eigenkapital* ausweist. Bereits an dieser Stelle sei vorsorglich erwähnt, dass im Einzelfall zwischen einer solchen bilanziellen Überschuldung[24] im hier dargestellten Sinn und einer Überschuldung nach den Vorschriften des Insolvenzrechts[25] (vgl. § 19 InsO) zu unterscheiden ist, diese Begriffe also nicht als synonym angesehen werden dürfen.

Rechnungsabgrenzung

91 Eine wichtige Aufgabenstellung des →Jahresabschlusses ist die periodengerechte Erfassung des Ergebnisses, die Erfolgsabgrenzung. Dies schlägt sich in der → Bilanz am deutlichsten in der *Rechnungsabgrenzung* nieder, weniger offenkundig ist der Abgrenzungscharakter bestimmter →Rückstellungen.

92 Dem mit den Grundsätzen der Rechnungslegung nicht Vertrauten mögen die Posten der aktivischen und passivischen Rechnungsabgrenzung auf den ersten Blick etwas rätselhaft erscheinen. Das Gesetz nennt in § 246 Abs. 1 HGB die „Rechnungsabgrenzungsposten“ als dritte Postenkategorie neben den „Vermögensgegenständen“ und den „Schulden“, zu denen sie demgemäß nicht zählen. Andererseits handelt es sich bei ihnen um Positionen der →Bilanz, die sogar im gesetzlichen Gliederungsschema gesondert aufgeführt sind (§ 266 Abs. 2 C und Abs. 3 D HGB) und die deshalb eine eigenständige Bedeutung haben müssen, die allerdings nicht primär im zutreffenden Ausweis des Unternehmensvermögens liegen kann.

---

[24] Vgl. Rdn. 535.
[25] Vgl. hierzu im Einzelnen Rdn. 884 ff.

Die Rechnungsabgrenzungsposten bewegen sich gleichsam auf der „Schnittstelle“ zwischen →Bilanz und →Gewinn- und Verlustrechnung. Sie dienen dazu, im Geschäftsjahr erfolgte Ein- und Auszahlungsvorgänge, die bei wirtschaftlicher Betrachtung →Erträge oder →Aufwendungen einer *Folgeperiode* darstellen, im →Jahresabschluss verursachungsgerecht zuzuordnen und so den Ausweis eines zutreffenden Periodenergebnisses zu gewährleisten. Von einem Unternehmen können nämlich in einem abgelaufenen Geschäftsjahr bereits Zahlungen geleistet bzw. vereinnahmt worden sein, die wirtschaftlich einem →Aufwand bzw. Ertrag *„für eine bestimmte Zeit“* nach dem Bilanzstichtag entsprechen und deren Ergebnisauswirkungen daher richtigerweise erst in der Folgeperiode zu erfassen sind. Mit „Rechnung“ ist daher eine Perioden*rechnung* im Sinne einer Erfolgsrechnung gemeint; die ergebniswirksame Zuordnung von Zahlungsvorgängen zu einer Folgeperiode *„grenzt“* diese von der abgelaufenen Periode *„ab“*. Dieser abstrakt erscheinende Zusammenhang sei näher an Fallbeispielen erläutert. 93

Beispiel: Die A-GmbH erzielt Einnahmen aus der Vermietung von Gewerbegrundstücken. Bereits im Geschäftsjahr 01 hat sie auf Grund eines in der Folgeperiode beginnenden Mietverhältnisses eine Mietvorauszahlung von TEUR 10 erhalten. Der Zahlungseingang wird in der Finanzbuchhaltung auf dem aktiven Bestandskonto „Kasse“ erfasst. Als Gegenkonto wird hingegen nicht ein Erfolgskonto („Mieterlöse“), sondern ein passives Bestandskonto („Rechnungsabgrenzung“) angesprochen. Der Zahlungseingang hat somit im Jahr 01 noch keine Auswirkung auf das Ergebnis. Der abgegrenzte Betrag wird erst in der Folgeperiode erfolgswirksam auf das Konto Mieterlöse umgebucht, da er einem Ertrag dieser Periode entspricht. 94

Andererseits können auch Vorgänge als Vermögensmehrungen oder Vermögensminderungen einer abgelaufenen Periode anzusehen sein, die noch nicht zu Einnahmen oder Ausgaben geführt haben. Entscheidend ist also, ob den →Erträgen und →Aufwendungen bestimmte Geschäftsprozesse oder andere wirtschaftliche relevante Vorgänge zugeordnet werden können, die bei wirtschaftlicher Betrachtung in die Abrechnungsperiode gefallen sind. Die Aufwandszurechnung zu vergangenen Perioden erfolgt vornehmlich durch Bildung von →Rückstellungen. 95

Beispiel: Die A-GmbH wird von einem Wettbewerber im Jahr 01 auf Grund einer behaupteten Patentrechtsverletzung auf Schadensersatz in Anspruch genommen. Die Gesellschaft hält den Anspruch zwar für unbegründet, rechnet jedoch auf anwaltlichen Rat hin ernsthaft damit, in dem bevorstehenden Rechtsstreit zumindest teilweise zu unterliegen. Sie hat daher zum Bilanzstichtag 31. 12. 01 eine Rückstellung für dieses Risiko in entsprechender Höhe gebildet, da sich dieses bereits im abgelaufenen Jahr konkretisiert hat. Der Rückstellungsbetrag wird auf einem passiven Bestandskonto gebucht. Die Gegenbuchung wird auf einem Erfolgskonto (Aufwandskonto) erfasst und belastet so das Ergebnis des Jahres 01, ohne dass eine Auszahlung erfolgt ist. 96

Gewinn- und Verlustrechnung

Wie oben dargestellt, bedarf es nicht notwendig einer besonderen Rechnung, um das wirtschaftliche Resultat eines bestimmten Zeitraums der Unternehmenstätigkeit, also den Gewinn oder den Verlust einer Abrechnungsperiode, zu ermitteln. Dieses Resultat kann nämlich auch durch einen Vergleich des Anfangsvermögens der Abrechnungsperiode mit dem Endvermögen festgestellt werden. Allerdings erlaubt diese Ermittlungsform keinen Einblick in die Entstehungsursachen des Ergebnisses, insbesondere in Art und Umfang der erzielten →Erträge bzw. der entstandenen →Aufwendungen. Will man einen Einblick in die Ertragslage des Unternehmens gewinnen, kann dies nur auf dem Wege einer Erfolgsrechnung geschehen. 97

Die Erfolgsrechnung eines Unternehmens, die als zeitraumbezogene Rechnung die zeitpunktbezogene Stichtagsbilanz ergänzt, wird als „Gewinn- und Verlustrechnung“[26] 98

[26] Zur Gliederung der Gewinn- und Verlustrechnung im Einzelnen vgl. Rdn. 670.

bezeichnet (in der Praxis häufig auch nur kurz „GuV“ oder „G+V“ genannt). Als Konsequenz des oben[27] bereits vorgestellten Prinzips der doppelten Buchführung stimmt das Ergebnis der Gewinn- und Verlustrechnung mit dem in die →Bilanz eingegangenen Ergebnis notwendig überein.

99 **Während die in der Bilanz enthaltenen Informationen zu einem Stichtag, also zu einem fixen Zeitpunkt, ermittelt werden, betrifft die Aussage der Gewinn- und Verlustrechnung eine Periode, also einen bestimmten Zeitraum.**

100 In der externen handelsrechtlichen Rechnungslegung beträgt dieser höchstens 12 Monate. Wurde hingegen ein sog. Rumpfgeschäftsjahr gebildet (z.B. im Jahr der Gründung der Gesellschaft oder als Folge eines Wechsels des Geschäftsjahrs), verkürzt sich die Betrachtungsperiode entsprechend. Zu internen Zwecken werden häufig auch monatliche, quartalsmäßige oder halbjährliche Erfolgsrechnungen erstellt.

101 Die Gewinn- und Verlustrechnung ist von einer bloßen *Einnahmen- und Ausgabenrechnung* zu unterscheiden, die sämtliche in einer Periode erfolgten Ein- und Auszahlungsvorgänge umfasst. Diese bildet lediglich Zahlungsströme ab – man spricht auch von einer rein pagatorischen Rechnung – und dient der Ermittlung eines Überschusses von Einnahmen (Mittelzuflüssen) oder Ausgaben (Mittelabflüssen) am Ende einer Periode. Ein sich danach ergebender Einnahmeüberschuss stellt zwar eine Erfolgsgröße dar, diese repräsentiert jedoch nicht zwangsläufig den wirtschaftlich der Ermittlungsperiode richtigerweise zuzurechnenden Gewinn. Um das der Gewinn- und Verlustrechnung demgegenüber zugrunde liegende *Prinzip der periodengerechten Gewinnermittlung* zu erfassen, muss man sich den Unterschied zwischen Einnahmen und Ausgaben einerseits und →Erträgen und →Aufwendungen andererseits bewusst machen.

102 Unter den →*Erträgen* werden alle Zuwächse erfasst, die das Unternehmen in der Berichtsperiode im Rahmen des Wertschöpfungsprozesses oder als sonstige Leistungen durch eigenen Mitteleinsatz erwirtschaftet hat (z.B. Umsatzerlöse auf Grund des Absatzes eigener Produkte) oder die auf außerbetrieblichen Ereignissen beruhen, die sich auf die Posten der Rechnungslegung betragsmäßig auswirken (z.B. Auflösung von Rückstellungen wegen Wegfalls der hierfür maßgeblichen Gründe). Von den →Erträgen werden die →*Aufwendungen* in der Gewinn- und Verlustrechnung darstellungstechnisch abgesetzt.

103 Allgemein ist für diese die Staffelform gebräuchlich, in der deutschen Rechnungslegung ist sie sogar verbindlich vorgeschrieben. Hierbei werden die →Aufwendungen in einer weitgehend von betriebswirtschaftlichen Gesichtspunkten bestimmten Reihenfolge in vertikaler Darstellung von den →Erträgen abgezogen. Im Wege dieser Differenzrechnung wird das Ergebnis der Periode (Jahresüberschuss oder Jahresfehlbetrag) ermittelt, mit dem die Gewinn- und Verlustrechnung – jedenfalls in ihrer Grundform – als letztem Posten abschließt. Wahlweise können dabei zwei unterschiedliche Gliederungsmodelle zur Anwendung kommen. Das Unternehmen hat in Deutschland die Wahl, ob es den betrieblichen Erlösen (Umsatzerlösen) – diese stellen den Ausgangspunkt jeder Erfolgsrechnung dar – die Kosten nach ihrer Art gegenübergestellt (Gesamtkostenverfahren) oder nach betrieblichen Funktionsbereichen wie Produktion, Verwaltung und Vertrieb zusammengefasst werden (Umsatzkostenverfahren).[28]

104 Die Aussagekraft der Gewinn- und Verlustrechnung wird wesentlich dadurch beeinflusst, in welchem Umfang eine Nettobetrachtung zulässig ist, also →Erträge und →Aufwendungen aus einzelnen Geschäftsvorfällen vorab miteinander verrechnet und damit

[27] Rdn. 31ff.
[28] Hierzu im Einzelnen Rdn. 665ff.

saldiert dargestellt werden dürfen. Je größer der Umfang solcher Saldierungen ist, umso größer ist die Gefahr, dass Einflussfaktoren auf das Jahresergebnis bei der Betrachtung untergehen und daher in ihrer Bedeutung nicht erkannt werden können. Grundsätzlich ist demgemäß das Bruttoprinzip vorherrschend, von dem nur in wenigen Ausnahmefällen abgewichen werden darf.

Erträge

Jede unternehmerische Tätigkeit ist auf Gewinnerzielung ausgerichtet. Gewinne sind 105 Vermögensmehrungen. Treten bei einem Unternehmen Vermögensmehrungen ein (z.B. in Form eines Bankguthabens auf Grund des Verkaufs von Gütern oder Dienstleistungen zu Preisen, die über den Kosten der Leistungserbringung liegen), hat das Unternehmen aus buchhalterischer Sicht in der Regel „Erträge" erwirtschaftet, welche die zu ihrer Erzielung entstanden →Aufwendungen überstiegen und daher *per Saldo* zu einem positiven Ergebnisbeitrag (Gewinn) geführt haben müssen. Die auf Grundlage der →doppelten Buchführung erstellte kaufmännische Erfolgsrechnung in Form der →Gewinn- und Verlustrechnung ist nicht in der Weise aufgebaut, dass diese Ergebnisbeiträge im Sinne von Nettogrößen unmittelbar erfasst werden. *Ertrag ist nicht gleich Gewinn.* Erträge (und die mit diesen korrespondierenden →Aufwendungen) werden vielmehr grundsätzlich unsaldiert festgehalten. Sie führen im Ergebnis nur dann auch zu einem Gewinn, wenn diese den zurechenbaren Aufwand aus der Transaktion überschreiten.

Beispiel: Die A-GmbH veräußert Waren zu einem Kaufpreis von TEUR 10 (vor Umsatzsteuer). 106 Die Anschaffungskosten der Ware haben TEUR 6 betragen. Das Umsatzgeschäft erfasst die Gesellschaft in Höhe des Verkaufserlöses (TEUR 10) als Ertrag unter der Position „Umsatzerlöse" in der →Gewinn- und Verlustrechnung als Gegenbuchung zur Aktivierung der Kaufpreisforderung in der →Bilanz. Der Abgang der Ware führt zu Aufwendungen in Höhe der Anschaffungskosten, die in der Erfolgsrechnung unter der Position „Materialaufwand" zu erfassen sind. Es verbleibt dem Unternehmen danach ein „Rohgewinn" (Bruttomarge) aus diesem Geschäft von TEUR 4. Bei Anschaffungskosten von TEUR 12 hätte dieses Geschäft hingegen zu einem Verlustbeitrag von TEUR 2 geführt.

Ein Ertrag wird zwar in aller Regel – wie dargestellt – zu einem entsprechenden Geld- 107 zufluss beim Unternehmen führen. Erträge müssen jedoch nicht zwingend mit Einnahmen in einem unmittelbaren Zusammenhang stehen. Sie können auch daraus resultieren, dass ein bisher durch Bildung einer Rückstellung bilanziell vorweggenommener zukünftiger Aufwand in der erwarteten Höhe nicht eintritt oder gebuchte Wertminderungen zu korrigieren sind.

Beispiel: Die A-GmbH hat eine ausstehende Kundenforderung über TEUR 100, der ein Umsatz- 108 erlös in entsprechender Höhe entsprach, wegen eines drohenden Ausfallrisikos zum 31. 12. 01 in Höhe von 50% wertberichtigt. Die Wertberichtigung wird in der Bilanz auf einem passiven Bestandskonto erfasst. Dieser Buchung korrespondiert eine Gegenbuchung auf einem Aufwandskonto („Einzelwertberichtigungen auf Forderungen"), eine „Korrektur" der Umsatzerlöse erfolgt nicht. Geht der Forderungsbetrag hiernach im Folgejahr gleichwohl in voller Höhe ein, ist das passive Bestandskonto, auf dem die Wertberichtigung erfasst worden ist, ertragswirksam zu entlasten.

Aufwendungen

Aufwendungen umfassen den unternehmensbezogenen Verzehr von Produktionsfak- 109 toren, Kostengütern und externen Dienstleistungen, soweit diese im Zusammenhang mit der Geschäftstätigkeit in der Berichtsperiode stehen. An dieser Stelle ist es wichtig, den Unterschied der Begriffe „Aufwendungen" und „*Kosten*" (in der juristischen Praxis wird in einer sprachlich rätselhaften Figur zuweilen auch von „Unkosten" gesprochen) zu verdeutlichen, der im allgemeinen Sprachgebrauch häufig nicht hinreichend beachtet wird.

110 Der betriebswirtschaftliche Kostenbegriff ist nämlich einerseits enger und andererseits weiter als der im Bereich der Rechnungslegung verwendete Begriff der Aufwendungen (vgl. auch →Kosten- und Leistungsrechnung).

111 Kosten sind von ihrem Gegenstand her auf die rein betriebliche Sphäre bezogen und decken daher nicht notwendig die gesamte buchhalterisch relevante Unternehmenstätigkeit ab, da diese auch nicht steuerbaren außerbetrieblichen Einflüssen unterliegt. Sie beinhalten folglich solche Wertverzehre nicht, die nicht Bestandteil des betrieblichen Wertschöpfungsprozesses sind (z.B. Kursverluste aus Fremdwährungen, Abschreibungen auf Forderungen), aber zu den Aufwendungen im Sinne der kaufmännischen →Rechnungslegung gehören, da sie im bilanzierenden Unternehmen zu Ausgaben oder Vermögensminderungen geführt haben. Andererseits beinhaltet der Kostenbegriff auch kalkulatorische Elemente, d.h. aus betriebswirtschaftlicher Sicht rechnerisch ermittelte Wertverzehre, denen in der Berichtsperiode kein betragsgleicher handelsrechtlicher Aufwand gegenübersteht, da es an entsprechenden Ausgaben oder buchhalterisch erfassten Vermögensminderungen fehlt. In die →Kostenrechnung werden nämlich auch solche Kosten einbezogen, die den entgangenen Nutzen bewerten, den eine alternative Verwendung der Produktionsfaktoren herbeigeführt hätte (sog. *Opportunitäts- oder Zusatzkosten*). Ferner werden bestimmte Wertverzehre (z.B. →Abschreibungen auf Anlagegüter) aus betriebswirtschaftlicher Sicht häufig anders ermittelt, als es handelsrechtlicher Aufwandserfassung entspricht (sog. *Anderskosten*). Diese Zusammenhänge seien anhand nachfolgender Darstellung optisch verdeutlicht:

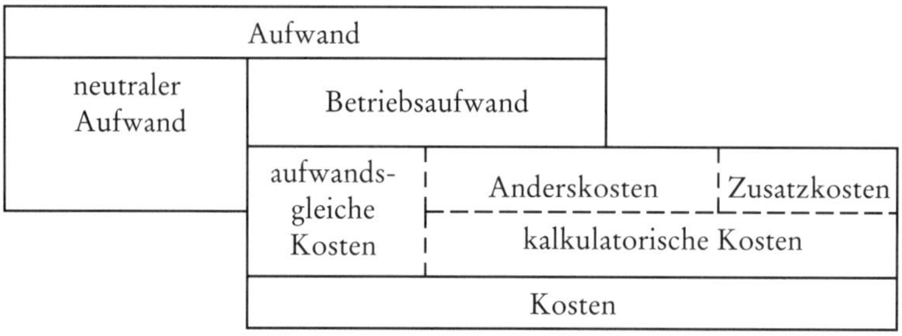

Teil B. Buchführung und Jahresabschluss

I. Buchführung und Inventar

1. Buchführungspflicht

112 Die Buchführung nach HGB ist klassische Kaufmannspflicht. Alle mit ihr verbundenen Informations-, Dokumentations-, Erfassungs- und Aufbewahrungspflichten gehen daher in ihrem Ursprung idealtypisch vom *Einzelkaufmann* aus, der sich und anderen Rechenschaft über sein Handelsgeschäft ablegt. Dem Umstand, dass sich unternehmerische Tätigkeit weit überwiegend gesellschaftsförmig organisiert, fand im Rahmen der Vorschriften zur Rechnungslegung durch rechtsformspezifisch ausgelegte Anforderungen Ausdruck. Die nachfolgende Darstellung geht aus Gründen der Übersichtlichkeit und Einheitlichkeit grundsätzlich von der Kapitalgesellschaft als Bilanzierungsobjekt aus, wobei die GmbH im Vordergrund steht. Spezifische Besonderheiten anderer Unternehmensformen werden ergänzend erläutert, sofern dies geboten erschien.

113 Nach § 238 Abs. 1 Satz 1 HGB ist jedes Unternehmen unabhängig von der Rechtsform *(„jeder Kaufmann")* verpflichtet, Handelsbücher zu führen und in diesen seine Handelsgeschäfte und die *„Lage des Vermögens"* nach den Grundsätzen ordnungsmäßiger Buchführung ersichtlich zu machen. Die Buchführungspflicht ist eine öffentlich-rechtliche Verpflichtung[1] und dient dem Schutz des Rechtsverkehrs. Sämtliche unternehmensbezogenen Vorgänge und Transaktionen (Geschäftsvorfälle) *„müssen sich in ihrer Entstehung und Abwicklung verfolgen lassen"* (§ 238 Abs. 1 Satz 3 HGB), also intersubjektiv nachvollziehbar[2] dokumentiert werden. Die Buchführung umfasst in erster Linie die Führung der Handelsbücher (§ 239 HGB) und die Inventarisierung des Unternehmensvermögens (§§ 240, 241 HGB). Die Kaufmannspflichten einer Kapitalgesellschaft obliegen den zuständigen Vertretungsorganen (§§ 41 GmbHG, § 91 Abs. 1 AktG). Diese Pflichten umfassen auch alle nach den allgemeinen Vorschriften des HGB[3] bestehenden Folgepflichten zur

- Aufstellung des handelsrechtlichen *Jahresabschlusses* (Einzelabschluss) gemäß §§ 242, 264 Abs. 1 HGB, ergänzt um den Lagebericht (§§ 264 Abs. 1, 289 HGB)
- Aufstellung eines (eventuell erforderlichen) *Konzernabschlusses* gemäß § 290 HGB, ergänzt um den Konzernlagebericht (§§ 290 Abs. 1, 315 HGB)
- Offenlegung der gemäß § 325 HGB zu veröffentlichenden Unterlagen der Gesellschaft.

114 Die Buchführungspflichten der Mitglieder des Vertretungsorgans sind in bestimmten Grenzen delegierbar. Ungeachtet des persönlichen Charakters der Buchführungspflicht müssen die Vertretungsorgane der Kapitalgesellschaft die Bücher der Gesellschaft nämlich nicht selbst führen.[4] Sie können die aus ihr resultierenden Aufgaben vielmehr im Rahmen eines Geschäftsverteilungsplans unter sich verteilen, an entsprechend befähigte Mitarbeiter delegieren oder im Wege des sog. Outsourcing an außenstehende Dritte (z.B. Dienstleister auf dem Gebiet von Buchführungsaufgaben) übertragen.[5] Die nicht mit der Umsetzung der Buchführungspflichten befassten Organmitglieder müssen sich gegenüber

---

[1] BeckBil-Komm/*Budde/Kunz* § 238 Rdn. 56; zu den Folgen einer Verletzung dieser Pflicht vgl. Rdn. 27.

[2] ADS § 238 Rdn. 44.

[3] Küting/Weber/*Bohl* § 41 GmbHG Rdn. 2; *Lutter/Hommelhoff* § 41 Rdn. 1.

[4] *Lutter/Hommelhoff* § 41 Rdn. 5.

[5] ADS § 238 Rdn. 47.

den betrauten Personen jedoch ein Weisungs- und Kontrollrecht[6] vorbehalten und die Ausführung der von ihnen in diesem Rahmen erteilten Weisungen überwachen. Diese Überwachung sollte sich auf ein angemessen ausgestattetes internes Kontrollsystem stützen, welches durch entsprechende organisatorische Vorkehrungen (z.B. Systeminterne Abstimmungen, Arbeitsanweisungen, Freizeichnungserfordernisse, Funktionstrennung) die sachgerechte Ausführung der delegierten Aufgaben sicherstellen muss.[7]

115 Die Buchführungspflicht der Kapitalgesellschaft beginnt mit dem Tag der Errichtung (Gründung) der Gesellschaft, d.h. dem Datum der notariellen Beurkundung des Gesellschaftsvertrages, an dem die sog. Vorgesellschaft entsteht. Vorgesellschaften sind demgemäß bereits mit dem ersten buchführungspflichtigen Geschäftsvorfall buchführungspflichtig.[8] Ob eine Vorgründungsgesellschaft[9] buchführungspflichtig ist, richtet sich nach den allgemeinen Vorschriften der §§ 1 und 6 HGB. Handelt es sich bei ihr um eine Gesellschaft bürgerlichen Rechts (GbR), findet § 238 HGB keine Anwendung, eine Buchführungspflicht besteht nicht. Betreibt die Vorgründungsgesellschaft hingegen bereits ein Handelsgewerbe, ist mit Aufnahme dieser Tätigkeit die Buchführungspflicht begründet.[10] Die Buchführungspflicht der Kapitalgesellschaft *erlischt* mit dem Abschluss der Abwicklung (Liquidation),[11] d.h. grundsätzlich mit ihrer Löschung im Handelsregister, da zu diesem Zeitpunkt sämtliche Vermögensgegenstände veräußert sind und ein eventuell verbleibender Abwicklungsgewinn an die Gesellschafter ausgekehrt worden ist.[12]

116 Die Verletzung der Buchführungspflichten aus §§ 238ff. HGB löst keinen unmittelbaren handelsrechtlichen Sanktionsmechanismus gegenüber dem verpflichteten Personenkreis aus, da die insoweit einschlägigen §§ 331ff. HGB hierfür keine Rechtsfolgen anordnen.[13] Ein Verstoß der Vertretungsorgane gegen die ihnen obliegende Buchführungspflicht kann diese jedoch gegenüber dem Unternehmen schadensersatzpflichtig machen,[14] nicht aber gegenüber einzelnen Gesellschaftern oder Gesellschaftsgläubigern.[15] Liegt eine schwere Verletzung der Buchführungspflicht vor (z.B. Handelsbücher werden nicht oder in einer Weise geführt oder verändert, dass eine Übersicht über den Stand des Gesellschaftsvermögens erschwert wird) und kommt es – ohne dass hierfür ein ursächlicher Zusammenhang bestehen muss – bei der Gesellschaft in der Folge zur

- Zahlungseinstellung,
- Insolvenzeröffnung oder
- Ablehnung des Insolvenzverfahrens mangels Masse,

kann eine Strafbarkeit des Vertretungsorgans im Hinblick auf ein Konkursdelikt nach §§ 283 bis 283d StGB i.V.m. § 14 StGB vorliegen.[16] Eine Verletzung der Buchführungs-

---

[6] Im Falle der Delegation innerhalb des Geschäftsführungsgremiums tritt an die Stelle des Weisungsrechts ein Eingriffsrecht bzw. eine Eingriffspflicht.

[7] *Adler/Düring/Schmaltz* (ADS) § 238 Rdn. 49 (mit ausführlicher Darstellung der Überwachungsanforderungen).

[8] Erster Geschäftsvorfall ist die Begründung der Einlageforderungen gegenüber den Gründern, vgl. nur *Lutter/Hommelhoff* § 41 Rdn. 7.

Auf den Tag der Gründung sollte auch die Eröffnungsbilanz der Gesellschaft nach § 242 HGB aufgestellt werden, vgl. *Heuser* GmbH-Handbuch II Rdn. 6.1.

[9] Zur Vorgründungsgesellschaft vgl. BGH Urt. v. 7. 10. 1991 – II ZR 252/90 – DStR 1991, 1465.

[10] Denkbarer Fall: vorherige Einbringung eines Geschäftsbetriebes, vgl. ADS § 238 Rdn. 17, 21.

[11] Auf die Einstellung der werbenden Tätigkeit kommt es nicht an.

[12] BeckBil-Komm/*Budde/Kunz* § 238 Rdn. 54.

[13] Vgl. hierzu ADS § 238 Rdn. 58.

[14] Vgl. BGH Urt. v. 9. 5. 1974 – II ZR 50/72 NJW 1974, 1468.

[15] *Lutter/Hommelhoff* § 43 Rdn. 31.

[16] Wegen weiterer Einzelheiten wird verwiesen auf die Kommentierung zu §§ 283, 283b StGB in Dreher/Tröndle StGB.

pflicht durch die Geschäftsführung einer prüfungspflichtigen[17] GmbH (§§ 316 Abs. 1, 267 HGB) kann zudem dazu führen, dass der Bestätigungsvermerk[18] durch den Abschlussprüfer einzuschränken oder zu versagen ist (§ 322 Abs. 4 HGB).

2. Gegenstand der Buchführung

Ausgehend von einer überkommenen Begriffsbildung, die sich noch an gebundenen 117
manuellen Aufzeichnungen orientiert, wird hinsichtlich des organisatorischen Aufbaus der Buchführung nach

- Grundbüchern
- Hauptbüchern
- Nebenbüchern

unterschieden. Das Grundbuch (auch als Journal bezeichnet) dient der chronologischen Erfassung sämtlicher Geschäftsvorfälle des Unternehmens. Je nach dem eingesetzten Verarbeitungsverfahren erfolgt zugleich die Erfassung im Hauptbuch, in welchem alle finanzwirtschaftlichen Konten (Sachkonten) sachbezogen den Positionen des handelsrechtlichen Jahresabschlusses zugeordnet sind, der durch Kontenabschluss aus dem Hauptbuch entwickelt wird. Die Nebenbücher dienen dazu, bestimmte Einzelinformationen zu verarbeiten, die dem Hauptbuch lediglich als verdichteter Buchungsstoff (z.B. in Form von Sammelbuchungen) zur Verfügung gestellt werden, um dessen Klarheit und Übersichtlichkeit zu erhöhen.

Dieser Aufbau sei an nachfolgender Übersicht verdeutlicht: 118

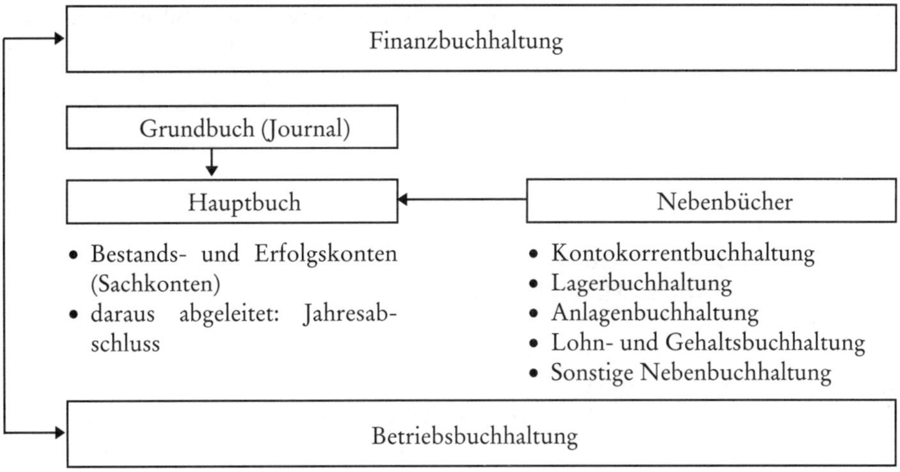

Die Kontokorrentbuchhaltung umfasst sämtliche Geschäftsbeziehungen zu Kunden 119
und Lieferanten (Debitoren- und Kreditorenkontokorrent). In der Lagerbuchhaltung werden die Bestände an Roh-, Hilfs- und Betriebsstoffen sowie an fertigen und unfertigen Erzeugnissen und Waren mengen- und wertmäßig erfasst und unter Berücksichtigung von Zu- und Abgängen fortgeschrieben. Die Anlagenbuchhaltung (Anlagenkonto) dient der mengen- und wertmäßigen Dokumentation der Gegenstände des Anlagevermögens und erfüllt insoweit die Funktion eines Bestandsverzeichnisses (Inventars).[19] Die Funktion der Lohn- und Gehaltsbuchhaltung besteht vornehmlich in der rechnerischen Er-

---

[17] Vgl. Rdn. 176 ff.
[18] Vgl. Rdn. 201 ff.
[19] Vgl. hierzu Rdn. 127.

mittlung der Brutto- und Nettolöhne und -gehälter, der einzubehaltenden und abzuführenden Lohnsteuer und der Arbeitgeberanteile für die Sozialversicherung. Für die Nebenbücher gilt, dass ihre Bestände zeitnah und regelmäßig mit den jeweiligen übergeordneten Sachkonten des Hauptbuches übereinstimmen müssen, was die Existenz eines wirksamen internen Kontrollsystems voraussetzt. Finanz- und Betriebsbuchhaltung stehen – ungeachtet ihrer unterschiedlichen Aufgabenstellung – in einer engen Wechselbeziehung.[20]

3. Grundsätze ordnungsmäßiger Buchführung

120 Um die von der Rechtsordnung und dem Geschäftsverkehr in sie gesetzten Erwartungen zu genügen, müssen die Führung der Handelsbücher und die Bilanzierung einer Vielzahl von formellen und materiellen Anforderungen genügen, die in Deutschland unter dem Sammelbegriff der „Grundsätze ordnungsmäßiger Buchführung“ (GoB) zusammengefasst werden. Hierunter versteht man die Gesamtheit aller geschriebenen und ungeschriebenen Prinzipien, Normen und Standards, die verbindliche Anforderungen an die Führung von Handelsbüchern, die Rechnungslegung und sonstige erforderliche Aufzeichnungen stellen.[21] Die GoB stellen ein komplexes Normsystem dar, das – auch soweit es gesetzlich geregelt ist – letztlich auf einen Konsens[22] der beteiligten Kreise, also von sachverständigen Normanwendern, Gerichten und Vertretern des Fachschrifttums zurückgeht. Die GoB umfassen sowohl Fragen des konkreten Umgangs mit Buchführungsdaten als auch Grundsätze der externen Rechnungslegung und Bilanzierung. Während auf letztere im Rahmen der Darstellung von Rechnungslegung und Bilanzierung noch näher einzugehen sein wird, seien an dieser Stelle die gesetzlichen Grundsätze für die Erfassung, Verarbeitung, Ausgabe und Aufbewahrung von Daten und Informationen über die Geschäftsvorfälle des Unternehmens dargestellt. Hiernach bestehen die folgenden Anforderungen:

- Vollständigkeit (§ 239 Abs. 2 HGB)
- Richtigkeit (§ 239 Abs. 2 HGB)
- Zeitgerechtheit (§ 239 Abs. 2 HGB)
- Ordnung (§ 239 Abs. 2 HGB)
- Nachvollziehbarkeit (§ 238 Abs. 1 Satz 2 HGB)
- Unveränderlichkeit (§ 239 Abs. 3 HGB)

121 Die erforderlichen Eintragungen und Aufzeichnungen müssen danach sämtliche[23] Geschäftsvorfälle einzeln erfassen. Diese sind ferner inhaltlich zutreffend abzubilden, d.h. die Erfassung muss mit den dokumentierten tatsächlichen Vorgängen übereinstimmen. Die Buchungen sind zeitnah vorzunehmen und müssen einer bestimmten Buchungsperiode zugehörig sein (Periodengerechtigkeit). Die zeitliche Ordnung wird durch Eintragung im Grundbuch (Journal), die sachliche Ordnung durch eine sachgerechte Kontierung der Geschäftsvorfälle auf der Grundlage eines Kontenplans erreicht. Die Nachvollziehbarkeit der Buchführung muss innerhalb angemessener Zeit für sachverständige Dritte über die Dauer der Aufbewahrungsfrist hin gewährleistet sein. Eintragungen dürfen weder überschrieben noch radiert werden (Radierverbot). Korrekturen müssen also als solche erkennbar bleiben.

---

[20] Vgl. Rdn. 24.
[21] Umfassende Darstellungen bei ADS § 243 Rdn. 2ff.; Küting/Weber/*Baetge/D. Fey/G. Fey* § 243 Rdn. 1ff.; BeckBil-Komm/*Budde/Raff* § 243 Rdn. 11ff.; jeweils mwN.
[22] Küting/Weber/*Baetge/D. Fey/G. Fey* § 243 Rdn. 11.
[23] BeckBil-Komm/*Budde/Kunz* § 239 Rdn. 3.

Zu diesem Zweck muss die Buchführung im Wesentlichen folgende Funktionen erfüllen: 122

- Belegfunktion
- Journalfunktion
- Kontenfunktion

Der Grundsatz der *Belegfunktion* besagt, dass die Berechtigung einer jeden Buchung 123 durch einen Beleg nachgewiesen wird („keine Buchung ohne Beleg"). Die Belegbarkeit ist Grundvoraussetzung für die Nachvollziehbarkeit (§ 238 Abs. 1 Satz 2 HGB) und damit die Beweiskraft der Buchführung.[24] Die sich insbesondere aus dem zeitlichen Ordnungsgebot (§ 239 Abs. 2 HGB) ergebende Journalfunktion verlangt, dass die Beleginhalte aller buchungspflichtigen Geschäftsvorfälle möglichst bald nach ihrer Entstehung vollständig, verständlich und in chronologischer Reihenfolge aufgezeichnet werden.[25]

Die *Kontenfunktion* gewährleistet die Beachtung des sachlichen Ordnungsgebots. Bei 124 computergestützten Buchführungsverfahren werden Journal- und Kontenfunktion in der Regel in einem Arbeitsschritt verwirklicht, indem über die manuelle oder maschinelle Kontierung eines Buchungsbelegs bzw. eines automatisierten Buchungsvorgangs alle für die sachliche Zuordnung des Geschäftsvorfalls notwendigen Informationen erfasst werden. Zur Erfüllung der Kontenfunktion sind die folgenden Angaben zu dokumentieren:[26]

- Bezeichnung des Kontos (Konto-Nr.)
- Betrag (getrennt nach Soll/Haben)
- Buchungsdatum (Datum der Erfassung)
- Belegdatum (Datum des Geschäftsvorfalls)
- Gegenkonto (Konto-Nr.)
- Belegverweis (Beleg-Nr.)
- Buchungstext (ggf. über Kürzel verschlüsselt)

Bei Einsatz von computergestützten Buchführungssystemen ist für die Nachvollzieh- 125 barkeit der angewendeten Buchführungs- und Rechnungslegungsverfahren eine ordnungsmäßige *Verfahrensdokumentation*[27] erforderlich, welche eine Beschreibung aller zum verfahrenstechnischen Verständnis der Buchführung erforderlichen Systembestandteile enthalten muss. Die Dokumentation muss es einem sachverständigen Dritten erlauben, die programminterne Verarbeitung in angemessener Zeit ohne Kenntnis der Programmiersprache nachzuvollziehen.

Die Pflicht zur *Aufbewahrung* der Buchführungsunterlagen (§§ 257ff. HGB) ist als Be- 126 standteil der Buchführungspflicht anzusehen. Die Aufbewahrung der Unterlagen muss geordnet erfolgen (§ 257 Abs. 1 HGB). Neben der urschriftlichen Aufbewahrung von Buchführungsunterlagen erlaubt § 257 Abs. 3 HGB die Speicherung auf einem Bild- oder sonstigen Datenträger[28], sofern empfangene Handelsbriefe und Buchungsbelege *bildlich*, alle anderen aufbewahrungspflichtigen Unterlagen *inhaltlich* festgehalten werden. Folgende Aufbewahrungsfristen[29] sind im Gesetz vorgesehen:

10 Jahre

- Handelsbücher
- Inventare
- Eröffnungsbilanzen

---

[24] Küting/Weber/*Kußmaul* § 239 Rdn. 5; IdW ERS FAIT 1 Tz. 32.
[25] BeckBil-Komm/*Budde/Kunz* § 239 Rdn. 13; IdW ERS FAIT 1 Tz. 40ff.
[26] IdW ERS FAIT 1 Tz. 46.
[27] BeckBil-Komm/*Budde/Kunz* § 239 Rdn. 18f.
[28] Hierfür einschlägig: IdW ERS FAIT 1 Tz. 37ff.
[29] Vgl. auch die detaillierte Übersicht in BeckBil-Komm/*Budde/Kunz* § 257 Rdn. 27.

- Jahresabschlüsse, Lageberichte
- Konzernabschlüsse, -lageberichte
- Zum Verständnis dieser Unterlagen erforderliche Arbeitsanweisungen und Organisationsunterlagen
- Buchungsbelege

6 Jahre
- empfangene Handelsbriefe[30]
- Wiedergabe der abgesandten Handelsbriefe

4. Inventur und Inventar

127 Um zum Stichtag des Jahresabschlusses einen Abgleich der buchmäßig erfassten Bestände mit den tatsächlich vorhandenen Werten vornehmen zu können, ist ein Bestandsverzeichnis (Inventar) zu erstellen. Dieses Inventar verzeichnet alle vorhandenen Vermögensgegenstände (z.B. Grundstücke, Vorräte, Forderungen) und Schulden (z.B. Lieferanten- und Bankverbindlichkeiten). Es bildet insbesondere die Grundlage für die Ermittlung der bilanziell zum Stichtag auszuweisenden Roh-, Hilfs- und Betriebsstoffe, unfertigen und fertigen Erzeugnisse sowie Handelswaren. Für den Jahresabschluss haben nämlich grundsätzlich die tatsächlich verifizierten Ist-Bestände Vorrang vor den Buchbeständen. Jedes Unternehmen hat deshalb zum Beginn des Handelsgewerbes (§ 240 Abs. 1 HGB) und zum Ende eines jeden Geschäftsjahres (§ 240 Abs. 2 HGB) ein Inventar aufzustellen. Die Aufstellungsfrist für Kapitalgesellschaften richtet sich nach der Frist, die für die Aufstellung von Jahresabschluss und Lagebericht gilt (§ 264 Abs. 1 Satz 2 und 3 HGB).[31] Die Inventarisierung hat mengen- und wertmäßig zu erfolgen und grundsätzlich sämtliche Vermögensgegenstände[32] und Schulden zu umfassen, die dem bilanzierenden Unternehmen wirtschaftlich – nicht notwendig auch rechtlich – zuzurechnen sind.[33] Das Inventar muss kein einheitliches Verzeichnis sein, sondern kann sich je nach Erfassungsbereich aus unterschiedlich strukturierten Teilen zusammensetzen.

128 Das Handelsrecht erlaubt unterschiedliche Gestaltungen von Inventursystemen und -verfahren, die man als Jurist zumindest dem Begriff nach kennen sollte. Man unterscheidet je nach Art und Weise der Durchführung, dem Aufnahmezeitpunkt und dem Umfang der Inventur folgende Formen der Aufnahme:

- Stichtagsinventur
- Körperliche Bestandsaufnahme
- Buchinventur
- vor- oder nachverlegte Stichtagsinventur
- permanente Inventur
- andere Fortschreibeverfahren
- Stichprobeninventur

129 Die bei kleinen und mittleren Unternehmen nach wie vor „typische" Inventur ist eine Aufnahme zum Bilanzstichtag (Stichtagsinventur), wozu auch eine Inventur von bis zu 10 Tagen vor oder nach dem Stichtag zählt. Sie erfolgt – falls keine Sonderformen der Inventur Anwendung finden – häufig als körperliche Bestandsaufnahme, d. h. durch mengenmäßi-

[30] Nur solche Schriftstücke, die ein Handelsgeschäft betreffen (§ 257 Abs. 2 HGB).

[31] Danach beträgt die Aufstellungsfrist grundsätzlich drei Monate; kleine Kapitalgesellschaften müssen das Inventar spätestens innerhalb von sechs Monaten erstellen.

[32] Zum Begriff des Vermögensgegenstandes vgl. ADS § 246 Rdn. 9ff.

[33] Zur personellen Zuordnung von Vermögensgegenständen und Schulden vgl. BeckBil-Komm/*Budde/Karig* § 246 Rdn. 4ff.; ADS § 246 Rdn. 6ff.

ge Erfassung[34] (Zählen, Messen, Wiegen). Bei der Vorratsinventur ist die körperliche Bestandsaufnahme der Regelfall. Die Buchinventur bezeichnet einen Bestandsnachweis anhand von Aufzeichnungen der Buchführung (Konten, Belege, Listen, Verzeichnisse etc.). Sie ist nur zulässig, wenn die Buchführung und das Interne Kontrollsystem eine zuverlässige Bestandsführung gewährleisten (z. B. im Bereich des Anlagevermögens).[35]

Als Alternative zur echten Stichtagsinventur kommen eine vor- oder nachverlegte **130** Stichtagsinventur (§ 241 Abs. 3 HGB) oder eine permanente Inventur (§ 241 Abs. 2 HGB) in Frage. Bei der vor- oder nachverlegten Stichtagsinventur erfolgt die Inventarisierung nicht am Abschluss-Stichtag, sondern an einem Tag, der innerhalb der letzten drei Monate vor bzw. innerhalb der ersten beiden Monate nach dem Abschluss-Stichtag liegt. Bei besonders wertvollen Vermögensgegenständen (z. B. Bestände eines Juweliers) ist dieses Verfahren ungeeignet und unzulässig.[36] Die Aussagefähigkeit dieses Inventurverfahrens für die Verhältnisse am Abschluss-Stichtag ist nur gewährleistet, wenn ein den Grundsätzen ordnungsmäßiger Buchführung entsprechendes Verfahren der Bestandsfortschreibung oder -rückrechnung zur Anwendung kommt, welches sicherstellt, dass die auf der Grundlage dieses Verfahrens rechnerisch ermittelten Stichtagsbestände in mengen- und wertmäßiger Hinsicht korrekt sind.

Gleiches gilt für die permanente Inventur und andere Fortschreibungsverfahren. Die **131** permanente Inventur verbindet Elemente des buchmäßigen und des körperlichen Verfahrens der Bestandsaufnahme und hat ihr hauptsächliches Anwendungsgebiet im Bereich des Vorratsvermögens. Im Fall ihrer Anwendung muss gewährleistet sein, dass in jedem Geschäftsjahr nachweislich eine über das Jahr beliebig verteilte („permanente") und mindestens einmal erfolgte körperliche Aufnahme aller Lagerorte durchgeführt wird. Andere Fortschreibeverfahren kommen in Betracht, wenn es auf Grund der tatsächlichen Gegebenheiten, insbesondere der spezifischen IT-Umgebung und -Organisation vertretbar ist, auf den körperlichen Zugriff am Aufnahmetag zu verzichten, zumal dieser entweder praktisch ausgeschlossen oder mit einem wirtschaftlich bzw. organisatorisch unangemessenen Aufwand verbunden wäre.

Beispiele:

- Einlagerungsinventur[37] bei automatisch gesteuerten Lagersystemen (z. B. computergestützte und robotorisierte geschlossene Hochregallager)
- Systemgestützte Werkstattinventur[38] auf der Grundlage von computergestützten PPS-Systemen.

Neben den geschilderten Verfahren hat der Bilanzierende gemäß § 241 Abs. 1 HGB die **132** Möglichkeit, den Bestand zum Stichtag mit Hilfe anerkannter mathematisch-statistischer Methoden auf Grund von Stichproben zu ermitteln (Stichprobeninventur). Dies setzt das Vorhandensein einer bestandszuverlässigen Lagerbuchführung voraus. Der Gesamtinventurwert ist ein rechnerischer Wert, der unter Anwendung gängiger Schätz- oder Testverfahren[39] (z. B. Zufallsstichprobenverfahren) ermittelt wird.

Das HGB lässt es darüber hinaus zum Zwecke der Vereinfachung der Bestandsauf- **133** nahme und Bewertung von Vermögensgegenständen des Sachanlagevermögens und der Roh-, Hilfs- und Betriebsstoffe unter bestimmten Voraussetzungen zu, auf die grundsätzlich gebotene Einzelerfassung und -bewertung von Inventargegenständen zu ver-

---

[34] Küting/Weber/*Knop* § 240 Rdn. 82 ff.
[35] ADS § 240 Rdn. 33.
[36] Vgl. R 30 Abs. 3 EStR.
[37] BeckBil-Komm/*Budde/Kunz* § 241 Rdn. 34 ff.
[38] BeckBil-Komm/*Budde/Kunz* § 241 Rdn. 37 ff.; IdW HFA 1/1990 D. III. b 2.
[39] Hierzu: Küting/Weber/*Waiss/Zeich* § 241 Rdn. 17 ff.

zichten (Inventurvereinfachungsverfahren). Es handelt sich dabei um das Festwertverfahren (§ 240 Abs. 3 HGB) und das Verfahren der Gruppenbewertung (§ 240 Abs. 4 HGB).

5. Prozess der Erstellung des Jahresabschlusses

134 Der handelsrechtliche Jahresabschluss wird nach Ablauf des Geschäftsjahres auf der Grundlage des Inventars aus den Bestands- und Erfolgskonten der Finanzbuchhaltung entwickelt. Diese Konten, die sich in der Regel nach einem gebräuchlichen Kontenplan (z.B. Industriekontenrahmen IKR) zusammensetzen, bestimmen sich zahlenmäßig nach den jeweiligen praktischen innerbetrieblichen Bedürfnissen des Unternehmens, die häufig auf die Betriebsbuchhaltung (Kosten- und Leistungsrechnung) zugeschnitten sind. Ihre Zahl ist daher erheblich größer als die in der Bilanz oder der Gewinn- und Verlustrechnung auszuweisenden Posten. Daher müssen die Salden der Sachkonten nach einem festgelegten System zu den einzelnen Posten des Jahresabschlusses zusammengefasst werden, denen sie sachlich zugeordnet sind.

135 Als Zwischenstufe zwischen der Liste der Kontensalden und dem Jahresabschluss wird dabei traditionell eine sog. Hauptabschlussübersicht erstellt. Diese stellt praktisch gesehen eine Überleitungsrechnung dar und erlaubt eine Nachprüfung und Probe vor dem eigentlichen Abschluss der Konten. Bei Einsatz von IT-Anwendungen erübrigt sich eine solche Aufstellung, da die Kontenzuordnung im System hinterlegt ist.

136 Danach ergibt sich ein „Rohabschluss", da bestimmte Abschlussbuchungen noch gesondert zu erfassen sind. Hierzu zählen insbesondere alle Bewertungsmaßnahmen zum Stichtag (insbesondere Wertberichtigungen und außerplanmäßige Abschreibungen von Vermögensgegenständen), die Übernahme der Ergebnisse der körperlichen Vorratsinventur in die Finanzbuchhaltung, Abgrenzungsbuchungen zur Gewährleistung der periodengerechten Erfassung von Geschäftsvorfällen (z.B. zur Erfassung nachlaufender Kostenrechnungen für das vergangene Geschäftsjahr), die Berücksichtigung ungewisser Verbindlichkeiten und sonstigen bilanzierungspflichtiger Risiken in Form von Rückstellungen (z.B. für drohende Verluste aus schwebenden Geschäften). Hierbei kommt nicht zuletzt auch die Bilanzpolitik zum Zuge. Hierunter versteht man die gestaltende Ausnutzung von Ansatz- und Bewertungsspielräumen. Sind aus Sicht der Unternehmensleitung alle gebotenen bilanziellen Maßnahmen getroffen und im Rechenwerk des abgelaufenen Geschäftsjahres erfasst und die Angaben für den Anhang ermittelt, kann der Jahresabschluss aufgestellt werden.

II. Funktionen des Jahresabschlusses

137 Als Bestandteil der externen Rechnungslegung[40] ist der Abschluss in erster Linie an außenstehende Berechtigte und Interessierte gerichtet. Seine Aufgaben bestehen im Wesentlichen in Folgendem:

- Gewinnermittlung
- Rechenschaftslegung
- Gläubigerschutz
- Informationsfunktion
- Ermittlung der Besteuerungsgrundlagen

[40] Hierzu Rdn. 23.

1. Gewinnermittlung

§ 58 Abs. 4 AktG gewährt den Aktionären einen Anspruch auf den Bilanzgewinn einer AG, sofern dieser nicht auf Grund statutarischer Regelungen einer Ausschüttungsbeschränkung unterliegt. Nach § 29 Abs. 1 GmbHG haben die Gesellschafter Anspruch auf den Jahresüberschuss (zuzüglich eines Gewinnvortrages und abzüglich eines Verlustvortrages); die Verteilung des Gewinns erfolgt nach dem Verhältnis der Geschäftsanteile (§ 29 Abs. 3 GmbHG). Das Gewinnbezugsrecht der Gesellschafter als Bestandteil des Mitgliedschaftsrechts[41] kann daher nur verwirklicht werden, wenn ein Jahresüberschuss tatsächlich entstanden ist oder vorgetragen wurde und dieser aus einem ordnungsmäßig aufgestellten und festgestellten Jahresabschluss ersichtlich ist. 138

Allein der festgestellte handelsrechtliche Jahresabschluss hat dabei eine *Ausschüttungsbemessungsfunktion,* nur er kann rechtlich durchsetzbare Gläubigerrechte von Gesellschaftern oder Anteilseignern auf Gewinnbezug begründen. Auch der Umfang gesellschaftsrechtlich zulässiger unterjähriger Vorabausschüttungen des Gewinns hat sich nachträglich am festgestellten Abschluss des betreffenden Geschäftsjahres zu messen. Einem Konzernabschluss – so wichtig er für die Präsentation der Aktivitäten einer Unternehmensgruppe in der Öffentlichkeit auch ist – kommt diese Funktion nicht zu, vielmehr bestimmen sich die Dividendenansprüche der Aktionäre nach dem Einzelabschluss der Muttergesellschaft des Konzerns. 139

Die Bedeutung des Jahresabschlusses für die Gewinnpartizipation ist aber nicht auf die Gesellschaftersphäre beschränkt. Sie erstreckt sich im Einzelfall auch auf die Ansprüche von – den Gesellschaftern in gewissem Umfang wirtschaftlich gleichgestellten – Fremdkapitalgebern (z. B. stille Beteiligung, partiarisches Darlehen, Genussrechtskapital) oder auch von Mitarbeitern, denen erfolgsabhängige Vergütungsbestandteile (Tantiemen) zustehen. 140

Diese Funktion des Jahresabschlusses kann bereits auf den vorgelagerten Prozess der Bilanzierung ausstrahlen und diesen in gewissem Sinne prägen. Das Interesse am Gewinnbezug oder an einer gewinnabhängigen Vergütung kann in einem Konflikt mit dem Interesse des Unternehmens stehen, die erwirtschafteten Ergebnisse zur Eigenfinanzierung zu verwenden und daher nicht an Außenstehende auszuzahlen. Diese Problematik stellt sich bei inhabergeführten Unternehmen nicht. Sie tritt aber bei Gesellschaften auf, bei denen die Gesellschafter entweder gar nicht oder nur zum Teil in der Unternehmensleitung repräsentiert sind, wie dies z. B. für börsennotierte Aktiengesellschaft typisch ist. Die Bilanzierung kann in diesen Fällen je nach der bestehenden Machtkonstellation und Zielsetzung der Beteiligten zugleich zum Instrument werden, Gewinninteressen zu beschränken oder aber zum Durchbruch zu verhelfen. Diese Umstände sind im Einzelfall bei der kritischen Analyse eines Jahresabschlusses zu berücksichtigen.

2. Rechenschaftslegung

Der Jahresabschluss dient der Rechenschaftslegung durch die Vertretungsorgane des Unternehmens. Die Gesellschafter (oder ein von diesen bestimmtes Kontrollorgan) sollen durch den ihnen vorgelegten Jahresabschluss in die Lage versetzt werden, den Vorstand oder die Geschäftsführer zu überwachen, ihre *Prüfungs- und Auskunftsrechte* bezüglich der Angelegenheiten der Gesellschaft auszuüben (vgl. § 171 AktG, § 51 a GmbHG) und nicht zuletzt auch ihre Ansprüche auf Gewinn zu realisieren. Zwar wird eine effektive laufende Überwachung der Unternehmensleitung allein auf Grund der nachgelagerten 141

[41] Zum Gewinnbezugsrecht und der Übertragung: Scholz/*Emmerich* § 29 Rdn. 25 f.

Vorlage eines Jahresabschlusses nicht möglich sein. Gleichwohl geben die Vertretungsorgane durch die Vorlage eines zwingend mit ihrer Unterschrift zu versehenden Jahresabschlusses (§ 245 HGB) eine verbindliche eigenverantwortliche Erklärung über Geschäftsverlauf, Lage und zukünftige Entwicklung des Unternehmens ab.

142 Der vorgelegte Jahresabschluss ist zugleich auch Grundlage der Entlastung der Mitglieder des Vertretungsorgans. Diese wird im Normalfall im Zusammenhang mit der Feststellung des Jahresabschlusses ausgesprochen. Die Verweigerung der Entlastung ist allerdings ein beliebtes Instrument bei Streitigkeiten zwischen den Gesellschaftern und der Unternehmensführung. Sie wird nur in wenigen Fällen unmittelbar auf den vorgelegten Jahresabschluss selbst gestützt. Die in § 46 Nr. 5 GmbHG geregelte Entscheidung der Gesellschafter über die Entlastung der Geschäftsführer kann jedoch auf sachgerechter Grundlage nur getroffen werden, wenn ein Jahresabschluss vorliegt, der ggf. auch der vorherigen externen Prüfung unterlegen hat.

3. Kapitalerhaltung und Gläubigerschutz

143 Der Jahresabschluss von Kapitalgesellschaften und diesen gleichgestellten haftungsbeschränkten Personenhandelsgesellschaften („Kapitalgesellschaften & Co.") ist in der hierfür vorgesehen Form von Gesetzes wegen offen zu legen. Er wird damit einem potenziell weiten Kreis von Interessierten zugänglich. Zu diesem gehören insbesondere die Waren- und Geldkreditgeber des Unternehmens, deren Zahlungsansprüche in letzter Konsequenz durch das Gesellschaftsvermögen gedeckt werden müssen und die daher ein schutzwürdiges Interesse an einer sicherheitsorientierten und aussagefähigen externen Berichterstattung haben. Die Bilanz als Vermögensstatus ist dabei in besonderer Weise geeignet, den Gesellschaftsgläubigern einen Überblick über das Schuldendeckungspotenzial vermitteln. So verstanden dient auch das Erfordernis der Offenlegung von Jahresabschlüssen vorrangig dem *Gläubigerschutz.*

144 Dieser Gläubigerschutzgedanke wird traditionell als tragendes Prinzip der deutschen Rechnungslegung bisheriger Prägung angesehen, der seinerzeit mit der Zulassung juristischer Personen als Unternehmensform – einer Novität des 19. Jahrhunderts – einherging.[42] Das Prinzip des strukturellen Gläubigerschutzes unter Einsatz bestimmter Elemente der Rechnungslegung hat in Deutschland gleichsam leitmotivischen Charakter. Ihm soll durch zahlreiche Bilanzierungsgrundsätze Geltung verschafft werden. Im Vordergrund stehen dabei das Vorsichtsprinzip[43] sowie die aus diesem abgeleiteten Grundsätze (Realisations- und Imparitätsprinzip). Die Rechnungslegung zielt demgemäß darauf ab, ein Ausschüttungsvolumen („Jahresüberschuss") zu bestimmen, das dem Unternehmen von den Anteilseignern und dem Fiskus entzogen werden kann, ohne die Substanz des Unternehmens und damit die Haftungsmasse zu gefährden. Die Bilanzierungsgrundsätze sollen also zu vorsichtig ermittelten Ausschüttungsgrößen[44] führen und damit der *Kapitalerhaltung* dienen. Durch diese wird das Vermögen der Gesellschaft zum einen als Haftungssubstrat der Gläubiger gesichert. Zum anderen dient sie der langfristigen Existenzsicherung des Unternehmens. Die Vorschriften der Rechnungslegung nach HGB erlauben innerhalb gewisser Spielräume die Bildung stiller Reserven, die als „Krisenpolster" in kritischen Unternehmenslagen dienen können. Dabei stehen Gesellschafterinteressen auf Gewinnteilhabe in einer gewissen Konkurrenz zur langfristigen Sicherung der Unternehmenssubstanz und dem Gläubigerschutzgedanken.

---

[42] BeckBil-Komm/*Budde/Karig* § 264 Rdn. 35.
[43] Hierzu Rdn. 276ff.
[44] Zur vorsichtigen Gewinnermittlung: ADS § 264 Rdn. 88 mwN bzw. § 252 Rdn. 75.

4. Informationsfunktion

Analysiert man die bisher genannten Funktionen des Jahresabschlusses, fällt auf, dass diese stark durch einen rechtlichen Blickwinkel geprägt, nämlich in erster Linie auf die Begründung oder Verwirklichung von Rechtsansprüchen gegen die Gesellschaft ausgerichtet sind, mögen diese aus dem Gesellschaftsverhältnis herrühren oder in Geschäftsbeziehungen zu Dritten ihren Ursprung haben. Dies ist jedoch kein universelles Merkmal der Rechnungslegung. **145**

Gläubigerschutzinteressen haben in der internationalen Rechnungslegung keine eigenständige Bedeutung, sie verwirklichen sich zudem auf strukturell andere Weise. Der Jahresabschluss hat hier nicht vorrangig die Funktion, Fremdkapitalgebern durch vorsichtige Bilanzierung Haftungssubstrate zu sichern, sondern den Informationsinteressen von Kapitalanlegern zu dienen, unabhängig davon, ob diese sich Instrumenten mit Eigen- oder Fremdkapitalcharakter bedienen. Die Rechnungslegung dient vornehmlich dazu, für Anlageentscheidungen nützliche Informationen zu liefern (Grundsatz der „*decision usefulness*"). Diese Entscheidungen richten sich in erster Linie nach der erwarteten zukünftigen Ertragskraft des Unternehmens, also seiner Fähigkeit, Einnahmeüberschüsse zu erwirtschaften, die Rückflüsse auf das eingesetzte Kapital erlauben. Substanzwertüberlegungen – verstanden im Sinne der Kapitalerhaltung – sind in diesem Zusammenhang ohne Bedeutung. **146**

Die vorrangige Ausrichtung der internationalen Rechnungslegung an Informationsinteressen erklärt sich in erster Linie daraus, dass die „Gesetze des Kapitalmarkts" im angelsächsischen Raum eine ungleich höhere Bedeutung erlangt haben, als dies bisher in Deutschland der Fall ist, wo bis in die jüngste Vergangenheit andere Formen der Unternehmensfinanzierung vorherrschend waren. Hier hat jedoch vor dem Hintergrund einer Umstrukturierung der Bankenlandschaft, der Einführung von „Basel II" und der gestiegenen Bedeutung von Kapitalmarktinstrumenten für die Unternehmensfinanzierung ein Veränderungsprozess eingesetzt. Deshalb kann man – zumindest im Hinblick auf börsennotierte oder kapitalmarktorientierte Unternehmen – die Information des Kapitalmarkts auch in Deutschland nunmehr als weitere Funktion der Rechnungslegung ansehen. **147**

Der Jahresabschluss dient darüber hinaus nicht zuletzt auch der Selbstinformation und -kontrolle der Unternehmensleitung.[45] Zwar erfolgt die betriebliche Steuerung und Überwachung des Unternehmens in erster Linie durch die Instrumente des internen Rechnungswesens, also auf der Grundlage von aktuellen Auswertungen und Analysen. Dies schon deshalb, weil der erst nach Ablauf des Geschäftsjahres verfügbare Jahresabschluss kein Instrument der kurzfristigen Unternehmensführung sein kann. Gleichwohl erlaubt der Jahresabschluss eine nachträgliche Positionsbestimmung und verschafft damit auch eine verbindliche Grundlage für die zukünftige Unternehmensplanung. **148**

5. Ermittlung der Besteuerungsgrundlagen

Nach der geltenden Rechtslage in Deutschland besteht – in dieser Form eine nationale Besonderheit – eine enge wechselseitige Beziehung zwischen Handels- und Steuerrecht in Fragen der Bilanzierung. Es existiert nämlich – ungeachtet vielfältiger steuerlicher Einzelvorschriften und Sonderregeln – kein eigenständiges System der Ermittlung des Jahresergebnisses als *Ausgangsgröße der Besteuerung.* Vielmehr knüpft die Besteuerung insoweit an die handelsrechtliche Rechnungslegung an und macht sich diese für die steuerliche Gewinnermittlung dienstbar. Die externe Rechnungslegung dient somit auch der Ermittlung der Besteuerungsgrundlagen. **149**

---

[45] ADS § 242 Rdn. 2.

Teil C. Aufbau des deutschen Bilanzrechts

I. Überblick

150 Der Jahresabschluss wird in Struktur und Aussagegehalt wesentlich durch kodifizierte Regeln der Bilanzierung bestimmt. Bevor wir auf spezifische Einzelheiten des geltenden deutschen Bilanzrechts eingehen, erscheint es daher geboten, einen Überblick über den Aufbau dieser Gesetzesmaterie zu geben. Dies ist auch deshalb sinnvoll, weil das Gesetz dabei einer hilfreichen Systematik folgt, deren Kenntnis den Zugang zur komplexen Materie erleichtert.

151 Das deutsche Bilanzrecht beruht seit nunmehr 20 Jahren im Wesentlichen auf europäischem Gemeinschaftsrecht, das in Form von Richtlinien des Rats der EU geschaffen wurde, um eine Harmonisierung der Rechnungslegung in den Mitgliedsstaaten zu erreichen.[1] Die Regelungen der insoweit in erster Linie maßgeblichen 4., 7. und 8. EG-Richtlinie haben auf dem Wege des Bilanzrichtlinien-Gesetzes (BiRiLiG[2]), das am 1. 1. 1986 in Kraft trat, Eingang in deutsches Recht gefunden. Das Bilanzrecht wurde durch das BiRiLiG vornehmlich im HGB angesiedelt, und zwar in einem neuen Dritten Buch. Der gewählte Gesetzesaufbau folgt traditioneller deutscher Gesetzgebungstechnik, nämlich dem Prinzip, grundsätzliche Aussagen voranzustellen und diesen weitere Regeln mit zunehmenden Spezialisierungsgrad folgen zu lassen.

152 Dementsprechend regelt der erste Abschnitt des III. Buchs in den §§ 238 bis 263 HGB die Anforderungen an die Rechnungslegung, die alle Kaufleute und (nicht haftungsbeschränkte) Personenhandelsgesellschaften zu erfüllen haben. Hierbei handelt es sich also gleichsam um einen Minimalstandard, der von jeder mit Kaufmannseigenschaft ausgestatteten unternehmerischen Einheit zu beachten ist. Sofern nachfolgende Spezialvorschriften nicht vorgehen, gelten diese Regelungen daher einem „Allgemeinen Teil" vergleichbar, auch für Kapitalgesellschaften und (diesen gleichgestellte) Personenhandelsgesellschaften. Die für diese Rechtsformen darüber hinaus geltenden weitergehenden Anforderungen an den Jahresabschluss und den nur von diesen zu erstellenden Lagebericht sind in den §§ 264 bis 289 HGB geregelt. Die nachfolgenden §§ 290 bis 315 HGB enthalten Vorschriften zur Konzernrechnungslegung.

153 Die Rechnungslegungsvorschriften im engeren Sinne, die sich mit der *Aufstellung* von Jahres- und Konzernabschluss sowie dem Lagebericht befassen, sind danach für Kapitalgesellschaften in der Rechtsform der GmbH durch drei Regelungskomplexe mit zunehmender Spezialisierung bestimmt:

- die allgemeinen Vorschriften der §§ 238 bis 261[3] HGB,
- die speziellen Regelungen der §§ 264 bis 289 HGB und
- die ergänzenden Sondervorschriften in §§ 29, 42, 42 a und 71 GmbHG.

154 Ungeachtet der dargestellten Systematik wird man in konkreten Fragen der Bilanzierung von Kapitalgesellschaften – und diesen gleichgestellten Personenhandelsgesellschaf-

---

[1] Es handelt sich um die 4. Richtlinie vom 25. 7. 1978, die 7. Richtlinie vom 13. 6. 1983, die 8. Richtlinie vom 10. 4. 1984 und zwei Richtlinien vom 8. 11. 1990 (vgl. Übersicht bei *Heuser/Theile* GmbH-Handbuch II Rdn. 105 ff.).

[2] BGBl. I 1985, 2355.

[3] § 262 HGB wurde aufgehoben; § 263 HGB betrifft in erster Linie kommunale Eigenbetriebe.

ten – zweckmäßig zunächst von den umfangreichen Spezialvorschriften der §§ 264ff. HGB ausgehen und auf die allgemeinen Normen der §§ 238 bis 261 HGB nur dann zurückgreifen, soweit diese einschlägige allgemeine Grundsätze enthalten, denen keine (regelmäßig strengeren) rechtsformspezifischen Spezialvorschriften vorgehen.[4] Mit Inkrafttreten des KapCoRiLiG[5] unterliegen die GmbH & Co. KG und andere Personenhandelsgesellschaften mit vergleichbaren Haftungsbeschränkungen auf Gesellschafterebene (§ 264a Abs. 1 HGB) im Rahmen dieser Systematik den gleichen Bilanzierungsanforderungen wie Kapitalgesellschaften, soweit nicht die rechtsformspezifischen Ausweisvorschriften in § 264c HGB Anwendung finden.

Die genannten Bilanzierungsregeln sind – soweit keine expliziten Wahlrechte oder größenabhängige Erleichterungsvorschriften eingreifen – *zwingendes Recht* und daher gesellschaftsvertraglich nicht abdingbar. Unzulässig wäre es daher, in Satzungen oder Gesellschaftsverträgen die Erstellung eines Jahresabschlusses nach anderen Regeln, z.B. unter Beachtung der Vorschriften für eine Steuerbilanz vorzuschreiben.[6] Hingegen sind Vertragsklauseln nicht zu beanstanden, die vorsehen, dass der Jahresabschluss als steuer- oder handelsrechtlicher Einheitsabschluss unter Beachtung zwingender Vorschriften des Handelsrechts aufzustellen ist. Von bisher noch geringer praktischer Bedeutung für kleine und mittelgroße Unternehmen (KMU) ist das seit kurzem bestehende gesetzliche Wahlrecht, den Einzelabschluss statt nach den Vorgaben der deutschen Rechnungslegung gemäß den Anforderungen der IAS/IFRS aufzustellen.[7] 155

Einem zeitlichen Aufbauprinzip folgend schließen sich sodann weitere Unterabschnitte zur *Prüfung* (§§ 316 bis 324 HGB) und zur *Offenlegung* (§§ 325 bis 329 HGB) an. 156

Abgeschlossen wird dieser Abschnitt durch Sanktionsvorschriften. Das III. Buch enthält darüber hinaus ergänzende Vorschriften für die Rechnungslegung von eingetragenen Genossenschaften, Kreditinstituten und Versicherungsunternehmen sowie Regelungen zu gesetzlich geschaffenen Rechnungslegungsgremien mit beratender oder überwachender Funktion.

II. Größenklassen

Neben der Rechtsform führt die Unternehmensgröße im geltenden Bilanzrecht zu wesentlichen Differenzierungen im Hinblick auf Art und Umfang der anzuwendenden Rechnungslegungsvorschriften. Die Klassifizierung als kleinere, mittlere oder große Gesellschaft nach den Größenmerkmalen *Bilanzsumme, Umsatzerlöse,* und *Mitarbeiterzahl* führt nämlich zu abgestuften und z.T. wesentlichen Erleichterungen in Bezug auf die anwendbaren Rechnungslegungsvorschriften für kleine und mittelgroße Unternehmen. Diese Erleichterungen betreffen sowohl die Aufstellung als auch die Prüfung und die Offenlegung des Jahresabschlusses.[8] Sie haben insbesondere Einfluss auf 157

- die *Fristen* für Aufstellung (§ 264 Abs. 1 Sätze 2 und 3 HGB),
- die *Gliederungstiefe* von Bilanz (§ 266 Abs. 1 Satz 3 HGB) und Gewinn- und Verlustrechnung (§ 276 Satz 1 HGB),

---

[4] Scholz/*Crezelius* Anh. § 42a Rdn. 2, der insoweit von einem „Dualismus des Bilanzrechts" spricht.
[5] BGBl. 2000 I, 154.
[6] Scholz/*Crezelius* Anh. § 42a Rdn. 5.
[7] Vgl. hierzu Rdn. 739f.
[8] Tabellarische Übersichten bei ADS § 267 Rdn. 29ff.

- den Umfang von *Anhangangaben* im aufgestellten (§§ 274a, 276 Satz 2, 288 HGB) bzw. im offen gelegten Jahresabschluss (§§ 326 Satz 2, 327 Nr. 2 HGB),
- die Pflicht zur Aufstellung des *Lageberichts* (§ 264 Abs. 1 Satz 3 HGB),
- die *Prüfungspflicht* (§ 316 Abs. 1 Satz 1 HGB),
- die Pflicht zur *Offenlegung* der Gewinn- und Verlustrechnung (§ 326 Satz 1 HGB),
- die Form der Offenlegung (§ 325 HGB).

158 Die kleine Gesellschaft ist in § 267 Abs. 1 HGB, die mittelgroße in § 267 Abs. 2 HGB und die große in § 267 Abs. 3 HGB definiert. Das Gesetz differenziert dabei anhand dreier *Schwellenwerte,* von denen jeweils *mindestens zwei* über- bzw. unterschritten werden müssen, um die entsprechende Einordnung der Gesellschaft nach der Größenklasse zu bewirken. Nach § 267 Abs. 4 Satz 1 HGB setzt die Klassifizierung im Regelfall voraus, dass die Über- oder Unterschreitung der maßgeblichen Schwellenwerte an den Abschlussstichtagen von *zwei aufeinander folgenden Geschäftsjahren* erfolgt sein muss. Im Fall von Umwandlungen oder Neugründungen treten die Rechtsfolgen schon am ersten auf diese Vorgänge folgenden Abschlussstichtag ein, wenn zu diesem Zeitpunkt die entsprechenden Kriterien erfüllt sind (§ 267 Abs. 4 Satz 4 HGB).

159 Nach derzeitiger Rechtslage[9] gelten folgende Werte für die Klassifizierung:

Größenklassen		**Größenmerkmale**
kleine GmbH	Bilanzsumme ≤ Umsatzerlöse ≤ Arbeitnehmer ≤	4.015.000,00 € 8.030.000,00 € 50
mittelgroße GmbH	Bilanzsumme ≤ Umsatzerlöse ≤ Arbeitnehmer ≤	16.060.000,00 € 32.120.000,00 € 250
große GmbH	Bilanzsumme > Umsatzerlöse > Arbeitnehmer >	16.060.000,00 € 32.120.000,00 € 250

160 Die Festlegung der Schwellenwerte, die in der Vergangenheit bereits mehrfach Anpassungen unterlegen haben, erfolgt nicht autonom durch den deutschen Gesetzgeber, sondern dieser transformiert lediglich die Festsetzungen der EU-Kommission.

161 Für die Ermittlung des Schwellenwerts der *Bilanzsumme* ist die Summe aller Aktivposten bzw. aller Passivposten maßgeblich. Ein eventuell auf der Aktivseite ausgewiesener, nicht durch Eigenkapital gedeckter Fehlbetrag (§ 268 Abs. 3 HGB) ist von der ausgewiesenen Bilanzsumme zu kürzen, da er diese lediglich ausweistechnisch „aufbläht", ohne dass dieser Posten ein entsprechendes Vermögen repräsentiert. Im Fall von Rumpfgeschäftsjahren sind für die Klassifizierung nach § 267 HGB die *Umsatzerlöse* der letzten zwölf Monate vor dem maßgeblichen Stichtag heranzuziehen, um den fehlenden Zeitraum eines vollen Geschäftsjahres zu kompensieren.

162 Hinsichtlich der Zahl der *Arbeitnehmer,* die sich nach allgemeinen Grundsätzen des Arbeitsrechts bestimmt, ist der Jahresdurchschnitt der bei dem Unternehmen Beschäftigten maßgeblich, wobei die Mitarbeiterzahlen zu den Quartalsenden der Durchschnittsermittlung zugrunde zu legen sind (§ 267 Abs. 5 HGB). In die Ermittlung der für die Klassifizierung maßgeblichen Arbeitnehmerzahl sind die Mitglieder von Vertretungs-

[9] Zuletzt geändert durch das Bilanzrechtsreformgesetz v. 4. Dezember 2004 (BGBl. I S. 3166).

und Aufsichtsorganen (Vorstand, Geschäftsführung, Beirat, Aufsichtsrat) nicht einzubeziehen. Gleiches gilt übrigens für Auszubildende, deren Anzahl danach keinen Einfluss auf die Erfüllung dieses Größenmerkmals hat.

Unabhängig von der Erreichung der Größenmerkmale gilt nach § 267 Abs. 3 Satz 2 HGB eine Gesellschaft stets als groß, wenn von dieser die Zulassung zum Handel an einem *organisierten Markt* beantragt wurde oder ein solcher Markt in Anspruch genommen wird (kapitalmarktorientiertes Unternehmen).[10] Dies rechtfertigt sich aus dem gesteigerten öffentlichen Interesse an Unternehmen mit dieser Ausrichtung. **163**

Die größenabhängigen Erleichterungen können dazu führen, dass bei kleinen Gesellschaften der Aussagegehalt des Jahresabschlusses hinter dem mittelgroßer oder großer Unternehmen zurückbleibt, zumal sie keiner gesetzlichen Prüfungspflicht unterliegen. Andererseits verdienen diese häufig inhabergeführten mittelständischen Unternehmen einen gewissen Schutz vor den möglicherweise negativen Wirkungen umfangreicher Publizität auf ihre Wettbewerbssituation. Nicht selten unterwerfen sich indessen auch kleine Unternehmen gesellschaftsvertraglich – ggfs. nur für interne Zwecke – freiwillig den Anforderungen an die Rechnungslegung großer Kapitalgesellschaften. **164**

III. Aufstellung

Die Regelung der Aufstellungsfristen folgt rechtssystematisch einer klaren Trennung zwischen den Vorschriften zur Aufstellungspflicht für alle Kaufleute und denjenigen für Kapitalgesellschaften und diesen gleichgestellten Personenhandelsgesellschaften. Während § 243 Abs. 3 HGB für alle Kaufleute eine Aufstellung innerhalb der einem ordnungsmäßigen Geschäftsgang entsprechenden Zeit vorsieht, hat die Aufstellung der Jahresabschlüsse von Kapitalgesellschaften nach § 264 Abs. 1 S. 2 HGB in den *ersten drei Monaten* des Geschäftsjahres für das vergangene Geschäftsjahr zu erfolgen. Für *kleine* Kapitalgesellschaften sieht § 264 Abs. 1 S. 3 HGB eine zeitliche Aufstellungserleichterung vor. Für solche Gesellschaften beträgt die Aufstellungsfrist bis zu *sechs Monate*, wenn dies einem ordnungsgemäßen Geschäftsgang entspricht. **165**

Verantwortlich für die Aufstellung des Jahresabschlusses und für die Einhaltung der Aufstellungsfristen sind nach §§ 242, 243 Abs. 3, 264 Abs. 1 HGB der Kaufmann bzw. die Vertretungsorgane der Kapitalgesellschaft. Der Jahresabschluss ist gemäß § 245 HGB „vom Kaufmann" unter Datumsangabe zu unterzeichnen. Diese Verpflichtung trifft im Falle der GmbH nach herrschender Meinung *sämtliche* Geschäftsführer,[11] unabhängig davon, ob diese nach der Geschäftsverteilung für das Rechnungswesen zuständig sind. Maßgeblich ist die Geschäftsführereigenschaft im *Zeitpunkt der Unterschriftsleistung*, so dass bei einem Wechsel in der Geschäftsführung nach Ablauf des Geschäftsjahres auch solche Geschäftsführer zur Unterschrift verpflichtet sind, die während des abgelaufenen Geschäftsjahrs oder bei Aufstellung des Jahresabschlusses noch keine persönliche Verantwortung getragen haben. Die Fristen der §§ 243 Abs. 3, 264 Abs. 1 HGB sind *zwingend* und können durch gesellschaftsvertragliche Vereinbarungen nicht verlängert werden.[12] Fristüberschreitungen sind allerdings nicht mit speziellen Sanktionen bedroht. In der Praxis sind Probleme oder Streitigkeiten in diesem Zusammenhang selten. Im Falle der Verletzung des § 264 Abs. 1 HGB können die Vertretungsorgane jedoch nach § 335 **166**

---

[10] Der Anwendungsbereich dieser Regelung wurde durch das KapCoRiLiG erweitert; vgl. hierzu ADS Ergänzungsband § 267 n.F. Rdn. 5.

[11] Vgl. BeckBil-Komm/*Budde/Kunz* § 245 Rdn. 2.

[12] BeckBil-Komm/*Budde/Karig* § 264 Rdn. 17.

HGB vom Registergericht auf Antrag durch die Festsetzung von Zwangsgeldern zur unverzüglichen Aufstellung angehalten werden. In der Literatur wird zum Teil die Auffassung vertreten, dass das Versäumen der Aufstellungsfrist als ein Verstoß gegen die Grundsätze ordnungsmäßiger Buchführung anzusehen ist und damit als Ordnungswidrigkeit gemäß § 334 Abs. 1 Nr. 1 a iVm § 243 Abs. 1 HGB geahndet werden kann.[13]

IV. Prüfung

1. Funktion der Abschlussprüfung

167 Über die Aufgabenstellung und Funktion der Abschlussprüfung und die Reichweite des Prüfungsurteils existieren trotz immer detaillierter ausgestalteter gesetzlicher Regelungen (vgl. insbesondere die in jüngerer Zeit neu gefassten §§ 321, 322 HGB) und anhaltender Bemühungen des Berufsstandes nach wie vor Missverständnisse. Die Erwartungen, die an die Prüfungstätigkeit und deren Ergebnisse gestellt werden, übertreffen die ohnehin immer umfassender werdenden Qualitätsanforderungen der Normgeber und Berufsstandards häufig bei weitem. Dieses Phänomen wird in der Fachdiskussion gemeinhin als „Erwartungslücke" bezeichnet. Es ist daher hilfreich, die Funktion der Abschlussprüfung zunächst negativ abzugrenzen.

168 **Die Verantwortung für die Aufstellung des Jahresabschlusses, dessen inhaltliche Richtigkeit und insbesondere auch dessen Vollständigkeit liegt allein bei den gesetzlichen Vertretungsorganen des Unternehmens (vgl. § 242 Abs. 1 HGB i.V.m. § 91 Abs. 1 AktG, § 41 GmbHG).**

169 Die Mitwirkung bei der Aufstellung stellt einen Ausschlussgrund für den Abschlussprüfer dar, denn die Trennung von Aufstellung und Prüfung gehört zu den grundlegenden Ordnungsprinzipien der Rechnungslegung (§ 319 Abs. 3 Satz 1 Nr. 3 a HGB). Die vom Abschlussprüfer einzunehmende kritische Grundhaltung gegenüber den vorgelegten Unterlagen und erteilten Auskünften der Vertretungsorgane gebietet es diesem nicht, sein Urteil an die Stelle des Unternehmens zu setzen, soweit im Rahmen der Erstellung des Jahresabschlusses Schätzungen oder Bewertungsentscheidungen zu treffen sind. Es ist ferner nicht Aufgabe der Abschlussprüfung, eine eigenständige Prognose zukünftiger Entwicklungen des Unternehmens vorzunehmen, soweit solche in den Jahresabschluss oder den Lagebericht einfließen. Insbesondere ist aus dem Bestätigungsvermerk des Abschlussprüfers keine wirtschaftliche Bestandsprognose des Unternehmens im Sinne einer „Überlebensgarantie" abzuleiten. Dieser enthält lediglich eine zusammenfassende Aussage darüber, ob sich Jahresabschluss und Lagebericht des abgeschlossenen Geschäftsjahres im normadäquaten Rahmen bewegen.

170 **Der Abschlussprüfer hat im Hinblick auf die zukünftige Entwicklung des Unternehmens im Wesentlichen nur zu untersuchen, ob die Unternehmensleitung nach den ihm im Rahmen der Prüfung bekannt gewordenen Tatsachen und den Angaben im Jahresabschluss und Lagebericht von der Fortführung der Unternehmenstätigkeit aus nachvollziehbaren und vertretbaren Gründen ausgegangen ist.**

171 Die Unternehmensleitung hat nämlich im Lagebericht die voraussichtliche Entwicklung des Unternehmens mit seinen wesentlichen Chancen und Risiken zu beurteilen und zu erläutern und Angaben zu den zugrunde liegenden Annahmen zu machen (§ 289

[13] ADS § 243 Anm. 45.

Abs. 1 Satz 4 HGB). In seinem Prüfungsbericht hat der Abschlussprüfer zu der Lagebeurteilung der Unternehmensleitung ausdrücklich Stellung zu nehmen. Dabei hat er insbesondere auf die Beurteilung des Fortbestandes und der künftigen Entwicklung des Unternehmens durch die gesetzlichen Vertreter einzugehen, wie sie im Jahresabschluss und insbesondere im Lagebericht zum Ausdruck kommt (§ 321 Abs. 1 Satz 2 HGB). Dies schließt jedoch nicht aus, dass nach Testatserteilung auf Grund neuer, bei Beendigung der Prüfung nicht absehbarer Entwicklungen das Unternehmen in eine bedrohliche Krisenlage geraten kann.

Auch wenn sich der Abschlussprüfer eingehend mit dem Risiko auseinandersetzen muss, dass Unregelmäßigkeiten wesentlichen Einfluss auf die Rechnungslegung gewinnen können, ist es nicht seine Aufgabe, mögliche unerlaubte Handlungen und andere Gesetzesverstöße gezielt aufzudecken, sofern sein Prüfungsauftrag nicht in dieser Hinsicht explizit ausgedehnt wurde. 172

Die Abschlussprüfung ist daher von ihrer grundsätzlichen Aufgabenstellung nicht zugleich auch eine Unterschlagungsprüfung dar. Es ist somit nicht sichergestellt, dass sämtliche Verstöße und Manipulationen aufgedeckt werden und ist der Gefahr ausgesetzt, das unerlaubte Handlungen unentdeckt bleiben. Dies gilt zumal dann, wenn diese Handlungen systematisch über mehrere Jahre betrieben wurden und sich durch vorsätzliche strafbare Handlungen (z.B. Fälschung oder Urkundenunterdrückung) eine vermeintlich zulässige Gestalt gegeben haben. 173

Der Abschlussprüfer hat ein Gesamturteil über den Jahresabschluss zu treffen, das sich auf Prüfungsfeststellungen stützt. Diese Feststellungen kann der Abschlussprüfer aus Plausibilitätsbeurteilungen oder Einzelprüfungshandlungen gewinnen. Letztere werden notwendigerweise in einem nach berufsrechtlichen Standards anzuwendenden Stichprobenverfahren ausgewählt. 174

Dieses Vorgehen muss zwar unter sorgfältiger Einschätzung des unternehmensspezifischen Fehlerrisikos darauf ausgerichtet sein, eine hinreichend verlässliche Aussage darüber zu gewinnen, ob der Jahresabschluss in seiner Aussagekraft nicht durch wesentliche Unrichtigkeiten beeinträchtigt ist. Es bietet jedoch keine absolute Gewähr dafür, dass kein wesentlicher Buchungs- oder Ausweisfehler unentdeckt bleibt. Das hieraus unvermeidlich resultierende Entdeckungsrisiko hat der Abschlussprüfer durch geeignete Maßnahmen weitmöglichst zu minimieren, völlig ausschließen kann er es nicht. 175

2. Prüfungspflicht

Das Institut der gesetzlichen Prüfungspflicht von Jahresabschlüssen in Deutschland geht in seinem Ursprung auf Vorschriften zurück, die als Folge von Unternehmenskrisen 1931 im Wege präsidentieller Notverordnungen geschaffen wurde. Die Prüfung sollte die Qualität und den Zuverlässigkeit von Jahresabschlüssen verbessern. Sie erstreckte sich zunächst – unabhängig von der Unternehmensgröße – nur auf Aktiengesellschaften und wurde später durch das Publizitätsgesetz (PublG) auf wirtschaftlich bedeutende Unternehmen anderer Rechtsformen erweitert, soweit diese gewisse Größenmerkmale erfüllten. Im Rahmen der Harmonisierung der Rechnungslegungsvorschriften in der EU wurde die Prüfungspflicht 1985 auf alle Rechtsformen der Kapitalgesellschaft ausgedehnt, jedoch – ebenso wie die Anwendbarkeit der übrigen Rechnungslegungsvorschriften – durchgängig von der Erfüllung bestimmter Größenmerkmale abhängig gemacht. 176

Die Prüfungspflicht erstreckt sich nicht nur auf den vorgelegten Abschluss, sondern auch auf spätere Änderungen desselben, die im weiteren Verlauf (z.B. im Rahmen der Be- 177 schlussfassung über die Feststellung) erfolgen. In diesen Fällen hat der gewählte Abschlussprüfer eine Nachtragsprüfung vorzunehmen, soweit es die konkrete Änderung erfordert (§ 316 Abs. 3 HGB). Pflichtgemäß erstellte Konzernabschlüsse unterliegen ohne Größenbeschränkung ebenfalls der Abschlussprüfung. Ohne eine solche Prüfung kann der Konzernabschluss – anders als vom Gesetz gefordert (vgl. § 171 Abs. 2 Satz 5 AktG) – nicht gebilligt werden (§ 316 Abs. 2 HGB).

178 Kraft Verweisung gelten diese Regelungen nach Inkrafttreten des KapCoRiLiG auch für Personenhandelsgesellschaften, bei denen nicht mindestens ein Gesellschafter eine natürliche Person ist (§ 264a Abs. 1 HGB). Eine Prüfungspflicht kann sich in diesen Fällen auch auf Grund § 6 des Publizitätsgesetzes (PublG) ergeben, dessen praktische Bedeutung allerdings nur noch gering ist. Der Vollständigkeit halber sei erwähnt, dass auch Genossenschaften einer Prüfungspflicht unterliegen (§§ 53ff. GenG), deren Gegenstand weiter gefasst ist, als der der gesetzlichen Pflichtprüfung nach HGB. Das Prüfungsrecht ist Prüfungsverbänden verliehen, denen die geprüften Genossenschaften als Mitglieder angehören müssen. Ein Wahl und Bestellung des Abschlussprüfers im nachfolgend dargestellten Sinn findet nicht statt.

179 Bei Einzelunternehmen und Personenhandelsgesellschaften, die nicht unter § 264a HGB fallen, sowie kleinen Kapitalgesellschaften (§ 267 Abs. 1 HGB) können freiwillige Abschlussprüfungen durchgeführt werden. Zu den freiwilligen Abschlussprüfungen gehören insbesondere solche, die auf Grund entsprechender gesellschaftsvertraglicher Bestimmungen stattfinden.

3. Bestellung

180 Die Bestellung des gesetzlichen Abschlussprüfers umfasst die *Wahl* durch die Gesellschafter und die *Beauftragung* durch das hierfür befugte Organ der Gesellschaft. Fragen der Zuständigkeit, der Form der Bestellung und der Abberufung des Abschlussprüfers sowie die Kündigung des Prüfungsauftrags durch den Abschlussprüfer sind in § 318 HGB geregelt.

181 *Abschlussprüfer* des Jahresabschlusses können nach § 319 Abs. 1 S. 1 HGB Wirtschaftsprüfer und Wirtschaftsprüfungsgesellschaften sein. Für die Prüfung bei mittelgroßen GmbH und mittelgroßen Personenhandelsgesellschaften im Sinne des § 264a Abs. 1 HGB wird dieser Personenkreis nach § 319 Abs. 1 S. 2 HGB erweitert um vereidigte Buchprüfer und Buchprüfungsgesellschaften. Die Prüfungstätigkeit setzt voraus, dass der Abschlussprüfer sich der gesetzlich gebotenen turnusmäßigen Qualitätskontrollprüfung unterzogen hat und dies durch eine entsprechende Teilnahmebescheinigung nachweisen kann.

182 In den weiteren Absätzen des § 319 sowie in § 319a HGB sind besondere Gründe geregelt, die einen Wirtschaftsprüfer (oder vereidigten Buchprüfer) von der Abschlussprüfung im Einzelfall ausschließen. Dabei reicht bereits das Bestehen von Umständen aus, seien sie nun geschäftlicher, finanzieller oder persönlicher Art, welche die Besorgnis der Befangenheit des Abschlussprüfers begründen (§ 319 Abs. 2 HGB).

183 **Die gesetzlich geregelten Ausschlussgründe dienen der Sicherung der Unabhängigkeit des Abschlussprüfers. Sie sollen insbesondere verhindern, dass der Abschlussprüfer auf Grund anderweitiger Tätigkeit für die zu prüfende Gesellschaft der Gefahr ausgesetzt ist, eigene Feststellungen oder Gestaltungen zum Gegenstand seiner pflichtgemäßen Prüfung zu machen (Selbstprüfungsverbot).**

184 Auf dieser Grundlage kommen neben finanziellen oder personellen Verflechtungen mit der zu prüfenden Gesellschaft insbesondere folgende für diese ausgeführte Tätigkeiten als Ausschlussgründe in Betracht (§ 319 Abs. 3 Satz 1 Nr. 3 HGB):

- Mitwirkung bei Buchführung oder der Erstellung des Jahresabschlusses
- verantwortliche Mitwirkung bei der Durchführung der internen Revision
- Unternehmensleitungs- und Finanzdienstleistungen
- eigenständige versicherungsmathematische Berechnungen oder Bewertungsleistungen

Der Abschlussprüfer darf auch keine Personen beschäftigen, auf die diese Ausschlussgründe zutreffen (§ 319 Abs. 3 Satz 1 Nr. 4 HGB). Erfüllt sein Ehegatte oder Lebenspartner die Voraussetzungen für den Ausschluss, erstrecken sich diese auf den Berufsangehörigen (§ 319 Abs. 3 Satz 2 HGB). Zum Ausschluss führt auch eine wirtschaftliche Abhängigkeit von der zu prüfenden Gesellschaft. Diese wird vom Gesetz unterstellt, wenn der Abschlussprüfer aus dem zu prüfenden Unternehmen, sofern es nicht börsennotiert ist, über einen längeren Zeitraum mehr als 30% der Gesamteinnahmen erzielt hat und weiter erzielen wird. Eine Prüfungsgesellschaft ist ausgeschlossen, wenn die genannten Ausschlussgründe auf der Gesellschafter- oder der Verantwortungsebene vorliegen, wobei es ausreicht, dass der betreffende Mitarbeiter das Ergebnis der Prüfung beeinflussen kann (§ 319 Abs. 4 HGB). **185**

Nimmt die zu prüfenden Gesellschaft an einem „organisierten Markt“ im Sinne von § 2 Abs. 5 WpHG teil, sind die Ausschlussgründe verschärft. Die Grenze für den zulässigen Anteil der Einkünfte aus der zu prüfenden Gesellschaft ist in diesen Fällen bereits bei 15% erreicht. Darüber hinaus führen neben oben bereits genannten nach § 319a Abs. 1 Nr. 2 und 3 HGB) auch die folgenden Tätigkeiten zum Ausschluss: **186**

- Erbringung von gestaltenden Rechts- und Steuerberatungsleistungen mit wesentlicher Auswirkung auf den Jahresabschluss
- Mitwirkung bei der Entwicklung Einrichtung und Einführung von Rechnungslegungsinformationssystemen

Darüber hinaus darf der Abschlussprüfer bei der Prüfung eines börsennotierten Unternehmens nicht in bereits mehr als sechs Fällen einen Bestätigungsvermerk gezeichnet haben, sofern nicht seit seiner letzten Befassung mindestens drei Jahre vergangen sind (§ 319a Abs. 1 Nr. 4 HGB) – man bezeichnet dies als „Cooling-Off-Periode“. **187**

Die detaillierten Regelungen zur Unabhängigkeit des Abschlussprüfers, die in jüngerer Zeit verschärft wurden, haben zur Folge, dass die Handhabung der damit verbundenen Fragen spezifische Vorkehrungen bei Wirtschaftsprüfern und Wirtschaftsprüfungsgesellschaften erfordert, um bei der Auftragsannahme keine Inhabilitätsrisiken einzugehen. Aber auch an die Bestellungsorgane stellen die Ausschlussgründe Anforderungen, will das Unternehmen nicht das Risiko eingehen, von einem hierzu nicht berechtigten Prüfer geprüft worden zu sein. Bei börsennotierten Aktiengesellschaft hat sich daher der Standard herausgebildet, dass der Abschlussprüfer dem Aufsichtsrat, der nach § 111 Abs. 2 Satz 3 AktG den Prüfungsauftrag zu erteilen hat, vor Abschluss des Prüfungsvertrages in Form einer „Unabhängigkeitserklärung“ unter Angabe des bisherigen Tätigkeitsumfangs für das Unternehmen versichert, dass Ausschlussgründe nicht vorliegen. **188**

Für die *Wahl* des Abschlussprüfers sind rechtsformabhängig unterschiedliche Gremien zuständig, bei der GmbH die Gesellschafterversammlung (§ 46 Nr. 6 GmbHG), bei der AG zwingend die Hauptversammlung (§ 118 Abs. 1 AktG). Der GmbH-Gesellschaftsvertrag kann diese Kompetenz auf andere Gremien, wie z.B. einen fakultativen Aufsichtsrat, Beirat oder Gesellschafterausschuss, übertragen. Die Wahl erfolgt jeweils nur für den Jahresabschluss *eines* bestimmten Geschäftsjahres. Sie ist für jedes folgende Geschäftsjahr jeweils neu vorzunehmen. Nach § 318 Abs. 1 S. 3 HGB soll der Abschlussprüfer jeweils vor Ablauf des Geschäftsjahres gewählt werden, auf das sich seine Prüfungstätigkeit erstreckt. **189**

190 Die *Beauftragung* des Abschlussprüfers erfolgt durch Abschluss eines Prüfungsvertrages, wobei für die Gesellschaft das nach Gesetz oder Gesellschaftsvertrag hierzu vertretungsberechtigte Organ handelt. Dies ist bei der GmbH die Geschäftsführung (§ 35 GmbHG), wenn nicht nach Gesetz oder Gesellschaftsvertrag ein Aufsichtsrat oder Beirat zuständig ist (§ 52 GmbHG i.V.m. § 111 Abs. 2 Satz 3 AktG).[14] Bei der AG erfolgt die Auftragserteilung zwingend durch den Aufsichtsrat. Dieser kann Prüfungsschwerpunkte vorgeben und sich über den Fortgang der Prüfung laufend berichten lassen.

191 Gemäß § 318 Abs. 6 und 7 HGB kann bei bestehender gesetzlicher Prüfungspflicht ein erteilter Prüfungsauftrag nur *aus wichtigem Grund* und nur vom *Abschlussprüfer* gekündigt werden. Eine ordentliche Kündigung des Prüfungsvertrags oder dessen einverständliche Aufhebung durch Prüfer und Gesellschaft sind nicht zulässig. Eine grobe Ehrverletzung des Prüfers durch den Auftraggeber dürfte hingegen als wichtiger Kündigungsgrund zu nennen sein. Insbesondere dürfte der nachträgliche Eintritt eines Ausschlussgrundes nach §§ 319, 319a HGB als wichtiger Grund anzusehen sein. Hingegen rechtfertigen Meinungsverschiedenheiten zwischen Abschlussprüfer und gesetzlichen Vertretern der zu prüfenden Gesellschaft, z.B. über den Inhalt des Bestätigungsvermerks, seine Einschränkung oder Versagung eine Kündigung nicht. § 324 HGB sieht für bestimmte Konfliktfälle eine Einschaltung des Landgerichts als „Schiedsinstanz" vor.

192 Nach § 318 Abs. 3 HGB kann ein gewählter Prüfer auf Antrag durch das *zuständige Gericht ersetzt* werden, wenn dies aus einem in der Person des gewählten Prüfers liegenden Grund geboten erscheint, insbesondere wenn ein Ausschlussgrund nach §§ 319, 319a HGB besteht. Antragsberechtigt sind die gesetzlichen Vertreter und der Aufsichtsrat sowie die Gesellschafter des prüfungspflichtigen Unternehmens. Bei AG und KGaA setzt die Antragsbefugnis jedoch voraus, dass die antragstellenden Gesellschafter zusammen 20% des Grundkapitals oder einen Börsenwert von 500.000 Euro repräsentieren. Die Stellung des Antrags auf Ersetzung des Abschlussprüfers ist nur innerhalb einer Ausschlussfrist von zwei Wochen seit dem Tag der Wahl des Abschlussprüfers möglich. Daneben sieht das Gesetz in § 318 Abs. 4 HGB die *gerichtliche Bestellung* eines Abschlussprüfers vor, wenn bis zum Ablauf des Geschäftsjahres kein Abschlussprüfer gewählt wurde, der gewählte Abschlussprüfer die Annahme des Prüfungsauftrags abgelehnt hat, weggefallen oder am rechtzeitigen Abschluss der Prüfung verhindert.

4. Prüfungsbericht und Bestätigungsvermerk

193 Die Prüfungstätigkeit dokumentiert sich gegenüber dem Auftraggeber in erster Linie durch Vorlage eines Prüfungsberichts (§ 321 HGB) und die Erteilung eines Bestätigungsvermerks (§ 322 HGB).

194 Nach § 170 Abs. 3 AktG hat jedes Aufsichtsratsmitglied das Recht, vom Prüfungsbericht „Kenntnis zu nehmen"; dieser ist jedem Aufsichtsratsmitglied oder den Mitgliedern eines Bilanzausschusses zu übermitteln. Der Prüfungsbericht ist der Hauptversammlung hingegen selbst im Fall des § 175 Abs. 3 AktG (Bilanzfeststellung durch die Hauptversammlung) nicht zugänglich zu machen. Der einzelne Aktionär kann auch keine Abschrift des Prüfungsberichts verlangen. Der Abschlussprüfer ist ferner nicht verpflichtet, diesem in der Hauptversammlung Auskunft zu erteilen. Der Aktionär ist vielmehr auf seinen allgemeinen Auskunftsanspruch nach § 131 AktG verwiesen.

195 Seiner umfassenden Berichtspflicht (auch als „Redepflicht" bezeichnet) kommt der Abschlussprüfer darüber hinaus durch andere Formen der schriftlichen Berichterstattung (z.B. durch einen berufsüblichen sog. „Management Letter", der Hinweise und Anregun-

[14] IDW Prüfungsstandard: Beauftragung des Abschlussprüfers (IDW PS 220) Tz. 5.

gen zu einer Verbesserung des Rechnungswesens enthält) und insbesondere auch durch Anwesenheit und mündlichen Vortrag im Rahmen der Bilanzsitzung des Beschlussgremiums nach. Nach § 171 Abs. Satz 2 AktG hat der Abschlussprüfer nämlich an den Verhandlungen des Aufsichtsrats (oder eines aus seiner Mitte gebildeten Bilanzausschusses) über die vorgelegten Abschlussunterlagen teilzunehmen und über die wesentlichen Ergebnisse der Prüfung zu berichten. Die Anwesenheit des Abschlussprüfers in der Bilanzsitzung dient dazu, das Aufsichtsgremium – über die vorliegende schriftliche Berichterstattung hinaus – bei der Wahrnehmung seiner eigenen Prüfungsaufgabe (vgl. § 171 Abs. 1 Satz 1 AktG) zu unterstützen und mit den aus Sicht der Abschlussprüfung notwendigen Informationen zu versorgen.

Die Geschäftsführer einer prüfungspflichtigen GmbH haben nach § 42a Abs. 1 **196** Satz 2 GmbHG den Gesellschaftern neben den Abschlussunterlagen auch den Prüfungsbericht unverzüglich nach dessen Eingang „vorzulegen", was die Möglichkeit der Kenntnisnahme, aber nicht notwendig die Aushändigung einer Berichtsausfertigung an dieselben einschließt. Letzteres gilt nach herrschender Auffassung grundsätzlich auch in Fällen der freiwillig durchgeführten Abschlussprüfung auf der Grundlage von Bestimmungen des Gesellschaftsvertrages. Dieser kann indessen einen Gesellschafterausschuss oder Beirat vorsehen und diesem die Aushändigungsrechte des § 42a GmbHG vorbehalten. Zwar handelt es sich bei den Prüfungsberichten des Abschlussprüfers nicht eigentlich um „Bücher und Schriften" der GmbH. Das unabdingbare allgemeine Auskunfts- und Einsichtsrecht der Gesellschafter einer GmbH (§ 51a GmbHG) dürfte gleichwohl in der Regel auch das Recht einschließen, zumindest den Inhalt des Prüfungsberichts zu kennen, zumal dieser in „Angelegenheiten der Gesellschaft" erstellt wurde.

Für die gesetzlichen Vertreter des geprüften Unternehmens stellt der Prüfungsbericht **197** einen urkundlichen Nachweis darüber dar, dass sie ihre Pflicht, für eine ordnungsmäßige Buchführung zu sorgen (§ 41 GmbHG, § 91 Abs. 1 AktG) und entsprechend den gesetzlichen Vorschriften Rechnung zu legen, erfüllt haben. Darüber hinaus enthält der Prüfungsbericht für den Abschlussprüfer den Nachweis, dass er seine Pflichten nach §§ 317ff. HGB, insbesondere seine Pflicht zur Berichterstattung (§ 321 HGB) erfüllt hat. Der Prüfungsbericht hat danach folgende Funktionen

- Informationsfunktion
- Unterstützungsfunktion
- Nachweisfunktion

Über die oben genannten Fälle hinaus besteht kein zwingender zivilrechtlicher Rechts- **198** anspruch Dritter auf Einsichtnahme in den Prüfungsbericht. Der Adressatenkreis des Prüfungsberichts ist daher – nicht auch zuletzt aus Gründen der Diskretion – in der Regel eng beschränkt. Im Einzelfall kann der Prüfungsbericht jedoch einem erweiterten Kreis von Empfängern zugänglich gemacht werden, so z.B. den kreditgebenden Banken (im Hinblick auf deren Informationsbedürfnisse nach § 18 KWG). Auch potenzielle Unternehmenserwerber versichern sich im Rahmen ihrer vorgelagerten Untersuchungen („Due Diligence") häufig der Prüfungsberichte bezüglich des Erwerbsobjekts. Überdies dokumentiert sich „der Jahresabschluss" des Unternehmens – hier verstanden als formell ausgefertigte drucktechnische Wiedergabe des vom Unternehmen aufgestellten Zahlenwerks – bei kleinen und mittleren Unternehmen in der Praxis der Einfachheit halber häufig lediglich in Form einer vom Abschlussprüfer abschriftlich erstellten Anlage zum Prüfungsbericht. Dies führt zuweilen dazu, dass in der Wahrnehmung der Berichtsadressaten nicht immer deutlich zwischen dem Jahresabschluss der Gesellschaft und dem Prüfungsbericht des Abschlussprüfers getrennt wird.

199 Nach alledem erlangt der Prüfungsbericht auch in der juristischen Praxis über seine gesetzliche Kernfunktion als Informationsquelle des Feststellungsgremiums hinaus häufig eine weitergehende Bedeutung und verdient daher hier nähere Beachtung. Der Prüfungsbericht vermittelt seinem Leser auf Grund der umfassenden gesetzlichen und berufsständischen Anforderungen an die Berichterstattung des Abschlussprüfers in Deutschland nämlich über formelhafte Wendungen hinaus im Einzelfall äußerst relevante zusätzliche Hintergrundinformationen zum Jahresabschluss des geprüften Unternehmens, so insbesondere zu

- den Bestand der Gesellschaft gefährdenden Risiken
- festgestellten Unrichtigkeiten oder Verstößen der Geschäftsführung gegen gesetzliche Vorschriften
- Änderungen in den Bewertungsgrundlagen
- der Ausübung von Bilanzierungs- und Bewertungswahlrechten
- der Ausnützung von Ermessensspielräumen
- sog. sachverhaltsgestaltenden Maßnahmen.

200 Da es sich bei diesen Angaben gemäß § 321 Abs. 1 und 2 HGB um Pflichtbestandteile des Prüfungsberichts handelt, sollte der Berichtsleser diesen insbesondere auf Aussagen zu den genannten Fragestellungen untersuchen. Diese finden sich zum einen in dem gesetzlich geforderten „Vorwegbericht" im Eingangsteil des Prüfungsberichts, der eine Stellungnahme des Abschlussprüfers zur Beurteilung der Lage des Unternehmens durch die gesetzlichen Vertreter enthalten soll (§ 321 Abs. 1 Satz 2 und 3 HGB). Sie sind darüber hinaus der vom Prüfer geforderten „Darstellung der Gesamtaussage" des Jahresabschlusses zu entnehmen, in der auch Angaben darüber gemacht werden sollen, ob der Jahresabschluss insgesamt unter Beachtung der Grundsätze ordnungsmäßiger Buchführung oder sonstiger maßgeblicher Rechnungslegungsgrundsätze ein den tatsächlichen Verhältnissen entsprechendes Bild der Vermögens-, Finanz- und Ertragslage des Unternehmens vermittelt (§ 321 Abs. 2 Satz 3 HGB). In diesem Zusammenhang hat der Abschlussprüfer übrigens auch über solche Beanstandungen zu berichten, die nicht zur Einschränkung oder Versagung des Bestätigungsvermerks geführt haben (§ 321 Abs. 2 Satz 2 HGB).

201 Der Bestätigungsvermerk (§ 322 HGB) – auch als Testat bezeichnet – ist seiner Struktur nach gleichsam ein „Prüfungsbericht *en miniature*". Der Bestätigungsvermerk darf nur auf der Grundlage einer abgeschlossenen Prüfung erteilt werden. Er ist nachrichtlich in den Prüfungsbericht aufzunehmen (§ 322 Abs. 7 HGB).

202 Der Bestätigungsvermerk stellt ein zusammenfassendes *Gesamturteil* des Abschlussprüfers zu Jahresabschluss und Lagebericht dar. Auch wenn das geltende Recht bewusst auf eine festgelegte Erklärungsformel verzichtet hat, haben sich national und international im Rahmen der Berufsübung feststehende Wendungen herausgebildet, die formelhaften Charakter haben und nur bei Bedarf im Einzelfall abgewandelt werden. Üblicherweise gliedert sich der Bestätigungsvermerk danach in drei Teile, die durch gesonderte Absätze hervorgehoben werden:

- Abgrenzung der Verantwortlichkeiten zwischen Abschlussprüfer und Vertretungsorgan
- Kurzbeschreibung von Gegenstand, Art und Umfang der Prüfungshandlungen
- zusammenfassendes Gesamturteil zu Jahresabschluss und Lagebericht

203 Die ersten beiden Abschnitte haben eine rein funktionale Bedeutung. Sie enthalten daher üblicherweise Standardformulierungen ohne unternehmensspezifischen Inhalt. Das Gesamturteil hingegen stellt – in gewisser Hinsicht einem gerichtlichen Urteilstenor gleich – die eigentliche Kernaussage des Bestätigungsvermerks dar. Ihr ist zu entnehmen,

ob der Abschlussprüfer im Ergebnis zu einem uneingeschränkten Positivbefund gekommen ist, dieses positive Gesamturteil unter Verweis auf bestimmte Sachverhalte einschränkt oder – bei wesentlichen Verstößen gegen die Rechnungslegungsvorschriften, die kein positives Gesamturteil mehr erlauben – den Bestätigungsvermerk versagt. Einen besonderen Fall der Versagung stellt die Situation dar, in der der Abschlussprüfer nach Ausschöpfung aller Klärungsmöglichkeiten nicht in der Lage ist, ein Prüfungsurteil abzugeben (§ 322 Abs. 5 HGB).

Eine wesentliche rechtliche Bedeutung des Bestätigungsvermerks besteht darin, dass 204
der Jahresabschluss eines prüfungspflichtigen Unternehmens nur festgestellt werden kann, wenn eine Prüfung stattgefunden und der Prüfungsbericht, in dem der Bestätigungs- oder Versagungsvermerk wiedergegeben ist, dem Entscheidungsgremium vorgelegen hat. Bei prüfungspflichtigen Kapitalgesellschaften ist ein ungeachtet des fehlenden Bestätigungsvermerks gleichwohl festgestellter Jahresabschluss nichtig (vgl. § 256 Abs. 1 Nr. 2 AktG). Damit ist auch ein auf dem Feststellungsbeschluss aufbauender Gewinnverwendungsbeschluss nichtig. Auch wenn der Bestätigungsvermerk kein Urteil über die Geschäftsführung enthält, kann eine Einschränkung oder Versagung des Bestätigungsvermerks dazu führen, dass den Mitgliedern des Vertretungsorgans die Entlastung (vgl. § 46 Nr. 5 GmbHG) versagt wird.

V. Feststellung

Zur Rechtskraft des Jahresabschlusses bedarf es – mit Ausnahme der Bilanz des Ein- 205
zelkaufmanns – eines *Feststellungsbeschlusses* der Gesellschafter bzw. des gesetzlich oder gesellschaftsvertraglich hierzu berufenen Gremiums (§§ 120ff. HGB, §§ 163ff. HGB, §§ 172ff AktG, § 42a Abs. 2 GmbHG, § 8 PublG). Der Beschluss ist ein Akt der *Verbindlichmachung* des Jahresabschlusses. Vor seiner Feststellung hat der Jahresabschluss lediglich den Charakter einer Entscheidungsvorlage, aus der zivilrechtlich durchsetzbare Rechtsansprüche der Gesellschafter auf Gewinnteilhabe nicht erwachsen können. Der Jahresabschluss beinhaltet in diesem Stadium eine Rechtsverbindlichkeit nur insofern, als die Geschäftsführer hierdurch gegenüber dem Feststellungsorgan pflichtgemäß Rechnung legen und die Richtigkeit des vorgelegten Abschlusses und ihre Verantwortlichkeit für denselben durch Unterschriftsleistung (§ 245 HGB) dokumentieren.

Wie der BGH für den Fall der KG auf der Grundlage einer seit längerem gefestigten Literaturmeinung bestätigt hat, handelt es sich bei Feststellung um ein gesellschaftsrechtliches *Grundlagengeschäft,* an dem daher grundsätzlich *alle* Gesellschafter mitwirken müssen, sofern der Gesellschaftsvertrag nichts Abweichendes vorsieht. Auch im Fall der GmbH fällt die Feststellungsbefugnis grundsätzlich in die Kompetenz aller Gesellschafter (§ 46 Nr. 1 GmbHG), diese Vorschrift ist jedoch ebenfalls dispositiv. Danach kann die Feststellung z.B. einem Gesellschafterausschuss oder Beirat übertragen werden. Die Gesellschafter können im Gesellschaftsvertrag auf ein förmliches Feststellungsverfahren sogar ganz verzichten und z.B. vorsehen, dass die Bilanz als festgestellt gilt, falls keiner der Gesellschafter bzw. Mehrheit der Gesellschafter innerhalb einer bestimmten Frist nach Aufstellung und Vorlage dem Abschluss ausdrücklich widerspricht. Eine Feststellung kann bei Identität von Gesellschaftern und Geschäftsführern auch dadurch konkludent erfolgen, dass alle Beteiligten den Jahresabschluss in ihrer Eigenschaft als Geschäftsführer unterzeichnet und damit zugleich auch förmlich als Gesellschafter gebilligt haben. Das Aktienrecht enthält differenzierte Regelungen zur Feststellung des Jahresabschlusses. In der Regel billigt der Aufsichtsrat den Jahresabschluss und stellt diesen hiermit fest (§ 172 AktG). Vorstand und Aufsichtsrat können jedoch beschließen, die Feststellung der Hauptversammlung zu überlassen, dann stellt diese den Jahresabschluss fest (§ 173 AktG).

206 Der Jahresabschluss kann durch das hierzu befugte Gremium in geänderter Form festgestellt werden. Bei einer KG, die nach dem gesetzlichen Regelstatut der §§ 161 ff. HGB organisiert ist, sind – anders als bei Kapitalgesellschaften – die nicht zur Geschäftsführung befugten Gesellschafter im Rahmen ihrer Feststellungsbefugnis bei richtigem Verständnis der Rechtsprechung des BGH jedoch nur insoweit zu materiellen Änderungen des Abschlusses berechtigt, als diese Bilanzierungsentscheidungen betreffen, die der Sache nach Maßnahmen der Ergebnisverwendung darstellen und daher geeignet sind, ihre Gewinnansprüche zu schmälern. Mit Ausnahme gewinnbeeinflussender, also meist „bilanzpolitischer“ Bilanzierungsmaßnahmen verbleibt es hingegen unverändert bei dem allgemeinen Grundsatz des Rechts der Personengesellschaften, dass Bilanzierungsentscheidungen als reine Geschäftsführungsmaßnahme anzusehen sind, die demgemäß den geschäftsführungsbefugten persönlich haftenden Gesellschaftern vorbehalten sind und nur einer allgemeinen Ordnungsmäßigkeitsprüfung durch das Feststellungsorgan unterliegen.

207 Die Gesellschafter können auch einen bereits festgestellten Abschluss nachträglich ändern. Ist die Gesellschaft prüfungspflichtig, erfolgte die Änderung also notwendig nach Feststellung und damit nach Vorlage des Prüfungsberichts, wird nach § 316 Abs. 3 HGB jedoch eine erneute Prüfung des Jahresabschlusses und des Lageberichts erforderlich, „soweit es die Änderung erfordert“ (Nachtragsprüfung). Aufgrund der Änderung liegt nämlich ein neuer Abschluss vor, der nicht mehr durch den bereits erteilten Bestätigungsvermerk gedeckt ist. Die Berichterstattung des Abschlussprüfers über die Nachtragsprüfung wird in der Regel in einem gesonderten Bericht erfolgen, der mit dem ursprünglichen Prüfungsbericht, auf den er Bezug nimmt, inhaltlich eine Einheit bildet. Alternativ kann der ursprüngliche Prüfungsbericht um die nachträglichen Feststellungen ergänzt in geänderter Fassung ausgefertigt werden.

208 Häufig erfolgen bei Kapitalgesellschaften die Bilanzfeststellung und die Beschlussfassung über die Ergebnisverwendung in einem einheitlichen Entscheidungsprozess. Ungeachtet dessen sind beide Beschlussgegenstände inhaltlich voneinander zu trennen. Der Ergebnisverwendungsbeschluss setzt eine wirksame – möglicherweise konkludent erfolgte – Bilanzfeststellung voraus. Die Bilanzfeststellung macht den Jahresabschluss zwar in der beschlossenen Form rechtsverbindlich. Damit steht jedoch nur die Höhe des verteilungsfähigen Gewinns fest. Gewinnansprüche werden demgegenüber grundsätzlich erst dann begründet, wenn über die Verwendung des Gewinns durch das dazu berufene Organ beschlossen worden ist. Die Gesellschafter können den in der Bilanz ausgewiesenen Jahresüberschuss (zuzüglich eines Gewinnvortrags bzw. abzüglich eines Verlustvortrags) nämlich, statt ihn auszuschütten, ganz oder teilweise in (Gewinn-)Rücklagen einstellen oder auf neue Rechnung vortragen.

209 Bei Personenhandelsgesellschaften, die nach dem – dispositiven – gesetzlichen Regelstatut der §§ 161 ff. HGB organisiert sind, ist eine förmliche Beschlussfassung über die Ergebnisverwendung hingegen nicht erforderlich, denn anders als bei Kapitalgesellschaften steht der Gewinnanteil den Gesellschaftern einer Personenhandelsgesellschaft nach ganz überwiegender Auffassung an deren Abschlussstichtag ohne weiteren Gesellschafterbeschluss unmittelbar zu. Die rechtliche Entstehung des Gewinnanspruchs im Sinne eines zivilrechtlich durchsetzbaren Gläubigerrechts setzt jedoch auch bei der Personenhandelsgesellschaft stets die Feststellung des Jahresabschlusses voraus.

VI. Offenlegung

Nach § 325 Abs. 1 Satz 1 HGB haben die gesetzlichen Vertreter einer Kapitalgesellschaft den Jahresabschluss *unverzüglich nach seiner Vorlage an die Gesellschafter*, spätestens aber vor Ablauf von *12 Monaten* nach dem Abschlussstichtag zusammen mit weiteren, im Gesetz genannten Unterlagen *zum Handelsregister einzureichen* (sog. „Registerpublizität"). Unverzüglich nach Einreichung der offen zu legenden Unterlagen ist im Bundesanzeiger bekannt zu machen, bei welchem Handelsregister und unter welcher Handelsregisternummer die Einreichung erfolgt ist (§ 325 Abs. 1 Satz 2 HGB). Wie sich im Umkehrschluss aus § 325 Abs. 2 HGB ergibt, der abweichende Regelungen für große Kapitalgesellschaften enthält, gilt die soeben dargestellte Veröffentlichungsform für *mittelgroße und kleine GmbH*, wobei sich für diese gemäß §§ 326, 327 HGB hinsichtlich des Umfangs der offen zu legenden Unterlagen Erleichterungen ergeben, die über die Erleichterungsvorschriften zur Aufstellung des Jahresabschlusses noch hinausgehen (sog. „gespaltene Publizität"). 210

Große Kapitalgesellschaften haben die offen zu legenden Unterlagen (abweichend von § 325 Abs. 1 HGB) zunächst *im Bundesanzeiger bekannt zu geben* („Bundesanzeigerpublizität") und die Bekanntmachung anschließend unter Beifügung der offen zu legenden Unterlagen zum Handelsregister einzureichen. Die Bekanntmachung der Einreichung gemäß § 325 Abs. 1 Satz 2 HGB entfällt. 211

Eine Übersicht über Gegenstand und Form der Offenlegung in Abhängigkeit von der Größe der Gesellschaft vermittelt nachfolgende Aufstellung: 212

Größenklasse	Offen zu legende Unterlagen	Form der Offenlegung
groß	Nach § 325 Abs. 1 Satz 1 HGB • Jahresabschluss • Lagebericht • Eventuell: Bericht des Aufsichtsrats • Bestätigungsvermerk • Vorschlag/Beschluss über die Ergebnisverwendung unter Angabe des Jahresergebnisses	Nach § 325 Abs. 2 HGB • Veröffentlichung im Bundesanzeiger und • Einreichung der Bekanntmachung sowie der Unterlagen zum Handelsregister
mittelgroß	Wie große GmbH – aber: • Bilanz in verkürzter Form (§ 266 Abs. 1 Satz 3 HGB), wenngleich mit Zusatzangaben (§ 327 Nr. 1 HGB) • Verkürzter Anhang (§ 327 Nr. 2 HGB)	Nach § 325 Abs. 1 Satz 2 HGB • Einreichung der Unterlagen zum Handelsregister und • Bekanntmachung des Ortes des Handelsregisters und der Nummer der Einreichung im Bundesanzeiger
klein	Nach § 326 HGB • (verkürzte) Bilanz gem. § 266 Abs. 1 Satz 3 HGB • Anhang (ohne Angaben zur Gewinn- und Verlustrechnung)	Wie mittelgroße GmbH

Ist das Unternehmen gemäß §§ 290ff. HGB zur *Konzernrechnungslegung* verpflichtet, erstreckt sich die Offenlegungspflicht nach § 325 Abs. 3 HGB auf den Konzernabschluss 213 mit Bestätigungs- oder Versagungsvermerk des Abschlussprüfers sowie auf den Konzernlagebericht. Offenlegungserleichterungen in Bezug auf den Konzernabschluss bestehen nicht.

214 Verfügt die GmbH über einen obligatorischen *Aufsichtsrat* (§ 77 Abs. 1 BetrVG, § 25 Abs. 1 Nr. 2 MitbestG, §§ 2, 3 Abs. 1 Satz 2 MitbestErgG, § 3 KAGG), so ist der von diesem erstattete Bericht nach § 42a Abs. 1 Satz 3 GmbHG den Gesellschaftern vorzulegen und – soweit es sich nicht um eine kleine GmbH handelt – nach § 325 Abs. 1 Satz 1 HGB offen zu legen. Ist nach dem Gesellschaftsvertrag ein Aufsichtsrat zu bestellen, so gilt auf Grund der Verweisungsvorschrift in § 52 Abs. 1 GmbHG die Vorschrift des § 171 AktG hinsichtlich der Prüfungs- und Berichtspflicht des Aufsichtsrats entsprechend, soweit im Gesellschaftsvertrag nicht anderes bestimmt ist. Die Offenlegungspflicht erstreckt sich ebenfalls auf den Bericht des Aufsichtsrats.

215 Im Regelfall besteht bei einer GmbH keine Verpflichtung zur Vorlage eines *Vorschlags für die Verwendung des Ergebnisses* und damit auch keine diesbezügliche Offenlegungspflicht. Verfügt die Gesellschaft jedoch über einen *Aufsichtsrat* und kommt § 170 Abs. 2 AktG (Vorlagepflicht des Ergebnisverwendungsvorschlags an den Aufsichtsrat) zur Anwendung, ist ein Ergebnisverwendungsvorschlag vor- und offen zu legen.[15] Letzteres geschieht zweckmäßigerweise im Anhang im Rahmen der „sonstigen Angaben“ in äußerlich klar erkennbarer Form.[16] Gesellschaften in der Rechtsform der GmbH ist jedoch in § 325 Abs. 1 Satz 1, 3. Hs. HGB das Recht eingeräumt, auf die Veröffentlichung von Angaben zur Ergebnisverwendung zu verzichten, wenn sich anhand dieser Angaben die Gewinnanteile von natürlichen Personen feststellen lassen, die Gesellschafter sind. Soweit dieses Wahlrecht nicht eingreift, ist bei einer GmbH der *Beschluss über die Verwendung des Ergebnisses* offen zu legen, sofern eine diesbezügliche Dispositionsbefugnis der Gesellschafterversammlung besteht und die Ergebnisverwendung nicht bereits auf Grund statutarischer Regelungen oder gesetzlicher Vorschriften determiniert ist. Liegt ein Jahresfehlbetrag bzw. ein Bilanzverlust vor und scheiden daher Ausschüttungen oder Rücklagendotierungen aus, fehlt es in der Regel an einem echten Beschlussgegenstand und damit an einer entsprechenden Offenlegungspflicht, sofern keine Entnahmen aus Rücklagen erfolgen können oder sollen.[17] Einer Fehlanzeige bei der Offenlegung bedarf es insoweit nicht. Die in § 325 Abs. 1 Satz 1, 2. Halbsatz HGB außerdem verlangte Angabe von Jahresüberschuss oder Jahresfehlbetrag ist praktisch bedeutungslos.

VII. Befreiung von Rechnungslegungsvorschriften durch Einbeziehung in einen Konzernabschluss

216 Die oben genannten Rechnungslegungsvorschriften zu Aufstellung, Prüfung und Offenlegung des Jahresabschlusses und Lageberichts haben Kapitalgesellschaften und „Kapitalgesellschaften & Co“ grundsätzlich unabhängig davon zu erfüllen, ob diese Unternehmen einem Konzerverbund angehören und ihre Abschlüsse daher zusätzlich in einen Konzernabschluss eingehen, der seinerseits geprüft und offen gelegt wird. Unter bestimmten, rechtsformabhängig ausgestalteten Voraussetzungen eröffnet die Konzernzugehörigkeit einer Gesellschaft jedoch die Möglichkeit, Erleichterungen hinsichtlich der Aufstellung, Prüfung und Offenlegung ihres Jahresabschlusses sowie ihres Lageberichts

---

[15] BeckBil-Komm/*Ellrott/Spremann* § 325 Rdn. 14.
[16] ADS § 325 Rdn. 36.
[17] BeckBil-Komm/*Ellrott/Spremann* § 325 Rdn. 18.

in Anspruch zu nehmen. Das Konzernunternehmen braucht bei Vorliegen der Befreiungsvoraussetzungen – ungeachtet seiner Rechtsform und Größe – nur solche Bilanzierungsvorschriften zu beachten, die für alle Kaufleute gelten (§§ 238–256 HGB).

Diese Befreiungsmöglichkeiten sind von praktischer Bedeutung. Sie haben unter Um- 217
ständen erhebliche Konsequenzen für die Form und den Umfang der Rechnungslegung und auch die damit verbundenen Kosten. Es können nämlich folgende – ansonsten nach dem Gesetz bestehende – Verpflichtungen entfallen:

- Aufstellung eines Anhangs (§§ 284 bis 288 HGB)
- Aufstellung eines Lageberichts (§ 289 HGB)
- Beachtung der zusätzlichen Ansatz-, Bewertungs-, Gliederungs- und Ausweisvorschriften für Kapitalgesellschaften und „Kapitalgesellschaften & Co." (§§ 264 bis 283 HGB)
- Prüfung (§§ 316 bis 324 HGB)
- Offenlegung (§§ 325 bis 329 HGB)

Die Befreiungsvoraussetzungen sind unterschiedlich ausgestaltet, je nach dem, ob es 218
sich bei dem zu befreienden Konzernunternehmen um eine Kapitalgesellschaft oder um eine „Kapitalgesellschaft & Co." handelt. Bei Kapitalgesellschaften erfolgt die Befreiung wahlweise (§ 264 Abs. 3 HGB: „braucht nicht anzuwenden"). Die Unternehmen können bei Vorliegen der gesetzlichen Voraussetzungen also jeweils frei entscheiden, ob und in welchem Umfang die Befreiungsmöglichkeiten im konkreten Fall in Anspruch genommen werden sollen. Die Befreiung erfordert nach § 264 Abs. 3 HGB:

- Bestehen eines Mutter-Tochter-Verhältnisses zwischen der zu befreienden Gesellschaft und der Konzernobergesellschaft gemäß § 290 HGB
- Zustimmung der Gesellschafter des Tochterunternehmens zur Befreiung
- Bestehen einer Verlustübernahmeverpflichtung der Konzernobergesellschaft nach § 302 AktG
- Einbeziehung des Tochterunternehmens im Wege der Vollkonsolidierung (§§ 300ff. HGB) in den Konzernabschluss der Obergesellschaft
- Angabe der Befreiung im Konzernanhang der Obergesellschaft
- Einreichung der im Rahmen der Konzernrechnungslegung offen zu legenden Unterlagen zum Handelsregister des zu befreienden Tochterunternehmens

Für eine „Kapitalgesellschaft & Co." gelten nach § 264b HGB nachfolgende erleich- 219
terte Befreiungsvoraussetzungen:

- Einbeziehung der zu befreienden Gesellschaft im Wege der Vollkonsolidierung (§§ 300ff. HGB) in einen Konzernabschluss „eines" Mutterunternehmens oder des persönlich haftenden Gesellschafters des zu befreienden Unternehmens
- Konzernabschluss steht im Einklang mit dem maßgeblichen EU-Recht
- Einreichung der im Rahmen der Konzernrechnungslegung offen zu legenden Unterlagen zum Handelsregister der zu befreienden Gesellschaft
- Angabe der Befreiung im Konzernanhang der Obergesellschaft

Anders als bei Kapitalgesellschaften tritt bei „Kapitalgesellschaften & Co." die Befreiungswirkung in vollem Umfang unmittelbar von Gesetzes wegen ein (§ 264b HGB: „ist befreit"). Nach herrschender Auffassung kann in diesem Fall auch die Konzernobergesellschaft für ihren Einzelabschluss *selbst* in den Genuss der Befreiung kommen, falls diese ihrerseits die Rechtsform der „Kapitalgesellschaft & Co." hat. Aufgrund des Einklanggebots mit dem EU-Recht zur Konzernrechnungslegung, das bei der Erstellung des befreienden Konzernabschlusses zu beachten ist, muss die zu befreiende Gesellschaft allerdings zumindest zu internen Konsolidierungszwecken Rechnungslegungsinformationen erstellen, die denen von Kapitalgesellschaften entsprechen, ohne diese allerdings prüfen und offenlegen zu müssen. Einer *vertraglichen Verlustübernahmeverpflichtung* analog dem Erfordernis nach §§ 264 Abs. 3 Nr. 2, 302 AktG bedarf es im vorliegenden Fall nicht. Zwar ergibt sich eine entsprechende Verpflichtung für den Komplementär bereits aus der gesellschaftsrechtlich bedingten persönlichen unbeschränkten Haftung, dieser ist indessen nicht notwendig mit dem obersten Mutterunternehmen identisch, so dass in diesen Fällen keine „Haftungskette" zum Konzernvermögen besteht. Hieraus folgt eine weitere strukturelle Privilegierung der konzernierten haftungsbeschränkten Personenhandelsgesellschaft gegenüber der entsprechenden Kapitalgesellschaft.

Teil D. Standardsetter und Kontrollgremien

Nachfolgend sollen einige privatrechtlich organisierte Gremien mit Bedeutung für die externe Rechnungslegung und die Abschlussprüfung vorgestellt werden, die entweder auf berufsständisch geprägter Mitgliedschaft basieren (IDW) oder kraft staatlicher Anerkennung mit bestimmten Funktionen ausgestattet sind (DRSC, DPR, APAK). 220

I. Institut der Wirtschaftsprüfer in Deutschland e.V. (IDW)

Das Institut der Wirtschaftsprüfer in Deutschland e.V. (IDW) stellt eine Vereinigung von Wirtschaftsprüfern und Wirtschaftsprüfungsgesellschaften auf der Grundlage freiwilliger Mitgliedschaft dar. Das IDW fördert die Fachgebiete der Wirtschaftsprüfung und tritt für die Interessen des Berufsstandes ein. Das IDW ist ein eingetragener Verein, dessen Aufgaben bestehen in der 221

- Interessenvertretung auf nationaler und internationaler Ebene
- Facharbeit
- Aus- und Fortbildung

In der Bundesrepublik geben bisher die vom IDW veröffentlichten Verlautbarungen die *Berufsauffassung* der Wirtschaftsprüfer zu wichtigen Fragen der Rechnungslegung und zu den Grundsätzen der Abschlussprüfung wieder. Diese Verlautbarungen entfalten Bindungswirkung grundsätzlich nur gegenüber Berufsangehörigen, da das IDW – über die beruflichen Belange der Wirtschaftsprüfer hinaus – keine einem Rechnungslegungsgremium im angelsächsischen Sinne („Standardsetter") vergleichbare Rolle zukommt. Dessen ungeachtet sind die vom IDW herausgegebenen Rechnungslegungsstandards und sonstigen fachlichen Verlautbarungen (insbesondere auch der IDW Standard: „Grundsätze zur Durchführung von Unternehmensbewertungen, IDW S 1[1]) nicht allein an die unmittelbar angesprochenen Berufsangehörigen gerichtet, sondern darüber hinaus auch für die an Rechnungslegungsfragen interessierte breitere Öffentlichkeit (einschließlich Behörden und Gerichte) von Bedeutung, denn diese fachkundigen Äußerungen sind in besonderer Weise dazu geeignet, die Entwicklung von „Grundsätzen ordnungsmäßiger Buchführung" (GoB) zu fördern und zu beeinflussen. 222

Die Durchführung von Abschlussprüfungen durch inländische Berufsangehörige darf derzeit zwar grundsätzlich nur nach *deutschen* Prüfungsgrundsätzen[2] erfolgen[3]. Nach der Satzung und den Mitgliederverpflichtungen der in New York ansässigen *International Federation of Accountants* (IFAC), welcher auch das IDW angehört, sind die indessen die in den *International Standards on Auditing* (ISA) festgelegten Grundsätze und Prüfungs- 223

---

[1] Veröffentlicht in der Neufassung vom 18. 10. 2005 in WPg 2005, S. 1303 ff.

[2] Zu den Prüfungsgrundsätzen zählen – neben den einschlägigen Rechtsvorschriften – die IDW Prüfungsstandards (IDW PS), die IDW Prüfungshinweise (IDW PH), wobei letztere einen geringeren Verbindlichkeitsgrad haben, sowie die gemeinsame Stellungnahme von WPK und IDW zur Qualitätssicherung (VO 1/2006).

[3] Vgl. IDW Prüfungsstandard: Rechnungslegungs- und Prüfungsgrundsätze für die Abschlussprüfung (IDW PS 201), Tz. 20 (Satz 1), WPg 2000, S. 710 ff. Diese Standards bilden jedoch lediglich den Rahmen, den der Abschlussprüfer nach den individuellen Gegebenheiten des Einzelfalles und nach Maßgabe seiner Eigenverantwortlichkeit auszufüllen hat.

handlungen in nationale Prüfungsgrundsätze umzusetzen. Dieser mitgliedschaftlichen Verpflichtung ist das IDW in der Vergangenheit auf eigenständiger Grundlage durch eine entsprechende Transformation der ISA in deutsche Prüfungsgrundsätze nachgekommen. Die ISA werden vom *International Auditing and Assurance Standards Board* (IAASB), einem unabhängigen Komitee unter der Verwaltung der IFAC, verabschiedet.[4] Im Rahmen einer Neufassung der 8. EU-Richtlinie[5] soll die Anwendung der ISA in der EU für die Durchführung von gesetzlichen Abschlussprüfungen verbindlich vorgeschrieben werden. Sie werden nach Absolvierung eines EU-Anerkennungsverfahrens *unmittelbare* Geltung in Deutschland erlangen.

224 In Abgrenzung zum IDW obliegt es der *Wirtschaftsprüferkammer* (WPK) in erster Linie, in Erfüllung der Aufgaben der beruflichen Selbstverwaltung des Berufsstandes die Einhaltung der Berufspflichten zu überwachen und die Berufsangehörigen in Fragen der Berufspflichten zu beraten und zu belehren. Die Berufspflichten der Wirtschaftsprüfer sind in der Wirtschaftsprüferordnung (WPO) und der Berufssatzung geregelt. Im Rahmen ihrer Überwachungsfunktion obliegt der WPK in der Gestalt der „Kommission für Qualitätskontrolle", die der berufsfremden Aufsicht der Abschlussprüferaufsichtskommission (APAK) untersteht,[6] auch die Durchführung der *Qualitätskontrolle* des Berufsstandes.

II. Deutsches Rechnungslegungs Standards Committee (DRSC)

225 In § 342 HGB, der durch das Gesetz zur Kontrolle und Transparenz im Unternehmensbereich (KonTraG)[7] geschaffen wurde, ist die Möglichkeit zur Errichtung eines privaten Rechnungslegungsgremiums vorgesehen. Dementsprechend wurde nach angloamerikanischem Vorbild[8] eine Institution in privater Trägerschaft errichtet, das „Deutsche Rechnungslegungs Standards Committee" (DRSC)[9], welches als allein autorisierter deutscher „Standardsetter" in Konzernrechnungslegungsfragen die Vertretung der Bundesrepublik Deutschland in internationalen Standardisierungsgremien wahrnehmen, Empfehlungen zur Konzernrechnungslegung geben und das BMJ in einschlägigen Gesetzesvorhaben beraten soll. Die Empfehlungen zur Konzernrechnungslegung entfalten nach § 342 Abs. 2 HGB im Falle ihrer Annerkennung und Bekanntmachung durch das Bundesministerium der Justiz (BMJ) die Vermutung einer Bilanzierung im Einklang mit den Grundsätzen ordnungsmäßiger Buchführung (GoB) in Konzernrechnungslegungsfragen.[10] Zentrales Gremium des DRSC ist der „Deutsche Standardisierungsrat" (DSR), dessen Funktion darin besteht, Empfehlungen zur Anwendung von Grundsätzen der Konzernrechnungslegung zu erarbeiten, die in Form von „Deutschen Rechnungslegungs-

[4] Die geltenden ISA (und die übrigen Verlautbarungen der IFAC) liegen derzeit als „*IFAC Handbook of International Auditing, Assurance and Ethics Pronouncements*", Edition 2004, New York (Stand: 31. 12. 2003) vor und können über die Website der IFAC (www.ifac.org) bezogen werden.

[5] Vgl. den Vorschlag der Kommission für eine Richtlinie des Europäischen Parlaments und des Rates über die Prüfung des Jahresabschlusses und des konsolidierten Abschlusses und zur Änderung der Richtlinien 78/660/EWG und 83/349/EWG-KOM(2004) 177 endg.

[6] Vgl. Rdn. 234 f.

[7] BGBl. I 1998, 786.

[8] Z. B. vergleichbar dem „International Accounting Standards Board" (IASB) und dem „Financial Accounting Standards Board" (FASB), dem US-amerikanischen Rechnungslegungsgremium.

[9] Wie vergleichbare in jüngerer Zeit in Deutschland neu geschaffene Institutionen führt dieses Gremium neben seinem ohnehin schon anglisierten Namen eine zweite englische Bezeichnung: „German Accounting Standards Committee" (GASC).

[10] Vgl. BeckBil-Komm/*Budde/Steuber* § 342 Rdn. 9.

standards" (DRS) interpretiert und festgesetzt werden. Die Anerkennung des DRSC bzw. des DSR als Standardisierungsinstanz wurde mit Standardisierungsvertrag vom 3. 9. 1998 zwischen dem BMJ und dem DRSC festgelegt.

Der DSR hat seit seiner Einsetzung in Verfolgung der in § 342 HGB festgelegten Zielsetzung in rascher Folge Standards im Wesentlichen zu folgenden Themen entwickelt: 226

- Kapitalflussrechnung[11] (DRS 2)
- Segmentberichterstattung[12] (DRS 3)
- Unternehmenserwerbe im Konzernabschluss (DRS 4)
- Risikoberichterstattung (DRS 5)
- Zwischenberichterstattung[13] (DRS 6)
- Konzerneigenkapital und Konzerngesamtergebnis (DRS 7)
- Latente Steuern[14] im Konzernabschluss (DRS 10)
- Immaterielle Vermögensgegenstände des Anlagevermögens (DRS 12)
- Grundsatz der Stetigkeit und Berichtigung von Fehlern (DRS 13)
- Währungsumrechnung (DRS 14)
- Lageberichterstattung (DRS 15)

Der DSR hat sich darüber hinaus zunächst maßgeblich an der Reformdiskussion der vergangenen Jahre bezüglich der Fortentwicklung der HGB-Konzernrechnungslegungsvorschriften beteiligt mit dem Ziel, die geltende deutsche Konzernrechnungslegung de lege ferenda an die internationalen Grundsätze (IAS/IFRS, US-GAAP) heranzuführen. Als Konsequenz der zum 1. 1. 2005 erfolgten verbindlichen Einführung internationaler Rechnungslegungsstandards für die Konzernrechnungslegung kapitalmarktorientierter Unternehmen und der Eröffnung eines Wahlrechts zur freiwilligen Anwendung von IAS/IFRS in allen von der Übernahmepflicht nicht erfassten Bereichen[15] hat der DSR seine Arbeit als Standardisierungsgremium neu ausgerichtet. Auch wenn in Deutschland weiterhin Unternehmen Konzernabschlüsse nach HGB aufstellen werden, die den DRS unterliegen, arbeitet der DSR nunmehr verstärkt mit dem „International Accounting Standards Board" (IASB) und seinen Partnergremien zusammen, um die Konvergenz der internationalen Rechnungslegungsregeln voranzutreiben und die Belange der deutschen Rechnungsleger und Kapitalmarktteilnehmer in den Prozess der Standardisierung der Rechnungslegung einzubringen. Es wurde ein „Rechnungslegungs Interpretations Committee" (RIC) geschaffen, das sich in enger Zusammenarbeit mit dem „International Financial Reporting Interpretations Committee" (IFRIC) des IASB insbesondere solcher nationalen Sachverhalte annimmt, die im Rahmen der Fortentwicklung der IAS/IFRS einer Berücksichtigung bedürfen. Auf nationaler Ebene lag die Bedeutung der Arbeit des DSR zuletzt vornehmlich auf dem Gebiet der Lageberichterstattung, die bisher in der in Deutschland vorgeschrieben Form[16] international keine Entsprechung hat. 227

III. „Enforcement" der Rechnungslegung durch die Deutsche Prüfstelle für Rechnungslegung (DPR)

Neben die Prüfung durch Aufsichtsgremien und Abschlussprüfer sowie die Offenlegung, ist – basierend auf den §§ 342b bis 342c des Gesetzes zur Kontrolle von Unter- 228

[11] Zu diesem Rechnungslegungsinstrument vgl. Rdn. 710ff.
[12] Hierzu vgl. Rdn. 749.
[13] Vgl. Rdn. 751ff.
[14] Vgl. zu aktiven latenten Steuern insbesondere Rdn. 335ff.
[15] Vgl. Rdn. 739f.
[16] Vgl. Rdn. 700ff.

nehmensabschlüssen (Bilanzkontrollgesetz, BilKoG) – als weiterer Baustein eines umfassenden Kontroll-, Publizitäts- und Sanktionsmechanismus in Fragen der externen Rechnungslegung die am 14. 5. 2004 von fünfzehn Berufs- und Interessenvertretungen in Berlin gegründete „*Deutsche Prüfstelle für Rechnungslegung e. V.*" (DPR) getreten, die am 30. 3. 2005 vom Bundesministerium der Justiz (BMJ) im Einvernehmen mit dem Bundesminsterium der Finanzen (BMF) anerkannt worden ist. Aufgrund der gemäß § 342b Abs. 1 Satz 1 HGB erfolgten ministeriellen Anerkennung ist die privatrechtlich organisierte DPR mit Aufnahme ihrer Tätigkeit am 1. 7. 2005 befugt, die im BilKoG festgelegten Aufgaben zur Überwachung (Enforcement) der Rechnungslegung kapitalmarktorientierter Unternehmen im Sinne des § 2 Abs. 1 Satz 1 WpHG zu übernehmen.

229 Die Schaffung eines Enforcementverfahrens soll das Vertrauen der Anleger in die Verlässlichkeit der Rechnungslegung börsennotierter Unternehmen und in deren Abschlussprüfung auf nachhaltige Weise stärken. Das Verfahren folgt internationalen Vorbildern.[17] Die DPR versteht sich dabei nicht lediglich als „Bilanzpolizei", als die sie in der Öffentlichkeit gemeinhin bezeichnet wird, sondern auch als „Autoritätsstütze" für die Unternehmensleitungen, namentlich die Finanzvorstände, im Vorfeld kritischer Situationen.[18] Neben dem Prüfungsrecht bestehen auf Seiten der DPR keine formalen Sanktionsmöglichkeiten. Die Prüfstelle berichtet der Bundesanstalt für Finanzdienstleistungsaufsicht (BaFin), die dem BMF unterstellt ist, indessen über die Ergebnisse ihrer Prüfungen (§ 342b Abs. 6 Nr. 3 HGB). Auf Weisung der BaFin, die in Fällen von Verstößen gegen Rechnungslegungsvorschriften regelmäßig erfolgt, muss das betroffene Unternehmen festgestellte Bilanzierungsfehler veröffentlichen. Darüber hinaus zeigt die Prüfstelle Tatsachen, die den Verdacht einer Straftat im Zusammenhang mit der Rechnungslegung eines Unternehmens begründen, der zuständigen Strafverfolgungsbehörde an. Tatsachen, die auf das Vorliegen einer Berufspflichtverletzung durch den Abschlussprüfer schließen lassen, werden von ihr der Wirtschaftsprüferkammer übermittelt (§ 342b Abs. 8 HGB).

230 Als *erster* Teil eines *zweistufigen* Enforcementverfahrens *prüft* die DPR gemäß § 342b Abs. 2 Satz 1 HGB, ob der zuletzt festgestellte Jahresabschluss und Lagebericht sowie der zuletzt gebilligte Konzernabschluss und Konzernlagebericht eines börsennotierten Unternehmens den gesetzlichen Vorschriften einschließlich der Grundsätze ordnungsmäßiger Buchführung oder den sonstigen[19] durch Gesetz zugelassenen Rechnungslegungsstandards entspricht. Die Prüfstelle wird nach § 342b Abs. 2 Satz 3 HGB tätig, sofern

- konkrete Anhaltspunkte für einen Verstoß gegen Rechnungslegungsvorschriften vorliegen *(anlassbezogene Prüfung)*
- die BaFin dies verlangt
- eine *stichprobenartige Prüfung* durchgeführt wird.

231 Die Tätigkeit der DPR ist auf eine *freiwillige* Mitwirkung des betroffenen Unternehmens ausgerichtet, dem die Möglichkeit zur Stellungnahme zum Prüfungsergebnis eingeräumt ist, das im Falle von Fehlerfeststellungen zu begründen ist (§ 342b Abs. 4 und 5 HGB). Eine anlassbezogene Prüfung unterbleibt, wenn offensichtlich kein öffentliches Interesse an der Prüfung besteht (§ 342b Abs. 2 Satz 4 HGB). Stichprobenartige Prüfungen erfolgen im Einvernehmen mit dem BMJ und dem BMF, wobei letzteres diese Befugnis auf die BaFin übertragen kann (§ 342b Abs. 2 Satz 6 HGB). Die DPR kann sich zur Durchführung ihrer Aufgaben anderer Personen bedienen (§ 342b Abs. 1 Satz 4 HGB). Die Prüfstelle verfügt derzeit nur über eine relativ geringe Zahl von Prüfern, sie kann

[17] Vgl. den 1990 geschaffenen „Financial Reporting Review Panel" – FRRP – in Großbritannien.
[18] So *Gros*, DStR 2006, 246.
[19] IAS/IFRS nach § 315a HGB, der für eine Übergangsfrist auch US GAAP zulässt.

aber auf einen Pool von ausgewählten Berufsangehörigen zurückgreifen.[20] Mit Berichterstattung an die BaFin ist die Prüfungstätigkeit der DRP abgeschlossen.

Auf einer *zweiten Stufe* wird die BaFin gemäß § 37p Abs. 1 WpHG als staatliche Kontrollinstanz tätig: 232

- das geprüfte Unternehmen *verweigert die freiwillige Mitwirkung* bei einer Prüfung durch die DPR
- das geprüfte Unternehmen *lehnt das Prüfungsergebnis ab*
- es bestehen *erhebliche Zweifel an der Richtigkeit* des Prüfungsergebnisses oder der Prüfungsdurchführung durch die Prüfstelle
- wenn andernfalls *Doppelprüfungen* bei Kredit- und Finanzdienstleistungsinstituten sowie Versicherungsunternehmen auf Grund einer bereits durchgeführten oder eingeleiteten Sonderprüfung gemäß § 44 Abs. 1 Satz 2 KWG oder § 83 Abs. 1 Nr. 2 VAG

Die Kompetenzen der BaFin zur Durchführung ihrer Tätigkeit sind in § 37o Abs. 4 233
und 5 WpHG geregelt. Die BaFin kann sich ihrerseits auch der DPR bedienen, sofern sie nicht durch eigene oder von ihr beauftragte andere externe Kräfte tätig wird.

IV. Abschlussprüferaufsichtskommission (APAK)

Nach dem durch das Gesetz zur Fortentwicklung der Berufsaufsicht über Abschluss- 234
prüfer in der Wirtschaftsprüferordnung (Abschlussprüferaufsichtsgesetz, APAG) vom 27. 12. 2004 neu geschaffenen § 66a WPO führt die „Kommission für die Aufsicht über die Abschlussprüfer in Deutschland" (Abschlussprüferaufsichtskommission, APAK) eine öffentliche fachbezogene Aufsicht über die Wirtschaftsprüferkammer (WPK), soweit diese in mittelbarer Staatsverwaltung – neben den Selbstverwaltungsaufgaben – Aufsichtsfunktionen gegenüber Berufsangehörigen vornimmt, die Abschlussprüfungen durchführen. Diese Aufsichtsfunktionen betreffen

- Prüfung
- Bestellung bzw. Anerkennung
- Widerruf
- Registrierung
- Qualitätskontrolle
- Berufsaufsicht, Berufsgrundsätze
- Fortbildung

Die APAK ist eine nicht rechtsfähige *Personengemeinschaft sui generis.* Sie ist mit 235
höchstens zehn ehrenamtlichen Mitgliedern besetzt, die in den letzten fünf Jahren vor ihrer Ernennung nicht persönliche Mitglieder der WPK (= Berufsangehörige) gewesen sein dürfen und die insbesondere in den Bereichen Rechnungslegung, Finanzwesen, Wirtschaft, Wissenschaft, Aufsicht oder Rechtsprechung tätig sind oder gewesen sind. Die APAK hat ein fachbezogenes Weisungsrecht gegenüber der WPK und wurde mit umfassenden Überwachungs- und Kontrollrechten ausgestattet (§ 66a Abs. Abs. 3 und 4 WPO), die namentlich Bedeutung im Hinblick auf die berufsrechtliche *Qualitätskontrolle* (vgl. §§ 57a bis h WPO) erlangen. Durch die gesetzliche Neuregelung wurde unterhalb der unverändert fortbestehenden Rechtsaufsicht des Bundesministeriums für Wirtschaft (BMWi) und oberhalb der WPK im Interesse der Öffentlichkeit ein *berufsunabhängiges Kontrollgremium* geschaffen, das die bisherige Funktion des „Qualitätskontrollbeirats" im System der Qualitätskontrolle eingenommen hat, aus der die APAK fortentwickelt

[20] Vgl. Handelsblatt v. 7. 2. 2006, Finanzzeitung, S. 25.

wurde. Die APAK soll den Grundsatz der *„Public Oversight"* über den Berufsstand umsetzen, wie er in unterschiedlichen Ausformungen im anglo-amerikanischen Bereich bereits realisiert wurde.[21]

236 Die APAK ist die gesetzlich legitimierte Stelle, um mit anderen inländischen und ausländischen Aufsichtsstellen zu kooperieren (§ 66a Abs. 8 und 9 WPO). Sie überwacht ferner die Transformation der internationaler Prüfungsstandards, z.B. der „International Standards on Auditing" (ISA) in nationale Prüfungsstandards (§ 66a Abs. 1 Satz 2 WPO) bzw. deren Anwendung.

---

[21] Vgl. das „Public Companies Accounting Oversight Board" – PCAOB – in den USA.

Teil E. Wesentliche Grundprinzipien für Ansatz und Bewertung

Nachdem wir den Gesetzesaufbau des III. Buchs des HGB bereits kennen gelernt und einen Überblick über die wesentlichen Regelungsgegenstände der dort kodifizierten Rechnungslegungsvorschriften gewonnen haben, ist es vor einem Einstieg in bilanzielle Einzelfragen hilfreich, sich mit den wesentlichen materiellen Prinzipien der Bilanzierung nach HGB vertraut zu machen. Hierunter sollen die Grundsätze verstanden werden, die den zahlreichen Einzelvorschriften zum Jahresabschluss zugrunde liegen und damit deren Inhalt und Funktion prägen. Diese Grundsätze stellen ein weitgehend geschlossenes System an inhaltlichen Leitlinien für die Rechnungslegung dar und bestimmen damit die Lösung zahlreicher Einzelfragen, die einer – notwendig allgemein gehaltenen – gesetzlichen Regelung nicht ohne weiteres zugänglich sind. Damit kommt deutlich zum Ausdruck, dass die deutsche Rechnungslegung trotz ihrer gesetzlichen Verankerung im HGB letztlich ein *prinzipienbasiertes Regelungswerk* ist und nicht keine kasuistische Anhäufung von detaillierten Einzelvorschriften darstellt. 237

Wesentliche dieser Prinzipien sind zudem „vorgesetzlichen“ Ursprungs und werden daher gemeinhin noch unter dem Sammelbegriff der *„Grundsätze ordnungsmäßiger Buchführung und Bilanzierung“* (GoB) zusammengefasst, auch wenn deren Inhalte mittlerweile weitgehend gesetzlich formuliert sind. Dieser Sammelbegriff ist im juristischen Sinne als unbestimmter Rechtsbegriff zu verstehen, der es erlaubt, Veränderungen des rechtlichen und wirtschaftlichen Umfeldes der Rechnungslegung flexibel aufzunehmen und einer systemgerechten Lösung zuzuführen. Die nachfolgende Darstellung umfasst die wesentlichen Grundprinzipien der deutschen Rechnungslegung zu Ansatz- und Bewertungsfragen – unabhängig davon, ob diese nach der Terminologie als geschriebene oder ungeschriebene „GoB“ im engeren Sinne gelten. 238

I. Generalnorm („True and Fair View“)

Die Beachtung der formalen Prinzipien ordnungsmäßiger Buchführung bei der Erfassung, Verarbeitung und Dokumentation von Geschäftsvorfällen stellt eine unverzichtbare Grundlage zutreffender Abschlusserstellung dar. Seiner Informationsfunktion kann der Jahresabschluss über diese wichtigen formalen Aspekte hinaus letztlich aber nur gerecht werden, wenn er in Inhalt und Aufbau vorrangig von dem Ziel bestimmt ist, auch materiell ein den tatsächlichen Verhältnissen entsprechendes Bild der Vermögens-, Finanz- und Ertragslage der Gesellschaft zu vermitteln. In § 264 Abs. 2 Satz 1 HGB ist daher diese Anforderung an den Jahresabschluss ausdrücklich als Leitbild festgehalten. Diese Regelung wird auch als „Einblicksgebot“ oder Generalnorm bezeichnet. 239

Sie stellt entstehungsgeschichtlich keine Kodifizierung eines bestehenden deutschen Grundsatzes ordnungsmäßiger Buchführung dar, sie entspringt vielmehr einem Kompromiss zwischen zwei unterschiedlichen Rechnungslegungssystemen, der auf die Harmonisierungsbemühungen der EU zurückgeht. Im angelsächsischen System der Rechnungslegung stellt das Konzept des *„true and fair view“*, mit dem die gesetzliche Generalnorm des HGB häufig vereinfachend gleichgesetzt wird, einen beherrschenden Grundsatz im Sinne eines *„overriding principle“* dar. Danach kann zur Vermittlung eines 240 zutreffenden Bildes von der Lage der Gesellschaft im Einzelfall sogar eine Abweichung von bestehenden gesetzlichen Vorschriften oder zumindest eine Beschränkung auf eine bestimmte Form der Wahlrechtsausübung bei der Bilanzierung geboten sein. Dieser Ansatz, der für Rechtsordnungen mit einem hohen Anteil an ungeschriebenen Regeln typisch ist, widerspricht indessen traditionellem kontinentaleuropäischem Rechtsdenken, das regelmäßig im Falle der Gesetzeskonformität des Sachverhalts dessen materielle Richtigkeit unterstellt. Anders als im angelsächsischen Recht handelt es sich bei der Generalnorm des HGB daher nach h.M. lediglich um einen subsidiären Prüfungsmaßstab im Sinne einer Auffangnorm. Um diesem Maßstab beim Vorliegen besonderer Umstände zu genügen, die geeignet sind, einen falschen Eindruck von der Vermögens-, Finanz- und Ertragslage entstehen zu lassen (§ 264 Abs. 2 Satz 2 HGB), reicht es vielmehr in der Regel aus, ergänzende Angaben in Anhang oder Lagebericht zu machen.

241 Die Korrektur des im Jahresabschluss entwickelten Bildes von der Lage des Unternehmens nach der Generalnorm kann z.B. geboten sein, wenn dieses wesentlich durch vorgenommene

- Änderungen von Bewertungsgrundlagen
- Sachverhaltsgestaltungen
- Auflösung stiller Reserven

242 bestimmt ist und dadurch die Gefahr besteht, dass der Bilanzleser fälschlicherweise einen zu günstigen Eindruck von der Vermögens-, Finanz- und Ertragslage gewinnt. Das Problem der Generalnorm besteht indessen darin, dass ihre Appellwirkung nur soweit reicht, wie die Bereitschaft der für die Rechnungslegung Verantwortlichen, dem ihr innewohnenden allgemeinen Postulat im konkreten Fall Rechnung zu tragen. Dieser Wille dürfte gerade in jenen Fällen fehlen, in denen die beschönigende Lagedarstellung das eigentliche Ziel der dargestellten Maßnahmen war. Demgegenüber wird der Unternehmensleitung die Korrektur eines zu ungünstigen Bildes ohnehin stets angelegen sein und zu den notwendigen Erläuterungen führen, ohne dass es hierzu einer Generalnorm bedürfte. Deren praktische Auswirkung dürfte daher in der Rechtswirklichkeit eher gering zu veranschlagen sein. Hier liegt daher eine besondere Verantwortung der Abschlussprüfung, wobei anzumerken ist, dass die in § 321 Abs. 2 Satz 2ff. HGB geregelten Berichtspflichten gerade auch auf solche Sachverhalte gerichtet sind, auf welche die Generalnorm des § 264 Abs. 2 HGB zugeschnitten ist.

II. Fortführungsgrundsatz („Going Concern“)

243 Die Aussichten hinsichtlich des Fortbestands des Unternehmens schlagen sich zwangsläufig in den Wertansätzen nieder, die den im Jahresabschluss ausgewiesenen Vermögensgegenständen beizulegen sind. Es macht nämlich einen fundamentalen Unterschied, ob diese Vermögensgegenstände wie vorgesehen im normalen Geschäftsprozess genutzt bzw. umgeschlagen werden oder ob in naher Zukunft mit einer Abwicklung des Geschäfts zu rechnen ist. So können z.B. im Einzelfall wesentliche Investitionen in besondere, nach den spezifischen Vorgaben des bilanzierenden Unternehmens errichtete Anlagen nur für dieses von wirtschaftlicher Bedeutung sein, wohingegen bei Beendigung der Unternehmenstätigkeit nur eine geringe oder gar keine Möglichkeit besteht, den investierten Wert durch „Versilberung“ zu realisieren. Die Bestandsprognose hinsichtlich des Unternehmens stellt daher eine grundlegende Weichenstellung für die Bilanzierung dar, die allen Einzelfragen der Bewertung übergeordnet ist.

Die Rechnungslegung bestimmt sich auch insoweit nach dem Prinzip von Regel und Ausnahme. Bei der Bewertung der Vermögensgegenstände und Schulden eines Unternehmens ist nach § 252 Abs. 1 Nr. 2 HGB grundsätzlich von der *Fortführung der Unternehmenstätigkeit* auszugehen („Going-Concern-Prinzip"), sofern dieser Annahme nicht tatsächliche oder rechtliche Gründe entgegenstehen. Dieser Grundsatz bedeutet, dass die „normalen" Bewertungsvorschriften der §§ 253 bis 256 bzw. §§ 279 bis 283 HGB nur dann uneingeschränkte Anwendung finden, wenn zu unterstellen ist, dass die Gesellschaft als funktionierende wirtschaftliche Einheit fortgeführt werden kann. Fortführungsfähigkeit bedeutet, dass die Gesellschaft bei vernünftiger kaufmännischer Beurteilung ihre Tätigkeit als werbendes Unternehmen für absehbare Zeit wird fortsetzen können, wobei üblicherweise von einem Mindestzeitraum von zwölf Monaten ausgegangen wird.[1] 244

Umgekehrt verbietet das Going-Concern-Prinzip eine Beibehaltung der „Normalbewertung", wenn eine Unternehmensfortführung nach den objektiven Umständen erkennbar nicht mehr möglich oder nach dem Willen der Gesellschafter nicht mehr beabsichtigt ist. Ist die Fortführungsprognose[2] für die Gesellschaft negativ, hat die Bewertung der Vermögensgegenstände grundsätzlich unter Veräußerungsgesichtspunkten[3] zu erfolgen, wobei – je nach Lage des Falles – eine Einzel- oder eine Gesamtveräußerung des Unternehmensvermögens in Betracht zu ziehen ist (Ansatz von Liquidations- oder „Versilberungswerten"). Sowohl bei erzwungenen als auch bei geplanten Stilllegungen sind überdies häufig zusätzliche Aufwendungen (z.B. für Sozialpläne und andere Abwicklungskosten) durch Rückstellungen zu berücksichtigen.[4] 245

Schwierigkeiten in der praktischen Handhabung des Fortführungsgrundsatzes können sich ergeben, wenn zum Zeitpunkt der Aufstellung des Jahresabschlusses noch Unklarheit darüber besteht, ob angesichts der tatsächlichen Verhältnisse der Fortbestand des Unternehmens noch gesichert ist.[5] Bestandsgefährdende Unternehmenskrisen sind nämlich in der Regel durch einen Prozessverlauf gekennzeichnet, dessen Ursachen häufig nicht rechtzeitig erkannt oder zunächst falsch interpretiert wurden.[6] Liegen jedoch konkrete Anhaltspunkte[7] für eine krisenhafte Unternehmensentwicklung vor, z.B. eine 246

- anhaltende Verlustsituation
- Unterbilanz
- Überschuldung
- akuter Liquiditätsengpass

hat die Unternehmensleitung eine Fortführungsprognose[8] bzw. bei erkanntem Krisenfall eine Prüfung der Sanierungsfähigkeit vorzunehmen oder durch sachverständige Dritte vornehmen zu lassen. Folgende Maßnahmen können den gefährdeten Bestand des Unternehmens in dieser Situation zumindest einstweilen absichern und damit die weitere Anwendbarkeit der Fortführungsprämisse für Zwecke der Aufstellung des Jahresabschlusses gewährleisten: 247

---

[1] Küting/Weber/*Selchert* § 252 Rdn. 36; BeckBil-Komm/*Budde/Geißler* § 252 Rdn. 11; krit.: Scholz/*Crezelius* Anh. § 42 a Rdn. 80.
[2] Vgl. hierzu Rdn. 894 ff.
[3] Vgl. Küting/Weber/*Selchert* § 252 Rdn. 39 ff.
[4] ADS § 252 Rdn. 35.
[5] Hierzu im Einzelnen: ADS § 252 Rdn. 32 f.
[6] Zur Unternehmenskrise im Einzelnen: Rdn. 857 ff.
[7] Vgl. Übersicht bei BeckBil-Komm/*Budde/Geißler* § 252 Rdn. 15 und Beispiele bei ADS § 252 Rdn. 25 und Küting/Weber/*Selchert* § 252 Rdn. 37.
[8] BeckBil-Komm/*Budde/Geißler* § 252 Rdn. 15.

- Rangrücktrittsvereinbarungen (z. B. mit Gesellschaftern)[9]
- Forderungsverzichte der Gläubiger
- Gewährung von Gesellschaftereinlagen oder sonstigen Zuzahlungen in das Eigenkapital
- „harte" Patronatserklärungen

248 Diese bestandserhaltenden Maßnahmen sollten bis zur Fertigstellung des Jahresabschlusses, bei prüfungspflichtigen Gesellschaften bis zur Beendigung der Abschlussprüfung[10] getroffen werden.

III. Einzelbewertungsgrundsatz

249 Die Bilanz stellt eine Zusammenfassung von identifizierbaren einzelnen Vermögensgegenständen und Schulden dar, die jedoch dadurch gekennzeichnet sind, dass sie einer Unternehmenseinheit entspringen. Dabei kann es durchaus vorkommen, dass mehrere Vermögensgegenstände zueinander in einem engen sachlichen oder funktionellen Zusammenhang stehen (z.B. der Maschinenpark in einer Werkhalle) oder dass einzelne Vermögensgegenstände unmittelbar mit konkreten Schuldposten korrespondieren (z.B. ein Anlagegut ist durch einen objektbezogenen Bankkredit fremdfinanziert). Darüber hinaus kann es im Einzelfall im Interesse des Bilanzierenden liegen, unliebsame negative Ergebniseinflüsse auf Grund von eingetretenen Wertminderungen bei einzelnen Vermögensgegenständen durch Werterhöhungen an anderer vergleichbarer Stelle auszugleichen, zumal dann, wenn zwischen beiden Vorgängen ein Zusammenhang besteht oder zumindest begründbar erscheint. Schließlich können auch schlichte Vereinfachungsgründe dafür sprechen, einzelne Vermögensgegenstände zu Sachgesamtheiten zusammenzufassen. Aus diesen Gründen ist ein allgemeiner Maßstab erforderlich, der bestimmt, in welchen Fällen zusammengefasste Bewertungen zulässig sind.

250 Hierbei handelt es sich um den *Grundsatz der Einzelbewertung.* Danach sind – ungeachtet möglicher Verflechtungen – Posten der Bilanz am Abschlussstichtag grundsätzlich jeweils einzeln zu bewerten (§ 252 Abs. 1 Nr. 3 HGB, vgl. auch § 240 HGB: „Wert der einzelnen Vermögensgegenstände"). Dieser Grundsatz ist Ausfluss des bereits dargestellten Vorsichtsprinzips.[11] Er soll eine Kompensation von Werterhöhungen und Wertminderungen verhindern, die bei unterschiedlichen Vermögensgegenständen eingetreten sind.[12] Auf diesem Wege soll die Aussagekraft des Jahresabschlusses gesichert werden, die wesentlich von der korrekten Abbildung von Einzeleinflüssen abhängig ist. Andererseits soll jedoch die gleichzeitige Berücksichtigung von negativen und positiven Sachverhalten bei der Bewertung ein und derselben Vermögensgegenstände oder Schulden (sog. kompensatorische Bewertung) nicht ausgeschlossen werden.[13]

251 Ferner ist es zulässig, Forderungen und Verbindlichkeiten zu einer Bewertungseinheit zusammenzufassen, wenn die Risiken und Chancen aus diesen beiden Posten kompensatorisch eng miteinander verknüpft sind. Dies ist z.B. der Fall bei sog. Deckungsgeschäften zur Kompensation von Zins- und Kursrisiken im Rahmen von Hedging-Strategien. Auch widerspricht es dem Grundsatz der Einzelbewertung nicht, bei der Beurteilung

---

[9] Hierzu im Einzelnen: Rdn. 891 ff.
[10] ADS § 252 Rdn. 25 aE.
[11] Vgl. Rdn. 276ff.
[12] ADS § 252 Rdn. 48.
[13] Scholz/*Crezelius* Anh § 42 a Rdn. 89.

konkreter Ausfallrisiken von der Unternehmensleitung insoweit bereits getroffene Sicherungsmaßnahmen bzw. hieraus resultierende Ersatzansprüche zu berücksichtigen. Für die betragsmäßige Einschätzung von Forderungsausfallrisiken können daher bestehende Warenkreditversicherungen (Delkredereversicherungen) oder Kreditsicherheiten einbezogen werden.[14] Bei der Bewertung von Rückstellungen dürfen ferner mögliche Regressansprüche der Gesellschaft, die bei einer Inanspruchnahme durch Dritte entstehen, einbezogen werden. Der Grundsatz der Einzelbewertung gilt zudem nicht ausnahmslos. Vielmehr hat der Gesetzgeber in § 240 Abs. 3 HGB (Festwertverfahren), § 240 Abs. 4 HGB (Gruppenbewertung) und in § 256 HGB (Bewertungsvereinfachungsverfahren) Ausnahmen zugelassen. Neben diesen spezialgesetzlichen Durchbrechungsmöglichkeiten gestattet § 252 Abs. 2 HGB Abweichungen „in begründeten Ausnahmefällen“.

§ 256 Satz 1 HGB lässt es für alle Kaufleute unter gewissen Voraussetzungen zu, **252**
gleichartige Gegenstände des Vorratsvermögens nach bestimmten *Verbrauchsfolgeverfahren* zu bewerten. Unter Verbrauchsfolgeverfahren sind Methoden der Bewertung zu verstehen, die entweder von einer bestimmten zeitlichen Aufeinanderfolge von Verbrauchsvorgängen ausgehen oder sich an anderen objektiven und vereinfachenden Annahmen über die Verbrauchsfolge orientieren.[15] Zweck dieser methodischen Ansätze ist es, unter Zugrundelegung von bestimmten Fiktionen bezüglich des Lagerabbaus von Vorräten eine zeit- und insbesondere kostenaufwändige Ermittlung der Wertansätze gleichartiger Vermögensgegenstände zu vermeiden. Dabei kann die Gleichartigkeit durch eine Artgleichheit oder eine Funktionsgleichheit bestimmt sein.[16] Maßgeblich sind die unternehmensspezifischen Verhältnisse, wodurch sich naturgemäß ein weiter Ermessensspielraum eröffnet. Als reine Zeitfolgeverfahren, die in § 256 Satz 1 HGB ausdrücklich erwähnt sind, werden üblicherweise unterschieden:

- Fifo *(first in – first out)*
- Lifo *(last in – first out).*

Während das Lifo-Verfahren in Deutschland eine – wenn auch nur sehr begrenzte – **253**
Verbreitung erfahren hat, die nicht zuletzt darauf beruht, dass dieses Verbrauchsfolgeverfahren steuerlich allein zulässig ist (§ 6 Abs. 1 Nr. 2a EStG), wird das Fifo-Verfahren in der Praxis selten angewendet. Daneben finden auch andere Verfahren, z.B. sog. Preisfolgeverfahren, Anwendung. Insbesondere in Inflationsphasen vermittelt die Lifo-Methode ein grundsätzlich zutreffenderes Bild der Ertragslage, da der Ausweis von Scheingewinnen vermieden wird. Durch die weitgehende Festschreibung eines ursprünglichen Preisniveaus bei der Vorratsbewertung und die daraus resultierende Möglichkeit zur Bildung stiller Reserven kann indessen der Aussagewert der Rechnungslegung beeinträchtigt sein. Diesem Umstand hat das Gesetz in § 284 Abs. 2 HGB durch spezifische Angabepflichten im Anhang Rechnung getragen, insbesondere zu erheblichen Unterschiedsbeträgen, die sich bei Anwendung von Verbrauchsfolgeverfahren im Vergleich zu einer „Normalbewertung“ ergeben können. Neben den genannten Verbrauchsfolgeverfahren gelten die für die Inventarisierung zulässigen Verfahren der *Festbewertung* (§ 240 Abs. 3 HGB) und der *Gruppenbewertung* (§ 240 Abs. 4 HGB), die ebenfalls eine Durchbrechung des Grundsatzes der Einzelbewertung darstellen, auch für die Bewertung im Jahresabschluss.

---

[14] Vgl. Scholz/*Crezelius* Anh. § 42 Rdn. 89.
[15] ADS § 256 Rdn. 6.
[16] BeckBil-Komm/*Förschle/Kropp* § 256 Rdn. 25; ADS § 256 Rdn. 22.

IV. Anschaffungskostenprinzip

1. Überblick

254 Das Unternehmen wendet Anschaffungskosten auf, um die von ihm längerfristig genutzten oder kurz- oder mittelfristig umgeschlagenen Güter zu beschaffen. Diese Kosten bestimmen zwingend den Wert, zu dem die Vermögensgegenstände zum Zeitpunkt der Anschaffung, d.h. ihres Zugangs zum Unternehmen, anzusetzen sind (Zugangsbewertung). Soweit sich die angeschafften Gegenstände an einem nachfolgenden Stichtag noch im Vermögen des Unternehmens befinden (z.B. Maschinen und Anlagen), stellt sich für die Folgebewertung die Frage, ob diese zu ihren jeweiligen aktuellen Börsen- oder Marktwerten (Verkehrswerten) anzusetzen sind. Diese Werte können zum fraglichen Zeitpunkt höher oder niedriger als die ursprünglichen Beschaffungskosten sein.

255 Wie wir bereits in dem einführenden Teil dieser Darstellung kurz angesprochen haben, liegt der deutschen Rechnungslegung kein genereller Verkehrswertansatz zugrunde, der im Einzelfall dazu führen könnte, dass der bilanziell ausgewiesene Wert eines Vermögensgegenstands dessen ursprüngliche Beschaffungskosten übersteigt. Vielmehr stellen diese zugleich die *Obergrenze der zulässigen Bewertung* im Jahresabschluss dar (§ 253 Abs. 1 Satz 1 HGB). Dieser Grundsatz – das *Anschaffungskostenprinzip* – entspringt letztlich dem Verbot, nicht realisierte Gewinne auszuweisen (Realisationsprinzip). Andernfalls würden nämlich über die historischen Anschaffungskosten hinausgehende Werterhöhungen von Aktivposten in die Ergebnisrechnung eingehen, die nicht auf einer tatsächlichen Transaktion des Unternehmens mit einem unabhängig handelnden Marktteilnehmer (Realisationsakt), sondern bestenfalls auf Wertfeststellungen beruhen, die lediglich aus Börsen- oder Marktpreisen abgeleitet und daher – jedenfalls nach Maßgabe des Vorsichtsprinzips deutscher Prägung – nicht hinreichend verlässlich sind, um eine Gewinnrealisierung zu rechtfertigen. Indem das Anschaffungswertprinzip lediglich eine Obergrenze statuiert, darüber hinaus aber Wertminderungen durch planmäßige, insbesondere aber auch durch außerplanmäßige Abschreibungen zulässt, gewährt es indessen unter Risikogesichtspunkten dem Verkehrswertgedanken Raum. Denn nach § 253 Abs. 3 Satz 1 HGB sind z.B. Gegenstände des Umlaufvermögens (z.B. Erzeugnisse oder Handelswaren) jedenfalls dann zum aktuellen niedrigeren Börsen- oder Marktpreis anzusetzen, wenn dieser zum Bilanzstichtag niedriger ist als die ursprünglichen Beschaffungskosten (Imparitäts- bzw. Niederstwertprinzip).

256 **Beispiel:** Die A-GmbH hat sich Erwartung steigender Rohstoffpreise bereits im Jahr 01 für das für 02 erwartete Produktsvolumen mit Rohstoffen eingedeckt, die zum 31. 12. 01 mit Anschaffungskosten von 75 EUR pro Mengeneinheit im Bestand sind. Nach der Marktlage am Stichtag betrüge der Wiederbeschaffungspreis zu diesem Zeitpunkt 80 EUR pro Mengeneinheit. Der Marktwert der Rohstoffbestände zum Stichtag ist also um 5 EUR pro Mengeneinheit höher als die tatsächlich aufgewendeten Anschaffungskosten des Unternehmens. Diese Wertsteigerung wird beim Ansatz der Rohstoffe im Jahresabschluss zum 31. 12. 01 nicht berücksichtigt, da sie nicht durch ein Absatzgeschäft des Unternehmens realisiert ist.

257 Da die Anschaffungskosten die grundlegenden Wertmaßstäbe der Zugangsbewertung von Vermögensgegenständen darstellen, wollen wir uns im Folgenden mit den Begriffsinhalten näher beschäftigen.

2. Anschaffungskosten

258 Der Begriff der *Anschaffungskosten* ist in § 255 Abs. 1 HGB umschrieben (Legaldefinition). Anschaffungskosten sind nach dem Gesetz alle Aufwendungen die geleistet wer-

den, um einen Vermögensgegenstand zu erwerben und ihn in einen betriebsbereiten Zustand zu versetzen, sowie die hierfür angefallenen Aufwendungen dem Vermögensgegenstand einzeln zugeordnet werden können (§ 255 Abs. 1 Satz 1 HGB).

Anschaffung ist der Fremdbezug eines Vermögensgegenstandes auf rechtsgeschäftli- **259**
cher Grundlage (Kauf, Schenkung, Werklieferung, Einlage, Gesamtrechtsnachfolge bei Umwandlungsvorgängen etc.). Durch die Aktivierung sämtlicher Aufwendungen, die zur Verschaffung der wirtschaftlichen Verfügungsmacht[17] bezüglich des erworbenen Gegenstands angefallen sind, tritt auf Seiten des bilanzierenden Unternehmens lediglich eine *ergebnisneutrale Vermögensumschichtung* ein. Der Anschaffungsvorgang hat also unmittelbar weder eine Vermögensmehrung noch eine Vermögensminderung zur Folge. Der Grundsatz der Ergebnisneutralität[18] gebietet es, in die Anschaffungskosten auch interne und externe Anschaffungsnebenkosten einzubeziehen, sofern diese dem Anschaffungsvorgang als Einzelkosten zugerechnet werden können, insbesondere die Kosten zur Herstellung der Betriebsbereitschaft (§ 255 Abs. 1 Satz 2 HGB). Beispiele für gewöhnlicherweise anfallende Anschaffungsnebenkosten sind Transaktionskosten wie Vermittlungsprovisionen, Notariats-, Gerichts- und Registerkosten, Frachtkosten, Zölle und Verkehrssteuern (z. B. Grunderwerbsteuer). Auch nachträgliche Anschaffungskosten sind zu berücksichtigen. Diese können beim Unternehmenskauf darauf beruhen, dass der endgültige Kaufpreis von dem Erreichen bestimmter Gewinnziele in einem Referenzzeitraum nach Erwerb abhängig gemacht wird (sog. *„Earn-out-Klauseln"*). Andererseits sind die aktivierungspflichtigen Anschaffungskosten um nachträgliche Anschaffungspreisminderungen zu reduzieren, da anderenfalls in Höhe des Minderpreises eine Erfolgswirkung eintreten würde (§ 255 Abs. 1 Satz 3 HGB). Nachträgliche Minderungen des vereinbarten Anschaffungspreises können beruhen auf gewährten bzw. genutzten Boni, Rabatten und Skonti. Auch nachträgliche Kaufpreisanpassungen auf Grund von Gewährleistungsvorschriften gehören hierher. Bei der Vereinnahmung von nicht rückzahlbaren Zuschüssen und vergleichbaren Zuwendungen im Zusammenhang mit Investitionsmaßnahmen ist streitig, ob und ggf. unter welchen Voraussetzungen diese Zuflüsse zu erfassen oder erfolgswirksam zu vereinnahmen sind.[19]

Nach dem Gesagten ermitteln sich die Anschaffungskosten eines Vermögensgegen- **260**
standes wie folgt:

	Erwerbskosten (Anschaffungspreis)
+	Nebenkosten (z. B. für Transport oder Montage)
+	nachträgliche Anschaffungskosten (z. B. rückwirkende Preiserhöhungen)
-	Preisminderungen (z. B. Preisnachlässe oder Entgeltrückgewähr)
+	Kosten der Herstellung der Betriebsbereitschaft
=	Anschaffungskosten

Ausgehend von dem zivilistischen Ansatz des Bilanzrechts orientiert sich der An- **261**
schaffungspreis am Netto-Rechnungsbetrag. Eines bilanziellen Ansatzes der von einem Unternehmen zusätzlich zu entrichtenden Vorsteuer bedarf es hingegen im Rahmen der Anschaffungskosten regelmäßig nicht, da das Unternehmen unter den Voraussetzungen des Umsatzsteuerrechts (§ 15 UStG) grundsätzlich einen Anspruch gegenüber der Fi-

[17] BeckBil-Komm/*Ellrott/Schmidt-Wendt* § 255 Rdn. 31.

[18] ADS § 255 Rdn. 5.

[19] Zum Meinungsstand vgl. Küting/Weber/*Knop* § 255 Rdn. 63 ff.; ADS § 255 Rdn. 56 ff.; insbesondere auch IDW HFA 1/1984 idF 1990.

nanzverwaltung auf Erstattung hat. Ist der Anschaffungspreis in Fremdwährung zu zahlen, sind die Anschaffungskosten entsprechend in € umzurechnen. Finanzierungskosten sind grundsätzlich kein Bestandteil der Anschaffungskosten.[20] Werden Bankkredite oder andere Fremdmittel zur Finanzierung von Anschaffungen verwendet, so stellen die hierfür entrichteten Zinsen nicht aktivierungsfähigen Aufwand in Form von „Kreditbeschaffungskosten" dar.[21]

3. Herstellungskosten

262 Werden Güter im Unternehmen selbst hergestellt, richtet sich die Bewertung nach den *Herstellungskosten* (§ 255 Abs. 2 HGB). Nach der Legaldefinition in § 255 Abs. 2 Satz 1 HGB handelt es sich bei den Herstellungskosten um Aufwendungen, die durch den Verbrauch von Gütern und die Inanspruchnahme von Diensten für die Herstellung, Erweiterung oder wesentliche Verbesserung des ursprünglichen Zustandes eines Vermögensgegenstandes entstehen. Einzubeziehen sind nur solche Vorgänge, die als zahlungswirksame Güterverzehre zu qualifizieren sind. Daher müssen kalkulatorische Kostenbestandteile (sog. Zusatzkosten) oder Kosten, denen eine von der effektiven Aufwandsverrechnung abweichende Berechnung zugrunde liegt (sog. Anderskosten) eliminiert bzw. korrigiert werden.[22]

263 Während die Anschaffungskosten auf Grund vorliegender Rechnungen oder Belege in der Regel leicht bestimmt werden können, gehört die Ermittlung der Herstellungskosten zu den kompliziertesten Materien der Rechnungslegung. Sie kann hier nur in den wesentlichen Grundzügen dargestellt werden. Dies liegt zum einen an dem Umstand, dass es sich bei der Herstellung von Produkten in der Regel um mehrstufige Prozessabläufe mit vielfältigen möglichen Einflussfaktoren handelt, die sich nach den jeweiligen betrieblichen Gegebenheiten bestimmen. Die Herstellungskosten können daher nur durch Rückgriff auf Daten der internen Kosten- und Leistungsrechnung ermittelt werden, die ihrerseits aber wesentlich andere Ziele verfolgt als die Bilanzierung. Ihre Daten können daher nur als Ausgangsgrößen dienen und müssen für Zwecke der Bilanzierung korrigiert werden. Ohne ein Grundverständnis der Funktionsweise betrieblichen Kostenrechnung lassen sich daher die Bestandteile der Herstellungskosten nur schwer erfassen. Zudem räumen die Rechnungslegungsvorschriften dem Bilanzierenden beim Ansatz der Herstellungskosten diverse Wahlrechte und Ermessensspielräume ein, die wesentlichen Einfluss auf ihre Höhe haben können. Sind in einem konkreten Fall daher Fragen der Herstellungskostenermittlung streitgegenständlich, ist der Jurist in der Regel gut beraten, auf die Sachkunde von Fachleuten des Rechnungswesens zurückzugreifen. Das Gesetz unterscheidet folgende drei Herstellungskostentatbestände:

- Neuschaffung eines Vermögensgegenstandes (Grundtatbestand)
- Erweiterung eines vorhandenen Vermögensgegenstandes (Substanzmehrung)
- wesentliche Zustandsverbesserung eines vorhandenen Vermögensgegenstandes

264 Hieraus folgt, dass auch die Erweiterung oder Veränderung eines bereits vorhandenen Vermögensgegenstandes zu Herstellungskosten im handelsrechtlichen Sinne führen kann. Damit ergibt sich insbesondere im Bereich des Anlagevermögens ein *Abgrenzungsproblem* zwischen aktivierungspflichtigem Herstellungsaufwand einerseits und nicht aktivierungsfähigem *Erhaltungsaufwand* andererseits. Diese Abgrenzung kann unter zweierlei

[20] Diese Frage ist umstritten; Nachweise bei ADS § 255 Rdn. 33 ff.; und Küting/Weber/Knop § 252 Rdn. 39 ff., die Ausnahmen zulassen.

[21] Vgl. bereits BFH Urt. v. 24. 5. 1968 – VI R 6/67 – BFHE 92, 400 BStBl. II 1968, 574.

[22] Zu den kalkulatorischen Kosten vgl. Rdn. 111.

Gesichtspunkten bilanzpolitisch von Bedeutung sein: Sind vorwiegend steuerliche Gesichtspunkte bei der Bilanzierung maßgebend, wird das Unternehmen dazu neigen, den Begriff des „Erhaltungsaufwandes" großzügig auszulegen und Erweiterungsinvestitionen auf diesem Wege im Jahr ihrer Vornahme soweit möglich in voller Höhe als Aufwand zu behandeln und so die steuerliche Bemessungsgrundlage zu mindern. Diese Vorgehensweise entspricht zugleich dem Vorsichtsprinzip und vermeidet die Entstehung von überhöhten Bilanzansätzen. Sie widerspricht aber tendenziell fiskalischen Interessen. Folgerichtig entspringen die maßgeblichen Abgrenzungskriterien in erster Linie steuerrechtlichen Grundsätzen.

Ist die Unternehmensleitung hingegen daran interessiert, ein möglichst hohes ausschüttungsfähiges Ergebnis auszuweisen, wird ihre „Politik" dahin gehen, auch solche Maßnahmen werterhöhend zu buchen, die bei strenger Würdigung eher dem Reparatur- und Instandhaltungsbereich zuzurechnen sind. Dem externen Bilanzleser werden diese Besonderheiten und die vom Unternehmen verfolgte Bilanzpolitik im Allgemeinen verborgen bleiben. 265

Eine wichtige Voraussetzung zum Verständnis der bilanziellen Herstellungskosten ist die Unterscheidung von *Einzel- und Gemeinkosten* für Zwecke der Kostenrechnung. Sind Kosten auf Grund der Art und Weise ihrer Entstehung einem Kostenträger direkt und eindeutig zurechenbar (z.B. Fertigungslöhne), spricht man von *Einzelkosten.* Fehlt es an einem direkten Zusammenhang und muss die Zurechnung daher erst unter Einsatz bestimmter Hilfs- oder Näherungsverfahren mittelbar vollzogen werden, spricht man von *Gemeinkosten.* Letztere sind häufig – aber nicht begriffsnotwendig – fixe Kosten und nur selten variabel. Fixe Kosten sind hingegen immer Gemeinkosten und Einzelkosten sind stets variable Kosten. 266

In § 255 Abs. 2 Satz 2 bis 6 und Abs. 3 HGB sind die Bestandteile der Herstellungskosten abschließend aufgezählt. Daraus ergibt sich eine verbindliche Wertuntergrenze, welche die Einzelkosten umfasst, wozu nach dem Gesetz neben den Material- und Fertigungseinzelkosten auch die Sonderkosten der Fertigung (z.B. Kosten für Lizenzen) zählen. Neben den Einzelkosten dürfen auch angemessene Teile der notwendigen Material- und Fertigungsgemeinkosten sowie die fertigungsbedingten Abschreibungen angesetzt werden (§ 255 Abs. 2 Satz 3 HGB). Steuerrechtlich ist dieser Ansatz Pflicht. Das Wahlrecht hat daher in der Bilanzierungspraxis geringe Bedeutung erlangt, soll eine Abweichung zwischen Handels- und Steuerbilanz vermieden werden. 267

Fakultativ können ferner Kosten der allgemeinen Verwaltung sowie Aufwendungen für Sozialeinrichtungen und die betriebliche Altersversorgung in die Herstellungskosten einbezogen werden (§ 255 Abs. 2 Satz 4 HGB). Für Vertriebsaufwendungen besteht hingegen ein Aktivierungsverbot (§ 255 Abs. 2 Satz 4 und 6 HGB). Gleiches gilt nach § 255 Abs. 3 HGB auch für Finanzierungskosten (Zinsen für Fremdkapital). Jedoch gestattet § 255 Abs. 3 Satz 2 HGB die Einbeziehung von Fremdkapitalzinsen – ausnahmsweise – dann, wenn sie im Herstellungszeitraum entstehen und auf Kapital entfallen, das unmittelbar zur Herstellung eines Vermögensgegenstandes eingesetzt wird. Dieses Bewertungswahlrecht hat besondere Bedeutung bei langfristigen, also sich über mehr als ein Geschäftsjahr erstreckenden Fertigungsprozessen, die mit einem hohen Fremdkapitaleinsatz verbunden sind. 268

Nach dem Gesagten können die Wertunter- und -obergrenzen der Herstellungskosten wie folgt tabellarisch veranschaulicht werden:[23] 269

[23] Eingehende und vertiefende Darstellungen der Herstellungskostenbestandteile sowie der handels- und steuerrechtlichen Wertunter- und -obergrenzen bei: ADS § 255 Rdn. 129ff.; Küting/Weber/*Knop* § 255 Rdn. 156ff.; BeckBil-Komm/*Ellrott/Schmidt-Wendt* § 255 Rdn. 340ff.

	Einbeziehungspflicht (Untergrenze)	Einbeziehungswahlrecht (Obergrenze)	Einbeziehungsverbot
Materialkosten			
• Fertigungsmaterial	X		
• Gemeinkosten (MGK)		X[1)]	
Fertigungskosten			
• Fertigungslöhne	X		
• Fertigungsgemeinkosten (FGK)		X[1)]	
• Sondereinzelkosten der Fertigung	X		
• Sondergemeinkosten der Fertigung		X[1)]	
• Fremdkapitalkosten (gemäß § 255 Abs. 3 Satz 2 HGB)			
Verwaltungskosten			
• Kosten der allgemeinen Verwaltung		X[2)]	
• Aufwendungen für soziale Einrichtungen		X[2)]	
• Aufwendungen für freiwillige soziale Leistungen		X[2)]	
• Aufwendungen für betriebliche Altersversorgung		X[2)]	
Herstellungskosten			
• Sonstige Fremdkapitalzinsen			X[3)]
• Vertriebskosten			X[3)]

[1)] steuerlich: hingegen: Aktivierungsgebot
[2)] steuerlich: ebenfalls: Aktivierungswahlrecht
[3)] steuerlich: ebenfalls: Aktivierungsverbot

270 Die Ermittlung der Herstellungskosten bleibt dem externen Bilanzleser in ihrer „Feinmechanik“ letztlich weitgehend verborgen. Dieser wird jedoch bestimmte Informationen dem Anhang des Jahresabschlusses entnehmen können, denn das Ausmaß der Ausübung von Bewertungswahlrechten ist dort erkennbar zu machen. Auch wenn diese Ausführungen häufig nur den absoluten „Minimalstandard“ darstellen werden, ist ihnen zu entnehmen, in welchem Umfang das Unternehmen von Einbeziehungswahlrechten im Gemeinkostenbereich Gebrauch gemacht hat, also die Wertobergrenzen ausgeschöpft wurden oder nicht und im Einzelfall die Möglichkeit zur Berücksichtigung von Fremdkapitalzinsen genutzt wurde. Auch werden sich Hinweise darauf ergeben, ob das Unternehmen gesetzlich gestattete Bewertungsvereinfachungsverfahren – Gruppenbewertungsverfahren mit Durchschnittswerten (§ 240 Abs. 4 HGB) oder Verbrauchsfolgeverfahren (§ 256 Satz 1 HGB) – zur Anwendung gebracht hat. In diesen Fällen hat das Unternehmen nämlich die Unterschiedsbeträge anzugeben, die im Vergleich zu einer Bewertung auf der Grundlage des Börsen- oder Marktpreises bestehen (§ 284 Abs. 2 Nr. 4 HGB). Kritisch sollte der Bilanzleser in diesem Bereich auf berichtspflichtige Änderungen von Bilanzierungs- und Bewertungsmethoden achten, da diese erheblichen Einfluss auf den Jahresabschluss haben können, der im Anhang zu beschreiben ist.

V. Wertaufholungsgebot

271 Es liegt in der Natur der Sache, dass sich wertmindernde Entwicklungen wieder aufheben und damit die für eine außerplanmäßige Abschreibung auf den niedrigeren beizule-

genden Wert maßgeblichen Gründe nachträglich wieder entfallen können. Die Frage, wie in diesen Fällen im Jahresabschluss zu verfahren ist, wird in § 280 HGB beantwortet. Diese Vorschrift, die auf Kapitalgesellschaften und solche Personenhandelsgesellschaften Anwendung findet, die diesen gemäß § 264a HGB gleichgestellt sind, schreibt in den genannten Fällen eine *Zuschreibung* im Umfang der zwischenzeitlich eingetretenen Werterhöhung vor (sog. Wertaufholungsgebot). Das Wertaufholungsgebot des § 280 HGB setzt ein, wenn folgende Voraussetzungen *kumulativ* erfüllt sind:[24]

- vorherige Vornahme von außerplanmäßigen Abschreibungen
- Späterer Wegfall der hierfür maßgebenden Gründe
- Kenntniserlangung vom Wegfall der Gründe.

Ein Wegfall der Abschreibungsgründe im Sinne der Vorschrift liegt vor, wenn die 272 Sachverhalte, die ursprünglich eine außerplanmäßige Abschreibung des Vermögensgegenstandes gerechtfertigt haben, inzwischen fortgefallen und keine anderen an ihre Stelle getreten sind. Maßgebend ist, ob nach den Verhältnissen des aktuellen Abschlussstichtages eine niedrigere Bewertung in Fällen der Abschreibungspflicht noch geboten oder in Fällen eines Abschreibungswahlrechts noch zulässig ist.[25] Dabei kann es sich auch um einen nur teilweisen Wegfall von Gründen für eine außerplanmäßige Abschreibung handeln. Vorzunehmen ist die Wertaufholung im Geschäftsjahr der Kenntniserlangung, wobei diese noch in der Aufstellungsphase oder bei Feststellung des Jahresabschlusses stattfinden kann.

Die Wertaufholung ist in ihrer Höhe durch die ursprünglichen Anschaffungs- oder 273 Herstellungskosten begrenzt (Anschaffungswertprinzip). Der Zuschreibungsbetrag richtet sich nach dem konkreten Umfang der tatsächlich eingetretenen Werterhöhung. Bei abnutzbaren Gegenständen des Anlagevermögens, die der Pflicht zur planmäßigen Abschreibung unterliegen, hat die Bemessung des Zuschreibungsbetrages daher unter Berücksichtigung zwischenzeitlich vorzunehmender Abschreibungen zu erfolgen (vgl. § 280 Abs. 1 Satz 1 HGB). Bei Anlagegegenständen sind Wertaufholungen zusammen mit anderen eventuellen Zuschreibungen des Geschäftsjahres gemäß § 268 Abs. 2 HGB betragsmäßig bei der betreffenden Position des Jahresabschlusses im Anlagenspiegel[26] zu zeigen.

Beispiel: Die A-GmbH hatte im vorletzten Geschäftsjahr eine außerplanmäßige Abschreibung auf 274 einen Gebäudeteil des Betriebs vorgenommen, da die dort untergebrachte Produktion im Rahmen eines Restrukturierungsvorhabens geschlossen werden sollte und eine anderweitige betriebliche Verwendung der fraglichen Bauten (z. B. auch durch Vermietung) oder eine Veräußerung nicht in Aussicht standen. Der auf den Gebäudeteil entfallende Restbuchwert von TEUR 100 wurde daher in voller Höhe wertberichtigt. Aufgrund einer geänderten Marktlage hat die Gesellschaft jedoch im Geschäftsjahr 01 beschlossen, die aufgegebene Produktion am bisherigen Standort wieder aufzunehmen und den leer stehenden Gebäudeteil wieder seiner ursprünglichen Nutzung zuzuführen. Die Gesellschaft nimmt daher zum 31. 12. 01 eine Zuschreibung auf das Gebäude vor. Bei der Ermittlung des Zuschreibungsbetrages berücksichtigt die Gesellschaft die zwischenzeitlich auf den ursprünglichen Buchwert zu verrechnende planmäßige Abschreibung und den Umstand, dass sich der Erhaltungszustand des Gebäudeteils wegen fehlender Nutzung und Pflege verschlechtert hat. Der Zuschreibungsbetrag wird danach mit TEUR 60 angesetzt.

In § 280 Abs. 2 HGB ist zwar bei Vorliegen bestimmter steuerlicher Voraussetzungen 275 ein Wahlrecht zur Beibehaltung des durch frühere außerplanmäßige Abschreibungen geminderten Wertansatzes auch für den Fall eingeräumt, dass sich der Wert zwischenzeitlich wieder erhöht hat. Hierdurch sollte es dem Bilanzierenden ermöglicht werden, eine

---

[24] BeckBil-Komm/*Budde/Karig* § 280 Rdn. 2.
[25] ADS § 280 Rdn. 13.
[26] Vgl. hierzu Rdn. 361 ff.

Besteuerung des Ergebniseffektes aus handelsrechtlich gebotenen Wertaufholungen zu vermeiden, um eine Steuerneutralität der Rechnungslegungsvorschriften des HGB zu gewährleisten.[27] Dieses Wahlrecht ist indessen bedeutungslos geworden. Mit Inkrafttreten des Steuerentlastungsgesetzes 1999ff. entfiel nämlich das bis dahin bestehende steuerrechtliche Wertbeibehaltungswahlrecht und damit der steuerliche Grundtatbestand, an den die Wahlmöglichkeit des § 280 Abs. 2 HGB anknüpft. Damit läuft das handelsrechtliche Wahlrecht des § 280 Abs. 2 HGB praktisch leer.

VI. Vorsichtsprinzip

276 Der Jahresabschluss hat im Rahmen seiner Informationsfunktion in Abhängigkeit vom jeweiligen Leser (Gesellschafter, Aufsichtsgremium, Gläubiger, Unternehmenserwerber, Prüfstelle für Rechnungswesen) tendenziell sehr unterschiedliche inhaltliche Erwartungen abzudecken und kann dabei Grundlage wirtschaftlich weitreichender Entscheidungen sein. Dies hat der Bilanzierende bei seinen Einschätzungen und Bewertungsmaßnahmen zu berücksichtigen. Vor diesem Hintergrund ist es sicherer, einen Vermögensgegenstand eher (zu) niedrig anzusetzen, als Gefahr zu laufen, ihn überzubewerten. Ferner tut die Unternehmensleitung gut daran, ein konkretes Rechtsstreitrisiko auch dann durch eine Rückstellung zu berücksichtigen, wenn sie der Auffassung ist, in dieser Auseinandersetzung schließlich doch mit gewisser Wahrscheinlichkeit zu obsiegen.

277 Diese Überlegungen finden ihren Ausdruck im Vorsichtsprinzip. Dieses Prinzip ist eigentlich ein Oberbegriff für ein „Prinzipbündel“, denn es fasst sehr unterschiedliche Einzelaspekte eines allgemeinen Grundsatzes zusammen. Dieser kann schlechthin als das tragende Prinzip des traditionellen deutschen Bilanzrechts gelten, dass von dem Gedanken des Gläubigerschutzes maßgeblich geprägt ist: Gläubigerschutz und Vorsichtsprinzip sind also gleichsam zwei Seiten einer Medaille. In diesem spezifischen Verständnis hat das Vorsichtsprinzip im anglo-amerikanischen Rechtskreis und in der internationalen Rechnungslegung keine unmittelbare Entsprechung, obwohl das *„prudence rule“* auch dort als Rechnungslegungsgrundsatz anerkannt ist.

1. Ermessensregel

278 Der Grundsatz der kaufmännischen Vorsicht ist jedoch im Kern eine *allgemeine Ermessensregel* für die Beurteilung aller Sachverhalte, die durch unvollständige Informationsgrundlagen oder eine Ungewissheit bezüglich zukünftiger Ereignisse geprägt sind. Mit diesem Inhalt hat das Vorsichtsprinzip wohl eine universelle Bedeutung. Die dem Vorsichtsprinzip entspringende Regel zur Bewertung bei Ermessensspielräumen besagt, dass alle Gesichtspunkte, die für die Bewertung von Bedeutung sein könnten, sorgfältig und vollständig zu erfassen sind, insbesondere solche, die auf bestehende Risiken hindeuten. Es ist deshalb angebracht, bei der Bilanzierung innerhalb einer Bandbreite möglicher Einschätzungen nicht die jeweils optimistischste zu wählen, sondern „konservativ“ vorzugehen und sich bei der Beurteilung wirtschaftlicher Folgen „auf die sichere Seite“ zu begeben. Dies muss andererseits nicht darauf hinauslaufen, stets den schlimmsten denkbaren Fall (Neudeutsch: „worst case“) zu unterstellen. Im Zweifel ist danach vorzugsweise der niedrigere von zwei möglichen Wertansätzen anzusetzen. Das Vorsichtsprinzip hat in gesetzlichen Einzelvorschriften seinen Ausdruck gefunden, so im

---

[27] ADS § 280 Rdn. 41.

- Verbot des Ansatzes selbstgeschaffener immaterieller Vermögenswerte wie z. B. Geschäfts- oder Firmenwerte oder Patente (§ 248 HGB)
- Wahlrecht zur Vorwegnahme bestimmter Aufwendungen durch Rückstellungen (§ 249 Abs. 1 Satz 3 und Abs. 2 HGB) wie z.B. drohende Verluste aus schwebenden Geschäften.

Insbesondere aber werden aus dem Vorsichtsprinzip in der deutschen Rechnungsle- 279 gung im Wesentlichen nachfolgende Grundsätze abgeleitet, die zueinander in einer engen Wechselbeziehung stehen.

- Realisationsprinzip (§ 252 Abs. 2 Nr. 4, 2. Halbsatz HGB)
- Anschaffungskostenprinzip (§ 253 Abs. 1 HGB)
- Imparitätsprinzip (§ 252 Abs. 2 Nr. 4, 1. Halbsatz HGB)
- Niederstwertprinzip (§ 253 Abs. 3 HGB)

Mit diesen Grundsätzen und den für diese maßgeblichen Konzepten und Begriffen 280 wollen wir uns nachfolgend näher beschäftigen, da aus ihnen gleichsam die Quintessenz der deutschen Rechnungslegung abgeleitet werden kann.

2. Realisationsprinzip

Das *Realisationsprinzip* besagt, dass Ereignisse oder Transaktionen erst dann Ausdruck 281 in der externen Rechnungslegung finden und zu Ergebnisauswirkungen führen dürfen, wenn sie sich rechtlich bzw. wirtschaftlich verwirklicht haben. Nach § 252 Abs. 2 Nr. 4, 2. Halbsatz HGB sind Gewinne aus einem Umsatzgeschäft demgemäß erst dann zu berücksichtigen, wenn sie in der Berichtsperiode tatsächlich erwirtschaftet, also realisiert sind. Der Gewinn muss zumindest dem Grunde nach „so gut wie sicher" erscheinen, eventuelle Unsicherheiten bezüglich der Höhe des erzielten Gewinns sind durch vorsichtige Bewertung zu berücksichtigen. Das Gesagte bedeutet wohlgemerkt nicht, dass Auftragseingänge, Bestellungen oder angebahnte Geschäftsabschlüsse im internen Rechnungswesen (z.B. Auftragsbuch, Produktionsplanung) nicht zu berücksichtigen wären. Sie dürfen jedoch noch nicht zu erfolgswirksamen Buchungen auf Erlöskonten führen.

Die Gewinnrealisierung richtet sich bei Lieferungs- und Leistungsbeziehungen nach 282 dem Inhalt der ihnen zugrunde liegenden zweiseitigen Rechtsverhältnisse und ist daher grundsätzlich zivilrechtlich determiniert. Ein Gewinn aus vertraglichen Beziehungen ist in der Regel realisiert, wenn die geschuldete Leistung erbracht wurde und die gebührende Leistung gefordert werden kann.[28] Maßstab hierfür ist der Übergang von Nutzen, Lasten und Gefahr nach den üblichen zivilrechtlichen Gefahrtragungsregeln (Übergang der Preisgefahr). Beiderseits noch nicht erfüllte Austauschverträge (sog. „schwebende Geschäfte") werden in der Finanzbuchhaltung hingegen noch nicht erfasst. Lediglich drohende Verluste aus solchen Geschäften sind – wie noch dargestellt wird – durch entsprechende Rückstellungen zu berücksichtigen. Beim Absatz von Waren oder Fertigerzeugnissen aus einem vorhandenen Artikelbestand lässt sich der Zeitpunkt der Gewinnrealisierung danach im Allgemeinen verlässlich bestimmen. Liegt der Lieferung hingegen ein Kommissions- oder Konsignationsgeschäft zugrunde und ist der Empfänger der Ware der Komissionär oder Konsignatar, tritt hierdurch eine Umsatzrealisierung noch nicht ein. Ähnliches gilt im Fall eines befristeten Rückgaberechts des Kunden.

Beispiel: Die A-GmbH beliefert ihre Kunden in Deutschland direkt frei Werk mit ihren Fertig- 283 produkten. In diesen Fällen tritt die Umsatzrealisierung mit der Übergabe der Ware an den beauftragten Spediteur ein, da die A-GmbH hiermit alles ihrerseits Erforderliche zur Erfüllung ihrer vertraglichen Verpflichtungen getan hat. Dem Gewährleistungs- bzw. Reklamationsrisiko ist durch

[28] BeckBil-Komm/*Budde/Geißler* § 252 Rdn. 45 mwN.

entsprechende Rückstellungen Rechnung zu tragen, die der Umsatzrealisierung bezüglich der ausgeführten Geschäfte jedoch nicht entgegenstehen.

Variante 1: Zur anfänglichen Bearbeitung des US-Markts bedient sich die Gesellschaft eines Zwischenhändlers. Dieser möchte in der Markteinführungsphase jedoch das Absatzrisiko nicht selbst tragen und daher zunächst noch keine eigenen Lagerbestände vorhalten. Die A-GmbH richtet daher auf dessen Betriebsgelände ein Konsignationslager ein, aus dem der Vertriebspartner nur solche Bestände entnimmt, die er an dortige Kunden verkauft hat. Hier stellt die bloße Verbringung in das Konsignationslager noch keine Umsatzrealisierung dar. Diese tritt erst ein, wenn dem Zwischenhändler die aus dem Lager entnommenen Bestände in Rechnung gestellt werden.

Variante 2: Ähnlich wäre der Fall zu behandeln, wenn es zwar an der Errichtung eines Konsignationslagers fehlt, sich der Vertriebspartner aber in den Lieferbedingungen stattdessen ein dreimonatiges Rückgaberecht einräumen lässt. Bis zum Ablauf der Rückgabefrist befindet sich der Zwischenhändler in einer Rolle, die in ihrer wirtschaftlichen Risikostruktur der eines Kommissionärs oder Konsignatars ähnelt. Die A-GmbH kann erst nach Verstreichen der Rückgabefrist davon ausgehen, dass der entsprechende Umsatz mit dem Vertriebspartner endgültig gesichert – realisiert – ist.

284 Ein Sonderproblem stellt die Gewinnrealisierung bei längerfristiger Auftragsfertigung dar. Hierbei handelt es sich um Werkverträge, bei denen der Herstellungsprozess über mindestens zwei Bilanzstichtag hinausreicht (z.B. Herstellung einer Industrieanlage oder eines Hochseeschiffs). Sind in diesen Fällen keine gesondert abrechenbaren Teilleistungen vereinbart worden, kann nach dem Vorsichtsprinzip deutscher Prägung der Gewinn aus dem Werkvertrag in der Regel grundsätzlich erst dann realisiert werden, wenn das Werk abgenommen worden ist, denn erst zu diesem Zeitpunkt steht er der Höhe nach verlässlich fest. Der Gewinn fällt allein und in voller Höhe in der Periode an, in der die Abnahme erfolgt ist. Das bilanzierende Unternehmen hat jedoch bereits in den Vorperioden Leistungen erbracht und Kosten getragen, die sein Ergebnis belastet haben, ohne dass zugleich der damit schrittweise erwirtschaftete wirtschaftliche Erfolg berücksichtigt werden konnte. Hier steht das Realisationsprinzip in einem Konflikt zum Gebot der richtigen Darstellung der Vermögens-, Finanz- und Ertragslage im Sinne von § 264 Abs. 2 HGB. Internationale Rechnungslegungsvorschriften lassen unter bestimmten Voraussetzungen bereits vor endgültiger Abnahme des gänzlich fertig gestellten Werks eine Teilgewinnrealisierung nach dem jeweiligen Grad der Fertigstellung zu *(„Percentage of Completion Method“)*. Diese Methode ist indessen in der geltenden deutschen Rechnungslegung nicht generell zulässig, wenngleich seit längerem Tendenzen erkennbar sind, unter bestimmten – allerdings sehr engen – Voraussetzungen eine Teilgewinnrealisierung zuzulassen.

285 **Beispiel:** Die X-AG errichtet betriebsbereite Großanlagen. Die Dauer eines Bauprojekts beträgt von der Konzeption bis zur Übergabe an den Kunden bis zu 2 Jahre. Der Auftragswert des zu Anfang des Jahres 01 vereinbarten Projekts XY beträgt 100 Mio. EUR, der kalkulierte Gewinn 15 Mio. EUR. Das Unternehmen hat danach Gesamtkosten von 85 Mio. EUR kalkuliert. Das Projekt wird im Laufe des Jahres 01 nach den Aufzeichnungen der Gesellschaft in etwa zu 40% bearbeitet. Es sind entsprechende Kosten entstanden. Die Gesellschaft geht unverändert davon aus, das Projekt im Folgejahr zu den ursprünglich kalkulierten Gesamtkosten fertig stellen zu können. Auch wenn danach mit einiger Sicherheit festzustehen scheint, dass ein Teilumsatz und damit ein Teilgewinn von jeweils 40% verwirklicht ist, dürfen diese nach deutschen Rechnungslegungsgrundsätzen aus Vorsichtsgründen im Jahresabschluss zum 31. 12. 01 grundsätzlich nicht gezeigt werden. Es ist nämlich nicht ausgeschlossen, dass der weitere Projektverlauf zu unvermuteten Problemen führt, die den kalkulierten Gesamtgewinn aufzehren oder sogar in einen Verlust verwandeln.

3. Imparitätsprinzip

286 Die Vorsicht gebietet es nicht allein, noch nicht realisierte und daher unsichere Gewinne außer Betracht zu lassen, sondern konkrete Risiken bereits dann zu erfassen, wenn sie drohen und nicht erst dann, wenn sich die daraus resultierenden Verluste tatsächlich eingestellt haben. Die Antizipation von vorhersehbaren oder drohenden Risiken und Verlusten wird durch § 252 Abs. 1 Nr. 4 HGB geboten. Diese unterschiedliche Behandlung unrealisierter Gewinne und Verluste wird als *Imparitätsprinzip* bezeichnet. Eine spezielle Ausformung dieses Prinzips ist das Gebot der Bildung von Rückstellungen für drohende Verluste aus schwebenden Geschäften (§ 249 Abs. 1 HGB).

Beispiel: Die A-GmbH hat sich im Geschäftsjahr 01 verpflichtet, an einen Kunden im Folgejahr teilveredelte Zwischenprodukte zu einem Preis pro Mengeneinheit von 100 EUR zu liefern. Bei Aufstellung des Jahresabschlusses 01 ist auf Grund der Marktpreisentwicklung der einzusetzenden Rohstoffe davon auszugehen, dass der A-GmbH aus diesem Auftrag ein voraussichtlicher Verlust pro Mengeneinheit des vereinbarten Produktionsvolumens von 15 EUR entstehen wird. Obwohl dieser Verlust sich tatsächlich erst im Jahr 02 realisieren wird, ist er bereits im Jahr 01 zu berücksichtigen, da die Verlustursache in diesem Jahr eingetreten ist. 287

Zwar erfordert es die Vorsicht, unrealisierte Marktwerte, welche die Anschaffungskosten übersteigen, nicht zu berücksichtigen. Andererseits gebietet sie jedoch, niedrigere Marktwerte beim Wertansatz von Vermögensgegenständen in Ansatz zu bringen. Dies hat seinen Ausdruck im *Niederstwertprinzip* gefunden, das man als Unterform des Imparitätsprinzips auffassen kann. Das Niederstwertprinzip hat zur Folge, dass am Bilanzstichtag erkennbare oder bis zur Aufstellung des Jahresabschlusses bekanntgewordene, drohende aber noch nicht eingetretene (realisierte) Verluste antizipiert werden müssen. Der besondere Rang des Niederstwertprinzips kommt darin zum Ausdruck, dass für Aktiengesellschaften gemäß § 256 Abs. 5 Satz 2 AktG von der *Nichtigkeit* des Jahresabschlusses auszugehen ist, wenn Aktivposten mit einem höheren Wert angesetzt sind, als nach §§ 253ff. HGB zulässig ist. Die Nichtigkeitsfolge tritt in entsprechender Anwendung dieser Vorschrift auch für die Rechnungslegung der GmbH ein. 288

Ausdruck des Niederstwertprinzips ist die Pflicht zur Wertminderung abnutzbarer Anlagegegenstände über die Dauer ihrer betrieblichen Nutzung durch Vornahme von Abschreibungen (§ 253 Abs. 1 und 2 HGB). Diese bilden – wenngleich in schematisierter Form – den betrieblichen Wertverzehr ab, der während der Nutzungsdauer eintritt. Durch die Vornahme von planmäßigen (linearen oder degressiven) Abschreibungen wird zugleich in pauschaler Form dafür Sorge getragen, dass die jeweiligen Wertansätze zum Bilanzstichtag zumindest tendenziell vorsichtig bemessen sind. Es können jedoch im Nutzungsverlauf Umstände eintreten, die dazu führen, dass die durch planmäßige Abschreibungen geminderten Anschaffungs- oder Herstellungskosten von Anlagegütern der tatsächlichen Wertentwicklung nicht zutreffend Rechnung tragen. Auch bei nicht abnutzbaren Vermögensgegenständen des Anlagevermögens (z. B. Beteiligungen an anderen Unternehmen) sowie bei Vermögensgegenständen des Umlaufvermögens (z. B. Vorräten, Forderungen gegen Kunden) kann sich die Notwendigkeit ergeben, zwischenzeitlich eingetretene unvorhergesehene Wertminderungen bilanziell angemessen zu erfassen. Man spricht in diesen Fällen von außerplanmäßigen Abschreibungen oder Wertberichtigungen. Die Bestimmung des niedrigeren Stichtagswerts von Gegenständen des Umlaufvermögens richtet sich nach § 253 Abs. 3 Satz 1 HGB. Diese Vorschrift gebietet – unabhängig von der Nachhaltigkeit der Wertminderung – die Abwertung von Vermögensgegenständen des Umlaufvermögens auf den niedrigeren Börsen- oder Marktpreis bzw. den niedrigeren beizulegenden Wert am Abschlussstichtag (sog. strenges Niederstwertprinzip).

Beispiel: Die A-GmbH hat – wie im obigen Bevorratungsbeispiel dargestellt – Rohstoffbestände aufgebaut. Anders als im bereits erörterten Fall sind die Wiederbeschaffungskosten jedoch zum Stichtag des Jahres 01 um 10 EUR pro Mengeneinheit gesunken, betragen also 65 EUR (statt der zur Beschaffung aufgewendeten 75 EUR). Zwar ist nicht ausgeschlossen, dass der Wiederbeschaffungs- 289 preis der Rohstoffe bis zu ihrer Weiterverarbeitung wieder auf das ursprüngliche Niveau steigt. Gleichwohl ist aus Vorsichtsgründen der niedrigere Stichtagswert anzusetzen.

290 Das strenge Niederstwertprinzip wird in § 253 Abs. 3 Satz 3 HGB durch ein Abschreibungswahlrecht zur Berücksichtigung von ungünstigen Wertschwankungen in der nächsten Zukunft ergänzt (erweitertes Niederstwertprinzip). Eine Ausübung dieses Wahlrechts, die nach dem Grundsatz der Vorsicht geboten sein kann und nicht zur Bildung von Ermessensreserven dienen soll,[29] kommt nur in Betracht, wenn nicht bereits eine Abschreibungspflicht nach § 253 Abs. 3 Satz 1 und 2 HGB besteht. Gemeint sind voraussichtliche Wertminderungen (z. B. Preisschwankungen), die in der nächsten Zukunft liegen, wobei grundsätzlich ein Zeitraum von bis zu zwei Jahren zugrunde gelegt wird.[30] Notwendigkeit und Umfang der Abschreibungen müssen sich bei „vernünftiger kaufmännischer Beurteilung" ergeben, d. h. auf konkreten Anhaltspunkten und einer angemessenen Risiko-Chancen-Abwägung beruhen.[31]

291 Wird dieses Wahlrecht in Anspruch genommen, ist das Abwertungsvolumen in der Gewinn- und Verlustrechnung gesondert anzugeben (§ 277 Abs. 3 Satz 1 HGB). Der Bilanzleser wird also über diese „Vorsichtsnahme" im Rahmen der Rechnungslegung gesondert informiert. In Höhe des anzugebenden Abwertungsvolumens tritt nämlich wirtschaftlich gesehen eine Vorwegnahme von Ergebnisminderungen ein. Denn das Unternehmen wird durch die Abwertung zum Stichtag des abgelaufenen Jahres im Folgejahr ergebnismäßig so gestellt, als ob es die Rohstoffe zu den aktuell geltenden niedrigeren Preisen und nicht zu den tatsächlich höheren Preisen des Vorjahres erworben hätte, die Rohgewinnmarge des Jahres 02 wird in entsprechender Höhe entlastet. Das Unternehmen wird umso leichter zu einer solchen Maßnahme greifen, wenn die Ergebniserwartung für das Folgejahr 02 gedämpft ist, diese Periode also „optisch entlastet" werden soll. Wir haben hier wieder ein typisches Beispiel dafür, wie Vorsichtsprinzip und Bilanzpolitik Hand in Hand gehen können.

292 **Beispiel:** Anders als im vorher dargestellten Beispiel sind die Wiederbeschaffungspreise der von der A-GmbH bevorrateten Rohstoffbestände zum Stichtag des 31. 12. 01 nicht unter das Anschaffungspreisniveau gesunken. Unter dem Stichtagsprinzip ist daher eine Abwertung der Bestände nicht geboten. Während der Aufstellungsphase des Jahresabschlusses 01 tritt jedoch eine Marktpreisentwicklung ein, nach der die Beschaffungspreise pro Mengeneinheit dauerhaft um TEUR 5 sinken. Um diese Entwicklung vorweg zu nehmen, wertet die A-GmbH ihre Bestände bereits im Jahresabschluss 01 in entsprechender Höhe ab, obwohl der Preisrückgang ein Ereignis des Folgejahres ist.

293 Treten bei Gegenständen des Anlagevermögens Wertminderungen auf, unterscheidet das Gesetz danach, ob diese voraussichtlich dauernder oder lediglich vorübergehender Natur sind. Bei voraussichtlich nur vorübergehenden Wertminderungen besteht nach § 253 Abs. 2 Satz 3, 1. Halbsatz HGB ein Abschreibungswahlrecht *(„können ... vorgenommen werden")*. Diese Regelung findet gemäß § 279 Abs. 1 Satz 2 HGB bei Kapitalgesellschaften und Kapitalgesellschaften und Co. nur auf Finanzanlagen[32] (z. B. Wertpapiere, Unternehmensbeteiligungen) Anwendung. Handelt es sich hingegen um eine voraussichtlich dauernde Wertminderung, besteht eine Abschreibungspflicht (§ 253 Abs. 2 Satz 3, 2. Halbsatz HGB). Maßstab für die Bemessung außerplanmäßiger Abschreibungen in den dargestellten Fällen ist der niedrigere am Stichtag beizulegende Wert. Je nach Lage des Falles können zur Bestimmung des beizulegenden Wertes unterschiedliche Hilfswerte heranzuziehen sein (z. B. Wiederbeschaffungswerte, Einzelveräußerungswerte

---

[29] BeckBil-Komm/*Ellrott/Scherer* § 253 Rdn. 616.
[30] ADS § 253 Rdn. 558.
[31] BeckBil-Komm/*Ellrott/Scherer* § 253 Rdn. 621.
[32] Zum Begriff vgl. Rdn. 389 ff.

oder Ertragswerte). Bei der Beurteilung der Wertverhältnisse bei Beteiligungen an Unternehmen, deren Anteile nicht amtlich notiert oder in anderer Weise marktgängig sind, wird häufig nur ein professionelles Unternehmenswertgutachten ein hinreichend verlässliches Bild vermitteln, sollten nicht bereits äußere Umstände (Insolvenz, Liquidation etc.) ausreichende Anhaltspunkte für die Wertfindung liefern.

Beispiel: Die A-GmbH ist an der C-GmbH zu 100% beteiligt. Der bisherige Buchwert der Beteiligung beträgt seit dem Erwerb unverändert TEUR 5.000. In den vergangenen Jahren waren die Ergebnisse der C-GmbH kontinuierlich rückläufig. Für das Jahr 01 wird erstmalig ein Verlust ausgewiesen. Nach der vorliegenden Ergebnisplanung, die für die folgenden drei Jahre positive Ergebnisse auf niedriger Höhe erwarten lässt, ist mit einer durchgreifenden Verbesserung der Gewinnsituation auf das bei Erwerb vorhandene Niveau nicht zu rechnen. Darüber hinaus hält die A-GmbH Wertpapiere in Form von Aktien börsennotierter Unternehmen zur Deckung von Pensionsverpflichtungen. Die Aktien der B-AG, deren Kursentwicklung in der Vergangenheit von einer hohen Volatilität gekennzeichnet war, verzeichnen zum Bilanzstichtag 31. 12. 01 gegenüber dem Kurs zum Anschaffungszeitpunkt einen Kursrückgang von 5 EUR je Aktie. 294

In Bezug auf die Beteiligung an der C-GmbH liegen eindeutige Indikatoren für eine Wertminderung der Beteiligung vor. Die Höhe der erforderlichen Abschreibung des Beteiligungsbuchwerts ist auf der Grundlage der Ergebnisprognose nach den für Unternehmensbewertungen geltenden Grundsätzen zu bestimmen. Danach entspricht der Wert einer Unternehmensbeteiligung dem Anteil am abgezinsten Barwert der zukünftig erwarteten nachhaltigen Einnahmeüberschüsse. Hinsichtlich des Aktienbestandes an der B-AG besteht kein zwingendes Erfordernis zu einer Wertkorrektur. Die A-GmbH kann jedoch zulässigerweise eine Abschreibung auf den niedrigeren Kurswert zum Stichtag vornehmen.

VII. Bilanzkontinuität

Die klassische Messgröße für die Bewertung ist der Vergleichswert. Der nahe liegendste Vergleich ist der mit dem vorjährigen Bewertungsansatz des Unternehmens. Der Vorjahresvergleich hat aber zwei Voraussetzungen, eine formale und eine materielle. Zum einen muss gewährleistet sein, dass sich die Werte der Abschlussposten aufeinander folgender Geschäftsjahre formal und betragsmäßig nahtlos aneinander anschließen, es sich also zahlenmäßig das Bild kontinuierlicher Unternehmenstätigkeit ergibt. Dies nennt man Bilanzkontinuität. Zum andern sind fortgeführte Vorjahreswerte nur vergleichbar, wenn sie nach unveränderten Methoden ermittelt wurden. Die Bewertungsstetigkeit ist daher eine wesentliche weitere Voraussetzung für die Vergleichbarkeit von Abschlussposten an aufeinander folgenden Stichtagen. 295

Entsprechend dem Gesagten wird in § 252 Abs. 1 Nr. 1 HGB das Postulat aufgestellt, dass die Wertansätze in der Eröffnungsbilanz des neuen Geschäftsjahres mit den Werten der Schlussbilanz des vorangegangenen Geschäftsjahres identisch sein müssen. Die Vorschrift spricht von der „Eröffnungsbilanz des Geschäftsjahres" – übrigens nicht zu verwechseln mit der (einmaligen) Eröffnungsbilanz bei Gründung des Unternehmens – und meint damit die bei Beginn des Geschäftsjahres anzusetzenden Wertansätze der einzelnen Positionen der Bilanz. Als Folgebilanz startet diese mit den Werten, die in der Bilanz des gerade beendeten Geschäftsjahres ausgewiesen wurden. Hierzu werden die Schlusssalden der Bestandskonten des Vorjahres als Ausgangswerte in die neue Rechnung übernommen, man spricht insoweit von einem kontenmäßigen Saldovortrag, der durch die Vornahme der Eröffungsbuchungen erfolgt. Im Ergebnis dürfen die Eröffnungswerte einzelner Bilanzposten (Vermögensgegenstände, Schulden, Rechnungsabgrenzungsposten) also nicht von den entsprechenden Werten in der Schlussbilanz des Vorjahres abweichen. Dies gilt auch für den Fall, dass sich die Neubewertungen einzelner Posten gegenseitig aufhe- 296 ben und der Gesamtwert einer Bilanzposition (z.B. Vorräte) unverändert bleibt.[33] Der Grundsatz der Bilanzkontinuität umfasst jedoch nicht nur die Bewertungskontinuität, sondern auch die formelle Identität des Bilanzinhalts (Darstellungsstetigkeit),[34] die für Kapitalgesellschaften spezialgesetzlich in § 265 Abs. 1 HGB angeordnet ist.

297 § 252 Abs. 1 Nr. 6 HGB gebietet in Form einer Sollvorschrift die Beibehaltung von Bewertungsmethoden, die in einem vorhergehenden Jahresabschluss angewendet wurden (Grundsatz der Bewertungsstetigkeit). Dieser Grundsatz der materiellen Bilanzkontinuität sichert die Vergleichbarkeit aufeinander folgender Jahresabschlüsse. Eine einmal gewählte Bewertungsmethode erzeugt danach grundsätzlich Bindungswirkung und kann nur in begründeten Ausnahmefällen (§ 252 Abs. 2 HGB) geändert werden, wobei entsprechende erläuternde Angaben im Anhang zu machen sind (§ 284 Abs. 2 Nr. 4 HGB). Begründete Ausnahmen vom materiellen Stetigkeitsgebot können z.B. in folgenden Fällen gegeben sein:

- Gesetzesänderungen oder Änderungen der maßgeblichen Grundsätze ordnungsmäßiger Buchführung (z.B. geänderte Rechtsprechung)
- Anpassung an die Ergebnisse einer steuerlichen Betriebsprüfung
- Einbeziehung in einen Konzern, für den andere Bewertungsmethoden maßgeblich sind (vgl. § 308 HGB)
- wesentliche Änderungen in der Unternehmensentwicklung (z.B. des Beschäftigungsgrades, der Vermögenslage oder des ökonomisch-technischen Umfeldes).

298 Vorgeschrieben ist eine Methodenkontinuität[35] in Bewertungsfragen, also grundsätzlich eine Beibehaltung von hierbei zulässigen Wahlrechtsentscheidungen und anderen, im Ermessen des Bilanzierenden festgelegten Verfahren bei der Bewertung. Unter dem Begriff der Bewertungsmethoden werden bestimmte, in ihrem Ablauf definierte Verfahren der Wertfindung verstanden. Hierzu gehören u.a.

- Abschreibungsmethoden für Gegenstände des Anlagevermögens (linear, degressiv)
- Verfahren der Einbeziehung bestimmter aktivierungsfähiger Kostenbestandteile in die Ermittlung der Herstellungskosten von Erzeugnissen
- die Wahlrechtsausübung bei der Anwendung bestimmter Wertansatzwahlrechte

VIII. Stichtagsprinzip und Periodenabgrenzung

299 Wie bereits dargestellt, ist die Bilanz stichtagsbezogen, wohingegen die Gewinn- und Verlustrechnung periodenbezogen ist. Stichtage beenden Abrechnungsperioden. In einem Jahresabschluss sind also alle wirtschaftlichen Vorgänge einer Periode abzubilden, die bis zum Stichtag verursacht oder konkretisiert sind. Nun wird der Jahresabschluss aber erst einige Zeit nach Ablauf des Geschäftsjahres aufgestellt. Zwischenzeitlich werden sich die wirtschaftlichen Verhältnisse, die am vergangenen Stichtag bestanden haben, fortentwickelt haben. Neue Ereignisse des Folgejahres sind hinzugetreten. Es können auch neue oder bessere Erkenntnisse über werterhebliche Umstände zum Stichtag vorliegen. Es ist sogar möglich, dass erst nachträglich gefahrträchtige Sachverhalte bekannt werden, die der Sache nach am Stichtag bereits vorgelegen haben. Nach alledem stellen sich im Wesentlichen zwei Fragen: Wonach bestimmt sich die wirtschaftliche Zugehörigkeit zu einer Periode und in welchem Umfang können Umstände, die nach dem Stichtag eingetreten sind, den Jahresabschluss des abgelaufenen Jahres nachträglich beeinflussen?

---

[33] ADS § 252 Rdn. 12.
[34] Scholz/*Crezelius* Anh. § 42a Rdn. 77.
[35] Vgl. Scholz/*Crezelius* Anh. § 42a Rdn. 168.

Nach § 252 Abs. 1 Nr. 3 HGB sind die Vermögensgegenstände und Schulden zum Abschlussstichtag zu bewerten. Hierin kommt das Stichtagsprinzip zum Ausdruck. Dieses besagt zum einen, dass nur solche Geschäftsvorfälle zu berücksichtigen sind, die in der Periode stattgefunden haben, die durch den Stichtag abgeschlossen wird.[36] Ferner sind die Wertansätze der bilanzierten Vermögensgegenstände und Schulden grundsätzlich nach den tatsächlichen Verhältnissen am Abschlussstichtag zu bestimmen.[37] Nachträgliche neuere Erkenntnisse hinsichtlich dieser Verhältnisse dürfen einbezogen werden. Denn § 252 Abs. 1 Nr. 4 HGB schreibt bei der Definition des bereits erörterten Imparitätsprinzips vor, dass im Jahresabschluss alle vorhersehbaren Risiken und Verluste zu berücksichtigen sind, die bis zum Abschlussstichtag entstanden sind, *„selbst wenn diese erst zwischen dem Abschlussstichtag und dem Tag der Aufstellung des Jahresabschlusses bekannt geworden sind."* In diesem Zusammenhang wird zwischen wertaufhellenden und wertbeeinflussenden Tatsachen unterschieden.[38] 300

Bei wertaufhellenden Tatsachen handelt es sich um solche, welche am Stichtag bereits objektiv vorgelegen haben (z. B. die bereits eingetretene Illiquidität eines Kunden), die dem Bilanzierenden aber erst später bekannt geworden sind. Diese sind bei der Bewertung zu berücksichtigen (Wertaufhellungsprinzip). Anders verhält es sich mit wertbeeinflussenden Tatsachen. Hierbei handelt es sich um Ereignisse – mögen diese auch auf Vermögensgegenstände und Schulden eingewirkt haben, die am Abschlussstichtag zu bilanzieren sind –, deren Entstehungsursachen nach dem Abschlussstichtag liegen (z.B. Untergang eines Vermögensgegenstands durch einen Unfall nach dem Stichtag). Diese Ereignisse haben grundsätzlich keinen Einfluss auf den Jahresabschluss. Sind sie jedoch von besonderer Bedeutung, schreibt § 289 Abs. 2 HGB ihre Angabe im Lagebericht ausdrücklich vor. 301

Zwar sind nach § 252 Abs. 1 Nr. 5 HGB handelsrechtlich nur solche Aufwendungen und Erträge von Belang, die letztlich auch mit *Zahlungsvorgängen* verbunden sind. Rein kalkulatorische Aufwands- und Ertragsposten dürfen bei der Aufstellung des Jahresabschlusses daher nicht berücksichtigt werden.[39] Andererseits sind Verminderungen bzw. Erhöhungen des Gesellschaftsvermögens regelmäßig bereits im Zeitpunkt ihrer wirtschaftlichen Verursachung erfolgswirksam zu erfassen (Verursachungsprinzip), unabhängig davon, ob sie in der entsprechende Periode bereits zu Zahlungsvorgängen geführt haben. Nur eine vollständige und richtige Abgrenzung der Aufwendungen und Erträge einer Periode sichert die Ermittlung eines wirtschaftlich zutreffenden Periodengewinns. Neben der aktiven und passiven Rechnungsabgrenzung (§ 250 HGB), die eine verursachungsgerechte Zuordnung von Ausgaben und Einnahmen bezweckt,[40] stellt die Rückstellungsbildung[41] (§ 249 HGB) ein maßgebliches Instrument der periodengerechten Gewinnermittlung dar. Daneben verwirklicht sich das Prinzip der Periodenabgrenzung durch die Aktivierung von Investitionen und Forderungen und durch die Passivierung von Verbindlichkeiten. 302

IX. Wahrheit, Klarheit, Übersichtlichkeit

Soll der Jahresabschluss dem Einblickgebot der Generalnorm des § 264 Abs. 2 HGB genügen und ein zutreffendes Bild der Lage der Gesellschaft vermitteln, muss er in erster 303

[36] BeckBil-Komm/*Budde/Kunz* § 242 Rdn. 9.
[37] BeckBil-Komm/*Budde/Geißler* § 252 Rdn. 27; ADS § 252 Rdn. 38 ff.
[38] Zu diesem Themenkomplex ausführlich: ADS § 252 Rdn. 39 ff.
[39] Vgl. Rdn. 109 ff.
[40] Vgl. Rdn. 439 ff.
[41] Vgl. Rdn. 538 ff.

Linie materiell und formal wahr und damit richtig sein (§ 239 Abs. 1 HGB), d.h. auf einer ordnungsmäßigen Finanzbuchhaltung aufbauen.[42] Ferner muss er klar und übersichtlich sein (§ 243 Abs. 2 HGB). Das Gebot der Klarheit dient vornehmlich dem Ziel, eine verschleiernde Darstellung zu verhindern. Es wird ergänzt durch das Gebot der Übersichtlichkeit, das in erster Linie eine hinreichende Aufgliederung des Jahresabschlusses zum Gegenstand hat (§ 247 Abs. 1 HGB). Aufgrund der recht umfassenden Ausweis-, Bilanzierungs- und Bewertungsvorschriften für Kapitalgesellschaften kann dabei im Regelfall davon ausgegangen werden, dass ein in Übereinstimmung mit den für Kapitalgesellschaften geltenden Vorschriften zur Grundgliederung von Bilanz (§ 266 Abs. 2 und 3 HGB) und der Gewinn- und Verlustrechnung (§ 275 Abs. 2 oder 3 HGB) erstellter Jahresabschluss klar und übersichtlich ist.

X. Vollständigkeit

304 Der Jahresabschluss hat nach § 246 Abs. 1 Satz 1 HGB sämtliche Vermögensgegenstände, Schulden, Rechnungsabgrenzungsposten, Aufwendungen und Erträge zu enthalten. Gefordert ist eine Zuordnung sämtlicher bilanzierungsfähiger Posten zum Unternehmen in personeller oder sachlicher Hinsicht (vgl. § 242 Abs. 1 HGB: *„seines Vermögens und seiner Schulden“*).[43] Das Vollständigkeitsgebot stellt die grundlegende Ansatzvorschrift des HGB dar, die sämtliche Bestandteile des Jahresabschlusses erfasst. Seine Erfüllung setzt umfangreiche Vorkehrungen zur Aufzeichnung von Beschaffungs- und Absatzvorgängen voraus. Dabei ist ein Rückgriff auf die geführten Handelsbücher (§ 238 Abs. 1 HGB), das Inventar (§ 240 Abs. 1 HGB) sowie die sonstigen aufbewahrungspflichtigen Aufzeichnungen und Unterlagen der Gesellschaft (§ 257 HGB) erforderlich. Das Vollständigkeitsgebot wird durchbrochen durch Ansatzwahlrechte[44] und Ansatzverbote.[45]

305 Die bilanzielle Zuordnung von Vermögensgegenständen und Schulden zu einem Unternehmen richtet sich nach dem *„wirtschaftlichen Eigentum“*, das in der Regel aber nicht notwendig mit dem zivilrechtlichen Eigentum identisch ist. Über das wirtschaftliche Eigentum verfügt, wem für die wirtschaftliche Nutzungsdauer Besitz, Gefahr, Nutzungen und Kosten zustehen und der – falls er nicht zugleich Eigentümer des Vermögensgegenstandes ist – den Berechtigten wirtschaftlich auf Dauer von der Einwirkung auf diesen ausschließen kann.[46] Ungeachtet der wirtschaftlichen Betrachtungsweise bestimmt sich die Zuordnung letztlich wesentlich nach rechtlichen Kriterien.[47] In folgenden Beispielfällen ist die Bilanzierung nicht beim Eigentümer vorzunehmen:

- Lieferung unter Eigentumsvorbehalt (Zurechnung beim Lieferungsempfänger)
- Übertragung des Sicherungseigentums (Zurechnung beim Käufer oder Sicherungsgeber[48])
- fiduziarische Treuhandverhältnisse (Zurechnung beim Treugeber[49])
- echtes Pensionsgeschäft (Zurechnung beim Pensionsgeber[50])

---

[42] Vgl. Scholz/*Crezelius* Anh § 242a Rdn. 72.
[43] Vgl. Küting/Weber/*Kußmaul* § 246 Rdn. 7f.
[44] Vgl. Rdn. 319ff.
[45] Vgl. Übersicht bei ADS § 246 Rdn. 449ff.
[46] Vgl. BeckBil-Komm/*Budde/Karig* § 246 Rdn. 5; ADS § 246 Rdn. 262ff.
[47] Scholz/*Crezelius* Anh. § 42a Rdn. 122.
[48] Vgl. BeckBil-Komm/*Budde/Karig* § 246 Rdn. 15; ADS § 246 Rdn. 267ff.
[49] Vgl. BeckBil-Komm/*Budde/Karig* § 246 Rdn. 7ff.; ADS § 246 Rdn. 274ff.
[50] Hierzu: Scholz/*Crezelius* Anh. § 42a Rdn. 125.

- unechtes Factoring (Zurechnung beim Forderungsverkäufer[51])
- Leasing (Zurechnung beim Leasingnehmer nur im Falle des Spezial-Leasing oder wenn dieser den Gegenstand nahezu die gesamte betriebsgewöhnliche Nutzungsdauer nutzen kann oder eine Rückgabe aus anderen Gründen sinnlos oder nicht zu erwarten ist.[52])

Unter den Aktivposten der Bilanz sind – sieht man von Sonderfällen ab – lediglich solche Werte abzubilden, die als Vermögensgegenstände zu qualifizieren sind. Der Begriff des *Vermögensgegenstandes* ist gesetzlich nicht definiert. Er wird überwiegend als unbestimmter Rechtsbegriff verstanden und umfasst in erster Linie bewegliche und unbewegliche Sachen (§ 90 BGB) sowie Rechte. Zu den Vermögensgegenständen zählen auch derivativ erworbene immaterielle Güter, unabhängig davon, ob diese eigentumsfähig im zivilrechtlichen Sinne sind (z.B. ungeschützte Erfindungen, Kundenstamm, Know How etc.). Klare Abgrenzungskriterien fehlen. In erster Linie wird auf folgende Eigenschaften zurückgegriffen: 306

- selbstständige Verkehrsfähigkeit (verstanden als Einzelbeschaffbarkeit, -veräußerbarkeit und -verwertbarkeit)
- selbstständige Bewertbarkeit (verstanden als abgrenzbarer wirtschaftlicher Vorteil)

Wichtig ist also die Existenz einer identifizierbaren rechtlichen oder tatsächlichen Vermögensposition, der im Geschäftsverkehr üblicherweise ein Wert beigemessen wird.[53] 307

In § 246 Abs. 2 HGB wird das Verbot aufgestellt, Aktiva mit Passiva, Aufwendungen mit Erträgen und Grundstücksrechte nicht mit Grundstückslasten zu verrechnen und so ausweistechnisch zusammenzufassen. Das hierin zum Ausdruck kommende Saldierungsverbot ist Ausfluss des Gebots der Klarheit und Übersichtlichkeit des Jahresabschlusses (§ 243 Abs. 2 HGB).[54] Es steht zugleich in einem Korrespondenzverhältnis zum Grundsatz der Einzelbewertung (§ 252 Abs. 1 Nr. 3 HGB),[55] dem eine Verrechnung von einzelnen Posten des Jahresabschlusses entgegenstehen würde. Ferner widerspräche eine Saldierung grundsätzlich auch dem Vollständigkeitsgebot (§ 246 Abs. 1 HGB).[56] Das Saldierungsverbot wird im Rahmen der Gewinn- und Verlustrechnung jedoch in einigen Fällen durchbrochen. Als Beispiele sind zu nennen: 308

- (wahlweise) Zusammenfassung der ersten Positionen der Gewinn- und Verlustrechnung zu einem „Rohergebnis" bei kleinen Gesellschaften (§ 276 Abs. 1 HGB)
- Absetzung der Erlösschmälerungen (Rabatte, Skonti) von den Umsatzerlösen
- Kürzung der Verkaufserlöse bei Anlagenabgängen um die Buchwerte der abgegangenen Güter

XI. Wesentlichkeit

Schließlich soll hier ein Grundsatz angesprochen werden, der zwar nicht als allgemeines Prinzip gesondert gesetzlich geregelt wurde, aber aus vielen Einzelvorschriften abgeleitet werden kann und von erheblicher praktischer Bedeutung ist. Dieser Grundsatz[57] 309

[51] Vgl. BeckBil-Komm/*Budde/Karig* § 246 Rdn. 20ff.; vgl. Rdn. 145.

[52] Zum Leasing eingehend: Rdn. 343ff. Eingehende Übersicht über die differenzierenden (steuerlichen) Ansatzregeln: ADS § 246 Rdn. 385ff.

[53] BeckBil-Komm/*Körschle/Kofahl* § 247 Rdn. 10.

[54] Vgl. Rdn. 303.

[55] Vgl. Rdn. 249ff.

[56] Vgl. Rdn. 304ff.

[57] Vgl. *Heuser/Theile* GmbH-Handbuch II Rdn. 191f.; ADS § 252 Rdn. 127f.

besagt, dass der Bilanzierende alle für die Beurteilung der Vermögens-, Finanz- und Ertragslage wesentlichen Informationen enthalten muss, unwesentliche Sachverhalte aber vernachlässigt werden können. Dieser Ansatz steht in einem gewissen Spannungsverhältnis zum Vollständigkeitsgebot (§ 246 Abs. 1 HGB) und zum Vorsichtsprinzip (§ 252 Abs. 2 Nr. 4 HGB) und hat deshalb im deutschen Bilanzrecht keine eigenständige Kodifizierung erfahren.[58] Andererseits finden sich in den Vorschriften des Dritten Buches des HGB zahlreiche Bezugnahmen auf Wesentlichkeitserwägungen. An erster Stelle ist das Einblicksgebot des § 264 Abs. 2 HGB zu nennen, das bei Vorliegen „besonderer“, also notwendigerweise wesentlicher Umstände zusätzliche Anhangangaben erforderlich macht. Weitere Beispiele sind:

- § 268 Abs. 4 Satz 2 HGB („Beträge, die einen größeren Umfang haben“)
- § 268 Abs. 5 Satz 3 HGB („Beträge, die einen größeren Umfang haben“)
- § 274 Abs. 4 Satz 2 HGB („nicht von untergeordneter Bedeutung“)
- § 285 Nr. 12 HGB („nicht unerheblichem Umfang“)
- § 286 Abs. 3 Nr. 1 HGB („von untergeordneter Bedeutung“).

Auch das Konzernrecht stellt hinsichtlich des Erfordernisses von bestimmten Maßnahmen auf die Bedeutung des Sachverhaltes ab (so z.B. in §§ 296 Abs. 2, 303 Abs. 2, 304 Abs. 2 Satz 2 und Abs. 3 HGB). Man wird dem Wesentlichkeitsgrundsatz deshalb den Rang eines übergeordneten Prinzips auch im deutschen Bilanzrecht nicht bestreiten können. In Bezug auf Bewertungsgrundsätze und -methoden liegt sein Bedeutungsgehalt vornehmlich darin, einen allgemeinen Maßstab dafür zu liefern, welche Aspekte in die Wertfindung einzubeziehen sind und welche wegen ihrer untergeordneten Bedeutung keine Berücksichtigung finden müssen. Die Ermittlung der Wesentlichkeit erfolgt in der Weise, dass der einzuschätzende Wert zu bestimmten Maßstabs- oder Bezugsgrößen (z.B. Bilanzsumme, Summe der Umsatzerlöse) in ein Verhältnis gesetzt wird. Für das Verhältnis zur Bezugsgröße ist ein *Grenzwert* festzulegen, der die Schwelle bestimmt, die Unwesentliches vom Wesentlichen trennen soll.

---

[58] Beachte aber: Entwurf IDW Prüfungsstandards: Wesentlichkeit im Rahmen der Jahresabschlussprüfung (IDW EPS 250).

Teil F. Bilanz

Die Bilanz als wesentlicher Bestandteil des handelsrechtlichen Jahresabschlusses haben wir bereits eingangs in ihren Grundzügen kennengelernt. Die Bilanz enthält auf der Aktivseite eine nach aufsteigender Liquidität gegliederte Aufstellung über das Vermögen der Gesellschaft, im Regelfall beginnend mit dem Anlagevermögen und gefolgt von dem Umlaufvermögen, welches endet mit den liquiden Mitteln (z.B. Kassenbestand, Bankguthaben). Die Vermögensgegenstände werden also grundsätzlich nach dem Grad ihrer Geldnähe geordnet. Eine besondere Stellung nimmt die Rechnungsabgrenzung ein, die sowohl Bedeutung für die Aktivseite als auch für die Passivseite der Bilanz haben kann und jeweils die Darstellung abschließt. Dem Vermögen wird auf der Passivseite das Kapital gegenübergestellt, das in Eigen- und Fremdkapital gegliedert ist. Das Fremdkapital umfasst Rückstellungen und Verbindlichkeiten. Bevor wir uns mit dem Inhalt und den Besonderheiten der einzelnen Bilanzpositionen näher beschäftigen, sollen die formale Gliederungsstruktur der Bilanz und die allgemeinen Grundsätze des Bilanzausweises behandelt werden. 310

I. Formale Gestaltung

1. Bilanzformat

Nach § 266 HGB haben mittelgroße und große Gesellschaften[1] (§ 267 Abs. 2 und 3 HGB) ihre Bilanz unter Angabe der jeweils für die Aktivseite (§ 266 Abs. 2 HGB) und die Passivseite (§ 266 Abs. 2 HGB) angegebenen Posten gesondert und in der vorgeschriebenen Reihenfolge auszuweisen. Der mittelgroßen GmbH werden lediglich Gliederungserleichterungen im Rahmen der Offenlegung gewährt (§ 327 HGB), wohingegen kleine Gesellschaften nur eine verkürzte Bilanz aufzustellen haben, welche die durch arabische Ziffern gekennzeichneten Untergliederungen von Posten nicht enthalten muss. Die Gliederungserleichterungen für die kleine Gesellschaft sind für den Prozess der Aufstellung des Jahresabschlusses von zu vernachlässigender Bedeutung. Wichtig können die Gliederungserleichterungen für kleine Gesellschaften im Zusammenhang mit der Vorlagepflicht gegenüber den Gesellschaftern werden (vgl. § 42a Abs. 1 GmbHG), die gemäß § 46 Nr. 1 GmbHG über die Feststellung des Jahresabschlusses zu entscheiden haben. Vorlagepflichtig ist in diesen Fällen lediglich die verkürzte Bilanz. 311

Das gesetzliche Gliederungsschema für die Bilanz in der vom Gesetz für Kapitalgesellschaften und Kapitalgesellschaften & Co. angeordneten Kontoform (§ 266 Abs. 1 Satz 1 HGB) ist nachfolgend dargestellt. Dieses Gliederungsschema bildet damit eine verbindliche „Formatvorlage" für jede nach handelsrechtlichen Grundlagen zu erstellende Bilanz, von der grundsätzlich nur abgewichen werden darf, wenn sich hieraus eine Verbesserung der Darstellung resultiert. 312

---

[1] Vgl. Rdn. 157ff.

313

AKTIVA	PASSIVA
A. Anlagevermögen	**A. Eigenkapital**
I. Immaterielle Vermögensgegenstände	**I. Gezeichnetes Kapital**
1. Konzessionen, gewerbliche Schutzrechte und ähnliche Rechte und Werte, sowie Lizenzen an solchen Rechten und Werten	**II. Kapitalrücklage**
2. Geschäfts- oder Firmenwert	**III. Gewinnrücklage**
3. geleistete Anzahlungen	1. gesetzliche Rücklage
II. Sachanlagen	2. Rücklage für eigene Anteile
1. Grundstücke, grundstücksgleiche Rechte und Bauten einschließlich der Bauten auf fremden Grundstücken	3. satzungsmäßige Rücklagen
2. technische Anlagen und Maschinen	4. andere Gewinnrücklagen
3. andere Anlagen, Betriebs- und Geschäftsausstattung	**IV. Gewinnvortrag/Verlustvortrag**
4. geleistete Anzahlungen und Anlagen im Bau	**V. Jahresüberschuss/Jahresfehlbetrag**
III. Finanzanlagen	**B. Rückstellungen**
1. Anteile an verbundenen Unternehmen	1. Rückstellungen für Pensionen und ähnliche Verpflichtungen
2. Ausleihungen an verbundene Unternehmen	2. Steuerrückstellungen
3. Beteiligungen	3. sonstige Rückstellungen
4. Ausleihungen an Unternehmen, mit denen ein Beteiligungsverhältnis besteht	**C. Verbindlichkeiten**
5. Wertpapiere des Anlagevermögens	1. Anleihen, davon konvertibel
6. sonstige Ausleihungen	2. Verbindlichkeiten gegenüber Kreditinstituten
B. Umlaufvermögen	3. erhaltene Anzahlungen auf Bestellungen
I. Vorräte	4. Verbindlichkeiten aus Lieferungen und Leistungen
1. Roh-, Hilfs- und Betriebsstoffe	5. Verbindlichkeiten aus der Annahme gezogener Wechsel und der Ausstellung eigener Wechsel
2. unfertige Erzeugnisse, unfertige Leistungen	6. Verbindlichkeiten gegenüber verbundenen Unternehmen
3. fertige Erzeugnisse und Waren	7. Verbindlichkeiten gegenüber Unternehmen, mit denen ein Beteiligungsverhältnis besteht
4. geleistete Anzahlungen	8. sonstige Verbindlichkeiten, davon aus Steuern, davon im Rahmen der sozialen Sicherheit
II. Forderungen und sonstige Vermögensgegenstände	**D. Rechnungsabgrenzungsposten**
1. Forderungen aus Lieferungen und Leistungen	
2. Forderungen gegen verbundene Unternehmen	
3. Forderungen gegen Unternehmen, mit denen ein Beteiligungsverhältnis besteht	
4. sonstige Vermögensgegenstände	
III. Wertpapiere	
1. Anteile an verbundenen Unternehmen	
2. eigene Anteile	
3. sonstige Wertpapiere	
IV. Kassenbestand, Bundesbankguthaben, Guthaben bei Kreditinstituten und Schecks	
C. Rechnungsabgrenzungsposten	

314 Für den Jahresabschluss von Einzelkaufleuten und Personenhandelsgesellschaften, die nicht gemäß § 264 a HGB den Kapitalgesellschaften gleichgestellt werden, sind im Gesetz

lediglich einige grundlegende Anforderungen für Aufbau und Gliederung der Bilanz in § 247 HGB vorgesehen.

2. Gliederungs- und Darstellungsgrundsätze

Neben dem „Bilanzformat“ in § 266 HGB hat das Gesetz einige allgemeine Gliederungs- und Darstellungsgrundsätze geregelt, die hier kurz vorgestellt werden sollen. Diese betreffen 315

- Darstellungsstetigkeit (§ 265 Abs. 1 HGB)
- Angabe der Vorjahresbeträge (§ 265 Abs. 1 HGB)
- Mitzugehörigkeit von Gegenständen zu anderen Abschlussposten (§ 265 Abs. 3 HGB)
- Tätigkeit der Gesellschaft in mehreren Geschäftszweigen (§ 265 Abs. 3 HGB)
- Freiwillige Untergliederungen, zusätzliche Posten (§ 265 Abs. 5 HGB)
- Änderungen der Gliederung und von Postenbezeichnungen (§ 265 Abs. 6 HGB)
- Zusammenfassung von Posten, Leerposten (§ 265 Abs. 7 HGB)

Nach § 265 Abs. 1 HGB, der Ausfluss des Grundsatzes der Bilanzkontinuität[2] ist, hat 316 das bilanzierende Unternehmen die Pflicht, die Form der Darstellung, insbesondere die Gliederung des Jahresabschlusses beizubehalten, um die Vergleichbarkeit im Zeitablauf zu gewährleisten (Grundsatz der Darstellungsstetigkeit). Abweichungen, die nur in Ausnahmefällen zulässig sind, müssen im Anhang angegeben und begründet werden. Die von § 265 Abs. 1 HGB geforderte Vergleichbarkeit im Zeitablauf wird durch Anforderung unterstützt, zu den einzelnen Posten von Bilanz und Gewinn- und Verlustrechnung die jeweiligen Vorjahresbeträge anzugeben. Falls ausnahmsweise die Vergleichbarkeit nicht gegeben ist, sind zusätzliche Erläuterungen im Anhang zu machen (§ 265 Abs. 2 HGB). Hierbei sind zwei unterschiedliche Wege eröffnet, um einen nachvollziehbaren Einblick zu gewährleisten. Die Gesellschaft kann auf die Ausweisänderung im Anhang hinweisen und diese erläutern (§ 265 Abs. 2 Satz 2 HGB). Sie kann aber auch die entsprechenden Werte des Vorjahresabschlusses an die geänderte Ausweisform des laufenden Jahres anpassen und hierzu die notwendigen Erläuterungen im Anhang geben (§ 265 Abs. 2 Satz 3 HGB). Obwohl die Vorschrift den Anhang nicht ausdrücklich anspricht, erstreckt sich die Pflicht zur Angabe von Vergleichszahlen nach herrschender Meinung auch auf vorgeschriebene oder freiwillige Anhanginformationen.[3] Vorjahresbeträge können grundsätzlich auf volle Beträge bzw. auf TEUR oder Mio. € gerundet werden.

Fällt ein Vermögensgegenstand oder eine Schuld gleichzeitig unter mehrere, im Gliede- 317 rungsschema vorgesehenen Posten, ist nach § 265 Abs. 3 HGB die Mitzugehörigkeit zu anderen Posten unter dem Posten zu vermerken, unter dem der Ausweis erfolgt ist (Davon-Vermerk), wenn dies aus Gründen der Klarheit und Übersichtlichkeit erforderlich ist. Alternativ ist in derartigen Fällen eine Anhangangabe vorzunehmen. Ist ein Unternehmen in mehreren Geschäftszweigen tätig und führt dies zur Anwendbarkeit unterschiedlicher spezifischer Gliederungsvorschriften, so sieht § 265 Abs. 4 HGB vor, dass die Grundgliederung um die spezifischen Anforderungen des oder der anderen Geschäftszweige zu ergänzen ist. Über die im gesetzlichen Gliederungsschema vorgesehen Posten hinaus sind weitere Untergliederungen zulässig (§ 265 Abs. 5 Satz 1 HGB). Daneben ist eine Hinzufügung neuer Posten, die im gesetzlichen Gliederungsschema nicht vorgesehen sind, nur unter der Voraussetzung gestattet, dass deren Inhalt nicht durch einen bereits bestehenden Posten gedeckt ist (§ 265 Abs. 5 Satz 2 HGB).

---

[2] Vgl. Rdn. 295 ff.

[3] Übersicht bei ADS § 265 Rdn. 10 ff.

318 Gliederung und Bezeichnung der mit arabischen Ziffern versehenen Posten in Bilanz und Gewinn- und Verlustrechnung müssen nach § 265 Abs. 6 HGB geändert werden, wenn dies auf Grund branchenspezifischer Sachverhalte geboten ist (z.B. bei Bergbau-, Mineralöl-, Leasingunternehmen).[4] Enthält der Posteninhalt eine Aufzählung wird es als zulässig angesehen, die Postenbezeichnung auf den tatsächlichen Inhalt zu verkürzen, wenn dieser nicht sämtliche Elemente der gesetzlich vorgesehenen Aufzählung deckt. Unter bestimmten gesetzlichen Voraussetzungen (§ 265 Abs. 7 HGB) dürfen zudem mit arabischen Zahlen versehene Posten zusammengefasst ausgewiesen werden, wenn nicht spezialgesetzliche Formvorschriften entgegenstehen. Ist ein gesonderter Posten unwesentlich, ist ein zusammengefasster Ausweis zulässig, wobei jedoch ein gesonderter Ausweis im Anhang erforderlich ist. Posten, die keinen Bestand aufweisen (Leerposten), müssen im Jahresabschluss nicht aufgeführt werden, es sei denn diese Position hat im Vorjahr einen Bestand ausgewiesen (§ 265 Abs. 8 HGB).

II. Bilanzierungshilfen und andere Ausweiswahlrechte

319 Eine Besonderheit des deutschen Bilanzrechts stellen die Aktivierungswahlrechte dar. Der Bilanzierende kann in Ausübung handelsrechtlicher Aktivierungswahlrechte bestimmte Vorgänge, die nach den allgemeinen Regeln als Periodenaufwand zu behandeln sind, ausnahmsweise im Entstehungszeitpunkt (zunächst) ergebnisneutral behandeln. Die Ergebnisneutralität wird grundsätzlich dadurch hergestellt, dass entweder ein besonderer Aktivposten gebildet wird oder bestimmte Zahlungen in der Entstehungsperiode zunächst aktiv abgegrenzt und erst in der Folge ergebniswirksam aufgelöst werden.

320 Unter „Bilanzierungshilfen" sind solche Aktivierungswahlrechte zu verstehen, nach denen in zulässiger Ergänzung des gesetzlichen Gliederungsschemas zusätzliche Aktivposten in der Bilanz gebildet werden dürfen. Bei diesen Zusatzposten handelt es sich nicht um Vermögensgegenstände im Sinne des § 246 HGB – andernfalls wären sie bereits pflichtgemäß in den Jahresabschluss aufzunehmen. Diese Posten stellen in gewisser Hinsicht einen „Fremdkörper" im Jahresabschluss dar und sind aus diesem Grund zweckmäßigerweise bilanzanalytisch gesondert zu betrachten und ggf. zu eliminieren. Folgende gesetzliche Anwendungsfälle, welche die *Aktivseite* betreffen, sind in erster Linie zu nennen:

- Aktivierung von Aufwendungen für die Ingangsetzung dessen Geschäftsbetriebs und dessen Erweiterung (§ 269 HGB)
- Aktivierung eines käuflich erworbenen Geschäfts- oder Firmenwerts (§ 255 Abs. 4 HGB)
- Aktive Steuerabgrenzung (§ 274 Abs. 2 HGB)

321 *Passivische* Ausweiswahlrechte bestehen insbesondere hinsichtlich

- bestimmter unter „Sonstige Rückstellungen" zu zeigender Aufwandsrückstellungen
- Sonderposten mit Rücklageanteil, die aus steuerlichen Gründen gebildet werden können

322 Nachfolgend sollen die aktivischen Ausweiswahlrechte näher erläutert werden, da diese zu gesondert auszuweisenden Posten der Bilanz führen.

1. Ingangsetzungs- und Erweiterungskosten

323 Der „klassische" Fall der Bilanzierungshilfe ist das Recht, Aufwendungen für die Ingangsetzung des Geschäftsbetriebs oder dessen Erweiterung, die nach allgemeinen Regeln

[4] BeckBil-Komm/*Budde/Geißler* § 265 Rdn. 16 a.E.

der Rechnungslegung nicht aktivierungsfähig sind, gleichwohl in einem gesondert ausgewiesenen Posten zu aktivieren (§ 269 HGB). Der typische Zweck dieser Bilanzierungshilfe besteht in einer bilanziellen „Stützungsmaßnahme" zur Vermeidung oder Verringerung

- eines Verlustausweises
- einer Unterbilanz
- einer bilanziellen Überschuldung.

In Anlauf- oder Erweiterungsphasen eines Unternehmens durch Aktivierung eines in- **324**
haltlich näher bestimmten Periodenaufwands. In diesen Entwicklungsphasen übersteigen die Aufwendungen zum Aufbau oder Ausbau des Unternehmens (Vorlaufkosten) nämlich häufig die aus dem laufenden Geschäft bereits erwirtschafteten Erträge erheblich. Bei den Ingangsetzungs- oder Erweiterungskosten handelt es sich in erster Linie um Personal- und Sachkosten, die unmittelbar zur Schaffung oder zum Ausbau einer arbeitsfähigen organisatorischen Struktur aufgewendet werden. Sie sind von den Gründungskosten (z.B. Notariatskosten, Beratungshonorare, Registergebühren etc.) oder den Eigenkapitalbeschaffungskosten (z.B. Vermittlungsprovisionen und andere Vermarktungsaufwendungen bei Publikumsgesellschaften) zu unterscheiden, für die nach § 248 Abs. 1 HGB ein zwingendes Bilanzierungsverbot besteht.

Um zu vermeiden, dass Ausschüttungen in Höhe dieser Bilanzierungshilfe erfolgen, ist **325**
in § 269 Satz 2 HGB eine entsprechende Ausschüttungssperre geregelt. Andererseits kommt der begünstigende Charakter dieser Bilanzierungshilfe darin zum Ausdruck, dass aktivierte Ingangsetzungs- oder Erweiterungskosten bei der Einordnung der Gesellschaft nach Größenklassen (§ 267 HGB) in das Bilanzsummenkriterium einzubeziehen sind. Werden diese Kosten aktiviert, sind sie vor dem Anlagevermögen (§ 266 Abs. 2 A. HGB) unter entsprechender Bezeichnung auszuweisen. In § 282 HGB ist ferner geregelt, dass die unter dem entsprechenden Bilanzposten ausgewiesenen Beträge in jedem folgenden Geschäftsjahr mindestens zu einem Viertel abzuschreiben sind. Die Entwicklung ist von mittelgroßen und großen Kapitalgesellschaften und Kapitalgesellschaften & Co. in dem nach § 268 Abs. 2 HGB zu erstellenden Anlagegitter darzustellen.[5]

Die Ausübung dieses handelsrechtlichen Aktivierungswahlrechts (steuerlich besteht **326**
übrigens ein Aktivierungsverbot)[6] hat allerdings nur geringe praktische Bedeutung. Diese Bilanzierungshilfe ist dogmatisch überholt und sollte – was wohl auch beabsichtigt ist – im Rahmen einer Fortentwicklung des HGB gestrichen werden.

2. Geschäfts- oder Firmenwert

Einen praktisch bedeutsamen Fall der „Bilanzierungshilfe" stellt hingegen das Recht **327**
zur Aktivierung eines entgeltlich erworbenen „Geschäfts- oder Firmenwerts" dar (§ 255 Abs. 4 Satz 1 HGB). Von dieser Möglichkeit wird in Fällen des Unternehmenserwerbs in Form der Übernahme von Vermögensgesamtheiten (sog. *„Asset Deal"*) nicht zuletzt aus steuerlichen Gründen so durchgängig Gebrauch gemacht, dass leicht in Vergessenheit gerät, dass dies bilanzrechtlich gesehen in Ausübung eines bloßen *Wahlrechts* geschieht, das allerdings faktisch in aller Regel auf ein „Ansatzgebot" hinausläuft.

Unter „Geschäfts- oder Firmenwerts" wird der Betrag verstanden, um den der Kauf- **328**
preis, der für einen nicht in Gesellschafts- oder Anteilsrechten verkörperten Geschäftsbetrieb bezahlt wurde, die Summe der dieser Einheit zugehörigen Vermögensgegenstände

---

[5] BeckBil-Komm/*Budde/Karig* § 269 Rdn. 10.

[6] Vgl. hierzu BFH Urt. v. 27. 1. 1954 – IV 255/53 U – BStBl III 1954, 109; kritisch: Scholz/*Crezelius* Anh. § 42 a Rdn. 133.

zu Zeitwerten (ggf. vermindert um möglicherweise ebenfalls übernommene Schulden und stille Lasten) übersteigt. Der Zeitwertansatz für die Vermögensgegenstände und Schulden ergibt sich hier daraus, dass bei der bilanziellen Erfassung von Erwerbsvorgängen auf Seiten des erwerbenden Unternehmens die Wertobergrenzen, die bisher für die Bilanzierung des Veräußerers maßgeblich waren, keine Geltung mehr haben. Vielmehr wird zunächst eine Allokation des Kaufpreises zu allen identifizierbaren Vermögensgegenständen, Schulden und Lasten vorgenommen, die nach der getroffenen Vereinbarung Gegenstand des Erwerbs waren. Diese Allokation erfolgt auf Basis der Werte, die diesen Posten unter Verkehrswertgesichtspunkten beizulegen sind. Ein danach verbleibender Restbetrag wird als „Geschäfts- oder Firmenwert" bezeichnet. Er repräsentiert die Summe aller bisher nicht bilanzierungsfähigen *immateriellen* Werte einer erworbenen Wirtschaftseinheit. Erst der Erwerbsvorgang, also eine Marktbewertung der Unternehmenseinheit im Ganzen, führt zur (wahlweisen) Aktivierungsfähigkeit dieser Rechengröße, deren konkreter wirtschaftlicher Hintergrund im Einzelfall höchst unterschiedlich beschaffen sein kann. Er kann aus einer Summe von Erfolgsfaktoren bestehen, z.B. einem Kundenstamm, dem Ruf des Unternehmens oder nicht schutzrechtsfähigen geistigen Rechten (z.B. spezielles Produkt-Know-how). Letztlich kommt in diesem „Mehrwert" aber ein im Kaufpreis vergüteter Erwartungswert zum Ausdruck, nämlich die – im Vergleich zu einer angemessenen Verzinsung des eingesetzten Kapitals – kapitalisierte Überrendite des erworbenen Unternehmens.

329 Die beschriebene Wertallokation kann man theoretisch bei jedem Unternehmen – unabhängig von einer vollzogenen Veräußerung – anstellen, sofern für dieses ein Verkehrswert verfügbar ist oder gutachtlich ermittelt wurde. Ein Ansatz der fortgeführten Bilanzposten zu (höheren) Zeitwerten unter Verletzung des Anschaffungswertprinzips (vgl. § 253 Abs. 1 Satz 1 HGB) wäre in diesen Fällen jedoch genauso unzulässig wie der Ausweis eines – originären – Geschäfts- oder Firmenwerts, der nicht durch ein Erwerbgeschäft unterlegt ist. Ein originärer Geschäfts- oder Firmenwert unterliegt vielmehr dem *Aktivierungsverbot für selbst erstellte immaterielle Vermögensgegenstände* (§ 248 Abs. 2 HGB).

330 Das Unternehmen ist handelsrechtlich nicht gezwungen, den Kaufpreisanteil, der dem oben beschriebenen Unterschiedsbetrag entspricht, zu aktivieren (arg. e § 255 Abs. 4 HGB). Es kann diesen daher stattdessen grundsätzlich als Aufwand des Geschäftsjahres behandeln, was einer Sofortabschreibung gleichkäme. Es fragt sich jedoch, ob hierdurch im Regelfall die Vermögenslage des Unternehmens zutreffend wiedergeben und dem Einblicksgebot des § 264 Abs. 2 HGB genügt würde. Durch die Vereinbarung des Kaufpreises hat das Unternehmen gerade zum Ausdruck gebracht, dass es dem Erwerbsgegenstand einen merkantilen Wert beimisst, der die Summe der Zeitwerte der nach allgemeinen Regeln identifizierbaren Vermögensgegenstände übersteigt. Dementsprechend kennt das Steuerrecht in diesen Fällen ein Aktivierungswahlrecht nicht, sondern statuiert ein Aktivierungsgebot. Dieses ist ein weiterer gewichtiger Grund, warum in der Rechnungslegungspraxis auf die Aktivierung erworbener Geschäfts- oder Firmenwerte in der Handelsbilanz nicht verzichtet wird.

331 Ein besonderes Thema ist die Abschreibung des Geschäfts- oder Firmenwerts. Da dieser Posten zumindest als „Quasi-Vermögensgegenstand" anzusehen ist und sich – jedenfalls in seinem ursprünglichen Bestand – im Zeitablauf verflüchtigt, ist eine Abschreibung nach geltender deutscher Rechnungslegung im handelsrechtlichen Einzel- und Konzernabschluss geboten. § 255 Abs. 4 HGB sieht für die Abschreibung des Firmenwerts im Einzelabschluss grundsätzlich zwei Vorgehensweisen vor: die pauschale Abschreibung (Satz 2) und die planmäßige Abschreibung (Satz 3). In der Praxis findet in aller Regel eine planmäßige Abschreibung statt. Diese erlaubt es dem Unternehmen in Übereinstimmung mit dem Steuerrecht (§ 7 Abs. 1 Satz 3 EStG) zu verfahren und den Geschäfts- oder Firmenwert linear über eine „gewöhnliche Nutzungsdauer" von 15 Jahren zu verteilen. Der nahezu regelmäßige Rückgriff auf die steuerliche Abschreibungsregel in der handelsrechtlichen Praxis ist eine deutsche Besonderheit, die letztlich dem Wunsch zur „Einheitsbilanz" entspringt. Es bestehen aber begründete Zweifel, ob dies den tatsächlichen Verhältnissen entspricht, die häufig wesentlich kürzere Abschreibungsdauern geboten erscheinen lassen.

Beispiel: Zur Erweiterung ihrer Unternehmensaktivität erwirbt die A-GmbH die wesentlichen Vermögenswerte des bisherigen Einzelunternehmens X zu einem Kaufpreis von insgesamt TEUR 2.500. Erwerbsgegenstand sind in erster Linie der bisher nicht bilanzierte Kundenstamm, diverse bisher von Herrn X gehaltene Patente und andere Schutzrechte, der Vorratsbestand und einige im Kaufvertrag durch ein Verzeichnis nachgewiesene Werkzeuge, Anlagen und Maschinen. Schulden des Einzelunternehmens werden nicht mit übernommen. Die Mitarbeiter gehen gemäß § 613 a BGB auf die A-GmbH über. Ausstehende Lohn- und Gehaltsverpflichtungen oder Pensionszusagen gegenüber diesen Mitarbeitern bestehen zum Übernahmezeitpunkt nicht. 332

Nach Einschätzung eines vereidigten Sachverständigen beläuft sich der Wert des Maschinenparks auf TEUR 950. Der Vorratsbestand wird unter Ansatz eines Sicherheitsabschlags von 25% auf den letzten Buchwert mit TEUR 150 bewertet. Für die Patente und Schutzrechte liegt eine gutachtliche Wertermittlung vor, die diese Vermögenswerte mit TEUR 500 ansetzt. Bringt man diese Wertansätze vom gezahlten Kaufpreis in Abzug, ergibt sich folgendes Bild:

Kaufpreis	2.500 TEUR
Maschinen	– 950 TEUR
Vorräte	– 150 TEUR
Patente etc.	– 500 TEUR
verbleibender Betrag	900 TEUR

Der verbleibende Betrag lässt sich keinem bilanzierungsfähigen Gegenstand zuordnen. Der miterworbene Kundenstamm stellt einen unselbstständigen geschäftswertbildenden Faktor dar, der einer isolierten Bewertung nicht zugänglich ist. Allenfalls könnte ein mengen- und wertmäßig konkretisierbarer Auftragsbestand als selbstständig ansetzbarer immaterieller Vermögensgegenstand angesehen werden, für den es im vorliegenden Fall allerdings keine Anhaltspunkte gibt. Danach ist die Restgröße von 900 TEUR in der Bilanz der A-GmbH in voller Höhe als „Geschäfts- oder Firmenwert" zu aktivieren und über die angenommene „Nutzungsdauer" abzuschreiben.

Der externe Bilanzleser tut in der Regel gut daran, einen bilanzierten Geschäfts- oder Firmenwerte unter Bewertungsaspekten mit gebührender Vorsicht zu betrachten. Er repräsentiert nämlich die bei dem Erwerb des Geschäftsbetriebs, der viele Jahre zurückliegen kann, bestehenden Erwartungen hinsichtlich der zukünftig zu erzielenden Einnahmeüberschüsse, denn diese bestimmen – abgezinst auf den Bewertungsstichtag – nach betriebswirtschaftlichen Grundsätzen grundsätzlich den Wert eines Unternehmens. Der Kaufpreis und demzufolge mittelbar der Firmenwert können durch zum Erwerbszeitpunkt existierende Sondereinflüsse (enge Marktverhältnisse und daraus resultierende Hochpreisphase, umfangreiche erwartete Synergieeffekte, Kaufpreis des Unternehmens war zugleich „Markteintrittsprämie" etc.) getrieben gewesen sein, die durch die aktuellen tatsächlichen Verhältnisse nicht mehr gedeckt sind. 333

Die so zu einer bilanzierten Größe geronnenen Erwartungen sind zudem mit dem Unternehmensgegenstand untrennbar verknüpft und daher nicht isoliert veräußerbar oder bewertbar. Folglich sollte der Bilanzleser keinesfalls davon ausgehen, ein Firmenwert lasse sich wie z.B. Patent oder ein Grundstück durch Einzelverkauf realisieren und so „zu Geld machen". Aus dem Verwertungsgesichtspunkt von Gläubigern der Gesellschaft ist der Geschäfts- oder Firmenwert für sich betrachtet daher keine messbare Größe. In diesem Zusammenhang ist darauf hinzuweisen, dass nach der klassischen Anschauung von Kreditgebern der Firmenwert als sog. *„Non valeur"* angesehen und daher bilanzanalytisch der Einfachheit halber direkt gegen das vorhandene Eigenkapital des Unternehmens gekürzt wird. 334

3. Aktive Steuerabgrenzung

335 Einen anders gelagerten Fall stellt die aktive Steuerabgrenzung (§ 274 Abs. 2 HGB) dar. Um den Hintergrund dieses Postens zu verstehen, muss man dass Grundkonzept der aktivischen und passiven Steuerabgrenzung kennen. Stimmen steuerliche und handelsrechtliche Gewinnermittlungsgrundlagen genau überein, steht der effektive Steueraufwand in einem stimmigen Verhältnis zum handelsrechtlichen Jahresergebnis, einer korrigierenden aktiven oder passiven Steuerabgrenzung bedarf es daher nicht. Eine Notwendigkeit zur Korrektur der in der Handelsbilanz wiedergegebenen tatsächlichen Steuerbelastung des Geschäftsjahrs ergibt sich vielmehr dann, wenn es an diesem Gleichlauf der Verhältnisse fehlt, also die für Zwecke der steuerlichen Gewinnermittlung maßgeblichen Bilanzverhältnisse von der Handelsbilanz abweichen. In diesen Fällen „passt" die tatsächliche steuerliche Belastung der Periode nicht zu den aktuellen handelsbilanziellen Verhältnissen.

336 Die Herstellung einer zutreffenden Relation zwischen handelsrechtlichem Ergebnis und ausgewiesener Steuerbelastung ist allerdings nicht Selbstzweck, sondern nur dann erforderlich, wenn die in einer Abrechnungsperiode bestehenden Unterschiede zwischen handelsrechtlicher und steuerlicher Gewinnermittlung nur von vorübergehender Natur sind und sich zu einem späteren Zeitpunkt aufheben, da sich die Effekte aus der unterschiedlichen bilanziellen Behandlung wieder umkehren. Der sich unter Anwendung der steuerrechtlichen Vorschriften ergebende tatsächliche Steueraufwand ist in Relation zum aktuellen handelsrechtlichen Ergebnis zunächst entweder „zu niedrig" oder „zu hoch". Die Steuerabgrenzung dient letztlich dazu, die später auftretenden Umkehreffekte zu berücksichtigen und in der Handelsbilanz – unabhängig vom tatsächlichen Verlauf der Besteuerung – die wirtschaftlich betrachtet jeweils periodisch „richtige" Steuerbelastung abzubilden. Diese Vorgehensweise dient zugleich dem Einblicksgebot des § 264 Abs. 2 HGB (*„True and Fair View"*). Sind die Unterschiede zwischen Handels- und Steuerbilanz hingegen dauernder Natur, können sie unbeachtet bleiben, denn ein Umkehreffekt kann nicht eintreten, eine Korrektur ist daher nicht erforderlich. Dieser sehr abstrakt erscheinende Zusammenhang wird an nachfolgendem Beispiel deutlich:

337 **Beispiel:** Im vorangegangenen Beispiel unter Rdn. 332 hatten wir die Ermittlung des Geschäfts- oder Firmenwerts des ehemaligen Einzelunternehmens X im Jahr 01 dargestellt, dessen wesentliche Aktiven von der bilanzierenden A-GmbH übernommen worden waren. Dieser Wert belief sich auf TEUR 900 und wurde in entsprechender Höhe aktiviert.

Nach den geltenden steuerlichen Vorschriften ist dieser Wert über eine „Nutzungsdauer" von 15 Jahren abzuschreiben (§ 7 Abs. 1 Satz 3 EStG). Danach ergibt sich für ertragsteuerliche Zwecke eine jährliche Abschreibung auf den Firmenwert von TEUR 60. Die Unternehmensleitung der A-GmbH hält eine solch lange Amortisationsdauer allerdings für unangemessen und schreibt den erworbenen Firmenwert in Ausübung ihres Gestaltungsspielraums in § 255 Abs. 4 Satz 3 HGB daher über 5 Jahre ab, woraus jährliche Abschreibungsbeträge von TEUR 180 resultieren. Zwar ist die Bilanzierung in der Handelsbilanz grundsätzlich auch für die steuerliche Bilanzierung maßgeblich, diese Maßgeblichkeit ist indessen hier steuerrechtlich bewusst durchbrochen worden. Bei sonst übereinstimmenden Verhältnissen ist das handelsrechtliche Jahresergebnis in dem 5-Jahreszeitraum nach Unternehmenserwerb daher um jeweils TEUR 120 niedriger als das zu versteuernde Ergebnis. In den nachfolgenden 10 Jahren kehrt sich das Bild jedoch um. In diesem Zeitraum sind die steuerlichen Ergebnisse jeweils um TEUR 60 geringer als die handelsrechtlichen Ergebnisse. Nach Ablauf von 15 Jahren ist der Unterschied ausgeglichen, denn das Abschreibungsvolumen wurde in beiden Rechenwerken lediglich zeitlich unterschiedlich verteilt.

Nimmt die A-GmbH in ihren Jahresabschlüssen nach Erwerb keine Korrekturen vor, wird in diesen eine Steuerlast ausgewiesen, die in den ersten 5 Jahren „zu hoch" und in den folgenden 10 Jahren „zu niedrig" ist, wobei sich diese Unterschiede (bei zwischenzeitlich unveränderten Regeln der steuerlichen Gewinnermittlung) insgesamt ausgleichen. Soll die Steuerbelastung der A-GmbH daher im steuerlichen Amortisationszeitraum nicht in Höhe ihres jeweiligen tatsächlichen Anfalls gezeigt werden, sondern in einer Höhe, die zur handelsrechtlichen Ergebnisentwicklung „passt“, sind Anpassungen erforderlich. Diese bestehen in den ersten 5 Jahren in einer aktiven Steuerabgrenzung, d.h. der vom Unternehmen erklärte Steueraufwand wird ausweistechnisch durch Bildung bzw. laufende Erhöhung eines entsprechenden Aktivpostens um den Betrag gemindert, um den eine auf handelsrechtlicher Gewinnermittlung basierende Steuerlast geringer wäre als der jeweilige tatsächliche Steueraufwand. Der dabei im 5-Jahres-Zeitraum durch jährliche Zuführung der Differenzbeträge aufgebaute aktivische Korrekturposten wird im dem folgenden 10-Jahreszeitraum ergebniswirksam aufgelöst und so die ansonsten im Hinblick auf die handelsrechtliche Ergebnisentwicklung „zu niedrige“ Effektivsteuerbelastung durch entsprechende Mehrbeträge aus der aufwandswirksamen Minderung des Aktivpostens korrigiert.

Die im Beispielsfall dargestellte Vorgehensweise ist in der deutschen Rechnungslegung 338 bisher nicht verpflichtend vorgeschrieben, dem Unternehmen wurde in § 274 Abs. 2 HGB lediglich eine entsprechende Wahlmöglichkeit eröffnet *(„darf ... gebildet werden“)*. Im Rahmen aktueller Reformüberlegungen zum HGB wird erwogen, in diesen Fällen – analog zur internationalen Praxis – ein Aktivierungsgebot vorzusehen. Wird von dem derzeit bestehenden *Ansatzwahlrecht* Gebrauch gemacht, ist in der Bilanz unter entsprechender Bezeichnung ein gesonderter Posten zu bilden, der üblicherweise vor oder nach dem unter § 266 Abs. 2 C. HGB genannten aktiven Rechnungsabgrenzungsposten ausgewiesen wird, dem er seiner Natur nach ähnelt. Für den umgekehrten Fall (effektiver Steueraufwand aus handelsrechtlicher Sicht „zu niedrig“) sieht § 274 Abs. 1 HGB ein *Passivierungsgebot* vor, dem durch Bildung einer entsprechenden Rückstellung unter der Position „Steuerrückstellungen“ zu genügen ist (passivische Steuerabgrenzung).

Das Konzept der Steuerabgrenzung ist zumindest auf Ebene des Jahresabschlusses 339 (Einzelabschlusses)[7] im Bereich der internationalen Rechnungslegung umfassender entwickelt als im HGB. Im Fall von aktiven Steuerlatenzen besteht die Pflicht zur Bildung eines entsprechenden Aktivpostens in der Handelsbilanz. Solche Posten sind – abweichend von der geltenden deutschen Rechnungslegung – auch in Ansehung solcher Effekte zu bilden, die sich aus bestehenden steuerlichen Verlustvorträgen ergeben. Sind in Vorjahren Verluste aufgetreten und wurden diese steuerlich noch nicht durch Ausgleich mit früher oder später entstandenen Gewinnen „verwertet“, verfügt das bilanzierende Unternehmen über ein Potenzial, zukünftige Gewinne durch vorgetragene steuerliche Verluste zu mindern. Dieses Potenzial stellt einen wirtschaftlichen Wert dar, da es zur Realisierung zukünftiger Vorteile führen kann. Es verwirklicht sich indessen nur dann und insoweit, als die steuerlichen Verlustvorträge von der Finanzverwaltung anerkannt werden und in absehbarer Zeit entsprechende zukünftige Gewinne auch tatsächlich zu erwarten sind. Sind diese Voraussetzungen erfüllt, ist nach den Vorschriften der internationalen Rechnungslegung ein Aktivposten zu bilden, der bei vorsichtiger Bewertung dem aus den bestehenden Verlustvorträgen resultierenden steuerlichen Entlastungspotenzial entspricht *(„Tax Asset“)*.

4. Sonstige Ansatzwahlrechte

Neben den Bilanzierungshilfen bestehen weitere Aktivierungswahlrechte, die sich je- 340 doch vornehmlich in Unterposten der aktiven Rechnungsabgrenzung niederschlagen:

- aktive Abgrenzung des Unterschiedsbetrags zwischen dem Rückzahlungsbetrag von Verbindlichkeiten und einem niedrigeren Ausgabebetrag (sog. Disagio, § 250 Abs. 3 HGB)

[7] Demgegenüber ist die Steuerabgrenzung im Konzernabschluss nach § 306 HGB bzw. auf der Grundlage von DRS 10 an internationale Grundsätze angenähert.

- aktive Abgrenzung von als Aufwand berücksichtigten Zöllen und Verbrauchssteuern sowie Umsatzsteuer auf geleistete Anzahlungen auf Vorräte (§ 250 Abs. 1 Satz 2 HGB)
- Wahlrecht zur Aktivierung unentgeltlich erworbener Vermögensgegenstände

III. Anlagevermögen

1. Abgrenzungsfragen

341 **a) Abgrenzung zum Umlaufvermögen.** Nach § 247 Abs. 2 HGB, der für alle Bilanzierende gilt, sind *„beim Anlagevermögen nur die Gegenstände auszuweisen, die bestimmt sind, dauernd dem Geschäftsbetrieb zu dienen."* Für die Frage, ob ein Vermögensgegenstand dauernd dem Geschäftsbetrieb eines Unternehmens zu dienen bestimmt ist, kommt es auf dessen Zweckbestimmung[8] an, die sich nach den Verhältnissen des Abschlussstichtages (Stichtagsprinzip)[9] richtet, wobei bis zur Aufstellung oder Feststellung der Bilanz erkennbare aufhellende Gesichtspunkte zu berücksichtigen sind (Wertaufhellungsgrundsatz[10]). Hierbei wird keine bestimmte Mindestdauer verlangt, vielmehr muss die Nutzungsabsicht auf Dauer angelegt sein. Daher kann auch ein Vermögensgegenstand mit vergleichsweise kurzer Nutzungsdauer auf Grund seiner spezifischen Zweckbestimmung dem Anlagevermögen angehören (z. B. ein gebraucht erworbenes Anlagegut), wohingegen ein tatsächlich mehrjähriger Verbleib im Unternehmen nicht zwangsläufig die Zugehörigkeit zum Anlagevermögen auslöst (z. B. ein sich über die Dauer eines Mietverhältnisses erstreckender Kautionsanspruch). Um dem Geschäftsbetrieb zu dienen, muss der Vermögensgegenstand so in die internen betrieblichen Strukturen und Abläufe einbezogen sein, dass er auf Dauer im Sinne einer zeitraumbezogenen, wiederholten Nutzung zur Verfügung steht.[11] Erlauben diese objektiven Gesichtspunkte keine abschließende Entscheidung über die Zuordnung, sprechen also z. B. gleichgewichtige Kriterien sowohl für eine Zugehörigkeit zum Anlage- als auch zum Umlaufvermögen, ist zusätzlich als subjektive Komponente[12] auf den Willen des Bilanzierenden abzustellen. Dieser Wille wird in der Regel bereits konkludent durch die tatsächlich erfolgte Bilanzierung zum Ausdruck kommen.

342 **Beispiel:** Die A-GmbH betreibt ihr Unternehmen auf eigenem Grundstück, dass auf Grund seiner bisherigen Zweckbestimmung – zutreffend – im Anlagevermögen ausgewiesen ist. Aufgrund von geplanten Rationalisierungsmaßnahmen wird die Gesellschaft jedoch ihr Betriebsgrundstück zukünftig nur noch zu einem Teil benötigen, da die auf einem Teilgrundstück betriebene Fertigung geschlossen werden soll. Die Gesellschaft sieht gute Aussichten, dass zukünftig ungenutzte Teilgrundstück veräußern zu können, und beabsichtigt daher, sich von diesem zu trennen. Zum folgenden Bilanzstichtag wird das Teilgrundstück in das Umlaufvermögen umgebucht.

343 **b) Sonderfall Leasing.** Beim „Leasing" handelt es sich um eine bedeutende Finanzierungsform, die in Deutschland seit Anfang der 60er Jahre des vorigen Jahrhunderts ihren Siegeszug angetreten hat. Gegenstand des Leasing sind vom Unternehmen längerfristig genutzte Investitionsgüter (Immobilien, Maschinen und Anlagen). Diese werden jedoch –

---

[8] BeckBil-Komm/*Hoyos/Schmidt-Wendt* § 247 Rdn. 351; ADS § 247 Rdn. 105 ff.; Küting/Weber/*Reinhard* § 247 Rdn. 21.
[9] Vgl. Rdn. 299 ff.
[10] Vgl. Rdn. 301.
[11] BeckBil-Komm/*Hoyos/Schmidt-Wendt* § 247 Rdn. 354.
[12] *Küting/Weber/Reinhard* § 267 Rdn. 21.

zumindest nach der derzeitigen deutschen Rechnungslegungspraxis – unter bestimmten Voraussetzungen, die durch eine entsprechende Vertragsgestaltung leicht zu erfüllen sind, in der Bilanz des Leasingnehmers nicht im Anlagevermögen ausgewiesen. Wichtiger noch: Die mit der Beschaffung des Leasinggegenstandes verbundenen finanziellen Belastungen stellen in diesen Fällen keine passivierungspflichtigen Verbindlichkeiten dar und gehen daher aus der Bilanz des Unternehmens ebenfalls nicht hervor; lediglich im Anhang sind – recht unspezifische – Betragsangaben unter der Rubrik „Sonstige finanzielle Verpflichtungen" (§ 285 Nr. 3 HGB) zu machen, die kein Bild vermitteln, das der schuldenfinanzierten Investition vergleichbar wäre. Die mit dieser Finanzierungsform verbundene Zinsbelastung ist zudem kalkulatorisch in den (als „sonstiger betrieblicher Aufwand", einem Mietaufwand gleich, zu erfassenden) Leasingraten verborgen. Diese treten an die Stelle der Abschreibungen und der offen ausgewiesenen Zinsaufwendungen treten, die bei käuflichem Erwerb von Anlagegütern anfallen würden. Werden wesentliche Anlagegüter eines Unternehmens über „Leasing" finanziert, kann dies bei entsprechender Ausnutzung der in Deutschland geltenden steuerlichen Maßstäbe der Bilanzierung von Leasinggütern daher ohne weiteres dazu führen, dass diese aus der Bilanz nicht ersichtlich sind (man spricht auch von einer „*Off-balance-sheet-Bilanzierung*"). Dieser bilanzielle Effekt kann in Deutschland sogar einer der wesentlichen Beweggründe für die Leasingbilanzierung sein. Denn:

Bei Inanspruchnahme von Leasing wird nach den in Deutschland angewendeten Vertragsgestaltungen und Rechnungslegungsgrundsätzen im Jahresabschluss eine geringere Anlagenintensität dargestellt als es den tatsächlichen wirtschaftlichen Verhältnissen entspricht. Zugleich stellen sich Verschuldungsgrad, Zinsbelastung und Eigenkapitalquote günstiger dar als im Fall des darlehensfinanzierten Anschaffungsvorgangs. Leasing stellt daher ein wichtiges Mittel zulässiger Bilanzpolitik mit ggf. wesentlichen Auswirkungen auf den Jahresabschluss dar. 344

Das bilanzierende Unternehmen steht – jedenfalls theoretisch – vor der Frage, ob es ein Leasingobjekt als „angeschafft" betrachten muss und dieses daher in seinem Anlagevermögen zu aktivieren sowie eine entsprechende Finanzschuld zu passivieren hat. Andernfalls handelt es sich um ein aufwandswirksam zu erfassendes Nutzungsverhältnis. Dieses hat bilanzielle Auswirkungen nur in Höhe eventuell am jeweiligen Stichtag ausstehender einzelner Leasingraten, deren zukünftiger Gesamtumfang im Anhang als Zusatzinformation anzugeben ist (§ 285 Nr. 3 HGB). 345

Leasing kann als Form der entgeltlichen Nutzungsüberlassung angesehen werden. Gegenstand der Nutzung können bewegliche und unbewegliche, materielle und immaterielle Vermögensgegenstände sein. *Zivilrechtlich* verbleiben die Leasinggegenstände für die Dauer der vereinbarten Nutzungsdauer regelmäßig im *Eigentum des Leasinggebers.* Neben der Festlegung des Leasingobjekts und der Leasingraten betreffen die *essentialia negotii* eines Leasingvertrages in erster Linie 346

- die „Grundmietzeit" oder Mindestleasingdauer
- die Höhe der während der Mindestleasingdauer zu zahlenden Leasingraten
- eventuelle Anschlussregelungen nach Ablauf der Mindestleasingdauer (Kauf- oder Mietverlängerungsoption des Leasingnehmers, Andienungsrecht des Leasinggebers)
- die Verwendung des Verwertungserlöses aus dem Leasinggegenstand (z. B. Mehrerlösbeteiligung des Leasingnehmers)

Die Leasingpraxis hat zwei Grundtypen von Verträgen entwickelt: 347

- Vollamortisationsverträge (full pay out leasing)
- Teilamortisationsverträge (non pay out leasing)

348 Im Fall des Vollamortisationsvertrags, der praktisch nur für das Mobilienleasing in Betracht kommt, erzielt der Leasinggeber in der Grundmietzeit über die Leasingraten eine Abdeckung sämtlicher Kosten (Anschaffungskosten, Vertriebs- und Verwaltungskosten, Finanzierungskosten) und erzielt darüber hinaus einen angemessenen Gewinn. Ist der Leasingnehmer berechtigt, das Leasingobjekt am Ende der Grundmietzeit ohne Abschlusszahlung zurückzugeben, wird ein Vollamortisationsvertrag vermutet. Demgegenüber erhält der Leasinggeber im Fall des Teilamortisationsvertrages während der Grundmietzeit nicht seine vollen Ausgaben erstattet. Die Differenz wird durch einen kalkulierten Restwert gedeckt, für den der Leasingnehmer einstehen muss. Als Varianten dieses Vertragstyps treten Verträge mit Andienungsrecht des Leasinggebers oder mit Mehrerlösbeteiligung des Leasingnehmers auf.

349 Zum Zwecke der Bilanzierung von Leasingobjekten unterscheidet man in der deutschen und der internationalen Rechnungslegung zwei Formen des Leasing:

- Mietleasing *(operate lease)*
- Finanzleasing *(finance lease)*

350 Die Unterscheidung zwischen den beiden Leasingformen in bilanzieller Hinsicht erfolgt danach, bei wem das für die Bilanzierung maßgebliche *„wirtschaftliche Eigentum"* am Leasinggegenstand zu lokalisieren ist, beim Leasinggeber oder beim Leasingnehmer. Dieser Grundsatz ist allen Rechnungslegungssystemen gemeinsam, jedoch werden die hierfür relevanten Kriterien z.T. unterschiedlich ausgestaltet. Geht das wirtschaftliche Eigentum am Leasinggut nach den hierfür maßgeblichen Grundsätzen als Folge der Übertragung wesentlicher, mit diesem verbundenen Chancen und Risiken auf den Leasingnehmer über, hat dieser den Vermögenswert zu bilanzieren. Diesen Fall bezeichnet man als *Finanzleasing.* Verbleibt das wirtschaftliche Eigentum hingegen beim Leasinggeber, trägt dieser also unverändert die Chancen und Risiken, so liegt ein Fall des *Mietleasing* vor. In diesen Fällen ist der Leasinggegenstand in der Bilanz des Leasinggebers auszuweisen.

351 **In Ermangelung einschlägiger gesetzlicher Vorschriften oder handelsrechtlicher Grundsätze ordnungsmäßiger Buchführung bestimmt sich die deutsche Bilanzierungspraxis von Leasingverhältnissen in aller Regel nach steuerrechtlichen Grundsätzen, ohne dass hierfür allerdings ein gesetzliches Gebot besteht.**

352 Es wird allgemein die Auffassung vertreten, dass die steuerrechtlichen Zurechnungsregelungen unter Berücksichtigung der allgemeinen Bilanzierungsvorschriften der §§ 246, 252 HGB auf das Handelsrecht übertragen werden *können.* Nach hier vertretener Auffassung stehen diese Vorschriften einer Anwendung anderer Grundsätze (z.B. der nach IAS/IFRS oder US GAAP) daher – ungeachtet der vorherrschenden abweichenden Praxis – nicht entgegen.

353 Die deutschen steuerrechtlichen Grundsätze der Leasingbilanzierung gehen auf die allgemeine Zurechnungsnorm des § 39 AO zurück, wonach Wirtschaftsgüter nicht dem zivilrechtlichen Eigentümer, sondern demjenigen zuzurechnen sind, „der den Eigentümer im Regelfall für die gewöhnliche Nutzungsdauer von der Einwirkung auf das Wirtschaftsgut ausschließen kann". Hierbei handelt es sich um die Legaldefinition des „wirtschaftlichen Eigentums", die für die gesamte Rechnungslegung maßgeblich ist. Diese allgemeine Vorschrift wurde für das Leasing durch Finanzrechtsprechung und Verwaltungserlasse (gemeint sind die sog. „Leasingerlasse" des BMF) konkretisiert. Die Verwaltungsmeinung knüpft typisierend an das Gesamtbild der rechtlichen und wirtschaftlichen Verhältnisse an, das durch einen Leasingvertrag geschaffen wird. Ein we-

sentliches Kriterium ist dabei in einer ersten Stufe die *Relation von Grundmietzeit des Leasingvertrages zur betriebsgewöhnlichen Nutzungsdauer des Leasingobjekts.* Je nach Vertragsgestaltung treten in einer zweiten Stufe weitere Aspekte hinzu, die in einer Gesamtwürdigung zum Übergang des wirtschaftlichen Eigentums führen können. Danach gilt für das *Mobilienleasing:*

	Zuordnung beim Leasingnehmer	Zuordnung beim Leasinggeber
Grundmietzeit	> 90% oder < 40% der	≤ 90% oder ≥ 40% der
	betriebsgewöhnlichen Nutzungsdauer	

Dieser Abgrenzung liegen folgende Überlegungen zugrunde: Überschreitet die Grundmietzeit 90% der betriebsgewöhnlichen Nutzungsdauer des Leasingobjekts, kann der Leasingnehmer den Leasinggeber nahezu für den gesamten Nutzungszeitraum „von der Einwirkung auf das Wirtschaftsgut ausschließen". Er ist daher als wirtschaftlicher Eigentümer anzusehen. Bei Unterschreitung der 40%-Schranke ist die Grundmietzeit so auffällig kurz bemessen, dass Nebenabsprachen vermutet werden, die eine spätere Übernahme des Leasingobjekts zu für den Leasingnehmer günstigen Bedingungen vorsehen. In beiden Konstellationen erfolgt daher auf Grund abstrakter Kriterien die Bilanzierung beim Leasingnehmer. 354

Bewegt sich die Grundmietzeit hingegen innerhalb der 40–90%-Schranken, kommt grundsätzlich eine Bilanzierung beim Leasinggeber in Betracht, sofern nicht auf Grund von weiteren Merkmalen ein umfassender Risiko- und Chancentransfer vorliegt. Da beim Mobilienleasing der Leasinggeber üblicherweise faktisch alle Risiken auf den Leasingnehmer überwälzt, kommt es insofern entscheidend darauf an, ob diesem daneben auch hinreichende Wertchancen zufallen. Ist dies nicht der Fall, verbleibt es daher bei der Aktivierung durch den Leasinggeber. 355

Die Voraussetzungen eines hinreichenden Chancentransfers sind vom Vertragstyp abhängig. Beim Vollamortisationsvertrag müssen die Konditionen der Folgenutzung im Fall des Ankaufs oder der Mietverlängerung so ausgestaltet sein, dass sie unter dem linearen Restbuchwert bei Erstbilanzierung bzw. dem möglicherweise niedrigeren Verkehrswert des Leasingobjekts liegen (z.B. günstige Kaufoption, Mietverlängerung zu günstigen Bedingungen). Im Fall des Teilamortisationsvertrags ist von hinreichenden Gewinnchancen des Leasingnehmers auszugehen, wenn er z.B. im Andienungsfall ein Wahlrecht hat bzw. ihm bei Weiterveräußerung ein Mehrerlösanteil von mindestens 25% zusteht. 356

Für das *Immobilienleasing,* das lediglich Teilamortisationsverträge kennt, gelten modifizierte Grundsätze. Bei Verträgen mit Optionsrecht erfolgt (übrigens unabhängig vom Verhältnis Grundmietzeit – betriebsgewöhnliche Nutzungsdauer) stets eine Zurechnung des Gebäudes und damit zugleich auch des Grund und Bodens beim Leasinggeber. Bei Verträgen mit Kauf- oder Mietverlängerungsoption des Leasingnehmers ist das Gebäude dem Leasinggeber zuzurechnen, wenn die Grundmietzeit höchstens 90% der betriebsgewöhnlichen Nutzungsdauer beträgt; eine untere Grenze für die Grundmietzeit gibt es nicht. 357

Einen Sonderfall stellt das sog. *Spezialleasing* dar. Danach ist ein Leasingobjekt dem Leasingnehmer zuzuordnen, wenn es seinen Belangen so angepasst ist, dass jede anderweitige Nutzung entfällt. 358

In Ansehung der steuerrechtlichen Verwaltungsgrundsätze werden in Deutschland Leasingverträge üblicherweise so gestaltet, dass Leasingobjekte steuerrechtlich – und damit nach der geltenden Praxis zugleich handelsrechtlich – in aller Regel dem Lea-

singgeber zuzurechnen sind. Die Inanspruchnahme von Leasing führt daher aus Sicht des Leasingnehmers nahezu regelmäßig zur von diesem angestrebten „Off-balance-sheet-Bilanzierung".

359 Dieser Umstand bedarf deshalb der besonderen Betonung, da sich im Anwendungsbereich der internationalen Rechnungslegung (IAS/IFRS bzw. US GAAP) ein deutlich anderes Bild ergibt. Die Leasingbilanzierung stellt ein typisches Beispiel wesentlicher Bilanzierungsunterschiede zwischen internationaler und deutscher Rechnungslegung dar.

Auch dort folgt zwar die Bilanzierung von Leasingverhältnissen dem Grundsatz des wirtschaftlichen Eigentums. Ein Leasingvertrag ist danach als Finanzleasing zu klassifizieren und führt zur Bilanzierung beim Leasingnehmer, wenn *zu Beginn des Leasingverhältnisses* mindestens eines der nachfolgend aufgeführten vier Kriterien erfüllt ist:

- *Eigentumserwerb* durch den Leasingnehmer am Ende der Grundmietzeit
- *günstige Kaufoption* des Leasingnehmers (Kaufpreis < Verkehrswert)
- *Leasingdauer* (Grundmietzeit zuzüglich Laufzeit einer günstigen Kaufoption) umfasst den überwiegenden Teil (> 75%) der wirtschaftlichen Nutzungsdauer des Leasingobjekts
- *Barwert der Mindestleasingzahlungen* > 90% des beizulegenden Zeitwerts des Leasingobjekts bei Vertragsbeginn

360 Während die ersten drei Kriterien auch im Anwendungsbereich des deutschen Steuerrechts in der Mehrzahl der Fälle zum gleichen Ergebnis führen dürften, ist das letztgenannte Barwertkriterium der hiesigen Bilanztradition fremd. Aufgrund der vorherrschenden Vertragsgestaltung wird dieses Kriterium zudem häufig erfüllt. Dies hat zur Folge, dass Leasingverhältnisse in einer großen Zahl der Fälle statt beim Leasinggeber beim *Leasingnehmer* zu erfassen sind, was nach hier vertretener Auffassung den tatsächlichen wirtschaftlichen Verhältnissen und den Informationsbedürfnissen der Öffentlichkeit ohnehin besser gerecht wird.

2. Anlagenspiegel

361 Nach dem gesetzlichen Gliederungsschema des § 266 Abs. 2 HGB wird im Anlagevermögen zwischen folgenden drei Hauptpositionen unterschieden:

- Immateriellen Vermögensgegenständen
- Sachanlagen
- Finanzanlagen

362 Die dargestellten Posten stellen jedoch lediglich eine Grobgliederung dar, die von mittleren und großen Unternehmen noch durch weitere, nachfolgend näher erläuterte Untergliederungen nach Maßgabe des § 266 Abs. 2 HGB zu detaillieren sind. Lediglich kleine Gesellschaften können sich bei ihrer Bilanzdarstellung auf die genannten Hauptpositionen beschränken, weitere Untergliederungen und Zusatzangaben sind nicht erforderlich. In beiden Fällen beschränken sich die erforderlichen betragsmäßigen Abschlussangaben indessen nicht allein auf die bloße Wiedergabe der jeweiligen Stichtagswerte, also der fortgeführten Anschaffungs- und Herstellungskosten der Anlagegegenstände. Nach § 268 Abs. 2 Satz 1 HGB ist darüber hinaus von mittleren und großen Gesellschaften (vgl. § 274a Nr. 1 HGB) die Entwicklung der einzelnen Posten des Anlagevermögens darzustellen. Dabei sind, ausgehend von den gesamten historischen Anschaffungs- oder Herstellungskosten, die Zugänge, Abgänge, Umbuchungen und Zuschreibungen des jeweiligen Geschäftsjahres sowie die Abschreibungen in ihrer gesamten Höhe gesondert aufzuführen (§ 268 Abs. 2 Satz 2 HGB). Zusätzlich sind die Abschreibungen des Geschäftsjahres in einer dem vorliegenden Anlagevermögen entsprechenden Aufgliederung

anzugeben (§ 268 Abs. 2 Satz 3 HGB). Um diesen umfassenden gesetzlichen Informationsanforderungen in übersichtlicher Form zu genügen, wird in aller Regel eine tabellarische Darstellung in Form eines sog. *Anlagenspiegels* (oder Anlagegitters) erstellt, der üblicherweise Bestandteil des Anhangs ist. Dieser Anlagespiegel wird häufig zur Erhöhung der Verständlichkeit der gewählten Darstellungsform um freiwillige Zusatzangaben erweitert und gliedert sich in dieser ausgebauten Form strukturell in die folgenden drei Abschnitte:

- die Entwicklung der historischen Anschaffungskosten („Bruttowerte") im Geschäftsjahr
- die Entwicklung der kumulierten Abschreibungen im Geschäftsjahr
- die Restbuchwerte zum Stichtag – ergänzt um eine entsprechende Vorjahresspalte

Die genannten Teile der Tabelle stehen zueinander in einem sachlogischen und rechne- **363**
rischen Zusammenhang: Saldiert man die Werte der Endspalten der beiden ersten Teile (Entwicklung der Brutto-Anschaffungskosten bzw. Entwicklung der kumulierten Abschreibungen), so ergeben sich die Netto-Restbuchwerte zum Stichtag (entsprechend lassen sich übrigens die Vorjahreswerte durch Saldierung der Anfangsspalten der ersten beiden Teildarstellungen ermitteln). Dies sei an dem nachfolgend aufgeführten Beispielsfall (Anlagespiegel der A-GmbH) illustriert:

364

	1	2	3	4	5	6	7	8	9	10
	Anschaffungs- oder Herstellungskosten				Kumulierte Abschreibungen				Restbuchwerte	
	Stand am 31. 1. 2001	Zugang	Abgang	Stand am 31. 12. 2001	Stand am 1. 1. 2001	Zugang	Abgang	Stand am 31. 12. 2001	Stand am 31. 12. 2001	Stand am 31. 12. 2000
I. Immaterielle Vermögensgegenstände										
Konzessionen	264.490,43	11.589,05	29.762.55	246.316,93	84.718,43	25.711,05	9.382,55	101.046,93	145.270,00	179.772,00
II. Sachanlagen										
1. Grundstücke, grundstücksgleiche Rechte und Bauten einschließlich der Bauten auf fremden Grundstücken	9.359.508,10	0,00	0,00	9.359.508,10	8.684.627,10	94.671,00	0,00	8.779.298,10	580.210,00	674.881,00
2. Technische Anlagen und Maschinen	19.133.017,77	128.438,89	0,00	19.261.456,66	10.348.301,27	1.454.017,83	0,00	11.802.319,10	7.459.137,56	8.784.716,50
3. Andere Anlagen, Betriebs- und Geschäftsausstattung	4.916.312,18	528.920,50	462.959,70	4.982.272,98	3.909.140,18	496.577,50	426.726,70	3.978.990,98	1.003.282,00	1.007.172,00
4. Geleistete Anzahlungen und Anlagen im Bau	0,00	109.500,00	0,00	109.500,00	0,00	0,00	0,00	0,00	109.500,00	0,00
	33.408.838,05	766.859,39	462.959,70	33.712.737,74	22.942.068,55	2.045.266,33	426.726,70	24.560.608,18	9.152.129,56	10.466.769,50
	33.673.328,48	778.448,44	492.722,25	33.959.054,67	23.026.786,98	2.070.977,38	436.109,25	24.661.655,11	9.297.399,56	10.646.541,50

– Spaltennummerierung zu Erläuterungszwecken eingefügt –

Der dargestellte Anlagenspiegel entspricht der im Text erläuterten verbreiteten Handhabung. Sie ist in dieser Form gesetzlich nicht vorgeschrieben. Die hier rein zu Erläuterungszwecken vorgenommene Spaltennummerierung ist in der Praxis nicht üblich. Die Restbuchwerte zum Stichtag, die den in der Bilanz gezeigten fortgeführten Anschaffungs- oder Herstellungskosten entsprechen, ergeben sich rechnerisch als Saldo der Summe der historischen Anschaffungskosten (Spalte 4) und der Summe der kumulierten Abschreibungen (Spalte 8). Lediglich die Spalten 1 bis 3, 6, 8 und 9 folgen zwingend aus dem Wortlaut des Gesetzes; die übrigen Spalten ergänzen lediglich die Darstellung. Die Abgänge des Geschäftsjahres je Position zu Restbuchwerten im Abgangszeitpunkt – eine gesetzlich nicht geforderte Information – kann man aus dem Anlagenspiegel nicht unmittelbar entnehmen; hierzu sind die Werte der Spalten 3 und 7 zu saldieren.

Der Bilanzleser soll neben der reinen Stichtagsinformation auch einen Überblick darüber erhalten, welches historische Investitionsvolumen – sowohl insgesamt als auch bezogen auf die Einzelposten des Anlagevermögens – hinter den fortgeführten Restbuchwerten steckt und in welcher Höhe auf die Investitionsgüter zwischenzeitlich Abschreibungen verrechnet worden sind. Dies lässt wichtige Rückschlüsse auf das Alter und den „Abnutzungsgrad" des Anlagevermögens und damit auch auf einen eventuellen *Reinvestitionsbedarf* zu. Ein Unternehmenserwerber wird daher mit der Möglichkeit rechnen müssen, dass erhebliche Ersatzinvestitionen erforderlich werden, die Gesellschaft also bisher „von der Substanz gelebt" hat. Im Vergleich zu den historischen Anschaffungskosten niedrige Restbuchwerte (bzw. hohe kumulierte Abschreibungen) können aber auch auf das mögliche Vorhandensein „stiller Reserven" im Anlagevermögen hindeuten. Diese können entstehen, wenn der tatsächliche Wertverzehr der Anlagegegenstände geringer ist, als die buchhalterisch verrechneten Abschreibungen. Tatsächlich nachweisbare stille Reserven können ein „Sicherheitspolster" darstellen und bei ausreichendem Umfang eine bilanzielle Überschuldung insolvenzrechtlich folgenlos machen. 365

Ferner erhält der Bilanzleser durch die geforderten Zusatzinformationen einen Überblick darüber, wie sich die Investitionen (Zugänge) und Desinvestitionen (Abgänge) sowie die Abschreibungen des Geschäftsjahres auf die einzelnen Positionen des Anlagevermögens verteilen. Damit sind – zumindest auf dieser Darstellungsebene – die wesentlichen Entwicklungen des Anlagevermögens im Geschäftsjahr nach ihrer Entstehungsursache aufgegliedert. So kann insbesondere nachvollzogen werden, in welchem Umfang die Veränderungen im Geschäftsjahr auf Investitionen zurückzuführen sind, wie hoch also die *Investitionsquote* war. Schließlich wird durch die geforderten Zusatzinformationen offenbar, in welchem Umfang mögliche Zuschreibungen auf fortgeführte, d.h. durch planmäßige oder außerplanmäßige Abschreibungen geminderte Bilanzansätze erfolgt sind (man spricht insoweit von „Wertaufholungen") oder Wertverlagerungen zwischen einzelnen Unterpositionen des Anlagevermögens stattgefunden haben (Umbuchungen), die auf einer geänderten Zuordnung von Anlagegegenständen beruhen. 366

3. Immaterielle Vermögensgegenstände

a) Gliederung und Bewertung. Häufig werden unter dieser Position lediglich erworbene Softwarelizenzen oder Patente ausgewiesen, deren Anschaffungskosten in der Regel vergleichsweise unbedeutend sind. Sie verdient in diesem Fall keine nähere Beachtung. Hat diese Position hingegen zahlenmäßig Gewicht, deutet dies auf besondere Verhältnisse hin, die unter bilanzanalytischen Gesichtspunkten besondere Aufmerksamkeit erfordert. 367

Das Gesetz gliedert die immateriellen Vermögensgegenstände – hier in sprachlich verkürzter Form wiedergegeben – wie folgt: 368

- Rechte und Werte immaterieller Natur
- Geschäfts- oder Firmenwert
- geleistete Anzahlungen.

Zu den Rechten und Werten immaterieller Natur zählt die Gliederungsvorschrift namentlich auf: 369

- Konzessionen
- gewerbliche Schutzrechte
- Lizenzen
- ähnliche Rechte und Werte

Immaterielle Vermögensgegenstände in diesem Sinne ist grundsätzlich all das, was man unter dem englischen Begriff *„Intellectual Property"* zusammenfasst. Unter den Terminus 370

„Konzessionen“[13] fallen dabei öffentlich-rechtliche Befugnisse zur Ausübung bestimmter gewerblicher Tätigkeiten (z.B. Schankkonzessionen, Wassernutzungsrechte etc.). „Geerbliche Schutzrechte“[14] umfassen im Wesentlichen Patente, Lizenzen, Marken-, Verkehr- und Verlagsrechte, Geschmacks- und Gebrauchsmuster, Warenzeichen und Handelsmarken. Unter „ähnliche Rechte“[15] werden z.B. subsumiert: Nutzungsrechte, Belieferungsrechte, Vertriebsrechte, Wettbewerbsverbote. Zu den „ähnlichen Werten“ zählen u.a.: Know How, Rezepturen, Geheimverfahren und Erfindungen. Die unter den immateriellen Vermögensgegenständen ausgewiesenen Posten werden nach den allgemeinen Grundsätzen (§ 253 Abs. 2 HGB) über ihre betriebsgewöhnliche Nutzungsdauer abgeschrieben.

371 Häufigster Ausweisgegenstand unter der Position „Immaterielle Vermögensgegenstände“ sind erworbene Softwarelizenzen (z.B. für ERP-Software).[16] Hier ergibt sich zuweilen in buchhalterischer Hinsicht das Problem, das aktivierungspflichtige Leistungsbestandteile des Softwarelieferanten (z.B. die Bereitstellung von IT-gestützten Verarbeitungsverfahren für Daten) von aufwandswirksam zu erfassenden Pflege- und Unterstützungsleistungen (z.B. Wartung und Schulung) belegmäßig schwer voneinander zu trennen sind. Neben der Software spielen in der Praxis erworbene (derivative) Geschäfts- oder Firmenwerte eine große Rolle, die an anderer Stelle bereits eingehend behandelt wurden. In bewertungsmäßiger Hinsicht problematisch kann die Folgebewertung von aktivierten Patenten und Schutzrechten oder anderen immateriellen Rechtspositionen sein, wenn Unsicherheit darüber besteht, in welcher Höhe eine außerplanmäßige Wertminderung anzusetzen ist. Diese Problematik liegt letztlich auch dem Aktivierungsverbot für selbst erstellte immaterielle Vermögensgegenstände zugrunde.

372 **b) Aktivierungsverbot für selbst erstellte immaterielle Vermögensgegenstände.** Die Grundsätze der Rechnungslegung unterscheiden hinsichtlich der Behandlung im Jahresabschluss streng zwischen käuflich erworbenen (derivativen) und selbst erstellten immateriellen Vermögensgegenständen. In § 248 Abs. 2 HGB ist ein Aktivierungsverbot für selbst erstellte immaterielle Vermögensgegenstände geregelt, das Ausfluss des bereits näher dargestellten Vorsichtsprinzips ist.[17] Wir haben dieses Aktivierungsverbot bereits im Zusammenhang mit dem originären Geschäfts- oder Firmenwert kurz angesprochen. Es bedeutet, dass vom Bilanzierenden angemeldete gewerbliche Schutzrechte, diesem kostenlos eingeräumte Lizenzen, eigene Forschungs- und Entwicklungsaufwendungen für Software, Rezepturen oder andere Verfahren nicht bilanzierungsfähig sind. Hierbei ist zu beachten, dass eine Selbsterstellung auch dann vorliegt, wenn zu diesem Zweck Dritte auf der Grundlage eines Dienstvertrages tätig werden und ihre Leistungen in Rechnung stellen.[18] Gleiches gilt bei Werkverträgen, wenn Planung und Gestaltung des Werkes im Wesentlichen beim bilanzierenden Unternehmen liegen, diese also im bilanziellen Verständnis „als Hersteller“ auftritt.

373 Das beschriebene Bilanzierungsverbot kann im Einzelfall weit reichende Konsequenzen haben. Ein Pharma-Unternehmen kann z.B. erhebliche Mittel zur Entwicklung von patentfähigen Produkten aufgewendet haben, ohne dass die hierdurch erworbenen Patente, die angesichts des Vermarktungspotenzials über einen erheblichen Wert verfügen können, in der Bilanz einen Niederschlag finden dürfen. Damit bleiben möglicherweise

[13] ADS § 266 Rdn. 28.
[14] Küting/Weber/*Dusemond/Knop* § 266 Rdn. 14.
[15] BeckBil-Komm/*Hoyos/Schmidt-Wendt* § 266 Rdn. 60.
[16] Vgl. BeckBil-Komm/*Hoyos/Schmidt-Wendt* § 247 Rdn. 377ff.
[17] S. Rdn. 276ff.
[18] BeckBil-Komm/*Budde/Karig* § 248 Rdn. 11f.

wesentliche wert bildende Faktoren des Unternehmens außer Betracht, der von § 264 Abs. 2 HGB ausdrücklich geforderte zutreffende Einblick in die Vermögenslage wird erschwert. Es bestehen deshalb Überlegungen, die Restriktion des § 248 Abs. 2 HGB im Zuge einer Fortentwicklung des deutschen Bilanzrechts fallen zu lassen.

Andererseits ist nicht zu verkennen, dass bei selbst erstellten immateriellen Rechten eine hohe Bewertungsunsicherheit besteht. Es fehlt an einer tatsächlichen Transaktion unter Beteiligung kaufmännisch handelnder Vertragsparteien, die unter sich nach dem freien Spiel der Kräfte einen Preis ausgemacht haben. Nur eine solche Transaktion gewährleistet nach den geltenden Grundsätzen der deutschen Rechnungslegung einen objektiv nachweisbaren und damit hinreichend „sicheren" Wert. Die zum Rechtserwerb tatsächlich aufgewendeten internen und externen Kosten, soweit vollständig und zutreffend erfasst, stellen nämlich keinen verlässlichen Maßstab für den bilanziellen „wahren" Wert dieses Rechts dar, der allein von den zukünftigen Nutzungs- und Verkaufsmöglichkeiten bestimmt ist, die sich hierdurch eröffnen. Es existieren in der Praxis diverse betriebswirtschaftliche Methoden zur Wertermittlung. Hierzu gehört u. a. die sog. Lizenzpreisanalogie. Hierbei wird unterstellt, dass der Wert eines selbst erstellten Patents dem Betrag entspricht, der an einem gedachten Dritten in der Rolle des Lizenzgebers für die Nutzung dieses Patents voraussichtlich zu entrichten wäre. **374**

Im Rahmen der *internationalen Rechnungslegung (IAS/IFRS)* gelten für selbst erstellte immaterielle Vermögenswerte besondere Regeln, die von den derzeit geltenden Regeln des HGB wesentlich abweichen. Grundlegende Voraussetzung der Aktivierung solcher Werte ist – wie übrigens bei allen Vermögenswerten (*„Assets"*) im Sinne dieser Rechnungslegungsvorschriften – deren **375**

- Identifizierbarkeit
- die Verfügungsmacht über den daraus resultierenden wirtschaftlichen Vorteil
- das Bestehen eines zukünftigen wirtschaftlichen Nutzens.

Bei selbst erstellten immateriellen Rechten wird darüber hinaus danach unterschieden, in welcher Phase des Erstellungsprozesses sich der Vermögenswert befindet, es ist dabei zwischen der Forschungsphase und der Entwicklungsphase zu differenzieren. Vermögensvorteile im Sinne von IAS/IFRS, die in der *Forschungsphase* (= Phase der Suche nach wissenschaftlichen Erkenntnissen und deren Anwendungsmöglichkeiten) geschaffen werden, gelten danach als nicht aktivierungsfähig. In der sich daran anschließenden *Entwicklungsphase* (= Phase der planvollen Umsetzung der Forschungsergebnisse in neue Produkte oder Verfahren) sind Vermögenswerte unter sechs kumulativ zu erfüllenden Voraussetzungen zu aktivieren: **376**

- technische Realisierbarkeit der Fertigstellung zur internen Nutzung oder zum Verkauf
- Absicht zur Fertigstellung zur internen Nutzung oder zum Verkauf
- Fähigkeit zur Nutzung und Veräußerung
- Nachweis des voraussichtlichen zukünftigen Nutzens
- Verfügbarkeit von Ressourcen für die Entwicklung und Nutzung bzw. den Verkauf
- Bewertbarkeit der zurechenbaren Ausgaben während der Entwicklungsphase

Erste praktische Probleme ergeben sich bereits bei der Abgrenzung zwischen Forschungs- und Entwicklungsphase. Bei der Beurteilung, ob die für die Aktivierung von Entwicklungskosten maßgeblichen Kriterien erfüllt sind, bestehen darüber hinaus erhebliche Ermessensspielräume. Besonders problematisch erscheint der Nachweis der technischen Realisierbarkeit und des voraussichtlichen zukünftigen Nutzens. Für selbst geschaffene Markennamen, Drucktitel, Verlagsrechte, Kundenlisten sowie ihrem Wesen nach ähnliche Sachverhalte bestehen hingegen Aktivierungsverbote. Gleiches gilt für Gründungs-, Ingangsetzungs- und Erweiterungsaufwendungen, für Ausgaben der Aus- **377** und Weiterbildung, für Werbekampagnen, Verkaufsförderungsmaßnahmen und Reorganisationskosten.

378 Diese Betrachtung sollte auch der kritisch denkende externe Bilanzleser zumindest aus Vorsichtsgründen anstellen, um sich ein Bild von der dann verbleibenden Kapitalausstattung zu machen.

379 Unabhängig davon erscheint es im Hinblick auf das Vorsichtsprinzip zwingend geboten, bei der Bilanzierung eine kürzere Nutzungsdauer als die gemeinhin üblichen 15 Jahre vorzusehen, wenn gewichtige tatsächliche Anhaltspunkte für ein solche Einschätzung sprechen. Eine außerplanmäßige Abschreibung wird insbesondere dann erforderlich sein, wenn sich die Annahmen über die Ertragskraft des erworbenen Unternehmens oder Geschäftsbetriebes, die in dem Kaufpreis ihren wertmäßigen Ausdruck gefunden haben, in der Folge nicht bestätigen und dieser daher aus nachträglicher Sicht als überhöht erscheinen muss.

4. Sachanlagen

380 **a) Gliederungs- und Abgrenzungsfragen.** Nach der in § 266 Abs. 2 HGB vorgesehenen Gliederung sind die Gegenstände des Sachanlagevermögens bei mittelgroßen und großen Gesellschaften[19] mindestens wie folgt zu gliedern:

- Grundstücke, grundstücksgleiche Rechte und Bauten – einschließlich der Bauten auf fremden Grundstücken
- Technische Anlagen und Maschinen
- Andere Anlagen, Betriebs- und Geschäftsausstattung
- Geleistete Anzahlungen und Anlagen im Bau

381 Dem Juristen sind die Vorschriften der §§ 90ff. BGB zu Gebäudebestandteilen und die sich daraus ergebenden zivilrechtlichen Zuordnungsregeln hinsichtlich des Eigentums vertraut. Bei der *bilanziellen* Abgrenzung zwischen den Bestandteilen des Grundvermögens und den übrigen Positionen des Sachanlagevermögens können sich im Einzelfall jedoch Schwierigkeiten ergeben, die nicht oder zumindest nicht allein auf dem Wege des Rückgriffs auf das Sachenrecht zu lösen sind. Größere Probleme von rechtlicher Relevanz ergeben sich hieraus in der Praxis nicht. Jedoch sollte sich der Jurist z.B. bei der Gestaltung von Unternehmenskaufverträgen der möglichen Unterschiede zwischen zivilrechtlicher und bilanzieller Zuordnung bewusst sein, zumal in den Vertragsurkunden üblicherweise auf Unterlagen der Finanzbuchhaltung (wie z.B. Inventare oder Anlagenverzeichnisse) verwiesen wird, die häufig keiner rechtlichen Detailprüfung mehr unterlegen haben.

382 Es kann sich z.B. in bilanzieller Hinsicht die Frage stellen, ob ein Vermögensgegenstand als unselbstständiger Bestandteil eines Gebäudes zu qualifizieren ist oder ob es sich um eine technische Anlage oder Maschine handelt, die auch dann gesondert zu erfassen ist, wenn sie mit einem Gebäude oder dem Grund und Boden fest verbunden sein sollte. Werden Einbauten in Gebäuden vorgenommen, kann es sich um einen Gebäudebestandteil oder um einen Gegenstand der „anderen Anlagen, Betriebs- und Geschäftsausstattung“ (§ 266 Abs. 2, A.II.3.) handeln. Erfolgt der Einbau in ein eigenes Gebäude[20] und nur für einen vorübergehenden Zweck oder nur in unwesentlichem Umfang, wird man von der Zugehörigkeit zur letztgenannten Position ausgehen können, zumal es sich sachenrechtlich ohnehin um Scheinbestandteile (§ 95 BGB) handeln dürfte.

---

[19] Zur Bedeutung der Größenklassen vgl. Rdn. 9ff.; zur Bilanzgliederung für kleine Gesellschaften vgl. Rdn. 108.

[20] ADS § 266 Rdn. 34.

Im filialisierten Einzelhandel spielen zudem sog. Mieterein- und -umbauten[21] eine große Rolle, die sachenrechtlich wesentliche Teile des gepachteten Grundstücks oder Gebäudes darstellen und deshalb in der Regel in das zivilrechtliche Eigentum des Vermieters übergehen. Ungeachtet ihrer rechtlichen Einordnung werden diese Einbauten – den hierfür geltenden steuerlichen Regeln folgend – überwiegend wirtschaftlich der Betriebs- und Geschäftsausstattung des mietenden Unternehmens zugerechnet. Diese Zuordnung hat nicht allein Bedeutung für den Ausweis in der Bilanz, sondern entscheidet zugleich darüber, in welcher Form, insbesondere über welche Nutzungsdauer die Anlagegegenstände abgeschrieben werden. 383

b) Grundvermögen. Zum Grundvermögen (§ 266 Abs. 2, A.II.1.) zählen neben bebauten und unbebauten Grundstücken und grundstücksgleichen Rechten (z.B. Erbbaurechte, Abbaugerechtigkeiten)[22] auch Bauten, die sich sowohl auf eigenen als auch wegen bestehendem wirtschaftlichen Eigentum[23] auf fremden Grundstücken befinden oder auf Grund grundstücksgleicher Rechte errichtet sein können. Hierzu zählen nicht nur Gebäude[24] (z.B. Geschäfts-, Fabrik- oder Wohnbauten), sondern auch selbstständige Grundstückseinrichtungen,[25] soweit diese nicht unmittelbar in den Produktionsprozess einbezogen und daher als technische Anlagen oder Maschinen zu qualifizieren sind (z.B. Parkplätze, Straßen, Brücken, Hafen- und Eisenbahnanlagen, Dämme, Kanalbauten etc.). 384

c) Technische Anlagen und Maschinen. Unter der Position „technische Anlagen und Maschinen" (§ 266 Abs. 2, A. II.2.) werden die Vermögensgegenstände erfasst, die unmittelbar dem Produktionsprozess dienen.[26] Wie bereits dargestellt, ist es für die Zuordnung zu dieser Position unerheblich, ob es sich sachenrechtlich um wesentliche Bestandteile des eigenen Grundvermögens handelt, sofern diese Anlagegegenstände bei wirtschaftlicher Betrachtungsweise selbstständige Bedeutung haben (z.B. Förderanlagen, Hochregalläger, Silos, Tanks, produktionsbedingte Klima- und Belüftungsanlagen etc.). Alle übrigen Anlagen und Maschinen, deren Einsatz in Bereichen erfolgt, die dem Produktionsprozess vor- oder nachgelagert sind (z.B. Einkauf, Verwaltung und Vertrieb), gehören zum Posten A.II.3. „andere Anlagen, Betriebs- und Geschäftsausstattung". 385

d) Andere Anlagen, Betriebs- und Geschäftsausstattung. Die Position gemäß § 266 Abs. 2, A.II.3. „andere Anlagen, Betriebs- und Geschäftsausstattung" stellt im Sinne eines „Auffangtatbestandes" einen Sammelposten[27] für alle übrigen Vermögensgegenstände des Sachanlagevermögens dar, die weder dem Grundvermögen zuzuordnen sind noch unmittelbar dem betrieblichen Produktionsprozess dienen. Zu der Betriebsausstattung zählen Ausstattungsgegenstände des Produktionsbereichs, die nicht Teil einer technischen Anlage sind[28] (z.B. Lkw-Fuhrpark, Lager- und Werkstatteinrichtungen, Modelle, Muster etc.). Die Geschäftsausstattung[29] umfasst die Vermögensgegenstände des kaufmännischen Bereichs (z.B. Büro- und Ladeneinrichtungen, EDV-Anlagen, Pkw-Fuhrpark, Büromaschinen, Kommunikationsanlagen aller Art und ggf. Mieterein- und umbauten). 386

---

[21] BeckBil-Komm/*Hoyos/Schmid-Wendt* § 247 Rdn. 462; Küting/Weber/*Dusemond/Knop* § 266 Rdn. 28.

[22] Hierzu: BeckBil-Komm/*Hoyos/Schmid-Wendt* § 247 Rdn. 457.

[23] Vgl. Rdn. 793 ff.

[24] Küting/Weber/*Dusemond/Knop* § 266 Rdn. 25.

[25] ADS § 266 Rdn. 43.

[26] Küting/Weber/*Dusemond/Knop* § 266 Rdn. 29.

[27] BeckBil-Komm/*Hoyos/Schmid-Wendt* § 266 Rdn. 500.

[28] Vgl. *Heuser/Theile* GmbH-Handbuch II Rdn. 268.

[29] Vgl. ADS § 266 Rdn. 56.

387 **e) Geleistete Anzahlungen und Anlagen im Bau.** „Geleistete Anzahlungen und Anlagen im Bau" (§ 266 Abs. 2 A.II.4.) umfassen zum einen Vorleistungen auf Beschaffungsvorhaben des Sachanlagevermögens an den Vertragspartner. Kommt es nicht zur Ausführung des der Vorleistung zugrunde liegenden schwebenden Geschäftes, ist der daraus resultierende Rückerstattungsanspruch der Gesellschaft in das Umlaufvermögen umzugliedern und unter der Position „Sonstige Vermögensgegenstände" (§ 266 Abs. 2, B.II.4.) zu erfassen.[30] Zum anderen werden unter dieser Position im Bau befindliche, aber noch nicht fertig gestellte Anlagen als „Anlagen im Bau" ausgewiesen. Diese Position speichert die für das Bauvorhaben aufgewendeten aktivierungspflichtigen Anschaffungs- oder Herstellungskosten (einschließlich der Nebenkosten), die bis zur Herstellung der Betriebsbereitschaft (§§ 255 Abs. 1 Satz 1 HGB) auflaufen. Bei Fertigstellung des Vorhabens bzw. nach Herstellung des betriebsbereiten Zustands der Anlage ist diese von der Position Abs. 2, A.II.4. in die entsprechende Position des Sachanlagevermögens umzugliedern. Bis zu diesem Zeitpunkt sind keine Abschreibungen zu verrechnen (§§ 255 Abs. 1, 253 Abs. 2 Satz 1 HGB).

388 **f) Bewertungsfragen.** Die Gegenstände des Sachanlagevermögens sind bei der Zugangsbewertung mit den Anschaffungskosten zu bewerten. Sie unterliegen mit Ausnahme des Grundvermögens der Abnutzung und damit einer Abschreibungspflicht (§ 253 Abs. 2 Satz 1 HGB). Im Rahmen der Folgebewertung sind die Anlagegegenstände daher um planmäßige Abschreibungen zu mindern.

5. Finanzanlagen

389 **a) Gliederung.** Unter den Finanzanlagen ist der Bereich der Kapitalanlagen des Unternehmens erfasst, der im Wesentlichen aus Beteiligungen an anderen Unternehmen und vergleichbaren Finanzinstrumenten (z. B. Wertpapieren und Anleihen) besteht. Diese Position rundet das Anlagevermögen um solche Investments der Gesellschaft ab, die dem Geschäftsbetrieb dauernd zu dienen bestimmt sind (§ 247 Abs. 2 HGB), aber nicht das Produktivvermögen, sondern den Beteiligungsbereich betreffen. Das Gesetz hat diesen Bereich – in sprachlich verkürzter Form – wie folgt strukturiert:

- Anteile und Ausleihungen an „verbundenen Unternehmen"
- Beteiligungen und Ausleihungen an „Unternehmen, mit denen ein Beteiligungsverhältnis besteht"
- Wertpapiere des Anlagevermögens
- Sonstige Ausleihungen.

390 Das Bilanzrecht unterscheidet danach im Hinblick auf die Unternehmensbeteiligungen ausweistechnisch zwischen

- verbundenen Unternehmen
- „Unternehmen, mit denen ein Beteiligungsverhältnis besteht" (im Folgenden vereinfachend als „Beteiligungsunternehmen" bezeichnet).

391 **b) Beteiligungen. Nach § 271 Abs. 1 HGB handelt es sich bei Beteiligungen um**

- Anteile an anderen Unternehmen
- die bestimmt sind, dem eigenen Geschäftsbetrieb durch Herstellung einer dauernden Verbindung zu jenen Unternehmen zu dienen.

392 Beteiligungsverhältnisse erfordern daher in der Regel eine gesellschaftsrechtliche Beziehung[31] zu dem Unternehmen, an dem die Beteiligung gehalten wird. Kraft der gesetzli-

---

[30] ADS § 266 Rdn. 61.
[31] ADS § 271 Rdn. 2.

chen Fiktion in § 16 Abs. 4 AktG gehören hierzu auch die Anteile, die gehalten werden von einem

- Unternehmen, das von dem bilanzierenden Unternehmen abhängig ist (§ 17 Abs. 1 AktG)
  oder die einem anderen, für Rechnung des
- bilanzierenden Unternehmens oder
- des von dem bilanzierenden Unternehmen abhängigen Unternehmens

Handelnden gehören (§ 271 Abs. 1 Satz 4 HGB).

Nach der Vermutungsregel des § 271 Abs. 1 Satz 3 HGB gelten Beteiligungsverhältnisse, die dem beteiligten Unternehmen insgesamt mehr als 20% des Nennkapitals an einer Gesellschaft verschaffen, im Zweifel als „Beteiligung" im bilanzrechtlichen Sinne. Diese Vermutung kann widerlegt werden, wenn eindeutige objektive Anhaltspunkte[32] dafür vorliegen, dass es an einer Daueranlage oder einer Zweckbestimmung im Sinne des § 247 Abs. 2 HGB fehlt. Der Ausweis hat dann im Umlaufvermögen zu erfolgen. Laut ausdrücklicher gesetzlicher Regelung gelten Mitgliedschaften in eingetragenen Genossenschaften nicht als Beteiligung (§ 271 Abs. 1 Satz 5 HGB). **393**

c) **Verbundene Unternehmen.** Unter bestimmten Voraussetzungen stellen Beteilungsunternehmen nach § 271 Abs. 1 HGB zugleich „verbundene Unternehmen" im Sinne des § 271 Abs. 2 HGB dar. Die Qualifizierung als verbundenes Unternehmen hat dabei Vorrang vor der Einordnung als Beteiligung.[33] Der Begriff des „verbundenen Unternehmens" ist in nahezu unverständlichen Weise definiert. Den gesetzlichen Definitionsansatz versteht man nur, wenn man berücksichtigt, dass dieser auf die Vorschriften zurückgreift, die den Kreis der in einen Konzernabschluss einzubeziehenden Unternehmen regeln. Stark vereinfacht gesprochen umfasst dieser Begriff daher grundsätzlich alle Unternehmen, die einem Konzern im Sinne der Vorschriften zur Konzernrechnungslegung angehören und daher grundsätzlich in einen danach aufzustellenden Konzernabschluss einbezogen werden müssten. Das Merkmal des „verbundenen Unternehmens" verwirklicht sich dabei unabhängig davon, ob im konkreten Fall ein Konzernabschluss aufgestellt und das fragliche Unternehmen in diesen tatsächlich einbezogen wird. **394**

Zu den Anteilen an verbundenen Unternehmen – ebenso wie zu den Beteiligungen – zählen in erster Linie verbriefte und unverbriefte gesellschaftsrechtliche Kapitalanteile an Kapital- und Personengesellschaften. Eigene Anteile sind hingegen gemäß § 265 Abs. 3 Satz 2 HGB stets im Umlaufvermögen unter der in § 266 Abs. 2 HGB vorgesehenen Position B.III.2. auszuweisen. Hält die Gesellschaft Aktien an einer herrschenden oder mit Mehrheit beteiligten AG, sind die Beschränkungen der §§ 71, 71 d AktG zu beachten. Besitzt die bilanzierende Gesellschaft Anteile an einer herrschenden oder mit Mehrheit beteiligten GmbH[34] findet § 71 d AktG indessen keine Anwendung. Der Ausweis richtet sich nach den allgemeinen Abgrenzungsregeln. Gleiches gilt für Anteile an Schwestergesellschaften.[35] In Fällen der Inhaberschaft von Anteilen an herrschenden oder mit Mehrheit beteiligten Unternehmen ist die Ausschüttungssperre des § 272 Abs. 4 Satz 4 HGB zu beachten (Bildung einer Rücklage für eigene Anteile).[36] **395**

d) **Ausleihungen.** Unter *Ausleihungen* – z.B. an verbundene Unternehmen oder Unternehmen, mit denen ein Beteiligungsverhältnis besteht – sind langfristige *Finanz- oder* **396**

[32] ADS § 271 Rdn. 27; BeckBil-Komm/*Hoyos/Gutike* § 271 Rdn. 25.
[33] ADS § 266 Rdn. 70.
[34] Vgl. BeckBil-Komm/*Hoyos/Gutike* § 266 Rdn. 75, ADS § 266 Rdn. 75.
[35] BeckBil-Komm/*Hoyos/Gutike* § 266 Rdn. 75, ADS § 266 Rdn. 74.
[36] Vgl. Rdn. 508 f.

Kapitalforderungen[37] zu verstehen, soweit diese nicht unter den Wertpapieren auszuweisen sind. Die Langfristigkeit ist nicht im Sinne einer bestimmten Gesamt- oder Restlaufzeit der Forderung zu verstehen, sondern lediglich als Kriterium zur Ermittlung der Daueranlageabsicht. An Ausleihungen mit Anlagecharakter wird es jedoch in der Regel fehlen, wenn die Gesamtlaufzeit unter einem Jahr liegen sollte. Bei Laufzeiten zwischen einem und vier Jahren stellt man gemeinhin auf die Absicht des Bilanzierenden ab, ob eine Zugehörigkeit zum Anlagevermögen gegeben ist. Ab einer Laufzeit von vier Jahren wird regelmäßig davon ausgegangen, dass es sich um Ausleihungen als Anlagevermögen handelt.[38] Forderungen aus Lieferungen und Leistungen sind unabhängig von ihrer Fristigkeit stets dem Umlaufvermögen zuzuordnen.[39]

397 **e) Wertpapiere des Anlagevermögens.** Der Begriff der „Wertpapiere des Anlagevermögens" umfasst als Auffangtatbestand alle verbrieften Rechte und Ansprüche mit längerfristigem Anlagecharakter, welche nicht als Anteile an verbundenen Unternehmen oder als Beteiligungen zu qualifizieren sind. Nach dem allgemeinen Wertpapierbegriff werden Kapitalmarktpapiere mit Gewinnbeteiligungsansprüchen (z.B. Aktien, Investmentanteile)[40] und Festverzinsliche Wertpapiere (z.B. Pfandbriefe, Obligationen, Wandelschuldverschreibungen) unterschieden. Im Falle einer Veräußerungsabsicht oder gesetzlicher oder behördlicher Veräußerungsgebote hat ein Ausweis im Umlaufvermögen zu erfolgen.

398 **f) Sonstige Ausleihungen.** Die Position *„Sonstige Ausleihungen"* nimmt sämtliche langfristigen Finanz- und Kapitalforderungen auf, die nicht gegenüber verbundenen Unternehmen oder Beteiligungsunternehmen bestehen (Sammelposten). Hinsichtlich der Definition des Begriffs der Ausleihungen ist auf Rdn. 132 zu verweisen.

399 **g) Bewertungsfragen.** Die Zugangsbewertung von Finanzanlagen bestimmt sich nach den aufgewendeten Anschaffungskosten. Anteile an erworbenen Unternehmen unterliegen anders als Sachanlagen keiner Abnutzung im wirtschaftlich-technischen Sinne. Eine planmäßige Abschreibung von Gegenständen des Finanzanlagevermögens findet daher nicht statt. Die Abnutzung der in dem Beteiligungsunternehmen selbst eingesetzten Anlagegegenstände schlägt sich lediglich indirekt auf dem Wege entsprechender Abschreibungen in den Beteiligungsergebnissen des bilanzierenden Unternehmens nieder.

IV. Umlaufvermögen

400 Zum Umlaufvermögen gehören Vermögensgegenstände des Unternehmens, die dem Vermögen der Gesellschaft nur vorübergehend angehören und Gegenstand des *güterwirtschaftlichen Umsetzungsprozesses* im Unternehmen sind (z.B. Forderungen an Kunden aus Verkauf von Waren). Die im gesetzlichen Gliederungsschema vorgesehene Aufeinanderfolge der Bilanzpositionen des Umlaufvermögens

- Vorräte →Beschaffung, Herstellung
- Forderungen →Verkauf
- Kassenbestand, Guthaben bei Kreditinstituten →Inkasso

[37] ADS § 266 Rdn. 76.
[38] Die dargestellten Kriterien entsprechen der hierzu vertretenen allgemeinen Meinung, vgl. statt aller nur: BeckBil-Komm/*Hoyos/Schmidt-Wendt* § 247 Rdn. 357.
[39] ADS § 266 Rdn. 77.
[40] Beispielhafte Aufzählung bei: BeckBil-Komm/*Hoyos/Gutike* § 266 Rdn. 80.

bildet dabei die Schritte des innerbetrieblichen Leistungserstellungsprozesses ab. Es handelt sich zugleich um die wesentlichen Elemente des *„Cash Cycle"*, den wir bereits an anderer Stelle kennen gelernt haben.

1. Vorräte

a) Gegenstand. Befasst sich ein Unternehmen mit der Herstellung oder dem Handel mit Erzeugnissen bzw. Waren, ergibt sich die Notwendigkeit der Bevorratung mit Rohstoffen, Ausgangsprodukten oder Waren, um die jederzeitige Produktions- oder Lieferfähigkeit zu gewährleisten. Bei komplexen Herstellungsprozessen ergibt sich zudem zwangsläufig die Situation, dass an einem Bilanzstichtag Erzeugnisse noch in der Produktion befindlich, also unfertig sind aber bereits den Charakter von Vermögensgegenständen haben, die folglich in der Bilanz abzubilden sind. Typischerweise verkörpern Vorratsbestände aus bilanzieller Sicht allerdings nur ein Durchgangsstadium im Rahmen der Unternehmenstätigkeit. Eine Ausnahme stellt z.B. die Bevorratung mit Ersatz- und Reparaturteilen für Maschinen und maschinelle Anlagen dar, die sich im Einzelfall über viele Jahre erstrecken kann, sollte auf längere Sicht ein jederzeitiger Bezug derselben über den Beschaffungsmarkt nicht gewährleistet sein. 401

Der Umfang der im jeweiligen Unternehmen danach vorgenommenen Vorratshaltung ergibt sich aus produktionstechnischen oder anderen betrieblichen oder geschäftlichen Notwendigkeiten. Kaufmännisches Kalkül gebietet es allerdings, die Bestände an Vorräten grds. so niedrig wie möglich zu halten, da diese zwangsläufig finanzielle Mittel im Unternehmen binden, die demzufolge nicht für eventuell notwendige Investitionen oder für die Schuldentilgung zur Verfügung stehen. Zudem verbindet sich mit Vorratsbeständen naturgemäß ein Absatz- oder Preisänderungsrisiko und damit eine unter Umständen erhebliche Quelle möglicher Verluste. Auch verursacht die Lagerhaltung ihrerseits nicht unwesentliche zusätzliche Kosten, die es einzusparen gilt. Diese Aspekte haben in neuerer Zeit u.a. dazu geführt, dass Hersteller ihre Bestandshaltung in großem Umfang auf ihre Zulieferer oder zwischengeschaltete Logistikunternehmen verlagern, indem sie üblicherweise „Just-in-time-Lieferungen" vereinbaren. 402

b) Gliederung. Bezüglich der Vorräte eines Unternehmens wird in § 266 Abs. 2 HGB folgende Untergliederung vorgeschrieben: 403

- Roh-, Hilfs- und Betriebsstoffe
- unfertige Erzeugnisse, unfertige Leistungen
- fertige Erzeugnisse und Waren
- Geleistete Anzahlungen.

Diese Gliederung ist in ihren Positionen ersichtlich auf die Bedürfnisse eines Produktionsunternehmens zugeschnitten, dessen Wertschöpfung einen mehrstufigen Herstellungsprozess voraussetzt. Wir können daher – wenngleich in stark vereinfachter Form – die einzelnen Stationen des Fertigungsprozesses von der Rohstoffbeschaffung über die Fertigungsstufen wiederfinden. Bei Handels- oder Dienstleistungsunternehmen trifft diese Bestandsstruktur natürlich nicht oder nur teilweise zu. In diesen Fällen sind daher entsprechende Anpassungen der bilanziellen Untergliederung erforderlich und zulässig. 404

Der neben dem Stoff-, Erzeugnis- oder Warenbestand vorgesehene Ausweis für *geleistete Anzahlungen* stellt eine Parallele zu den bereits erörterten entsprechenden Positionen im Bereich des Anlagevermögens dar (vgl. § 266 Abs. 2, A.I.3. und A.II.4. HGB). Er betrifft den Fall, dass ein Unternehmen bereits Zahlungen für aktivierungspflichtige Rohstoffe oder Waren geleistet hat, die in den Wertschöpfungsprozess einfließen werden, aber das Unternehmen physisch noch nicht erreicht und daher den Vorratsbestand im ei- 405 gentlichen Sinn noch nicht erhöht haben. Ein Unternehmen wird diesen Weg insbesondere dann beschreiten, wenn es sich auf Grund der Verhältnisse auf dem Beschaffungsmarkt die Verfügung über bestimmte Bestandsmengen zu bereits feststehenden Preisen in jedem Fall sichern will und daher bereit ist, sich bereits vertraglich zur Zahlung vor Wareneingang zu verpflichten (z. B. im Fall der Suskription).

406 Den umgekehrten Fall hierzu stellen *erhaltene Anzahlungen* (auf Bestellungen) dar. Er wird in der Regel nur dann eintreten, wenn das bilanzierende Unternehmen mit längerfristiger Auftragsfertigung betraut ist und bereits vor Ablieferung des fertigen Werks Anspruch auf Abschlags- oder Teilzahlungen hat. Nach §§ 268 Abs. 5 Satz 2, 266 Abs. 3 C. 3. HGB können erhaltene Anzahlungen auf Bestellungen von Kunden wahlweise von den Vorräten offen gekürzt (Nettoausweis) oder bei unverändertem Ausweis der Bestände unter den Verbindlichkeiten gesondert passiviert werden (Bruttoausweis).[41] Die offene Absetzung von Anzahlungen ist in der Praxis bei Fällen langfristiger Auftragsfertigung häufig anzutreffen, zumal eine konkrete Zuordnung zu einzelnen Vorratsbeständen nicht erforderlich ist.

407 Unter den *Roh-, Hilfs- und Betriebsstoffen* werden fremdbezogene Güter verstanden, die in den Prozess der betrieblichen Leistungserstellung eingehen oder zur Erbringung einer Dienstleistung benötigt werden. Als *Rohstoffe* werden Stoffe bezeichnet, die unmittelbar Hauptbestandteile der Erzeugnisse des produzierenden Unternehmens werden (z. B. Roh-Baumwolle, Öle, Holz, Kohle, Erze). Neben diesen Stoffen der Urerzeugung kann es sich auch um Erzeugnisse aus vorgelagerten Produktionsstufen handeln, die zur Weiterverarbeitung von Dritten bezogen wurden. *Hilfsstoffe* gehen als untergeordnete Bestandteile in die Erzeugung ein (typische Beispiele: Nägel, Schrauben, Lacke). *Betriebsstoffe* dienen unmittelbar oder mittelbar der Gewährleistung des Herstellungsprozesses, ohne in die Erzeugung der Produkte einzugehen (z. B. Energie, Schmierstoffe). Die dargestellte begriffliche Unterscheidung der Bestandsgruppen ist allerdings für die externe Bilanzanalyse ohne praktische Bedeutung, da dieser Posten in aller Regel einheitlich betrachtet wird. Meist handelt es sich ohnehin um Positionen geringen mengenmäßigen Umfangs.

Unfertige Erzeugnisse stellen Zwischenstufen des Produktionsprozesses dar, die bereits zum Anfall von Fertigungskosten geführt haben, ohne dass bereits Verkaufsfertigkeit vorliegt. Die Abgrenzung zu den Roh-, Hilfs- und Betriebsstoffen richtet sich deshalb nach dem Beginn des Herstellungszeitraumes und nach dem erzielten Fertigungsgrad.[42] *Unfertige Leistungen* stellen Dienstleistungen dar, die am Stichtag noch nicht in der Weise abgeschlossen sind, dass diese fakturiert werden können. Führen Bauunternehmen Bauten für fremde Rechnung auf fremdem Grund und Boden aus, die unmittelbar in das Eigentum am Grundstück übergehen, sind diese vor Fertigstellung als unfertige Leistungen („In Ausführung befindliche Bauaufträge") auszuweisen. Zu den *fertigen Erzeugnissen* zählen die von dem Unternehmen selbst hergestellten verkaufsfähigen Produkte, wohingegen *Waren* von Fremden bezogene Fertigerzeugnisse betreffen, die ohne Be- oder Verarbeitung zur Weiterveräußerung bestimmt sind. Fertige Leistungen sind vom Gesetz unter den Vorräten nicht vorgesehen, da diese sind in aller Regel unter „Forderungen aus Lieferungen und Leistungen" (§ 266 Abs. 2, B.II.1. HGB) auszuweisen sind, da bereits entsprechende Umsätze realisiert wurden.

408 c) **Bewertung.** Für die Bewertung des Vorratsvermögens gelten die allgemeinen Bewertungsgrundsätze für Gegenstände des Umlaufvermögens. Diese gebieten, dass die *erstmalige Bewertung* zu den (historischen) Anschaffungs- oder Herstellungskosten zu

---

[41] Zur Saldierung vgl. ADS § 266 Rdn. 99 mwN.
[42] *Heuser/Theile* GmbH-Handbuch II Rdn. 307.

erfolgen hat (§ 253 Abs. 1 HGB). Hinsichtlich der Ermittlung dieser Kosten wird auf die grundsätzlichen Ausführungen verwiesen.[43] Für die *Folgebewertung* von Vorräten, die an dieser Stelle näher dargestellt werden soll, sind ferner Korrekturen auf den aktuell *niedrigeren Börsen- oder Marktpreis* bzw. den *niedrigeren beizulegenden Wert* am Bilanzstichtag vorzunehmen (§ 253 Abs. 3 HGB). Entscheidender Gradmesser für die Folgebewertung von Vorratsbeständen ist daher die Preisentwicklung auf den jeweils maßgeblichen Märkten. Je nach der Bestandsgruppe ist dabei entweder der *Beschaffungs- oder der Absatzmarkt* für die Wertbestimmung heranzuziehen. Nach den Grundsätzen ordnungsmäßiger Buchführung wird für die Bestimmung des relevanten Marktes üblicherweise nachfolgendes Schema[44] angewendet:

Bestandsgruppe	*Maßstab für Stichtagsbewertung*
Roh-, Hilfs- und Betriebsstoffe	Beschaffungsmarkt
Überbestände an Roh-, Hilfs- und Betriebsstoffen	Absatzmarkt
unfertige und fertige Erzeugnisse, unfertige Leistungen	Absatzmarkt
unfertige und fertige Erzeugnisse, bei denen Fremdbezug möglich	Beschaffungsmarkt
Überbestände an unfertigen und fertigen Erzeugnissen	i. d. R. Absatzmarkt
Handelswaren	i. d. R. Absatzmarkt

409 Nach dieser Übersicht ist der bewertungsrelevante Markt sowohl von der Bestandsgruppe als auch von spezifischen Konstellationen abhängig. Ist danach für *Roh-, Hilfs- und Betriebsstoffe* grundsätzlich der Beschaffungsmarkt für die Bewertung maßgeblich, sind grundsätzlich die aktuellen *Wiederbeschaffungskosten* für die stichtagsbezogene Betrachtung zugrunde zu legen. Diese ermitteln sich im Einzelnen wie folgt:

	Börsen- oder Marktpreis
–	Anschaffungspreisminderungen (z. B. Skonti, Rabatte)
+	Anschaffungsnebenkosten (z. B. Frachten, Zölle)
=	*beizulegender Wert*

410 So kann jedoch nur vorgegangen werden, wenn die betreffenden Bestände als solche tatsächlich einen „Beschaffungsmarkt“ haben, nach Lage der Dinge auch tatsächlich auf diesem Wege ergänzt werden sollen und hinsichtlich ihrer Verwendung keine qualitäts- oder altersbedingten Absatzhindernisse bestehen. Dies wird man verneinen müssen, wenn am Bewertungsstichtag erkennbar mehr Bestände existieren als im normalen Geschäftsgang verarbeitet bzw. abgesetzt werden können (sog. *Überbestände*). Für nicht mehr verwendbare Rohstoffe ist daher der vom Absatzmarkt abgeleitete Verkaufspreis (eventuell nur der Schrottwert) abzüglich aller noch anfallenden Verkaufsaufwendungen anzusetzen. Sind Roh-, Hilfs- und Betriebsstoffe in ihrer Verwendungsfähigkeit durch Überalterung, Beschädigung oder andere äußere Einflüsse eingeschränkt, stellen die aktu-

[43] Vgl. Rdn. 258 ff., 262 ff.

[44] Abgeleitet aus den Darstellungen bei ADS § 253 Rdn. 488 und Küting/Weber/*Döring* § 253 Rdn. 166.

ellen Wiederbeschaffungspreise des Marktes ebenfalls keinen zutreffenden Bewertungsmaßstab dar. Hier entspricht es den Grundsätzen ordnungsmäßiger Buchführung, angemessene – bei umfangreichen Lagerbeständen in der Regel pauschale – Abschläge von den Wiederbeschaffungskosten vorzunehmen (sog. Gängigkeitsabschläge).[45] Maßstab für die Ermittlung der Gängigkeit kann dabei die *Umschlaghäufigkeit* der beurteilten Bestände oder Bestandsgruppen sein. Bei *Handelswaren* sowie *unfertigen und fertigen Erzeugnissen,* für die alternativ ein Fremdbezug nicht möglich ist, ist grundsätzlich der *Absatzmarkt* maßgeblich. Stehen für Zwischenprodukte des Fertigungsprozesses (unfertige Erzeugnisse) externe Vergleichspreise zur Verfügung, da das bilanzierende Unternehmen diese teils von Dritten bezieht, kommt ausnahmsweise auch insoweit der *Beschaffungsmarkt* als relevanter Bewertungsmaßstab zum Zuge.[46]

411 Ist danach der Absatzmarkt für die Bewertung maßgeblich, ist unter Beachtung des Grundsatzes der *verlustfreien Bewertung* grundsätzlich nach folgendem retrograden Schema vorzugehen:

	Verkaufserlös oder Marktabgabepreis (vorsichtig geschätzt)
–	Erlösschmälerungen (Kundenskonti und -rabatte)
–	voraussichtlich noch anfallende Aufwendungen • bei unfertigen Erzeugnissen: Kosten der Fertigstellung • Verpackungs- und Frachtkosten • Sonstige Vertriebskosten • noch anfallende Verwaltungskosten • eventuell: Kapitaldienst
=	beizulegender Wert

412 Unterschreitet der so ermittelte beizulegende Wert am Stichtag den bisherigen Ansatz der Bestände zu Anschaffungs- oder Herstellungskosten (Buchwert), ist in entsprechender Höhe eine Abschreibung vorzunehmen. Die bei unfertigen Erzeugnissen noch anfallenden Fertigungskosten umfassen mindestens die Fertigungseinzelkosten (Fertigungsmaterial, Fertigungslöhne, Sondereinzelkosten der Fertigung). Ob und in welchem Umfang darüber hinaus Fertigungsgemeinkosten und Verwaltungskosten anzusetzen sind, ist im betriebswirtschaftlichen Schrifttum umstritten.[47]

413 *Geleistete Anzahlungen* sind grundsätzlich in Höhe des aufgewendeten Geldbetrages anzusetzen. Abschreibungen kommen bei bestehenden oder drohenden Leistungsstörungen in Betracht, wenn eine Rückerstattung in voller Höhe nicht gesichert erscheint. Ist mit der Lieferung durch den Vertragspartner nicht mehr zu rechnen, ist die Anzahlung (eventuell um Abschreibungen gemindert) in die „Sonstigen Vermögensgegenstände" (Abs. 2, B.II.4.) umzugliedern.[48]

2. Forderungen und sonstige Vermögensgegenstände

414 **a) Gegenstand.** Diese Postengruppe innerhalb des Umlaufvermögens umfasst – nach dem gesetzlichen Gliederungsschema des § 266 Abs. 2 HGB, ergänzt man dieses um das nach § 42 Abs. 3 GmbHG für GmbH geltende zusätzliche Ausweiserfordernis bezüglich

[45] Küting/Weber/*Döring* § 253 Rdn. 171.
[46] ADS § 253 Rdn. 493.
[47] Überblick über den Meinungsstand mit Literaturhinweisen bei ADS § 253 Rdn. 251 ff., 528.
[48] Küting/Weber/*Döring* § 253 Rdn. 174.

der „Forderungen gegenüber Gesellschaftern" – in vereinfachter textlicher Wiedergabe folgende mögliche Unterpositionen:

- Forderungen aus Lieferungen und Leistungen
- Forderungen gegen Gesellschafter
- Forderungen gegen verbundene Unternehmen/Beteiligungsunternehmen
- Sonstige Vermögensgegenstände

Bei allen gesondert ausgewiesenen Posten ist nach § 268 Abs. 4 Satz 1 HGB der Betrag zu vermerken, der eine *Restlaufzeit von mehr als einem Jahr* hat. Diese Zusatzangabe, die wahlweise auch im Anhang erfolgen kann, soll dem Einblick in die Liquiditätslage der Gesellschaft dienen. **415**

Unter *Forderungen aus Lieferungen und Leistungen* sind in der Regel schuldrechtliche Ansprüche aus gegenseitigen Verträgen zu subsumieren, wobei die Erfüllungshandlung der bilanzierenden Gesellschaft bereits erfolgt ist, wohingegen die Erbringung der synallagmatisch mit dieser verknüpften Gegenleistung des Empfängers – die Zahlung – noch aussteht. Der Zahlungsschuldner wird in der Sprache der Buchhalter als „Debitor" bezeichnet. Der Bestand der einzelnen Kundenforderungen wird in einer gesonderten Nebenbuchhaltung geführt, die in aller Regel mit der Hauptbuchhaltung unmittelbar datentechnisch verknüpft ist und als Debitorenbuchhaltung oder Debitorenkontokorrent bezeichnet wird. Dieses ist als Bestandsverzeichnis anzusehen und kann durch Debitoren-Saldenlisten oder sog. „Offene-Posten-Listen" nachgewiesen werden. Während die Saldenlisten sämtliche Bewegungen auf den aktuell eingerichteten Debitorenkonten wiedergeben (auch soweit diese einen Stand von „0" aufweisen), sind in der Offene-Posten-Liste lediglich die Außenstände dargestellt. Zu Prüfungs- und Nachweiszwecken ist es ferner üblich, zu bestimmten Stichtagen Bestätigungen von Schuldnern hinsichtlich Bestand und Höhe ausstehender Forderungen einzuholen. Diese sind im Regelfall nicht als selbstständiges Schuldanerkenntnis anzusehen. **416**

Der Zahlungsanspruch des Unternehmens setzt zur Aktivierungsfähigkeit voraus, dass er rechtlich und wirtschaftlich hinreichend konkretisiert ist. Er darf nicht auf einem nichtigen oder wirksam angefochtenen Rechtsgeschäft beruhen; der Forderung darf auch keine Einrede mit Dauerwirkung (z.B. Einrede der Verjährung) entgegenstehen. Die bloße Anfechtbarkeit eines Rechtsgeschäfts steht der Bilanzierung der aus ihm resultierenden Forderung indessen nicht entgegen, sie ist jedoch bei der Bewertung zu berücksichtigen. Aufschiebend bedingte Forderungen sind erst ab Bedingungseintritt aktivierungsfähig, auflösend bedingte Forderungen sind nur bis zu diesem Zeitpunkt zu aktivieren. Aus dem Gesagten ist nicht zu folgern, dass für eine Bilanzierung stets alle zu ihrer rechtlichen Entstehung erforderlichen materiellen Voraussetzungen erfüllt sein müssen. Nach dem Realisationsprinzip[49] muss der Anspruch indessen ein sehr hohes Maß an Rechtssicherheit erreicht haben, um seine Aktivierung zu rechtfertigen, d.h. er muss zumindest wirtschaftlich realisiert und seine spätere rechtliche Entstehung muss „so gut wie sicher" sein. Bei Bestehen einer zivilrechtlichen Aufrechnungslage können Forderungen aus Lieferungen und Leistungen mit entsprechenden Verbindlichkeiten gleicher Fristigkeit gegenüber dem Leistungsempfänger in der Bilanz ausweistechnisch saldiert werden.[50] **417**

Es muss sich beim Ausweis einer Transaktion unter „Forderungen aus Lieferungen und Leistungen" seiner Natur nach um ein typisches Umsatzgeschäft des Unternehmens handeln, also um einen Vorgang, der in einem unmittelbaren Bezug zum eigentlichen Unternehmensgegenstand steht. Andernfalls hat der Ausweis unter den „*Sonstigen Ver-* **418**

---

[49] Vgl. Rdn. 281 ff.
[50] Vgl. Rdn. 40.

mögensgegenständen" zu erfolgen. Bei diesem Posten handelt es sich um einen Auffangtatbestand, der alle Vermögensgegenstände des Umlaufvermögens aufnimmt, die keinem anderen Posten vorrangig zuzuordnen sind. Typische Fälle hierfür sind:

- Gehalts- und Reisekostenvorschüsse, Darlehen an Mitarbeiter
- gezahlte Mietkautionen
- Steuererstattungsansprüche
- Aktivwerte von Rückdeckungsversicherungen
- Ansprüche auf Investitionszulagen, -zuschüsse und andere Subventionen
- zum Verkauf bestimmte ehemalige Anlagegegenstände
- Kaufpreisforderungen aus Anlageverkäufen
- Schadensersatzforderungen, Ansprüche auf Versicherungserstattung

419 Die übrigen Posten des gesetzlichen Gliederungsschemas im Forderungsbereich betreffen wirtschaftliche Beziehungen zu Unternehmen, die – stark vereinfacht gesprochen – demselben Konzern angehören („verbundene Unternehmen") oder an denen die bilanzierende Gesellschaft direkt oder mittelbar Anteile hält („Unternehmen, mit denen ein Beteiligungsverhältnis besteht"). Bei GmbH kommen auch Forderungen gegenüber der Gesellschafterebene für einen gesonderten Pflichtausweis in Betracht.

420 Gegenstand des Bilanzausweises können in den genannten Fällen schuldrechtliche Forderungen aus Lieferungs- und Leistungsbeziehungen sein (z.B. konzerninterne Warenlieferungen, Dienstleistungen, Gebrauchsüberlassungen). Im Vordergrund dürften in der Praxis aber Ansprüche auf Gewinn aus den entsprechenden Unternehmen und Darlehensgewährungen des bilanzierenden Unternehmens stehen, sofern diese nicht als „Ausleihungen" des Finanzanlagevermögens zu qualifizieren sind.

421 Dividendenansprüche aus Beteiligungen an Kapitalgesellschaften setzen zu ihrer rechtlichen Entstehung stets einen Gewinnverwendungsbeschluss voraus, der grundsätzlich erst nach Feststellung des betreffenden Jahresabschlusses gefasst werden kann. Vor diesem Zeitpunkt ist eine Aktivierung von Dividendenansprüchen danach grundsätzlich nicht zulässig. Eine Bilanzierung von Gewinnansprüchen aus Kapitalgesellschaften bereits vor Feststellung des Jahresabschlusses der ausschüttenden Gesellschaft kommt nach der Rechtsprechung des BGH jedoch dann in Betracht, wenn das bilanzierende Unternehmen auf Grund seiner herrschenden Stellung den Inhalt des Gewinnverwendungsbeschlusses bestimmen kann und daher bei vernünftiger kaufmännischer Beurteilung die (spätere) rechtliche Entstehung des Gewinnanspruchs mit Sicherheit feststeht. Anders stellt sich die Situation bei Gewinnansprüchen aus Beteiligungen an Personenhandelsgesellschaften dar, da es nach dem gesetzlichen Regelstatut dieser Rechtsform eines Gewinnverwendungsbeschlusses nicht bedarf, der Gewinn den Gesellschaftern vielmehr gemäß §§ 120–122, 161 Abs. 2, 167, 169 HGB regelmäßig bereits zum Abschlussstichtag der Personenhandelsgesellschaft originär zusteht, sofern deren Gesellschaftsvertrag keine abweichende Regelung trifft. In diesen Fällen reicht es aus, dass der Gewinnanspruch lediglich durch eine von der Geschäftsführung formal ausgefertigte aufgestellte Bilanz konkretisiert ist, soweit diese nach den Umständen keinen wesentlichen Änderungen mehr unterliegen wird.

422 **b) Factoring, Forfaitierung und Securitisation.** Vornehmlich um die Kapitalbindung im Forderungsbereich zu reduzieren, die Liquiditätslage und unter Umständen die Eigenkapitalquote zu verbessern, bieten sich – neben den bereits genannten allgemeinen Vorkehrungen des Forderungsmanagements – unterschiedliche bilanzpolitische Gestaltungen an, bei denen unter Einschaltung des Finanzsektors ganze Forderungsbestände auf Dritte übertragen werden. Derartige Sachverhaltsgestaltungen, die sich auch zum Outsourcing des Debitorenmanagements und zur Minderung von Delkredere-, Währungs-

und Länderrisiken eignen, können im Einzelfall erheblichen Einfluss auf die Darstellung der Vermögens- und Finanzlage des Unternehmens haben, ohne dass die näheren Umstände nach geltender Rechtslage aus dem Jahresabschluss mit hinreichender Deutlichkeit hervorgehen müssen, da entsprechende detaillierte Angabepflichten nach HGB nicht bestehen. Bei der kritischen Durchsicht von Jahresabschlüssen sollte man daher auf alle Transaktionen besonders achten, die ohne Bezug zum operativen Kerngeschäft des Unternehmens stehen und den Forderungsbereich zum Gegenstand haben. Betreibt das Unternehmen Geschäfte der nachfolgend dargestellten Art, muss dies im Rahmen einer Bilanzanalyse bei der Interpretation der oben genannten Kennzahlen beachtet werden, um keiner Fehlinterpretation zu unterliegen.

Eine verbreitete Gestaltung in diesem Sinn stellt das *Factoring* dar. Wie bei dem Lea- **423**
sing handelt es sich auch bei dem Factoring um eine von der Wirtschaftspraxis der USA entwickelte besondere Vertragsgestaltung, die keiner gesetzlichen Regelung unterliegt und in unterschiedlichen Ausformungen auftreten kann. Das Factoring ist auf Grund seines Finanzierungscharakters ein Geschäft von Banken oder dem Bankensektor zuzurechnenden Unternehmen. Dem Factoring liegt stets eine Zession eines bestimmten Teils des Forderungsbestandes an einen Erwerber, den Factor, zugrunde. Diese Übertragung erfolgt entgeltlich, d.h. die zedierten Forderungen werden vom Factor unter Abzug einer Factoringgebühr bevorschusst. Je nach Vertragstyp ist das Factoring zu einem umfassenden Dienstleistungsverhältnis ausgebaut, das Debitorenmanagement (die Führung der Debitorenkonten, Bonitätsprüfung, Mahnwesen und Inkasso) einschließen kann. Das Factoring kann offen – dies ist die in Deutschland vorherrschende Form – oder still erfolgen; beim stillen Factoring führt das übertragende Unternehmen die Debitorenbuchhaltung für den Factor treuhänderisch fort.

Geht beim Factoring auch das Delkredererisiko auf den Factor über, verzichtet dieser **424**
also auf einen Regress gegen den Forderungsverkäufer bei Ausfall der zedierten Forderungen (echtes Factoring), scheiden diese nach überwiegender Auffassung nicht nur rechtlich (Forderungskauf gemäß § 433 Abs. 1 Satz 2 BGB), sondern auch wirtschaftlich aus dem Vermögen der Gesellschaft aus. Sie sind in der Bilanz des Forderungsverkäufers als Abgang zu buchen. Der regresslose Ankauf von mittel- bis langfristigen Exportforderungen des Investitionsgüterbereichs (Zahlungsziele bis 6 Jahre), die häufig durch Wechsel oder andere Sicherungsinstrumente (z.B. Hermes-Bürgschaften) unterlegt sind, wird üblicherweise als *Forfaitierung* bezeichnet (von *vendre à forfait:* „in Bausch und Bogen verkaufen“). Der aus echtem Factoring oder Forfaitierung resultierende bare Zufluss beim Unternehmen ist in der Regel vor seiner Verwendung zur Schuldentilgung oder Finanzierung von Investitionen unter den liquiden Mitteln zu erfassen.

Verbleibt das Ausfallrisiko auf Grund der konkreten Ausgestaltung des Factoring- **425**
Vertrages hingegen bei der Gesellschaft, z.B. weil eine *Rückkaufs- oder Austauschverpflichtung* des übertragenden Unternehmens besteht (unechtes Factoring), liegt nach überwiegender Auffassung rechtlich und wirtschaftlich kein Forderungskauf, sondern ein Kreditgeschäft vor, bei dem die Forderungszession in erster Linie Sicherungscharakter hat. Erst die erfolgte Einziehung der zedierten Forderung führt zum Erlöschen der Kreditverbindlichkeit des Unternehmens gegenüber dem Factor. In diesen Fällen kann es – insbesondere dann, wenn die Zession dem Schuldner gegenüber nicht offen gelegt wurde – zweifelhaft sein, ob bereits ein *wirtschaftlicher Risikotransfer* vorliegt, der einen Abgang der betroffenen Forderungen beim übertragenden Unternehmen und die Nicht-Passivierung einer Kreditverbindlichkeit gegenüber dem Factor rechtfertigt und es daher ausreicht, dem verbleibenden Delkredererisiko auf Seiten des Unternehmens lediglich durch einen Haftungsvermerk gemäß § 251 HGB „unter der Bilanz“ Rechnung zu tragen. Handelt es sich bei der Forderungszession hingegen um eine bloße *Inkassozession,* d.h. erfolgt

diese lediglich treuhänderisch zum Zwecke der Einziehung durch den Zessionar, verbleibt die Forderung ohnehin wirtschaftlich beim Unternehmen und ist dort zu bilanzieren. Wird der Forderungseingang vom Zessionar bevorschusst, entsteht auf Seiten der Gesellschaft eine Kreditverbindlichkeit, die bei fortlaufendem Forderungsverkauf zu gewerbesteuerlichen Nachteilen führen kann (Hinzurechnung von Zinsen für sog. „Dauerschulden").

426 Factoringverträge mit Rückkaufsverpflichtung des Factoringkunden weisen eine Nähe zu *unechten Pensionsgeschäften* auf. Ein echtes Pensionsgeschäft liegt vor, wenn auf Grund eines Vertrages gegen Zahlung eines Geldbetrages ein Vermögensgegenstand (z.B. eine Forderung oder ein Wertpapier) auf einen Pensionsnehmer übertragen wird; dabei wird im Voraus zugleich die Verpflichtung des Pensionsnehmers festgelegt, den übertragenen Vermögensgegenstand später wieder gegen ein bestimmtes Entgelt auf den Pensionsgeber zurück zu übertragen (vgl. § 340b Abs. 1 HGB). Ist der Pensionsnehmer hingegen zur Rückübertragung nicht verpflichtet, sondern nur berechtigt (Rückübertragungsoption), spricht man von einem unechten Pensionsgeschäft. § 340b Abs. 4 HGB legt fest, dass beim echten Pensionsgeschäft der Pensionsgeber den übertragenen Vermögensgegenstand weiter in seiner Bilanz auszuweisen hat. Somit ändert sich an dessen Vermögenslage nichts. Verfügt der Pensionsgeber hingegen nicht über einen Anspruch auf Rückübertragung, ist der Pensionsgegenstand grundsätzlich in der Bilanz des Pensionsnehmers zu zeigen; die (latente) Rückkaufsverpflichtung des Pensionsgebers gegenüber dem Pensionsnehmer entspringt einem nicht bilanzierungspflichtigen, schwebenden Geschäft, das im Anhang seines Jahresabschlusses nach § 285 Nr. 3 HGB anzugeben ist.[51]

427 Das gleiche Ziel wie beim Factoring kann im langfristigen Forderungsbereich durch die *Securitisation* erreicht werden, die dem Factoring eng verwandt ist. Hierbei handelt es sich um eine Transaktionsform, die erstmals von amerikanischen Banken in den 70er Jahren des vorigen Jahrhunderts zur Refinanzierung von Immobiliarkrediten entwickelt wurde. Hierbei wird ein Paket von entsprechenden Finanzaktiva (z.B. Forderungen aus Leasing- oder Darlehensverträgen) an eine Zweckgesellschaft *(Special Purpose Entity)* übertragen, die dem Gläubigerunternehmen den Gegenwert gutbringt. Die Refinanzierung dieser Bevorschussung der Aktiva erfolgt auf Seiten der Zweckgesellschaft in der Regel durch Begebung von Schuldverschreibungen, die ihrerseits aus den Eingängen auf die übertragenen Forderungen bedient werden *(Asset Backed Securities).* Die bilanzielle Behandlung gleicht grundsätzlich dem des Factoring. Besonderes Augenmerk verdienen die zwischengeschaltete Zweckgesellschaft und ihr rechtliches und wirtschaftliches Verhältnis zum Forderungsverkäufer. Ergibt eine Prüfung des Gesamtbildes der Verhältnisse, dass wesentliche Risiken im Ergebnis letztlich doch beim Forderungsverkäufer verbleiben und die Zweckgesellschaft daher lediglich eine treuhandähnliche Stellung einnimmt, sind die übertragenen Forderungen weiter beim Unternehmen auszuweisen.

428 **c) Bewertung.** Für die Bewertung von Forderungen des Umlaufvermögens gelten die §§ 255 Abs. 1, 253 Abs. 1 Satz 1, Abs. 3 HGB. Ihr Ansatz erfolgt grundsätzlich zum *Nennwert.* Forderungen sind in Anwendung des *strengen Niederstwertprinzips* höchstens zu dem Wert anzusetzen, der ihnen am Abschlussstichtag beizulegen ist (§ 253 Abs. 3 Satz 2 HGB).

429 Aus dem *Vorsichtsprinzip*[52] (§ 252 Abs. 1 Nr. 4 HGB) folgt das Gebot, zweifelhafte Forderungen mit ihrem wahrscheinlichen Wert anzusetzen und uneinbringliche Forde-

---

[51] Sollte das unechte Pensionsgeschäft so ausgestaltet sein, dass die Übertragung für den Pensionsgeber mit einem rechnerischen Gewinn verbunden ist, so darf dieser angesichts der schwebenden Rücknahmeverpflichtung in seinem Jahresabschluss nicht realisiert werden.

[52] Vgl. Rdn. 276ff.

rungen ganz abzuschreiben.[53] Nach dem Bilanzstichtag bekannt gewordene werterhellende Sachverhalte[54] (z.B. Insolvenz eines Schuldners) sind zu berücksichtigen. Der aktuelle Stichtagswert von Forderungen ist danach zu bestimmen, in welcher Höhe nach vorsichtiger kaufmännischer Einschätzung und nach Abzug noch entstehender Kosten mit einem effektiven Zahlungseingang zu rechnen ist. Ein danach bestehendes Ausfallrisiko ist durch Bildung von Einzel- oder Pauschalwertberichtigungen zu antizipieren.

Einzelwertberichtigungen (EWB) sind unter Berücksichtigung von eventuell bestehen- 430
den Delkredereversicherungen, Kreditsicherheiten, Rückgriffsmöglichkeiten oder Aufrechnungslagen auf den Netto-Forderungsbetrag (also abzüglich der fakturierten Umsatzsteuer) zu bilden. Hierbei sind neben den genannten Umständen alle Aspekte zu berücksichtigen, die sich aus der Person des Schuldners (Zahlungswilligkeit, Zahlungsfähigkeit) oder der Art des Geschäfts ergeben und den Forderungseingang zweifelhaft erscheinen lassen können. Dabei werden in der Praxis Forderungen häufig nach Risikokriterien klassifiziert (z.B. Länderrisiken) und zu entsprechenden Bewertungsgruppen zusammengefasst.

Darüber hinaus ist es zulässig und üblich, den nicht bereits einzelwertberichtigten For- 431
derungsbestand im Hinblick auf das ihm nach den Erfahrungen der Vergangenheit innewohnende allgemeine Ausfallrisiko durch Ansatz einer *Pauschalwertberichtigung* (PWB) abzuwerten, die sich je nach den konkreten Umständen und den Erfahrungen der Vergangenheit in der Höhe von 1 bis 3 % des betrachteten Forderungsbestandes bewegen kann. Faktoren, die in die Bemessung der PWB einfließen, sind neben dem allgemeinen Ausfallrisiko Aufwendungen für die Einziehung der Forderungen (Mahnkosten, Kosten der Rechtsverfolgung), mögliche oder erwartete Skontoabzüge und Zinsverluste. Drohende Inanspruchnahmen des Unternehmens wegen Reklamationen oder Gewährleistungsverpflichtungen, zugesagter Kundenboni oder Vermittlungs- und Inkassoprovisionen sind hingegen durch Rückstellungen nach § 249 HGB zu erfassen.

Forderungen in Fremdwährung sind, soweit keine Bewertungseinheit[55] mit einem kon- 432
kreten Deckungsgeschäft besteht (z.B. Devisentermingeschäft oder Verkaufsoption) oder aus anderen Gründen ein Währungsverlust wirtschaftlich nicht eintreten kann, auf der Basis des niedrigeren Umrechnungskurses (Briefkurses) am Abschlussstichtag zu bewerten und auf diese Höhe abzuschreiben. Wurde ein Deckungsgeschäft abgeschlossen, ist die Forderung zum entsprechenden Terminkurs oder Basispreis anzusetzen. Aufgrund des *Imparitätsprinzips*[56] sind kursbedingte Werterhöhungen von Forderungen hingegen nicht zu berücksichtigen; Kursgewinne sind erst bei entsprechendem Zahlungseingang realisiert.

Bei *unverzinslichen oder niedrig verzinslichen Forderungen* kann sich die Notwendig- 433
keit einer Abschreibung auf den niedrigeren *Barwert* ergeben. Eine Ausnahme von dem grundsätzlich bestehenden Abschreibungszwang kann sich lediglich bei kurzfristigen Forderungen ergeben, wobei die Grenze im Schrifttum unterschiedlich bei drei Monaten[57] oder einem Jahr[58] gezogen wird. Die danach im Regelfall erforderliche Abzinsung hat auf Basis des handelsüblichen fristenkongruenten Marktzinssatzes zu erfolgen, sofern nicht der Refinanzierungssatz des Unternehmens herangezogen werden kann.

---

[53] Küting/Weber/*Döring* § 253 Rdn. 175.
[54] Vgl. Rdn. 301.
[55] Vgl. Rdn. 251, 649.
[56] Vgl. Rdn. 286 ff.
[57] So Küting/Weber/*Döring* § 253 Rdn. 175.
[58] So ADS § 253 Rdn. 532.

3. Wertpapiere

434 Die Position „Wertpapiere“ umfasst alle Anteile, Order- oder Inhaberpapiere, Zins- und Dividendenscheine und sonstigen, unter den Wertpapierbegriff fallende verbriefte Rechtspositionen, die unter Berücksichtigung der Abgrenzungskriterien des § 247 Abs. 2 HGB[59] nicht den Finanzanlagen zuzurechnen sind. In der Praxis dürfte es sich hierbei eher um Ausnahmekonstellationen von geringer Relevanz handeln, da das Halten von Wertpapierbeständen im Umlaufvermögen zum Zwecke der Wiederveräußerung für Industrie- und Handelsunternehmen untypisch ist und für Kreditinstitute ohnehin spezielle Gliederungs- und Ausweisvorschriften gelten. *Scheck- und Wechselforderungen,* die auf normalen Umsatzgeschäften beruhen und lediglich erfüllungshalber hereingenommen wurden, werden nicht unter dieser Position erfasst: Schecks stellen flüssige Mittel dar und werden unter diesen ausgewiesen, Besitzwechsel sind unter den ihnen zugrunde liegenden Forderungen (z.B. Forderungen aus Lieferungen und Leistungen) zu bilanzieren, Schatzwechsel der öffentlichen Hand stellen hingegen auf Grund ihres Anlagecharakters Wertpapiere des Umlaufvermögens dar, sofern keine Daueranlageabsicht besteht, die sie dem Finanzanlagevermögen zuweist.

435 Einen besonderen Posten unter der Position „Wertpapiere“ stellen die *eigenen Anteile* (Aktien, Anteile an einer GmbH) dar, die nur unter bestimmten Voraussetzungen[60] bestehen können und denen ein zweifacher Charakter zukommt. Einerseits handelt es sich auf Grund der Möglichkeit zur Veräußerung oder Ausgabe dieser Anteile bilanziell gesehen um Vermögensgegenstände, andererseits stellt der aktivische Ausweis des eigenen Anteilsbesitzes wirtschaftlich einen Korrekturposten zum Eigenkapital dar.[61] Zur Einziehung erworbene Anteile sind ohnehin nicht als eigene Anteile auszuweisen, sondern gemäß § 272 Abs. 1 Satz 4 HGB offen vom gezeichneten Kapital abzusetzen.

4. Liquide Mittel

436 Dem Prinzip steigender Liquidität folgend schließt der bilanzielle Ausweis des Umlaufvermögens üblicherweise mit den flüssigen Mitteln ab. Die wirtschaftliche Aktionsfähigkeit eines Unternehmens wird wesentlich durch den Bestand an liquiden Mitteln bestimmt. Wichtiger als der bloße Umfang an liquiden Mitteln ist indessen ihre jederzeitige *bedarfsgerechte Verfügbarkeit* nach Maßgabe einer entsprechenden Planung der zukünftig erwarteten Zu- und Abflüsse von Barmitteln aus laufender Geschäftstätigkeit. Hierüber geben u.a. die Restlaufzeitvermerke zu Forderungen und Verbindlichkeiten, die Anhangangaben zu „sonstigen finanziellen Verpflichtungen“ (§ 285 Nr. 3 HGB) sowie die bereits dargestellten Kennzahlen „Umschlagdauer der Vorräte“ oder „Kundenziel der Forderungen“ nähere, wenn auch beschränkte Auskunft. Um die Liquiditätssituation eines Unternehmens verlässlich zu beurteilen, reichen die Angaben im Jahresabschluss allerdings nicht aus. Hierzu bedarf es z.B. auch der Kenntnis von Kreditlinien und Faszilitäten sowie insbesondere eines aussagekräftigen Finanzplans.

437 Nach der Gliederungsvorgabe des Gesetzes haben die liquiden Mittel folgende Zusammensetzung:

- Kassenbestände
- Bundesbankguthaben
- Guthaben bei Kreditinstituten
- Schecks

[59] Vgl. Rdn. 341 ff.
[60] Vgl. Rdn. 395.
[61] ADS § 266 Rdn. 139.

Zum *Kassenbestand* sind alle Bargeldbestände, die im Unternehmen unterhalten werden, zu rechnen, ferner bargeldähnliche Werte wie Wertmarken und Frankotypwerte. Unter Schecks sind sämtliche, auch vordatierte, vom Unternehmen entgegengenommene Schecks zu verstehen, die noch nicht eingelöst und dem Bankkonto gutgeschrieben wurden. Protestierte Schecks führen zum Wiederaufbau der ihnen zugrundeliegenden Forderung, die entsprechend auszuweisen ist. *Guthaben bei Kreditinstituten* umfassen alle jederzeit disponiblen Einlagen bei Banken, Sparkassen und Zentralbanken. Unter diesen Ausweis fallen auch abgegrenzte *Zinsansprüche* und am Stichtag im Umlauf befindliche sog. Geldtransite (z.B. eingereichte Schecks, übergebene Filialkassenbestände), die dem Bankkonto mit Beginn der neuen Rechnung des Folgejahres gutgeschrieben werden. 438

V. Rechnungsabgrenzung

Der Begriff der Rechnungsabgrenzung (§ 250 HGB) wurde bereits im Eingangsteil dieser Darstellung in den Grundzügen erläutert.[62] Das HGB verwendet den Begriff in §§ 246 Abs. 1, 247 Abs. 1 HGB in einer Weise, die zum Ausdruck bringt, dass es sich hierbei der Sache nach um Posten handelt, die weder Vermögensgegenstände noch Schulden im handelsrechtlichen Sinn darstellen.[63] Die Rechnungsabgrenzung kann in zwei unterschiedlichen Fällen auftreten, die entweder zu einem gesonderten aktivischen oder passivischen Ausweis bestimmter Zahlungsvorgänge führen. Das gesetzliche Gliederungsschema des § 266 Abs. 2 und 3 HGB sieht demgemäß jeweils als letzten Posten der Aktiv- bzw. Passivseite eine Position „Rechnungsabgrenzung" vor. Hiermit hat es folgende Bewandtnis: 439

- Das *Unternehmen leistet eine Zahlung vor dem Bilanzstichtag* der abgelaufenen Periode für eine ihr gebührende zeitraumbezogene Gegenleistung, die erst in einer Folgeperiode erbracht wird und dieser wirtschaftlich zuzurechnen ist: § 250 Abs. 1 Satz 1 HGB ordnet in diesen Fällen an, dass auf der Aktivseite *Ausgaben* vor dem Abschlussstichtag als Rechnungsabgrenzung auszuweisen sind, soweit sie *Aufwand* für eine bestimmte Zeit nach diesem Tag darstellen (aktive Rechnungsabgrenzung).
- Das *Unternehmen vereinnahmt eine Zahlung vor dem Bilanzstichtag* der abgelaufenen Periode für eine von ihr geschuldete zeitraumbezogene Gegenleistung, die erst in einer Folgeperiode erbracht wird und dieser wirtschaftlich zuzurechnen ist: Gemäß § 250 Abs. 2 HGB sind *Einnahmen* vor dem Abschlussstichtag auf der Passivseite als Rechnungsabgrenzungsposten auszuweisen, soweit sie *Ertrag* für eine bestimmte Zeit nach diesem Tag darstellen (passive Rechnungsabgrenzung).

Bedeutsam ist das Merkmal der Zeitraumbezogenheit der Gegenleistung, das den Anwendungsbereich der Rechnungsabgrenzung wesentlich determiniert, aber aus sich heraus nicht ohne weiteres zweifelsfrei interpretiert werden kann. Nach herkömmlichem Verständnis[64] ist dieses Erfordernis eng auszulegen, und im Sinne eines „möglichst *kalendermäßig* exakt zu bestimmenden Zeitraums" zu verstehen, der durch den objektiven Sachverhalt festgelegt ist. Im Schrifttum wird auch eine weiter gefasste Begriffsauslegung[65] vertreten, die sich im Wesentlichen auf das Realisationsprinzip und die Rechtsprechung des BFH beruft. Eine zeitliche Bestimmtheit soll danach bereits dann vorliegen, 440

---

[62] S. Rdn. 91.

[63] Vgl. hierzu: ADS § 250 Rdn. 11; BeckBil-Komm/*Hoyos/Bartels-Hetzler* § 250 Rdn. 15 ff.

[64] Hierzu: ADS § 250 Rdn. 31 ff. mwN; Küting/Weber/*Trützschler* § 250 Rdn. 41 ff. mwN.

[65] Vgl. insbesondere: *Knobbe-Keuk*, Bilanz- und Unternehmensteuerrecht[9], Köln, 1993, S. 137 mwN. Zur BFH-Rechtsprechung vgl. die Nachweise bei *Moxter* Bilanzrechtsprechung[4], Tübingen 1996, S. 68 ff.

wenn sich der Zeitraum berechnen oder auch nur schätzen lässt, sofern das Vorsichtsprinzip strikt beachtet wird. Zu den aktiven Rechnungsabgrenzungsposten zählen auch folgende gesetzlich geregelte Sonderfälle:

- *Zölle und Verbrauchssteuern*, die als Aufwand behandelt werden und auf Stichtagsbestände des Vorratsvermögens entfallen (§ 250 Abs. 1 Satz 2 Nr. 1 HGB)[66]
- *Umsatzsteuer* auf erhaltene Anzahlungen für Bestellungen (vgl. § 268 Abs. 5 Satz 2 HGB), die als Aufwand berücksichtigt wurde (§ 250 Abs. 1 Satz 2 Nr. 2 HGB)
- *Disagien* (Unterschiedsbeträge zwischen Ausgabe- und Rückzahlungsbetrag von Verbindlichkeiten (§§ 250 Abs. 3 Satz 1, 268 Abs. 6 HGB).

441 In Vorperioden gebildete Rechnungsabgrenzungsposten sind in entsprechender Höhe ergebniswirksam aufzulösen, wenn der ihnen korrespondierende Aufwand bzw. Ertrag entstanden ist. Für *Disagien* ordnet § 250 Abs. 3 Satz 2 HGB an, dass diese durch planmäßige jährliche Abschreibungen zu tilgen sind, die auf die gesamte Laufzeit der Verbindlichkeit verteilt werden. Besonderheiten können im Falle von passiv abgegrenzten aperiodischen *Leasingraten* beim Leasing-Geber auftreten (lineare, progressive oder degressive Auflösung).[67]

VI. Eigenkapital

1. Eigenkapitaldefinition

442 **a) Eigenkapital nach HGB.** Mit dem Begriff des Eigenkapitals – verstanden als bilanzielle Saldogröße aus Vermögensgegenständen und Schulden – haben wir uns bereits im einführenden Teil dieser Darstellung kurz befasst. So verstanden definiert sich das Eigenkapital lediglich negativ und leitet sich indirekt aus den Begriffsinhalten „Vermögensgegenstand“ und „Schuld“ ab. Dieses Verständnis reicht zwar zum Erfassen der Grundstruktur eines Vermögensstatus wie der Bilanz aus, erlaubt es aber nicht, die in der Praxis bedeutsame Abgrenzung von Eigenkapital und Fremdkapital auf gesicherter Grundlage zu vollziehen.

443 **Der deutsche Eigenkapitalbegriff ist traditionell durch die Gläubigerschutzfunktion und damit die Haftungsqualität der eingesetzten Mittel geprägt.**

444 Während der Fremdkapitalgeber in der Regel einen festen Anspruch auf Kapitalverzinsung und Rückzahlung der überlassenen Mittel hat, ist das Eigenkapital durch eine Haftungs- und Garantiefunktion gekennzeichnet, die nur eine erfolgsabhängige Vergütung zulässt. Diese Funktionen kann das Eigenkapital nur wahrnehmen, wenn die entsprechenden Mittel grundsätzlich dauerhaft im Unternehmen verbleiben und dabei vorrangig zur Befriedigung der Gläubiger des Unternehmens zur Verfügung stehen. Durch eine Rückzahlung von Mitteln dürfen daher bestehende Gläubigeransprüche nicht beeinträchtigt werden. Mit dem Gläubigerschutzgedanken korrespondiert das gesellschaftsrechtliche Kapitalerhaltungsgebot. Diese Anforderungen beschreiben jedoch nur allgemeine Grundsätze.

445 Im Bereich des HGB ist zwischen gebundenem und ungebundenem Vermögen der Gesellschaft zu unterscheiden. Einem besonderen Schutz unterliegt das gezeichnete Kapital einer Kapitalgesellschaft (Grundkapital, Stammkapital). Dieses darf zum Zwecke von Leistungen an Eigenkapitalgeber (dies können auch Nicht-Gesellschafter sein) nicht an-

[66] Im Enzelnen BeckBil-Komm/*Hoyos/Bartels-Hetzler* § 250 Rdn. 46 ff.

[67] Detaillierte Darstellung hierzu bei: ADS § 250 Rdn. 119 ff.

gegriffen werden (vgl. §§ 30ff GmbHG und die hierzu ergangene Rechtsprechung). Eine Rückzahlung kann grundsätzlich nur im Wege der förmlichen Kapitalherabsetzung oder nach vollständiger Befriedigung aller Gläubiger, erfolgen. Auch sind in den Rechnungslegungsvorschriften bestimmte Fälle ausschüttungsgesperrter Rücklagen geregelt (z.B. im Fall der Aktivierung von Ingangsetzungs- und Erweiterungskosten: § 269 Satz 2 HGB oder bei Erwerb eigener Anteile: § 272 Abs. 4 HGB). Bei der AG unterliegen daneben auch bestimmte Teile der Rücklagen einer gesetzlich angeordneten Zweckbindung (vgl. §§ 150 Abs. 3 und 4 AktG) und stehen daher für Ausschüttungszwecke nicht zur Verfügung. Über diese gesetzlichen Bindungen hinaus ist der Verbleib im Unternehmen bis zur Beendigung des Unternehmens kein schlechthin konstitutives Merkmal des Eigenkapitalbegriffs. So können vorgetragene Gewinne und Bestände an freien Rücklagen – ungeachtet ihrer Eigenkapitalqualität – im Rahmen des geltenden Gesellschaftsstatuts an die Eigenkapitalgeber ausgekehrt werden.

Eine Besonderheit besteht bei *Personenhandelsgesellschaften* darin, dass diese durch ein **446** von Kapitalgesellschaften abweichendes System der Kapitalaufbringung gekennzeichnet sind. Zumindest eine nach dem gesetzlichen Regelstatut der §§ 120ff. HGB organisierte Personenhandelsgesellschaft (z.B. eine KG) kennt kein Festkapital, dessen tatsächliche Aufbringung durch registergerichtliche Kontrolle gesichert und das zugleich der kurzfristigen autonomen Verfügung der Kapitalgeber entzogen wäre. Vielmehr können die Gesellschafter in diesen Fällen grundsätzlich jederzeit Mittel zu Lasten des Eigenkapitals entnehmen, sofern gesellschaftsvertragliche Vereinbarungen nicht entgegenstehen. Der Gesellschafter einer OHG oder der Komplementär einer KG hat in den Grenzen des (dispositiven) § 122 HGB ein gewinnunabhängiges Entnahmerecht. Die Haftungskonzeption knüpft bei Personenhandelsgesellschaften an die persönliche Haftung der Gesellschafter für Gesellschaftsverbindlichkeiten an, die der Kapitalgesellschaft – abgesehen von missbräuchlichen Gestaltungen – fremd ist. Diese Haftung ist im Fall eines Gesellschafters einer OHG oder des Komplementärs einer KG vom Umfang her unbeschränkt. Sie erstreckt sich demnach auf das nicht bilanzierungsfähige Privatvermögen (vgl. § 264c Abs. 3 Satz 1 HGB) und richtet sich bei Kommanditisten nach der eingetragenen Haftsumme, die dem aus der Bilanz ersichtlichen Stand des Kapitalkontos des Gesellschafters nicht entsprechen muss (z.B. im Fall von Verlustzurechnungen). Die Frage, ob Bestände auf Gesellschafterkonten über Eigenkapitalqualität verfügen, ob sie jederzeit entnahmefähig sind oder zu Rückzahlungsverpflichtungen führen, kann bei Fehlen besonderer gesellschaftsvertraglicher Regelungen daher nur nach wertenden Kriterien entschieden werden.

Entscheidendes Kriterium für die Eigenkapitalqualität bereitgestellter Mittel bei Personenhandelsgesellschaften ist deren Eigenschaft als Verlustdeckungspotenzial. Dies setzt voraus, dass Mittel 447

- **in voller Höhe und mit Wirkung auch gegenüber den Gesellschaftsgläubigern am Verlust der Gesellschaft teilnehmen sowie**
- **im Fall der Insolvenz oder Liquidation der Gesellschaft ein Rückzahlungsanspruch erst nach Befriedigung aller Fremdkapitalgeber geltend gemacht werden kann.**

Nach bisher herrschender Auffassung wird eine Längerfristigkeit der Kapitalüberlassung im Fall von Personenhandelsgesellschaften im Hinblick auf das nur gesellschaftsvertraglich beschränkbare Entnahmerecht nicht verlangt. Gleichwohl wird eine nachgewiesene Daueranlageabsicht den Eigenkapitalcharakter der bereitgestellten Mittel bekräftigen. **448**

Zwar kann auf Grund der unterschiedlichen Typik von Eigen- und Fremdkapital eine Verzinsung von Gesellschaftermitteln ein Indiz für deren Fremdkapitalcharakter sein. Nach wohl verbreiteter Auffassung schließt eine Verzinslichkeit die Eigenkapitalqualität der bereitgestellten Mittel aber nicht aus. Denn handelsrechtlich ist die Verzinsung von Einlagen (§ 111 HGB) und von Kapitalanteilen im Rahmen der Gewinnverteilung gleichermaßen üblich und typisch (vgl. § 121 Abs. 1 und 2, § 161 Abs. 1 HGB). Sie kann daher für sich allein gesehen kein verlässliches Abgrenzungskriterium abgeben.

449 Die für Personenhandelsgesellschaften entwickelten Eigenkapitalkriterien können im Fall von Kapitalgesellschaften, die einem gesetzlich normiertem Kapitalerhaltungssystem unterliegen, von Bedeutung werden, wenn es um Abgrenzungsfragen im Bereich eigenkapitalähnlicher Finanzinstrumente geht (z.B. Genussrechte), die auch von Nicht-Gesellschaftern eingesetzt werden können.

450 **b) Eigenkapital nach IAS/IFRS.** Angesichts der zunehmenden Bedeutung der Vorschriften der internationalen Rechnungslegung erscheint es sachgerecht, in diesem Zusammenhang auf Eigenkapitaldefinition nach IAS/IFRS einzugehen. Dies ist auch deshalb von Interesse, weil in diesem Zusammenhang an einem praktisch wichtigen Beispiel anschaulich wird, dass diese Rechnungslegungsvorschriften in ihrer aktuell geltenden Fassung auf die spezifische gesellschaftsrechtliche Situation in Deutschland nicht hinreichend zugeschnitten sind, was im Einzelfall erhebliche Auswirkungen auf das Bilanzbild haben kann.

451 Zunächst kann es in Anbetracht der international letztlich übereinstimmenden Darstellungslogik der Bilanz, mit der wir uns im einführenden Teil bereits befasst haben, nicht überraschen, dass sich Eigenkapital nach internationalen Grundsätzen prinzipiell genauso definiert wie nach HGB. Es handelt es sich nach IAS/IFRS[68] nämlich um den Unterschiedsbetrag zwischen der Summe der Wertansätze aller Vermögenswerte und dem Buchwert des Fremdkapitals. Bei diesem Definitionsansatz kommt es für Abgrenzungsfragen entscheidend auf den Fremdkapitalbegriff an, da aus diesem im Umkehrschluss das Eigenkapital bestimmt werden kann. Anders ausgedrückt: Finanzierungsmittel sind dann Eigenkapital, wenn sie die Fremdkapitalkriterien nicht erfüllen.

452 Das Fremdkapital ist definiert als eine vertragliche Verpflichtung,

- flüssige Mittel oder andere finanzielle Vermögenswerte an einen Dritten abzugeben oder
- finanzielle Vermögenswerte oder Verbindlichkeiten unter potenziell nachteiligen Bedingungen für den Emittenten mit einem Dritten zu tauschen.[69]

453 Hieraus kann gefolgert werden, dass bereitgestellte Mittel (die IAS/IFRS sprechen hier generell von „Finanzinstrumenten“[70]) dann als Eigenkapital zu klassifizieren sind, wenn für den Kapitalgeber (d.h. den Emittenten des Finanzinstruments) keine derartige vertragliche *Rückzahlungs- oder Rückgewährverpflichtung* besteht.[71]Ob diese Voraussetzung gegeben ist, bestimmt sich nicht auf Grund der rechtlichen Ausgestaltung des Finanzinstruments, sondern nach seinem wirtschaftlichen Gehalt.[72]

454 Hat ein Investor dem Unternehmen Kapital zur Verfügung gestellt und kann er auf Grund eines wie auch immer ausgestalteten Rechtsanspruchs zu einem späteren Zeitpunkt dessen Rückzahlung verlangen, so handelt es sich um ein *Finanzinstrument mit Inhaberkündigungsrecht (puttable instrument),* das demzufolge als Fremdkapital zu klassi-

[68] Framework und IAS 32.11 „Eigenkapitalinstrument“.

[69] IAS 32.11 „Finanzielle Verbindlichkeiten“ Für Verträge, die in eigenen Eigenkapitalinstrumenten des Emittenten erfüllt werden oder erfüllt werden können, beinhaltet IAS 32.11 „Finanzielle Verbindlichkeiten“ (b) die Definition von Fremdkapital.

[70] Nach IAS 32.11 ist ein Finanzinstrument ein Vertrag, der gleichzeitig bei dem einen Unternehmen zu einem finanziellen Vermögenswert und bei dem anderen Unternehmen zu einer finanziellen Verbindlichkeit oder einem Eigenkapitalinstrument führt.

[71] IAS 32.16 (a).

[72] IAS 32.15 und .18.

fizieren ist. Die Grundsätze der IAS/IFRS zur Abgrenzung von Eigen- und Fremdkapital führen danach bei deutschen Unternehmen immer dann zur Klassifizierung der bereitgestellten Mittel als Fremdkapital, wenn der Gesellschafter individuell, d.h. ohne vorherigen Beschluss eines Unternehmensorgans, deren Rückzahlung verlangen kann. Dies trifft insbesondere bei Unternehmen in der Rechtsform einer Personenhandelsgesellschaft (oHG, KG), Genossenschaft sowie z.T. auch der GmbH zu. Die AG ist hingegen nicht betroffen, weil deren Aktionäre kein individuelles Recht zusteht, ihre Aktien gegen Entgelt an die AG zurückzugeben. Probleme werfen die Abgrenzungsregeln nach IAS/IFRS ferner – unabhängig von der Rechtsform des Emittenten – für die oben nach HGB-Grundsätzen dargestellte Klassifizierung des Mezzanin-Kapitals (z.B. von Genussrechten) auf. Die wesentlichen Auswirkungen der dargestellten Grundsätze auf die deutsche Rechtspraxis sollen nachfolgend kurz dargestellt werden.

Die Gesellschafter von *Personenhandelsgesellschaften* haben ein gesetzliches Kündi- **455**
gungsrecht.[73] Dieses kann durch den Gesellschaftsvertrag ausgestaltet, aber grundsätzlich nicht ausgeschlossen werden. Das Ausscheiden durch Kündigung führt bei der im Gesellschaftsvertrag in der Regel enthaltenen Fortsetzungsklausel nicht zu einer Auflösung der Gesellschaft, sondern zu einer Abfindung[74] des ausscheidenden Gesellschafters bei Fortbestand der Gesellschaft. Soweit im Gesellschaftsvertrag keine besonderen Vereinbarungen getroffen sind, erfolgt die Abfindung zum anteiligen Zeitwert des Nettovermögens.[75] Das Kündigungsrecht des Gesellschafters ist ein Inhaberkündigungsrecht i.S. der oben dargestellten Grundsätze, so dass Einlagen in Personenhandelsgesellschaften demnach – anders als im Bereich der HGB-Rechnungslegung – grundsätzlich nicht als Eigenkapital, sondern als Fremdkapital zu klassifizieren sind.

Praktisch gesehen bedeutet dies, dass Personenhandelsgesellschaften de lege lata, also **456**
auf der Grundlage der derzeit geltenden IAS/IFRS, im Regelfall über *kein bilanzielles Eigenkapital* verfügen, was den tatsächlichen wirtschaftlichen Verhältnissen nicht entspricht und ein schiefes Bild der Vermögenslage ergibt. Dieses gravierende Problem wird noch dadurch verschärft, dass die folgerichtig stattdessen auszuweisende „Fremdkapitalposition", die dem potenziellen Abfindungsguthaben des Gesellschafters im Kündigungsfall entspricht, bei Anwendung der IAS/IFRS in ihrer aktuellen Fassung in der Regel nicht mit dem Nominalwert der Einlage, sondern zum Zeitwert *(Fair Value)* anzusetzen ist. Dies hätte im Einzelfall erhebliche Konsequenzen. Da sich nämlich bei positiver wirtschaftlicher Entwicklung der Personenhandelsgesellschaft mit dem dann unweigerlich steigenden Zeitwert des Nettovermögens (unter Einschluss eines originären Geschäfts- oder Firmenwerts) zwangsläufig auch der Abfindungsbetrag und damit die entsprechende Fremdkapitalposition erhöht, stellt sich im Ergebnis die Vermögenslage der bilanzierenden Personenhandelsgesellschaft umso schlechter dar, je besser sich das Unternehmen entwickelt. Dies führt unweigerlich zu einem irreführenden Bild der Vermögens- und Finanzlage des Unternehmens.

Selbst wenn der Gesellschaftsvertrag einer *GmbH* ausnahmsweise kein ordentliches **457**
Kündigung vorsehen sollte, besteht bei Vorliegen eines wichtigen Grundes nach h.M. stets ein außerordentliches Austrittsrecht, welches durch die Satzung näher ausgestaltet, aber nicht ausgeschlossen werden kann.[76] Der ausscheidende Gesellschafter hat in diesem

---

[73] Vgl. §§ 131 Abs. 3 Nr. 3, 132, 161 Abs. 2 HGB.

[74] Zur Abfindungsbilanz der Personenhandelsgesellschaft und zur Behandlung von Abfindungen in deren laufender Handelsbilanz vgl. Rdn. 982ff.

[75] Vgl. IDW ERS HFA 9 n.F.

[76] Vgl. *Hueck/Fastrich,* Anhang zu § 34 GmbHG, in: Baumbach/Hueck (Hrsg.), GmbHG, 17. Aufl., 2000, Rz. 1 f.

Fall einen Abfindungsanspruch, der sich im Regelfall auf den Verkehrswert seines Geschäftsanteiles richtet. In Bezug auf das Stammkapital einer GmbH ist zwar § 30 Abs. 1 GmbHG zu beachten, wonach Vermögensbestandteile nicht ausgezahlt werden dürfen, wenn sie zur Erhaltung des Stammkapitals erforderlich sind. Da die Kapitalerhaltung stets Vorrang vor dem Abfindungsanspruch hat, kommt zumindest insoweit eine Auszahlung des Stammkapitals bei Kündigung regelmäßig nicht in Betracht, so dass dieses stets als Eigenkapital zu qualifizieren ist. Für andere Eigenkapitalbestandteile, die nicht der Schutzwirkung des § 30 Abs. 1 GmbHG unterliegen (z.B. Rücklagen), verbleibt es dagegen grundsätzlich bei der Klassifizierung als Fremdkapital, sofern nicht von der Möglichkeit Gebrauch gemacht wird, diese im Wege der Kapitalerhöhung aus Gesellschaftsmitteln in Stammkapital umzuwandeln und auf diesem Wege mit Eigenkapitalcharakter auszustatten.

458 Derzeit bestehen Bestrebungen, die Abgrenzung zwischen Eigen- und Fremdkapital in den IAS/IFRS zu überarbeiten. Das Institut der Wirtschaftsprüfer in Deutschland e.V. (IDW) unterstützt das Deutsche Rechnungslegungs Standards Committee (DRSC) bei seinen Bestrebungen, auf eine Überarbeitung der einschlägigen Normen zu dringen, um eine für den deutschen Anwendungsbereich akzeptable Lösung zu erreichen.[77]

2. Abgrenzungsfragen

459 Wir wollen uns nun näher mit Sonderposten und Mischformen im Grenzbereich zwischen Eigen- und Fremdkapital beschäftigen. In diesen Fällen haben sich die dargestellten Eigenkapitalkriterien zu bewähren, sollen sie zu sachgerechten Lösungen führen. Grundsätzlich handelt es sich bei den hier erörterten Sachverhalten um Posten, die nach ihrem Ursprung oder wesentlichen Gehalt dem Fremdkapitalbereich zuzurechnen sind, aber auf Grund ihrer zivilrechtlichen Ausgestaltung, ihrer steuerrechtlich bestimmten Grundlage oder ihrer Nachrangigkeit im Insolvenzfall über bestimmte eigenkapitalähnliche Merkmale verfügen. Diese Merkmale können dazu führen, dass diese Posten handelsbilanziell, insolvenzrechtlich oder zumindest bilanzanalytisch dem Eigenkapital zugerechnet werden. Diese Zuordnung kann für Unternehmen auf Grund der vom Basler Ausschuss für Bankenaufsicht definierten neuen Baseler Eigenkapitalvereinbarung („New Basel Capital Accord“ oder „Basel II“) Bedeutung erlangen, da diese zur Ermittlung des individuellen Kreditrisikos das Erfordernis von externen oder internen Bilanzratings wesentlich ausgebaut haben. Für das Kreditrating im Rahmen der Bonitätsbeurteilung kommt es unter anderem auf die Eigenkapital- und Fremdkapitalquote an. Die Eigenkapitalquote entscheidet maßgeblich über die Gesamtfinanzierungsfähigkeit des Unternehmens: Je höher die Eigenkapitalquote, desto höher die Bonität und das Rating für (weiteres) Fremdkapital. Neben diesem Finanzierungsaspekt können eigenkapitalähnliche Merkmale von Fremdmitteln Einfluss auf das Bestehen oder die Höhe einer insolvenzrechtlichen Überschuldung haben und damit für den Bestand des Unternehmens von besonderer Bedeutung sein. Schließlich kann der Ausweis von „Mischposten“ zwischen Eigen- und Fremdkapital auch von steuerrechtlichen Begünstigungen getrieben sein, die eine entsprechende handelsrechtliche Bilanzierung bedingen.

460 **a) Hybride Finanzinstrumente (Mezzaninkapital).** Zu einer Erhöhung der Eigenkapitalquote im Rahmen des Ratings kann eine Aufnahme von sog. „Mezzaninkapital“ beitragen. In dem Ausdruck „Mezzanin“ (oder auch wegen seines italienischen Ursprungs: „Mezzanine“) kommt der Mischcharakter der hierunter gefassten Finanzierungselemente

[77] Vgl. Presseinformation 2/05 des IDW vom 9. März 2005 abrufbar unter http://www.idw.de/idw/generator/id=383 272.html.

zum Ausdruck, denn er ist dem Bereich der Architektur entlehnt, in dem er ein kleineres Halb- oder Zwischengeschoss zwischen zwei Hauptgeschossen eines mehrstöckigen Gebäudes bezeichnet. Es handelt sich um einen seit einigen Jahren zunehmend verbreiteten Sammelbegriff, der unterschiedlich ausgestaltete Finanzierungsinstrumente umfasst, die im Grenzbereich zwischen Eigen- und Fremdkapital angesiedelt sind, ohne dass im gesetzlichen Gliederungsschema für die Bilanz deren gesonderter Ausweis explizit vorgesehen ist. Diese Finanzierungsinstrumente sind in der Regel so ausgestaltet, dass sie hinsichtlich des Kreditratings wirtschaftlich dem Eigenkapital zugerechnet werden können, ohne dass die bisherigen Eigenkapitalgeber mitgliedschaftsrechtlich begründete Befugnisse und Einflussmöglichkeiten verlieren. Man spricht in diesem Zusammenhang auch von „stimmrechtslosem Eigenkapitalersatz". Eine „Verwässerung" der bisherigen Kapitalstrukturen tritt somit nicht ein. Die einzelnen Formen von Mezzanin-Finanzierungen dienen häufig der Wachstumsfinanzierung in Fällen von Unternehmensgründungen. Sie sind gesetzlich nicht oder nur in sehr geringem Umfang geregelt, was zu einer Vielfalt flexibel ausgestalteter Erscheinungsformen führt. Hierunter werden in erster Linie gerechnet:

- Genussrechte
- typische und atypische stille Beteiligungen
- Wandel- und Optionsschuldverschreibungen

Bisweilen werden dem Mezzanin-Kapital auch bestimmte eigenkapitalnahe Darle- 461
hensformen zugerechnet (z.B. partiarische Darlehen oder sog. „Nachrangdarlehen"). Diese Finanzierungen sind an anderer Stelle gesondert behandelt.

(1) Genussrechtskapital. Der Inhalt und die Ausgestaltung von Genussrechten sind 462
nicht Gegenstand gesetzlicher Regelungen. Ihrer Natur nach handelt es sich um schuldrechtliche Ansprüche gegen die Gesellschaft, die keine mitgliedschaftlichen Rechte vermitteln aber besonderen Bindungen unterliegen, welche die Verfügungsmöglichkeiten des Rechtsinhabers in einer Weise beschränken können, dass ihnen der Charakter von Eigenkapital zukommt. Je nach Ausgestaltung im Einzelfall handelt es sich um eigenkapitalähnliche Instrumente mit Schuldcharakter oder bilanzielles Eigenkapital im handelsrechtlichen Sinne. Um als Eigenkapital angesehen werden zu können, müssen nach der Berufsauffassung der Wirtschaftsprüfer, in der Grundsätze ordnungsmäßiger Buchführung zum Ausdruck kommen, kumulativ folgende *materielle Eigenkapitalkriterien* erfüllt sein:

- Rückzahlung im Insolvenz- und Liquidationsfall erst nach Befriedigung aller anderen Gläubiger (Nachrangigkeit)
- Teilnahme am Verlust bis zur vollen Höhe – gleich dem gezeichneten Kapital
- Erfolgsabhängigkeit der Vergütung (Bedienung des eingesetzten Kapitals nur aus gesetzlich ungebundenem Vermögen)
- Längerfristigkeit der Kapitalüberlassung (Kündigungsausschluss über einen mehrjährigen Zeitraum)

Das Genussrechtskapital muss also verteilungsrechtlich allen reinen Fremdkapitalge- 463
bern nachgeordnet sein und in voller Höhe zur Verrechnung mit Verlusten herangezogen werden können. Die laufende Bedienung der eingesetzten Mittel darf nicht dazu führen, dass gesetzlich besonders geschützte Eigenkapitalbestandteile (vgl. § 150 Abs. 3 und 4 AktG, §§ 30ff. GmbHG, §§ 269 und 274 Abs. 2 HGB) angegriffen werden. Die Mittelüberlassung muss längerfristig erfolgen und darf nicht nur vorübergehender Natur sein. Ist danach Eigenkapital gegeben und die Mittelzuführung nicht explizit als Ertragszuschuss ausgestaltet, erfolgt der Ausweis gesondert unter der Position „Eigenkapital". Liegt hingegen Fremdkapital vor, erfolgt der Ausweis als gesonderter Posten unter den Verbindlichkeiten. Es liegt eine „Anleihe" nach § 266 Abs. 3 HGB vor.

464 **(2) Stille Beteiligungen.** Die stille Gesellschaft ist als Rechtsinstitut in den §§ 230ff. HGB durch teilweise dispositive Vorschriften in Umrissen gesetzlich geregelt. Bei ihr handelt es sich der Rechtsnatur nach um eine reine Innengesellschaft zwischen dem stillen Gesellschafter und dem „Inhaber eines Handelsgeschäfts". Der stille Gesellschafter hat Anspruch auf einen Anteil am Gewinn des Unternehmens. Er nimmt bis zur Höhe seiner Einlage auch am Verlust teil, sofern vertraglich nichts anderes geregelt ist. Ungeachtet ihrer gesellschaftsrechtlichen Ausprägung wird die stille Gesellschaft zum Teil als qualifiziertes Kreditverhältnis eingestuft, da dem stillen Gesellschafter – über unentziehbare Kontrollrechte hinaus – keine Mitwirkungsbefugnisse zustehen und er im Insolvenzfall als Insolvenzgläubiger eingestuft wird.

465 Für die Mittelzuflüsse aus stillen Beteiligungen beim empfangenden Unternehmen gelten keine eindeutigen Ausweisregeln. Die eben dargestellten handelsbilanziellen Eigenkapitalkriterien für die Behandlung von Genussrechtskapital sind jedoch sinngemäß auch auf die Qualifikation der unterschiedlichen Gestaltungsformen stiller Beteiligungsverhältnisse anwendbar. Sind diese Kriterien – ausnahmsweise – erfüllt, handelt es sich bei der Einlage des stillen Gesellschafters daher um bilanzielles Eigenkapital. Die Einlage des typischen stillen Gesellschafters nach §§ 230 bis 237 HGB stellt in der Bilanz der empfangenden Gesellschaft jedoch in der Regel Fremdkapital dar, das in deren Vermögen übergeht. Sie ist daher unter den – langfristigen – Verbindlichkeiten auszuweisen. Wirtschaftlich betracht hat die Einlage des stillen Gesellschafters aber eigenkapitalähnlichen Charakter. Falls bilanzielles Eigenkapital vorliegt, ist die stille Beteiligung als Sonderposten innerhalb des Eigenkapitals auszuweisen.

466 **(3) Wandel- und Optionsschuldverschreibungen.** Hierbei handelt es sich um schuldrechtliche Darlehensforderungen in Form von Schuldverschreibungen auf den Inhaber (§ 795 BGB), die mit dem Recht ausgestattet sind, diese zu einem späteren Zeitpunkt in Gesellschaftsrechte umzuwandeln (Umtauschrecht) oder Gesellschaftsanteile zu beziehen (Bezugsrecht). Dieses Instrument spielt praktisch gesehen nur bei der AG eine Rolle, zumal allein für diese Rechtsform die entsprechenden gesetzlichen Voraussetzungen geschaffen wurden (§§ 192ff. AktG). Es handelt sich bei diesen Verpflichtungen gleichsam um „latentes" Eigenkapital, wobei die Umwandlung in Eigenkapital von einem diesbezüglichen ausdrücklichen Willensakt des Rechtsinhabers abhängig ist. Die Ausgabe von Wandelschuldverschreibungen setzt die Vornahme einer bedingten Kapitalerhöhung durch die Gesellschafter voraus. Der Nennbetrag des bedingten Kapitals ist im Jahresabschluss zu vermerken. Vor Ausübung des Wandlungsrechts sind die bereitgestellten Mittel unter den Verbindlichkeiten (§ 266 Abs. 3 HGB: „Anleihen, davon konvertibel:") auszuweisen. Trotz des Fremdkapitalausweises dieser Mittel erlauben die Angaben im Jahresabschluss aber Rückschlüsse auf die Kapitalstruktur, die den potenziellen Eigenkapitalcharakter von Fremdkapitalposten offenlegen.

467 **b) Besondere Darlehensformen.** In der Praxis finden sich unterschiedliche Darlehensformen mit mehr oder weniger ausgeprägtem eigenkapitalähnlichem Charakter. Ist der Darlehensgeber Gesellschafter, kann diese Eigenschaft aus der gesellschaftsrechtlichen Ausgestaltung folgen (z.B. sog. „Finanzplandarlehen") oder in gesetzlich angeordneten Rechtsfolgen ihre Grundlage haben (z.B. sog. „kapitalersetzende Darlehen"). Darlehen können jedoch auch unabhängig von der Gesellschaftereigenschaft des Darlehensgebers eine Nähe zum Eigenkapital aufweisen (z.B. partiarische Darlehen, Nachrangdarlehen). Festzuhalten bleibt, dass die Verwendung des Begriffs „Darlehen" in aller Regel auf eine *Fremdkapital*position hinweist und ein Ausweis der bereitgestellten Mittel unter der Position „Eigenkapital" – dies ist gelegentlich bei Personengesellschaften anzutreffen – daher nur in besonders gelagerten Fällen richtig ist.

(1) Finanzplandarlehen. Einen solchen Fall stellen *Finanzplandarlehen* bei Personengesellschaften dar. Nach der Rechtsprechung des BGH[78] gehören „formal als Fremdkapital ausgewiesene" Gesellschafterleistungen zur Haftungsmasse einer KG und stellen damit „materielles Eigenkapital" dar, wenn sie die folgenden Merkmale aufweisen: 468

- Begründung des Darlehens als Teil der gesellschaftsvertraglichen Einlagepflicht
- günstige Kreditkonditionen
- Pflicht zur langfristigen Belassung des Kapitals
- Fehlen einer einseitigen Kündigungsmöglichkeit
- Rückforderung lediglich als Abfindungs- oder Liquidationsguthaben (d.h. Verrechnung des Darlehensguthabens mit eventuell vorhandenen negativen Kapitalkonten)
- Unentbehrlichkeit des Darlehens für die Verwirklichung der gesellschaftsvertraglichen Ziele aus Sicht der Gesellschafter

Es handelt sich danach um Mittel, die planmäßig in die Finanzierung der Gesellschaft einbezogen sind. Diese werden auch als „gesplittete *Einlagen*" bezeichnet, da sie häufig vereinbarungsgemäß neben den bedungenen Pflichteinlagen als Teil der Gesellschafterleistung zu erbringen sind. Ist den getroffenen Vereinbarungen oder den Umständen zu entnehmen, dass der Gesellschafter bis zur Höhe des als Finanzplandarlehens zur Verfügung gestellten Betrages für Verluste der Gesellschaft einzustehen hat, dürfte es sich nach den oben dargestellten Eigenkapitalkriterien bei den betreffenden Mitteln in der Tat um Eigenkapital im bilanziellen Sinne handeln. Nach der Rechtsprechung des BFH erhöhen Finanzplandarlehen unter den genannten Voraussetzungen das Kapitalkonto des Gesellschafters einer Personengesellschaft im Sinne des § 15a EStG und stehen deshalb auch für den steuerlichen Verlustausgleich zur Verfügung. 469

Den dargestellten Fall grenzt der BFH begrifflich von sog. *„kapitalersetzenden Darlehen"*[79] ab. Diese können sich aus §§ 32a, 32b GmbHG oder der in diesem Zusammenhang ergangenen Rechtsprechung ergeben, die gemäß § 172a HGB auch für Kapitalgesellschaften & Co. gelten. Ungeachtet ihrer Haftungsfunktion im Krisen- und Insolvenzfall des Unternehmens handelt es sich bei diesen Verbindlichkeiten stets um Posten, die im Fremdkapital auszuweisen sind. An dieser Einordnung ändert sich auch in dem Fall nichts, dass ein kapitalersetzendes Darlehen zusätzlich mit einem *Rangrücktritt* versehen wurde. *Rangrücktrittsvereinbarungen* sind zweiseitige schuldändernde Verträge (§ 305 BGB), auch wenn ihnen häufig nur eine einseitige Erklärung des Gläubigers zugrunde liegt, die entweder konkludent angenommen wird oder wegen § 151 BGB nicht der Annahme bedarf. Ein „qualifizierter" Rangrücktritt im Sinne der Rechtsprechung des BGH[80] führt zwar dazu, dass die entsprechende Verbindlichkeit in einem Überschuldungsstatus[81] nicht mehr als Schuldposten angesetzt wird. Er lässt den Fremdkapitalcharakter der von ihm umfassten Verbindlichkeit jedoch unberührt, da er keinen Forderungsverzicht[82] darstellt und in seiner Wirkung einem solchen auch nicht nahe kommt. 470

(2) Partiarische Darlehen. Auch *partiarischen Darlehen* liegt in der Regel keine gesellschaftsvertragliche Vereinbarung zugrunde. Vereinfacht gesprochen unterscheidet sich dieser Darlehenstyp von einer üblichen, fest oder variabel verzinslichen Kreditgewährung allein dadurch, dass als Entgelt für die Kapitalüberlassung eine Erfolgsbeteiligung vereinbart wird. Allein durch die Vereinbarung eines Leistungsentgelts wird der grundsätzliche 471

---

[78] BGH Urt. v. 21. 3. 1988, GmbHR 1988, 301.

[79] Vgl. hierzu im Einzelnen Rdn. 865 f.

[80] Zu den Voraussetzungen: BGH-Urt. v. 8. 1. 2001, DB 2001, S. 373.

[81] Vgl. Rdn. 888 ff.

[82] Vgl. BFH-Urteil v. 10. 11. 2005, DB 2006, S. 308.

Darlehenscharakter des Geschäfts nicht berührt. Es handelt sich daher stets um Fremdkapital.

472 c) **Sonderposten mit Rücklagenanteil.** Einen klassischen Mischposten zwischen Eigen- und Fremdkapital stellt der Sonderposten mit Rücklageanteil dar. Nach verschiedenen steuerlichen Vorschriften können auf der Passivseite der gewinn- und damit steuermindernd Posten erfasst werden, die erst im Falle ihrer Auflösung zu versteuern sind (sog. unversteuerte Rücklagen). Somit können Mittel steuerfrei zu Investitionszwecken angespart oder zurückgelegt werden, die andernfalls in die steuerliche Bemessungsgrundlage eingehen und daher eine Steuerbelastung auslösen würden. Typische Beispiele sind:

- Reinvestitionsrücklage (§ 66 Abs. 3 EStG)
- Rücklage für Ersatzbeschaffung (R 35 Abs. 4 EStR)
- Ansparrücklage (§ 7g EStG)

473 Da nach dem Maßgeblichkeitsgrundsatz die gewinnmindernde Einstellung von Beträgen in steuerliche Rücklagen nur anzuerkennen sind, wenn diese auch in der Handelsbilanz gebildet werden, enthält das Gesetz in §§ 247 Abs. 3, in Form einer (passivischen) Bilanzierungshilfe. Danach sind unversteuerte Rücklagen auf der Passivseite zwischen Eigenkapital und Rückstellungen (§ 266 Abs. 3 B. HGB) auszuweisen. Darüber hinaus sind die steuerlichen Vorschriften, nach denen sie gebildet wurden, in der Bilanz (oder wahlweise im Anhang) anzugeben. Der Ausweis zwischen Eigen- und Fremdkapital trägt dabei dem Umstand Rechnung, dass die Rücklagen unversteuert sind, also sowohl einen Eigen- als auch einen Fremdkapitalanteil (Steuerlast) enthalten. Die Steuerlast realisiert sich bei ertragswirksamer Auflösung der Rücklage. Bilanzanalytisch sind daher Sonderposten mit Rücklageanteil in die entsprechenden Anteile aufzuspalten, um das wirtschaftliche Eigenkapital bzw. die effektive Eigenkapitalquote zu ermitteln. Dieser Zusammenhang kommt in der Wortwahl des Gesetzgebers („Sonderposten mit Rücklageanteil") zum Ausdruck. In diesen Posten sind auch steuerliche Sonderabschreibungen[83] (§ 254 HGB) aufzunehmen, sofern die Gesellschaft von dem ihr nach § 281 Abs. 1 HGB zustehenden Wahlrecht Gebrauch gemacht hat, diese als Wertberichtigungen auf der Passivseite auszuweisen. § 281 Abs. 1 Satz 2, Abs. 2 HGB enthält auch Regelungen über erforderliche Zusatzangaben in Bilanz oder Anhang sowie zur Auflösung von Sonderposten.

3. Gliederungsstruktur

474 Für mittelgroße und große Kapitalgesellschaften schreibt § 266 Abs. 3 HGB folgende Untergliederung des Eigenkapitals vor:

I. Gezeichnetes Kapital
II. Kapitalrücklage
III. Gewinnrücklagen
  1. Gesetzliche Rücklage
  2. Rücklage für eigene Anteile
  3. Satzungsmäßige Rücklage
  4. andere Gewinnrücklagen
IV. Gewinnvortrag/Verlustvortrag
V. Jahresüberschuss/Jahresfehlbetrag.

475 Die Reihenfolge der vorgeschriebenen Einzelpositionen folgt – der Aktivseite der Bilanz vergleichbar – dem Prinzip ansteigender „Mobilisierbarkeit". Während das gezeich-

---

[83] Überblick über die Hauptanwendungsfälle bei ADS § 254 Rdn. 17 ff.; BeckBil-Komm/*Clemm/Scherer* § 254 Rdn. 20 ff.

nete Kapital nur auf dem Wege der förmlichen Kapitalherabsetzung ausgeschüttet werden kann, für die Kapitalrücklage, die gesetzliche Rücklage oder eine Rücklage für eigene Anteile zumindest gesetzliche, z.T. rechtsformspezifische Beschränkungen gelten (vgl. § 150 Abs. 3 und 4 AktG, § 272 Abs. 4 Satz 2 HGB) und die Ausschüttung satzungsmäßiger Rücklagen einer entsprechenden statutarischen Grundlage bedarf, können andere Gewinnrücklagen, ein Gewinnvortrag oder der Jahresüberschuss grundsätzlich auf einfacher Beschlussgrundlage ausgeschüttet werden, sofern sonstige Bestimmungen nicht entgegenstehen.

Für Personenhandelsgesellschaften gemäß § 264a HGB (Kapitalgesellschaften & Co.) 476
ist in § 264c Abs. 1 HGB ein besonderes Gliederungsschema für das Eigenkapital vorgesehen, das folgenden Aufbau hat:

I. Kapitalanteile
II. Rücklagen
III. Gewinnvortrag/Verlustvortrag
IV. Jahresüberschuss/Jahresfehlbetrag.

Wir werden auf die Besonderheiten des Eigenkapitalausweises bei Personenhandelsge- 477
sellschaften im jeweiligen Kontext noch näher eingehen. Die weitere Darstellung folgt in ihrem Aufbau der Eigenkapitalgliederung für Kapitalgesellschaften.

4. Gezeichnetes Kapital

a) Gegenstand. Nach § 272 Abs. 1 Satz 1 HGB ist das gezeichnete Kapital das Kapital, 478
auf das die Haftung der Gesellschafter für die Verbindlichkeiten der Kapitalgesellschaft gegenüber den Gläubigern beschränkt ist. Als gezeichnetes Kapital der AG wird deren *Grundkapital,* im Fall der GmbH deren *Stammkapital* ausgewiesen (§ 42 Abs. 1 GmbHG).

b) Behandlung von Kapitalerhöhungen. Im Falle von *Kapitalerhöhungen* ergibt sich 479
die Frage, wie zu verfahren ist, wenn bis zum Abschlussstichtag zwar die Bar- und Sacheinlagen an die Gesellschaft geleistet worden sind, die für die rechtliche Wirksamkeit konstitutive Eintragung der Kapitalerhöhung im Handelsregister (§§ 54 Abs. 3, 57 GmbHG) aber noch nicht erfolgt ist. In diesen Fällen sind die geleisteten Einlagen bis zur Eintragung als gesonderter Posten unmittelbar nach dem Eigenkapital mit der Bezeichnung „Zur Durchführung der beschlossenen Kapitalerhöhung geleistete Einlagen" auszuweisen.[84] Erfolgt die Eintragung bis zur Bilanzaufstellung, kann dieser Sonderposten in die Postengruppe „A. Eigenkapital" einbezogen und zwischen dem gezeichneten Kapital und den Rücklagen gesondert ausgewiesen werden. In diesem Fall sollte das Eintragungsdatum in der Bilanz oder im Anhang vermerkt sein.

Beispiel: Die Gesellschafter der A-GmbH haben am 15. 12. 01 eine Erhöhung des Stammkapitals 480
von TEUR 2.500 um TEUR 500 auf TEUR 3.000 beschlossen. Die neuen Stammeinlagen wurden vor Ablauf des Jahres in bar geleistet. Die Eintragung der Kapitalerhöhung wurde beim Handelsregister beantragt. Die Gesellschaft erstellt ihren Jahresabschluss im Februar des Folgejahres. Zu diesem Zeitpunkt liegt die Registereintragung noch nicht vor.

Die Gesellschaft kann bei dieser Sachlage die beschlossene und durchgeführte Kapitalerhöhung in ihrem Jahresabschluss zum 31. 12. 01 noch nicht in der Weise abbilden, dass bereits ein Gezeichnetes Kapital von TEUR 3.000 gezeigt wird. Dies verbietet das Stichtagsprinzip, da zum Jahresende die konstitutiven Voraussetzungen für eine rechtswirksame Kapitalerhöhung noch nicht vorlagen. Vielmehr ergibt sich folgende Darstellung:

---

[84] Allgemeine Meinung, vgl. nur: ADS § 272 Rdn. 19.

AKTIVA	EURO	PASSIVA	EURO
A. Anlagevermögen	......	A. Eigenkapital	
		I. Gezeichnetes Kapital	2.500.000,00
B. Umlaufvermögen	......	II. Gewinnrücklagen	500.000,00
			3.000.000,00
		B. In Erfüllung der beschlossenen Kapitalerhöhung geleistete Einlagen	500.000,00
		C. Rückstellungen	......
		D. Verbindlichkeiten	......

Bilanzanalytisch wird man – unabhängig vom handelsrechtlichen Ausweis – die Kapitalerhöhung als wirtschaftlich vollzogen ansehen und den geleisteten Betrag dem Eigenkapital zurechnen. Eigenkapitalkennziffern bestimmen sich dann auf der Grundlage des erhöhten Stammkapitals der Gesellschaft.

481 **c) Kapitalanteile an Personenhandelsgesellschaften.** Bei haftungsbeschränkten Personenhandelsgesellschaften knüpft das Gesetz in § 264c Abs. 1 HGB, soweit die gesellschaftsvertraglich fest umschriebenen Gesellschaftereinlagen angesprochen sind, rechtsformspezifisch nicht an das „Gezeichnete Kapital", sondern an „Kapitalanteile" an. Dieser Begriff wird auch in den §§ 120ff., 155, 167ff. HGB verwendet. Er bezeichnet den nach dem gesetzlichen Regelstatut variabel ausgestalteten Anteil des Gesellschafters am Gesellschaftsvermögen, der durch bedungene Einlagen, Entnahmen sowie die Zuschreibung von Gewinnanteilen und die Abschreibung von Verlustanteilen bestimmt ist. Die Position „Kapitalanteile" umfasst danach die

- Pflichteinlage des Gesellschafters
- Zuschreibung von Gewinnanteilen
- Abschreibung von Verlustanteilen
- Minderungen durch Entnahmen

482 Der Begriff „Kapitalanteil" hat eine *Doppelnatur.*[85] Zum einen konkretisieren sich in ihm sämtliche gesellschaftsrechtlich begründeten *Beziehungen zur Gesellschaft* und ggf. zu deren Gläubigern (vgl. § 120 Abs. 2 HGB).[86] In dieser Hinsicht ist er der Sache nach *gesellschafter*bezogen. Zum andern bezeichnet er gemäß § 264c Abs. 2 Satz 1 HGB einen *Posten der Bilanz* einer Personenhandelsgesellschaft und ist damit notwendig *gesellschafts*bezogen.

483 Die Kapitalanteile sind ausgehend von den gesellschaftsvertraglich bedungenen *Pflichteinlagen* zu ermitteln.[87]. Nach § 120 Abs. 2 HGB – dieser gilt kraft der Verweisung in § 161 Abs. 2 HGB bei Fehlen abweichender gesellschaftsvertraglicher Regelungen auch für den Komplementär einer KG – ist für den vollhaftenden Gesellschafter *ein einziges variables Kapitalkonto* zu führen, dessen Bestand alle oben beschriebenen Vorgänge umfasst. Für den Kommanditisten ist nach dem HGB zwar ein weiteres Konto zu führen. Neben dem beweglichen Kapitalkonto nach § 120 Abs. 2 HGB besteht ein sog. *Privatkonto.* Dieses hat jedoch Fremdkapitalcharakter und zählt daher nicht zum „Kapitalanteil" im Sinne des HGB. Verlustanteile und Entnahmen von geleisteten Einlagen mindern

[85] Zu dieser Problematik: *W.-D. Hoffmann,* Beck'sches Handbuch, Rdn. 272ff zu § 5 (S. 450f.).

[86] Er entspricht insoweit dem „ziffernmäßig im Kapitalkonto ausgedrückten *Beteiligungsrecht* der Gesellschafter" (*WPH I,* a. a. O., Teil F Rdn. 249).

[87] Die Hafteinlagen sind insoweit ohne Bedeutung, vgl. Begründung des Regierungsentwurfs in IDW-Textausgabe KapCoRiLiG, S. 62f.

stets das variable Kapitalkonto, nicht das Privatkonto. Auf diesem Konto sind entnahmefähige Gewinne zu erfassen, sofern diese nicht laut gesetzlicher Anordnung zur Erbringung der bedungenen Einlage dienen müssen (§ 167 Abs. 2 HGB). Das Guthaben auf diesem Konto kann daher jederzeit entnommen werden, sofern gesellschaftsvertragliche Vereinbarungen nicht entgegenstehen.

Eine weitere Untergliederung des Postens „Kapitalanteile" ist nach diesem gesetzlichen Grundmodell nicht gefordert, in der Praxis jedoch weitgehend gebräuchlich.[88] Dies beruht darauf, dass die gesetzliche Regelung lediglich eine Minimalstruktur beschreibt, die den praktischen Bedürfnissen des Gesellschaftsrechts und der Rechnungslegung nicht gerecht wird. In Literatur und Praxis werden daher auf gesellschaftsvertraglicher Basis geregelte Mehrkontenmodelle bevorzugt, die sich auch im Bilanzausweis widerspiegeln können. Am differenziertesten ist das Vierkontenmodell, das folgende Bestandteile aufweist: 484

- Kapitalkonto I
- Kapitalkonto II
- Darlehenskonto
- Verlustvortragskonto

Das *„Kapitalkonto I"* bezeichnet in der Regel ein nach dem Gesellschaftsvertrag zu bildendes festes Konto, das die von Verlustanteilen und eventuellen Rücklagenbildungen unberührt bleibt und daher betragsmäßig der bedungenen Einlage entspricht. Die Verlustanteile werden auf einem gesonderten Konto, dem sog. *„Verlustvortragskonto"* erfasst. Das *„Kapitalkonto II"* betrifft üblicherweise nach dem Gesellschaftsvertrag nicht entnahmefähige Gewinne und hat in diesem Fall Rücklagencharakter. Das *„Darlehenskonto"* führt in der Praxis häufig eine schillernde Existenz. Unter Zugrundelegung der oben dargestellten Eigenkapitalkriterien handelt es sich in der Regel um ein Fremdkapitalkonto, dass dem gesetzlich vorgesehenen sog. Privatkonto entspricht. 485

Dem kritischen Bilanzleser ist in jedem Fall anzuraten, den Inhalt eines *„Kapitalkontos II"* oder eines *„Darlehenskontos"* auf Basis der gesellschaftsvertraglichen Regelungen sorgsam zu hinterfragen, um deren Zugehörigkeit zum bilanziellen Eigenkapital zu überprüfen. Die Verwendung der genannten Begriffe gibt keinerlei Gewähr für eine zutreffende Einordnung als Eigen- oder Fremdkapital. Die Praxis ist hier – über die genannten Bezeichnungen hinaus – übrigens mit Begriffsbildungen recht erfinderisch, was die Bilanzanalyse weiter erschwert. So ist es immer wieder anzutreffen, dass Bestände, die bei näherer Untersuchung dem Fremdkapitalbereich zuzurechen sind, unter der Position „Eigenkapital" ausgewiesen werden, wenn sie dem Unternehmen von den Gesellschaftern auf Dauer bereitgestellt werden. 486

Stellt man allein auf den Eigenkapitalausweis als gesellschaftsbezogenen Begriff ab, käme es bei der Kommanditgesellschaft auf eine Differenzierung der Kapitalanteile nach Gesellschaftergruppen (Komplementären bzw. Kommanditisten) oder gar nach einzelnen Gesellschaftern nicht an. § 264c Abs. 2 Satz 6 HGB gebietet indessen eine Unterscheidung nach Gesellschaftergruppen („gesondert auszuweisen").[89] Dieses Erfordernis wird gemeinhin mit der unterschiedlichen Rechtsstellung von Komplementär und Kommanditist begründet.[90] 487

Vor Inkrafttreten des KapCoRiLiG wurde ein jeweils nach diesen Gesellschaftergruppen *zusammengefasster Ausweis* der Kapitalanteile ohne Einschränkungen für zulässig 488

[88] Vgl. den Darstellungsvorschlag bei *Freidank,* WPg 1994, S. 397 (404).
[89] Zum Ausweis im Einzelnen vgl. *ADS,* a. a. O. (Ergänzungsband), Rdn. 18 zu § 264c.
[90] Vgl. nur *Freidank,* WPg 1994, 397 (404); *ADS,* a. a. O. Rdn. 62 zu § 247 mwN und (Ergänzungsband) Rdn. 16 zu § 264c.

gehalten.[91] Hierfür sprechen Gründe der Klarheit und Übersichtlichkeit, was insbesondere bei einer Vielzahl von Gesellschaftern von Bedeutung ist. Während ein saldierter Ausweis positiver und negativer Kapitalanteile der Gesellschafter einer offenen Handelsgesellschaft, die nicht die Voraussetzungen des § 264a Abs. 1 HGB erfullt, unverändert zulässig bleibt, erfordern nach herrschender Auffassung [92] die gesetzlichen Sondervorschriften zum Verlustausweis bei Kapitalgesellschaften & Co. für diesen Gesellschaftstyp eine abweichende Handhabung.

489 **d) Rücklagen.** Auf gesetzlicher (vgl. § 152 AktG) oder gesellschaftsvertraglicher Grundlage kann es bei Gesellschaften zur Bildung von Rücklagen kommen. Diese verfügen grundsätzlich über die gleiche Haftungsqualität wie das Stamm- oder Grundkapital, unterliegen aber nicht den für Kapitalgesellschaften geltenden strengen Kapitalaufbringungs- und -erhaltungsvorschriften (vgl. §§ 30ff. GmbHG). Ihre Bildung und Auflösung vollzieht sich daher jenseits registergerichtlicher Kontrolle und Formerfordernisse. Rücklagen stellen ihrer wesentlichen Funktion nach einen „Verlustpuffer" dar, der gewährleisten soll, dass Verluste nicht zu einer Minderung des Stamm- oder Grundkapitals führen. Darüber hinaus können in ihnen Gewinne gespeichert oder Gesellschafterleistungen vereinnahmt werden, die zur Kapitalerhöhung aus Gesellschaftsmitteln dienen können. Die Rechnungslegungsvorschriften für Kapitalgesellschaften unterscheiden zwischen Kapital- und Gewinnrücklagen. Diese Unterscheidung ist hingegen für Personenhandelsgesellschaften, auch solche gemäß § 264a HGB, ohne Bedeutung. Diese sind jedoch nicht gehindert, in Erweiterung des vorgeschriebenen Gliederungsschemas eine Aufteilung in Kapital- und Gewinnrücklagen vorzunehmen, sollte sich im Einzelfall hierzu ein Anlass ergeben. Hierdurch wird die Klarheit und Übersichtlichkeit des Jahresabschlusses erhöht.

490 In der Literatur wird üblicherweise zwischen „offenen" und „verdeckten" Rücklagen unterschieden. Diese Unterscheidung hebt darauf ab, ob es sich um eine Form der Selbstfinanzierung der Gesellschaft handelt, die – wie hier – auf Grund einer besonderen Position aus der Bilanz als solche unmittelbar ersichtlich ist, oder sich durch Bildung von zulässigen Bewertungsreserven in anderen Bilanzpositionen (sog. „stillen Reserven") versteckt und erst durch Realisationsvorgänge oder Bewertungsänderungen mittelbar offengelegt wird. Eine andere Unterscheidung ist gelegentlich anzutreffen, die sich danach bestimmt, ob es sich um versteuerte oder unversteuerte (Gewinn-)Rücklagen handelt. Im handelsrechtlichen Jahresabschluss werden Gewinnrücklagen regelmäßig aus versteuerten Jahresergebnissen gebildet, nur diese stehen den Gesellschaften als Dispositionsgegenstand für die Gewinnverwendung zur Verfügung. Wie bereits an anderer Stelle dargestellt, erlaubt es jedoch das Steuerrecht, bestimmte Gewinnbestandteile zu festgelegten Zwecken unversteuert durch Bildung eines nach dem Eigenkapital gesondert auszuweisenden „Sonderpostens mit Rücklageanteil" zurückzulegen, wenn in der Handelsbilanz entsprechend verfahren wird. Bei dem Bestand eines solchen Sonderpostens handelt es sich um unversteuerte Rücklagen.

491 **(a) Kapitalrücklage.** Unter der Position „Kapitalrücklage" werden sämtliche *Transferleistungen der Gesellschafter* in die Gesellschaft erfasst, die auf gesellschaftsvertraglicher Grundlage beruhen, nicht in der Erbringung von Stammeinlagen bestehen und keine

[91] Vgl. insbesondere HFA 2/1993, B I 2c; *Freidank*, WPg 1994, S. 397 (404).

[92] Vgl. *Theile*, BB 2000, 557; *Salgert*, WPK-Mitt. 2/2000, S. 90; *Wiechmann*, WPg, 1999, S. 919 (921); *WPH I*, a.a.O., Teil F Rdn. 254, 257; *ADS*, a.a.O. Rdn. 22 zu § 264c; *Förschle/Hoffmann*, BeckBilKomm, a.a.O., Rdn. 21 zu § 264c; *Winkeljohann/Schindhelm*, Das KapCoRiLiG, 2000, S. 172; zur Gegenansicht vgl. *W.-D. Hoffmann*, DStR 2000, S. 837 (840); *Bitter/Grashoff*, DB 2000, S. 835.

Gewinnthesaurierung (Dotierung im Rahmen der Ergebnisverwendung) darstellen. Es muss sich also stets um einen Kapitaltransfer aus deren Vermögen handeln, wobei unerheblich ist, ob der Transfergegenstand in ausgeschütteten Gewinnen besteht (also dem Prinzip „Schütt aus – Hol zurück" folgt).[93] In § 272 Abs. 2 HGB werden die denkbaren Fallkonstellationen wie folgt untergliedert:

- Beträge, die bei der Ausgabe von Anteilen (einschl. Bezugsrechten) über den Nennbetrag hinaus erzielt werden (§ 272 Abs. 2 Nr. 1 HGB)
- Beträge, die bei der Ausgabe von Schuldverschreibungen für Wandlungs- und Optionsrechte zum Erwerb von Anteilen erzielt werden (§ 272 Abs. 2 Nr. 2 HGB)
- Beträge von Zuzahlungen, die Gesellschafter gegen Gewährung eines Vorzugs für ihre Anteile erhalten (§ 272 Abs. 2 Nr. 3 HGB)
- Beträge von anderen Zuzahlungen, welche die Gesellschafter in das Eigenkapital leisten (§ 272 Abs. 2 Nr. 4 HGB).

Dieses sind sozusagen die „Grundtatbestände" für die Bildung von Kapitalrücklagen. **492**
Gemäß § 42 Abs. 2 Satz 3 GmbHG ist in dem Posten „Kapitalrücklage" außerdem bei GmbH ein Betrag gesondert auszuweisen, der den von den Gesellschaftern eingeforderten Nachschüssen entspricht. Ferner kann eine vereinfachte Kapitalherabsetzung (§ 58a GmbHG) dazu verwandt werden, die gewonnenen Beträge in die Kapitalrücklage einzustellen, soweit diese 10% des Stammkapitals nicht übersteigt (§ 58b Abs. 2 Satz 1 GmbHG). Für den eingestellten Betrag gilt in diesem Fall die Verwendungsbeschränkung des § 58b Abs. 2 GmbHG. Schließlich kann sich bei einer GmbH die Einstellung von Beträgen in die Kapitalrücklage ergeben, wenn die durch die Kapitalherabsetzung zur Verlustdeckung freigesetzten Mittel den tatsächlich eingetretenen Verlust überschritten (§ 58c GmbHG).

Die in § 272 Abs. 2 Nr. 1 bis 4 HGB aufgeführten Gesellschafterleistungen betreffen **493**
Agien, agio-ähnliche und *sonstige Zuzahlungen.* Für die GmbH haben in erster Linie nur das Agio bei Ausgabe von Anteilen über Nennwert (Nr. 1) und die sonstigen Zuzahlungen (Nr. 4) praktische Bedeutung. Lediglich für die AG kommen darüber hinaus auch Ausgabeaufschläge aus der Emission von Options- und Wandelanleihen und Zuzahlungen aus der Gewährung von Vorzügen in Betracht. Wir wollen uns mit den für die GmbH typischen Tatbeständen etwas näher beschäftigen. Im ersten Fall (Nr. 1) handelt es sich um Agien aus

- der Übernahme von Stammeinlagen bei der Gründung und bei der Kapitalerhöhung
- Verschmelzungsvorgängen, bei denen z.B. durch Ansatz von Zeitwerten für Aktiva und Passiva der übertragenden Gesellschaft Mehrbeträge entstehen.

Beispiel: Die C-GmbH soll zu Buchwerten auf die Schwestergesellschaft A-GmbH verschmolzen **494**
werden. Die dabei untergehende C-GmbH verfügt über ein Buchvermögen von TEUR 1.000. Die aus der Verschmelzung resultierende Kapitalerhöhung bei der A-GmbH soll lediglich TEUR 100 betragen. Der verbleibende Betrag ist bei Übernahme der Aktiven und Passiven der C-GmbH in die Bilanz der A-GmbH in die Position „Kapitalrücklage" einzustellen.

Weit größere praktische Bedeutung haben die *sonstigen Zuzahlungen* von Gesellschaf- **495**
tern (Nr. 4). Hierunter sind alle freiwilligen Leistungen zu verstehen, welche die Gesellschafter erbringen, ohne dass ihnen im Gegenzug Anteile, Vorzüge oder ähnliche Gesellschafterrechte gewährt werden. Es handelt sich um einen Auffangtatbestand. Dieser kann sowohl Bar- als auch Sachleistungen umfassen, wobei die letzteren über Vermögensge-

[93] So bei dem sog. „Schütt-aus-hol-zurück-Verfahren", das eine zweckgebundene Gewinnausschüttung zur Einlage als Kapitalrücklage vorsieht. Nach geltendem Steuerrecht hat diese Gestaltung allerdings ihre vormalige Bedeutung verloren.

genstandqualität verfügen müssen. Die zwingend erfolgsneutral – also ohne Berührung der Gewinn- und Verlustrechnung – zu erfassenden Zuzahlungen in das Eigenkapital sind von ergebniswirksam zu vereinnahmenden Zuschüssen (Ertragszuschüsse) abzugrenzen. Diese Abgrenzung ergibt sich nicht stets zweifelsfrei aus dem Gegenstand, sondern verlässlich nur aus der Zwecksetzung[94] der Gesellschafterleistung, die deshalb im Rahmen der Beschlussfassung in geeigneter Form zu dokumentieren ist.

496 **Beispiel:** Das Eigenkapital der A-GmbH (diese verfügt über ein Stammkapital von TEUR 2.500) wird von den Gesellschaftern – gemessen an dem Umfang, den die Unternehmensaktivität in der nahen Zukunft erreichen soll – nicht mehr für ausreichend angesehen. Andererseits scheuen die Gesellschafter eine formelle Kapitalerhöhung, die ihnen wenig Flexibilität lässt, sollte sich zukünftig erweisen, dass das Eigenkapital überdotiert ist. Sie beschließen daher, bei Eintritt bestimmter, ihnen nachzuweisender Bedingungen („Meilensteine") Zuzahlungen in das Eigenkapital vorzunehmen, die insgesamt TEUR 1.000 umfassen sollen. Die Gesellschaftervereinbarung hat folgenden Wortlaut:

„Die Gesellschafter verpflichten sich, folgende Zuzahlungen in das Eigenkapital zu leisten:

Gesellschafter A	TEUR 500
Gesellschafter B	TEUR 250
Gesellschafter C	TEUR 250

Die Beträge werden fällig, sobald die Geschäftsführung nachweist, dass ein Rahmenvertrag mit der X-AG über eine Mindestlaufzeit von drei Jahren und ein Liefervolumen von jährlich TEUR 1.500 rechtswirksam abgeschlossen wurde. Sie sind gemäß § 272 Abs. 2 Nr. 4 HGB in die Kapitalrücklage einzustellen."

Aufgrund der eindeutigen Zweckbestimmung und dem ausdrücklichen Verweis auf § 272 HGB handelt es sich bei den beschlossenen Zuzahlungen um Mittel, die erfolgsneutral in die Kapitalrücklageeinzustellen sind.

497 Verfolgt die Gesellschafterleistung indessen allein den Zweck, einen Jahresfehlbetrag zu decken oder einen Bilanzverlust auszugleichen, bedarf es nicht notwendig des „Umweges" über die Einstellung in die Kapitalrücklage und deren anschließender Verwendung zur Verlustdeckung. Vielmehr kann der Weg des unmittelbar erfolgswirksamen Sanierungszuschusses (z. B. in Form eines Forderungsverzichts) gewählt werden.

498 **Beispiel:** Das Eigenkapital der B-GmbH ist durch vorangegangene Verluste gemindert, die allerdings bisher durch bestehende Gewinnvorträge gedeckt werden konnten. Auch für das Geschäftsjahr 01 wird nochmals mit einem Verlust in der Größenordnung von TEUR 250 gerechnet. Die weitere Planung geht von ausgeglichenen Ergebnissen aus. Um eine verlustbedingte Minderung des Stammkapitals zu verhindern, beschließen die Gesellschafter, den Verlust des Jahres 01 auszugleichen und entsprechend ihrer Anteilsquote Zuschüsse in die Gesellschaft zu leisten. Da bereits Gesellschafterdarlehen in entsprechender Höhe gewährt wurden, soll diese Leistung in der Weise erfolgen, dass die Gesellschafter Forderungsverzichte aussprechen.

In diesem Fall ist davon auszugehen, dass eine Sacheinlage der Forderungen in das Kapital, die unter der Position „Kapitalrücklage" zu erfassen wäre, nicht beabsichtigt ist. Die Forderungsverzichte sind daher bei der B-GmbH erfolgswirksam zu erfassen. Der hieraus resultierende Ertrag aus dem Wegfall von Verbindlichkeiten wird dazu führen, dass voraussichtlich kein Verlust ausgewiesen wird.

499 Wurden von den Gesellschaftern auf der Grundlage einer statutarisch geregelten oder gesondert beschlossenen Nachschusspflicht Beträge eingefordert, sind diese im Umlaufvermögen unter den Forderungen gesondert unter der Bezeichnung *„Eingeforderte Nachschüsse"* auszuweisen (vgl. § 42 Abs. 2 GmbHG), soweit mit der Zahlung gerechnet werden kann. Ein entsprechender Betrag ist auf der Passivseite in dem Posten „Kapitalrücklage" gesondert auszuweisen.

500 Bei AG sind hinsichtlich der Bildung und Verwendung von Kapitalrücklagen die rechtlichen Bindungen § 150 Abs. 3 und 4 AktG zu beachten. Eine Entnahme aus der

---

[94] ADS § 272 Rdn. 137.

Kapitalrücklage zu Ausschüttungszwecken ist danach nur zulässig, soweit es sich um Zuzahlungen nach § 272 Abs. 2 Nr. 4 HGB handelt, die nicht dem Haftungsverband unterliegen. Ferner besteht eine Angabepflicht in Bilanz und Anhang gemäß § 152 Abs. 2 AktG, der für die GmbH nicht gilt.

Sieht man vom Sonderfall der Kapitalerhöhung aus Gesellschaftsmitteln ab (§§ 57c ff. 501 GmbHG), sind Entnahmen aus der Kapitalrücklage bei der GmbH handelsrechtlich als Ergebnisverwendung anzusehen. Da es bei der GmbH im Regelfall an gesellschaftsvertraglichen Entnahmebeschränkungen im Sinne von § 150 Abs. 3 und 4 AktG fehlt, ist die Auflösung der Kapitalrücklage grundsätzlich jederzeit unbeschränkt möglich, sofern der Gesellschaftsvertrag nichts Gegenteiliges bestimmt.[95] Die Auflösung der Kapitalrücklage kann daher auch bereits im Jahr ihrer Bildung durchgeführt werden. Die Bildung der Kapitalrücklage ist daher ein flexibles und verfahrenstechnisch einfaches Instrument, die Eigenkapitalausstattung von GmbH bedarfsgerecht zu steuern, ohne den förmlichen Weg über Kapitalerhöhungen oder -herabsetzungen gehen zu müssen.

Entnahmebeschränkungen bestehen lediglich in Sonderfällen, insbesondere bei Vor- 502 nahme einer vereinfachten Kapitalherabsetzung (§ 58b Abs. 2, 3 GmbHG) oder der Leistung von Nachschüssen durch die Gesellschafter gemäß § 42 Abs. 2 Satz 3 GmbHG. Eine im Rahmen einer vereinfachten Kapitalherabsetzung gebildete Kapitalrücklage darf vor Ablauf von fünf Jahren nicht ausgeschüttet, sondern lediglich zu den in § 58b Abs. 3 GmbHG bezeichneten Zwecken verwendet werden. Auch eine Ausschüttung laufender Gewinne unterliegt in diesem Zeitraum der Maßgabe, dass Kapital- und Gewinnrücklagen zusammen 10% des Stammkapitals erreichen müssen. Geleistete Nachschüsse sind grundsätzlich beizubehalten oder zweckentsprechend zu verwenden. Ihre Rückzahlung kann nur unter den Voraussetzungen des § 30 Abs. 2 GmbHG erfolgen. Wird die Kapitalrücklage hingegen zur Kapitalerhöhung aus Gesellschaftermitteln verwendet (§ 57d Abs. 1 GmbHG), liegt keine Auflösung mit Ergebnisauswirkung vor. Vielmehr handelt es sich um einen erfolgsneutralen Vorgang, der lediglich als Umbuchung innerhalb des Postens „A. Eigenkapital" vollzogen wird.

Fragen der Zugangs- oder Folgebewertung stellen sich bei Eigenkapitalpositionen 503 grundsätzlich nicht, da es sich hierbei um feste nominale Größen handelt, die statutarisch festgelegt, registergerichtlicher Kontrolle unterworfen oder durch die Ergebnisrechnung des Unternehmens festgelegt sind. Dies gilt auch für Kapitalrücklagen, zumal dann, wenn sie im Wege barer Zahlung gebildet wurden.

Wie bereits anhand eines Fallbeispiels erläutert, können Kapitalrücklagen auch in Ver- 504 schmelzungsvorgängen ihren Ursprung haben. Erfolgen diese Vorgänge auf Buchwertbasis, werden die daraus resultierenden Einstellungen von nicht zur Nominalkapitalerhöhung vorgesehen Beträgen in die Kapitalrücklage hinsichtlich ihrer Werthaltigkeit im Allgemeinen unbedenklich sein. Werden bei der Verschmelzung jedoch in erheblichem Umfang stille Reserven aufgedeckt und ruhen diese vornehmlich in bisher nicht bilanzierten immateriellen Vermögensgegenständen (z.B. Geschäfts- oder Firmenwert, Patente und Schutzrechte), ist hingegen im allgemeinen Vorsicht angebracht. Gleiches gilt für Fälle der Erbringung von sonstigen Zuzahlungen gemäß § 272 Abs. 2 Nr. 4 HGB auf dem Weg der Sacheinlage (z.B. durch Einbringung einer Gesellschafterforderung), da dieser Vorgang – anders als im Fall der Sachkapitalerhöhung – keiner registergerichtlichen Kontrolle und damit einer Werthaltigkeitsprüfung unterliegt. Ist die Höhe von im Rahmen von Verschmelzungen aufgedeckten stillen Reserven zweifelhaft oder eine eingebrachte Gesellschafterforderung wegen einer zu diesem Zeitpunkt bestehenden Krisenlage der Gesellschaft nicht als werthaltig anzusehen, berührt dies auch den „Wert" der Kapitalrücklage.

[95] ADS § 272 Rdn. 78; BeckBil-Komm/*Förschle/Kofahl* § 272 Rdn. 73.

505 Im ersten Fall korrespondiert die gebildete Kapitalrücklage unmittelbar mit „aufgeblähten“ Werten auf der Aktivseite der Bilanz, anders ausgedrückt, es liegt eine wertmäßig nicht gerechtfertigte Bilanzverlängerung vor. Eine in diesem Fall gebotene Wertkorrektur auf der Aktivseite kann im Ergebnis durch eine Auflösung der Kapitalrücklage in entsprechender Höhe kompensiert werden. Die unzulässige Bilanzverlängerung ist beseitigt.

506 Die Einlage einer Forderung bringt diese zum Erlöschen. Aus Sicht der Gesellschaft stellt sich dieser Vorgang als bloßer Passivtausch dar, der ohne Ergebnisauswirkung bleibt. An die Stelle der Verbindlichkeit gegenüber dem Gesellschafter tritt die neu gebildete Kapitalrücklage. War die Forderung zum Zeitpunkt der Einbringung nicht werthaltig, stellt ihre Einlage keine Vermögensmehrung dar, die den Ansatz einer Kapitalrücklage rechtfertigen würde. Allerdings führt in diesem Fall der Wegfall der Verbindlichkeit zu einem Ertrag in entsprechender Höhe auf Seiten der Gesellschaft. Die Bilanzkorrektur bestünde darin, die Kapitalrücklage auszubuchen und stattdessen ein erhöhtes Jahresergebnis auszuweisen. Aufgrund der – in diesem Fall unabhängig von der Form der Bilanzierung eintretenden – Ertragsteuerbelastung entspricht die Ergebniserhöhung jedoch nicht dem Nominalbetrag der ursprünglich gebuchten Kapitalrücklage.

507 **(b) Gewinnrücklagen.** In der Bezeichnung „Gewinnrücklagen“ kommt – in Unterscheidung zur Kapitalrücklage – bereits zum Ausdruck, dass es sich bei den unter dieser Position zu erfassenden Rücklagen um Beträge handelt, die im Geschäftsjahr oder in einem früheren Geschäftsjahr *aus dem Ergebnis gebildet* worden sind (§ 272 Abs. 3 HGB). Anders als die Kapitalrücklagen sind die Gewinnrücklagen damit betriebswirtschaftlich dem Bereich der (offenen) *Selbstfinanzierung* zuzurechnen. Kleine Kapitalgesellschaften können von der Erleichterungsregelung des § 266 Abs. 2 Satz 3 HGB Gebrauch machen und auf eine entsprechende Untergliederung des Postens „Gewinnrücklagen“ gemäß dem vorgeschriebenen gesetzlichen Gliederungsschema für das Eigenkapital verzichten.

508 Im Fall der AG ist zu beachten, dass eine gesetzliche Verpflichtung zur Bildung einer (Gewinn-) Rücklage aus dem Jahresüberschuss oder durch Gewinnverwendungsbeschluss der Hauptversammlung besteht (gesetzliche Rücklage nach § 150 AktG). Das GmbH-Recht kennt keine dem Aktienrecht vergleichbare gesetzliche Pflicht zur Bildung und beschränkten Auflösung von Gewinnrücklagen. Die Gewinnrücklagen der GmbH umfassen daher lediglich die

- Rücklagen für eigene Anteile (§ 274 Abs. 4 HGB)
- Satzungsmäßigen Rücklagen (§ 274 Abs. 3 Satz 2 HGB)
- anderen Gewinnrücklagen (§ 274 Abs. 3 Satz 2 HGB).

509 Kommt es trotz der gesetzlichen Restriktionen (§ 33 Abs. 1, 2 Satz 1 und Abs. 3 GmbHG) zu einem *Erwerb eigener Anteile*[96] durch die Gesellschaft, schreibt das Gesetz in § 272 Abs. 4 Satz 1 HGB die korrespondierende Bildung einer Rücklage unter der Position „Kapitalrücklage“ vor, um auf diesem Wege sicherzustellen, dass der Anteilserwerb nicht zur Rückzahlung von Eigenkapital (Stammkapital oder gebundenen Rücklagen) führt. Die zwangsweise Dotierung der Kapitalrücklage in Höhe der für den Erwerb der eigenen Anteile aufgewendeten Anschaffungskosten bewirkt für die Dauer des Anteilsbesitzes eine *Ausschüttungssperre*,[97] da die Rücklage für eigene Anteile nur aufgelöst werden darf, soweit die eigenen Anteile entweder ausgegeben, veräußert oder eingezogen werden oder sich der entsprechende Beteiligungsbuchwert durch außerplanmäßige Abschreibun-

---

[96] Zum Bilanzausweis der eigenen Anteile: §§ 266 Abs. 2 B.III.2., 265 Abs. 3 Satz 2 HGB und Rdn. 151.

[97] Vgl. BeckBil-Komm/*Förschle/Kofahl* § 272 Rdn. 118.

gen (§ 253 Abs. 3 HGB) gemindert hat und die Rücklage deshalb anzupassen ist (§ 274 Abs. 4 Satz 2 HGB). Die Rücklage für eigene Anteile ist nach § 272 Abs. 4 Satz 3 HGB bereits bei der Aufstellung des Jahresabschlusses zu bilden. Sie ist grundsätzlich aus vorhandenen freien Gewinnrücklagen (ersatzweise einem Gewinnvortrag, notfalls dem laufenden Jahresergebnis)[98] zu dotieren. Im Rahmen einer erweiterten Auslegung des § 274 Abs. 4 Satz 3 HGB, der lediglich die Gewinnrücklagen anspricht, wird es für zulässig gehalten,[99] zur Bildung der Rücklage für eigene Anteile auch eine Kapitalrücklage nach § 272 Abs. 2 Nr. 4 HGB („sonstige Zuzahlungen") heranzuziehen. Rücklagen, die aus einer Kapitalherabsetzung oder Nachschüssen der Gesellschafter beruhen, dürfen hingegen keine Verwendung finden.[100] Unterbleibt die Bildung der Rücklage oder wurde sie nicht in voller Höhe gebildet, ist der Jahresabschluss gemäß § 256 Abs. 1 Nr. 4 AktG analog nichtig.

Der Gesellschaftsvertrag der GmbH kann vorsehen, dass im Wege der Ergebnisver- 510
wendung Gewinnrücklagen zu bilden sind[101] oder gebildet werden können. Die Bildung der Rücklagen kann zweckgebunden oder zweckfrei sein. Unter der Position Abs. 3, A.III.3. „satzungsmäßige Rücklagen" sind nur solche Beträge auszuweisen, die auf Grund einer bindenden statutarischen Verpflichtung,[102] üblicherweise zweckgebunden (z.B. Substanzerhaltungsrücklage) eingestellt wurden. Eine freiwillige Dotierung der satzungsmäßigen Rücklagen in einem über den im Gesellschaftsvertrag festgelegten Umfang hinaus, ist nicht zulässig.

Die *„anderen Gewinnrücklagen"* (Abs. 3, B.III.4.) bezeichnen die sog. „freien Rückla- 511
gen". Im Wesentlichen können diese Rücklagen auf folgenden Sachverhalten beruhen:

- statutarische Ermächtigung der Geschäftsführer zur Bildung von Gewinnrücklagen („Ermessensrücklagen")
- gesetzliche Befugnis zur Rücklagenbildung durch die Geschäftsführer (§ 29 Abs. 4 GmbHG)
- Gewinnverwendungsbeschluss durch die Gesellschafter (§ 29 Abs. 2 GmbHG).

Die in § 29 Abs. 4 GmbHG geregelte gesetzliche Befugnis entspricht der Regelung in 512
§ 58 Abs. 2a AktG. Sie erlaubt die Einstellung von Beträgen in Gewinnrücklagen, die

- dem Eigenkapitalanteil von Zuschreibungen gemäß § 280 Abs. 1 HGB (sog. Wertaufholungsrücklage[103])
- steuerrechtlichen Passivposten, die nicht unter den Ausweis von „Sonderposten mit Rücklageanteil"[104] fallen,

entsprechen. Diese gesetzliche Ermächtigung erlaubt es den Geschäftsführern, „mit Zustimmung des Aufsichtsrats oder der Gesellschafter" (§ 29 Abs. 4 Satz 1 GmbHG) bestimmte gewinnerhöhende Sondereffekte der Gewinnverteilung zu entziehen.

Es ist auf Grund des für Personenhandelsgesellschaften prägenden personalistischen 513
Konzepts bei dieser Rechtsform denkbar, Rücklagenkonten für jeden einzelnen Gesellschafter zu führen oder alle Kommanditisten im Verhältnis ihrer Pflichteinlagen an einem gemeinschaftlichen Rücklagenkonto zu beteiligen (sog. gesamthänderisch gebundene Rücklage). Letzteres ist allerdings in der Praxis die Regel. Die Gesellschafter haben gemeinhin keinen Anspruch auf Auszahlung ihres Anteils an der gesamthänderisch gebun-

---

[98] Zum Fall des hierdurch bewirkten Bilanzverlustes ausführlich ADS § 272 Rdn. 195ff.
[99] ADS § 272 Rdn. 191.
[100] BeckBil-Komm/*Förschle/Kofahl* § 272 Rdn. 119 a.E.
[101] BeckBil-Komm/*Förschle/Kofahl* § 272 Rdn. 95.
[102] ADS § 272 Rdn. 151.
[103] Zum Wertaufholungsgebot vgl. Rdn. 90ff.
[104] Vgl. Rdn. 472f.

denen Rücklage vor ihrem Ausscheiden oder der Auseinandersetzung der Gesellschaft. Die vorzeitige Auflösung der Rücklage bedarf danach üblicherweise eines Gesellschafterbeschlusses. Zwar unterscheidet das gesellschaftsbezogene Gliederungsschema des § 264a Abs. 2 Satz 1 HGB auf Grund seiner Ableitung aus § 266 Abs. 3 HGB einerseits „Kapitalanteile" und „Rücklagen", das Gesetz bezieht jedoch andererseits die im gleichen Absatz geregelte Abschreibungspflicht hinsichtlich der Verlustanteile entsprechend § 120 Abs. 2 HGB dem Wortlaut nach allein auf „Kapitalanteile". Hieraus ist jedoch nicht zu folgern, dass Rücklagen keiner bilanziellen Verlustverrechnung unterliegen. Nach herrschender Meinung sind bei Personenhandelsgesellschaften nach § 264c Abs. 2 HGB im Verlustfall zunächst die Rücklagen zu mindern bevor die Kapitalanteile angesprochen werden. Diese Reihefolge entspricht der üblichen Bestimmung von Rücklagen als „Verlustpolster".

514 (c) **Ergebnisausweis.** Für das Ergebnis der jeweils laufenden Periode und eventuell vorgetragene Ergebnisse oder Ergebnisbestandteile vorangegangener Perioden sind im gesetzlichen Gliederungsschema für Kapitalgesellschaften jeweils gesonderte Unterpositionen des Eigenkapitals vorgesehen:

- Gewinnvortrag/Verlustvortrag
- Jahresüberschuss/Jahresfehlbetrag

515 Diese Darstellungsform berücksichtigt im Jahresabschluss die Verwendung des Geschäftsjahresergebnisses (noch) nicht, sondern weist dieses – übereinstimmend mit der letzten Position der Gewinn- und Verlustrechnung (§ 275 Abs. 2 Nr. 20 bzw. Abs. 3 Nr. 19 HGB) – als *„Jahresüberschuss/Jahresfehlbetrag"* aus. Hierbei handelt es sich um das handelsrechtliche Jahresergebnis, das – eventuell erhöht um einen Gewinnvortrag bzw. gemindert um einen Verlustvortrag – grundsätzlich der freien Verfügung der Gesellschafter über die Gewinnverwendung gemäß § 29 Abs. 2 GmbHG unterliegt, sofern gesetzliche Vorschriften oder Bestimmungen des Gesellschaftsvertrages oder Gesellschafterbeschlüsse nicht entgegenstehen.

516 In dem Gliederungsschema für Kapitalgesellschaften kommt zum Ausdruck, dass bei diesen kein unmittelbar aus dem Gesellschaftsverhältnis herrührender individuell konkretisierter Gewinnanspruch besteht, über die Ergebnisverwendung vielmehr in Abhängigkeit von Rechtsform und Gesellschaftsvertrag erst noch verbindlich entschieden werden muss. Der Begriff der Ergebnisverwendung (vgl. §§ 268 Abs. 1 Satz 1, 270 Abs. 2, 278, 325 Abs. 1 Satz 1 HGB) ist gesetzlich nicht definiert. Er umfasst folgende Maßnahmen:

- Gewinnausschüttungen an die Gesellschafter
- Einstellungen in Gewinnrücklagen
- Entnahmen aus Gewinnrücklagen und der Kapitalrücklage
- Vortrag des Gewinns/Verlusts auf neue Rechnung.

517 Den Ausschüttungen von Gewinnen und den Entnahmen aus den Rücklagen entsprechen Beteiligungserträge auf Ebene des Gesellschafters. Entnahmen aus den Rücklagen führen jedoch nicht in jedem Fall bei diesem zu Beteiligungserträgen. Ausnahmsweise kann in der Auskehrung von Rücklagen nämlich eine Rückzahlung von Kapital liegen, die beim Gesellschafter ergebnisneutral als Minderung der Anschaffungskosten der Beteiligung zu erfassen sind. Dies ist z.B. dann der Fall, wenn die ausgeschütteten Rücklagen bei Erwerb der Beteiligung im Kaufpreis vergütet waren und damit ein sachlicher Zusammenhang zwischen Ausschüttung und Buchwertansatz der Beteiligung besteht.

518 Eine *vollständige Ergebnisverwendung* liegt vor, wenn das genannte Jahresergebnis (einschließlich eines eventuellen Ergebnisvortrags aus dem Vorjahr) durch Ausschüttung

an die Gesellschafter, durch Dotierung von Gewinnrücklagen oder Vortrag auf neue Rechnung verwendet wurde. Bei einer GmbH ist es möglich, dass die Gesellschafter bereits *vor Feststellung* des Jahresabschlusses – ähnlich dem Fall der Vorabausschüttung – einen Gewinnverwendungsbeschluss nach § 29 Abs. 2 GmbHG fassen, der eine bindende Regelung für das gesamte Jahresergebnis enthält. Dieser Beschlussinhalt kann bereits bei der Aufstellung des Jahresabschlusses berücksichtigt werden mit der Folge, dass die danach den Gesellschaftern zustehen Gewinnanteile nicht mehr unter der Position Jahresüberschuss im Eigenkapital ausgewiesen, sondern als Verbindlichkeiten gegenüber Gesellschaftern gezeigt werden. Letzteres ist regelmäßig bei Personenhandelsgesellschaften der Fall, für die das gesetzliche Regelstatut der §§ 120ff. HGB gilt, demzufolge die Notwendigkeit eines gesonderten Gewinnverwendungsbeschlusses von vornherein nicht besteht, Gewinnanteile den Gesellschaftern vielmehr mit Ablauf des Geschäftsjahres bereits originär zuzurechnen und daher auf Gesellschafterkonten zu erfassen sind.[105] Unterliegt die Gewinnverteilung bei Personenhandelsgesellschaften hingegen abweichend von der gesetzlichen Lage nach Maßgabe des Gesellschaftsvertrages einer gesonderten Beschlussfassung, gilt das zum Fall der GmbH Gesagte grundsätzlich entsprechend. Steht indessen bei einer GmbH oder Personenhandelsgesellschaft nach dem Gesellschaftsvertrag noch ein Teilbetrag des Ergebnisses zur abschließenden Disposition der Gesellschafter, handelt es sich hinsichtlich des übrigen, bereits disponierten bzw. zuzurechnenden Teils um eine *teilweise Ergebnisverwendung.* Eine Ergebnisverwendung im hier verstandenen Sinne ist auch dann gegeben, wenn ein Jahresfehlbetrag auf neue Rechnung vorgetragen (im Folgejahr: Verlustvortrag bzw. Minderung eines bestehenden Gewinnvortrags) oder durch Entnahme aus den Rücklagen gedeckt wird.

Nach der Formulierung des § 268 Abs. 1 Satz 1 HGB „darf" die Bilanz auch unter Be- **519**
rücksichtigung der vollständigen oder teilweisen Verwendung des Jahresergebnisses aufgestellt werden. Danach sind theoretisch drei Ausweismöglichkeiten denkbar:

- Darstellung vor Ergebnisverwendung (§ 266 Abs. 3 HGB)
- Darstellung nach teilweiser Ergebnisverwendung (§ 268 Abs. 1 Satz 2 HGB)
- Darstellung nach vollständiger Ergebnisverwendung

Ergänzend ist in § 270 Abs. 2 HGB geregelt, dass im Falle der Aufstellung einer Bilanz **520**
unter Berücksichtigung der vollständigen oder teilweisen Ergebnisverwendung („wird … aufgestellt") die Entnahmen aus bzw. die Einstellungen in Gewinnrücklagen, die auf gesellschaftsvertraglicher Grundlage vorzunehmen sind, bereits bei der *Aufstellung* zu berücksichtigen sind. In allen Fällen einer *gesellschaftsvertraglich* vorgeschriebenen Dotierung oder Auflösung von Gewinnrücklagen besteht bei einer GmbH danach zwangsläufig die *indirekte Verpflichtung,* diese Maßnahmen der Ergebnisverwendung bei der Aufstellung zu berücksichtigen. Die statutarisch gebotene Berücksichtigung der genannten Rücklagenveränderungen setzt nämlich voraus, dass das Wahlrecht nach § 268 Abs. 1 Satz 1 HGB entsprechend ausgeübt wird. Damit wird diese Wahlrechtsausübung zur Pflicht gemacht.

Kommt es zu einer *Berücksichtigung der teilweisen Ergebnisverwendung* im Jahresab- **521**
schluss, bedarf es einer von § 266 Abs. 3 HGB abweichenden Darstellung der ergebnisbezogenen Bestandteile des Eigenkapitals. § 268 Abs. 1 Satz 2 HGB schreibt für diese Fälle folgendes vor:

- an die Stelle der Positionen Abs. 3, A.V. („Jahresüberschuss/Jahresfehlbetrag") und Abs. 3, A.IV. („Gewinnvortrag/Verlustvortrag") tritt die Position *„Bilanzgewinn/Bilanzverlust"*

[105] Vgl. Rdn. 526.

- ein vorhandener „Gewinnvortrag/Verlustvortrag" ist dabei rechnerisch in den neuen Posten „Bilanzgewinn/Bilanzverlust" einzubeziehen; er ist in der Bilanz oder im Anhang gesondert anzugeben

522 Der festgestellte Bilanzgewinn (bzw. -verlust) beschreibt eine Ergebnis-Restgröße nach teilweiser Ergebnisverwendung. Er unterliegt der verbleibenden Dispositionsmöglichkeit der Gesellschafter über das Ergebnis.

523 Macht das Unternehmen von der Möglichkeit Gebrauch, die Bilanz nach teilweiser oder vollständiger Ergebnisverwendung darzustellen, ergibt sich allerdings für den externen Bilanzleser ein Problem: das Jahresergebnis ist ziffernmäßig aus der Bilanz nicht mehr unmittelbar ersichtlich. Diese Größe ist entweder ganz verschwunden oder als Teilbetrag in anderen Positionen enthalten (z.B. Gewinnvortrag, Bilanzgewinn, Rücklagen), ohne dass aus der Bilanz selbst ersichtlich würde, wie es sich mit der Zuordnung des Jahresergebnisses genau verhält. Die Gewinn- und Verlustrechnung endet zwar stets mit dem Jahresüberschuss oder -fehlbetrag. Dieser Ausweis lässt sich jedoch nicht in die Bilanzdarstellung überleiten. Bilanz und Gewinn- und Verlustrechnung lassen daher einen wünschenswerten Zusammenhang vermissen. Hilfreich wäre eine Überleitungsrechnung, die zeigt, wie das Jahresergebnis verwendet wurde.

524 Das Dritte Buch des HGB enthält für Fälle einer Bilanzierung nach teilweiser oder vollständiger Ergebnisverwendung gemäß § 268 Abs. 1 HGB keine ausdrückliche Verpflichtung zur Erstellung einer Überleitungsrechnung für das Jahresergebnis.[106] Nach § 325 Abs. 1 Satz 1 ist lediglich eine Offenlegung des Vorschlags für die Verwendung des Ergebnisses und des Beschlusses über seine Verwendung erforderlich, soweit dieser im eingereichten Jahresabschluss nicht enthalten ist und schutzwürdige Gesellschafterinteressen nicht berührt sind. Für Aktiengesellschaften besteht hingegen nach § 158 AktG die Notwendigkeit, das Jahresergebnis unter Angabe der Rücklagenbewegungen zum Bilanzgewinn oder -verlust überzuleiten. Diese Vorschrift findet auf Gesellschaften anderer Rechtsformen, z.B. für GmbH, keine unmittelbare Anwendung.[107] Es steht diesen Gesellschaften jedoch frei, eine entsprechende Darstellung der Ergebnisverwendung entweder im Anschluss an das Jahresergebnis in der Gewinn- und Verlustrechnung oder im Anhang zu machen.[108] Dies ist zudem nach verbreiteter Auffassung aus Gründen der Bilanzklarheit (§ 243 Abs. 2 HGB) bei Bilanzierung nach teilweiser oder vollständiger Ergebnisverwendung anzustreben, um ein Auseinanderfallen des Ergebnisausweises in Bilanz und Gewinn- und Verlustrechnung zu vermeiden.[109]

525 Gleiches dürfte auch für Personenhandelsgesellschaften gelten, zumal dann, wenn diese nach § 264a HGB Kapitalgesellschaften gleichgestellt sind. Dies ist insbesondere deshalb von Bedeutung, weil eine nach dem gesetzlichen Regelstatut gestaltete Personenhandelsgesellschaft stets eine Bilanzierung nach vollständiger Ergebnisverwendung vornehmen wird. Der Ergebnisausweis stellt sich in diesen Fällen anders dar als bei Kapitalgesellschaften, mag das in § 264c Abs. 2 HGB für Kapitalgesellschaften & Co. vorgesehene Gliederungsschema auf den ersten Blick auch einen anderen Eindruck erwecken.

526 Der Gewinnanteil steht dem Gesellschafter nach herrschender Auffassung dem Grunde nach regelmäßig bereits *zum Abschlussstichtag* der Personenhandelsgesellschaft ohne weiteren Willensakt der Mitgesellschafter originär zu.[110] Er ist nach der gebotenen wirtschaftlichen Betrachtungsweise bereits vor Entstehung eines Gläubigerrechts des Gesell-

[106] Vgl. *ADS*, a.a.O. Rdn. 14 zu § 268.
[107] Vgl. *ADS*, a.a.O. Rdn. 32 zu § 158 AktG.
[108] Vgl. *Budde/Raff*, BeckBilKomm, a.a.O., Rdn. 3 zu § 268 sowie Rdn. 310 zu § 275.
[109] Vgl. *ADS*, a.a.O. Rdn. 14 zu § 268; *Budde/Raff*, BeckBilKomm, a.a.O., Rdn. 3 zu § 268.
[110] Vgl. *ADS*, a.a.O., Rdn. 224 zu § 246.

schafters auf seinen Gewinnanteil bilanzierungsfähig, sofern er sich aus einem *aufgestellten* Jahresabschluss ergibt und gesellschaftsvertragliche Regelungen nicht entgegenstehen.[111] Eine Feststellung des Jahresabschlusses, also dessen formelle Verbindlicherklärung, die als Grundlagengeschäft grundsätzlich der Mitwirkung *aller* Gesellschafter bedarf,[112] ist zwar für die rechtliche Entstehung, nicht aber für die *bilanzielle Konkretisierung* von Gewinnansprüchen erforderlich. Dies gilt zumindest dann, wenn alle maßgeblichen Bewertungsentscheidungen getroffen sind.

Folglich ist nach § 120 Abs. 2 HGB der einem Gesellschafter zukommende Gewinn 527
ohne weiteren Zwischenakt seinem Kapitalanteil zuzuschreiben. Für Kommanditisten gilt dies mit der Maßgabe, dass eine Zuschreibung von Gewinnanteilen nur insoweit erfolgt, als der Kapitalanteil den Betrag der Pflichteinlage unterschreitet (§ 167 Abs. 2 HGB). Die auf voll eingezahlte Kommanditanteile entfallenden entnahmefähigen Gewinnanteile sind daher nicht dem Kapitalkonto, sondern einem Verbindlichkeitenkonto (Privatkonto oder Darlehenskonto) gutzuschreiben, sofern sich aus dem Gesellschaftsvertrag nichts Gegenteiliges ergibt. Danach erfolgt im Regelfall ein Gewinnausweis gemäß § 268 Abs. 1 Satz 1 HGB *nach vollständiger Ergebnisverwendung.* Ein unverteilter Ausweis des Jahresüberschusses in der von § 264c Abs. 2 Satz 1 HGB vorgesehenen Form ist vielmehr auf die (allerdings nicht seltenen) Fälle gesellschaftsvertraglicher Regelungen beschränkt, die abweichend vom Normalstatut der Personenhandelsgesellschaft die Entscheidung über die Ergebnisverwendung in Anlehnung an das Vorbild der Kapitalgesellschaft gestalten. Auch der Ausweis eines „Gewinnvortrages" kommt nur in Betracht, wenn der Gesellschaftsvertrag hinsichtlich der Verwendung stehen gelassener Gewinne eine der Kompetenzverteilung bei Kapitalgesellschaften entsprechende Regelung enthält.

Da die Bestimmungen in § 264c Abs. 2 Satz 3 bis 7 HGB spezialgesetzlich stets eine 528
unmittelbare Verrechnung (Abschreibung) von Verlusten mit den Kapitalanteilen anordnen, hat die in Satz 1 HGB vorgesehene Position *„Jahresfehlbetrag"* keinen erkennbaren Anwendungsbereich. Nach dem Gesagten kann es bei Personenhandelsgesellschaften auch nicht zum Ausweis eines *„Verlustvortrags"* kommen. Auf gesellschaftsvertraglicher Grundlage im Rahmen eines Vierkontenmodells bestehende „Verlustvortragskonten" einzelner Gesellschafter stellen lediglich Unterkonten des Kapitalkontos dar, die vornehmlich dem Zweck dienen, eine Verrechnung von Verlustanteilen mit entnahmefähigen Gewinnen zu verhindern.

e) Sonderfälle des Eigenkapitalausweises. Bisher haben wir die in den gesetzlichen 529
Gliederungsschemata nach §§ 266 Abs. 3, 264c Abs. 2 HGB vorgesehenen Positionen behandelt. Danach sind grundsätzlich alle Positionen des Jahresabschlusses mit Eigenkapitalcharakter unter Einbeziehung des Periodenergebnisses sowie eines eventuellen Ergebnisvortrags aus Vorjahren unter einen Posten „A. Eigenkapital" zusammengefasst. Der Grundsatz des zusammengefassten Eigenkapitalausweises ist in zwei Fällen durchbrochen:

- Ausstehende Einlagen auf das gezeichnete Kapital (§ 272 Abs. 1 Satz 2 und 3 HGB)
- Nicht durch Eigenkapital gedeckter Fehlbetrag (§ 268 Abs. 3 HGB)

(1) Ausstehende Einlagen. Das Gesetz bietet in § 272 Abs. 1 HGB zwei Ausweisvari- 530
anten für Fälle an, in denen die Einlagen der Gesellschafter auf das gezeichnete Kapital (Stammeinlagen) noch nicht oder nicht in voller Höhe erbracht wurden. Diese sollen an einem Beispiel erläutert werden.

---

[111] Vgl. bereits HFA 2/1993, B I.2.f).
[112] Vgl. BGH, a.a.O. S. 460ff. mwN; hierzu Anm. *Binz/Sorg,* DB 1996, S. 969ff.

531 **Beispiel:** Die A-GmbH verfügt über ein Stammkapital von TEUR 2.500. Die Gesellschafter haben im Geschäftsjahr 01 eine Kapitalerhöhung um TEUR 500 auf TEUR 3.000 beschlossen. Die neuen Stammeinlagen wurden bis zum Stichtag noch nicht geleistet. Sie sind jedoch in Höhe von TEUR 150 von den Gesellschaftern eingefordert und damit fällig gestellt worden.

Ausweisalternative 1

AKTIVA	EURO	PASSIVA	EURO
A. Ausstehende Einlagen – davon eingefordert: EURO 150.000,00	500.000	A. Eigenkapital	
		I. Gezeichnetes Kapital	2.500.000
....		....	
....		....	

Ausweisalternative 2

AKTIVA	EURO	PASSIVA	EURO
A. Anlagevermögen		A. Eigenkapital	
....		I. Gezeichnetes Kapital	2.500.000
B. Umlaufvermögen		Nicht eingeforderte, ausstehende Einlagen	– 350.000
I.		Eingefordertes Kapital	2.150.000
II. Forderungen und sonstige Vermögensgegenstände			
....			
4. Eingeforderte, ausstehende Einlagen	150.000		

532 Wird die in § 272 Abs. 1 Satz 2 HGB geregelte Form des gesonderten vollen aktivischen Ausweises (Ausweisalternative 1) gewählt, ist in der Bilanz auf der Aktivseite vor dem Anlagevermögen ein entsprechender zusätzlicher Posten in Höhe der noch nicht geleisteten Einlagen mit der Bezeichnung „Ausstehende Einlagen" zu bilden. Der eingeforderte Teil ist zu vermerken. In diesem Fall ist das Eigenkapital in der Höhe zu zeigen, die es nach vollständiger Leistung der Gesellschaftereinlagen hat. Der Aktivposten „Ausstehende Einlagen" stellt dabei einen Korrekturposten zum Eigenkapital dar, der den noch nicht erfolgten Mittelzufluss aus beschlossenen Gesellschaftereinlagen wiedergibt.

533 Statt dieser „Bruttodarstellung" kann sich die Gesellschaft auf den aktivischen Ausweis des eingeforderten Teils der Stammeinlagen beschränken, der Forderungscharakter hat und daher im Umlaufvermögen zu zeigen ist (Ausweisalternative 2). Der Eigenkapitalausweis ist in diesem Fall per Saldo lediglich um den eingeforderten Teil der Einlagen erhöht. Da die Einlagen aber bereits in ihrer vollen Höhe gezeigt werden sollen, sind von diesem Betrag die noch nicht eingeforderten Teilbeträge offen abzusetzen.

534 Der Informationsgehalt beider Ausweisalternativen ist im Ergebnis gleich. Auswirkungen ergeben sich in erster Linie in Bezug auf die Höhe der ausgewiesenen Bilanzsumme und der sich danach ergebenden Eigenkapitalquote. Da die Einordnung der Gesellschaft in Größenklassen von der Höhe der Bilanzsumme abhängig ist, kann durch die Ausübung des Ausweiswahlrechts bei ausstehenden Einlagen unter Umständen der Eintritt größenabhängiger Rechnungslegungserfordernisse vermieden werden. Bilanzanalytisch bleibt es dem Leser überlassen, ob er bereits mit dem vollen Eigenkapital rechnet oder die noch nicht geleisteten Einlagen von der beschlossenen Eigenkapitalziffer kürzt.

(2) Bilanzielle Überschuldung. Der Begriff der bilanziellen Überschuldung wurde bereits im einführenden Teil dieses Buches geklärt.[113] Wir wollen uns nunmehr mit den ausweistechnischen Besonderheiten in Überschuldungsfällen befassen.[114] Ist das Eigenkapital der Gesellschaft durch Verluste (Jahresfehlbetrag, Verlustvortrag oder Bilanzverlust) aufgebraucht und übersteigen in der Folge die Passivposten die Aktivposten (Überschuldung), so ist das sich danach ergebende „negative Eigenkapital" auf der *Aktivseite* gesondert unter der Bezeichnung *„Nicht durch Eigenkapital gedeckter Fehlbetrag"* auszuweisen (§ 268 Abs. 3 HGB). Durch diesen Ausweis wird das Prinzip durchbrochen, sämtliche Eigenkapitalverhältnisse auf der Passivseite auszuweisen. Es ist in diesen Fällen also nicht zulässig, den Minusbetrag des Eigenkapitals als solchen auf der Passivseite der Bilanz zu zeigen. Der Fehlbetrag ist *„am Schluss der Bilanz"*, also als letzter Posten der Aktivseite, auszuweisen. Die Ausweispflicht hinsichtlich des Eigenkapitals mit den vorgesehenen Gliederungsbestandteilen (§ 266 Abs. 3 A. HGB) besteht unverändert fort, obwohl der ausgewiesene Wert im Ergebnis „0" beträgt. Der nicht durch Eigenkapital gedeckte Fehlbetrag ist eine rein rechnerische *Korrekturgröße zum Eigenkapital,* die weder als Vermögensgegenstand im Sinne des § 246 HGB noch als Bilanzierungshilfe (vgl. §§ 269, 274 Abs. 2 HGB) anzusehen ist. Er markiert die *buchmäßige* (formelle) Überschuldung, also den Betrag, um den unter Zugrundelegung handelsrechtlicher Ansatz- und Bewertungsvorschriften die bestehenden Schulden die bilanzierungsfähigen Aktiva des Unternehmens zu Buchwerten übersteigen. Von diesem Posten geht eine „Warnfunktion" aus. Er ist – falls noch nicht bereits aus anderen Gründen geschehen – Veranlassung, die wirtschaftlichen Verhältnisse des Unternehmens und seinen Fortbestand kritisch zu untersuchen. 535

Beispiel: Die A-GmbH hat bei einem Stammkapital von TEUR 2.500 und Gewinnrücklagen von TEUR 500 in den letzten Jahren fortlaufend Verluste erlitten. Der hieraus resultierende Verlustvortrag betrug zu Beginn des Geschäftsjahres 01 TEUR 2.850. Im Geschäftsjahr 01 entstand ein erneuter Verlust von TEUR 370. Das Eigenkapital ist daher in Höhe von TEUR 220 negativ. Es wäre nicht zutreffend, in diesem Fall auf der Passivseite der Bilanz den Negativsaldo von TEUR 220 auszuweisen. Vielmehr ergibt sich nach den gesetzlichen Anforderungen grundsätzlich folgendes Bild: 536

AKTIVA	EURO		PASSIVA EURO
A. Anlagevermögen		A. Eigenkapital	
		I. Gezeichnetes Kapital	2.500.000
B. Umlaufvermögen		II. Gewinnrücklagen	500.000
		III. Verlustvortrag (soweit durch Eigenkapital gedeckt)	– 3.000.000
C. Nicht durch Eigenkapital gedeckter Fehlbetrag	220.000		0,00
		B. Rückstellungen	
		C. Verbindlichkeiten	

Der Aktivposten „Nicht durch Eigenkapital gedeckter Fehlbetrag" ist zu einer insolvenzrechtlichen Überschuldungsmessung nicht geeignet. Er entspricht nicht notwendig der „tatsächlichen" Überschuldung der Gesellschaft. Diese ist unter Berücksichtigung insolvenzrechtlicher Grundsätze gesondert zu ermitteln (Überschuldungsbilanz). Danach kann die Gesellschaft über bewertbare stille Reserven im Anlagevermögen oder nicht bi- 537

[113] Vgl. Rdn. 90.

[114] Zur Erstellung eines sog. „Überschuldungsstatus" zur Prüfung des Insolvenzeintritts vgl. Rdn. 884 ff.

lanzierungsfähige immaterielle Vermögensgegenstände (z.B. Geschäfts- oder Firmenwert, Patente und Schutzrechte) verfügen, die den ausgewiesenen Fehlbetrag übersteigen. Oder es können Verbindlichkeiten in ausreichender Höhe bestehen, bezüglich derer von den Gläubigern ein insolvenzrechtlich wirksamer Rangrücktritt erklärt worden ist.

VII. Rückstellungen

538 Das Fremdkapital tritt in der Bilanz – anders als das Eigenkapital – nicht in einer zusammengefassten Hauptposition in Erscheinung. Das HGB bezeichnet die Fremdkapitalposten der Bilanz zwar zusammenfassend als *„Schulden"* (§§ 242 Abs. 1 Satz 1, 246 Abs. 1 Satz 1, 247 Abs. 1 HGB). Diese werden im gesetzlichen Gliederungsschema jedoch in *„Rückstellungen"* und *„Verbindlichkeiten"* unterteilt, wobei die Rückstellungen zwischen den Positionen „Eigenkapital" und „Verbindlichkeiten" eingeordnet werden.

1. Abgrenzungsfragen

539 Das Eigenkapital, das sich aus einer von den Gesellschaftern bereitgestellten Haftungsmasse zusammensetzt, dient der Selbstfinanzierung des Unternehmens. Es sichert die Gesellschaft zugleich gegen allgemeine Unternehmensrisiken ab, zu deren Zweck Rückstellungen nicht gebildet werden dürfen. Erscheinen die Mittel zur allgemeinen Risikovorsorge unzureichend, muss stattdessen eine Kapitalerhöhung vorgenommen werden, die auch in der Thesaurierung von Gewinnen bzw. der Bildung von Rücklagen bestehen kann.

540 Der Begriff „Verbindlichkeiten" beschränkt sich nicht auf die unter § 266 Abs. 3 C HGB im Einzelnen aufgeführten Unterposten auf der Passivseite der Bilanz. Diese Posten definieren lediglich einen Begriff der Verbindlichkeiten im engeren, gliederungstechnischen Sinne. Im Allgemeinen deutschen Sprachgebrauch wird der Begriff Verbindlichkeiten hingegen gemeinhin mit dem Begriff „Schulden" synonym verwendet. Diese Begrifflichkeit führt im Hinblick auf den gliederungstechnisch strukturierten Bilanzausweis zu inhaltlichen Überschneidungen. Das Gesetz selbst definiert den Hauptanwendungsfall der Rückstellungen als „ungewisse Verbindlichkeiten" (§ 249 Abs. 1 Satz 1 HGB), man spricht insoweit auch von „Verbindlichkeitsrückstellungen". Damit werden zwei Begriffe zu einem Wort vereint, die im gesetzlichen Gliederungsschema unterschiedliche Hauptpositionen bezeichnen, die gegeneinander abzugrenzen sind. Zu den Verbindlichkeiten können schließlich auch die sog. Haftungsverhältnisse gezählt werden (§ 251 HGB). Hierunter werden sog. „Eventualverbindlichkeiten" erfasst. Diese betreffen Rechtsverhältnisse, aus denen der Bilanzierende nur unter bestimmten Umständen in Anspruch genommen werden kann, mit deren Eintritt er aber nicht rechnet, da er unwahrscheinlich ist. Eventualverbindlichkeiten zählen wegen des Fehlens des Wahrscheinlichkeitsmerkmals nicht zu den zu passivierenden Schulden, sie sind lediglich „unter der Bilanz" nachrichtlich zu vermerken oder im Anhang anzugeben (§§ 251, 268 Abs. 7 HGB). Man kann die hier genannten Begriffe vereinfachend wie folgt systematisieren:

Gliederungstechnischer Begriff	*Inhalt*
Verbindlichkeiten	„sichere" Verbindlichkeiten
Verbindlichkeitsrückstellungen	„unsichere" Verbindlichkeiten
Haftungsverhältnisse	„unwahrscheinliche" Verbindlichkeiten

Anders als diese Übersicht vermuten lässt, sind die Inhalte der aufgeführten Positionen allerdings nicht allein nach absoluten Unsicherheits- oder Wahrscheinlichkeitsmerkmalen gegeneinander abzugrenzen. Wenn in der Übersicht von „sicheren" Verbindlichkeiten gesprochen wird, so ist dies ohnehin nur im Sinne einer „Quasi-Sicherheit" gegenwärtig bestehender Verpflichtungsumfänge zu verstehen. Es bedeutet nicht, dass es an jeglicher Bewertungsunsicherheit fehlt. Die Abgrenzung zwischen Verbindlichkeiten und Verbindlichkeitsrückstellungen bestimmt sich vielmehr in erster Linie nach dem zugrunde liegenden Geschäft und erst in zweiter Linie nach dem Unsicherheitskriterium. **541**

Liegt der Verbindlichkeit ein *aktivierungspflichtiger* und damit ergebnisneutral zu behandelnder Anschaffungsvorgang zugrunde (z.B. Erwerb eines Anlagegegenstandes), führen eventuelle Unsicherheiten über die Höhe der Zahlungsverpflichtung nicht bereits zu deren Erfassung als „Rückstellung". Es handelt es sich in diesen Fällen stets um eine Verbindlichkeit im engeren bilanziellen Sinne. Würde man anders verfahren und in diesen Fällen aufwandswirksam Rückstellungen bilden, würde der Grundsatz der Ergebnisneutralität von Anschaffungsvorgängen durchbrochen. **542**

Beispiel: Die A-GmbH hat im Geschäftsjahr 01 von einem Fachunternehmen eine bauliche Maßnahme an ihrem Betriebsgebäude ausführen lassen, zu der sie aus umweltschutzrechtlichen Gründen verpflichtet war. Die nach dem Vertrag abrechenbaren Teilleistungen sind am Stichtag nahezu vollständig abgeschlossen. Zwischen der A-GmbH und dem beauftragten Unternehmen sind jedoch Fragen der konkreten Bauausführung streitig, eine Einigung wurde bis zum Stichtag noch nicht gefunden. Die A-GmbH steht auf dem Standpunkt, dass die Baumaßnahme in der vorliegenden Form nicht abnahmefähig ist und hat der vorgelegten letzten Teilrechnung widersprochen. Diese beläuft sich nach Abzug des üblichen Sicherheitseinbehalts auf TEUR 50. Die A-GmbH hat vergleichsweise die Zahlung von TEUR 35 angeboten. **543**

Es handelt sich nicht um eine Erhaltungsmaßnahme, sondern um eine Erweiterungsinvestition. Die Baumaßnahme wird, da sie noch nicht abgeschlossen ist, daher im Anlagevermögen der Gesellschaft unter „Anlagen im Bau" zu aktivieren sein. In diesem Fall wäre es nicht zutreffend, die Verbindlichkeit gegenüber dem Bauunternehmen im Hinblick auf die bestehende Unsicherheit über deren endgültige Höhe unter den Rückstellungen zu erfassen. Da eine Einigung noch nicht gefunden ist, gebietet es im vorliegenden Fall das Vorsichtsprinzip, eine Verbindlichkeit und entsprechende Anschaffungskosten in voller Höhe einzubuchen.

Wurden vom Unternehmen hingegen Leistungen empfangen, die von Dritten erbracht wurden und als *Aufwand des Geschäftsjahres* ergebniswirksam zu erfassen sind (z.B. Kosten einer rechtlichen Beratung), ist hierfür eine Rückstellung zu bilden und keine bilanzielle Verbindlichkeit zu buchen, sofern im Einzelfall Unsicherheiten über das Bestehen und/oder die Höhe der hieraus möglicherweise resultierenden Zahlungsverpflichtung bestehen. **544**

Beispiel: Die A-GmbH hat im Geschäftsjahr 01 einen Gutachter mit der Vornahme von Bodenproben auf dem Betriebsgrundstück beauftragt. Diese Maßnahme diente dem Zweck, mögliche Risiken aus Bodenverunreinigungen identifizieren zu können, für die es erste Anzeichen gab. Mit dem Gutachter war ein Festhonorar von TEUR 15 vereinbart worden. Dieser macht aber nach Auftragsausführung glaubhaft geltend, ihm bei Auftragserteilung nicht bekannte Besonderheiten der Bodenbeschaffenheit hätten seine Arbeiten in nicht vorhersehbarem Umfang wesentlich erschwert und verzögert. Er hat demgemäß eine Honorarnote über TEUR 25 gestellt. Die A-GmbH hat sich hierzu noch nicht abschließend geäußert. Die Geschäftsführung geht davon aus, sich mit dem Gutachter auf der Ebene von TEUR 20 einigen zu können. **545**

Die Kosten der Begutachtung sind als sonstiger betrieblicher Aufwand des Geschäftsjahres zu erfassen. Die Höhe der Kosten ist ungewiss, ihre Erfassung als Rückstellung daher angebracht. Da Zweifel darüber bestehen darüber, ob der Gutachter Anspruch auf volle Begleichung des von ihm beanspruchten Rechnungsbetrages hat, liegt es im Ermessen der Geschäftsführung, in welcher Höhe sie die Rückstellung ansetzt. Nach Lage des Falles kann es als ausreichend angesehen werden, wenn eine Rückstellung in Höhe von TEUR 20 gebildet wird.

546 Für den finanzwirtschaftlich orientierten Bilanzanalysten ist die hier dargestellte Abgrenzung zwischen Verbindlichkeiten im engeren Sinn und Rückstellungen im Allgemeinen von geringer Bedeutung, da dieser sich in erster Linie für die Gesamtverschuldung, die Fristigkeiten und insbesondere die Finanzierungskonditionen im Fremdkapitalbereich interessiert, hinter welche die Unsicherheitsgrade hinsichtlich Grund und/oder Höhe von Verpflichtungen – von wesentlichen Einzelfällen abgesehen – an Informationswert deutlich zurücktreten dürften.

547 Zwar differenziert auch die internationale Rechnungslegung das Fremdkapital begrifflich nach Wahrscheinlichkeitsmerkmalen. Sie verwendet dabei einen gespaltenen Rückstellungsbegriff. Dieser entspricht mit den Begriffen *„Provisions"* (Rückstellungen im engeren Sinne) und den *„Accruals"* – in beiden Fällen handelt es sich um spezielle Unterarten der Verbindlichkeiten *(„Liabilities")* – aber weitgehend den hier behandelten Verbindlichkeitsrückstellungen. Die Unterscheidung wird nach dem Sicherheitsgrad der Verbindlichkeit vorgenommen. Dabei bezeichnen die *„Accruals"* Verpflichtungen, die aus Lieferungs- und Leistungsbeziehungen herrühren und einen wesentlich höheren Grad der Sicherheit hinsichtlich Höhe und Zeitpunkt der Erfüllung aufweisen als die unter den *„Provisions"* erfassten sonstigen Risiken. Diese Unterscheidung findet aber nicht notwendig seinen Ausdruck im Bilanzbild, zumal nach IAS/IFRS ein festes Gliederungsschema für die Bilanz nicht vorgeschrieben ist. Im Bereich von US GAAP unterbleibt eine Unterscheidung zwischen Rückstellungen und Verbindlichkeiten ganz. Es existiert keine eigenständige Bilanzposition „Rückstellungen", die Passivierungspflicht richtet sich nach einem einheitlichen Wahrscheinlichkeitskriterium.

548 Für die deutsche juristische Praxis, die sich in erster Linie an den Anforderungen der Rechnungslegungsvorschriften des HGB zu orientieren hat, kann es jedoch im Einzelfall von großem Nutzen sein, die Unterscheidung von Rückstellungen und Verbindlichkeiten zu kennen. Durch die ausweistechnische Separierung der „unsicheren" Verbindlichkeiten und insbesondere der darüber hinaus wahlweise zulässigen „Aufwandsrückstellungen" ohne Verbindlichkeitscharakter von den „sicheren" Verbindlichkeiten in der Bilanz wird die Identifikation potenziell kritischer oder streitbelasteter Abschlusspositionen erleichtert.

2. Gliederung und Regelungsstruktur

549 Das gesetzliche Gliederungsschema für mittelgroße und große GmbH unterscheidet in § 266 Abs. 3 B. HGB folgende Rückstellungstypen:

- Rückstellungen für Pensionen und ähnliche Verpflichtungen
- Steuerrückstellungen
- Sonstige Rückstellungen.

550 Die Gliederung folgt einem Prinzip abnehmender Spezialität. Unabhängig von dieser rein ausweistechnischen Differenzierung unterliegen sämtliche Rückstellungstypen des Gliederungsschemas den allgemeinen Grundsätzen für die Bildung von Rückstellungen nach § 249 HGB. Vorangestellt sind die Rückstellungen für Pensionsverpflichtungen. Der gesonderte Ausweis der Pensionsrückstellungen ist Ausdruck des spezifischen Charakters dieser Verpflichtungen, die mit Inkrafttreten des BiRiLiG zum 1. 1. 1986 in Deutschland erstmals passivierungs*pflichtig* wurden. Die Hervorhebung der Verpflichtungen gegenüber dem Fiskus korrespondiert mit dem gesonderten Ausweis des Steueraufwands in der Gewinn- und Verlustrechnung (§ 275 Abs. 2 Nr. 18 und 19, Abs. 3 Nr. 17 und 18 HGB) und der Vermerkpflicht für Steuerverbindlichkeiten bei den „sonstigen Verbindlichkeiten" (§ 266 Abs. 3 C.8. HGB). Sie trägt damit der großen Bedeutung des „Steuerthemas" für die Bilanzanalyse Rechnung.

Es folgen – gleichsam als Auffangtatbestand – die „sonstigen Rückstellungen". Unter dieser Position sind alle übrigen passivierungspflichtigen bzw. passivierungsfähigen Sachverhalte zu erfassen, die nicht als Verbindlichkeiten im engeren bilanziellen Sinne zu qualifizieren sind. Die Zusammenfassung aller üblicherweise wesentlichen Rückstellungen unter einem Sammelposten, der zudem nur äußerst geringen Erläuterungsanforderungen im Anhang unterliegt (§ 285 Nr. 12 HGB), wird der besonderen Bedeutung der Rückstellungen für die Aussagefähigkeit des Jahresabschlusses und den daraus resultierenden berechtigten Informationsinteressen des externen Bilanzlesers nicht gerecht. Zum Vergleich seien hier die umfassenden Angabepflichten hinsichtlich jeder Rückstellungsgattung nach IAS/IFRS genannt: 551

- Buchwert zum Beginn des Geschäftsjahres
- Erhöhung bestehender Rückstellungen
- Betrag zusätzlich gebildeter Rückstellungen
- Auflösungen und Verbräuche der Periode
- Angaben zu abgezinsten Rückstellungen
- Angaben zu Art und Fälligkeit und zu Unsicherheiten bezüglich der Höhe und Fälligkeit
- erwartete Rückgriffs- und Erstattungsansprüche

Je nach Aufgabenstellung des Juristen wird es bei Anwendung deutscher Rechnungslegungsgrundsätze erforderlich sein, sich zusätzliche Informationen über Zusammensetzung und Entwicklung der sonstigen Rückstellungen zu beschaffen. 552

Das HGB enthält in § 249 Abs. 1 und 2 HGB eine abschließende Aufzählung der Zwecke, für die Rückstellungen gebildet werden müssen (§ 249 Abs. 1 Satz 1 und 2) oder dürfen (§ 249 Abs. 1 Satz 3 und Abs. 2). Für andere als die in den Absätzen 1 und 2 bezeichneten Zwecke dürfen Rückstellungen nicht gebildet werden (§ 249 Abs. 3 Satz 1 HGB). Bestehende Rückstellungen dürfen nur dann aufgelöst werden, wenn der für ihre Bildung maßgebliche Grund entfallen ist (§ 249 Abs. 3 Satz 2). 553

Danach sind Rückstellungen zu bilden (Passivierungspflicht) für 554

- ungewisse Verbindlichkeiten und für drohende Verluste aus schwebenden Geschäften (sog. Verbindlichkeitsrückstellungen)
- im Geschäftsjahr unterlassene *Aufwendungen für Instandhaltung,* die im folgenden Geschäftsjahr innerhalb von drei Monaten nachgeholt werden
- *Aufwendungen der Abraumbeseitigung,* die im folgenden Geschäftsjahr nachgeholt werden
- *Kulanzleistungen,* also Gewährleistungen, die ohne rechtliche Verpflichtungen erbracht werden.

Ein Passivierungswahlrecht besteht hinsichtlich der Passivierung von Rückstellungen für 555

- unterlassene Instandhaltungsaufwendungen, wenn sie im folgenden Geschäftsjahr nach Ablauf des dritten Monats nachgeholt werden (§ 249 Abs. 1 Nr. 2 Satz 3 HGB)
- ihrer Eigenart nach bestimmte, dem Geschäftsjahr oder einem früheren Geschäftsjahr zuzuordnende Aufwendungen, die am Abschlussstichtag wahrscheinlich oder sicher, aber hinsichtlich ihrer Höhe oder des Zeitpunktes ihres Eintritts unbestimmt sind (§ 249 Abs. 2 HGB).

§ 249 Absatz 2 HGB erlaubt damit die Verrechnung künftiger Ausgaben als Aufwand des Geschäftsjahres unter bestimmten Voraussetzungen auch insoweit, als eine Verpflichtung gegenüber einem außenstehenden Dritten (noch) nicht besteht (sog. Aufwandsrückstellungen). An dieser Stelle sei bereits vermerkt, dass das Steuerrecht Passivierungswahlrechte nicht kennt. Sachverhalte, die nach Handelsrecht wahlweise zu einer 556

Passivierung führen, unterliegen vielmehr steuerrechtlich einem Ansatzverbot. Will ein Unternehmen die unvermeidlichen Unterschiede zwischen Handels- und Steuerbilanz so gering wie möglich halten, wird es daher auf den Ansatz von Aufwandsrückstellungen der beschriebenen Art verzichten. In diesem Zusammenhang wird erneut erkennbar, wie sehr steuerrechtliche Aspekte die handelsrechtliche Bilanzierung in der Praxis durchdringen.

3. Rückstellungen für ungewisse Verbindlichkeiten

557 Aus der bisherigen Darstellung folgt, dass es sich bei den Rückstellungen für ungewisse Verbindlichkeiten um den *Grundtatbestand* der Rückstellung handelt, der als Verbindlichkeitsrückstellung bezeichnet wird. Ihre Tatbestandsmerkmale entsprechen daher den bereits vorgestellten allgemeinen Passivierungskriterien für Schulden im Jahresabschluss. Rückstellungen für ungewisse Verbindlichkeiten sind danach für am Bilanzstichtag bestehende, offene *Außenverpflichtungen* zu bilden.

558 **Kennzeichnendes Merkmal einer Verbindlichkeitsrückstellung ist das Bestehen einer Verpflichtung gegenüber einem außenstehenden Dritten (Außenverpflichtung). Innenverpflichtungen, also solche, welche sich das Unternehmen auf Grund innerbetrieblicher Erfordernisse selbst auferlegt, begründen danach keine rückstellungspflichtige Verbindlichkeit.**

559 Die Pflicht zur Rückstellungsbildung entsteht mit der tatbestandsmäßigen Verwirklichung des Verpflichtungsgrundes, d.h. mit dem Entstehen der Verbindlichkeit. Der Zeitpunkt des *rechtlichen Entstehens* einer rückstellungspflichtigen Verbindlichkeit ist in der Regel exakt bestimmbar und macht daher in der Praxis wenig Schwierigkeiten, sofern dem Unternehmen der anspruchsbegründende Sachverhalt bekannt ist:

- Abschluss eines schuldrechtlichen Vertrages
- Entstehen einer öffentlich-rechtlichen Verpflichtung
- Verletzung eines geschützten Rechtsguts

560 Während eine ordnungsmäßige Buchführung einen vollständigen Überblick über die bestehenden zivilrechtlichen Verpflichtungen der Gesellschaft vermitteln sollte, kann es hinsichtlich des Entstehens von öffentlich-rechtlichen Verpflichtungen (z.B. zur Beseitigung von Bodenverunreinigungen auf dem Werksgelände) oder Schadensersatzansprüchen Dritter (z.B. durch Schutzrechtsverletzung) Erkenntnisdefizite geben, zumal dann, wenn diese Vorgänge noch nicht Gegenstand konkreter Rechtsakte oder Willensäußerungen waren. Diese Erkenntnisdefizite können auch interne Gründe haben, also z.B. auch darauf beruhen, dass die betreffenden Sachverhalte den für die Rechnungslegung Verantwortlichen nicht zeitnah übermittelt wurden. Anders als Transaktionen des laufenden Geschäftsbetriebs unterliegen nämlich rückstellungspflichtige Sachverhalte, die häufig aus Sonderkonstellationen resultieren und sich möglicherweise erst über verschiedene Stufen der Eintrittswahrscheinlichkeit hin zum „Vollbild" entwickeln, nicht immer einer vergleichbar intensiven fortlaufenden Überwachung. So kann es geschehen, dass solche Sachverhalte zunächst unentdeckt oder – wegen begrenzter Informationen – unberücksichtigt bleiben. *Nicht* maßgeblich für die Rückstellungsfähigkeit sind:

- Bekanntheit der Person der Gläubigers
- Grad des Eigeninteresses des Unternehmens an der Erfüllung der Verpflichtung
- Rechtliche Durchsetzbarkeit (Einklagbarkeit) der Verpflichtung
- aufschiebende Bedingtheit der Verpflichtung

561 **Beispiel:** Ein Wettbewerber der A-GmbH hat kurz vor Ablauf des Geschäftsjahrs 01 eine Schutzrechtsverletzung geltend gemacht. Er beruft sich darauf, die Gesellschaft habe bei der Namensgebung

ihres neuen Produkts die Verwechslungsgefahr mit dem nahezu gleich lautenden geschützten Namen des seit längeren von ihm selbst vertriebenen Produktes nicht beachtet und ihm stünde daher ein Schadensersatzanspruch wegen entgangenen Umsatzes in Höhe von TEUR 100 zu. Die A-GmbH bestreitet die Namensähnlichkeit. Nach rechtlicher Beratung hat die Geschäftsführung Zweifel, ob der Anspruch überhaupt besteht, insbesondere aber, ob er in der geltend gemachten Höhe begründet ist. Andererseits besteht ein nicht zu unterschätzendes Risiko, dass die Gesellschaft auf Zahlung in Anspruch genommen werden kann.

Es ist daher eine Rückstellung zu bilden, deren Höhe sich unter kaufmännischen Gesichtspunkten nach der möglichen tatsächlichen Inanspruchnahme richtet. Bestehen z.B. ernst zu nehmende Anhaltspunkte für eine gütliche Beilegung der Auseinandersetzung auf Basis eines niedrigeren als des geltend gemachten Betrags, kann dieser angesetzt werden.

Ungewisse Verbindlichkeiten müssen sich nicht notwendig auf die Höhe der gesamten **562** aus einem Verpflichtungsgrund herrührenden Schuld belaufen. Vielmehr können rückstellungspflichtige Belastungen des Unternehmens auch daraus resultieren, dass auf dessen Seite nur ein partieller *„Erfüllungsrückstand"* besteht, es also dem Vertragspartner auf Grund der bestehenden schuldrechtlichen Beziehung eine insgesamt höhere Gegenleistung schuldet als durch die bereits von ihm vereinbarungsgemäß geleisteten Zahlungen abgedeckt ist. Die Rückstellungen für Erfüllungsrückstände zählen zu den mit recht hoher Verlässlichkeit zu ermittelnden Verpflichtungen, die im Bereich der internationalen Rechnungslegung daher zu den *„Accruals"* gerechnet werden. Der Übergang zwischen diesen Verpflichtungen und Verbindlichkeiten im Sinne des gesetzlichen Gliederungsschemas nach HGB ist daher fließend. Der Ausweis unter „Rückstellungen" statt unter „Verbindlichkeiten" rechtfertigt sich in erster Linie daraus, das der Verpflichtungsumfang zu reinen Bilanzierungszwecken nur näherungsweise zu bestimmen ist und in dieser Höhe nicht notwendig auch tatsächlich zur Auszahlung gelangt. Folgende Fälle aus dem Bereich von Beschäftigungsverhältnissen sind beispielhaft zu nennen:

- Ansprüche auf zustehenden Urlaub oder Überstundenabgeltung
- Ansprüche auf Altersteilzeit
- Verpflichtungen auf Grund von Dienstjubiläen

Neben seinem Zahlungsanspruch auf Lohn oder Gehalt steht dem Arbeitnehmer ein **563** Recht auf „bezahlten" jährlichen *Urlaub* zu, den er sich zeitanteilig durch Arbeitsleistung erwirbt. In entsprechender Höhe ist das Unternehmen rechtlich und wirtschaftlich belastet. Hat ein Arbeitnehmer am Bilanzstichtag den ihm für das abgelaufene Geschäftsjahr danach zustehenden Urlaub noch nicht oder nicht in vollem Umfang genommen und muss dieser daher im folgenden Geschäftsjahr nachgewährt oder ersatzweise finanziell abgegolten werden. In diesem Fall ist eine Rückstellung für diese Ansprüche auf Grundlage des anteiligen Bruttoarbeitsentgelts (einschließlich Weihnachtsgeld) und etwaigen bei Urlaubsantritt zu zahlenden zusätzlichen Urlaubsgeldes zuzüglich der auf diese Leistungen entfallenden Arbeitgeberanteile zur Sozialversicherung zu bilden. Entsprechendes gilt für Fälle geleisteter *Überstunden,* sofern diese nach der getroffenen Vereinbarung gesondert zu vergüten sind.

Im Falle des Abschlusses einer *Altersteilzeitvereinbarung* ist für die Verpflichtung des **564** Arbeitgebers zur Zahlung von Aufstockungsbeträgen auf das reduzierte Arbeitsentgelt eine Verbindlichkeitsrückstellung zu bilden. Bei Vereinbarung eines Blockmodells (vollständige Freistellung des Arbeitnehmers nach einer Beschäftigungsphase mit unverminderter Arbeitszeit) ist zudem der „Erfüllungsrückstand" hinsichtlich der Freistellungsphase durch eine Rückstellung zu erfassen.[115]

Hat die Gesellschaft Leistungen aus Anlass von *Dienstjubiläen* rechtsverbindlich zugesagt, sind handelsrechtlich Rückstellungen in dem Umfang zu bilden, in dem die vertragli-

[115] BeckBil-Komm/*Clemm/Erle* § 249 Rdn. 100.

chen Anspruchsvoraussetzungen durch die vorangegangene Betriebszugehörigkeit am Stichtag erfüllt sind. Der Möglichkeit eines vorzeitigen Ausscheidens von Arbeitnehmern ist durch einen pauschal ermittelten Fluktuationsabschlag Rechnung zu tragen, der sich nach betrieblichen Erfahrungswerten bestimmt. Für die Steuerbilanz[116] gelten diverse Restriktionen (z. B. Erfordernis des Bestehens eines mindestens 15-jährigen Dienstverhältnisses).

565 Lasten können sich auch daraus ergeben, dass der Bilanzierende Eigenschaften des von ihm zu erbringenden Leistungsgegenstandes zugesichert hat, diese Verpflichtung aber nach Lage des Falles nicht oder nicht hinreichend erfüllt hat und daher gesetzlich oder vertraglich zur *Gewährleistung* verpflichtet ist. Gewährleistungsverpflichtungen können selbstständiger Natur oder unselbstständiger Bestandteil einer Hauptverpflichtung sein. Rückstellungsbegründend können indes auch faktische, d. h. nicht gerichtlich einklagbare Leistungsverpflichtungen sein, denen sich der Kaufmann aber aus tatsächlichen oder wirtschaftlichen Gründen nicht entziehen kann, ohne sich der Gefahr einer Schädigung seines Unternehmens auszusetzen (vgl. § 249 Abs. 1 Satz 2 Nr. 2 HGB).[117] Der faktische Leistungszwang kann auf einer sittlichen Verpflichtung beruhen oder auf übergeordneten geschäftlichen Erwägungen, die auf einen „*quasi-obligatorischen Erfüllungszwang*" zurückgeführt werden können. Soweit Garantieverpflichtungen bestehen, sind diese derjenigen Periode durch Bildung einer Rückstellung als Aufwand zuzurechnen, in der die garantiebehaftete Lieferung oder Leistung erfolgte. Es handelt sich dabei z. B. um Verpflichtungen zu kostenlosen Nacharbeiten, Ersatzlieferungen oder Schadensersatzleistungen. Neben Einzelrisiken, die bis zum Zeitpunkt der Aufstellung des Jahresabschlusses bekannt geworden sind, kann diese Rückstellung auch pauschal auf Grund der Erfahrungen der Vergangenheit in Höhe eines Prozentsatzes der garantiebehafteten Umsätze gebildet werden. Häufig ergibt sich hier in der Praxis aber ein Nachweisproblem, da die internen Kosten zur Erfüllung der Gewährleistungsansprüche unterschiedlicher Natur sein können (Personalkosten, Materialkosten, Sach- und Verwaltungskosten) und zudem im Rechnungswesen häufig aus Vereinfachungsgründen nicht gesondert erfasst werden, sondern unterschiedslos in den genannten allgemeinen Kostenpositionen aufgehen. Pauschale Gewährleistungsrückstellungen, die nach den Grundsätzen der internationalen Rechnungslegung unzulässig sind, bedürfen daher in kritischen Fällen einer strengen Plausibilitätsüberprüfung. Sind Gewährleistungen auf dem Kulanzwege ohne rechtliche Verpflichtung zu erbringen, sind unter den ebenfalls Rückstellungen zu bilden. Die ausdrückliche gesetzliche Verankerung dieser Rückstellung in § 249 Abs. 1 Satz 2, Nr. 2 HGB diente nur der Klarstellung, um deren steuerliche Anerkennung sicherzustellen. Wirtschaftliche oder tatsächlich veranlasste Leistungspflichten, die aus anderen als Gewährleistungsgründen zu erfüllen sind, fallen unter die ungewissen Verbindlichkeiten. Dies entspricht auch den Grundsätzen der internationalen Rechnungslegung.

566 *Rechtsstreitrisiken* können gegen die Gesellschaft auf schuldrechtlicher oder gesetzlicher Grundlage geltend gemachte Forderungen betreffen. Darüber hinaus sind bei anhängigen Aktiv- und Passivprozessen die Kosten der Verfahrensführung (Anwalts- und Gerichtskosten) in der jeweils laufenden Instanz zurückzustellen.

567 Die Rückstellung für *nachlaufende Kostenrechnungen* umfasst alle am Bilanzstichtag noch ausstehenden Rechnungen von Vertragspartnern der Gesellschaft für im Geschäftsjahr empfangene Lieferungen und Leistungen. Mit ihr soll der vollständige Ausweis aller im Geschäftsjahr wirtschaftlich verursachten Verbindlichkeiten sichergestellt werden (vgl. § 246 HGB). Sie dient zugleich der Aufwandsabgrenzung und damit der periodengerechten Gewinnermittlung (vgl. § 252 Abs. 1 Nr. 5 HGB).

---

[116] Vgl. §§ 5 Abs. 4, 52 Abs. 6 EStG.
[117] Vgl. ADS § 249 Rdn. 52 ff.

568 Die bisher genannten Rückstellungsfälle betrafen ausschließlich rechtlich begründete Verpflichtungen. Auch wenn sich bindende Verpflichtungen in einer weitgehend verrechtlichten Welt üblicherweise nach rechtlichen Grundlagen bestimmen, kommt es für die Frage der Rückstellungsfähigkeit nicht allein auf die Verwirklichung eines rechtlichen Tatbestandes an. Im Gegenteil: Soll der Jahresabschluss ein zutreffendes Bild der tatsächlichen wirtschaftlichen Lage vermitteln, muss er sämtliche Schulden oder Lasten, die sich vor dem Stichtag wirtschaftlich hinreichend konkretisiert haben, unabhängig davon erfassen, ob der ihnen im Einzelfall zugrunde liegende rechtliche Tatbestand bereits vollständig verwirklicht ist. Letztlich maßgebliches Passivierungskriterium ist daher die *wirtschaftliche Verursachung.* In der Regel werden rechtliche und wirtschaftliche Verursachung zwar zeitlich und tatbestandlich zusammenfallen, so dass diese Differenzierung ohne praktische Folgen bleibt. Ist dies nicht der Fall, kann die Bestimmung des in erster Linie bedeutsamen wirtschaftlichen Verursachungszeitpunkts im Einzelfall schwierig sein, da ein rückstellungspflichtiger Tatbestand selten monokausal strukturiert ist. Nach ständiger Rechtsprechung des BFH[118] ist eine wirtschaftliche Verursachung jedenfalls dann gegeben, wenn die *wirtschaftlichen* Tatbestandsmerkmale, deren Rechtsfolge die Verbindlichkeit ist, *im Wesentlichen* vor dem Bilanzstichtag verwirklicht wurden und die Entstehung der Verpflichtung nur noch von wirtschaftlich unwesentlichen Tatbestandsmerkmalen abhängt. Um diesen recht theoretischen erscheinenden Ansatz zu verstehen, muss man sich die eigentliche Funktion von Rückstellungen vor Augen führen.

569 **Rückstellungen sollen zum Zwecke der periodengerechten Gewinnermittlung in erster Linie gewährleisten, dass Leistungsverzehre vollständig abgebildet werden, die der Vergangenheit zuzurechnen sind, da sie der Erzielung der seinerzeit erbrachten betrieblichen Leistung gedient haben.**

570 Nach überwiegender[119] Auffassung sind ungewisse Verbindlichkeiten daher nur dann zu passivieren, wenn und soweit die dabei berücksichtigten Aufwendungen nicht im Zusammenhang mit künftigen Erträgen stehen. Sie müssen vielmehr bereits in der Vergangenheit realisierten Erträgen mittelbar oder unmittelbar zurechenbar sein. Nach dieser Auffassung sind diejenigen Aufwendungen als wirtschaftlich verursacht anzusehen und daher zurückzustellen, die dem jeweils realisierten Umsatz der abgelaufenen Periode entsprechen. Ist nach diesen Grundsätzen eine Verbindlichkeit als wirtschaftlich verursacht anzusehen, bevor sich ein rechtlicher Entstehungstatbestand verwirklicht hat, ist nach dem *Realisationsprinzip* bereits vom Zeitpunkt der wirtschaftlichen Verursachung an zu passivieren; der Tatbestand der rechtlichen Verpflichtung braucht sich noch nicht in vollem Umfang verwirklicht zu haben.

571 **Beispiel:** Die seit mehreren Jahrzehnten bestehende C-GmbH betreibt ihr Geschäft auf einem langfristig von einer Kommune gepachteten Grundstück in einem „Gewerbepark". Sie ist nach dem Vertrag berechtigt, auf dem gepachteten Gelände nach ihren Bedürfnissen Bauten und Anlagen zu errichten. Der Pachtvertrag, der eine Verlängerungsoption enthält, sieht vor, dass bei Beendigung des Pachtverhältnisses die auf dem Grundstück errichteten Bauten zu beseitigen und der bei Beginn des Pachtverhältnisses bestehende ursprüngliche Zustand des Grundstücks wiederherzustellen ist. Die Gesellschaft hat den Abbruch- und Wiederherrichtungsaufwand auf TEUR 150 geschätzt. Sie führt pro rata temporis über die Grundlaufzeit des Pachtvertrages Teilbeträge einer „Rückstellung für Wiederherrichtungsverpflichtungen" zu.

Die Wiederherrichtungsverpflichtung entsteht im rechtlichen Sinn erst mit Ablauf des Pachtverhältnisses. Eine zivilrechtrechtliche Verpflichtung zur Vornahme dieser Handlungen besteht wäh-

[118] Vgl. BFH Urt. v. 1. 8. 1984 – I R 88/80 – BStBl. II 1985, 44; Urt. v. 10. 12. 1992 – XI R 34/91 – BStBl II., 1994, 158 ff. (159).
[119] Vgl. ADS § 249 Rdn. 67 mwN.

rend der Vertragslaufzeit nicht. Vielmehr existiert eine latente wirtschaftliche Last, bei Beendigung des Pachtverhältnisses entsprechende Maßnahmen durchzuführen. Diese Last ist wirtschaftlich durch die Nutzung verursacht. Sie kann daher als ein zusätzlicher „Preis" der Nutzung des Grundstücks angesehen werden, der weder dem Jahr des Vertragsabschlusses noch der Vertragsbeendigung allein zugerechnet werden kann. Der entsprechende Wiederherrichtungsaufwand belastet vielmehr wirtschaftlich betrachtet die gesamte Pachtzeit und ist daher über diese zu verteilen. Solange ungewiss ist, ob die Verlängerungsoption ausgeübt werden wird, gebietet es das Vorsichtsprinzip, hierbei die Grundlaufzeit zugrunde zu legen.

572 Wie sind vor diesem Hintergrund Verpflichtungen zu behandeln, deren rechtlicher Entstehungsgrund bereits im vollen Umfang verwirklicht ist, die aber – zumindest bei rein strenger wirtschaftlicher Betrachtung – auch der Erzielung zukünftiger Erträge dienen (z.B. im Fall einer bereits öffentlich-rechtlich begründeten Entsorgungsverpflichtung bezüglich atomaren Abfalls, die erst nach Stilllegung des Kernkraftwerks – also in der Regel nach mehreren Jahrzehnten – zu Zahlungsabflüssen führt oder im Fall öffentlich-rechtlicher Anpassungsverpflichtungen auf der Grundlage von Umweltschutzvorschriften)? In diesen Fällen ist die bilanzielle Behandlung in der Literatur und Rechtsprechung uneinheitlich. Nach bisher überwiegender Auffassung gebietet das *Vorsichtsprinzip* in Verbindung mit dem Gebot des vollständigen Ausweises der Verbindlichkeiten auch dann die Rückstellungsbildung, wenn durch die zurückgestellten Ausgaben alimentierte Erträge noch nicht angefallen sind.[120] Diese Frage kann sich aber – vor allem, wenn große Beträge im Spiel sind – im Einzelfall zu einem Streitgegenstand entwickeln, in dem unterschiedliche Literaturauffassungen und eine teilweise divergierende Einzelfalljudikatur des BFH ins Feld geführt werden, um den jeweiligen Interessen zum Durchbruch zu verhelfen.

573 Häufig besteht die eigentliche Schwierigkeit im Rückstellungsbereich weniger darin, die Entstehungsursachen für mögliche Verpflichtungen zu identifizieren, sondern deren Eintrittswahrscheinlichkeit und Höhe zu quantifizieren. Einerseits ist die Ungewissheit hinsichtlich des Bestehens und/oder der Höhe einer Verpflichtung konstitutives Merkmal einer rückstellungspflichtigen Verbindlichkeit, andererseits muss ihre Eintrittswahrscheinlichkeit aber einen solchen Grad erreicht haben, dass es sich nicht lediglich um eine im Anhang vermerkpflichtige „Sonstige finanzielle Verpflichtung" (§ 285 Nr. 3 HGB) oder eine „Eventualverbindlichkeit" handelt (§ 251 HGB). Danach steht fest, dass nicht jede irgendwie denkbare Möglichkeit des Bestehens einer Verbindlichkeit ausreichend sein kann. Vielmehr muss die Inanspruchnahme hinreichend wahrscheinlich sein. Wahrscheinlichkeiten lassen sich im Allgemeinen aber nur in sehr vager Form einschätzen.

574 Eine Möglichkeit wäre es, für die Rückstellungsfähigkeit stets eine überwiegende Wahrscheinlichkeit zu fordern. Diesen Weg geht die deutsche Finanzrechtsprechung. [121] – Nach dieser müssen auf der Grundlage objektiver, am Bilanzstichtag oder spätestens bei Bilanzaufstellung erkennbarer Tatsachen aus der Sicht eines gewissenhaften und sorgfältigen Kaufmanns mehr Gründe für als gegen das Bestehen einer Verbindlichkeit und eine künftige Inanspruchnahme sprechen. Auch die internationale Rechnungslegung verlangt für die Passivierung, dass die Inanspruchnahme des Unternehmens *„more probable than not"* sein muss.

In der Literatur wird indessen mehrheitlich eine überwiegende Wahrscheinlichkeit der Inanspruchnahme nicht gefordert.[122] Nach dieser Auffassung trägt die BFH-Rechtsprechung dem Vorsichtsprinzip nicht ausreichend Rechnung. Es ist danach für Verbindlich-

---

[120] So ADS § 249 Rdn. 69 mwN.; vgl. auch BFH Urt. v. 27. 6. 2001 – I R 45/97 – BB 2001, 1893ff.; zur Gegenansicht BeckBil-Komm/*Clemm/Erle* § 249 Rdn. 40.
[121] BFH Urt. v. 2. 10. 1992 – III R 54/91 – BStBl. II 1993, 153 (154).
[122] Vgl. nur: ADS § 249 Rdn. 75 mwN.

keitsrückstellungen nicht erforderlich, dass die Inanspruchnahme „wahrscheinlicher" als die Nichtinanspruchnahme sein muss. Diese Ansicht stützt sich in erster Linie darauf, dass Aussagen zu Eintrittswahrscheinlichkeiten in der Regel mit einem hohen Fehlerrisiko behaftet sind und daher die Gefahr der „Schein-Quantifizierung" besteht. Es soll für die Rückstellungsbildung bereits ausreichen, wenn stichhaltige Gründe dafür sprechen, dass das Unternehmen in Anspruch genommen wird. Allein auf die subjektive Sicht des Bilanzierenden darf es jedoch nicht ankommen. Vielmehr ist auch nach dieser Auffassung die Sicht des objektiven Kaufmanns maßgeblich. Hieraus folgt:

Eine Verbindlichkeit ist hinreichend wahrscheinlich und daher rückstellungspflichtig, wenn vernünftige Anhaltspunkte dafür vorliegen, dass eine Inanspruchnahme des Kaufmanns tatsächlich erfolgen wird und mit einer solchen Entwicklung daher ernsthaft zu rechnen ist.[123] 575

Aus dem Gesagten wird erkennbar, dass sich – ungeachtet der Bemühung um Objektivierung über die Rechtsfigur des „objektiven Kaufmanns" – unter Rückgriff auf das Vorsichtsprinzip als allgemeine Ermessensregel bei Würdigung aller Umstände des Einzelfalles ein grundsätzlich recht weiter Spielraum für die Bilanzierung auftut, zumal dieser Grundsatz gebietet, von mehreren denkbaren Verläufen bei der Bilanzierung eher den weniger günstigen zu unterstellen. Die Ausübung dieses Ermessensspielraums bleibt dem externen Bilanzleser in der Regel verborgen, zumal auch der Anhang zur Bewertung von Passiva im Allgemeinen und zum Ansatz von Rückstellungen im Besonderen keine detaillierten Informationen enthalten muss (vgl. §§ 284 Abs. 2 Nr. 1, 285 Nr. 12 HGB). Die Rückstellungsbildung ist daher insbesondere im Anwendungsbereich der deutschen Rechnungslegung ein zentrales Instrument der Bilanzpolitik. Dieses Instrumentarium kann in der Praxis in zweierlei Richtungen wirken: 576

Sollen bei guter Ertragslage des Unternehmens die Möglichkeiten der „stillen Selbstfinanzierung" zu Lasten der Gewinninteressen der Gesellschafter und – soweit angesichts der strengeren fiskalischen Anforderungen überhaupt möglich – des Ertragsteueraufkommens des Fiskus voll ausgeschöpft werden, wird die Unternehmensleitung unter Berufung auf das Vorsichtsprinzip „konservativ" bilanzieren, und den Katalog denkbarer Rückstellungen großzügig ausnutzen. Unternehmensleitungen können in diesem Zusammenhang einen hohen Grad an Kreativität entwickeln. Sie können sich auf diesem Wege einen „Risikopuffer" verschaffen, der es ihnen in bestimmtem Umfang erlaubt, Ergebnisse in schlechteren Geschäftsjahren zu „glätten". Es hat zuweilen den Anschein, als ob der „objektive Kaufmann" – in Umkehrung der tatsächlichen Verhältnisse – umso „vorsichtiger" bilanziert, je besser die wirtschaftliche Entwicklung des Unternehmens ist, und umso „risikobereiter", je schlechter sich diese für ihn darstellt. 577

Beispiel: Die A-GmbH zeigt bei Aufstellung ihres Jahresabschlusses für das Geschäftsjahr 01 ein vorläufiges positives Jahresergebnis vor Steuern von TEUR 250. Die Geschäftsführung geht davon aus, dass im Folgejahr wesentlich schwierigere Rahmenbedingungen zu erwarten sind, was voraussichtlich zu einem deutlich niedrigeren Ergebnis führen wird. Sie möchte daher zulässige Bilanzierungsmaßnahmen nutzen, um den ausgewiesenen Gewinn zu Gunsten zukünftiger Perioden zu verringern. Sie beabsichtigt daher, bestimmte Instandsetzungsmaßnahmen am Betriebsgebäude, die seit längerem erwogen aber erst für das Folgejahr geplant waren, aufwandsmäßig noch im Jahr 01 zu erfassen. Sie beruft sich dabei darauf, dass diese Maßnahmen bereits im Jahr 01 fällig gewesen wären, aber aus betrieblichen Gründen nicht zur Ausführung gelangt seien. Sie bildet daher eine Rückstellung für unterlassene Instandhaltung in Höhe von TEUR 25. Außerdem macht sie sich den Umstand zunutze, dass der langfristige Mietvertrag über die Geschäftsräume der Niederlassung in D die Verpflichtung enthält, die nach den Bedürfnissen der Gesellschaft vorgenommenen Ein- und Umbauten 578

[123] Vgl. BeckBil-Komm/*Clemm/Erle* § 249 Rdn. 43.

vor Rückgabe der Mietsache zu beseitigen. Die Kosten für diese Maßnahmen schätzt die Gesellschaft nach allgemeinen Erfahrungswerten vorsichtig auf insgesamt TEUR 50 und stellt diese zurück. Bei der Überprüfung des Rückstellungskatalogs stellt die Unternehmensleitung ferner fest, dass bisher keine Rückstellung für die künftig anfallenden Kosten der Archivierung aufbewahrungspflichtiger Unterlagen vorgesehen war, die auch mit steuerlicher Wirkung gebildet werden kann, und stellt daher einen entsprechenden Betrag zurück (TEUR 15). Bisher wurde das Risiko, vom Kunden V auf Schadensersatz in Anspruch genommen zu werden, auf TEUR 25 kalkuliert. Dies entsprach 50% des von diesem geltend gemachten Betrages. Unter Berufung auf eine mittlerweile kritischere Einschätzung der Erfolgsaussichten eines drohenden Rechtsstreits stockt die Geschäftsführung die Rückstellung auf 100% der geforderten Summe auf.

579 Befindet sich das Unternehmen hingegen in einer Phase der Ertragsschwäche und bestehen darüber hinaus bestimmte Erwartungen der Unternehmensleitung, der Gesellschafter oder der Öffentlichkeit an die Höhe des Gewinnausweises, kann hingegen die Neigung bestehen, Rückstellungen unter Hintanstellung des Vorsichtsprinzips nur in unvermeidlichen Fällen zu bilden. Dies kommt insbesondere auch dann in Betracht, wenn das Unternehmen zum Verkauf steht und optisch in bestmöglicher Form präsentiert werden soll. Dieser Umstand ist einer der wesentlichen Gründe für die generelle Notwendigkeit einer „Financial Due Diligence" der Käufers im Erwerbsprozess.

580 **Beispiel:** Die B-GmbH steht zum Verkauf. Im Rahmen einer durchgeführten Due Diligence des potenziellen Erwerbers wird folgendes festgestellt: Obwohl die Ergebnisrechnungen der letzten drei Jahre nur vergleichsweise geringe Erhaltungsaufwendungen zeigen, der Maschinenpark aber ein Alter von sechs bis zehn Jahren hat, geht die Geschäftsführung der B-GmbH davon aus, dass ein nennenswerter Erhaltungsrückstand nicht besteht. Rückstellungen für unterlassene Instandhaltung wurden jedenfalls bisher nicht gebildet. Für vertragliche Wiederherrichtungsverpflichtungen bezüglich zweier Vertriebsniederlassungen, die in gemieteten Räumen betrieben werden, sind ebenfalls keine Rückstellungen vorgesehen. Die Geschäftsführung begründet dies damit, dass sie nach ihren Erfahrungen nicht davon ausgeht, dass der Vermieter auf einem Rückbau bestehen wird, da die Einbauten den Wert der Räume und damit deren Vermietungsfähigkeit erhöht hätten. Aus zwei Kündigungsschutzverfahren könnten Abfindungsverpflichtungen der Gesellschaft resultieren, wenngleich Zweifel an deren rechtlicher Durchsetzbarkeit bestehen. Die Kläger haben außergerichtlich Ansprüche geltend gemacht, die ein Monatsgehalt pro Beschäftigungsjahr zugrunde legen und sich rechnerisch auf insgesamt TEUR 30 belaufen. Die Gesellschaft stellt einen Betrag von TEUR 10 zurück mit der Begründung, sich maximal auf dieser Höhe vergleichen zu wollen.

581 Dieser Spielraum ist unter Zugrundelegung der herrschenden handelsrechtlichen Auffassung in Deutschland erheblich weiter als es die von der BFH-Rechtsprechung entwickelten Grundsätze des Steuerrechts und die internationalen Rechnungslegungsvorschriften zulassen. Letztere führen daher tendenziell zu niedrigeren Ansätzen oder versagen die Bildung einer Rückstellung ganz. Während sich diese Unterschiede zwischen deutschem Handels- und Steuerrecht auf Grund des Einheitsgedankens bei der Bilanzierung in der Rechnungslegungspraxis im Allgemeinen weniger stark auswirkt, führt er im Vergleich zur internationalen Rechnungslegung im Einzelfall zu deutlichen Unterschieden.

Die soeben erläuterten Spielräume erweisen sich als besonders bedeutsam bei der Bemessung der Höhe der Rückstellung.

582 **Nach § 253 Abs. 1 Satz 2 HGB sind Rückstellungen in Höhe des Betrages anzusetzen, der nach vernünftiger kaufmännischer Beurteilung notwendig ist. Anzusetzen ist der Betrag, für den bei Würdigung der tatsächlichen wirtschaftlichen Verhältnisse nach den individuellen Gegebenheiten des Einzelfalles unter Beachtung des Prinzips der kaufmännischen Vorsicht die größte Wahrscheinlichkeit besteht. Dieser Betrag ist unter Zugrundelegung verlässlicher Daten durch Anwendung angemessener Verfahren zu schätzen.**

Hierzu ist es erforderlich, dass sich die Höhe der möglichen Inanspruchnahme überhaupt in angemessener Weise bestimmen lässt. Dies ist letztlich vom konkreten Einzelfall abhängig. Je nach Fallgestaltung kann die Bandbreite zulässiger Berechnungsmethoden oder Schätzungen gering oder groß bemessen sein. In den folgenden Beispielsfällen für Verbindlichkeitsrückstellungen folgt aus dem Bewertungsgegenstand eine vergleichsweise präzise Form der Ermittlung, da sich die Ausgangsgrößen entweder aus der Buchhaltung gewinnen lassen oder sich weitgehend nach konkreten vertraglichen Vereinbarungen oder gesetzlich festgelegten Regelwerken bestimmen: **583**

- Leistungen auf Grund eines Sozialplans (§§ 111, 112 BetrVG) **584**
- Ansprüche auf Altersteilzeit
- Ansprüche auf zustehenden Urlaub oder Überstundenabgeltung
- Verpflichtungen auf Grund von Dienstjubiläen
- Prozesskosten (Anwalts- und Gerichtskosten)
- Beiträge zur Berufsgenossenschaft oder zum Pensionssicherungsverein
- Rückstellungen für Pensionsverpflichtungen nach dem Teilwertverfahren gem. § 6a EStG
- vertragliche Ansprüche auf Sonderzahlungen oder Tantiemen

Werden in den genannten Fällen die wesentlich auch von Finanzgerichtsurteilen geprägten Grundsätze ordnungsmäßiger Buchführung beachtet, sind die Bewertungsspielräume in der Regel gering. Anders verhält es sich bei den folgenden Sachverhalten, deren Aufzählung ebenfalls nur beispielhaften Charakter hat: **585**

- Altlasten, ordnungswidrige Bodenverunreinigungen und andere Umweltschäden **586**
- Abfallverwertungs- und Abfallbeseitigungsverpflichtungen
- Rekultivierungsverpflichtungen
- Bergschäden, Entfernungsverpflichtungen
- Produkthaftungsrisiken
- Schutzrechtsverletzungen
- unterlassene Instandhaltungsmaßnahmen

Die hier angesprochenen Risiken entziehen sich zum einen häufig einer abschließenden Einschätzung, da nicht immer alle bewertungsrelevanten Umstände vollständig bekannt sind (z.B. das tatsächliche Ausmaß von Bodenverunreinigungen oder drohenden Bergschäden). Zum andern bieten sich im Einzelfall bisweilen unterschiedliche Wege zur Schadensbeseitigung an, deren Kostenumfang stark voneinander differieren kann. Schließlich unterliegen die häufig gutachtlich ermittelten Werte für die voraussichtliche Inanspruchnahme des Unternehmens einer häufig großen Bewertungsbandbreite. **587**

4. Rückstellungen für drohende Verluste aus schwebenden Geschäften

Nach § 249 Abs. 1 Satz 1, 2. Alt. HGB sind Rückstellungen für drohende Verluste aus schwebende Geschäften zu bilden. Man kann diesen Rückstellungstyp – in Abgrenzung zu den Aufwandsrückstellungen – zwar als speziellen Anwendungsfall der soeben behandelten Rückstellungen für ungewisse Verbindlichkeiten ansehen, da sich die Rückstellungsbildung im Ursprung auf eine schuldrechtliche Verpflichtung zurückführen lässt. Anders als die Rückstellungen für ungewisse Verbindlichkeiten berücksichtigen die Rückstellungen für drohende Verluste aus schwebenden Geschäften indessen Aufwendungen, die mit *zukünftigen Erträgen* des Unternehmens im Zusammenhang stehen (oder stehen können) und nicht bereits in der Vergangenheit realisierten Erträgen zuordenbar sind. Sie gelten also nichts Vergangenes ab und gleichen demnach auch keinen Erfüllungsrückstand aus, der z.B. durch die bisher unbezahlt gebliebene Empfangnahme von Liefe- **588** rungen oder Leistungen eingetreten ist. Durch sie wird auch keine Kompensation für eine mögliche Rechtsgutsverletzung durch das Unternehmen passiviert. Anders als bei Rückstellungen für ungewisse Verbindlichkeiten fehlt es bei Drohverlustrückstellungen überhaupt an einer entsprechenden individuellen Zahllast gegenüber einem identifizierbaren Anspruchsinhaber. Vielmehr wird eine abgeschlossene, aber noch nicht abgewickelte Einzeltransaktion des Unternehmens einer internen „Erfolgskontrolle" unterzogen. Ergibt sich bei dieser zukunftsgerichteten betriebswirtschaftlichen Gesamtbetrachtung des Geschäfts eine kalkulatorische Unterdeckung, dient die Drohverlustrückstellung in Anwendung des Imparitätsprinzips dazu, diese im Jahresabschluss wirtschaftlich vorwegzunehmen, obwohl sie auf einer *Gegenüberstellung zukünftiger Aufwendungen und Erträge* beruht. Diese Besonderheit der Drohverlustrückstellung rechtfertigt ihre Berücksichtigung durch einen gesonderten gesetzlichen Tatbestand. Sie ist auch die Erklärung dafür, dass ihr – in Abkehr von der grundsätzlichen Maßgeblichkeit der Handelsbilanz für die Steuerbilanz – in neuerer Zeit die steuerliche Anerkennung versagt wurde. In der Steuerbilanz ist der Ansatz von Drohverlustrückstellungen seit Inkrafttreten des Steuerentlastungsgesetzes 1999 ff. nicht mehr zulässig.[124]

589 Voraussetzung für eine Drohverlustrückstellung ist ein *schwebendes Geschäft.* Ein solches liegt vor, wenn ein schuldrechtliches Synallagma begründet wurde, aber die einander im Austausch zu gewährenden Leistungen beidseitig noch nicht erbracht worden sind. Gegenstand derartiger Schwebeverhältnisse können insbesondere sein:

- Lieferungen von Gegenständen des Anlage- oder Umlaufvermögens
- Nutzungsüberlassungen
- Dienst- oder Arbeitsverträge

590 Umfasst werden sowohl Beschaffungs- als auch Absatzgeschäfte, Lieferungs- oder Leistungsbeziehungen, Einzeltransaktionen oder Dauerschuldverhältnisse. Der Schwebezustand beginnt grundsätzlich mit dem Vertragsschluss und endet mit der Erfüllung der Sachleistung. Die Erbringung der geldmäßigen Gegenleistung, die üblicherweise der Sachleistung nicht vorangeht, beendet den Schwebezustand hingegen nicht. Vorleistungen des zur Zahlung verpflichteten Teils sind als geleistete bzw. erhaltene An- oder Vorauszahlungen zu bilanzieren.

591 Aus Sicht des Rechnungswesens sind schwebende Geschäfte grundsätzlich solange bilanziell irrelevant, wie sich Leistung und Gegenleistung bei wirtschaftlicher Betrachtungsweise gleichwertig gegenüberstehen.[125] Dies gilt unabhängig davon, ob es sich bei dem Gegenstand des schwebenden Geschäfts um einen aktivierungspflichtigen Vorgang oder einen Aufwand handelt. Ein schwebender Anschaffungsvorgang führt nämlich noch nicht zu einer Vermögensmehrung, da noch kein wirtschaftliches noch rechtliches Eigentum erworben worden ist. Ein schwebender Leistungsbezug hat auch keinen Periodenaufwand zur Folge, dieser realisiert sich erst im Zeitpunkt der tatsächlichen Leistungserbringung. Bei einem schwebenden Absatzgeschäft ist auf Seiten des Verkäufers regelmäßig noch keine Umsatzrealisierung eingetreten, da er das seinerseits Erforderliche zur Vertragserfüllung noch nicht getan hat. Schwebende Geschäfte sind daher in der Finanzbuchhaltung nicht zu erfassen, entsprechende Forderungen oder Verbindlichkeiten sind nicht auszuweisen. Es können sich hieraus beim zur Zahlung verpflichteten Teil lediglich Angabepflichten gemäß § 285 Nr. 3 HGB bezüglich „Sonstiger finanzieller Verpflichtungen" ergeben.

592 Erweist sich indessen, dass die zukünftigen Aufwendungen aus einem schwebenden Geschäft die voraussichtlich zu erwartenden Erträge zu übersteigen drohen, muss dieses

[124] § 5 Abs. 4 a EStG.

[125] Vgl. BFH Urt. v. 20. 1. 1983 – IV R 158, 89 – BStBl. II 1983, 413 (415).

Verlustpotenzial – man spricht auch von einem „*Verpflichtungsüberschuss*" – in Form einer Rückstellung bilanziell antizipiert werden.[126] Voraussetzung hierfür ist, dass mit dem Eintritt des Verpflichtungsüberschusses ernsthaft zu rechnen ist. In Fällen eines Absatzgeschäfts, das einen Vermögensgegenstand zum Gegenstand hat, ist die Rückstellungsbildung indessen subsidiär zur Abschreibung des betreffenden Vermögensgegenstands gemäß § 253 Abs. 3 Satz 1 und 2 HGB. Nur für einen eventuell über den Wert des Vermögensgegenstands hinausgehenden Verlustanteil ist eine Rückstellung zu bilden.

Ein weiterer Unterschied zwischen einer Rückstellung für ungewisse Verbindlichkeiten **593**
und einer Drohverlustrückstellung besteht in der Rückstellungshöhe. Während sich diese bei ungewissen Verbindlichkeiten in der Regel nach dem vollen Erfüllungsbetrag bemisst, besteht die Besonderheit der „Drohverlustrückstellung" darin, dass eine *Saldogröße* anzusetzen ist. Dieser Saldo entspricht dem bei Gegenüberstellung der noch ausstehenden Erträge und Aufwendungen aus einer schuldrechtlichen Beziehung resultierenden Verpflichtungsüberhang. Der Rückstellungsbetrag lässt sich also nicht einfach durch Rückgriff auf eine schuldrechtliche Vereinbarung oder einen Rechnungsbeleg bestimmen. Vielmehr muss das schwebende Geschäft bereits vor seiner Ausführung betriebswirtschaftlich „durchkalkuliert", also unter Rückgriff auf die Daten der betrieblichen Kosten- und Leistungsrechnung des Unternehmens in seiner Gesamtheit bewertet werden. Die hierfür erforderliche Zurechnung von Aufwendungen und Erträgen kann sich je nach Fallgestaltung als schwierig erweisen. Sie eröffnet überdies – wie jeder Bewertungsvorgang für Zwecke der Bilanzierung – faktische und methodische Gestaltungsspielräume.

Es kommt also für die Bemessung der Höhe der Rückstellung insbesondere auf die **594**
Frage an, welche Kosten in die Berechnung einzubeziehen sind. Hierbei handelt es sich nicht allein um die Kosten, die im Rahmen der Vorratsbewertung als „Herstellungskosten" fertiger Erzeugnisse im Sinne von § 255 Abs. 2 HGB anzusehen sind, sondern auch um die voraussichtlich darüber hinaus noch anfallenden Aufwendungen des Leistungserstellungsprozesses. Will man die hier zu berücksichtigenden Kosten insgesamt bezeichnen, spricht man daher besser von „Selbstkosten". Diese schließen z.B. Verpackungs- und Frachtkosten sowie Verwaltungskosten ein. Hierbei handelt es sich um eine Thematik, die weitgehend der verlustfreien Bewertung von Gegenständen des Vorratsvermögens zum Bilanzstichtag entspricht, wie wir sie bereits bei der Darstellung des Vorratsvermögens kennen gelernt haben. Auf die dort erläuterten Begriffe und Grundsätze wird verwiesen.[127]

Nach Auffassung des Berufsstandes der Wirtschaftsprüfer sowie von Teilen der Lite- **595**
ratur ist in diesen Fällen bei der Rückstellungsbildung stets ein *Vollkostenansatz* vorzunehmen, da von einer *leistungsbezogenen* und nicht von einer periodenbezogenen Verrechnung der Fixkosten auszugehen sei. Die Fixkosten werden daher kalkulatorisch den jeweiligen Produkten (Kostenträgern) unabhängig davon zugerechnet, in welcher Periode sie tatsächlich zu Belastungen führen. Als Vollkosten sind dabei die Einzel- und Gemeinkosten des Produktionsbereichs, sowie eventuelle direkt zurechenbare Sondereinzelkosten des Vertriebs und sonstige, direkt zurechenbare Kosten (z.B. Lagerkosten) anzusehen. Allgemeine Verwaltungs- und Vertriebskosten gehören jedoch nicht dazu. Bei der Zurechnung der Gemeinkosten ist mindestens eine normale Kapazitätsauslastung zu unterstellen, eine Zurechnung nicht ausgenutzter Kapazität (man spricht von Kosten der Unterbeschäftigung oder „Leerkosten) darf hingegen nicht erfolgen. Neben dem Vollkostenansatz wird in der Literatur – wahlweise oder verpflichtend – auch ein *Teilkosten-*

---

[126] So die h.M., vgl. Küting/Weber/*Mayer-Wegelin* § 249 Rdn. 61; leicht differenzierend: Scholz/*Crezelius* Anh. § 42a Rdn. 200.

[127] Vgl. Rdn. 411.

ansatz vertreten. Danach sind nur die variablen Kosten zu berücksichtigen, eine Zurechnung von Gemeinkosten findet nicht statt, da diese *periodenbezogen* zu verrechnen seien.

596 **Beispiel:** Die A-GmbH hat sich im Jahr 01 vertraglich zur Herstellung einer maschinellen Anlage nach den besonderen technischen Vorgaben des Abnehmers verpflichtet. Dabei handelt es sich um ein wichtiges Referenzprojekt, das der A-GmbH den Einstieg in ein wichtiges neues Produktsegment eröffnen soll. Es wurde ein äußerst niedrig kalkulierter Festpreis einschließlich Montage von netto TEUR 500 vereinbart. Die Lieferung der Anlage soll im Jahr 02 erfolgen, in 01 sind lediglich Kosten der Planung und Angebotserstellung angefallen. Aufgrund gestiegener Stahl und anderer Rohstoffpreise sowie einer erheblich aufwändigeren Konstruktionsweise als ursprünglich geplant werden nach einer neueren Kalkulation nunmehr erhöhte Herstellungskosten erwartet. Die Selbstkosten betragen unter Berücksichtigung noch anfallender weiterer Aufwendungen (wie z.B. der Montagekosten) und unter Einbeziehung angemessener Gemeinkostenzuschläge für den Produktionsbereich voraussichtlich TEUR 545. Werden lediglich die variablen Kosten (Material- und Fertigungskosten, Transport- und Montagekosten) angesetzt, ergeben sich kalkulierte Selbstkosten von TEUR 485.

Da nach geltender Rechtslage sowohl ein Teilkosten- als auch ein Vollkostenansatz vertretbar erscheint, kommen grundsätzlich beide Alternativen in Betracht. Bei einer Bewertung zu Teilkosten besteht kein Rückstellungsbedarf, da der Gesellschaft danach rechnerisch kein Verlust droht. Bei einem Ansatz zu Vollkosten wäre indessen ergebniswirksam zum Stichtag des abgelaufenen Geschäftsjahres eine Rückstellung für drohende Verluste in Höhe von TEUR 45 zu bilden, das Ergebnis des Folgejahres würde in entsprechender Höhe entlastet.

597 Rückstellungen für drohende Verluste aus *schwebenden Beschaffungsgeschäften* sind zu bilden, wenn nach den Wertverhältnissen am Abschlussstichtag ein Einkauf der betreffenden bilanzierungsfähigen Vermögensgegenstände des Umlaufvermögens zu einem günstigeren als dem vereinbarten Bezugspreis möglich gewesen wäre. Die Rückstellung stellt in diesen Fällen der Sache nach eine *vorweggenommene außerplanmäßige Abschreibung* der erworbenen, aber noch nicht in das Vermögen der Gesellschaft übergegangenen Vermögensgegenstände dar. Die Bewertung der Rückstellung erfolgt also im Rahmen einer „Als-ob-Betrachtung": sie bestimmt sich nach dem Betrag einer außerplanmäßigen Abschreibung im Fall einer zum Stichtag bereits erfolgten Lieferung des Vermögensgegenstandes und den hierfür geltenden Vorschriften (§ 253 Abs. 3 HGB).

598 Ist Gegenstand des schwebenden Geschäfts eine – ein nicht bilanzierungsfähiger – Anspruch auf Nutzungsüberlassung, ist eine Drohverlustrückstellung dann zu bilden, wenn der Nutzungsbeitrag im Wert hinter dem zu zahlenden Nutzungsentgelt zurückbleibt. Droht danach ein Verpflichtungsüberhang aus einem Dauerschuldverhältnis (z.B. Miet-, Pacht- oder Leasingvertrag), ergibt sich die Frage, welche Rechnungsperioden in die Verlustermittlung einbezogen werden müssen. Im Gegensatz zum BFH,[128] der in seiner bisherigen Rechtsprechung grundsätzlich der Ganzheitsbetrachtung folgte, wird von der h.M.[129] in der Literatur allein der noch schwebende Geschäftsteil – dieser aber insgesamt – betrachtet.

599 Werden Verpflichtungsüberhänge aus Dauerschuldverhältnissen in voller rechnerischer Höhe zurückgestellt, stellt sich die Frage, ob die vorweggenommenen zukünftigen Zahlungsverpflichtungen unter betriebswirtschaftlichen Gesichtspunkten auf den Bewertungsstichtag *abzuzinsen* sind, da sie erst in der Zukunft, nämlich verteilt über die Restlaufzeit, zu effektiven Zahlungsabflüssen führen. Nach § 253 Abs. 1 Satz 2, 2. Halbsatz HGB dürfen Rückstellungen allerdings nur abgezinst werden, soweit die ihnen zugrunde liegenden Verbindlichkeiten einen (verdeckten) Zinsanteil enthalten. Für rechtlich noch nicht entstandene Zinsverbindlichkeiten (den verdeckten Zinsanteil) dürfen nach den Grundsätzen der Nichtbilanzierung schwebender Geschäfte keine Rückstellungen gebildet werden. Um diesem Grundsatz zu genügen, sind die Erfüllungsrückstände abzuzin-

---

[128] BFH Urt. V. 8. 10. 1987 – IV R 18/86 – BStBl. II 1988, 57 (59).
[129] Vgl. ADS § 249 Rdn. 149.

sen. Fehlt es hingegen an einem verdeckten Kreditgeschäft, ist eine Abzinsung unzulässig. Diese Vorschrift gilt ihrem Wortlaut nach auch für Drohverlustrückstellungen. Gegen eine Abzinsung könnten zudem das Vorsichts- und das Realisationsprinzip sprechen, da der rechnerische Zinsvorteil zum Bilanzstichtag noch nicht realisiert ist.

Die gesetzliche Regelung führt indessen in der Regel zu einer übervorsichtigen Bilanzierung. 600 Sie hat nämlich zur Folge, dass z.B. zum Bilanzstichtag zurückgestellte zukünftige Mietzahlungen nicht abzuzinsen sind, obwohl dem Bilanzierenden auf Grund der hinausgeschobenen Zahlungsabflüsse rechnerisch ein Zinsvorteil entstehen wird, der somit als „stille Reserve“ in die Rückstellungsberechnung eingeht. Dies hat dazu geführt, dass vom Berufsstand der Wirtschaftsprüfer und Teilen der Literatur eine Abzinsung auch dann befürwortet wird, wenn eine verdeckte Zins- oder Stundungsvereinbarung nicht vorliegt. Nach dieser Auffassung gebietet eine „vernünftige kaufmännische Beurteilung“ (§ 253 Abs. 1 Satz 2, 2. Halbsatz HGB) eine Berücksichtigung des unterschiedlichen zeitlichen Anfalls der Ein- und Auszahlungen. Andernfalls bliebe auch die Möglichkeit der zwischenzeitlichen verzinslichen Verwendung der zurückgestellten Mittel unberücksichtigt.

Beispiel: Die A-GmbH betreibt in der Stadt D in angemieteten Räumen eine Zweigniederlassung, 601 in der ein Vertriebsbüro unterhalten wird. Der Mietvertrag wurde seinerzeit für eine Laufzeit von 10 Jahren fest abgeschlossen und hat am 31. 12. 01 noch eine Restlaufzeit von $7^1/_2$ Jahren. Die monatlichen Raumkosten (Miete und Nebenkosten) betragen TEUR 15. Vor Ablauf des Geschäftsjahres hat die Geschäftsführung den Beschluss gefasst, die Niederlassung aus Kostengründen zu schließen und die Vertriebstätigkeit unmittelbar von der Hauptniederlassung durch dort vorhandene Mitarbeiter vorzunehmen. Die Schließung soll bis zur Jahresmitte des Geschäftsjahres 02 erfolgt sein. Die Anstellungsverhältnisse der Mitarbeiter der Zweigniederlassung wurden fristgerecht zu diesem Termin gekündigt. Die Gesellschaft hat auch dem Vermieter von diesem Vorhaben Mitteilung gemacht. Dieser ist aber nicht bereit, die A-GmbH vorzeitig aus dem Mietverhältnis zu entlassen. Einer Untervermietung hatte er indessen bereits bei Vertragsabschluss zugestimmt. Die Gesellschaft geht bei Bilanzaufstellung auf der Grundlage von verlässlich erscheinenden Maklerauskünften davon aus, bis zum Auszugstermin einen Untervermieter zu finden und die Gewerbefläche für einen monatlichen Betrag von maximal TEUR 10 vermieten zu können.

In Anbetracht dieser Sachlage ist die Gesellschaft nach Schließung der Zweigniederlassung noch über 7 Jahre zur Mietzahlung verpflichtet, ohne die gemieteten Räumlichkeiten nutzen zu können. Die voraussichtlichen Untermieterträge sind nicht kostendeckend. Die Gesellschaft ist daher bei einer Restlaufzeitbetrachtung mit einem „Mietüberhang“ von insgesamt nominal TEUR 35 belastet. Sie bildet daher zum 31. 12. 01 eine Rückstellung in dieser Höhe, die steuerlich nicht ansatzfähig ist.

Auf eine Abzinsung des Gesamtbetrages wurde in Ansehung der fortbestehenden Ungewissheit über die zeitnahe Untervermietung und die dabei tatsächlich zu erzielende Miethöhe aus Vorsichtsgründen verzichtet. Diese Vorgehensweise ist in diesem Fall auch dann vertretbar, wenn man der Auffassung folgt, wonach eine Abzinsung von Drohverlustrückstellungen grundsätzlich geboten ist.

5. Aufwandsrückstellungen

Bei diesem Rückstellungstyp handelt es sich bei Lichte besehen um einen „Fremdkörper“ 602 unter den Fremdkapitalposten, denn Aufwandsrückstellungen betreffen *künftige* Aufwendungen, für die am Bilanzstichtag *keine Verpflichtung gegenüber einem Dritten* besteht. Sie erfüllen also nicht das Kriterium der Außenverpflichtung der Gesellschaft, das wir bereits als konstitutives Merkmal einer Schuld oder Verbindlichkeit kennen gelernt haben. Diese Rückstellungen werden vielmehr für sog. *Innenverpflichtungen* gebildet, die als betriebswirtschaftliche Verpflichtungen des Unternehmens gegenüber sich selbst verstanden werden können. Das Nebeneinander von Verbindlichkeitsrückstellungen und Aufwandsrückstellungen mag auf den Leser daher unsystematisch wirken. Er wird sich in dieser Auffassung durch die internationalen Rechnungslegungsgrundsätze bestätigt finden, nach denen Aufwandsrückstellungen im hier dargestellten Sinne nicht gebildet werden dürfen. Dementsprechend bestehen auch in Deutschland Reformüberlegungen, die ein Passivierungsverbot für Aufwandsrückstellungen vorsehen. Nachfolgend ist die geltende Rechtslage wiedergegeben.

603 Das HGB unterscheidet systematisch zwei Typen von Aufwandsrückstellungen, solche, die einer Passivierungspflicht unterliegen (§ 249 Abs. 1 Satz 2 und 3 HGB), und solche, die wahlweise gebildet werden können (§ 249 Abs. 2 HGB). In § 249 Abs. 1 Satz 2 HGB sind zwei Sonderfälle der von Pflicht-Aufwandsrückstellungen geregelt für

- *unterlassene Instandhaltungsmaßnahmen,* sofern die Nachholung innerhalb eines 3-Monats-Zeitraums nach Ablauf des Geschäftsjahres erfolgt
- Aufwendungen der *Abraumbeseitigung,* sofern Nachholung innerhalb des folgenden Geschäftsjahres erfolgt.

604 Lediglich die in § 249 Abs. 1 Satz 2 HGB aufgeführten Aufwandsrückstellungen sind auch steuerlich ansatzfähig. In diesem Zusammenhang ist anzumerken, dass es sich bei den Rückstellungen für unterlassene Instandhaltungsmaßnahmen – dem häufigsten praktischen Anwendungsfall der Aufwandsrückstellung – um ein gebräuchliches Instrument zulässiger Bilanzpolitik handelt. Notwendigkeit, Art und Umfang von bisher unterbliebenen Erhaltungsmaßnahmen lassen sich von der Unternehmensleitung häufig innerhalb einer weiten Bandbreite nach rein innerbetrieblichen Gegebenheiten bestimmen. Wie die Praxis zeigt, haben derartige Rückstellungen bei ertragsschwachen oder zum Verkauf stehenden Unternehmen Seltenheitswert, wohingegen erfahrungsgemäß gerade in ertragsstarken Jahren das Bewusstsein für unterbliebene Reparaturen anzusteigen scheint. Während unterlassene Instandhaltungsmaßnahmen in jeder Branche und Unternehmensform vorkommen können, handelt es sich bei der Abraumbeseitigung um ein Spezifikum der Förderung von Bodenschätzen im Tagebau. Aufgrund besonderer betrieblicher Gegebenheiten kann es im letztgenannten Fall vorkommen, dass trotz bereits begonnener Abbauarbeiten am Bilanzstichtag der zuvor entstandene Abraum noch nicht beseitigt ist, obwohl die hieraus entstehenden Kosten das Abbauvorhaben vor Ablauf des Folgejahres belasten.

605 Darüber hinaus kann das Unternehmen unter bestimmten zusätzlichen, kumulativ zu erfüllenden Voraussetzungen wahlweise weitere Aufwandsrückstellungen bilden, z.B. auch solche, die Instandhaltungsmaßnahmen betreffen, die erst nach Ablauf der 3-Monats-Frist des § 249 Abs. 1 Satz 2 HGB nachgeholt werden (§ 249 Abs. 1 Satz 3 HGB). Diese Formen der Aufwandsrückstellungen stellen in der Terminologie des HGB eine (passive) *Bilanzierungshilfe* dar. Voraussetzung für die Bildung von Aufwandsrückstellungen sind nach § 249 Abs. 2 die genaue Umschreibung der Eigenart (Konkretisierungsmerkmal), die zeitliche Zuordnung zu einem früheren Geschäftsjahr, die Wahrscheinlichkeit des Eintritts sowie die Ungewissheit der Höhe und des Zeitpunkts.

606 Zwar gilt das Konkretisierungsmerkmal grundsätzlich für alle Rückstellungen, es erlangt aber bei Aufwandsrückstellungen eine besondere Bedeutung, da ansonsten einer „stillen Reservenbildung" gar keine objektive Grenze mehr gesetzt wäre. Ob die nach dem Gesetz darüber hinaus erforderliche zeitliche Zuordnung zu einem abgelaufenen oder früheren Geschäftsjahr in der gleichen Weise zu erfolgen hat, wie dies bei Verbindlichkeitsrückstellungen der Fall ist, wird in der Literatur unterschiedlich gesehen.[130] Eine Aufwandsverrechnung wird sogar auch dann für zulässig angesehen, wenn sie in Beziehung zu künftigen Erträgen steht, sofern eine gleichmäßige Belastung mehrerer Geschäftsjahre mit zeitraumbezogenen Aufwendungen bezweckt ist (z.B. im Fall der Rückstellung für Großreparaturen).[131] Hier wird das Prinzip der periodengerechten Ge-

[130] Zum Meinungsstand: BeckBil-Komm/*Clemm/Erle* § 249 Rdn. 306.
[131] Vgl. ADS § 249 Rdn. 211.

winnermittlung sehr weit ausgelegt. Das gesetzliche Wahrscheinlichkeitserfordernis ist so zu verstehen, dass der Anfall der Aufwendungen „mit hoher Wahrscheinlichkeit" oder „so gut wie sicher" eintreten muss.[132] Anders als im Fall der Verbindlichkeitsrückstellungen gilt das Vorsichtsprinzip in diesem Zusammenhang nicht. Die Schwelle zur Rückstellungsbildung ist daher erhöht. Es müssen bei objektiver Betrachtung – im Sinne der BFH-Rechtsprechung zu Verbindlichkeitsrückstellungen – erkennbar mehr Gründe für als gegen den künftigen Anfall der Aufwendungen sprechen. Dem im Gesetz darüber hinaus geregelten Ungewissheitsmerkmal wird in der Literatur überwiegend nur eine begrenzte Aussagekraft beigemessen. Nach einer verbreiteten Auffassung[133] ist eine Aufwandsrückstellung auch dann zulässig, wenn Höhe und Zeitpunkt feststehen sollten.

Für Aufwandsrückstellungen der beschriebenen Art kommen im Wesentlichen folgen- 607
de Anwendungsfälle in Betracht:

- geplante Großreparaturen von maschinellen Anlagen
- grundlegende Gebäuderenovierungen
- Generalüberholungen von Schiffen und Flugzeugen

Nicht rückstellungsfähig sind hingegen: 608

- (aktivierungspflichtige) Herstellungsaufwendungen für Erweiterungsbauten
- Forschungs- und Entwicklungskosten
- Kosten von Werbe- oder Imagekampagnen

6. Pensionsrückstellungen

Pensionszahlungen stellen eine zeitlich aufgeschobene Entlohnung des Mitarbeiters 609
dar. Durch Bildung von Pensionsrückstellungen wird dieser „Erfüllungsrückstand" berücksichtigt. Diese stellen daher der Sache nach einen Sonderfall der Rückstellungen für ungewisse Verbindlichkeiten im Sinne des § 249 Abs. 1 Satz 1 HGB dar.

Hinsicht bestehender Pensionsverpflichtungen besteht daher gemäß § 249 Abs. 1 Satz 1 610
HGB i.V.m. Art. 28 Abs. 1 Satz 1 EGHGB eine *Passivierungspflicht für unmittelbare Neuzusagen, die nach dem 1. 1. 1987 erteilt wurden.* Für unmittelbare Pensionszusagen, die vor dem 1. 1. 1987 begründet wurden (sog. Altzusagen) gilt – wie übrigens auch für alle mittelbaren Pensionsverpflichtungen und pensionsähnlichen Verpflichtungen – lediglich ein *Passivierungswahlrecht* (Art. 28 Abs. 1 Satz 2 EGHGB). Mittelbare Pensionsverpflichtungen sind solche, die die über einen verselbstständigten Rechtsträger (Pensions- oder Unterstützungskasse, Direktversicherung etc.) abgewickelt werden. Wird von dem Wahlrecht Gebrauch gemacht, kann ein Bilanzansatz der davon betroffenen Verpflichtungen unterbleiben, diese sind indessen im Anhang „in einem Betrag" anzugeben. Bei dieser langfristig wirkenden Erleichterungsregelung, die bei Altzusagen auf lediglich ein fortschreitendes „biologisches" Ausscheiden aus der Grundgesamtheit setzt, handelt es sich um eine Übergangsvorschrift, die bei Inkrafttreten des BiRiLiG verhindern sollte, dass die mit diesem Gesetz erstmalig in Deutschland geschaffene Pflicht zur Passivierung von Pensionsverpflichtungen die betroffenen Unternehmen auch mit Wirkung für die Vergangenheit mit voller Wucht traf. Die Übergangsregelung hat daher nicht zuletzt angesichts der zwischenzeitlich deutlich gestiegenen Lebenserwartung zur Folge, dass unter Umständen im Anwendungsbereich des HGB nach wie vor erhebliche Pensionsverpflichtungen bilanziell unberücksichtigt bleiben. Demgegenüber erfolgt nach IAS 19 keine Unterscheidung nach dem Entstehungszeitpunkt der Verpflichtung oder zwischen unmittelbaren und mittelbaren Verpflichtungen. Deshalb ist in jüngerer Zeit die Frage

[132] ADS § 249 Rdn. 212 mwN.
[133] BeckBil-Komm/*Clemm/Erle* § 249 Rdn. 308.

aufgekommen, ob die in Deutschland geltende Privilegierung von Altzusagen und mittelbaren Pensionsverpflichtungen im internationalen Vergleich noch vertretbar ist.

611 Pensionsrückstellungen werden nur dann in Anspruch genommen, wenn ein begünstigter Arbeitnehmer vor Eintritt der Unverfallbarkeit des Pensionsanspruchs aus dem Unternehmen ausscheidet, sie sind – abgesehenen von dem seltenen Fall zulässiger Bewertungsänderungen – nur dann aufzulösen, wenn der begünstigte Arbeitnehmer oder Rentner vor Verbrauch verstirbt. Ein wesentliches Merkmal der Pensionsrückstellungen ist daher, dass die zur Abdeckung der Pensionsverpflichtungen im Unternehmen über einen längeren Zeitraum sukzessive angesparten Mittel diesem in der Regel *langfristig* zur Verfügung stehen, zumal sie ebenfalls nur schrittweise verbraucht werden.

612 Ferner können zukünftige Pensionsleistungen von dem gewährenden Unternehmen unter den Voraussetzungen des § 6a EStG bereits in der „Ansparphase" als Betriebsausgaben abgezogen werden. Insofern trägt der Fiskus in Höhe des geltenden Steuersatzes einen Anteil am Pensionsaufwand. Daneben ist ein weiterer Effekt zu beachten: Aufgrund der vorverlegten steuerlichen Aufwandsverrechnung treten die aus dem Betriebsausgabenabzug resultierenden Steuerentlastungseffekte in der Regel lange vor den tatsächlichen Zahlungsabflüssen aus laufenden Pensionen ein. Die durch verminderte Steuerzahlungen in der Zeit der Rückstellungsbildung „ersparte" Liquidität kann daher – zusätzlich zum passivierten Rückstellungsbetrag – in der Zwischenzeit im Unternehmen ertragbringend angelegt werden. Somit kann das Unternehmen nicht nur einen Anteil an der Pensionslast in Höhe des Steuersatzes auf den Fiskus überwälzen, sondern durch die hiermit erzielte Anlagenrendite eine weitere Minderung ihres Eigenanteils erreichen. Anders ausgedrückt: Die zukünftigen Pensionsleistungen können in Abhängigkeit von der Höhe der Anlagenrendite und der Zinssituation zu einem nennenswerten Teil aus Steuerersparnissen und rückstellungsbedingten Anlageerträgen finanziert werden. Insbesondere für stark wachsende Unternehmen an der Grenze ihrer Möglichkeiten zur Beschaffung von Kapital kann daher eine *Innenfinanzierung über Pensionszusagen* vorteilhaft sein. Danach ist festzuhalten:

613 **Aus Pensionsrückstellungen resultiert ein nennenswerter Finanzierungseffekt: die steuermindernd angesparten Mittel können grundsätzlich langfristig im Unternehmen investiert werden und damit zur Erzielung einer Anlagenrendite dienen.**

614 Andererseits ist darauf hinzuweisen, dass Pensionsverpflichtungen eine erhebliche aufgeschobene Belastung für Unternehmen darstellen, die zudem durch laufende Anpassungen an die gestiegene Lebenserwartung und eventuelle dynamisierende Effekte in ihrem Umfang tendenziell deutlich ansteigen kann. In diesem Zusammenhang spielt außerdem eine Rolle, dass die steuerrechtlichen Wertansätze für die Bildung von Pensionsrückstellungen insbesondere auf Grund des in § 6a EStG vorgeschriebenen Rechnungszinsfußes (6%) und der – abweichend von internationalen Rechnungslegungsgrundsätzen erfolgenden – Außerachtlassung zukünftiger Gehaltssteigerungen den Umfang der zukünftigen tatsächlichen Belastung nicht vollständig abdecken und daher eine risikoadäquate Vorsorge in der Handelsbilanz mit steuerlicher Wirkung nicht erreicht werden kann.

615 Eine ausdrückliche Bewertungsvorschrift des Handelsrechts existiert lediglich für Rentenverpflichtungen jeder Art, die nach dem Barwert anzusetzen sind (§ 253 Abs. 1 Satz 2 HGB). Die Bewertung von Pensionsanwartschaften richtet sich handelsrechtlich daher nach den allgemeinen Grundsätzen für den Ansatz von Rückstellungen nach § 249 HGB, die gewählte Bewertungsmethode ist im Anhang anzugeben (§ 284 HGB). Es bleibt daher im Rahmen wirtschaftlich vertretbarer Ansätze (Vorsichtsprinzip) dem Ermessen des Unternehmens überlassen, welchen Zinssatz es auswählt. Während ein *zu niedriger* Zinsfuß rechnerisch zu einer *Überdotierung* der Pensionsrückstellungen führt,

hat ein *zu hoher* Zinsfuß die gegenteilige Folge: die Pensionsrückstellungen sind *unterdotiert* und decken daher die zukünftige Inanspruchnahme nicht hinreichend ab.

Unter dem in Deutschland nach wie vor vorherrschenden Gesichtspunkt der „Einheitsbilanz" werden beim Ansatz der Pensionsrückstellungen in der Handelsbilanz in aller Regel die steuerrechtskonformen Wertansätze zugrunde gelegt. Der steuerliche Teilwertansatz für Pensionsrückstellungen (§ 6a EStG) auf der Basis eines Zinsfußes von 6% wird bisher in der handelsrechtlichen Literatur als *zulässige Wertuntergrenze* angesehen. Hierin kommt allerdings gleichsam „zwischen den Zeilen" zum Ausdruck, dass es sich bei dem steuerlichen Wert um einen aus handelsrechtlicher Sicht bestenfalls noch eben tolerierten „Minimalansatz" handeln kann, der nicht notwendig vorsichtiger Bilanzierung entspricht. Als Obergrenze des Wertansatzes wird nach verbreiteter Auffassung derzeit ein Zinssatz von 3% akzeptiert. Die sich danach ergebende handelsrechtliche Bewertungsbandbreite wird hingegen in der Praxis selten ausgeschöpft, wenngleich einzelne Unternehmen bereits in der Vergangenheit für Zwecke der Handelsbilanz vereinzelt freiwillig von niedrigeren Rechnungszinssätzen (z.B. 4%) ausgegangen sind. Aufgrund der unveränderten steuerrechtlichen Lage und der bisher zumindest nach herrschender Meinung fortbestehenden handelsrechtlichen Zulässigkeit steuerlicher Wertansätze hat es für Unternehmen in Deutschland – zumal bei schwierigen gesamtwirtschaftlichen Verhältnissen – indessen nur eine geringe Attraktivität, Ergebnisminderungen durch Bildung höherer Rückstellungen ohne entsprechenden steuerlichen Betriebsausgabenabzug in Kauf zu nehmen. Stellt man indessen in Rechnung, dass der langfristige Nominalzins seit Jahren deutlich unter dem steuerlich zulässigen Rechnungszinsfuß von 6% liegt und zudem zukünftige Gehaltsentwicklungen beim steuerlichen Teilwertverfahren außer Betracht bleiben, steht außer Zweifel, dass die in Deutschland üblicherweise gebildeten „steuerlichen" Pensionsrückstellungen in der Regel das tatsächliche zukünftige wirtschaftliche Risiko nicht adäquat abbilden. Erschwerend kommt hinzu, dass dieser gewichtige Umstand aus der Bilanz oder den Pflichtangaben im Anhang nicht hervorgehen muss. Führt dies allerdings im konkreten Einzelfall dazu, dass die Vermögens- und Ertragslage eines Unternehmens vorsätzlich unrichtig wiedergegeben oder verschleiert wird, ist der Jahresabschluss wegen Überbewertung eines Passivpostens nach § 256 Abs. 5 AktG *nichtig.* Passivposten sind nach dieser Vorschrift, die auf GmbH analog angewendet wird, überbewertet, wenn sie mit einem niedrigeren Betrag angesetzt sind, als nach §§ 253ff. i.V.m. §§ 279ff. HGB zulässig ist. **616**

Bilanzanalytisch ist daher bei Zugrundelegung deutscher steuerrechtlicher Grundsätze bei der Rückstellungsberechnung zu unterstellen, dass Pensionsverpflichtungen im HGB-Abschluss eine mögliche Quelle „stiller Lasten" sind. Daher ist in Fällen von Unternehmenstransaktionen, bei denen der Wertansatz von Pensionsverpflichtungen auf Grund seiner Bedeutung in das wirtschaftliche Kalkül einzubeziehen ist, dringend anzuraten, eine alternative Bewertung unter Zugrundelegung der nach IAS/IFRS oder US GAAP anzuwendenden Methoden, zumindest aber unter Verwendung eines realistischen Rechnungszinsfußes vorzunehmen, um ein besseres Bild der zukünftigen Effektivbelastung des zu untersuchenden Unternehmens zu erhalten. **617**

In Abhängigkeit des Einzelfalles ergibt sich wegen der in Deutschland geltenden steuerrechtlichen Restriktionen bei Anwendung international üblicher Bewertungsmethoden für Pensionslasten in aller Regel ein höherer Wertansatz für die Pensionsrückstellungen in der Handelsbilanz als er in einem Jahresabschluss nach HGB üblicherweise ausgewiesen wird. **618**

Die Berechnung von Pensionsrückstellungen nach deutschen steuerrechtlichen oder internationalen Grundsätzen ist ein Spezialgebiet für Versicherungsmathematiker und **619**

Aktuare, das selbst einen kaufmännisch versierten und bilanzfesten Juristen in aller Regel überfordert. Auch Unternehmen bedienen sich, sofern sie nicht selbst der Versicherungsbranche angehören, externer Gutachter zur Ermittlung der Rückstellungshöhe. Aus den versicherungsmathematischen Gutachten sind die verwendeten Mitarbeiterdaten und die übrigen Ermittlungsgrundlagen und -methoden im Einzelnen ersichtlich. Nachfolgend sollen einige steuerrechtliche Rahmenbedingungen und methodische Grundsätze für die Rückstellungsberechnung dargestellt werden, um dem Leser ein besseres Verständnis für die in einem Gutachten versicherungsmathematisch zugrunde gelegte Materie zu verschaffen.

620 Für Pensionsverpflichtungen darf in der Steuerbilanz eine Rückstellung höchstens mit dem steuerlichen *Teilwert* der Verpflichtung vorgenommen werden (§ 6a Abs. 3 Satz 1 EStG). Die Definition des Teilwertes hängt zunächst wesentlich davon ab, oder der Pensionsberechtigte sein Dienstverhältnis bereits beendet hat oder ob er noch aktiv ist. Weiterhin ist zu unterscheiden, ob die Verpflichtung auf einer arbeitgeberfinanzierten Pensionszusage oder auf einer vom Arbeitnehmer durch Entgeltumwandlung finanzierten Zusage beruht.

621 Sofern der Pensionsberechtigte das Dienstverhältnis bereits beendet hat, gilt als Teilwert der volle *Barwert der künftigen Verpflichtungen,* da eine Gegenleistung des Berechtigten in Form künftiger Betriebstreue nicht mehr erbracht wird. Hierunter fallen neben Beziehern einer bereits laufenden Rente, auch solche Berechtigte, die vor Eintritt des Versorgungsfalles aus dem Unternehmen ausgeschieden sind, denen aber auf Grund gesetzlicher Vorschriften oder vertraglicher Vereinbarungen ihre Anwartschaft zumindest teilweise aufrecht erhalten wird. Sofern eine Entgeltumwandlung im Sinne des § 1 Abs. 2 BetrAVG vorliegt, ist als Teilwert mindestens der *Barwert der bis zum Bilanzstichtag erdienten gesetzlich unverfallbaren Anwartschaft* anzusetzen.

622 Für Pensionsverpflichtungen gegenüber aktiven Berechtigten, die das Dienstverhältnis noch nicht beendet haben, gilt das „eigentliche Teilwertverfahren" nach § 6a Abs. 3 Nr. 1 EStG. Zur Berücksichtigung der bei diesen Berechtigten noch zu erwartenden künftigen Betriebstreue wird eine gleich bleibende *fiktive Jahresprämie* bestimmt, mit deren Hilfe die zu erdienende Pensionsanwartschaft gleichmäßig auf die gesamte Dienstzeit bis zum vertraglich vorgesehenen Pensionsalter verteilt wird. Die fiktive Jahresprämie wird so bestimmt, dass bei Beginn des Dienstverhältnisses[134] der Barwert der Versorgungsverpflichtungen genau mit dem Wert der Jahresprämie übereinstimmt. Zu diesem Zeitpunkt sind also Leistung und Gegenleistung genau ausgeglichen. Zur pauschalen Berücksichtigung von Fluktuationen in den ersten Dienstjahren, wird bei früheren Eintrittsaltern unterstellt, dass das Dienstverhältnis erst mit Vollendung des 28. Lebensjahres[135] begonnen hat. Zu jedem Bilanzstichtag errechnet sich der Teilwert aus der Differenz des Barwertes der künftigen Verpflichtung abzüglich des Wertes der nach diesem Stichtag noch fälligen fiktiven Jahresprämien.

623 Die Verpflichtungen zum Bilanzstichtag dürfen nach § 6a EStG nur in der Höhe berücksichtigt werden, wie sie schriftlich zugesagt sind; künftige Veränderungen dürfen daher nur berücksichtigt werden, sofern sie hinsichtlich des Zeitpunkts ihres Wirksamwerdens und ihrer Höhe gewiss sind. Ist die Zusage lediglich an die allgemeine Gehaltsentwicklung gekoppelt (dynamisiert), so darf die jeweilige Erhöhung erst dann berücksichtigt werden, wenn die Gehälter tatsächlich in entsprechender Höhe angehoben werden.

---

[134] Genau genommen zu Beginn des Wirtschaftsjahres, in dem das Dienstverhältnis begonnen hat.

[135] Für vor dem 1. 1. 2001 erteilte Pensionszusagen gilt an dieser Stelle noch die Vollendung des 30. Lebensjahres.

Sowohl für die Bewertung der Verpflichtungen als auch für die Bewertung der fiktiven Jahresprämien ist – wie bereits dargestellt – ein Rechnungszinsfuß von 6% p.a. anzusetzen. Weiterhin sind die anerkannten Regeln der Versicherungsmathematik anzuwenden. Dies bedeutet unter anderem die Verwendung sog. biometrischer Ausscheideordnungen zur Berücksichtigung von Sterbe-, Invalidisierungs- oder Verheiratungswahrscheinlichkeiten etc. Von der Finanzverwaltung als mit den anerkannten Regeln der Versicherungsmathematik übereinstimmend anerkannt sind zuletzt die Richttafeln 2005G von Prof. Dr. Klaus Heubeck. **624**

7. Steuerrückstellungen

Sofern das Unternehmen zur Zahlung von laufenden Steuern und Abgaben für eine vorangegangene Periode verpflichtet, die Veranlagung aber noch nicht erfolgt ist und Vorauszahlungen in entsprechender Höhe nicht zu leisten waren, sind zum Bilanzstichtag entsprechende Rückstellungen zu bilden, die unter Position „Steuerrückstellungen" gesondert auszuweisen sind. Diese Rückstellungen sind kurzfristiger Natur und erfassen in der Regel Zahllasten, die sich innerhalb Jahresfrist realisieren. Über mehrere Geschäftsjahre hinaus bestehende Steuerrückstellungen dürften selten vorkommen. Sie werden mit steuerlichen Betriebsprüfungen oder finanzgerichtlichen Streitigkeiten in Zusammenhang stehen. Während die Ermittlung der Rückstellungen für die laufenden Steuern unter Zugrundelegung der steuerlichen Ermittlungsgrundlagen bei Vorliegen der entsprechenden Sachkunde mit hinreichender Verlässlichkeit vorgenommen werden kann, sind Betriebsprüfungsrisiken in komplex gelagerten Fällen häufig sehr schwer einzuschätzen. **625**

Liegen zum Bilanzstichtag ein Betriebsprüfungsbericht oder darauf gestützte Steuerbescheide noch nicht vor, ist die Betriebsprüfung also noch nicht abgeschlossen, so können sich erhebliche Unwägbarkeiten ergeben. Diese können aus der steuerrechtlichen Komplexität der Sachverhalte herrühren, die unterschiedliche Würdigungen zulassen. Diese müssen bei fehlender Einigung zwischen Verwaltung und Steuerpflichtigem möglicherweise finanzgerichtlich entschieden werden. In der Praxis strebt die Finanzverwaltung in der Regel eine einverständliche Lösung der Streitfragen mit dem Steuerpflichtigen an. In diesem Zusammenhang kann die Verwaltung im Rahmen ihres Ermessens in bestimmtem Umfang zu Zugeständnissen bereit sein. Daher wird ein Ergebnis häufig im Verhandlungswege durch gegenseitiges „Geben und Nehmen" gewonnen und ist daher im Vornherein schwer abzuschätzen. Eine alternativ in Betracht zu ziehende finanzgerichtliche Auseinandersetzung unterliegt einem spezifischen Prozessrisiko, wobei erfahrungsgemäß die Verwaltung in der statistisch überwiegenden Zahl der Fälle gegenüber dem Steuerpflichtigen obsiegt. **626**

Beispiel: Die X-AG hat vor einigen Jahren in einer Phase starker Expansion und im Wettbewerb mit anderen Unternehmen die Z-GmbH für einen Kaufpreis von TEUR 40.000 erworben. Die Unternehmensleitung nimmt in einem Folgejahr eine Überprüfung des Wertansatzes der Beteiligung nach §§ 253 Abs. 2, 279 Abs. 1 HGB vor, da auf Grund tatsächlicher Erkenntnisse und Entwicklungen sowie gedämpfter Zukunftsaussichten Anhaltspunkte für eine Wertminderung bestehen. Eine Neubewertung der Beteiligung durch einen unabhängigen externen Sachverständigen nach allgemein anerkannten betriebswirtschaftlichen Grundsätzen ergibt einen „Zukunftserfolgswert" von TEUR 25.000. Im entsprechenden Jahresabschluss wird daher eine Abschreibung auf die Beteiligung an der Z-GmbH in Höhe von TEUR 15.000 vorgenommen. In diesem Geschäftsjahr sind nach den zu diesem Zeitpunkt geltenden Steuergesetzen Abschreibungen auf Beteiligungen grundsätzlich auch mit steuerlicher Wirkung zulässig, so dass die X-AG einen entsprechenden Betriebsausgabenabzug vornimmt. Eine entsprechende Veranlagung erfolgt unter dem Vorbehalt der Nachprüfung. Bei einer späteren steuerlichen Betriebsprüfung im Jahr 01, die das fragliche Geschäftsjahr umfasst, wird die vorgenommene Beteiligungsabschreibung beanstandet und daher ein entsprechendes steuerliches **627**

Mehrergebnis festgestellt. Eine Einigung mit der Betriebsprüfung konnte bis zum Bilanzstichtag nicht erzielt werden. Daher ist mit einer geänderten Steuerfestsetzung zu rechnen.

Die Gesellschaft bei diesem Sachverhalt steht vor der Frage, in welcher Höhe eine Rückstellung für „Betriebsprüfungsrisiken“ zu bilden ist. Unter Zugrundelegung des Vorsichtsprinzips kann es angezeigt sein, eine Rückstellung in Höhe der vollen steuerlichen Mehrbelastung (hier unterstellt mit 50%) von ca. TEUR 7.500 zu bilden, da erfahrungsgemäß nicht ausgeschlossen werden kann, dass die Finanzgerichte dem vorgelegten Gutachten die Anerkennung versagen. Werden die Aussichten einer rechtlichen Auseinandersetzung mit der Finanzverwaltung hingegen in Anbetracht der gutachtlichen Wertermittlung für gut eingeschätzt und rechnet die Gesellschaft nach den Umständen nicht mit einer Inanspruchnahme in Höhe der Steuerfestsetzung, kann auch ein niedrigerer Ansatz vertretbar sein. Hierbei wird es in erster Linie darauf ankommen, ob konkrete Anhaltspunkte für eine „Kompromisslösung“ außerhalb des unmittelbaren Anwendungsbereichs anerkannter Methoden bestehen.

628 Dieses Beispiel erhellt, dass im Rahmen handelsrechtlich zulässiger Wertansätze gebildete Steuerrückstellungen erhebliche Unsicherheiten bergen können. Dies beruht im Wesentlichen darauf, dass die jährlichen steuerlichen Festsetzungen in der Regel unter dem Vorbehalt der Nachprüfung erfolgen und daher zumindest mit einem latenten Risiko belastet sind, dass eine turnusmäßig stattfindende Betriebsprüfung ein steuerpflichtiges Mehrergebnis feststellt.

629 Dieses latente Risiko ist in der Regel nicht hinreichend konkretisiert, um eine Rückstellungspflicht auszulösen. Solange keine konkreten Anhaltspunkte dafür vorliegen, dass die eingereichten Steuererklärungen unzutreffend waren oder einer vom Unternehmen gewählten steuerlichen Gestaltung die Anerkennung durch die Finanzbehörden oder -gerichte versagt werden wird, besteht kein Anlass zu einer weitergehenden Risikovorsorge. Dieser wird häufig ohnehin die Erwägung entgegenstehen, nicht durch die bilanzielle Berücksichtung möglicher Mehrsteuern die Aufmerksamkeit der Finanzverwaltung auf kritische, bisher von dieser nicht problematisierter Sachverhalte zu lenken. Hat hingegen eine Betriebsprüfung stattgefunden und zu Prüfungsergebnissen geführt, kommt eine Rückstellungsbildung dem Grunde nach in Betracht. In Bezug auf die Rückstellungshöhe können jedoch große Unwägbarkeiten bestehen, insbesondere im Hinblick auf mögliche Folgeeffekte für zwischen dem Betriebsprüfungszeitraum und dem aktuellen Geschäftsjahr liegende Geschäftsjahre. Ertragstarke Unternehmen werden in diesen Fällen Rückstelllungen für Betriebsprüfungsrisiken als „allgemeinen Risikopuffer“ attraktiv finden, ertragsschwache, mit steuerlichen Risiken behaftete oder zum Verkauf stehende Unternehmen werden Rückstellungen für Steuerrückstellungen möglicherweise restriktiv handhaben.

630 Steuerliche Risiken, die sich nicht abschließend beurteilen lassen, stellen in der Praxis einen zentralen Gegenstand bei Unternehmensübernahmen dar. Sie sind insbesondere Gegenstand einer „Tax Due Diligence“ durch den Erwerber oder dessen Beauftragte. Der zivilrechtliche Lösungsansatz besteht in erster Linie darin, sog. „Steuerklauseln“ in die Unternehmenskaufverträge aufzunehmen, wonach der Veräußerer Mehrbelastungen zu erstatten hat, die sich aus einer zukünftigen, für den Erwerber periodenübergreifend per Saldo nachteiligen Steuerfestsetzung ergeben. Die sachgerechte Umsetzung solcher Klauseln erfordert die frühzeitige Einbeziehung der steuerlichen Berater beider Kaufvertragsparteien in eine spätere Betriebsprüfung des Veräußerungsobjekts. Auch in anderen Zusammenhängen, z.B. in Fragen der Überschuldungsprüfung, kann der effektive Umfang ungewisser Steuerlasten von erheblicher praktischer Bedeutung werden, wenn das krisenbehaftete Unternehmen mit hohen steuerlichen Vergangenheitsrisiken belastet ist.

631 Die Rückstellungspflicht umfasst jedoch nicht nur die tatsächlich entstandenen oder unmittelbar drohenden Steuerverbindlichkeiten, sondern nach § 274 Abs. 1 HGB auch sog. *passive latente Steuern.* Mit der bilanziellen Erfassung von Steuerlatenzen haben wir uns bereits an anderer Stelle eingehend beschäftigt. Rückstellungen für passive latente Steuern sind danach zu bilden, wenn der in der Handelsbilanz ausgewiesene steuerliche Periodenaufwand in Relation zum handelsrechtlichen Jahresergebnis „zu niedrig" ist, sich diese Differenz aber in der Zukunft ausgleicht, die zunächst unterbliebene Steuerbelastung auf Grund abweichender steuerlicher Gewinnermittlungsvorschriften also zu einem späteren Zeitpunkt realisiert wird.

8. Rückstellungen für Umweltschutzverpflichtungen

Seit den 70er Jahren des vorigen Jahrhunderts haben Risiken auf Grund von Anforde- 632
rungen des Umweltschutzes eine zunehmende Bedeutung erlangt. Unter dem Begriff des Umweltschutzes werden üblicherweise alle Maßnahmen gefasst, die die Verhinderung, Beseitigung oder Verringerung von Belastungen der Umwelt durch Schadstoffe oder andersartige Belästigungen dienen. Einer gängigen Einteilung von Umweltschutzverpflichtungen folgend[136] wird zwischen „Altlasten" und „Neulasten" unterschieden. „Altlasten" bezeichnen nach gängiger Definition Flächen mit Altablagerungen und ehemalige Betriebsstandorte, von denen nach den Erkenntnissen einer vorausgegangenen Gefährdungsabschätzung eine Gefahr für die öffentliche Sicherheit und Ordnung ausgeht. Dauert die Nutzung noch an und wird erst künftig mit Umweltschäden gerechnet, so handelt es sich dagegen um „Neulasten". Die auf „Neulasten" beruhenden Verpflichtungen können solche der Schadensverhütung (z.B. Anpassungsverpflichtungen), der Schadensbeseitigung (z.B. Verwertungsverpflichtungen) oder der Schadensbegrenzung (z.B. Abfallbeseitigungsverpflichtungen) sein. Durch Maßnahmen der Schadensverhütung soll das künftige Entstehen von Umweltschäden verhindert werden, durch Maßnahmen der Schadensbeseitigung oder Begrenzung sollen bereits eingetretene Umweltschäden ganz oder zumindest teilweise beseitigt oder eingedämmt werden.[137]

Eine Verpflichtung zur Beseitigung von Altlasten ergibt sich in der Regel nicht aus 633
unmittelbar anwendbaren Spezialgesetzen, sondern auf der Grundlage des allgemeinen Polizei- und Ordnungsrechts durch Erlass einer entsprechenden Beseitigungsverfügung der zuständigen Behörde. Problematisch sind vor diesem Hintergrund die Sachverhalte, in denen noch keine Verfügung ergangen ist und nur allgemeine gesetzliche Eingriffsgrundlagen bestehen. Während z.B. nach Auffassung der herrschenden Meinung in der Literatur eine öffentlich-rechtliche Sanierungsverpflichtung für eine Rückstellungsbildung hinreichend konkretisiert ist, wenn der Kaufmann weiß, dass eine Altlast vorliegt, für die er als Handlungs- oder Zustandsstörer in Anspruch genommen werden kann,[138] darf nach Auffassung des BFH eine Rückstellung in derartigen Fällen erst gebildet werden, wenn die die Verpflichtung begründenden Tatsachen der zuständigen Fachbehörde bekannt geworden sind oder dies unmittelbar bevorsteht und ein Eingreifen überwiegend wahrscheinlich ist.[139] Nach ständiger BFH-Rechtsprechung kann zudem eine ungewisse öffentlich-rechtliche Verpflichtung nur dann unmittelbar aus dem Gesetz abgeleitet werden, wenn dieses in sachlicher Hinsicht ein inhaltlich genau bestimmtes Handeln vorsieht, in zeitlicher Hinsicht ein Handeln innerhalb eines bestimmten Zeitraumes fordert und dieses Handlungsgebot sanktionsbewehrt und damit durchsetzbar ist.

Im Bereich der umweltschutzrechtlichen Verpflichtungen bei „Neulasten" haben die 634
„Anpassungsverpflichtungen" nicht nur eine hohe praktische Bedeutung, sondern sie werfen bei der Rückstellungsbildung besondere Fragen auf. Bei dieser Gruppe von Ver-

---

[136] *Bartels,* BB 1991, 2044 (2049).
[137] Vgl. ADS § 249 Rdn. 118 mwN.
[138] Vgl. BeckBil-Komm/*Clemm/Erle* § 249 Rdn. 100 (Stichwort: „Altlastensanierung") mwN.
[139] BFH Urt. v. 19. 10. 1993 – VIII R 14/92 – BStBl. II 1993, 891 f.

pflichtungen handelt es sich um verwaltungsrechtliche Anordnungen (z. B. TA Luft, nach denen der Kaufmann Vorsorge zu treffen hat, dass eine genehmigungspflichtige Anlage im Hinblick auf die Emissions- und Sicherheitsstandards dem jeweiligen Stand der Technik entspricht. Typische Merkmale von Anpassungsverpflichtungen sind:

- die Bezugnahme auf den jeweiligen Stand der Technik im Sinne des Entwicklungsstands fortschrittlicher Verfahren zum umweltverträglichen Betrieb von Anlagen
- die Festlegung von konkretisierten Standards für die Vornahme potenziell umweltbelastender Prozesse (z. B. Grenzwerte)
- die Einräumung von Übergangsfristen für die Umsetzung dieser Standards (z. B. die Durchführung von Umrüstungsmaßnahmen).

635 Ob Aufwendungen für Anpassungsverpflichtungen in der Handelsbilanz rückstellungsfähig sind, ist streitig. Nach einer verbreiteten Auffassung[140] die entscheidend auf das Erfordernis der wirtschaftlichen Verursachung der Verpflichtung abstellt, ist eine Rückstellungsbildung für Anpassungsverpflichtungen nicht zulässig, weil diese allein auf die Vermeidung zukünftiger Schäden gerichtet seien und der nach dem Realisierungsprinzip stets zu fordernde Vergangenheitsbezug nicht vorliege. Die Anpassungsmaßnahme gelte nichts Vergangenes ab, sondern ermögliche den zukünftigen gesetzeskonformen Betrieb. Eine andere Auffassung[141] stellt die rechtliche Entstehung einer Verbindlichkeit bei Anpassungsverpflichtungen vor Ablauf der üblicherweise bestehenden Übergangsfristen in Frage. Eine Verpflichtung ist danach erst dann rechtlich entstanden und folglich zurückzustellen, wenn die Übergangsfrist abgelaufen ist und das Unternehmen die Anpassungsmaßnahme tatsächlich nachzuholen beabsichtigt. Fehlt es an dem Erlass eines entsprechenden Vollzugsaktes und damit an der Festlegung einer Übergangsfrist, kann es nach dieser Auffassung daher nicht zu einer Rückstellungsbildung kommen, da der so definierte rechtliche Entstehungszeitpunkt gar nicht eintreten kann.

636 Bei Anpassungsverpflichtungen folgt der Schuldcharakter jedoch bereits aus dem ihnen zugrunde liegenden Gesetz; die zusätzlich erlassenen „normkonkretisierenden" Verwaltungsvorschriften (z. B. TA Luft) spezifizieren lediglich, auf welche konkreten Maßnahmen sich die Verpflichtung erstreckt. Die den Unternehmen für die Anpassung ihrer Altanlagen eingeräumte Übergangsfrist ändert nichts am rechtlichen Bestand der Anpassungsverpflichtung, sondern schiebt lediglich deren Fälligkeit bis zum Ablauf der Frist auf.[142] Ferner ist der Auffassung zu folgen, dass bereits rechtlich entstandene Verpflichtungen – die lediglich der Höhe nach ungewiss sind – unabhängig von einer wirtschaftlichen Verursachung – auf jeden Fall als Verbindlichkeit bzw. Rückstellung zu bilanzieren sind. Dies folgt aus dem Imparitätsprinzip und dem Vollständigkeitsgebot.[143]

VIII. Verbindlichkeiten

637 Bezogen auf die Gliederungsvorschriften des HGB (vgl. § 266 Abs. 3 C. HGB) umfassen Verbindlichkeiten alle passivierungspflichtigen Fremdkapitalpositionen, die nicht bereits dem vorangestellten Sonderausweis unter „Rückstellungen" unterliegen. Darüber hinaus hat das Gesetz einige Zusatzangaben zu den passivierungspflichtigen Verbindlich-

---

[140] Vgl. BeckBil-Komm/*Clemm/Erle* § 249 Rdn. 100 (Stichwort: „Anpassungsverpflichtungen").
[141] Vgl. hierzu ADS § 249 Rdn. 124.
[142] So insbesondere *Bartels,* BB 1992, 1311 (1313) mwN.
[143] So im Ergebnis: Küting/Weber/*Mayer-Wegelin* § 249 Rdn. 107 f.; vgl. auch BFH Urt. v. 27. 6. 2001 – I R 45/97 – BB 2001, 1893 ff.

keiten vorgesehen, die für Zwecke der externen Bilanzanalyse genutzt werden können. Im Vordergrund stehen dabei Angaben zur Fristigkeit und zur Besicherung.

1. Gliederung

Nach der in § 266 Abs. 3 C. HGB vorgesehenen Gliederung zählen zu den passivierungspflichtigen Verbindlichkeiten nachfolgende Posten: 638

- Anleihen
- Verbindlichkeiten gegenüber Kreditinstituten
- von Kunden erhaltene Anzahlungen auf Bestellungen
- Verbindlichkeiten aus Lieferungen und Leistungen
- Verbindlichkeiten aus Wechseln
- Verbindlichkeiten gegenüber verbundenen Unternehmen
- Verbindlichkeiten gegenüber Beteiligungsunternehmen
- Sonstige Verbindlichkeiten

Die genannten Positionen umfassen zum einen typischerweise kurzfristig strukturierte 639 Bestandteile des sog. „working capital" (z.B. die „Erhaltenen Anzahlungen" und die „Verbindlichkeiten aus Lieferungen und Leistungen") und korrespondieren daher den entsprechenden Aktivpositionen des Umlaufvermögens (z.B. „Vorräte" oder „Forderungen aus Lieferungen und Leistungen").

Darüber hinaus enthalten diese Passivpositionen auch langfristige Posten, die vorwie- 640 gend dazu dienen, Investitionen des Anlagevermögens zu finanzieren, soweit dies nicht über Eigenkapital erfolgt (z.B. „Anleihen" sowie um nicht vor Ablauf eines Jahres fällige Teile von Bankdarlehen, letztere ausgewiesen unter den „Verbindlichkeiten gegenüber Kreditinstituten"). Anleihen werden von kapitalmarktorientierten Unternehmen z.B. in Form von Schuldverschreibungen oder Wandelobligationen vergeben, bei mittelständisch strukturierten Unternehmen spielen sie daher bisher keine bedeutende Rolle. Andere Positionen wie z.B. die „Verbindlichkeiten gegenüber verbundenen Unternehmen" oder der Auffangtatbestand der „sonstigen Verbindlichkeiten" werden nur im Einzelfall langfristige Posten enthalten und dürften in der Regel überwiegend kurzfristig sein.

Zum passivischen Ausweis *erhaltener Anzahlungen* kommt es dann, wenn das Unter- 641 nehmen im Fall der Vereinnahmung von Vorleistungen der Kunden auf die wahlweise Kürzung dieser Beträge von den entsprechenden Vorräten verzichtet und so die Bilanz darstellungstechnisch in zulässiger Weise verkürzt hat (§ 268 Abs. 5 Satz 2 HGB). Anzahlungen von Kunden verringern vor allem in Fällen langfristiger Auftragsfertigung die Bindung finanzieller Mittel im Rahmen des Prozesses der Leistungserstellung und wirken sich daher positiv auf die Finanzlage des Unternehmens aus, zumal die betreffenden Mittel bei erfolgreicher Auftragsabwicklung keiner Rückzahlungsverpflichtung unterliegen und zudem häufig nicht zu verzinsen sind. Zudem ist die Bereitschaft von Kunden, überhaupt Anzahlungen zu leisten, Ausdruck für eine gute Einschätzung der Bonität und der wirtschaftlichen Leistungsfähigkeit des beauftragten Unternehmens durch das geschäftliche Umfeld. Andererseits kann der Rückgang erhaltener Anzahlungen im Bilanzvergleich auf ein rückläufiges Geschäft oder eine gesunkene Durchsetzungskraft am Markt hindeuten, also zusätzliche Hinweise geben auf eine mögliche Lageverschlechterung des Unternehmens.

Unter den *Verbindlichkeiten aus Lieferungen und Leistungen* werden sämtliche Zah- 642 lungsverpflichtungen des Unternehmens erfasst, die aus dem Bezug von Waren und Dienstleistungen entstehen. Die Gläubiger werden aus buchhalterischer Sicht auch als „Kreditoren" bezeichnet. Diese stellen das bilanzielle Gegenstück zu den Kunden des Unternehmens, den Debitoren, dar und werden wie diese in einer gesonderten Nebenbuchhaltung geführt. Als Bestandsverzeichnis der Lieferantenverbindlichkeiten existiert in der Regel eine personenbezogene Kreditoren-Saldenliste. Im Rahmen der dem Unternehmen eingeräumten Zahlungskonditionen erhält dieses vom Lieferanten Kredit, man spricht daher von einem *Lieferantenkredit.* Dieser Kredit ist grundsätzlich zinslos und daher wirtschaftlich vorteilhaft, wobei zumindest unter normalen Marktbedingungen allerdings davon auszugehen ist, dass das eingeräumte Zahlungsziel Eingang in die Kalkulation des Lieferanten gefunden hat. Gewährt der Lieferant einen Abzug vom Rechnungsbetrag bei termingerechter Barzahlung (Skonto) und nutzt das Unternehmen diese Möglichkeit nicht, entstehen diesem wirtschaftlich betrachtet Finanzierungskosten in Höhe der entgangenen Skonti auf den Rechnungsbetrag, was – im Vergleich zu einem Bankkredit – als eine zwar bequemere, dafür aber teurere Form der Kreditfinanzierung angesehen werden kann. So wird ein Unternehmen, das sich in finanziellen Schwierigkeiten befindet, dazu neigen, den Lieferantenkredit auszudehnen. Dem externen Bilanzleser stehen Informationen über das Zahlungsverhalten und insbesondere die Nutzung von Skonti nicht zur Verfügung. Ein potenzieller Unternehmenserwerber wird diesem nur durch eine Analyse der Altersstruktur der Verbindlichkeiten und des Zahlungsverkehrs im Rahmen einer Due Diligence auf die Spur kommen.

643 *Wechselverbindlichkeiten* sind unter einer eigenen Passivposition auszuweisen. Wechsel sind in einzelnen Branchen nach wie vor ein beliebtes Finanzierungsinstrumente, da sie durch den Gläubiger vor seiner Fälligkeit durch Weitergabe und Diskontierung verwertet werden können; der Wechselschuldner profitiert hingegen in erster Linie von der relativ niedrigen Verzinsung, dem *Wechselkredit.* Da dieser beim Warenwechsel zunächst aus dem Wechsel in Anspruch genommen wird und ein Rückgriff auf die ursprüngliche Warenverbindlichkeit erst erfolgen kann, wenn die Befriedigung aus dem Wechsel misslingt, ist in diesen Fällen in der Bilanz des Schuldners die Wechselverbindlichkeit und nicht die ursprüngliche Verbindlichkeit auszuweisen. Der Akzeptant hat eine eigene bilanzierungspflichtige Wechselverbindlichkeit. Der Sicherungs- oder Depotwechsel führt lediglich bei Eintritt des Sicherungsfalls zu einer Wechselverbindlichkeit. Das latente gesetzliche Haftungsrisiko des Ausstellers (§ 9 WG) oder des Indossanten (§ 15 WG) eines Wechsels für den Fall seiner Nichteinlösung begründet ein sog. *Wechselobligo.* Dieses führt bei den genannten Verpflichteten aus dem Wechsel so lange nicht zu einer passivierungspflichtigen Verbindlichkeit, wie sich der Wechselregress nicht konkretisiert hat. Eine Angabe des Wechselobligos erfolgt in diesen Fällen lediglich gemäß § 251 HGB als Haftungsverhältnis bzw. Eventualverbindlichkeit „unter der Bilanz", d.h. in Form eines bloßen Vermerks.

644 Der gesonderte Ausweis der „*Verbindlichkeiten gegenüber verbundenen Unternehmen*" und der „*Verbindlichkeiten gegenüber Unternehmen, mit denen ein Beteiligungsverhältnis besteht*", legt den wirtschaftlichen Umfang einer gesellschaftsrechtlich begründeten Verflechtung zwischen dem bilanzierenden Unternehmen und anderen Unternehmen offen. Entsprechend der Handhabung auf der Aktivseite sind für GmbH in der Regel zusätzlich *Verbindlichkeiten gegenüber Gesellschaftern* gemäß § 42 Abs. 3 GmbHG als solche gesondert anzugeben. Ihr Ausweis hat nach h.M. auch dann in der Postengruppe „Verbindlichkeiten" und nicht etwa im Eigenkapital zu erfolgen, wenn diese *eigenkapitalersetzenden Charakter* nach §§ 32a, 32b GmbHG bzw. den von BGH parallel hierzu entwickelten Grundsätzen zu sog. eigenkapitalersetzenden Darlehen erlangt haben.[144] Der unveränderte Ausweis unter den Verbindlichkeiten folgt zum einen aus ihrem zivilrechtlichen fortbestehenden Schuldcharakter und zum anderen aus dem Umstand, dass

---

[144] Zum Meinungsstand: Scholz/*Crezelius* Anh § 42a Rdn. 221 mwN; vgl. ADS § 266 Rdn. 214a bzw. § 42 GmbHG Rdn. 34f.

das Vorliegen der Voraussetzungen für die eigenkapitalersetzende Wirkung nur an einzelnen Stichtagen gegeben sein und häufig erst im Insolvenzverfahren abschließend und verlässlich beurteilt werden kann. In der Literatur werden stattdessen im Hinblick auf das Einblicksgebot des § 264 Abs. 2 HGB ein Sonderausweis der eigenkapitalersetzenden Verbindlichkeiten zwischen Eigen- und Fremdkapital oder eine Vermerkpflicht bei dem entsprechenden Einzelposten diskutiert.[145] Auch diese Maßnahmen wären allerdings mit diversen sachverhaltsbezogenen und rechtlichen Unsicherheiten verbunden, mit denen der auf Klarheit und Übersichtlichkeit ausgerichtete Jahresabschluss nicht belastet werden sollte. Vielmehr erscheint in Fällen wie dem vorliegenden der Lagebericht der Gesellschaft als geeigneteres Informationsinstrument, zumal dieser ohnehin eine Darstellung der Geschäftsführer hinsichtlich der Risiken der zukünftigen Entwicklung enthalten muss, die bei Eintritt der Kreditunwürdigkeit und damit kapitalersetzender Konstellationen unmittelbar tangiert sind.[146] Ungeachtet der abweichenden Behandlung im Überschuldungsstatus[147] sind mit *Rangrücktritt des Gläubigers* ausgestattete Verbindlichkeiten der Gesellschaft im Jahresabschluss ebenfalls weiterhin zu passivieren.[148] Eine Verbindlichkeit ist so lange auszuweisen, wie die Erlöschungsgründe des BGB nicht eingetreten sind.

In den *sonstigen Verbindlichkeiten* können angesichts des Auffangcharakters dieser Bilanzposition sehr diverse Posten enthalten sein. Typische Beispiele sind: 645

- noch nicht ausgezahlte Bestandteile der Lohn- und Gehaltsabrechnung des Stichtagsmonats (einschl. der fälligen Arbeitgeberanteile zur Sozialversicherung – zukünftig monatsgleich fällig – und der abzuführenden Lohnsteuer)
- Steuerverbindlichkeiten (z.B. Umsatzsteuer), die nicht unter „Steuerrückstellungen" (Abs. 3, B.2.) auszuweisen sind
- Miet- und Pachtzinsen
- Provisionsverbindlichkeiten (falls nicht als Verbindlichkeit aus Lieferungen und Leistungen einzuordnen)
- Nichtbank-Darlehen

2. Bewertung

Verbindlichkeiten stellen in aller Regel Zahlungsverpflichtungen des Unternehmens dar, die sich lediglich nach den ihnen zugrunde liegenden Schuldverhältnissen und den Fälligkeitszeitpunkten unterscheiden. Nur ausnahmsweise handelt es sich um Posten mit Vorschusscharakter, die in der Zukunft voraussichtlich nicht zu liquiden Mittelabflüssen beim Unternehmen führen (z.B. Anzahlungen oder andere Vorausleistungen eines Kunden). Schuldposten sind daher nach dem Wortlaut des Gesetzes grundsätzlich zu ihrem *Rückzahlungsbetrag* zu bewerten (§ 253 Abs. 1 Satz 2 HGB). Diese Formulierung ist jedoch ein wenig irreführend, da sie nur im Fall von Darlehensverbindlichkeiten der Sache nach zutreffend ist; in allen anderen Fällen liegt nämlich eine „Rückzahlung" empfangener Mittel durch das Unternehmen tatsächlich gar nicht vor. Bewertungsrelevant ist vielmehr der Betrag, der vom Unternehmen tatsächlich aufgewendet werden muss, um eine bestehende Verpflichtung zu erfüllen; man spricht deshalb besser von *Erfüllungsbetrag*. 646

Hierbei handelt es sich in der Regel um den *Nennwert* der Schuld. Nur wenn bereits bei Einbuchung der Verbindlichkeit fest steht, dass diese unter Skontoabzug bezahlt werden wird, kann diese mit dem niedrigeren Nettobetrag ausgewiesen werden. Rentenver- 647

[145] Nachweise bei ADS § 42 GmbHG Rdn. 35; Scholz/*Crezelizus* Anh. § 42a Rdn. 221.
[146] S. Rdn. 704 f.
[147] Vgl. ADS § 246 Rdn. 136; BeckBil-Komm/*Clemm/Erle* § 247 Rdn. 232.
[148] Scholz/*Crezelius* Anh. § 42a Rdn. 220 mwN.; ADS § 266 Rdn. 215.

pflichtungen sind gemäß § 253 Abs. 1 Satz 2 HGB indessen zu ihrem *Barwert* anzusetzen. Dieser hängt vom Betrag der wiederkehrenden Leistung, also der Höhe der Rentenzahlungen, von der Laufzeit der Rentenverpflichtung und vom Abzinsungssatz ab. Eine Abzinsung ist erforderlich, da der Ansatz einer Verpflichtung zur Erbringung von Rentenzahlungen zum Nennwert den Umstand vernachlässigen würde, dass die Zahlungszeitpunkte auf einen längeren Zeitraum verteilt sind und ganz überwiegend in der ferneren Zukunft liegen, die hierfür benötigten Mittel dem Unternehmen demnach einstweilen noch zur Verfügung stehen und zur Finanzierung der Unternehmenstätigkeit dienen können. Hinsichtlich der Höhe des Abzinsungssatzes wird überwiegend ein fristenadäquater Marktzinssatz befürwortet.[149] Der Barwert einer Rentenverpflichtung ist zu jedem Bilanzstichtag neu zu ermitteln.

Nun kann es sein, dass das bilanzierende Unternehmen auf Grund seiner schlechten wirtschaftlichen Verfassung Fremdmittel nur zu einem *über dem üblichen Marktzins* liegenden Zinssatz in Anspruch nehmen kann. Ist dieser Umstand lediglich Ausdruck der spezifischen Lage des Unternehmens, handelt es sich letztlich um einen adäquaten, nach Marktgesetzen gebildeten Zins, da er die konkrete Risikosituation der Finanzierung widerspiegelt. Bilanzielle Besonderheiten bestehen insoweit nicht. Anders verhält es sich hingegen, wenn sich nach der vertraglichen Festlegung der Verzinsung die Marktverhältnisse in der Weise verändert haben, dass entsprechende Fremdmittel nunmehr nachweislich zu einem niedrigeren Zinssatz erlangt werden könnten (Überverzinslichkeit). Zwar handelt es sich bei der Verpflichtung zur Erbringung zukünftiger Zinszahlungen für den verbleibenden Zeitraum der Darlehensgewährung insgesamt um ein (grundsätzlich bilanziell unerhebliches) schwebendes Geschäft. In Höhe der Zinsdifferenz zwischen vereinbartem Zinssatz und dem aktuellen Marktzins ist das Unternehmen jedoch mit einem wirtschaftlichen Nachteil belastet, der sich zum jeweiligen Bilanzstichtag als der abgezinste Barwert der noch zu leistenden „Überzinsen“ ermitteln lässt. In dieser Höhe ist im Hinblick auf das Imparitätsprinzip (§ 252 Abs. 1 Nr. 4 1. Halbsatz HGB) daher zusätzlich eine *Rückstellung für drohende Verluste* aus schwebenden Geschäften zu bilden (§ 249 Abs. 1 Satz 1 HGB).[150] Steht der Überverzinslichkeit jedoch ein dauernder Vorteil auf Seiten des bilanzierenden Unternehmens gegenüber, dem kompensierende Wirkung beizumessen ist (z.B. vom Gläubiger gewährte günstige Konditionen für den Bezug von Waren oder Dienstleistungen), besteht kein Erfordernis für eine Rückstellungsbildung. Wurde dieser Vorteil im konkreten Fall beim Unternehmen bereits in voller Höhe als Einnahme erfasst, ist er im Wege der aktiven Rechnungsabgrenzung erfolgswirksam über die Laufzeit der Verbindlichkeit zu verteilen (§ 250 Abs. 1 HGB). Bestand der Vorteil in der Minderung von Anschaffungskosten für einen Vermögensgegenstand, ist der Barwert der Zinsdifferenz Bestandteil von dessen Anschaffungskosten.[151]

648 Liegt der umgekehrte Fall vor, d.h. ist eine Verbindlichkeit mit längerer Laufzeit *unter dem üblichen Marktzins* verzinst oder hat sich dieser zwischenzeitlich erhöht (Unterverzinslichkeit) oder ist die Verbindlichkeit sogar *zinslos* zu bedienen (Unverzinslichkeit), stellt sich die Lage für das Unternehmen wirtschaftlich vorteilhaft dar. Dieser rechnerische zukünftige Zinsvorteil darf jedoch nach geltenden *handelsrechtlichen* Grundsätzen nicht bereits zum Bilanzstichtag des Unternehmens durch eine Abzinsung der Verbindlichkeit auf den niedrigeren Barwert oder den Ausweis eines aktiv abgegrenzten und über die Laufzeit zu verteilenden Abzinsungsbetrags ergebniswirksam realisiert werden. Dies würde einen Verstoß gegen das Realisationsprinzip (§ 252 Abs. 1 Nr. 4 2. Halbsatz HGB)

[149] Vgl. BeckBil-Komm/*Clemm/Erle* § 253 Rdn. 84.
[150] So im Grundsatz die h.M.; vgl. ADS § 253 Rdn. 78 mwN.
[151] Zu dem Gesagten: BeckBil-Komm/*Clemm/Erle* § 253 Rdn. 62.

darstellen, da durch diese Vorgehensweise zukünftige Erträge im Jahresabschluss vorweggenommen würden.[152] Für die *Steuerbilanz* gelten hingegen abweichende gesetzliche Regelungen (vgl. § 6 Abs. 1 Nr. 3 Satz 1 und 2 EStG). Danach sind Verbindlichkeiten mit einer Laufzeit von wenigstens zwölf Monaten, die nicht auf einer Anzahlung oder Vorleistung beruhen, mit einem Zinssatz von 5,5% abzuzinsen.

Ist das Unternehmen überwiegend im Euroraum tätig oder sind *Geschäfte in Fremdwährung* durch sog. „geschlossene Positionen" gesichert, in denen eine Bewertungseinheit aus Währungsverbindlichkeit und einem konkreten und zumindest annähernd fristen- und betragsidentischen Deckungsgeschäft besteht, ergeben sich besondere bilanzielle Auswirkungen von Fremdwährungsverbindlichkeiten in der Regel nicht. Für Verbindlichkeiten in Nicht-EU-Währung gilt der Grundsatz, dass diese *bei erstmaliger Verbuchung* zu dem Wert zu erfassen sind, den das Unternehmen zum Ankauf des zur Erfüllung der Verbindlichkeit benötigten Fremdwährungsbetrages tatsächlich aufwenden muss. Dies ist in der Regel der *Geldkurs der Fremdwährung in Euro,* denn zu diesem Kurs werden von einem Kreditinstitut Euro vom bilanzierenden Unternehmen gegen Hingabe der benötigten Fremdwährung angekauft. Bei dem danach maßgeblichen Kurs handelt es sich üblicherweise um den *Kassakurs,* der für sofortige Erfüllung des Währungsgeschäfts gilt, wohingegen der *Terminkurs* für einen hinausgeschobenen Erfüllungstermin Anwendung findet, wie er für Devisentermingeschäfte typisch ist. Zwischen beiden Kursen besteht naturgemäß eine Differenz (Zinsswap), die ihrerseits Gegenstand von spezifischen Devisentransaktionen sein kann und grundsätzlich Zinscharakter hat. Aus diesem Grunde wird die Auffassung vertreten, dass eine Fremdwährungsverbindlichkeit trotz des Bestehens eines deckungsfähigen Valutaanspruchs aus einem währungsgleichen Devisentermingeschäft nicht der Einfachheit halber zum Terminkurs des Sicherungsgeschäfts (Sicherungskurs) eingebucht werden kann, da dies darauf hinausliefe, den Zinsswap bereits zum Einbuchungszeitpunkt in voller Höhe zu „realisieren", anstatt ihn richtigerweise über die Laufzeit des Sicherungsinstruments zu verteilen. Ergebnisauswirkungen entstehen in diesen Fällen allerdings nur dann, wenn sich die besagten Transaktionen über ein Geschäftsjahr hinaus erstrecken. 649

Besteht die Fremdwährungsverbindlichkeit über einen Bilanzstichtag fort, ist diese grundsätzlich mit dem ursprünglichen Umrechnungskurs (Euro-Buchkurs) anzusetzen. Hat sich jedoch der Geldkurs der Fremdwährung in Euro zwischenzeitlich verschlechtert und damit der in Euro aufzubringende Erfüllungsbetrag erhöht, ist die Verbindlichkeit nach dem Imparitätsprinzip (§ 252 Abs. 1 Nr. 4 1. Halbsatz HGB) zu diesem höheren Betrag auszuweisen, ihr Bilanzausweis ist also – unter gleichzeitiger erfolgswirksamer Erfassung eines Kursverlusts aus Währungsumrechnung – entsprechend zu erhöhen. Die steuerrechtliche Behandlung ist in diesem Fall restriktiv: der Ansatz eines höheren Teilwerts der Verbindlichkeit darf nur erfolgen, wenn die Kursveränderung zum Stichtag von voraussichtlich dauernder Natur ist, sich der Kurs bis zum Tilgungszeitpunkt also nicht mehr ändert. Hat sich der Geldkurs der Fremdwährung in Euro hingegen zum Bilanzstichtag erhöht, muss die an sich nahe liegende kursbedingte Minderung des Ansatzes der Fremdwährungsverbindlichkeit in Euro unterbleiben, da dies auf den Ausweis unrealisierter möglicher zukünftiger Kursgewinne hinauslaufen würde. Dies wäre ein Verstoß gegen das Realisationsprinzip (§ 252 Abs. 1 Nr. 4 2. Halbsatz HGB). In der Praxis wird es jedoch in neuerer Zeit nach verbreiteter Meinung für zulässig angesehen, wenn zumindest bei kurzfristigen Verbindlichkeiten aus dem laufenden Geschäftsverkehr mit einer Restlaufzeit bis zu einem Jahr stets eine Umrechnung zum Stichtagskurs unabhängig von der Tendenz der tatsächlichen Kursentwicklung erfolgt. 650

[152] ADS § 253 Rdn. 81.

3. Zusatzangaben zu Verbindlichkeiten im Jahresabschluss

651 Das gesetzliche Gliederungsformat sieht – übrigens: anders als die nach internationalen Rechnungslegungsgrundsätzen übliche Form der Darstellung – eine unmittelbare Strukturierung der Passivposten nach Fristigkeiten (z.B. Katalogisierung der ausgewiesenen Posten als „kurzfristig" oder „langfristig") nicht vor. Vielmehr sind die *Restlaufzeiten* bis zu einem Jahr (§ 268 Abs. 5 Satz 1 HGB) und solche von mehr als fünf Jahren (§ 285 Nr. 1a HGB) bei jeder bilanziellen Gliederungsposition jeweils gesondert zu vermerken. Diese Angaben erlauben es, sich einen groben Überblick über die Verbindlichkeitenstruktur des Unternehmens nach Fristigkeiten zu verschaffen und damit den Einstieg in die Analyse des Fremdkapitalaufbaus vorzunehmen. Dabei kann man alle Posten mit einer Restlaufzeit von bis zu einem Jahr als kurzfristig, mit einer Restlaufzeit von einem bis fünf Jahren als mittelfristig und mit einer Restlaufzeit von über fünf Jahren als langfristig ansehen. Während es bei der Analyse des Umlaufvermögens maßgeblich auf eine möglichst geringe Kapitalbindung und damit kurze Restlaufzeiten ankommt, gilt ein hoher Anteil von langfristigen Verbindlichkeiten am gesamten Fremdkapital als ein positives Indiz für die finanzielle Bestandskraft eines Unternehmens. Denn umso langfristiger das Fremdkapital strukturiert ist, umso geringer ist die Gefahr kurzfristiger Liquiditätsabflüsse aus dem Unternehmen und damit des Entzugs betriebsnotwendiger flüssiger Finanzmittel. Ein hoher Anteil kurzfristig zu bedienender Zahlungsverpflichtungen stellt demgegenüber hohe Anforderungen an das Finanzmanagement, da Finanzierungslücken drohen, die nur durch zusätzliche Maßnahmen (Erhöhung des Eigenkapitals, Aufnahme von Fremdmitteln oder Prolongierung bestehender Inanspruchnahmen) abgewendet werden können. Ein Anstieg des kurzfristigen Fremdmittelanteils kann auch ein Indiz dafür sein, dass es dem bilanzierenden Unternehmen auf Grund einer schlechten Finanzlage nicht möglich war, langfristige Finanzierungen zu erhalten oder bestehende Kredite zu prolongieren. Dabei sollte jedoch nicht übersehen werden, dass es sich unter Umständen in Abhängigkeit der Verhältnisse auf dem Kapitalmarkt im Einzelfall anbieten kann, auch kurzfristige Positionen im Fremdkapitalbereich aufzubauen. Zudem ist zu beachten, dass die Fristigkeitsstruktur der Passivseite durch sachverhaltsgestaltende Maßnahmen wesentlich beeinflusst werden kann. So können z.B. durch *Factoring*[153] liquide Mittel zur Rückführung kurzfristiger Fremdmittel gewonnen werden, ohne dass hierdurch die Rahmenbedingungen und die wirtschaftliche Lage des Unternehmens eine durchgreifende Verbesserung erfahren müssen.

652 Eine wichtige Information für den externen Bilanzleser stellt darüber hinaus der Umfang sowie die Art und Weise der *Besicherung von Verbindlichkeiten* dar. Nach § 285 Nr. 1b HGB ist daher ferner vorgesehen, dass ein Unternehmen zu den in der Bilanz ausgewiesenen Verbindlichkeitsposten den *Gesamtbetrag* derjenigen Verbindlichkeiten im Anhang angeben muss, die durch Pfandrechte oder „ähnliche Rechte" gesichert sind. Dies hat unter Angabe von *Art und Form der gewährten Sicherheit* zu erfolgen. Die vom Gesetz geforderte „Gesamtbetragsangabe" der Sicherheiten je bilanzierter Verbindlichkeitsposition ist indessen relativ unspezifisch und lässt eine detaillierte Analyse der bestellten Sicherheiten nicht zu, sofern das Unternehmen im Anhang nicht freiwillig weitergehende Angaben macht. Die Pflichtangabe gibt aber z.B. einem potenziellen Kreditgeber erste Hinweise darauf, in welchem Umfang das Unternehmensvermögen bereits durch Zugriffsrechte Dritter belastet ist. Zu den anzugebenden Sicherheiten gehören:

- Pfandrechte an beweglichen Sachen und Rechten
- Grundpfandrechte (Hypotheken, Grundschulden

[153] Vgl. Rdn. 422ff.

- Sicherungsabtretungen und -übereignungen
- Nießbrauch

Angabepflichtig sind nur die Bestellungen von Sicherheiten durch das bilanzierende Unternehmen für „eigene" Verbindlichkeiten. Gewährte Sicherheiten für fremde Verbindlichkeiten und durch Dritte bestellte Sicherheiten für eigene Verbindlichkeiten bleiben außer Betracht. Nach verbreiteter Auffassung zählen zudem branchen- oder verkehrsübliche und für die Lage des Unternehmens nicht bedeutsame Besicherungen (z.B. Eigentumsvorbehalte nach AGB) nicht zu den angabepflichtigen Sicherungsrechten. 653

Werden unter Posten der „Verbindlichkeiten" Beträge für Verpflichtungen ausgewiesen, die erst nach dem Abschlussstichtag rechtlich entstehen (sog. antizipative Posten), so müssen diese im Anhang erläutert werden, falls sie einen größeren Umfang haben (§ 268 Abs. 5 Satz 3 HGB). Ferner sind in § 266 Abs. 3 C.8. HGB Davon-Vermerke für *Verbindlichkeiten aus Steuern* und *Verbindlichkeiten im Rahmen der sozialen Sicherheit* vorgesehen. Diese Zusatzangaben sowie die vorstehend dargestellten Information zur Besicherung von Verbindlichkeiten werden in der Praxis häufig in Form einer tabellarischen Übersicht (sog. *Verbindlichkeitenspiegel*)[154] vermittelt, die Bestandteil des Anhangs ist. 654

Nach § 251 HGB sind darüber hinaus bestimmte Verbindlichkeiten, die zwar am Bilanzstichtag keiner Passivierungspflicht unterliegen, aber die abstrakte Möglichkeit einer zukünftigen Inanspruchnahme begründen, sowie Haftungsverhältnisse aus der *Bestellung von Sicherheiten für fremde Verbindlichkeiten* „unter der Bilanz" oder im Anhang (§ 268 Abs. 7 HGB) zu vermerken. Diese Angabepflicht bezieht sich in erster Linie auf sog. *„Eventualverbindlicheiten"*. Hierunter sind auf Grund der Rechtslage mögliche zukünftige Inanspruchnahmen der Gesellschaft durch Dritte zu verstehen, deren tatbestandsmäßige Voraussetzungen am Abschlussstichtag nicht verwirklicht sind und mit deren Eintritt der Bilanzierende nach seinem Kenntnisstand derzeit auch nicht zu rechnen braucht, die jedoch ein latentes Risiko in sich bergen. Gemeint sind in erster Linie[155] 655

- die Haftung als *Aussteller* (§ 9 WG) oder *Indossant* (§ 15 WG) eines Wechsels
- Verpflichtungen aus *Bürgschaften* (§ 765 BGB)
- *selbstständige oder unselbstständige Garantien* und sonstige Zusicherungen bestimmter Eigenschaften oder des Eintritts bestimmter Umstände bezüglich eigener oder fremder Leistungen (z.B. Freistellungsverpflichtungen, Werthaltigkeitsgarantien oder Patronatserklärungen bürgschaftsähnlichen Charakters)
- Angaben von Haftungsverhältnissen auf Grund der *Sicherheitengestellung für fremde Verbindlichkeiten*

Subsidiär zur Passivierung einer Verbindlichkeit in der Bilanz oder deren Angabe als Haftungsverhältnis im oben dargestellten Sinn kommt ihre Berücksichtigung als *„Sonstige finanzielle Verpflichtung"* gemäß § 285 Nr. 3 HGB im Anhang in Betracht, sofern diese für die Finanzlage des Unternehmens von Bedeutung sind. Diese Angabe umfasst grundsätzlich alle konkreten zukünftigen Zahlungsansprüche Dritter, denen sich das bilanzierende Unternehmen voraussichtlich nicht entziehen kann, die aber entweder beiderseits noch unerfüllten und damit schwebenden Geschäften entspringen (z.B. Zahlungen auf Grund von begonnenen Investitionsvorhaben, laufenden Miet- und Leasingverträgen und langfristigen Abnahmeverträgen) oder anderen künftigen Ausgaben korrespondieren, für die Rückstellungen nicht gebildet werden dürfen, da sie mit zukünftigen Erträgen in Zusammenhang stehen, oder wahlweise nicht gebildet wurden, da insoweit keine Passivierungspflicht besteht (z.B. Ausgaben für nicht passivierungspflichtige Pensionsverpflich- 656

---

[154] BeckBil-Komm/*Clemm/Erle* § 268 Rdn. 104.
[155] Ausführliche Übersicht bei BeckBil-Komm/*Ellrott* § 251 Rdn. 14ff.

tungen, für Großreparaturen oder für bisher unterlassene Instandhaltungsmaßnahmen, die erst nach Ablauf von drei Monaten nach dem Bilanzstichtag erfolgen werden). Die von der Angabepflicht umfassten Verpflichtungen sind lediglich in einem *Gesamtbetrag* anzugeben, lediglich Verpflichtungen gegenüber verbundenen Unternehmen sind gesondert zu vermerken. Bei heterogener Zusammensetzung des Betrages ist aber nach verbreiteter Auffassung eine weitere Untergliederung geboten. Aufgrund ihrer unspezifischen Ausprägung ist diese Angabepflicht für den externen Bilanzleser nur von sehr begrenztem Wert, zumal dieser die Betragsangaben nicht einzelnen Perioden zuordnen kann, da nach dem Gesetz eine Angabe der Fälligkeiten nicht erforderlich ist.

Teil G. Gewinn- und Verlustrechnung

657 Zur Funktion der Gewinn- und Verlustrechnung wurden bereits an anderer Stelle Erläuterungen gegeben.[1] Diese stellt neben der Bilanz, mit der sie auf Grund des Prinzips der doppelten Buchführung[2] systematisch eng verknüpft ist, den bedeutsamsten Teil des Jahresabschlusses dar. Wie sich noch im Rahmen der Ausführungen zur Jahresabschlussanalyse zeigen wird, vermittelt gerade die Aufbereitung und Untersuchung der Erfolgsrechnung entscheidende Erkenntnisse über die wirtschaftliche Leistungsfähigkeit eines Unternehmens. Sie verkörpert gleichsam die „dynamische Komponente" des Jahresabschlusses, da aus ihr Stromgrößen abgeleitet und Ertragspotenziale entnommen werden können.

I. Überblick

658 Die in erster Linie statisch orientierte Rechnungslegung des HGB misst der Gewinn- und Verlustrechnung gegenüber der Bilanz ein erkennbar geringeres Regelungsbedürfnis zu.[3] Die Mehrzahl der Ansatz- und Bewertungsvorschriften des III. Buchs des HGB sind unmittelbar allein auf den Bilanzausweis bezogen. Diese Vorschriften determinieren jedoch den Jahresabschluss insgesamt und wirken sich daher indirekt auch auf die Gewinn- und Verlustrechnung aus, da diese alle ergebniswirksamen Einflüsse einer Abrechnungsperiode umfasst, auch und gerade solche, die aus Veränderungen von Vermögens- und Schuldpositionen herrühren. Der im Vergleich zur Bilanz geringere Regelungsumfang umfasst im Wesentlichen die alternativen gesetzlichen Gliederungsschemata des *Gesamtkosten-* und *Umsatzkostenverfahrens* in § 275 HGB und wenige ergänzende Vorschriften in den §§ 276 bis 278 HGB, die neben größenabhängigen Erleichterungen einige spezielle Ausweisfragen regeln. Im Gegensatz zur Bilanz, die in Kontoform aufgestellt ist (§ 266 Abs. 1 Satz 1 HGB), sieht das Gesetz in § 275 Abs. 1 Satz 1 HGB für die Gewinn- und Verlustrechnung die *Staffelform* vor. Kleine GmbH brauchen ihre Gewinn- und Verlustrechnung nicht zum Handelsregister einzureichen (§ 326 Satz 1 HGB). Bei mittelgroßen Gesellschaften braucht der Anhang die auf die Gewinn- und Verlustrechnung bezogenen Angaben nach § 285 Nr. 2, 5 und 8 Buchstabe a, Nr. 12 HGB nicht zu enthalten (§ 327 Nr. 2 HGB). Der Anhang der kleinen GmbH kann von den Angaben zur Gewinn- und Verlustrechnung völlig absehen (§ 326 Satz 2 HGB).

II. Erfolgsspaltung

659 Erschließt man sich die Gewinn- und Verlustrechnung anhand der Gliederungsvorschriften des HGB, so wird deren Verständnis wesentlich erleichtert, wenn man das bei-

[1] Vgl. Rdn. 97.
[2] Vgl. Rdn. 32ff.
[3] Vgl. hierzu das mittlerweile klassische Zitat: „Die Bilanz im Rechtssinne [verstanden als Jahresabschluss; d. Verf.] ist keine Kostenrechnung" (BFH Urt. v. 17. 7. 1974, BStBl. II. 1974, S. 686).

den Gliederungsformaten zugrunde liegende Darstellungsprinzip erkennt: die Spaltung der Erfolgsrechnung in die folgenden drei Ergebnisbestandteile:

- „Ergebnis der gewöhnlichen Geschäftstätigkeit" (§ 275 Abs. 2 Nr. 14, Abs. 3 Nr. 13 HGB)
- Außerordentliches Ergebnis (§ 275 Abs. 2 Nr. 17, Abs. 3 Nr. 16 HGB)
- Steuern vom Einkommen und vom Ertrag, sonstige Steuern (§ 275 Abs. 2 Nr. 18 und 19; Abs. 3 Nr. 17 und 18 HGB)

660 Hierdurch wird eine gliederungstechnische Differenzierung der Erfolgsrechnung nach Verursachungsbereichen vorgenommen, die den betriebswirtschaftlichen Erfordernissen einer „Erfolgsspaltung" im bilanzanalytischen Sinne zwar nicht genügt, diese aber zumindest vorbereitet. Das *„Ergebnis der gewöhnlichen Geschäftstätigkeit"* ist gliederungstechnisch betrachtet lediglich eine Zwischensumme. Diese enthält den – entweder nach dem Gesamtkostenverfahren oder dem Umsatzkostenverfahren ermittelten – Periodenerfolg des Unternehmens vor Berücksichtigung außerordentlicher Aufwendungen und Erträge und vor dem Steueraufwand. Dieses Ergebnis ist vom angewendeten Verfahren unbeeinflusst; ab dieser Zwischensumme stimmen die Positionen beider Formate nach Bezeichnung und Inhalt überein.

661 Die gewöhnliche Geschäftstätigkeit ist nicht auf den statutarisch festgelegten Gesellschaftszweck beschränkt und umfasst die gesamte Unternehmenstätigkeit. Sie geht daher über den rein betrieblichen Bereich (Prozess der Leistungserstellung) hinaus. Das Ergebnis der gewöhnlichen Geschäftstätigkeit ist daher nicht mit dem „ordentlichen Betriebserfolg" im bilanzanalytischen Sinne zu verwechseln. Es schließt nämlich die Ergebniseinflüsse des Finanz- und Verbundbereichs (z.B. Zinserträge und -aufwendungen, Erträge aus Finanzanlagen) ein, die keinen betrieblichen Bezug haben. Zur Unternehmenstätigkeit in diesem Sinne gehören auch periodenfremde oder neutrale Aufwendungen oder Erträge, also Vorgänge, die entweder wirtschaftlich einer vorangegangenen Abrechnungsperiode zuzuordnen sind (z.B. Erträge aus Bonuszahlungen für Vorjahre) oder keinen unmittelbaren Bezug zur Leistungserstellung haben (z.B. Abschreibungen auf Kundenforderungen, Erstattungen für Versicherungsschäden, Auflösungen von Rückstellungen) und daher nicht unter den betriebswirtschaftlichen Kostenbegriff[4] fallen.

662 Einem Sonderausweis sind indessen *außerordentliche* Einflüsse auf das Jahresergebnis unterworfen. Hierbei handelt es sich um Vorgänge, die außerhalb der gewöhnlichen Geschäftstätigkeit anfallen. Außerordentliche Vorgänge sind durch ihre *Ungewöhnlichkeit* geprägt. Sie müssen von einmaligem oder zumindest seltenem Charakter und daher als „unternehmensfremd" einzustufen sein. Kurzum: Sie liegen also außerhalb dessen, was der externe Bilanzleser bei normalem Gang der Geschäfte erwarten darf. Folgende Fälle seien nachfolgend beispielhaft aufgeführt:

- Verluste aus der Stilllegung von Betriebsteilen
- Gewinne oder Verluste aus dem Verkauf eines Betriebs oder wesentlichen Betriebsteils
- Gewinne oder Verluste aus dem Verkauf bedeutender Immobilien oder Unternehmensbeteiligungen
- Gewinne oder Verluste aus Verschmelzungen
- Gewinne oder Verluste aus empfangenen oder gewährten Sanierungszuschüssen (z.B. Forderungsverzichten)
- Verluste aus außergewöhnlichen Schadensfällen

663 Außerordentliche Aufwendungen und Erträge sind – sofern vorhanden – jeweils in gesonderten Positionen der Gewinn- und Verlustrechnung zu erfassen. Beide Positionen

[4] Vgl. hierzu Rdn. 109ff.

sind zu einem Zwischenergebnis zusammen zu fassen (außerordentliches Ergebnis). Wesentliche Posten sind nach Betrag und Art im Anhang gesondert zu erläutern (§ 277 Abs. 4 Satz 2 HGB).

Ferner unterliegen die *Steuern* einem Sonderausweis. Der Begriff „Steuern" ist im HGB nicht definiert, er kann jedoch aus der Legaldefinition des § 3 Abs. 1 AO abgeleitet werden. Der Ausweis unter Steuern erfasst in erster Linie alle Zahlungen oder Zahlungsverpflichtungen, welche das Unternehmer als *Steuerschuldner* nach den Steuergesetzen zu leisten hat. Steuern, welche das Unternehmen hingegen für Rechnung Dritter als sog. Abzugssteuern abführt (z.B. Lohn- und Kirchensteuer) oder lediglich aus Haftungsgründen anstelle Dritter leistet, zählen nicht hierzu. Die *„Steuern vom Einkommen und vom Ertrag"* (§ 275 Abs. 2 Nr. 18, Abs. 2 Nr. 17 HGB) umfassen im Wesentlichen die Körperschaftsteuer, die Gewerbeertragsteuer, die Zinsabschlagsteuer, den Solidaritätszuschlag und ausländische Steuern, die auf die inländische Steuerschuld angerechnet werden oder von der Bemessungsgrundlage abgezogen werden. Dieser Posten kann auch Zuführungen zur Rückstellung für Steuerabgrenzung (§ 274 HGB) enthalten. Nach herrschender Auffassungen sind auch Steuererstattungen, die den Steueraufwand der Periode übersteigen und daher zu einem Ertrag führen, unter diesem Posten (saldiert) auszuweisen. Andernfalls wäre die vom Gesetzgeber gewollte Ergebnisspaltung nicht gewährleistet und das Ergebnis der gewöhnlichen Geschäftstätigkeit von steuerlichen Effekten beeinflusst. Die *„sonstigen Steuern"* (§ 275 Abs. 2 Nr. 19, Abs. 3 Nr. 18 HGB) umfassen im Wesentlichen Verbrauch- und Verkehrsteuern (z.B. Mineralölsteuer, Kfz-Steuer, Stromsteuer, Versicherungsteuer, Zölle), soweit diese nicht zu den Anschaffungsnebenkosten erworbener Vermögensgegenstände zählen. Bisweilen werden branchentypische Verbrauchsteuern unter formalem Verstoß gegen die Gliederungsvorschriften z.T. offen von den Umsatzerlösen abgesetzt oder im Materialaufwand erfasst (z.B. im Fall der Mineralölsteuer). Dies wird von der herrschenden Meinung geduldet.[5] 664

III. Gesamtkostenverfahren v. Umsatzkostenverfahren

Das Gesetz räumt den Bilanzierenden ein *Wahlrecht* ein, ob er seine Erfolgsrechnung in ihrem wesentlichen Teil von den Umsatzerlösen bis zum „Ergebnis der gewöhnlichen Geschäftstätigkeit" nach dem *Gesamtkostenverfahren* (§ 275 Abs. 2 HGB) oder nach dem *Umsatzkostenverfahren* (§ 275 Abs. 3 HGB) aufbauen will. Derzeit wird – vor allem im Bereich der mittelständischen Wirtschaft – ganz überwiegend das Gesamtkostenverfahren (GKV) angewendet, das deutscher Rechnungslegungstradition entspricht.[6] Das Umsatzkostenverfahren (UKV) ist durch das BiRiLiG alternativ in das Bilanzrecht eingeführt worden. Dieses Verfahren herrscht in der anglo-amerikanisch geprägten internationalen Rechnungslegung vor und hat im Hinblick auf die zunehmende Kapitalmarktorientierung und Internationalisierung der deutschen Wirtschaft vor allem für größere Unternehmen an Bedeutung gewonnen. 665

Diesen alternativ zulässigen Darstellungsformaten liegen jeweils unterschiedliche Zuordnungskriterien zugrunde. Man kann Kosten entsprechend ihrem *Entstehungsgrund* gleichsam katalogartig nach den einzelnen Aufwandsarten gegliedert aufführen (z.B. als Materialaufwand, Personalaufwand, Abschreibungen). Im Vordergrund der Betrachtung 666

---

[5] Vgl. *Förschle,* BeckBilKomm, Rdn. 251 zu § 275 mwN.

[6] Beachte aber die Bedeutung, die dem Umsatzkostenverfahren gerade für Klein- und Mittelbetriebe aus internen Analysezwecken zuerkannt wird (Otto BB 1987, 931, 935).

steht dann eine kostenartenbezogene Analyse der Erfolgsrechnung – quer über alle Unternehmensbereiche. Sie gibt Auskunft darüber, welchen Gesamtumfang einzelne Kosten- bzw. Aufwandsarten in der Periode hatten. Diesen Weg beschreitet das GKV.

667 Eine andere Sichtweise löst sich von der Kostenart und ordnet die Kosten unter weitgehender Vernachlässigung ihres Typus bestimmten betrieblichen *Funktionsbereichen* zu (Produktion, Verwaltung, Vertrieb). Die Erfolgsrechnung ermöglicht damit in erster Linie eine Untersuchung, in welchem Umfang diese Funktionsbereiche für sich betrachtet Anteil am Unternehmenserfolg haben. Diesem Prinzip folgt das UKV. Besonders anschaulich wird dies an der unterschiedlichen Behandlung des Personalaufwands und der Abschreibungen in den beiden Verfahren. Im Gliederungsschema des GKV (§ 275 Abs. 2 HGB) sind hierfür ausdrücklich die gesonderten Positionen „6. Personalaufwand" und „7. Abschreibungen" vorgesehen. Diese Positionen umfassen die gesamten Kosten des Personalbereichs bzw. sämtliche Abschreibungsbeiträge, die im Geschäftsjahr auf immaterielle Vermögensgegenstände des Anlagevermögens und Sachanlagen verrechnet wurden, unabhängig davon, zu welcher betrieblichen Funktion die jeweiligen Mitarbeiter oder Anlagegüter eingesetzt werden. Im Gliederungsschema des UKV (§ 275 Abs. 3 HGB) finden sich diese Positionen bezeichnenderweise nicht. Personalkosten bzw. Abschreibungen sind in Höhe des jeweils zurechenbaren Anteils auf die verschiedenen Funktionsbereiche verteilt und als solche in ihrem Gesamtumfang nicht mehr erkennbar:

Funktionsbereich	**Position des Gliederungsschemas**
• *Produktion:*	Herstellungskosten der zur Erzielung der Umsatzerlöse erbrachten Leistungen (Abs. 3 Nr. 2)
• *Vertrieb:*	Vertriebskosten (Abs. 3 Nr. 4)
• *Verwaltung:*	Allgemeine Verwaltungskosten (Abs. 3 Nr. 5)
• **sonstige betriebliche Bereiche:**	(Abs. 4 Nr. 7).

668 GKV und UKV können grundsätzlich als gleichwertig angesehen werden. Für Unternehmen mit einfacher Organisationsstruktur oder wenigen Kostenträgern ist das GKV als überlegen anzusehen. Hingegen ist das UKV besser für Industrie- und Handelsbetriebe geeignet. Als wesentliche Vorteile des GKV können angesehen werden:

- Vermittlung der „Gesamtleistung" der Rechnungsperiode
- Erkennbarkeit des Einflusses der wesentlichen Kostenarten (Materialaufwand, Personalaufwand, Abschreibungen) im Vergleich zur Gesamtleistung
- Periodenbezogenheit von Aufwendungen und Erträgen wird transparent

669 Die Vorteile des UKV bestehen in erster Linie in:

- Darstellung der Beziehung zwischen den Kosten der Leistungserbringung in der Periode und den Umsatzerlösen
- Darstellung der Aufwandsentstehung nach betrieblichen Hauptfunktionen
- Internationale Vergleichbarkeit

IV. Vergleichende Gliederungsübersicht

670 Stellt man die kompletten Gliederungsformate der Gewinn- und Verlustrechnung nach dem GKV und dem UKV gegenüber, ergibt sich folgendes Bild:

Gesamtkostenverfahren	*Umsatzkostenverfahren*
1. Umsatzerlöse 2. Erhöhung oder Verminderung des Bestands an fertigen und unfertigen Erzeugnissen 3. Andere aktivierte Eigenleistungen 4. Sonstige betriebliche Erträge 5. Materialaufwand 6. Personalaufwand 7. Abschreibungen 8. Sonstige betriebliche Aufwendungen	**1. Umsatzerlöse** 2. Herstellungskosten der zur Erzielung der Umsatzerlöse erbrachten Leistungen **3. Bruttoergebnis vom Umsatz** 4. Vertriebskosten 5. Allgemeine Veraltungskosten 6. Sonstige betriebliche Erträge 7. Sonstige betriebliche Aufwendungen
Betriebsergebnis 9. Erträge aus Beteiligungen 10. Erträge aus anderen Wertpapieren und Ausleihungen des Finanzanlagevermögens 11. Sonstige Zinsen und ähnliche Erträge 12. Abschreibungen auf Finanzanlagen und auf Wertpapiere des Umlaufvermögens 13. Zinsen und ähnliche Aufwendungen	**Betriebsergebnis** 8. Erträge aus Beteiligungen 9. Erträge aus anderen Wertpapieren und Ausleihungen des Finanzanlagevermögens 10. Sonstige Zinsen und ähnliche Erträge 11. Abschreibungen auf Finanzanlagen und auf Wertpapiere des Umlaufvermögens 12. Zinsen und ähnliche Aufwendungen
Finanzergebnis	**Finanzergebnis**
14. Ergebnis der gewöhnlichen Geschäftstätigkeit 15. Außerordentliche Erträge 16. Außerordentliche Aufwendungen	**13. Ergebnis der gewöhnlichen Geschäftstätigkeit** 14. Außerordentliche Erträge 15. Außerordentliche Aufwendungen
17. Außerordentliches Ergebnis	**16. Außerordentliches Ergebnis**
18. Steuern vom Einkommen und vom Ertrag 19. Sonstige Steuern	**17. Steuern vom Einkommen und vom Ertrag** 18. Sonstige Steuern
20. Jahresüberschuss/Jahresfehlbetrag	**19. Jahresüberschuss/Jahresfehlbetrag**

V. Die Positionen im Einzelnen

1. Umsatzerlöse

Die *Umsatzerlöse* (§ 277 Abs. 1 HGB) stellen in beiden Verfahren die Ausgangsgröße **671** für die Gewinn- und Verlustrechnung dar und repräsentieren die im Rahmen der gewöhnlichen Geschäftstätigkeit tatsächlich abgesetzten Produktmengen einer Periode nach erzielten Netto-Erlösen (d.h. nach Abzug von Erlösschmälerungen wie z.B. Preisnachlässe oder Rabatte und der Ausgangsumsatzsteuer), unabhängig davon, ob die abgesetzten Güter auch tatsächlich in der betreffenden Periode angeschafft oder hergestellt worden sind und damit deren Betriebsaufwand beeinflusst haben. Diese Position stimmt inhaltlich in beiden Verfahren überein. Ein fundamentaler Unterschied zwischen beiden Verfahren liegt jedoch in der Art und Weise, wie in der weiteren Darstellung der Erfolgsrechnung die Angleichung der *Absatzmenge* (Gesamtzahl der in der Periode veräußerten Güter) und des *Produktionsaufwandes* (Gesamtbetrag des in der Periode produktionsbezogen entstandenen Aufwandes) erfolgt.

2. Materialaufwand

672 Das GKV stellt den absatzbezogenen Umsatzerlösen in einem ersten Schritt den *Materialaufwand* (§ 275 Abs. 2 Nr. 5 HGB) gegenüber. Dieser umfasst die *gesamten Aufwendungen* der abgelaufenen Periode für die Beschaffung von Roh-, Hilfs- und Betriebsstoffen, also den gesamten Materialverbrauch des Fertigungsbereichs, sowie für den Bezug von Waren und Fremdleistungen („bezogene Leistungen"). Dabei ist es für die Aufwandserfassung des GKV unter dieser Position ohne Belang, ob und in welchem Umfang diese Aufwendungen bereits in der Entstehungsperiode tatsächlich zur Erzielung von Umsatzerlösen gedient haben. Der Materialaufwand ist daher von den im Geschäftsjahr entstandenen „Herstellungskosten der *zur Erzielung der Umsatzerlöse* erbrachten Leistungen" (§ 275 Abs. 3 Nr. 2 HGB)[7] streng zu unterscheiden, die allein Gegenstand des UKV sind.

673 Bei normalen Verhältnissen wird man nicht davon ausgehen können, dass Produkte allein in der Periode abgesetzt werden, in der die zu ihrer Anschaffung oder Herstellung erforderlichen Aufwendungen angefallen sind. Vielmehr befinden sich üblicherweise auch solche Erzeugnisse am Ende des Geschäftsjahres noch im Bestand, die während des Jahres angeschafft oder hergestellt wurden, wohingegen im abgelaufenen Geschäftsjahr auch Produkte zum Verkauf gelangt sein dürften, die bereits in einer Vorperiode angeschafft oder hergestellt wurden. Würde es also bei dem beschriebenen Ausweis bleiben, wären Umsatzerlöse und Materialaufwand für sich betrachtet inkongruent, denn ihnen läge kein übereinstimmendes Mengengerüst zugrunde. Es bedarf also noch einer Angleichung des gesamten Materialaufwands der Periode an die in dieser erzielte konkrete Absatzmenge. Diese Angleichung erfolgt im GKV durch zwei zusätzliche Posten der Gewinn- und Verlustrechnung, nämlich die Positionen

- *Erhöhung/Verminderung des Bestands an fertigen Erzeugnissen* (§ 275 Abs. 2 Nr. 2 HGB)
- *andere aktivierte Eigenleistungen* (§ 275 Abs. 2 Nr. 3 HGB).

3. Bestandsveränderungen

674 Die erste Position berücksichtigt den Umstand, dass die Bestände an zwei aufeinander folgenden Stichtagen zwangsläufig differieren, wenn sich Zu- und Abgänge im Bereich der fertigen und unfertigen Erzeugnisse innerhalb des dazwischen liegenden Geschäftsjahrs nicht ausgeglichen haben. Dies kann auf zweierlei Gründen beruhen: Entweder hat das Unternehmen mehr Produkte abgesetzt als im Geschäftsjahr hergestellt wurden und daher den zu dessen Beginn vorhandenen Bestand bis zum Stichtag entsprechend gemindert (Bestandsverminderung) oder das Gegenteil war der Fall, das Unternehmen hat auf Vorrat produziert und den Bestand zum Stichtag entsprechend erhöht (Bestandserhöhung).

675 Würde man diese Bestandsveränderungen ignorieren, würde der Unternehmenserfolg des Geschäftsjahres unzutreffend dargestellt. Im ersten Fall bliebe unberücksichtigt, dass

[7] Hierzu Rdn. 679.

zur Erzielung der Geschäftsjahresumsätze auch betriebliche Leistungen eingesetzt wurden, die auf Wertschöpfungen in Vorjahren beruhen und deren Abverkauf im Geschäftsjahr zu einer entsprechenden Vermögensminderung im Erzeugnisbereich geführt hat, die konsequenterweise auch in der Gewinn- und Verlustrechnung ihren Niederschlag finden muss. Im zweiten Fall würde die betriebliche Leistung des Geschäftsjahres unvollständig abgebildet, denn der durch betrieblichen Mitteleinsatz erzielte Vermögensaufbau durch die Vorratsproduktion hätte keine Auswirkung auf die Erfolgsrechnung.

Um diese Folgen zu vermeiden und die Darstellung in der Gewinn- und Verlustrechnung in Einklang mit der Vermögensentwicklung zu bringen, wird die zum aktuellen Stichtag entstandene Erhöhung oder Verminderung des Erzeugnisbestandes – die Bestandsveränderung – als Korrekturposten in die Gewinn- und Verlustrechnung eingebaut. Eine Bestandsverminderung hat dabei ein negatives Vorzeichen, sie mindert folglich den Unternehmenserfolg; eine Bestandserhöhung hat die umgekehrte Auswirkung. Die Bestandsveränderung wird durch Vergleich der entsprechenden Bestandsgrößen in der Bilanz ermittelt. Durch die erfolgwirksame Erfassung der Bestandsveränderung in der Gewinn- und Verlustrechnung nach dem GKV werden die entsprechenden Vermögensveränderungen in der Bilanz entsprechend widergespiegelt und zugleich die Mengengerüste von Umsätzen und Materialaufwendungen angeglichen. Unter Einschluss der Bestandsveränderungen „passt" der Materialaufwand nunmehr zu den Umsatzerlösen. 676

4. Andere aktivierte Eigenleistungen

Das Bild ist jedoch nur dann vollständig, wenn das Unternehmen im abgelaufenen Geschäftsjahr nicht – darüber hinaus – betriebliche Ressourcen zur *Selbsterstellung aktivierungspflichtiger Anlagen* eingesetzt hat. In diesem Fall hat das Unternehmen nämlich betriebliche Kapazitäten nicht allein zur Umsatzerzielung, sondern auch zur Herstellung von Betriebsvermögen eingesetzt und insoweit Werte geschaffen, die sich in einer Erhöhung der entsprechenden Bilanzposition des Anlagevermögens niedergeschlagen haben. Die Selbsterstellung von Anlagen steht der Anschaffung gleich. Es gilt der Grundsatz der erfolgsneutralen Erfassung von Anschaffungs- oder Herstellungsvorgängen.[8] Die auf den Herstellungsprozess tatsächlich entfallenden internen Kosten der abgelaufenen Periode – diese haben in einem ersten Schritt das Unternehmensergebnis gemindert – sind daher zu neutralisieren (sog. „aktivierte Eigenleistungen"), d.h. das Periodenergebnis ist von den entsprechenden Aufwendungen wieder zu entlasten. Die entsprechende Ertragsbuchung ist in der Gewinn- und Verlustrechnung nach dem GKV unter der Position „andere aktivierte Eigenleistungen" auszuweisen. Danach ergibt im Aufbau des GKV folgendes Bild: 677

		(§ 275 Abs. 2 HGB)
	Netto-Umsatzerlöse	Nr. 1
+/–	Bestandsveränderungen des Erzeugnisbereichs	Nr. 2
+	aktivierte Eigenleistungen	Nr. 3
=	**Gesamtleistung**	
–	Materialaufwand	Nr. 5
=	**Rohertrag**	

Die hier ergänzend aufgenommenen Positionen „Gesamtleistung" und „Rohertrag" sind im gesetzlichen Gliederungsschema nicht ausdrücklich vorgesehen, sie stellen lediglich Zwischensummen dar, die als Kennzahlen von Bedeutung sein können und daher 678

[8] Vgl. Rdn. 259.

hier angesprochen werden sollen, zumal es sich um gebräuchliche Begriffsbildungen handelt, die in der Bilanzanalyse Anwendung finden. Die *Gesamtleistung* umfasst die gesamte betriebliche Wertschöpfung des Geschäftsjahrs, auch soweit diese über die erzielten Umsatzerlöse hinausgeht und in den Bestandsaufbau oder selbst erstellte Anlagen geflossen ist. Für die Ermittlung von Kostenquoten, also den Relationen bestimmter Kostenbereiche (z.B. Personal- und Sachkosten) zur Leistung des Unternehmens eignet sich daher die Gesamtleistung besser als die Position Umsatzerlöse. Der *Rohertrag* stellt ein Rohergebnis des Unternehmens dar, das sich durch Gegenüberstellung von Gesamtleistung und Materialaufwand ergibt; Personal- und Sachkosten sowie Abschreibungen, Zinsen und Steuern bleiben dabei außer Betracht.

5. Herstellungskosten

679 Im UKV werden den Umsatzerlösen stattdessen die *„Herstellungskosten der zur Erzielung der Umsatzerlöse erbrachten Leistungen"* (§ 275 Abs. 3 Nr. 2 HGB) gegenübergestellt, die – nicht zu verwechseln mit den aktivierungspflichtigen Herstellungskosten nach § 255 Abs. 2 HGB – sämtliche Aufwendungen enthalten, die den *im Geschäftsjahr tatsächlich abgesetzten* Gütern oder Dienstleistungen unmittelbar zugerechnet werden können. Man kann daher verkürzend von den „Herstellungskosten des Umsatzes"[9] sprechen. Die Anpassung an das absatzbezogene Mengengerüst der Umsatzerlöse erfolgt hier auf Grund der funktionalen Struktur der Gewinn- und Verlustrechnung – anders als im GKV – nicht durch separate Posten, sondern bereits durch die unmittelbare Angleichung der unter dieser Position ausgewiesenen Herstellungsaufwendungen der Periode an die Bestandsentwicklung in der Bilanz. Die Gegenüberstellung von Umsatzerlösen und Herstellungsaufwendungen führt zum *„Bruttoergebnis vom Umsatz"* (§ 275 Abs. 3 Nr. 3 HGB), einer Position, die es im GKV nicht gibt, die aber in der Darstellungswelt des UKV einen ähnlichen Aussagewert wie der Rohertrag hat, der aus dem Gliederungsschema des GKV abgeleitet werden kann:

		(§ 275 Abs. 3 HGB)
	Netto-Umsatzerlöse	Nr. 1
–	Herstellungskosten der ...	Nr. 2
=	**Bruttoergebnis vom Umsatz**	Nr. 3

6. Vertriebskosten und allgemeine Verwaltungskosten

680 Im UKV folgen dem Bruttoergebnis vom Umsatz – gemäß dem dieser Gliederungsform zugrunde liegenden funktionalen Gliederungsprinzip – die „Vertriebskosten" und die „allgemeinen Verwaltungskosten". Diese Kosten sind, im GKV ohne nähere Differenzierung nach ihrem funktionalen Ursprung in der Position „sonstige betriebliche Aufwendungen" enthalten, die trotz identischer Bezeichnung im Gliederungsschema des UKV von gänzlich anderer (nämlich völlig untergeordneter) Bedeutung ist.

681 *Vertriebskosten* sind nach allgemeinen Grundsätzen und unabhängig vom angewendeten Verfahren der Darstellung in der Gewinn- und Verlustrechnung nicht Bestandteil der Herstellungskosten.[10] Hierzu zählen neben den funktional zuzurechnenden anteiligen Personalkosten und Abschreibungen vornehmlich folgende Kosten:

---

[9] In der dem Umsatzkostenverfahren folgenden anglo-amerikanischen Rechnungslegung heißt diese Position „Costs of Goods Sold" (kurz: COGS).

[10] Vgl. Rdn. 268.

- Aufwendungen der Verkaufs-, Werbe- und Marketingabteilungen des Unternehmens
- Messe- und Ausstellungskosten
- Kosten eines Vertreternetzes
- Kosten für Verpackungsmaterial
- Versand-, Fracht- und Lagerkosten
- Verkaufsprovisionen
- Reise- und Bewirtungskosten

Allgemeine Verwaltungskosten umfassen nach dem UKV alle Personal- und Sachkosten sowie planmäßigen und außerplanmäßigen Abschreibungen, die weder dem Herstellungsbereich noch dem Vertrieb zuzurechnen sind, sondern einen funktionalen Bezug zum administrativen Bereich aufweisen. Hierzu werden im Wesentlichen gerechnet: **682**

- Aufwendungen für die Geschäftsleitung
- Kosten des Rechnungswesens sowie einer Personal-, Steuer- und Rechtsabteilung
- Kosten eines Betriebsrats
- Prüfungs- und Beratungskosten
- Kosten eines Aufsichtsrats oder Beirats
- Aufwendungen für Fortbildung und soziale Einrichtungen
- Kommunikationskosten
- Gebühren und Beiträge
- Spenden

7. Sonstige betriebliche Erträge

Die *sonstigen betrieblichen Erträge* sind in beiden Verfahren grundsätzlich identisch und betreffen alle im gewöhnlichen Geschäftsbereich, jedoch außerhalb des eigentlichen Wertschöpfungsprozesses erzielten Erlöse. Die Verwendung des Adjektivs „betrieblich" darf nicht im Sinne des betriebswirtschaftlichen Kostenbegriffs[11] verstanden werden, er bezieht sich vielmehr – lediglich zum Zwecke der Abgrenzung zu außerordentlichen Erträgen – auf die gewöhnliche Geschäftstätigkeit im hier dargestellten Sinne.[12] Gegenstand der sonstigen betriebliche Erträge sind daher auch neutrale Einflüsse (z.B. Erträge aus Zuschreibungen), die keinen Bezug zur betrieblichen Leistungserstellung haben. Sind sie vom Umfang her bedeutend, besteht eine Erläuterungspflicht im Anhang (§ 277 Abs. 4 Satz 2 HGB). Die Abgrenzung der sonstigen betrieblichen Erträge von den Umsatzerlösen kann im Einzelfall schwierig sein. Sie hängt von der Typik der Geschäftstätigkeit des Unternehmens ab. Die folgenden – beispielhaft aufgeführten – Sachverhalte zählen üblicherweise zu den sonstigen betrieblichen Erträgen: **683**

- Miet- und Pachteinnahmen (anders aber z.B. bei Wohnungsunternehmen oder Leasinggesellschaften)
- Schrotterlöse
- Entgelte für gelegentliche Personalüberlassung oder vergleichbare Dienstleistungen
- Versicherungsentschädigungen, Erträge aus Schadensersatzleistungen
- Erträge aus dem Abgang von Anlagegegenständen
- Erträge aus Zuschreibungen zu Vermögensgegenständen des Sachanlage- und Umlaufvermögens
- Erträge aus der Auflösung von Rückstellungen oder Sonderposten mit Rücklageanteil
- Eingänge auf abgeschriebene Forderungen, Erträge aus der Auflösung von Einzelwertberichtigungen auf Forderungen

---

[11] Vgl. Rdn. 109ff.
[12] Vgl. Rdn. 661.

- Kantinenerlöse, Erträge aus Sozialeinrichtungen
- Subventionserträge
- Erträge aus Kostenerstattungen und Konzernumlagen (von Holdinggesellschaften)
- Kursgewinne, bestimmte Erträge aus dem Einsatz von derivativen Finanzinstrumenten (z.B. Erträge aus Glattstellung oder der Veräußerung oder dem Verfall von Optionen)

8. Personalaufwand

684 Die kostenartenbezogene Gewinn- und Verlustrechnung nach dem GKV zeigt unter dieser Position – abweichend vom Gliederungsformat nach dem UKV – die kumulierten Personalkosten einer Abrechnungsperiode des Unternehmens. Dabei ist nach dem Gesetz eine Untergliederung dieses Postens vorzunehmen nach „Löhnen und Gehältern" und „sozialen Abgaben und Aufwendungen für Altersversorgung und für Unterstützung" (§ 275 Abs. 2 Nr. 6 HGB). Der Begriff der Löhne und Gehälter umfasst unabhängig von Bezeichnung und Gegenstand insbesondere alle lohn- oder einkommensteuerpflichtigen Formen des Arbeitsentgelts für Angestellte des Unternehmens. Hierzu zählen z.B. auch Sachbezüge (steuerrechtlich: geldwerte Vorteile), Aufwandsentschädigungen, Lohnfortzahlungen im Krankheitsfall, Altersteilzeitvergütungen, Erfolgsbeteiligungen sowie Zuführungen zur Rückstellung für Urlaub und für Jubiläumsaufwendungen. Die Aufwendungen für Altersversorgung umfassen insbesondere Zuführungen zu den Pensionsrückstellungen, Zuweisungen an Unterstützungskassen, Direktversicherungsprämien und Beiträge an den Pensionssicherungsverein. Die Aufwendungen für Unterstützung betreffen in erster Linie Zahlungen an aktive und ehemalige Betriebsangehörige, die ohne Rechtsanspruch der Betroffenen gewährt werden (z. B. Heirats- und Geburtbeihilfen).

9. Abschreibungen

685 Während die Abschreibungen im UKV den jeweiligen Funktionsbereichen zugeordnet und aus dem Gliederungsschema der Gewinn- und Verlustrechnung daher nicht erkennbar sind, werden diese beim GKV – mit Ausnahme der dem Sonderausweis im Finanz- und Beteiligungsergebnis unterliegenden Abschreibungen auf Finanzanlagen – in *einer* Position zusammengefasst. Diese entspricht in Bezug auf die Unterposition nach § 275 Abs. 2 Nr. 7a) HGB dem Betrag, der üblicherweise in einem nach § 268 Abs. 2 HGB erstellten Anlagenspiegel[13] als „Zugang zu den Abschreibungen des Geschäftsjahres" ausgewiesen wird. In der Gewinn- und Verlustrechnung sind ferner in einer weiteren Unterposition (§ 275 Abs. 2 Nr. 7b) Abschreibungen auf Vermögensgegenstände des Umlaufvermögens auszuweisen, „soweit diese die in der Kapitalgesellschaft üblichen Abschreibungen überschreiten". Es muss sich also um überschießende Beträge (Spitzenbeträge) von Abschreibungen handeln, die sich noch im Rahmen der gewöhnlichen Geschäftstätigkeit bewegen, aber das übliche Maß überschreiten. Der praktische Anwendungsbereich dieser Position ist augenscheinlich gering, zumal der Begriff der „Üblichkeit" im Gesetz nicht definiert wird und ungewöhnliche Sachverhalte im außerordentlichen Ergebnis[14] zu zeigen sind.

10. Sonstige betriebliche Aufwendungen

686 Die Inhalte der Position sind in beiden Verfahren nicht vergleichbar. Aufgrund der kostenartenbezogenen Struktur des GKV umfassen die *sonstigen betrieblichen Aufwen-*

[13] Vgl. Rdn. 361 ff.
[14] Vgl. Rdn. 662 f.

dungen in § 275 Abs. 2 Nr. 8 HGB alle Aufwendungen, die nicht als Material- oder Personalaufwand oder als Abschreibung zu qualifizieren sind, also vornehmlich den gesamten Bereich der Verwaltungs- und Vertriebskosten. Hinsichtlich der Inhalte kann im Wesentlichen auf die obigen Ausführungen zu diesen Kostengruppen verwiesen werden.[15] Im UKV hat dieser Posten (§ 275 Abs. 3 Nr. 7 HGB) hingegen nur eine subsidiäre Bedeutung. Mögliche Ausweisgegenstände bei Anwendung des UKV können z. B. Abschreibungen auf Bilanzierungshilfen wie einen aktivierten Geschäfts- oder Firmenwert (§ 255 Abs. 4 HGB) oder aktivierte Ingangsetzungs- und Erweiterungskosten (§ 269 HGB) sein. Wahlweise werden bei diesem Gliederungsformat auch bestimmte Rückstellungsdotierungen, außerplanmäßige Abschreibungen, aperiodische Aufwendungen oder Verluste aus Anlagenabgängen unter diesem Posten ausgewiesen.

11. Finanz- und Beteiligungsergebnis

a) Überblick. Die begrifflich und inhaltlich identischen Positionen gemäß § 275 Abs. 2 Nr. 9 bis 13 (GKV) und Abs. 3 Nr. 8 bis 12 (UKV) umfassen das Finanz- und Beteiligungsergebnis, welches zwar in der Gliederung der handelsrechtlichen Gewinn- und Verlustrechnung nach dem GKV und dem UKV nicht als Zwischenergebnis hervortritt aber durch Zusammenfassung der nachfolgend genannten Positionen rechnerisch leicht ermittelt werden kann. Dieses umfasst: **687**

- Beteiligungserträge
- Erträge aus Gewinnabführungsverträgen und Gewinngemeinschaften
- Verluste auf Grund von Ergebnisausgleichverträgen
- Erträge aus Wertpapieren und Ausleihungen des Finanzanlagevermögens
- Zinserträge
- Zinsaufwendungen
- Abschreibungen auf Finanzanlagen und Wertpapiere des Umlaufvermögens

Das Finanz- und Beteiligungsergebnis (Verbundergebnis) ist im Rahmen einer zu bilanzanalytischen Zwecken vorzunehmen Erfolgsspaltung von den übrigen Posten des Ergebnisses der gewöhnlichen Geschäftstätigkeit zu separieren, um die Ermittlung eines „ordentlichen Betriebserfolgs" zu ermöglichen.[16] Bei den zugehörigen Posten sind Teilbeträge, die aus Verbundbeziehungen resultieren („aus verbundenen Unternehmen"), gesondert zu vermerken. Dies kann wahlweise auch im Anhang geschehen. **688**

b) Erträge aus Beteiligungen, Wertpapieren und Ausleihungen. Unter den *„Erträgen aus Beteiligungen"* (§ 275 Abs. 2 Nr. 9, Abs. 3 Nr. 8 HGB) sind alle Erträge aus Beteiligungen und Anteilen an verbundenen Unternehmen (§ 271 HGB) zu verstehen. Diese betreffen in erster Linie Dividenden aus Kapitalgesellschaften und Gewinnanteile an Personenhandelsgesellschaften.[17] Eine Ausnahme stellen in diesem Zusammenhang Erträge dar, die auf Grund eines (Teil-) *Gewinnabführungsvertrags* nach § 291 Abs. 1 AktG oder einer *Gewinngemeinschaft* (Interessengemeinschaft) nach § 292 Abs. 1 Nr. 1 AktG erzielt werden, da diese nach § 277 Abs. 3 Satz 2 HGB) in der Gewinn- und Verlustrechnung *gesondert* unter ausdrücklicher Bezeichnung auszuweisen sind. Entsprechendes gilt für Aufwendungen aus *Verlustübernahme* nach §§ 302, 324 AktG oder auf Grund ähnlich gestalteter Verträge und Vereinbarungen mit Freistellungscharakter, die einen „ansonsten entstehenden Jahresfehlbetrag" des Beteiligungsunternehmens ausgleichen. Auf Ebene **689**

[15] Vgl. Rdn. 680 ff.

[16] Vgl. Rdn. 814 ff.

[17] Zu den Voraussetzungen der Vereinnahmung von Gewinnanteilen aus Personenhandelsgesellschaften vgl. neuerdings ERS HFA 18, WPg 2005, S. 1228 ff.

des Beteiligungsunternehmens stellt die Verlustübernahme durch den Gesellschafter hingegen einen Ertrag dar, der zweckmäßigerweise in einer gesonderten Position *vor* dem Jahresergebnis zu zeigen ist, dass in diesen Fällen regelmäßig „0“ beträgt. *Veräußerungsgewinne*, die bei dem Verkauf von Geschäfts- oder Gesellschaftsanteilen entstehen, stellen in der Regel Buchgewinne aus dem Abgang von Beteiligungen dar, die unter den „sonstigen betrieblichen Erträgen“ zu zeigen sind. Der Posten *„Erträge aus anderen Wertpapieren und Ausleihungen des Finanzanlagevermögens“* (§ 275 Abs. 1 Nr. 10, Abs. 3 Nr. 9 HGB) ist ein Auffangtatbestand. Dieser schließt alle Erträge aus *Finanzanlagen* ein, die nicht unter die soeben behandelte Position fallen. Hierzu zählen insbesondere Zins- und Dividendenerträge des Wertpapierbereichs.

690 **c) Zinserträge.** *„Sonstige Zinsen und ähnliche Erträge“* (§ 275 Abs. 2 Nr. 11, Abs. 3 Nr. 10 HGB) betreffen Kapitaleinkünfte, die aus Posten des *Umlaufvermögens* herrühren. Es handelt sich vornehmlich um:

- Zinsen auf Bankguthaben
- Darlehenszinsen
- Erträge aus Wechseldiskont
- Zinsen und Dividenden auf Wertpapiere, die im Umlaufvermögen gehalten werden
- Verzugszinsen
- Aufzinsungsbeträge für unverzinsliche oder niedrigverzinsliche Forderungen
- Erträge aus Agien oder Disagien
- Erträge auf Grund von Kreditgarantien
- Erträge aus Zinsabgrenzungsverträgen (Zinsswaps)

691 **d) Zinsaufwendungen.** Umgekehrt stellen die *„Zinsen und ähnlichen Aufwendungen“* (§ 275 Abs. 2 Nr. 13, Abs. 3 Nr. 12 HGB) die Kosten für die Beschaffung und Inanspruchnahme von Fremdkapital dar. Als wesentliche Postenbestandteile sind zu nennen:

- Kreditzinsen
- Aufwendungen aus Wechseldiskont
- Verzugszinsen
- Kreditprovisionen, Bereitstellungsgebühren, Besicherungskosten
- Aval- und Bürgschaftsprovisionen
- Abschreibungen auf ein aktiviertes Disagio
- Zinsanteil der Zuführungen zur Pensionsrückstellung

692 Der versicherungsmathematisch ermittelte Zuführungsbetrag zur Pensionsrückstellung entspricht überwiegend einer Sparprämie und einem Jahreszins, der nach den Berechnungsgrundlagen feststeht. Richtigerweise wäre der letztgenannte Teil des Zuführungsbetrages daher nicht unter dem Personalaufwand, sondern unter den Zinsaufwendungen zu zeigen,[18] was in der Praxis allerdings selten geschieht. Bilanzanalytisch gesehen wäre es außerdem richtig, auch den *Zinsanteil von Leasingaufwendungen* des Leasingnehmers, der nicht zur Aktivierung des genutzten Gegenstandes verpflichtet ist, unter den Zinsaufwendungen zu separieren. Denn wirtschaftlich gesehen stellt das Leasinggeschäft eine besondere Finanzierungsform dar.[19] So gesehen würde der Zinsaufwand zutreffender dargestellt, wenn der Teil der Leasingaufwendungen, der Zinscharakter hat, entsprechend ausgewiesen werden würde. Eine handelsrechtliche Verpflichtung hierzu besteht jedoch nicht, zumal dem Leasingnehmer in aller Regel die Kalkulationsgrundlagen des Leasinggebers nicht bekannt sind, die Bestimmung des Zinsanteils also auf abstrakte Annahmen

---

[18] Vgl. ADS, 6. Aufl. Rdn. 121 zu § 275.
[19] Vgl. Rdn. 343 ff.

gestützt werden müsste. Der Leasingaufwand ist daher komplett unter den sonstigen betrieblichen Aufwendungen (GKV) oder den entsprechenden Funktionsbereichen (UKV) auszuweisen. Aufgrund des Verrechnungsverbots (§ 246 Abs. 2 HGB)[20] ist eine Saldierung von Zinserträgen und Zinsaufwendungen in der Gewinn- und Verlustrechnung nicht zulässig. Zu bilanzanalytischen Zwecken werden beide Posten jedoch häufig zu einem „Zinsergebnis" (Zinssaldo) zusammengefasst; dies geschieht vor allem dann, wenn eine differenzierte Betrachtung des Zins- und des Beteiligungsergebnisses angezeigt ist. *Wertminderungen* von Gegenständen des Finanzanlagevermögens sowie Wertpapieren, die im Umlaufvermögen gehalten werden, sind unter der entsprechenden Position nach § 275 Abs. 2 Nr. 12, Abs. 3 Nr. 11 HGB zu erfassen.

---

[20] Vgl. Rdn. 308.

Teil H. Anhang

693 Der Anhang bildet als weiterer und gleichwertiger Pflichtbestandteil des Jahresabschlusses mit Bilanz und Gewinn- und Verlustrechnung eine Einheit. (§ 264 Abs. 1 Satz 1 HGB). Er hat folgende Funktionen:[1]

- Informationsfunktion
- Entlastungsfunktion
- Erläuterungsfunktion
- Ergänzungsfunktion

694 Im Jahresabschluss sind diverse Angaben zu den angewendeten Bilanzierungs- und Bewertungsmethoden sowie den Auswirkungen deren möglicher Änderung zu machen. Hierbei handelt es sich um Informationen, die sich für eine Wiedergabe in der Bilanz- oder der Gewinn- und Verlustrechnung nicht eignen (vgl. § 284 Abs. 2 HGB) und daher einer gesonderten Darstellung vorbehalten bleiben sollten. Darüber hinaus sieht das Gesetz eine steigende Zahl von Zusatzinformationen vor, die keinen unmittelbaren Bezug zu einzelnen Abschlusspositionen haben (vgl. § 285 HGB; z.B. Angaben zu Organbezügen, dem Anteilsbesitz oder der Mitarbeiterzahl) und in geeigneter Form in den Jahresabschluss aufzunehmen sind. In den Anhang sind nach § 284 Abs. 1 HGB zudem diejenigen Angaben aufzunehmen, die zu den einzelnen Posten der Bilanz oder der Gewinn- und Verlustrechnung gesetzlich vorgeschrieben sind (vgl. die Angaben z.B. zur Entwicklung des Anlagevermögens, § 268 Abs. 2 HGB, oder zu den Restlaufzeiten von Forderungen und Verbindlichkeiten, § 268 Abs. 4 und 5 HGB) aber wahlweise in die davon unmittelbar betroffenen Teile des Jahresabschlusses nicht aufgenommen wurden, um diese darstellungstechnisch zu entlasten. Dies dient der Klarheit und Übersichtlichkeit des Jahresabschlusses. Durch die gesonderte – in vielen Fällen nur verbale – Erläuterung der Bedeutung bestimmter bilanzieller Zusammenhänge, insbesondere von deren Einfluss auf das Ergebnis der gewöhnlichen Geschäftstätigkeit oder das außerordentliche Ergebnis, werden Beiträge zur externen Bilanzanalyse geliefert (vgl. hierzu z.B. die Angaben nach § 285 Satz 1 Nr. 5, 6 oder 19 HGB zur Anwendung steuerrechtlicher Vergünstigungsvorschriften, zur Aufspaltung der Ertragsteuern auf die Ergebnisbestandteile und zum Einsatz derivativer Finanzinstrumente). Nach § 264 Abs. 2 HGB soll der Jahresabschluss in seiner Gesamtheit ein den tatsächlichen Verhältnissen entsprechendes Bild der Vermögens-, Finanz- und Ertragslage des Unternehmens vermitteln (Einblicksgebot oder „*True and Fair View*“). Führen im Einzelfall besondere Umstände dazu, dass Bilanz, Gewinn- und Verlustrechnung oder die gesetzlichen Pflichtangaben im Anhang dieses Bild nicht vermitteln, sind nach § 264 Abs. 2 Satz 2 HGB im Anhang zusätzliche erläuternde Angaben zu machen, um diese Informationslücke zu schließen.

695 Das HGB schreibt keine bestimmte Form oder Gliederung des Anhangs vor. Der Bilanzierende hat hier im Rahmen der auch hier in vollem Umfang geltenden allgemeinen Aufstellungsgrundsätze des Jahresabschlusses (Klarheit, Übersichtlichkeit, Stetigkeit) einen weiten Gestaltungsspielraum. Er kann z.B. auch freiwillige Zusatzangaben in den Anhang aufnehmen. Der Anhang ist stets als solcher zu kennzeichnen, insbesondere sollten die Grenzen zum Lagebericht nach § 289 HGB nicht verwischt werden,[2] der vor-

---

[1] Die nachfolgende Darstellung geht auf ADS § 284 Rdn. 12f. zurück.
[2] ADS § 284 Rdn. 31.

nehmlich Erläuterungen zum Geschäftsverlauf und zur Lage der Gesellschaft enthalten soll und zudem nach § 317 Abs. 2 HGB einem gegenüber dem Jahresabschluss modifizierten bzw. eingeschränkten Prüfungsumfang unterliegt. Üblicherweise wird der Anhang hinter Bilanz und Gewinn- und Verlustrechnung wiedergegeben. Er schließt damit äußerlich zugleich den als solchen Jahresabschluss ab und trägt damit an seinem Ende zweckmäßigerweise auch die Unterschrift der gesetzlichen Vertreter des Unternehmens, mit dem der Jahresabschluss zu versehen ist (§ 245 HGB). Eine eigenständige Unterzeichnungspflicht für den Anhang besteht nicht, der Jahresabschluss kann daher auch „unter der Bilanz" unterschrieben werden.

In der Praxis hat sich folgende *Grundstruktur* des Anhangs herausgebildet: 696

I. Allgemeine Angaben
II. Angaben zu Bilanzierungs- und Bewertungsmethoden
III. Erläuterungen zur Bilanz
IV. Erläuterungen zur Gewinn- und Verlustrechnung
V. Sonstige Angaben (z.B. Haftungsverhältnisse, sonstige finanzielle Verpflichtungen, Organbezüge, Mitarbeiter)

Aufgrund vielfältiger primärer gesetzlicher Angabepflichten des Anhangs (§§ 284, 285 697 HGB), umfangreicher Ausweiswahlrechte hinsichtlich der Darstellung in Bilanz, Gewinn- und Verlustrechnung oder Anhang (z.B. § 265 Abs. 3 Satz 1, 268 Abs. 2 HGB) und diverser spezifischer Erläuterungspflichten in besonderen Fällen (z.B. §§ 265 Abs. 1, Abs. 2, 277 Abs. 4 Satz 2 HGB) können die Pflichtinhalte des Anhangs im Einzelfall umfangreich sein. Es ist deshalb zweckmäßig die Angaben zu III. und IV. jeweils entsprechend der Postenfolge in der Bilanz und der Gewinn- und Verlustrechnung zu machen und darüber hinaus eine ziffernmäßige Verknüpfung mit diesen Teilen des Jahresabschlusses vorzunehmen, um dessen Übersichtlichkeit zu erhöhen. Trotz solcher Vorkehrungen bleibt der Anhang im Allgemeinen trotz der überwiegend verbalen Darstellung ein sehr „technisches" Instrument, dessen Informationsgehalt sich zumindest dem unkundigen Leser z.T. nur schwer erschließt. Außerdem sind die im Anhang vorgenommenen Pflichtangaben für Zwecke einer externen Bilanzanalyse in vielen Fällen nur von begrenztem Wert. So wird es auch dem erfahrenen Bilanzanalytiker z.B. in der Regel nicht gelingen, trotz der Angaben gemäß §§ 273 Satz 2, 281 Abs. 1 Satz 2, 281 Abs. 2 Satz 2 und 285 Nr. 5 HGB zu steuerrechtlich motivierten Beeinflussungen des Jahresabschlusses die aus diesen resultierenden Verzerrungen hinreichend klar zu identifizieren und in seinen Berechnungen zu eliminieren. Überdies bleibt bei einzelnen Angabepflichten letztlich unklar, ob konkrete Beträge anzugeben sind oder eine Erläuterung in allgemeiner Form ausreicht. In diesen Fällen werden häufig lediglich verbale Umschreibungen als ausreichend angesehen (so z.B. im Fall der Angabepflicht gemäß § 285 Satz 1 Nr. 6 HGB), was eine eventuell gebotene Korrekturrechnung im Rahmen der externen Analyse in der Regel unmöglich macht. Auch wenn Beträge anzugeben sind, kann die vermittelte Information im Einzelfall gleichwohl wenig verwertbar sein, so z.B. bei der Pflicht zur Angabe des „Gesamtbetrags" der sonstigen finanziellen Verpflichtungen gemäß § 285 Satz 1 Nr. 3 HGB, da dieser Bereich eine sehr heterogene Struktur haben und unterschiedliche Fristigkeiten aufweisen kann. Trotz alledem ist eine umfassende Auswertung der Informationen des Anhangs für eine professionelle Jahresabschlussanalyse unverzichtbar. Auch für andere Anlässe hält der Anhang manch wichtige oder interessante Information bereit, z.B. zu Organmitgliedern oder zum Anteilsbesitz.

Der konkrete Umfang einschlägiger Angabepflichten lässt sich in der Praxis sachge- 698 recht allein anhand von *Checklisten* überprüfen, die als Arbeitshilfen verfügbar sind. Zudem sind im Gesetz *größenabhängige Erleichterungsvorschriften* (§ 288 HGB) und einzelfallbezogene *Befreiungstatbestände* (§ 286 HGB) vorgesehen; zu letzteren zählt die in der Praxis bedeutsame Möglichkeit, die nach § 285 Nr. 9a, 9b HGB verlangten Angaben zu Organbezügen (z.B. Geschäftsführergehältern) zu unterlassen, wenn sich anhand dieser Angaben die Bezüge eines Mitglieds dieser Organe feststellen lassen. Nach § 288 Satz 1 HGB brauchen kleine Kapitalgesellschaften diese Angaben unabhängig vom Vorliegen dieser Voraussetzungen nicht zu machen.

699 Nachfolgend seien beispielhaft folgende bedeutsame Pflichtinhalte des Anhangs im Einzelabschluss einer Kapitalgesellschaft hervorgehoben:

- § 264 Abs. 2 Satz 2 HGB (Einblicksgebot)
- § 265 Abs. 1 Satz 2 HGB (Änderungen der Darstellung)
- § 265 Abs. 2 Satz 2 und 3 HGB (Angaben zur Vergleichbarkeit von Vorjahreszahlen)
- § 265 Abs. 7 Nr. 2 HGB (Zusammenfassung von vorgeschriebenen Einzelposten)
- § 277 Abs. 4 Satz 2 HGB (Erläuterungen zu wesentlichen außerordentlichen Posten)
- § 284 Abs. 2 Nr. 1 HGB (Angabe der Bilanzierungs- und Bewertungsmethoden)
- § 284 Abs. 2 Nr. 3 HGB (Abweichungen von Bilanzierungs- und Bewertungsmethoden)
- § 285 Nr. 1a, 2 HGB (Verbindlichkeiten mit Restlaufzeiten von mehr als fünf Jahren)
- § 285 Nr. 1b, 2 HGB (Besicherungen von Verbindlichkeiten)
- § 285 Nr. 3 HGB (Sonstige finanzielle Verpflichtungen)
- § 285 Nr. 4 HGB (Aufgliederung der Umsatzerlöse)
- § 285 Nr. 7 HGB (Zahl der Arbeitnehmer)
- § 285 Nr. 9 HGB (Organbezüge)
- § 285 Nr. 10 HGB (Organmitglieder)
- § 285 Nr. 11, 11a HGB (Aufstellung über Anteilsbesitz, voll haftende Beteiligungen)
- § 285 Nr. 12 HGB (Erläuterung zu sonstigen Rückstellungen)
- § 285 Nr. 17 HGB (Angabe der Honorare des Abschlussprüfers für Prüfungs- und Beratungsleistungen)
- § 285 Nr. 19 HGB (Finanzinstrumente)
- Art. 28 Abs. 2 EGHGB (wahlweise nicht passivierte Pensionsverpflichtungen)

Teil I. Lagebericht

Nach § 264 Abs. 1 Satz 2 HGB haben die Geschäftsführer einer mindestens mittelgroßen Kapitalgesellschaft oder Kapitalgesellschaft & Co. neben dem Jahresabschluss einen Lagebericht aufzustellen, dessen Anforderungen in § 289 HGB geregelt sind. Der Lagebericht hat zunächst die Funktion, den Geschäftsverlauf und die Lage der Gesellschaft nach Ablauf des Geschäftsjahres unter Zugrundelegung der bisherigen Entwicklung des Unternehmens so darzustellen, dass ein den tatsächlichen Verhältnissen entsprechendes Bild vermittelt wird. Er ergänzt damit die gleich lautenden Anforderungen, die gemäß § 264 Abs. 2 Satz 1 HGB an den Jahresabschluss selbst zu stellen sind, zu dessen eigenständiger Erläuterung und Ergänzung der Lagebericht dienen soll. Er bezweckt dabei eine ausgewogene rückblickende Gesamtwürdigung der Entwicklung in der abgelaufenen Periode in Form einer umfassenden Analyse der Lage und des Geschäftsverlaufs des Unternehmens unter Heranziehung der bedeutsamsten finanziellen Leistungsindikatoren und unter Bezugnahme auf die im Jahresabschluss ausgewiesenen Beträge und Annahmen. Außerdem soll der Lagebericht zukunftsgerichtet sein und Angaben zur voraussichtlichen Entwicklung des Unternehmens mit ihren wesentlichen Chancen und Risiken enthalten. Dabei sind auch die Annahmen der Geschäftsleitung anzugeben, die diesem Prognosebericht zugrunde liegen. Ferner sind nach dem Gesetz – soweit einschlägig – Einzeldarstellungen und Zusatzangaben zu bestimmten Vorgängen oder Verhältnissen zu machen. 700

Der Lagebericht erfordert damit – über den auf reine Zahlen- und Methodenangaben ausgerichteten Jahresabschluss hinaus – und unter Nutzung selbst gewählter Darstellungsmittel und Analyseinstrumente eine umfassende und zusammenhängende verbale Rechenschaftslegung durch die Unternehmensleitung. Dies erlaubt es der Unternehmensleitung zugleich, wichtige Entwicklungslinien herauszuarbeiten und eigene Schwerpunkte und Akzente in der Darstellung zu setzen. Darüber hinaus enthält der Lagebericht wichtige ergänzende Informationen, insbesondere im Hinblick auf die zukünftige Entwicklung und damit auch mögliche existenzielle Bedrohungen für den Bestand des Unternehmens. Danach können insgesamt folgende Pflichtinhalte des Lageberichts gemäß § 289 HGB unterschieden werden: 701

- Darstellung von *Geschäftsverlauf, Geschäftsergebnis und Lage* (Abs. 1 Satz 1)
- *umfassende und ausgewogene Analyse* unter Einbeziehung von finanziellen Leistungsindikatoren und Abschlussangaben (Abs. 1 Satz 2 und 3)
- Beurteilung und Erläuterung der *voraussichtlichen Entwicklung* mit ihren *wesentlichen Chancen und Risiken* (Abs. 1 Satz 4)
- Berichterstattung über *bestimmte Vorgänge und Unternehmensbereiche* (Abs. 2)
- Zusatzangaben großer Gesellschaften über *nichtfinanzielle Leistungsindikatoren* (Abs. 3)

Die Angaben zum *Geschäftsverlauf*, die mit der Darstellung der Lage eng verknüpft sind, sollen einen Überblick über die Entwicklung des Unternehmens und die hierfür maßgeblichen Geschehnisse und Abläufe des Geschäftsjahres geben. Dabei sind sämtliche Verhältnisse und Entwicklungen darzustellen, welche die wirtschaftliche Gesamtsituation des Unternehmens wesentlich beeinflusst haben. Dabei werden in der Regel alle bedeu- 702 tenden Unternehmensbereiche umfasst. Folgende Bereiche können danach Gegenstand der Berichtspflicht sein:[1]

- Entwicklung von Branche und Gesamtwirtschaft (Geschäftsumfeld)
- Absatzbereich, Umsatz- und Auftragsentwicklung
- Produktionsbereich
- Beschaffungsbereich
- Investitionsbereich
- Personalbereich

703 Die *Darstellung der Lage* – verstanden als Vermögens-, Finanz- und Ertragslage – hat zweckmäßigerweise auf der Grundlage betragsmäßiger Angaben und Erläuterungen zu erfolgen, die durch Kennzahlen (z. B. Rohertragsquote[2], Cash-flow[3], EBITDA[4]) unterstützt werden können. Die Zusammensetzung des Vermögens und die Kapitalstruktur sind zu erläutern. Die darstellenden Teile des Lageberichts sind um eine *Analyse*, also eine systematische Untersuchung unter Berücksichtigung wesentlicher Komponenten und Faktoren, zu erweitern. Diese sollte über die bloße Aufbereitung von Informationen im Sinne einer externen Bilanzanalyse hinausgehen. Die Darstellung der Finanzlage soll ein Gesamtbild der finanziellen Verhältnisse erkennen lassen. Bei der Darstellung der Ertragslage ist insbesondere Wert auf ein um Sondereinflüsse und Verzerrungen bereinigtes Jahresergebnis zu legen, das den externen Unternehmensvergleich ermöglicht (z. B. „Ergebnis nach DVFA/SG"[5]). In die Analyse sind die wesentlichen finanziellen Leistungsindikatoren einzubeziehen, worunter grundsätzlich alle bedeutsamen Ergebniskomponenten, Erfolgsfaktoren und wirtschaftlichen Verhältnisse (z. B. Liquidität, Kapitalausstattung) zu fassen sind, die sich unmittelbar auf die Rechnungslegung ausgewirkt haben. Schließlich ist eine Brücke zum Jahresabschluss zu schlagen. Insoweit hat der Lagebericht ergänzende Hinweise und Erläuterungen zu enthalten. Hierbei wird es sich insbesondere um solche Angaben handeln, die dem externen Bilanzleser das Verständnis wichtiger wirtschaftlicher Zusammenhänge erleichtern, die im Jahresabschluss selbst nicht hinreichend zum Ausdruck kommen konnten.

704 Einen weiteren wesentlichen Bestandteil des Lageberichts stellt die Berichterstattung über wesentliche Chancen und Risiken dar (Chancen- und Risikobericht), die mit der vom Gesetz außerdem geforderten Beurteilung und Erläuterung der voraussichtlichen Entwicklung des Unternehmens (Prognosebericht) eng verbunden ist, wobei beide Berichtsteile selbstständig nebeneinander stehen sollen. Im Rahmen des *Prognoseberichts* sollte auf die wesentlichen wirtschaftlichen Leistungsparameter der erwarteten zukünftigen Entwicklung Bezug genommen werden (z. B. Umsatz, Kosten, Ertrag), die bereits die Darstellung und Analyse des Geschäftsverlaufs und der Lage bestimmt haben. Da der Geschäftsleitung eine „Beurteilung" und „Erläuterung" abverlangt werden, wird es sich dabei im Wesentlichen um verbale, d. h. kommentierende und wertende Ausführungen handeln. Basierend auf den Erkenntnissen und Prognosemöglichkeiten der Geschäftsleitung sollte eine konkrete Aussage über die weitere Entwicklung des Unternehmens getroffen werden. Der Prognoseteil des Lageberichts darf die zukünftige Entwicklung nicht zu günstig darstellen. Bei den prognostischen Teilen des Lageberichts steht unternehmerischer Optimismus mitunter in einem Spannungsverhältnis zu den Berichtsgrundsätzen der Wahrheit, Richtigkeit und Nachvollzichbarkeit. Dies begründet die Gefahr, dass er-

---

[1] Vgl. auch ADS § 289 Rdn. 66.
[2] Vgl. Rdn. 816.
[3] Vgl. Rdn. 721 ff.
[4] Vgl. Rdn. 824 ff.
[5] Vgl. Rdn. 827.

wartete positive Entwicklungen gegenüber möglichen negativen Tendenzen überbetont werden.

Im *Chancen- und Risikobericht* soll eine ausgewogene Darstellung und Bewertung der wesentlichen Chancen und Risiken des Unternehmens erfolgen. Über Chancen und Risiken ist jeweils getrennt zu berichten, beide Komponenten stehen grundsätzlich gleichwertig nebeneinander. Eine detaillierte zahlenmäßige Prognose der erwarteten Unternehmensentwicklung ist nicht erforderlich. Die Risikodarstellung sollte vornehmlich solche Risiken zum Gegenstand haben, die entweder *bestandsgefährdend* sind oder einen *wesentlichen Einfluss* auf die Vermögens-, Finanz- und Ertragslage haben können.[6] Die Risiken oder Gefährdungen und ihre mögliche Bedeutung für den Bestand des Unternehmens sollten nachvollziehbar dargestellt werden. Die besondere Bedeutung dieser Angaben im Lagebericht kommt nicht zuletzt darin zum Ausdruck, dass die zutreffende Darstellung im Chancen- und Risikobericht der Geschäftsleitung ausdrücklicher Gegenstand der Jahresabschlussprüfung ist (§ 317 Abs. 2 Satz 2 HGB) und das Ergebnis dieser Prüfung in den Bestätigungsvermerk des Abschlussprüfers aufzunehmen ist (§ 322 Abs. 6 Satz 2 HGB). Ferner hat der Abschlussprüfer im Prüfungsbericht vorweg auf die Beurteilung der Lage, des Fortbestandes und der künftigen Entwicklung des Unternehmens durch die Geschäftsleitung unter besonderer Berücksichtigung der diesbezüglichen Darstellung im Lagebericht einzugehen. 705

Darüber hinaus enthält § 289 Abs. 2 HGB einen umfassenden Katalog von Einzelsachverhalten, auf die im Lagebericht eingegangen werden soll: 706

- *Vorgänge von besonderer Bedeutung*, die *nach dem Schluss des Geschäftsjahres* eingetreten sind (Nr. 1)
- *Risikomanagementziele und -methoden* (Nr. 2a) sowie *Preisänderungs-, Ausfall- und Liquiditätsrisiken sowie Risiken aus Zahlungsstromschwankungen* (Nr. 2b) im Zusammenhang mit der Bilanzierung von Finanzinstrumenten (Sicherungsgeschäften)
- *Forschung und Entwicklung* (Nr. 3)
- *Zweigniederlassungen* (Nr. 4)
- *„Vergütungsbericht"* hinsichtlich der Organbezüge börsennotierten AG (Nr. 5)

Diese Vorschrift wird überwiegend[7] als echte *Soll*vorschrift dahingehend verstanden, dass die genannten Angaben im Regelfall zu machen und nur dann entbehrlich sind, wenn dadurch keine für das Verständnis der Lage des Unternehmens wesentlichen Informationen vorenthalten werden. Die Vorgänge sind *von besonderer Bedeutung*, wenn sie geeignet sind, das vom Jahresabschluss und den übrigen Teilen des Lageberichts vermittelte Bild der Lage der Gesellschaft erheblich zu beeinflussen. Die Angabepflicht betrifft sowohl positive als auch negative Geschäftsvorfälle, Ereignisse, Entwicklungen und Tendenzen. Der Berichtszeitraum erstreckt sich vom Beginn des folgenden Geschäftsjahres bis zur Feststellung des Jahresabschlusses. Die *Risikoberichterstattung über Finanzinstrumente* ist abhängig von der konkreten Risikoexposition des Unternehmens. Auf die im Gesetz genannten Verhältnisse ist nur einzugehen, wenn diese für diese für die Beurteilung der Lage und der zukünftigen Entwicklung von Belang sind. Dabei ist der Begriff „Finanzinstrumente" weit zu verstehen; er beschränkt sich nicht auf Finanzanlagen, Wertpapiere und Darlehensverbindlichkeiten und schließt auch schwebende und daher nicht bilanzierte Geschäfte mit ein. Das Gebot zur Berichterstattung über *Forschung und Entwicklung* ist nur einschlägig, wenn die Gesellschaft in nennenswertem Umfang Aktivitäten in diesem Bereich entfaltet. Maßgeblich ist daher der konkrete Geschäftsgegen- 707

[6] Vgl. auch BeckBil-Komm/*Ellrott* § 289 Rdn. 29.
[7] So BeckBil-Komm/*Ellrott* § 289 Rdn. 30 mwN.

stand des Unternehmens. Dieser muss zu seiner nachhaltigen Realisierung systematische und geplante Maßnahmen der Gewinnung von Erfahrungen und deren Umsetzung in neue Produkte, Verfahren oder Dienstleistungen bedürfen.[8] Ist dies der Fall, hat der Lagebericht zumindest verbal auf den Forschungs- und Entwicklungsaufwand, wesentliche Investitionen und Aktivitäten dieses Bereiches sowie eventuell empfangene Fördermittel einzugehen. Es muss insgesamt ein nachvollziehbares Bild von der Bedeutung und dem Gegenstand der Entwicklungstätigkeit entstehen. Die Angaben zu den *Zweigniederlassungen* beschränken sich auf den Ort, abweichende Firmierungen und eventuelle wesentliche Veränderungen gegenüber dem Vorjahr. Im „*Vergütungsbericht*" sind die Grundzüge der Vergütungspolitik gegenüber Organen (Vorstand, Aufsichtsrat) bei börsennotierten Aktiengesellschaften anzugeben. Hierunter werden z.B. das allgemeine Konzept für Organverträge sowie Form, Struktur und Höhe der Vergütung verstanden.

708 In § 289 Abs. 3 HGB ist schließlich die zusätzliche Verpflichtung großer Kapitalgesellschaften und Kapitalgesellschaften & Co. geregelt, auch über „*nichtfinanzielle Leistungsindikatoren*" zu berichten, sofern diese für das Verständnis des Geschäftsverlaufs oder der Lage von Bedeutung sind. Das Gesetz definiert den verwendeten Begriff nicht, nennt aber beispielhaft Umwelt- und Arbeitnehmerbelange. Neben dem danach zu erstattenden „Umweltbericht" und „Sozialbericht" werden in diesem Zusammenhang immaterielle Werte wie z.B. Kunden- und Lieferantenbeziehungen, Kapitalmarktbeziehungen, Verfahrens- und Standortvorteile sowie ggf. Maßnahmen zur Förderungen der gesellschaftlichen Reputation wie Sponsoring in Betracht.

709 Der Lagebericht unterliegt gemäß §§ 316 Abs. 1 Satz 1; 317 Abs. 2 HGB der *Abschlussprüfung,* die allerdings in erster Linie als „Einklangprüfung" ausgestaltet ist, d.h. gewährleisten soll, dass Jahresabschluss und Lagebericht zueinander nicht in Widerspruch stehen. Ferner ist der Lagebericht auf die Vermittlung eines zutreffenden Bildes der Lage des Unternehmens und einen zutreffenden Chancen- und Risikobericht der Geschäftsleitung hin zu überprüfen. Ist eine Prüfung des Lageberichtes unterblieben, kann der Jahresabschluss nicht festgestellt werden. Der Lagebericht ist als solcher zu bezeichnen, damit er vom Jahresabschluss, der einer anderen Prüfungsintensität unterliegt (§ 317 Abs. 1 HGB) separiert werden kann. Der Lagebericht muss nicht in gedruckter Form vorliegen und – anders als der Jahresabschluss – nicht von den gesetzlichen Vertretern unterschrieben werden. Der Lagebericht ist jedoch gemäß § 325 Abs. 1 HGB *offenzulegen.* In der Praxis ist es dabei üblich, den Lagebericht an den Anfang der schriftlichen Berichterstattung zu stellen.

---

[8] ADS § 289 Rdn. 114.

Teil J. Kapitalflussrechnung

I. Überblick

Die Kapitalflussrechnung (im Folgenden kurz „KFR") ist in der internationalen Rechnungslegung seit langem ein selbstständiger Bestandteil von Jahres- und Konzernabschluss (vgl. IAS 7 „Cash flow statements") sowie der Zwischenberichterstattung von börsennotierten Unternehmen.[1] Sie hat sich, obwohl sie nach dem HGB lediglich für Konzernabschlüsse (§ 297 Abs. 1 Satz 2 HGB), nicht aber für Jahresabschlüsse, gesetzlich vorgeschrieben ist, auch in Deutschland zu einem bedeutsamen Rechnungslegungsinstrument entwickelt. Im Rahmen der aktuellen Reformdiskussion zum deutschen Bilanzrecht wird vorgeschlagen, den Jahresabschluss um dieses Rechnungslegungsinstrument zu erweitern. Das DRSC[2] hat einen deutschen Rechnungslegungsstandard für die Darstellung der KFR im Konzernabschluss nach HGB erlassen. Darüber hinaus gehört die Vorlage einer KFR zur Primärberichterstattung des Emittenten bei Kapitalmarkttransaktionen (§ 23 BörsZulVO). Mit der KFR steht zudem der Begriff des *„Cashflow"* in unmittelbarem Zusammenhang, der eine verbreitete Bezugsgröße für vertragliche Vereinbarungen geworden ist. 710

II. Zielsetzung und Konzeption

Die Gewährleistung ausreichender Liquidität[3] gehört zu den zentralen Aufgaben der Unternehmensführung. Die Fähigkeit eines Unternehmens, Zahlungsüberschüsse zu erzielen, spielt daher für dessen Bestandsfestigkeit eine entscheidende Rolle. Auch Kreditgeber und Kapitalanleger werden die Beurteilung der Finanzlage des Unternehmens auf eine Analyse der wesentlichen Zahlungsströme stützen, um so eine Einschätzung darüber zu gewinnen, welche Mittel zur Bedienung des bereitgestellten Kapitals verfügbar sind. Die KFR stellt somit eine sinnvolle Ergänzung der Bilanz- und der Gewinn- und Verlustrechnung dar, da sie wichtige Informationen zur *Liquiditätsentwicklung* enthält, die den genannten Pflichtbestandteilen des Jahresabschlusses nicht entnommen werden können. 711

Zu folgenden Fragen kann die KFR danach in erster Linie Auskunft geben:

- Ertragskraft
- Fähigkeit des Unternehmens zur Ausschüttung von Gewinnen an die Gesellschafter und zur Tilgung von Verbindlichkeiten
- Relation von handelsrechtlichem Periodenergebnis und entsprechenden Zahlungsströmen
- Bedeutung und Auswirkungen der Investitionstätigkeit und der Finanzierungsstruktur auf die Liquidität

---

[1] In den USA: SEC (1998), Regulation S-X, Rule 10–01, vgl. außerdem IAS 34 „Interim financial reporting" (IAS 34.5, IAS 34.8).

[2] Vgl. Rdn. 225 ff.

[3] Vgl. Rdn. 829 ff.

712 Als Ergänzung zum HGB-Jahresabschluss ist die KFR eine *Perioden*rechnung, d.h. sie erfasst die Zahlungsströme in einer Abrechnungsperiode, in der Regel eines Geschäftsjahrs.

713 Die Struktur der Kapitalflussrechnung im HGB nicht näher geregelt. Sie bestimmt sich nach international weitgehend übereinstimmenden Grundsätzen[4], die in Deutschland ihren Niederschlag in der Verlautbarung DRS 2 „Kapitalflussrechnung" des DRSC gefunden haben. Anders als Bilanz- und Gewinn- und Verlustrechnung ist die Kapitalflussrechnung nicht an ein bestimmtes Gliederungsformat gebunden. Sie kann daher sowohl in Staffel- als auch in Kontoform erstellt werden. In der Praxis ist indessen ganz überwiegend die Staffelform vorzufinden. Es gelten die wesentlichen Darstellungsgrundsätze, die hinsichtlich des handelsrechtlichen Jahresabschlusses zu beachten sind (Wesentlichkeit, Stetigkeit, Nachprüfbarkeit, Saldierungsverbot etc.).

714 Die Kapitalflussrechnung soll zeigen, wie das Unternehmen aus laufender Geschäftstätigkeit, für Investitionsmaßnahmen und durch Finanzierungsmaßnahmen Finanzmittel erwirtschaftet und verwendet. Auch wenn die Kapitalflussrechnung danach in erster Linie nach den Ursachen bzw. der Herkunft von Finanzströmen fragt und diese darstellungstechnisch in differenzierter Form aufbereitet, liegt ihr konzeptionell eine Fondsbetrachtung zugrunde, die zugleich das Gegenstück einer Finanzbewegungsrechnung darstellt. Die Kapitalflussrechnung besteht daher in ihrer Grundstruktur aus zwei miteinander verknüpften Teilrechnungen, nämlich einer

- *Finanzbewegungsrechnung* (Ursachenrechnung) und einer
- *Fondsveränderungsrechnung.*

715 Alle dabei im Einzelnen betrachteten Finanzbewegungen sind auf einen festgelegten *Finanzmittelfonds* bezogen. Ein wichtiges erstes Strukturelement der Kapitalflussrechnung stellt daher die Abgrenzung dieses Finanzmittelfonds dar.

III. Finanzmittelfonds

716 Der Finanzmittelfonds ist seiner Zweckbestimmung nach rein *zahlungsorientiert.* Er bleibt von nicht zahlungswirksamen Faktoren unbeeinflusst. In ihn sind daher nur Zahlungsmittel und Zahlungsmitteläquivalente (sog. liquide Mittel ersten Grades) einzubeziehen.[5] Zu den Zahlungsmitteln gehören täglich fällige Sichteinlagen, Schecks und ein Kassenbestand. Dies hat übrigens die wünschenswerte Konsequenz, das Bewertungsfragen auf den Fonds grundsätzlich keinen Einfluss haben. Denn die Einbeziehung von kurswertabhängigen Wertpapieren in den Fonds ist nur möglich, wenn diese der Sache nach Zahlungsmitteläquivalente darstellen, d.h. als Liquiditätsreserve gehalten werden, lediglich unwesentlichen Wertänderungsrisiken unterliegen und eine Restlaufzeit ab Erwerbszeitpunkt von maximal drei Monaten haben. Der Fonds enthält grundsätzlich nur aktive Bestandsposten. Verbindlichkeiten gegenüber Kreditinstituten sind grundsätzlich der Finanzierungstätigkeit des Unternehmens zuzuordnen und daher nicht einzubeziehen. Im Fall kurzfristiger Verbindlichkeiten gegenüber Kreditinstituten (Kontokorrentkredite) ist jedoch eine Einbeziehung in den Fonds wahlweise[6] möglich, sofern diese einen integralen Bestandteil des unternehmensindividuellen Cash Managements darstellen und daher regelmäßig als kurzfristiges Finanzierungsinstrument einge-

[4] IAS 7, FAS 95.
[5] Vgl. DRS 2, Tz. 16f.
[6] Nach IAS 7.8 obligatorisch.

setzt werden.[7] Fondsinterne Veränderungen bleiben bei der Kapitalflussrechnung darstellungstechnisch außer Betracht.[8]

IV. Finanzbewegungsrechnung

1. Entwicklung aus der Bilanz

Die Ursachenrechnung zeigt die Zuflüsse (Mittel*herkunft*) und Abflüsse (Mittel*verwendung*) des Geschäftsjahres und erbringt zugleich den Nachweis über die Ursachen der Veränderungen des Finanzmittelfonds. Diese Vorgehensweise erlaubt es festzustellen, durch welche liquiditätswirksamen Erhöhungen oder Verminderungen in den Finanzmittelfonds nicht einbezogener aktiver oder passiver Bilanzposten (z.B. der Vorräte, Forderungen, Rückstellungen oder Verbindlichkeiten) die Veränderungen des Finanzmittelfonds bewirkt wurden. Die einzelnen Zu- und Abflüsse können zu einem wesentlichen Teil durch einen Bilanzvergleich, d.h. durch eine Gegenüberstellung der Bestände der betreffenden Bilanzpositionen (z.B. Forderungen aus Lieferungen und Leistungen, Sonstige Rückstellungen) am Beginn und Ende des Geschäftsjahres errechnet werden. Die Bilanz muss zu diesem Zweck in einem ersten Schritt in eine nach Fristigkeiten aufgebaute *Strukturbilanz* überführt werden, der folgendes Darstellungsprinzip zugrunde liegt: 717

AKTIVSEITE	PASSIVSEITE
Anlagevermögen (langfristig)	Eigenkapital
Immaterielle Vermögensgegenstände	(langfristig)
Sachanlagen	
Finanzanlagen	
Umlaufvermögen (kurzfristig)	Fremdkapital
Vorräte	kurzfristig
Kundenforderungen	langfristig
Sonstiges kurzfristiges Umlaufvermögen	
Liquide Mittel	

Aus einer solchen Strukturbilanz kann durch Gegenüberstellung der entsprechenden Vorjahreswerte eine *Bewegungsbilanz* entwickelt werden, in der die Veränderungen der Aktivseite und der Passivseite im Einzelnen dargestellt sind. Die Zunahme von Aktivposten und die Abnahme von Passivposten ist dabei Ausdruck einer Mittelverwendung, die Abnahme von Aktivposten und die Zunahme von Passivposten zeigt die Mittelherkunft. Hieraus ergibt sich nachfolgende Grundstruktur: 718

MITTELVERWENDUNG	MITTELHERKUNFT
Erhöhung von Aktivposten	Verminderung von Aktivposten
Verminderung von Passivposten	Erhöhung von Passivposten

[7] Vgl. DRS 2.19; IAS 7.8.

[8] Bei erheblichen strukturellen Veränderungen des Finanzmittelfonds werden jedoch entsprechende Erläuterungen für sinnvoll angesehen, vgl. *Rudolph*, Beck'sches IFRS-Handbuch, Rdn. 16 zu § 11 m.w.N.

719 Lassen sich die für die KFR benötigten Beträge aus den Jahresabschlussinformationen nicht unmittelbar ableiten, sind sie aus der Buchführung zu ermitteln (z.B. Buchverluste aus Anlagenabgängen).

2. Differenzierung nach Funktionsbereichen

720 Die unterjährigen fondswirksamen Zu- oder Abflüsse werden zum Zwecke einer verursachungsgerechten Zuordnung in der Finanzbewegungsrechnung danach differenziert, welchen Funktionsbereichen des Unternehmens sie zuzurechnen sind. Dabei werden folgende Bereiche unterschieden:

- laufende Geschäftstätigkeit
- Investitionstätigkeit
- Finanzierungstätigkeit

721 Die Finanzbewegungsrechnung setzt sich danach aus folgenden Teilergebnissen *(Cashflows)* zusammen, die wiederum aus entsprechenden tätigkeitsbezogenen Mittelzu- oder -abflüssen abgeleitet sind:

- *Cashflow aus laufender Geschäftstätigkeit* (im Wesentlichen: Jahresüberschuss zuzüglich Abschreibungen, korrigiert um zahlungsunwirksame Aufwendungen und -erträge),
- *Cashflow aus Investitionstätigkeit* (im Wesentlichen: Auszahlungen für Investitionen des Geschäftsjahres),
- *Cashflow aus der Finanzierungstätigkeit* (im Wesentlichen: Veränderungen des langfristig gebundenen Kapitals).

722 Die Summe aus diesen Cashflows stellt zugleich die Summe der zahlungswirksamen Veränderungen des Finanzmittelfonds in der Berichtsperiode dar. Rechnet man den Anfangsbestand des Finanzmittelfonds zu Beginn der Berichtsperiode hinzu, ermittelt sich der Stand des Finanzmittelfonds am Ende der Berichtsperiode. Daraus ergibt sich folgende Grundstruktur der KFR:

Cashflow aus laufender Geschäftstätigkeit +/– Cashflow aus Investitionstätigkeit +/- Cashflow aus der Finanzierungstätigkeit
= zahlungswirksame Veränderungen des Finanzmittelfonds in der Berichtsperiode + Finanzmittelfonds am Anfang der Berichtsperiode
= Finanzmittelfonds am Ende der Berichtsperiode

723 **a) Operativer Cashflow.** Der *Cashflow aus laufender Geschäftstätigkeit* (auch als „operativer Cashflow" bezeichnet) stellt eine wichtige betriebswirtschaftliche Kennzahl dar, die neben internen oder externen Analysezwecken auch zur Ermittlung der Kapitaldienstgrenze bei Prüfungen der Kreditwürdigkeit dienen kann. Des Weiteren können Beziehungszahlen[9] zum Cashflow (z.B. Cashflow-Rendite, dynamischer Verschuldungsgrad) als abgeleitete Kennzahlen ermittelt werden[10]. Auch die in der Praxis weit verbreiteten „Earnings Before-Kennzahlen" (EBIT, EBITDA)[11] beruhen auf speziell definierten Cashflow-Größen zur operativen Geschäftstätigkeit des Unternehmens.

[9] Vgl. Rdn. 809f.
[10] Zur Ermittlung von Kennzahlen allgemein vgl. Rdn. 807ff.
[11] Vgl. Rdn. 824ff.

Der Cashflow aus laufender Geschäftstätigkeit resultiert aus der eigentlichen, auf Erlöserzielung ausgerichteten Tätigkeit der Gesellschaft, soweit Zahlungsströme im konkreten Fall nicht der Investitionstätigkeit oder der Finanzierungstätigkeit zuzuordnen sind[12]. Ferner rechnen erhaltene und gezahlte Zinsen, erhaltene Dividenden und geleistete Ertragsteuerzahlungen zu diesem Tätigkeitsbereich[13]. 724

Die Darstellung dieses Cashflows erfolgt in der bisherigen Praxis weitgehend nach der sog. *indirekten Methode,* d.h. dieses Teilergebnis wird nicht auf direktem Wege aus unsaldierten *Einzahlungen* und *Auszahlungen* (z.B. Einzahlungen von Kunden für den Verkauf von Erzeugnissen, Auszahlungen an Lieferanten und Beschäftigte) ermittelt, sondern *retrograd* im Wege einer Überleitungsrechnung aus dem *Periodenergebnis* abgeleitet. Diese Gesamtergebnisgröße, die sowohl durch zahlungswirksame als auch durch zahlungsunwirksame Vorgänge beeinflusst ist, wird daher bereinigt um

- *zahlungsunwirksame Aufwendungen und Erträge*
- *Zahlungsströme aus der Finanzierungs- und Investitionstätigkeit*

Bei Anwendung der indirekten Methode ist die Darstellung des Cashflow aus laufender Geschäftstätigkeit in Anlehnung an DRS 2[14] danach zweckmäßigerweise wie folgt zu gliedern: 725

Periodengewinn (vor außerordentlichen Posten)
+/– Abschreibungen/Zuschreibungen auf Gegenstände des Anlagevermögens
+/– Zunahme/Abnahme der Rückstellungen
+/– Sonstige zahlungsunwirksame Aufwendungen/Erträge
= *„Brutto-Cashflow"*
+/– Gewinn/Verlust aus Anlagenabgang („Umbuchung" dieser Buchgewinne und -verluste vom operativen Bereich in den Investitionsbereich, um dort die Zahlungsströme aus Desinvestitionen vollständig zu erfassen)
+/– Zunahme/Abnahme der Vorräte, Forderungen aus Lieferungen und Leistungen (sowie anderer Aktiva, die nicht der Investitions- oder Finanzierungstätigkeit zuzuordnen sind)
+/– Zunahme/Abnahme der Verbindlichkeiten aus Lieferungen und Leistungen (sowie anderer Passiva, die nicht der Investitions- oder Finanzierungstätigkeit zuzuordnen sind)
+/– Ein- und Auszahlungen aus außerordentlichen Posten
= *Cashflow aus laufender Geschäftstätigkeit*

Die vorab vorgenommene Bereinigung des Periodenergebnisses um *außerordentliche Posten* – auch soweit diese zahlungswirksam waren – erlaubt eine differenzierte Betrachtung, da diese Vorgänge ihre Ursache in allen Tätigkeitsbereichen haben können. Nur soweit zahlungswirksame außerordentliche Vorgänge (Ein- oder Auszahlungen) der laufenden Geschäftstätigkeit zuzuordnen sind, fließen sie in obige Cashflow-Ermittlung (als letzter Posten) ein. Der hier zu Darstellungszwecken zusätzlich als Zwischensumme eingefügte *„Brutto-Cashflow"* ist lediglich als Hilfsgröße zu verstehen. Sie entspricht dem um sämtliche *zahlungsunwirksamen* Aufwendungen und Erträge bereinigten Periodenergebnis und drückt die vom Unternehmen im Geschäftjahr durch seine unterschiedlichen 726

[12] Vgl. DRS. 2, Tz. 6.
[13] Vgl. DRS 2, Zusammenfassung.
[14] DRS 2.27.

Tätigkeitsbereiche *insgesamt* generierte Liquidität – allerdings vor außerordentlichen Vorgängen – aus. Die nachfolgend vorgenommenen Hinzurechnungen und Kürzungen dienen in einem zweiten Schritt im Wesentlichen dazu, Zahlungsströme auszugrenzen, die nicht der laufenden Geschäftstätigkeit sondern der Finanzierungs- oder Investitionstätigkeit zuzurechnen sind und im Rahmen der „Ursachenrechnung" der KFR gesondert betrachtet werden.

727 Wenn in der juristischen Beratungspraxis von „dem" Cashflow als vermeintlich eindeutiger Bezugsgröße gesprochen wird, ist grundsätzlich Vorsicht geboten. Je nach Anlass der Cashflow-Ermittlung können nämlich unterschiedliche Auffassungen darüber bestehen, wie diese Ergebnisgröße konkret zu verstehen ist. Wird im allgemeinen oder im juristischen Sprachgebrauch von „Cashflow" als Bezugsgröße oder Kennzahl gesprochen, ist in aller Regel eine Flussgröße aus dem Bereich der laufenden (operativen) Geschäftstätigkeit des Unternehmens gemeint. Es handelt sich üblicherweise um einen indirekt ermittelten Wert, der häufig dem „Brutto-Cashflow" entsprechen dürfte. Inwieweit sich der Umfang der Hinzurechnungen und Kürzungen dabei nach dem Verständnis der Beteiligten tatsächlich auf die hier aufgeführten Posten erstrecken soll, ist im Einzelfall zu untersuchen. Bei der Formulierung vertraglicher Vereinbarungen (z.B. ergebnisabhängige Tantiemen) sollten die nach dem Willen der Parteien anzusetzenden Korrekturposten zum Periodenergebnis zweckmäßigerweise unter eindeutiger Bezugnahme auf die entsprechenden Bestands- oder Erfolgspositionen des Jahresabschlusses genau bestimmt werden. Zu klären ist insbesondere, ob dabei stets außerordentliche Einflüsse auf das Ergebnis zu eliminieren sind.[15] Dies mag sachgerecht sein, kann aber im Einzelfall unterschiedlich gesehen werden. Erfolgt eine Eliminierung außerordentlicher Vorgänge (insbesondere im Aufwandsbereich), sollte geprüft werden, welche Ursache und welchen Umfang diese Posten haben und ob der Charakter der „Außerordentlichkeit" in Abweichung von handelsrechtlichen Grundsätzen nicht allzu großzügig zuerkannt worden ist.

728 **b) Cashflow aus Investitionstätigkeiten.** Zu den *Investitionstätigkeiten* im hier verstandenen Sinn zählen die Anschaffung, Herstellung oder Veräußerung von Gegenständen des Sachanlagevermögens sowie der Erwerb bzw. der Verkauf von Unternehmensbeteiligungen oder Geschäftseinheiten, längerfristigen Finanztiteln oder anderen Anlageformen[16]. Die betrachteten Zahlungsströme betreffen also längerfristige Anlagen, die in der Regel länger als ein Jahr gehalten werden und daher typischerweise dem Anlagevermögen zuzurechnen sind. Der Cashflow aus Investitionstätigkeit umfasst auch Zahlungsströme auf Grund von Finanzmittelanlagen im Rahmen der kurzfristigen Finanzdisposition, sofern diese nicht zum Finanzmittelfonds gehören oder zu Handelszwecken gehalten werden. [17] Er ist danach auf Ebene eines einzelnen Unternehmens in Anlehnung an DRS 2[18] wie folgt zu gliedern:

Einzahlungen aus Abgängen von Gegenständen des Sachanlagevermögens
– Auszahlungen für Investitionen in das Sachanlagevermögen
+ Einzahlungen aus Abgängen von Gegenständen des immateriellen Anlagevermögens
– Auszahlungen für Investitionen in das immaterielle Anlagevermögen

[15] Im Zweifel empfiehlt sich ein Rückgriff auf DRS 2, der in Tz. 27 eine Mustergliederung für den Cashflow aus laufender Geschäftstätigkeit enthält und im Ergebnis zu einer Erfassung der zahlungswirksamen außerordentlichen Effekte führt.

[16] Diese Anlagen dürfen nicht dem Finanzmittelfonds zuzurechnen sein. Letzteres ist bei Handelsbeständen von Wertpapieren des Umlaufvermögens der Fall.

[17] DRS 2.31.

[18] DRS 2.32.

+ Einzahlungen aus Abgängen von Gegenständen des Finanzanlagevermögens
– Auszahlungen für Investitionen in das immaterielle Finanzanlagevermögen
+ Einzahlungen auf Grund von Finanzmittelanlagen im Rahmen der kurzfristigen Finanzdisposition
– Auszahlungen auf Grund von Finanzmittelanlagen im Rahmen der kurzfristigen Finanzdisposition

= *Cashflow aus der Investitionstätigkeit*

c) **Cashflow aus Finanzierungstätigkeiten.** *Finanzierungstätigkeiten* betreffen ausschließlich Veränderungen auf der Passivseite der Bilanz. Es handelt sich um Ein- oder Auszahlungen, die sich auf die Höhe und den Umfang von Eigenmitteln oder Finanzschulden auswirken. Er ist danach in Anlehnung an DRS 2 in folgender Weise zu gliedern: 729

Einzahlungen aus Eigenkapitalzuführungen (Kapitalerhöhungen, Verkauf eigener Anteile et.)
– Auszahlungen an Unternehmenseigner (gezahlte Dividenden, Erwerb eigener Anteile, Eigenkapitalrückgewähr, andere Ausschüttungen)
+ Einzahlungen aus der Begebung von Anleihen und Finanzkrediten
– Auszahlungen aus der Tilgung von Anleihen und Finanzkrediten

= *Cashflow aus der Finanzierungstätigkeit*

Teil K. Konzernrechnungslegung

I. Einführung

730 Die Rechnungslegung eines Konzerns ist Ausdruck einer Fiktion: Sie fasst die wirtschaftlichen Verhältnisse mehrerer, rechtlich selbstständiger Unternehmen, die ihrerseits in der Regel unverändert einer Pflicht zur externen Rechnungslegung unterliegen,[1] in einer *zusätzlichen Rechnung* so zusammen, als ob diese nicht nur wirtschaftlich, sondern auch rechtlich eine *Einheit* darstellen würden, also in jeder Hinsicht „ein Unternehmen" wären. Der Konzernabschluss vermittelt folglich ein Gesamtbild der Vermögens-, Finanz- und Ertragslage mehrerer, rechtlich verbundener Unternehmen. Er ist aber – anders als der Einzelabschluss einer rechtlich selbstständigen Unternehmenseinheit – weder Grundlage für die Bemessung von Gewinnbezugsrechten noch Steuersubjekt. Anders ausgedrückt: Der Konzernabschluss hat eine reine *Informationsfunktion,* keine Gewinn- oder Steuerbemessungsfunktion. Die Informationsfunktion des Konzernabschlusses bei Unternehmensverbindungen kommt dadurch zum Ausdruck, dass bei der öffentlichen Berichterstattung die Zahlen der Konzernrechnungslegung im Vordergrund stehen und Angaben zu den Verhältnisses einzelner offenlegungspflichtiger Unternehmen – namentlich zum Mutterunternehmens, das den Konzernabschluss aufstellt – zurücktreten.

731 In der juristischen Praxis spielt der Konzernabschluss nach dem Gesagten als Regelungsgegenstand oder Betrachtungsobjekt zwar in der Regel keine nennenswerte Rolle. Gleichwohl sind im Einzelfall Anwendungsbereiche denkbar, die den Juristen in Berührung mit Angaben in Konzernabschlüssen bringen können. Es ist z.B. zu denken an die beratende Unterstützung des Mutterunternehmens bei

- *Kreditvereinbarungen und anderen Finanztransaktionen,* die einen Konzernverbund umfassen und dabei Verpflichtungen der beratenen Kreditnehmerin (Muttergesellschaft) zur Einhaltung bestimmter *Kennzahlen auf konsolidierter Basis* verpflichten (sog. *Covenants*)
- *prospektpflichtigen Kapitalmaßnahmen* (§§ 30 Abs. 3 Nr. 2 BörsG, 13 ff BörsZulV) von Muttergesellschaften eines Konzerns, die durch detaillierte Angaben der Emittentin zur Lage und zum Geschäftsverlauf des Konzerns *(Management Discussion & Analysis)* zu unterlegen sind
- *öffentlichen Prüfungsverfahren* der neu geschaffenen Prüfstelle für Rechnungslegung (§§ 342 b ff HGB), welche die Ordnungsmäßigkeit der Rechnungslegung durch das beratene Mutterunternehmen zum Gegenstand haben.

732 Es erscheint deshalb angebracht, auf den Konzernabschluss zumindest in den Grundzügen einzugehen, zumal dieser Pflichtbestandteile enthält, die über den Jahresabschluss hinausgehen und eine gesonderte Betrachtung verdienen.

II. Konzernbegriff

733 Mit dem Begriff des „Konzerns" verbindet sich im allgemeinen Sprachgebrauch überwiegend die Vorstellung von einer volkswirtschaftlich bedeutsamen Verbindung großer

[1] Vgl. aber die Befreiungsvorschriften der §§ 264 Abs. 3, 264 b HGB.

Unternehmen, die eine nationale oder gar internationale „ökonomische Macht" darstellen kann. Der gesetzlich definierte Konzernbegriff deckt sich nicht notwendig mit diesem verbreiteten Verständnis. Ein Konzern im hier verstandenen Sinne setzt nämlich lediglich zwei rechtlich selbstständige Unternehmen voraus und knüpft seine Existenz nicht an ein Größenkriterium.

Im *deutschen Recht* ist ein aktienrechtlicher und ein bilanzrechtlicher Konzernbegriff **734** zu unterscheiden. Die klassische Führungsgesellschaft eines Konzerns hat die Rechtsform der AG, was erklärt, dass sich eine Legaldefinition des Konzerns im Aktienrecht findet, obwohl der Konzernbegriff als rechtsformneutral anzusehen ist. Der aktienrechtliche Konzernbegriff (§ 18 AktG) stellt in erster Linie auf die Zusammenfassung mehrerer Unternehmen unter einer *„einheitlichen Leitung"* ab. Die Leitung gründet sich typischerweise auf ein *Gesamtbild der tatsächlichen Verhältnisse.* Unter Leitungsmacht in diesem Sinne ist die Möglichkeit der Einflussnahme auf andere Unternehmen zu verstehen, die es erlaubt, deren Geschäftstätigkeit so zu koordinieren, dass diese insgesamt eine *unternehmerische Einheit* darstellen. Die Leitungsmacht kann auf vertraglichen oder faktischen Beherrschungsverhältnissen beruhen. Das Vorliegen eines Beherrschungsvertrags (vgl. § 291 AktG) oder einer Eingliederung (§ 319 AktG) begründet die unwiderlegliche Vermutung hinsichtlich des Bestehens einer einheitliche Leitung, wohingegen im Falle einer Mehrheitsbeteiligung – widerlegbar – ein Abhängigkeitsverhältnis vermutet wird (§ 17 Abs. 1 AktG), das seinerseits die – widerlegbare – Vermutung einer Konzernbeziehung begründet (§ 18 Abs. 1 Satz 3 AktG, sog. Vermutungskette). Nach den Vorschriften der §§ 290ff. HGB hat ein Mutterunternehmen unter den dort geregelten Voraussetzungen einen *Konzernabschluss* aufzustellen. Dabei ist der Konzerntatbestand des AktG zugleich der Grundtatbestand der Konzernrechnungslegungspflicht (§ 290 Abs. 1 HGB). Praktisch gesehen hat dieser Tatbestand jedoch eher eine subsidiäre Funktion neben dem vorherrschenden *„Control-Konzept"* in § 290 Abs. 2 HGB. Dieses knüpft an die *Möglichkeit der Ausübung formaler Rechtspositionen* an und hat daher den Vorteil der leichteren Anwendung. Folgende Rechtspositionen begründen danach ein Konzernverhältnis im bilanzrechtlichen Sinne:

- *Mehrheit* der Stimmrechte (Nr. 1)
- *Bestellungs- und Abberufsrechte* hinsichtlich der Mitglieder von Aufsichtsorganen (Nr. 2)
- Beherrschender Einfluss auf Grund *Beherrschungsvertrag* (Nr. 3).

§ 290 Abs. 3 HGB enthält Zurechnungsnormen, die dazu führen, dass ein Konzernver- **735** hältnis auch dann vorliegt, wenn die Kontrollkriterien ganz oder teilweise nur mittelbar über abhängige Unternehmen oder beauftragte Dritte (z.B. Treuhänder) oder auf Grund von Vereinbarungen (z.B. Stimmbindungs- oder Konsortialverträgen) verwirklicht werden. Inwieweit diese Regelungen dazu führen, dass auch sog. „Zweckgesellschaften" (z.B. Leasing-Objektgesellschaften), die aus Sicht der dahinter stehenden Mutterunternehmen nicht die formalen Beherrschungskriterien des § 290 Abs. 2 HGB erfüllen, diesem aber unter einem Chancen-Risiko-Gesichtspunkt zugerechnet werden können, in deren Konzernabschluss einzubeziehen sind, ist noch nicht abschließend geklärt.[2] In vielen Fällen wird hier indessen bereits der Grundtatbestand des § 290 Abs. 1 HGB greifen.

Im Bilanzrecht besteht keine strikte Trennung zwischen dem „Konzern" und einem **736** „konzernfremden Bereich". Vielmehr gibt es ein nach dem *Intensitätsgrad der Beeinflussung* abgestuftes System unterschiedlicher Formen der Konzernzugehörigkeit. Liegen die Einfluss- und Beherrschungskriterien gemäß § 290 HGB vor („einheitliche Leitung"

[2] Zum Meinungsstand vgl. Hoyos/Ritter-Thiele, BeckBilKomm, Rdn. 31ff., 77f. zu § 290.

oder Rechtsposition nach dem „Control-Konzept"), hat eine *Vollkonsolidierung* des Tochterunternehmens nach den nachstehend im Abschnitt „Konsolidierung" dargestellten Grundsätzen zu erfolgen, d.h. das Tochterunternehmen wird nach Maßgabe der einschlägigen Vorschriften grundsätzlich in voller Höhe mit *sämtlichen* Vermogensgegenständen und Schulden in den Konzernabschluss des Mutterunternehmens einbezogen. Die Vorschriften des HGB zur Konzernrechnungslegung kennen jedoch noch andere Formen der Beeinflussung, die von einem geringeren Intensitätsgrad gekennzeichnet sind, nämlich die

- *„gemeinsame Führung"* (§ 310 HGB), deren Gegenstand als „Gemeinschaftsunternehmen" oder „Joint Venture" bezeichnet wird
- Ausübung eines *„maßgeblichen Einflusses auf die Geschäfts- und Finanzpolitik eines nicht einbezogenen Unternehmens"* (§§ 311, 312 HGB), das in der Begriffsbildung des Gesetzes als „assoziiertes Unternehmen" bezeichnet wird.

737 Liegt ein Gemeinschaftsunternehmen im Sinne von § 310 HGB vor (z.B. im Fall einer Arbeitsgemeinschaft – ARGE – des Bauhauptgewerbes), hat das konzernrechnungslegungspflichtige Mutterunternehmen die Wahl, dessen Vermögensgegenstände, Schulden und Rechnungsabgrenzungsposten *quotal,* d.h. in Höhe der Beteiligungsquote (z.B. 50%), in den Konzernabschluss einzubeziehen (sog. Quotenkonsolidierung). Mit dieser Maßgabe gelten daher die Grundsätze der Vollkonsolidierung entsprechend (§ 310 Abs. 2 HGB). Die Quotenkonsolidierung kann insbesondere dann von Interesse sein, wenn im Konzernabschluss ein möglichst hoher Umsatz ausgewiesen werden soll. Alternativ ist in diesen Fällen eine Bilanzierung nach der „Equity-Methode"[3] gemäß §§ 311, 312 HGB vorzunehmen. Bei dieser Methode handelt es sich nicht um einen Konsolidierungsvorgang im hier verstandenen Sinne, sondern nur um eine besondere Form der *Bewertung* einer – unkonsolidiert gebliebenen[4] – Unternehmensbeteiligung. Diese Form der Abbildung von Unternehmensbeziehungen im Konzernabschluss ist immer dann vorgeschrieben, wenn ein „maßgeblicher Einfluss" auf das Beteiligungsunternehmen ausgeübt wird. Letzterer wird vermutet, wenn der Stimmrechtsanteil der Konzernobergesellschaft mindestens 20% beträgt (§ 311 Abs. 1 Satz 2 HGB). Liegen die Voraussetzungen der Anwendung der Equity-Methode vor, verbleibt es im Konzernabschluss insoweit grundsätzlich beim Ausweis einer Beteilung, eine Einbeziehung von Bilanzinhalten des betreffenden Unternehmens findet also nicht statt. Der Beteiligungsausweis ist jedoch insofern modifiziert, als ein Sonderausweis unter einer bestimmten Postenbezeichnung erfolgt („Beteiligungen an assoziierten Unternehmen") und der *Wertansatz der Beteiligung* besonderen Regeln unterliegt, die ihrerseits von den Grundsätzen der Vollkonsolidierung geprägt sind und dazu führen, dass im Beteiligungsunternehmen vorhandene stille Reserven sowie bei demselben erfolgende Eigenkapitalveränderungen dem Wertansatz hinzuzurechnen bzw. von diesem zu kürzen sind (§ 312 HGB).

III. Bilanzierung und Bewertung

1. Anwendbares Rechnungslegungssystem

738 Der Konzernabschluss spiegelt als rechentechnisch-buchhalterische Zusammenfassung von Jahresabschlüssen einzelner Unternehmen grundsätzlich die auf der jeweiligen Ein-

[3] International wird von einer Bilanzierung *„at equity"* oder der *„equity method"* gesprochen (vgl. hierzu IAS 28 „Investments in Associates", 28.11).

[4] Dies findet in § 311 Abs. 1 Satz 1 HGB seinen Ausdruck darin, dass ausdrücklich von einem „nicht einbezogenen Unternehmen" gesprochen wird.

zelabschlussebene herrschenden wirtschaftlichen Verhältnisse nach Maßgabe der dort angewendeten Rechnungslegungsgrundsätze wieder, soweit sich nicht auf Ebene des Konzernabschlusses aus dem spezifischen Gesichtspunkt der Konzernrechnungslegung Abweichungen in der Darstellung ergeben.[5] Grundsätzlich bestimmt sich damit die Bilanzierung und Bewertung im Konzernabschluss über die rein konsolidierungsbedingten Besonderheiten hinaus nach den Regeln und Maßgaben, die für die einbezogenen Konzerngesellschaften – insbesondere die Muttergesellschaft – gelten. Die Einzelabschlüsse der einbezogenen Unternehmen sind jedoch nicht schlechthin verbindlich für die Darstellung im Konzernabschluss, sondern sie können aus unterschiedlichen Gründen im Prozess der Erstellung des Konzernabschlusses dem Erfordernis formaler und materieller Änderungen unterliegen. Diese Abweichungen können auf zwingenden konsolidierungstechnischen Erfordernissen (z.B. der Verrechnung von konzerninternen Forderungen und Verbindlichkeiten), auf der Notwendigkeit zur Anpassung uneinheitlich gestalteter Einzelabschlüsse an eine konzerneinheitliche Methodik oder auch darauf beruhen, dass auf den Konzernabschluss abweichende Bilanzierungs- und Bewertungsmethoden Anwendung finden. Letzteres kann darauf beruhen, dass das nach dem für den Jahresabschluss des Mutterunternehmens maßgeblichen Rechnungslegungssystem (z.B. HGB) Wahlrechtsmöglichkeiten eröffnet sind, die auf Konzernebene in anderer Form genutzt werden dürfen, als dies bisher auf Ebene des Einzelabschlusses der Muttergesellschaft geschehen ist, und im Konzernabschluss von diesem Recht Gebrauch gemacht werden soll (vgl. § 308 Abs. 1 Satz 2 HGB). Weiter gehende Abweichungen können sich daraus ergeben, dass für den Konzernabschluss die Anwendung eines gänzlich *anderen Rechnungslegungssystems* verbindlich vorgeschrieben oder wahlweise zulässig ist als für die Jahresabschlüsse einzelner oder sämtlicher Konzerngesellschaften. Letzteres ist immer dann der Fall, wenn es sich um einen international tätigen Konzern handelt, der in Ländern mit unterschiedlichen Rechnungslegungssystemen präsent ist, und auf dessen Konzernabschluss zwingend das Recht anzuwenden ist, dem die Muttergesellschaft unterliegt. Unabhängig von einem internationalen Auftritt des Konzerns kann ein deutsches Mutterunternehmen nach den im Folgenden dargestellten Vorschriften verpflichtet oder berechtigt sein, seinen Konzernabschluss abweichend von den §§ 290ff. HGB nach den Regeln der internationalen Rechnungslegung (IAS/IFRS) aufzustellen, obwohl diese in der Bundesrepublik darüber hinaus noch keine verbindliche Geltung haben. Demzufolge richten sich Bilanzierung und Bewertung im Konzernabschluss nach dem für ihn maßgeblichen Rechnungslegungssystem.

Bis zum Inkrafttreten des Bilanzrechtsreformgesetzes (BilReG) vom 4. 12. 2004 fanden **739**
auf Konzernabschlüsse von in Deutschland ansässigen Mutterunternehmen grundsätzlich die Rechnungslegungsgrundsätze des HGB Anwendung. Jedoch konnten bereits seit Mitte der 90er Jahre freiwillig sog. „duale Konzernabschlüsse“ aufgestellt werden, die sowohl dem HGB als auch den seinerzeit geltenden internationalen Rechnungslegungsgrundsätzen (IAS) entsprechen sollten. 1998 erhielten börsennotierte konzernrechnungslegungspflichtige Unternehmen durch das Kapitalaufnahmeerleichterungsgesetz das *Wahlrecht*, anstelle eines nach deutschen handelsrechtlichen Grundsätzen erstellten Konzernabschlusses mit befreiender Wirkung einen Konzernabschluss nach IAS oder *United States Generally Accepted Accounting Principles* (US GAAP) aufzustellen. Dieses Wahlrecht, das in dem seinerzeit geltenden § 292a HGB verankert war, fand letztmalig auf Geschäftsjahre Anwendung, die vor oder am 31. 12. 2004 endeten. Für den nachfolgenden Zeitraum ist durch die Verabschiedung der VO (EG) Nr. 1606/2002 des Europäischen Parlaments und des Rates vom 19. Juli 2002 betreffend die Anwendung internationaler

[5] Vgl. die Ausführungen zu Rdn. 744f.

Rechnungslegungsstandards[6] (nachfolgend kurz „IFRS-VO"), eine neue Situation entstanden. Diese Verordnung sieht für den Geltungsbereich des EU-Rechts die

- *Pflichtanwendung* der IAS/IFRS für den Konzernabschluss „kapitalmarktorientierter" Mutterunternehmen und die
- *wahlweise Anwendung* der IAS/IFRS in allen übrigen Fällen vor.

740 Danach existiert in Deutschland hinsichtlich der Vorschriften zur Konzernrechnungslegung eine *gespaltene Rechtslage:* Deutsche Unternehmen, die der Konzernrechnungslegungspflicht nach § 290 HGB unterliegen und bereits Wertpapiere (dies betrifft die Emission von Eigenkapital- und Fremdkapitaltiteln) auf einem geregelten Markt eines beliebigen Mitgliedstaates *emittiert* haben, fallen in den Anwendungsbereich der IFRS-VO, die unmittelbar anwendbares Recht darstellt und einer gesetzlichen Transformation nicht bedarf. Sie haben daher ihren Konzernabschluss für Geschäftsjahre, die *nach dem 31. 12. 2004* beginnen, auf der Grundlage der von der Kommission der EU übernommenen *IAS/IFRS* zu erstellen. In § 315a Abs. 2 HGB werden diesen Unternehmen darüber hinaus kraft Ausübung eines mitgliedsstaatlichen Wahlrechts solche Mutterunternehmen gleichgestellt, die lediglich einen *Antrag auf Zulassung* ihrer Wertpapiere zum Handel in einem organisierten Markt gestellt haben, deren Papiere aber noch nicht gehandelt werden. Diese Vorschrift findet jedoch erstmals auf das nach dem 31. 12. 2006 beginnende Geschäftsjahr Anwendung.[7] Für Unternehmen, die nur Schuldtitel emittiert haben oder ihre Konzernabschlüsse bisher im Zusammenhang mit einer Wertpapieremission in einem Nicht-EU-Land (z.B. in den USA) nach anderen internationalen Standards als den IAS/IFRS erstellt haben (z.B. nach US GAAP), besteht die *Pflicht* zur Anwendung der IAS/IFRS ebenfalls erst ab 2007.[8]

741 Die dargestellte Rechtslage hat – vereinfacht formuliert – zur Konsequenz, dass deutsche börsennotierte Unternehmen im Fall des Bestehens einer Konzernrechnungslegungspflicht ihre Konzernabschlüsse seit dem 1. 1. 2005 nach IAS/IFRS erstellen *müssen.* Kommt es demgemäß zur Geltung der IAS/IFRS für den Konzernabschluss deutscher Mutterunternehmen, sind nach § 315a Abs. 1 HGB neben den IAS/IFRS-Standards *zusätzlich* bestimmte Vorschriften des HGB unverändert zu beachten – namentlich solche zu bestimmten Angaben im Konzern-Anhang (§§ 313 Abs. 2 bis 4, 314 Abs. 1 Nr. 4, 6, 8 und 9 HGB) und zum Konzern-Lagebericht (§ 315 HGB). Alle anderen Mutterunternehmen unterliegen bei Vorliegen der Voraussetzungen des § 290 unverändert der Konzernrechnungslegungspflicht nach den Vorschriften des *HGB.* Sie dürfen jedoch für den Pflichtanwenderstatus nach § 315a Abs. 1 HGB optieren und *freiwillig* IAS/IFRS anwenden (§ 315a Abs. 3 HGB).

2. Konzernrechnungslegung nach IAS/IFRS

742 In der *internationalen Rechnungslegung* spricht man nicht von „Konzernen", sondern von „Unternehmensverbindungen" *(Business Combinations).*[9] Es ergeben sich hierdurch – trotz vielfältiger Unterschiede in Einzelfragen – jedoch keine grundlegenden Abweichungen von den dargestellten Kriterien des HGB hinsichtlich des Eintritts der Konzernrechnungslegungspflicht. Für die Beurteilung, ob eine Unternehmensverbindung vorliegt, kommt es indessen – anders als im HGB – allein auf die *Möglichkeit der Beeinflussung* des Tochterunternehmens an, nicht auf deren tatsächliche Ausübung. Übereinstimmung

[6] ABl. EG Nr. L 243 S. 1.
[7] Art. 58 Abs. 3 Satz 2 EGHGB.
[8] Art. 57 EGHGB.
[9] Vgl. IFRS 3 „Business Combinations".

besteht daher im Anwendungsbereich des „Control-Konzepts" des § 290 Abs. 2 HGB; das Konzept der „einheitlichen Leitung" ist der internationalen Rechnungslegung hingegen unbekannt. Auch ist der Umfang möglicher faktischer Beherrschungsverhältnisse wohl tendenziell weiter gespannt als bei Anwendung des HGB, was insbesondere im Fall von Zweckgesellschaften von Bedeutung sein kann. Anders als im HGB ist nach IFRS eine einzelfallbezogene Wahlrechtsausübung zwischen Quotenkonsolidierung und Equity-Bewertung nicht zulässig; das Wahlrecht kann vielmehr nur einheitlich ausgeübt werden.[10] Während das HGB für die Anwendung der Equity-Methode die tatsächliche Ausübung eines maßgeblichen Einflusses verlangt, reicht nach IFRS auch bereits die Möglichkeit der Beeinflussung aus.[11] In materieller Hinsicht bestehen darüber hinaus u. a. im Bereich der Konzernrechnungslegung wesentliche Unterschiede zwischen beiden Systemen in Bezug auf Ansatz und Folgebewertung von Unterschiedsbeträgen aus der Kapitalkonsolidierung, namentlich eines dabei aufgedeckten „Goodwill". Gesetzgeber und DRSC sind jedoch seit einiger Zeit bemüht, die HGB-Konzernrechnungslegung durch gesetzliche Änderungen und die Entwicklung von Grundsätzen ordnungsmäßiger Buchführung (Konzern-GoB) an den Stand der internationalen Rechnungslegung heranzuführen. Die nachfolgenden Erläuterungen beschränken sich auf die Darstellung der Rechnungslage bei Anwendung der Vorschriften des HGB auf den Konzernabschluss. Die Ausführungen können zumindest im Grundsatz auf den IAS/IFRS-Konzernabschluss weitgehend übertragen werden.

3. Rechnungslegung nach HGB

Auf den Konzernabschluss finden im Wesentlichen die allgemeinen Ausweis-, Gliede- **743**
rungs- und Bewertungsvorschriften des HGB zum Jahresabschluss Anwendung, „soweit seine Eigenart keine Abweichung bedingt" oder ausdrücklich abweichende Grundsätze der Konzernrechnungslegung gelten (§ 298 Abs. 1 HGB). Der Konzernabschluss unterscheidet sich daher von seinem äußeren Erscheinungsbild nicht wesentlich von einem Jahresabschluss. Besonderheiten können sich jedoch insbesondere für den Ausweis des Eigenkapitals (z. B. auf Grund von Anteilen anderer Gesellschafter: § 307 HGB) und auf Grund eines auf der Passivseite auszuweisenden „Unterschiedsbetrags aus der Kapitalkonsolidierung" (§§ 301 Abs. 3, 309 Abs. 2 HGB) ergeben. Der Konzernabschluss ist klar und übersichtlich aufzustellen, das „Einblicksgebot" ist in gleicher Weise wie beim Jahresabschluss zu beachten (§ 297 Abs. 2 HGB; vgl. hierzu auch § 264 Abs. 2 HGB). Die Einbeziehung von Vermögensgegenständen, Schulden und Rechnungsabgrenzungsposten sowie der Erträge und Aufwendungen der einbezogenen Unternehmen unterliegt einem Vollständigkeitsgebot (§ 300 Abs. 2 Satz 1 HGB). Den Maßstab für mögliche Spielräume bei der Nutzung von Bilanzierungs- und Bewertungswahlrechten stellt das „Rechnungslegungsstatut" der den Konzernabschluss aufstellenden Muttergesellschaft dar. Soweit dieser danach bestimmte Wahlrechte zustehen, können diese im Konzernabschluss auch abweichend von der Handhabung im Jahresabschluss des Mutterunternehmens ausgeübt werden (§§ 300 Abs. 2 Satz 2, 308 Abs. 1 Satz 2 HGB). Die in den Konzernabschluss einbezogenen Vermögensgegenstände und Schulden der Konzernunternehmen sind jedoch nach den somit zulässigen Methoden *einheitlich* zu bewerten (§ 308 Abs. 1 Satz 1 HGB; Einheitstheorie). Demzufolge sind zu Konsolidierungszwecken Neubewertungen vorzunehmen, sofern in einbezogenen Tochtergesellschaften hiervon abweichende Bewertungsgrundsätze angewendet worden sind (§ 308 Abs. 2 HGB). Dies erfolgt in aller Regel

[10] SIC-18 (2000).
[11] IAS 28.2.

in der Weise, dass neben dem Jahresabschluss der betreffenden Tochtergesellschaft eine sog. „Handelsbilanz II“ erstellt wird, in der die konzerneinheitlichen Bewertungsmaßstäbe zur Anwendung kommen und die – anstelle des Jahresabschlusses – Grundlage der Konsolidierung ist. Weitere Anpassungen können sich unter dem Gesichtspunkt der Fremdwährungsumrechnung ergeben, deren Methodik nicht im HGB aber in einer Verlautbarung des DRSC geregelt ist (DRS 14).

IV. Konsolidierung

744 Ein Schlüsselbegriff der Konzernrechnungslegung ist die „Konsolidierung“. Hierbei handelt es sich um einen rechnerischen und buchhalterischen Prozess, der bei größeren Unternehmensverbindungen nur über ein gesondertes Instrumentarium (Konsolidierungssoftware) abgewickelt werden kann. Dieses Verfahren dient letztlich dazu, die Inhalte mehrerer handelsrechtlicher Jahresabschlüsse (Einzelabschlüsse) so zusammen zu führen, dass ein neuer aussagefähiger Abschluss entsteht, der von allen Einflüssen bereinigt ist, die sich allein aus der individuellen Perspektive der einbezogenen Einzelabschlüsse ergeben und damit dem angestrebten Darstellungsziel des Konzernabschlusses entgegenstehen, nämlich das Bild *eines* Unternehmens zu vermitteln.

Diese Vorgehensweise ähnelt der einer *Verschmelzung.* Die einbezogenen Tochterunternehmen werden hinsichtlich ihres Vermögens nämlich so dargestellt, als wenn sie unter Aufgabe ihrer rechtlichen Existenz sämtlich auf die Muttergesellschaft verschmolzen worden wären. Wie bei einer Verschmelzung gehen demgemäß bei der Konsolidierung sowohl die Beteiligungsansätze der Muttergesellschaft an den einbezogenen Unternehmen als auch deren Eigenkapitalien darstellungstechnisch gesehen unter. Gleiches geschieht mit Forderungen und Verbindlichkeiten, die zwischen Konzerngesellschaften bestehen, da aus Konzernsicht insoweit Gläubiger und Schuldner identisch werden. Würde man die Konsolidierungsarbeit darauf beschränken, die Werte der einzelnen Abschlusspositionen der einbezogenen Unternehmen aufzuaddieren (sog. Summenbilanz), bliebe unberücksichtigt, dass der Konzern gemäß der Fiktion eines einheitlichen Unternehmens grundsätzlich keine Beteiligungen an sich selbst[12] ausweisen, keine Forderungen an bzw. Verbindlichkeiten gegenüber sich selbst haben und keine Erträge oder Aufwendungen erwirtschaften kann, die auf „unternehmensinternen“ Leistungsbeziehungen beruhen. Auch ist es bei dieser Sichtweise nicht denkbar, dass der Konzernabschluss Gewinne oder Verluste beinhaltet, die darauf beruhen, dass Vermögensgegenstände mit dem entsprechenden Ergebniseffekt von einem Konzernunternehmen an ein anderes veräußert wurden. Aus dem Vorstehenden folgen die wesentlichen Schritte des Konsolidierungsprozesses:

- Kapitalkonsolidierung (§§ 301, 302 HGB)
- Schuldenkonsolidierung (§ 303 HGB)
- Aufwands- und Ertragskonsolidierung (§ 305 HGB)
- Zwischenergebniseliminierung (§ 304 HGB)

745 Kapital-, Schulden- und Aufwands- und Ertragskonsolidierung führen zu erfolgsneutralen Verrechnungen (Eliminierungen), wohingegen die Zwischengewinneliminierung notwendig Einfluss auf das Konzernergebnis hat. Daneben können aus unterschiedlichen Ursachen weitere ergebniswirksame Konsolidierungsmaßnahmen erforderlich werden,

---

[12] Scheinbare Ausnahme: Erwerb eigener Anteile, die aber nur solche der Muttergesellschaft und nicht eines Tochterunternehmens sein können.

auf die nicht näher eingegangen werden kann (z.B. auf Grund der Ermittlung latenter Steuern, § 306 HGB).

V. Erweiterte Berichterstattungspflicht

Wie der Jahresabschluss des einzelnen Unternehmens besteht auch der Konzernabschluss aus einer Konzern-Bilanz, einer Konzern-Gewinn- und Verlustrechnung und einem Konzernanhang. Der Konzernanhang und der Anhang des Jahresabschlusses der Muttergesellschaft können bei Beachtung bestimmter Darstellungs- und Offenlegungsgrundsätze zusammengefasst werden (§ 298 Abs. 3 HGB). Die Angabepflichten für den Konzernanhang (§§ 313, 314 HGB) folgen weitgehend dem Vorbild des Anhangs zum Jahresabschluss (§§ 284, 285 HGB), sind aber zusätzlich von konzernspezifischen Inhalten geprägt (z.B. Grundlagen der Fremdwährungsumrechnung, § 313 Abs. 1 Satz 2 Nr. 2 HGB). Eine Besonderheit des Konzernabschlusses besteht hingegen darin, dass weitere Bestandteile enthält. 746

- Kapitalflussrechnung
- Eigenkapitalspiegel
- Segmentberichterstattung

Während die bereits eingehend erläuterte Kapitalflussrechnung[13] und der Eigenkapitalspiegel Pflichtbestandteile der Konzernrechnungslegung sind, handelt es sich bei der Segmentberichterstattung um ein fakultatives Element (§ 297 Abs. 1 HGB). 747

Es entspricht einem wichtigen Informationsbedürfnis des Adressaten eines Konzernabschlusses, die Zusammensetzung und Entwicklung des Konzern-Eigenkapitals nachvollziehen zu können. Ein weiterer eigenständiger Pflichtbestandteil des Konzernabschlusses (§ 297 Abs. 1 Satz 1 HGB)[14] ist daher eine sog. *Eigenkapitalveränderungsrechnung,* im Gesetz als „Eigenkapitalspiegel" bezeichnet. In Deutschland sind die Grundsätze in DRS 7 maßgeblich, der ausschließlich für Zwecke der Konzernrechnungslegung konzipiert ist. Das Konzern-Eigenkapital verändert sich zum einen durch das in der GuV ermittelte erfolgswirksame Jahresergebnis und die erfolgsneutral direkt im Eigenkapital erfassten Vermögensänderungen (Neubewertung, Währungsdifferenzen im Konzernabschluss) und zum anderen durch Transaktionen mit Anteilseignern, wie Kapitalerhöhung, Kapitalherabsetzung oder Gewinnausschüttungen. Außerdem entstehen Veränderungen durch einen Wechsel der Bilanzierungs- und Bewertungsmethoden. 748

Nach dem durch das Bilanzrechtsreformgesetz neu gefassten § 297 Abs. 1 Satz 2 HGB „kann" der Konzernabschluss ferner um eine *Segmentberichterstattung* erweitert werden.[15] Diese Berichterstattung entspricht internationalem Standard.[16] Während die Segmentberichterstattung nach IFRS einen unselbstständigen Teil des Abschlusses darstellt, sieht § 297 Abs. 1 HGB die Segmentberichterstattung im Rahmen des Konzernabschlusses als *eigenständigen Teil* an. Macht das Unternehmen von der Möglichkeit der Segmentberichterstattung keinen Gebrauch, sind im Konzernanhang die Angaben gemäß § 314 Abs. 1 Nr. 3 HGB (Aufgliederung der Umsätze nach Tätigkeitsbereichen sowie nach geographisch bestimmten Märkten) zu machen, andernfalls ist das Unternehmen von dieser Pflicht befreit (§ 314 Abs. 2 HGB). Die Segmentberichterstattung soll zusätzli- 749

---

[13] Vgl. Rdn. 710ff.

[14] Gleiches gilt für den IAS-Abschluss (vgl. IAS 1.8 (c) und 1.86).

[15] Nach der bisherigen Fassung bestand für kapitalmarktorientierte Mutterunternehmen eine *Pflicht* zur Segmentberichterstattung.

[16] Vgl. IAS 14 (Segment Reporting) und SFAS 131.

che Finanzinformationen über wesentliche Geschäftsbereiche und über die geographische Zuordnung der Aktivitäten eines Unternehmens oder Konzerns liefern. Dadurch sollen die Adressaten in die Lage versetzt werden, nicht nur zusammengefasste Unternehmensgrößen zu beurteilen, sondern die Risiken und Chancen einzelner abgrenzbarer Geschäftsbereiche oder regionaler Einheiten besser einschätzen zu können.

Teil L. Erweiterte Publizität börsennotierter Unternehmen

Das Publizitätssystem börsennotierter Unternehmen ist auf Grund spezialgesetzlicher Anordnung über die Rechnungslegungspflichten des HGB hinaus um weitere Berichterstattungsinstrumente erweitert, nämlich die 750

- *Zwischenberichterstattung* (§§ 40 BörsG i.V.m. 53–62 BörsZulV, DRS 6, IAS 34) als zusätzliches regelmäßiges unterjähriges Instrument der Rechnungslegung
- *Prospektpublizität* (§§ 30 Abs. 3 Nr. 2 BörsG, 13ff BörsZulV) als „Primärmarktpublizität" im Rahmen des Zulassungsverfahrens zum amtlichen Handel
- *Ad hoc-Publizität* (§ 15 WpHG) zur Ergänzung der regelmäßigen Publizitätsinstrumente im Hinblick auf kurzfristige Einflüsse auf die „Vermögens- oder Finanzlage oder auf den allgemeinen Geschäftsverlauf des Emittenten"
- *Allgemeine Auskunftspflichten* des Unternehmens (§ 41 Abs. 1 Nr. 3 BörsG)

Nachfolgend soll lediglich auf die Zwischenberichterstattung näher eingegangen werden, da diese mit der Rechnungslegungspflicht nach HGB in unmittelbarem sachlichen Zusammenhang steht und eine Erweiterung zu dieser darstellt. 751

Eine gesetzliche *Pflicht* zur Zwischenberichterstattung besteht in Deutschland derzeit lediglich auf der Grundlage von § 40 BörsG, der im Wege der Transformation der Richtlinie 82/121/EWG des Rats der Europäischen Gemeinschaft vom 15. 2. 1982 (sog. Zwischenberichtsrichtlinie) geschaffen wurde. Die einzelnen Anforderungen an die börsenrechtliche Zwischenberichterstattung sind in §§ 53–62 BörsZulV geregelt. Der Anwendungsbereich dieser Vorschriften umfasst die Emittenten zugelassener Aktien oder sie ersetzender Zertifikate. Der Berichtszeitraum umfasst nach der gesetzlichen *Mindestregelung* die ersten sechs Monate des Geschäftsjahrs (§ 53 Satz 1 BörsZulV), was einer Quartalsberichterstattung nicht entgegensteht, diese aber nicht ausdrücklich gebietet. Diese ist jedoch für Unternehmen, die zum Prime Standard zugelassen sind, gemäß § 63 Abs. 2 Börsenordnung der Frankfurter Wertpapierbörse oder auf privatrechtlicher Grundlage vorgeschrieben (z.B. nach den Anforderungen der Deutsche Börse AG für die Segmente DAX oder MDAX gemäß „Leitfaden zu den Aktienindizes der Deutschen Börse"). 752

Die (bisher noch nicht erfolgte) Umsetzung der EU-Richtlinie 2004/109/EG des Europäischen Parlaments und des Rates vom 15. Dezember 2004 über Mindesttransparenzanforderungen für börsennotierte Gesellschaften (sog. Transparenzrichtlinie) wird zu einer Änderung der bestehenden Rechtslage führen. Nach dieser Richtlinie werden alle Wertpapieremittenten innerhalb von vier Monaten nach dem Ende des Geschäftsjahres Jahresfinanzberichte vorzulegen haben. Die Richtlinie schreibt den Emittenten von zum Handel im geregelten Markt zugelassenen Aktien ferner umfassende Halbjahresfinanzberichte verbindlich vor. Auch die Emittenten von Anleihen werden Halbjahresberichte veröffentlichen müssen. Eine ausdrückliche Pflicht zur Erstellung von Quartalsberichten ist zwar nicht vorgesehen. Jedoch hat die Geschäftsführung des Emittenten in der ersten und in der zweiten Hälfte des Geschäftsjahres jeweils eine „*Zwischenmitteilung*" an die Aktionäre zu machen. Diese Mitteilungen sind in einem Zeitraum zwischen zehn Wochen nach Beginn und sechs Wochen vor Ende des betreffenden Sechsmonatszeitraums zu erstellen. Eine Mitteilung muss enthalten: 753

- eine „Erläuterung der wesentliche Ereignisse und Transaktionen" des Berichtszeitraums und ihrer Auswirkungen
- eine „allgemeine Beschreibung der Finanzlage und des Geschäftsergebnisses"

754 Der Emittent ist von der Mitteilungspflicht befreit, wenn er Quartalsberichte nach landesüblichen Vorschriften vorlegt.

755 Von § 53 Satz 2 BörsZulV werden Zahlenangaben und Erläuterungen über die Tätigkeit und die Ergebnisse des Unternehmens im Berichtszeitraum gefordert. Die *Zahlenangaben,* die unter sinngemäßer Anwendung der handelsrechtlichen Rechnungslegungsvorschriften zu ermitteln sind, müssen nach § 54 Abs. 1 Satz 1 BörsZulV lediglich im Hinblick auf Umsatzerlöse und das Ergebnis (entweder vor oder nach Steuern) gemacht werden, wobei die Vergleichszahlen des Vorjahrs anzugeben sind. Die *Erläuterungen* betreffen nach § 55 BörsZulV folgende „lageberichtsähnliche" Angaben, deren Umfang sich danach richtet, was für die Beurteilung der Entwicklung der Geschäftstätigkeit und des Ergebnisses des Emittenten erforderlich ist:

- Aufgliederung der Umsatzerlöse (sachgerechter Maßstab: § 285 Nr. 4 HGB)
- Auftragslage (unter Angabe der Vorjahrsinformation)
- Kosten- und Preisentwicklung
- Mitarbeiterzahl (unter Angabe der Vorjahrsinformation) – Analogie zu § 285 Nr. 7 HGB
- Investitionen (unter Angabe der Vorjahrsinformation)
- Vorgänge von besonderer Bedeutung, die sich auf das Ergebnis der Geschäftstätigkeit auswirken können
- Aussichten für das laufende Geschäftsjahr
- Bestand an eigenen Aktien
- Bezugsrechte von Organmitgliedern und Arbeitnehmer (vgl. §§ 160 Abs. 1 Nr. 2 und 5, 192 Abs. 2 Nr. 3 AktG)

756 Der Zwischenbericht ist entsprechend § 61 Abs. 1 Satz 1 BörsZulV innerhalb von zwei Monaten nach Ende des Berichtszeitraums zu veröffentlichen.

757 Das DRSC[1] hat mit DRS 6 „Zwischenberichterstattung" den Versuch unternommen, den börsenrechtlich verankerten, im Vergleich zum internationalen Berichtsstandard noch sehr rudimentären Regelungsbestand zur Zwischenberichterstattung in Deutschland auf ein neues Niveau zu heben und damit Anschluss an die entsprechenden Grundsätze der IAS/IFRS[2] und US GAAP[3] zu finden. Mit der Zwischenberichterstattung wird nach DRS 6 das Ziel verbunden, „regelmäßige, zeitnahe und verlässliche Informationen über die Vermögens-, Finanz- und Ertragslage eines Unternehmens und die künftige Entwicklung des Geschäftsjahrs" zu gewinnen.[4] Der Anwendungsbereich der Berichtsanforderungen des DRS 6 ist in der Verlautbarung nicht festgelegt; der Standard soll für alle Unternehmen maßgeblich sein, die *freiwillig* eine Zwischenberichterstattung erstellen.[5] Zwischenberichte sind jeweils zum Stichtag der ersten drei *Quartale* eines Geschäftsjahrs aufzustellen.[6] Berichtsgegenstand ist bei konzernrechnungspflichtigen Unternehmen der Konzern; es sind also Informationen *auf konsolidierter Grundlage* zu

---

[1] Vgl. hierzu Rdn. 225 ff.

[2] IAS 34 („Interim financial reporting").

[3] Zu den Verpflichtungen des Emittenten gehört nach dem *Securities Exchange Act* auch die Vorlage einer unterjährigen Berichterstattung gemäß *Form 10-Q*. Für Emittenten mit Sitz im Ausland ergeben sich entsprechende Anforderungen aus *Form 6-K*.

[4] DRS 6.1.

[5] DRS 6.6.

[6] DRS 6.11.

veröffentlichen.[7] Der Mindestumfang der Berichterstattung ist in DRS 6 im Einzelnen wie folgt festgelegt:[8]

- Quartals-Gewinn- und Verlustrechnung
- „*Year-to-date*"-Gewinn- und Verlustrechnung (d.h. eine für die Zeit vom Beginn des Geschäftsjahres bis zum Stichtag fortgeführte Erfolgsrechnung)
- Stichtagsbilanz
- Bilanz zum Stichtag des vorangegangenen Geschäftsjahrs
- Kapitalflussrechnung zum Stichtag
- Kapitalflussrechnung zum Vergleichszeitraum des vorangegangenen Geschäftsjahrs
- erläuternde Angaben zum Zwischenabschluss
- Angaben zum Geschäftsverlauf und der voraussichtlichen Entwicklung des Geschäftsjahrs

Die erläuternden Angaben zum Zwischenabschluss betreffen nach DRS 6 folgende Sachverhalte:[9] 758

- Stetigkeit der Anwendung von Bilanzierungs- und Bewertungsmethoden
- Vorgänge, die auf Grund ihrer Art oder ihres Ausmaßes für die Vermögens-, Finanz- und Ertragslage von besonderer Bedeutung sind
- Eigenkapitalveränderungen (einschließlich gezahlte oder vorgeschlagene Zwischendividenden)[10]
- Auswirkung von Änderungen des Konsolidierungskreises
- Restrukturierungsmaßnahmen
- wesentliche Investitionen
- Forschung und Entwicklung
- Berechnungsmethode für das Ergebnis je Aktie
- Segmentumsatzerlöse und Segmentergebnisse (quartalsbezogen und year-to-date), Änderungen der Segmentberichterstattung
- Zahl der Arbeitnehmer
- Übereinstimmung des Zwischenberichts mit DRS 6

Besteht für deutsche konzernrechnungslegungspflichtige Unternehmen eine durch nationales Recht begründete *Pflicht* zur Zwischenberichterstattung nach IAS/IFRS, hat die Berichterstattung auf der Grundlage von IAS 34 zu erfolgen. IAS 34 begründet selbst keine Verpflichtung zur Zwischenberichterstattung und enthält auch keine verbindlichen Angaben zum Berichtsturnus oder zur Veröffentlichungsfrist. Der Umfang der Zwischenberichterstattung unterscheidet sich nicht wesentlich von DRS 6, der von IAS 34 wesentlich beeinflusst ist. Auf eine nähere Darstellung wird verzichtet. 759

---

[7] DRS 6.8.

[8] DRS 6.13.

[9] DRS 6.26.

[10] Eine Eigenkapitalveränderungsrechnung (Eigenkapitalspiegel) im Sinne von DRS 7 („Konzerneigenkapital und Konzerngesamtergebnis") wird von DRS 6 wohl nicht verlangt; anders IAS 34.8, IAS 1.

Teil M. Externe Jahresabschlussanalyse und Bilanzpolitik

760 Im Folgenden wollen wir uns der externen Jahresabschlussanalyse zuwenden. Dabei geht es nicht in erster Linie um eine Darstellung von deren Zielsetzung, Methoden und Techniken[1], da diese für die wirtschaftsjuristische Praxis von geringer unmittelbarer Relevanz sind. Vielmehr sollen die nachfolgenden Ausführungen die Grenzen der externen Jahresabschlussanalyse aufzeigen, ein besseres Verständnis des Aussagegehalts von Jahres- und Konzernabschlüssen vermitteln, insbesondere aber den Umfang des auf Grund von Bilanzierungswahlrechten und Ermessensspielräumen und ggf. auch von sachverhaltsgestaltenden Maßnahmen bestehende Gestaltungspotenzial verdeutlichen.

I. Zweck und Bedeutung der externen Jahresabschlussanalyse

761 Die Jahresabschlussanalyse kann definiert werden als eine Methode der Informationsbeschaffung und -verarbeitung, bei der das Datenmaterial mehrerer vergangener Rechnungsperioden eines Unternehmens (oder mehrerer Unternehmen) im Hinblick auf bestimmte Informationsziele aufbereitet, in *Kennzahlen* verdichtet und beurteilt wird.

762 **Die Ermittlung bilanzanalytischer Kennzahlen soll dazu dienen, aussagefähigere Informationen über den bisherigen Geschäftsverlauf, die wirtschaftliche Lage und die Zukunftsaussichten eines Unternehmens zu erhalten als sie der handelsrechtliche Jahresabschluss auf Grund seiner vorwiegend an Ausschüttungs- und Gläubigerinteressen ausgerichteten Sichtweise[2] vermitteln kann. Im Vordergrund stehen eine Beurteilung der bisherigen Ertragskraft und des zukünftigen Erfolgspotenzials eines Unternehmens (erfolgswirtschaftliche Jahresabschlussanalyse) sowie dessen finanzielle Stabilität (finanzwirtschaftliche Jahresabschlussanalyse).**

763 Erfolgsanalysen sind in erster Linie Rentabilitäts- und Wirtschaftlichkeitsanalysen. Finanzwirtschaftliche Analysen beschäftigen sich hingegen mit der Kapitalstruktur und messen die Fähigkeit des Unternehmens, zu jedem Zeitpunkt die notwendigen Zahlungspflichten erfüllen zu können (kurzfristige und strukturelle Liquidität).

764 Anlass und Zweck der Analyse können unterschiedlich sein. Sie kann als *interner* Vorgang der unternehmensinternen Planung, Kontrolle und Überwachung der Geschäftstätigkeit dienen. Zum Anwendungsbereich der „internen" Bilanzanalyse in diesem Sinne kann man auch die Tätigkeit von gesellschaftsrechtlich begründeten Kontrollorganen (z.B. Aufsichtsrat, Beirat) oder Abschlussprüfern zählen, da diesen über die Daten der externen Rechnungslegung hinausgehende Informationen zur Verfügung stehen, die einem außenstehenden Dritten in aller Regel nicht zugänglich sind. Die Aufgabenstellun-

---

[1] Zu diesen Fragen besteht ein sehr reichhaltiges Literaturangebot, von handlichen Ratgebern (z.B. *Scheffler,* Bilanzen richtig lesen, 6. Aufl., München 2004 oder *Gräfer,* Bilanzanalyse, 9. Aufl., Herne/Berlin 2005) bis zu gewichtigen betriebswirtschaftlichen Lehrbüchern (an erster Stelle zu nennen: *Baetge/Kirsch/Tiele,* Bilanzanalyse, 2. Aufl., Düsseldorf 2004; *Coenenberg,* Jahresabschluss und Jahresabschlussanalyse, 19. Aufl., Stuttgart 2003; *Küting/Weber,* Die Bilanzanalyse, 7. Aufl., Stuttgart 2004).

[2] Vgl. Rdn. 143 f., 443 ff., 771 ff.

gen interner Analysen sind daher fundierter und zudem häufig sehr spezifisch (z.B. auf ein einzelnes Produkt, eine Kostenstelle oder einen Teilbetrieb bezogen). Die nachfolgend dargestellte *externe* Analyse ist hingegen auf ein beschränktes Datenmaterial verwiesen. Sie kann gleichwohl als Grundlage für die Entscheidung eines Geschäftspartners (z.B. hinsichtlich einer Kreditvergabe, der Aufnahme einer Lieferungs- oder Leistungsbeziehung,) eines möglichen Mitgesellschafters (z.B. im Fall eines geplanten Eintritts in die Gesellschaft) oder Erwerbers (z.B. bei einer M&A-Transaktion) sein. Auch die Finanzverwaltung wird sich im Rahmen der Veranlagung oder einer Außenprüfung im Einzelfall analytischer Instrumente bedienen.[3]

Die Kreditgeber eines Unternehmens stellen indessen den bedeutendsten Kreis exter- **765**
ner Analytiker der Rechnungslegung dar. Dies beruht insbesondere auf der vom *Basel Committee on Banking Supervision* getroffenen Neuregelung der Eigenkapitalvorschriften im Kreditgeschäft (in Regel als „Baseler Eigenkapitalvereinbarung" oder einfach „*Basel II*" bezeichnet). Das Europäische Parlament hat im September 2005 die Umsetzung der neuen Baseler Eigenkapitalvereinbarung mit geringfügigen Abweichungen in erster Lesung gebilligt. Basel II enthält geänderte Mindestvorgaben für die Eigenkapitalunterlegung von Darlehensgewährungen durch Kreditinstitute unter dem Gesichtspunkt der Risikoäquivalenz. Danach muss als Bestandteil des bankinternen Risikomanagements die Kreditwürdigkeit eines potenziellen Kreditkunden in einem umfassenden *Rating* bestimmt werden. Rating ist nichts anderes als eine zur Bestimmung der Bonität eines Unternehmens dienende besondere Form der externen Bilanzanalyse, die sich aller herkömmlicherweise angewendeten Analyseinstrumente bedienen kann. Das Ergebnis des Rating entscheidet ist bestimmend dafür, ob und zu welchen Konditionen ein Kredit gewährt wird. Vereinfacht gesprochen sind die dem Kunden eingeräumten Zinskonditionen umso günstiger, je besser das Ratingurteil ausfällt. Die Bilanzanalyse ist darüber hinaus – in den ihr gesetzten Erkenntnisgrenzen – grundsätzlich geeignet, den am Kapitalmarkt Beteiligten (z.B. Fondsmanagern, Rating-Agenturen, Finanzanalysten, Privatanlegern), sonstigen sog. „Stakeholdern" (z.B. Arbeitnehmern und Gewerkschaften) oder der interessierten Öffentlichkeit (z.B. Wettbewerber, Universitäten, Wirtschaftsforschungsinstitute, Handelskammern und Verbände) wichtige Erkenntnisse über die Lage und die Erfolgsfaktoren von Unternehmen zu liefern und ggf. sogar drohende Unternehmenskrisen frühzeitig zu erkennen.

II. Grenzen der externen Jahresabschlussanalyse

Der externen Jahresabschlussanalyse sind *Grenzen* gesetzt, die in erster Linie auf kon- **766**
zeptionellen und inhaltlichen Aspekten des Analyseobjekts beruhen.[4] Anders als die internationale Rechnungslegung ist die Bilanzierung nach HGB ungeachtet ihrer Informationsfunktion nicht in erster Linie darauf ausgerichtet, dem externen Bilanzleser „entscheidungsnützliche" Informationen zu liefern. Andererseits bleiben die Anforderungen der internationalen Rechnungslegung hinsichtlich Gliederungsstrenge und Detaillierungsgrad hinter den Regelungen des HGB zurück. Eine externe Analyse wird vornehmlich durch folgende Umstände erschwert:

- *Vergangenheitsbezug*
- *Unvollständigkeit* und *geringer Detaillierungsgrad* der Daten

---

[3] Diese setzt neuerdings z.B. auch die Auswertungssoftware IDEA als Analyseinstrument ein.

[4] *Baetge/Kirsch/Thiele*, aaO, S. 55, sprechen in diesem Zusammenhang von „Mängeln" des HGB-Abschlusses.

- Verzerrung der Abschlussinformation auf Grund der Beachtung *gläubigerschützender Bilanzierungsgrundsätze*
- Beeinflussung durch *bilanzpolitische Einflüsse*
- Beeinflussung durch die *Inanspruchnahme bilanzfremder steuerrechtlicher Vorschriften*

1. Vergangenheitsbezug

767 Unabhängig vom angewendeten Rechnungslegungssystem liefert die externe Rechnungslegung – sieht man von der Lageberichterstattung (§ 289 HGB) ab, die pflichtgemäß auch Aussagen zur künftigen Entwicklung enthalten muss[5] – nahezu ausschließlich Informationen, die ein bereits abgelaufenes Geschäftsjahr betreffen und zudem in der Regel nicht einmal zeitnah zur Verfügung stehen. Dies begründet die Gefahr, dass Abschlussinformationen bereits überholt sein können, wenn sie den Adressaten der Rechnungslegung erreichen. Dieser Schwäche des Jahresabschlusses wirkt der Umstand nur beschränkt entgegen, dass der Lagebericht nach § 289 Abs. 2 Nr. 1 HGB auch auf „Vorgänge von besonderer Bedeutung eingehen (soll), die nach dem Schluss des Geschäftsjahrs eingetreten sind."

768 **Der Vergangenheitsbezug der Abschlussdaten stellt daher einen oft wiederholten „klassischen" Einwand gegen die externe Bilanzanalyse dar. Aussagen über die künftige Entwicklung können nämlich nur unter der Prämisse gemacht werden, dass sich die in der Vergangenheit gezeigten Tendenzen fortsetzen.**

769 Diese unbestreitbare „Schwäche" der externen Bilanzanalyse darf allerdings nicht so verstanden werden, dass sie einer fundierten zukunftsgerichteten Aussage entgegensteht, die über pauschale und daher unzuverlässige Trendbetrachtungen hinausgreift. Bei Nutzbarmachung moderner mathematisch-statistischer Verfahren zur Unternehmensanalyse und der Verarbeitungskapazitäten leistungsfähiger IT-Systeme kann es gelingen, die in der klassischen Kennzahlenanalyse gewonnenen Daten in einem komplexen Prozess zu einem *Gesamtbeurteilungsindikator* der Unternehmensentwicklung zusammenzufassen. Bei Einsatz geeigneter entsprechender Analyseinstrumente (z.B. Multivariante Diskriminanzanalyse, künstliche neuronale Netze) soll es unter Zugrundelegung eines Analysezeitraums von mindestens drei Jahresabschlüssen möglich sein, ein *Früherkennungssystem für bestandsgefährdende Entwicklungen*[6] zu entwickeln und so unter anderem auch den grundlegenden Mangel des Vergangenheitsbezugs der Rechnungslegung in einem wesentlichen Bereich (Insolvenzdiagnose und -prognose) zu überwinden.[7] Hierbei handelt es sich indessen um datentechnisch aufwändige Verfahren, die sich aus verschiedenen Gründen der breiten Anwendung durch externe Bilanzanalytiker entziehen.

2. Unvollständigkeit und geringer Detaillierungsgrad

770 Bei der Jahresabschlussanalyse wirkt sich das Fehlen von nicht-quantitativen Informationen (z.B. zur Auftragslage, zum Produktportfolio oder zum technischen und organisatorischen Know-how) erschwerend aus. Die Informationsmängel auf Grund der Unvollständigkeit der Datenbasis oder eines geringen Detaillierungsgrads können nur durch die Beschaffung zusätzlicher Daten beseitigt werden, sofern der Jahresabschluss oder Lagebericht (eventuell ergänzt um einen „Geschäftsbericht") nicht bereits auf freiwilliger Basis zusätzliche Informationen enthalten.

---

[5] Vgl. Rdn. 704ff.
[6] Vgl. Rdn. 852ff.
[7] Hierzu insbesondere *Baetge/Kirsch/Thiele,* aaO, S. 535ff.

3. Verfälschender Einfluss gläubigerschützender Bilanzierungsgrundsätze

Im Vordergrund der HGB-Rechnungslegung steht der Gläubigerschutz. Die Interessen von Waren- und Geldkreditgläubigern bestehen im Hinblick auf die Rechnungslegung vordinglich darin, den Nachweis einer gesicherten Mindestsubstanz des Unternehmens zu erhalten. Erst in zweiter Linie richtet sich ihre Aufmerksamkeit auf die wirtschaftliche Ertragskraft und die Erfolgsfaktoren des Unternehmens, da diese den Bestand und damit die Kreditwürdigkeit des Unternehmens sichern. Die bestehende und zukünftige Ertragskraft des Unternehmens steht hingegen im Vordergrund der Betrachtung eines Kapitalanlegers oder potenziellen Erwerbers. Das bilanzielle Vorsichtsprinzip ist dabei ohne Bedeutung. Unter dem betriebswirtschaftlichen Analyseaspekt betrachtet könnten zentrale Grundsätze der Rechnungslegung daher in einem kritischen Licht erscheinen. Ein nach den Regeln des Handelsrechts erstellter Jahresabschluss ist für gewöhnlich nicht geeignet, den „wahren Wert" eines Unternehmens als funktionierende Geschäftseinheit wiederzuspiegeln, wie er z. B. durch dessen Verkauf realisiert werden kann. Wertsteigerungen im Unternehmensvermögen, welche die historischen Beschaffungskosten übersteigen, bleiben zwangsläufig außer Betracht. Ferner kann der Grundsatz der *Nicht-Bilanzierung schwebender Geschäfte,* denen kein akutes Drohverlustpotenzial entspringt, bilanzenanalytisch ebenso beklagt werden wie das Bestehen des bilanziellen *Ansatzverbots hinsichtlich selbsterstellter immaterieller Vermögenswerte* (§ 248 Abs. 2 HGB), die für den Wert und die Leistungskraft eines Unternehmens im Einzelfall von eminenter, wenngleich häufig nur schwer messbarer Bedeutung sein können. Bisher nicht bilanzierungsfähige Wertschöpfungen oder -steigerungen im Anlage- und Umlaufvermögen werden im Anwendungsbereich des HGB nur dann erfasst, wenn sie über den Absatzmarkt auch tatsächlich realisiert worden sind (Realisationsprinzip). Vorhersehbare oder sogar quasi-sichere Chancen und Gewinne eines abgelaufenen Geschäftsjahres, die sich noch nicht in einer verbindlichen, wirtschaftlich relevanten Transaktion niedergeschlagen haben, dürfen hingegen nicht gezeigt werden. Demgegenüber sind aus der Vergangenheit herrührende Verluste und Risiken bereits dann zu berücksichtigen, wenn sie ernsthaft drohen (Imparitätsprinzip). Sie müssen sogar antizipiert werden. Dies führt zu einem zwar vorsichtigen, aber möglicherweise tendenziell verzerrten Bild. 771

Dem liegt jedoch eine bewusste Wertungsentscheidung des HGB zugrunde: Im Konflikt zwischen ökonomischer Brauchbarkeit und intersubjektiver Nachprüfbarkeit (Objektivität) hat sich der Gesetzgeber zugunsten der Letzteren entschieden und dabei hingenommen, das günstige Marktwertentwicklungen oder bestimmte interne Wertschöpfungen unberücksichtigt bleiben, sofern sie die Anschaffungskosten übersteigen bzw. noch nicht am Markt selbst durch Veräußerung realisiert worden sind.[8] Dies hat den Vorteil, dass der HGB-Jahresabschluss weitgehend von lediglich geschätzten Werten oder prognostizierten zukünftigen Zahlungsströmen (Cashflows) freigehalten werden kann, die nur eingeschränkt nachprüfbar sind und daher nicht unwesentliche Bewertungsunsicherheiten und Prognoserisiken beinhalten können. Demgegenüber liefert der Bilanzausweis nach HGB zumindest einen verlässlichen Basiswert im Sinne einer auf Tatsachen gegründeten zukünftigen „Mindesteinzahlungserwartung". 772

Der Bilanzanalytiker muss die dargestellten systembedingten Vorgaben bei seinen Überlegungen angemessen berücksichtigen und ggf. Bereinigungen vornehmen. Dabei ist zu beachten, dass die gläubigerschützende Tendenz der HGB-Rechnungslegung zwar ihrer inneren Logik folgend in der Regel zu eher niedrigen Aktiv- und hohen Passivposten 773

[8] Demgegenüber ist bei internationalen Rechnungslegung (IFRS) eine Betonung von Zeitwertüberlegungen festzustellen. Der Entscheidungsrelevanz *(decision usefulness)* wird daher ein höherer Wert eingeräumt als der Objektivierbarkeit.

führt, in ihrer konkreten Auswirkung im Einzelfall aber entscheidend von der Lage des Unternehmens und dem bilanzpolitischen Ansatz der Unternehmensführung beeinflusst sein kann. Diese bestimmt vielmehr wesentlich, in welche Richtung sich mögliche systembedingte Verzerrungen des Jahresabschlusses, die möglicherweise sogar bewusst im Unternehmensinteresse instrumentalisiert werden, im Einzelfall auswirken können. Eine wichtige Erfahrung bestätigt sich in diesem Zusammenhang immer wieder:

774 **Nach ihrem Bilanzbild erkennbar „gute" Unternehmen, also solche, die eine bedarfsgerechte Unternehmenssubstanz, einen vertretbaren Verschuldungsgrad und eine hohe Rendite erkennen lassen, sind in vielen Fällen tatsächlich in noch besserer Verfassung als sie sich der Öffentlichkeit, namentlich dem Fiskus, präsentieren, da „alle Mittel" des Vorsichts- und Imparitätsprinzips genutzt wurden, um stille Rücklagen zu legen. Für nach den vorgelegten Zahlen im Vergleich dazu „schlechte" Unternehmen gilt das Gegenteil: ihre tatsächliche Lage ist häufig noch schlechter als ihr Bilanzbild vermuten lässt. Sie haben eventuell wegen bestehender Finanzprobleme wichtige Reinvestitionen unterlassen und darüber hinaus nach dem Imparitätsprinzip gebildete „stille Rücklagen" in einem ergebnisschwachen Jahr „still" aufgelöst, um sich besser darzustellen und so eine bereits begonnene Ertragskrise zu verschleiern.**

775 Entscheidend für die Vorgehensweise des Bilanzanalytikers sind daher das rechtliche und wirtschaftliche Unternehmensumfeld, namentlich die Konkurrenz- und Branchenverhältnisse, die bisherige Geschäftsentwicklung, Kenntnisse über Einstellungen und Ziele des Führungspersonals, Eigentümer- und Kapitalstruktur – kurz: das *Gesamtbild der Verhältnisse* und die hieraus anhand von nachvollziehbaren Faktoren gewonnene Einschätzung, ob es sich im hier dargestellten Sinne um ein „gutes" oder „schlechtes" Unternehmen handelt. In Abhängigkeit von dieser Voreinschätzung, die notwendig am Beginn jeder externen Unternehmensanalyse steht, wird er sich dann den soeben erörterten systembedingten Verzerrungen genauso kritisch zuwenden wie den nachfolgend dargestellten möglichen bilanzpolitischen „Verfälschungen" des Aussagegehalts der Rechnungslegung, die Einzelfall von ungleich größerer Bedeutung sein können. Der Übergang zwischen beiden Phänomenen ist nämlich in der Lebenswirklichkeit ohnehin fließend.

4. Beeinflussung der Rechnungslegung durch Bilanzpolitik

776 **a) Problemstellung.** Die zahlreichen bilanzpolitischen Wahlrechte und Ermessensspielräume, die jedem Rechnungslegungssystem in unterschiedlicher Ausformung eigen sind, stellen für den externen Betrachter ein gewichtiges Analyseproblem dar. Durch Ausübung dieses Gestaltungspotenzials kann die Unternehmensführung der externen Rechnungslegung in bestimmten Grenzen ihre „eigene Handschrift" aufdrücken. Die Ausübung der Gestaltungsrechte kann dazu führen, dass der Aussagegehalt des Jahresabschlusses tendenziell verfälscht wird, sich dass Unternehmen z. B. „zu gut" darstellt.

777 Traditionell wird in Deutschland eine reservebildende Bilanzpolitik bevorzugt, die als „konservativ" bezeichnet wird (die gegenteilige Variante ist eine „progressive" oder gar „kreative" Bilanzpolitik). Im Allgemeinen wird man davon ausgehen können, dass Unternehmen in guten Jahren unter Inanspruchnahme des bilanzpolitischen Gestaltungspotenzials ein von außen nicht unmittelbar erkennbares „Sicherheitspolster" schaffen, das es ihnen erlaubt, in schlechten Zeiten Reserven zu mobilisieren. Sie dient letztlich der Sicherung des Unternehmensbestandes und ist daher grundsätzlich positiv zu werten. Zwei Probleme sind jedoch nicht zu verkennen:

778 **Dem externen Bilanzleser bleibt der genaue Umfang der Reservenbildung verborgen; er kann daher nicht einschätzen, wie sehr die Ergebnisentwicklung des Unter-**

nehmens durch den Erfolg des operativen Geschäfts und wie sehr sie durch die vorgenommene Reservenbildung beeinflusst ist. Ernste Unternehmenskrisen können durch Aufdeckung in der Vergangenheit gebildeter stiller Reserven eine gewisse Zeit in ihrer Wirkung verdeckt werden mit der bedenklichen Folge, dass dringend notwendige Sanierungsmaßnahmen nicht mit der notwendigen Konsequenz oder erst viel zu spät ergriffen werden.

Eine konsequente Reservenpolitik begründet also die Gefahr, dass die wahre Ertragslage eines Unternehmens gegenüber Außenstehenden nicht zutreffend dargestellt wird und der Jahresabschluss als verlässlicher Indikator zur Früherkennung von Risiken wenig geeignet ist. Dieser Gefahr hat der deutsche Gesetzgeber zwar im Wesentlichen durch die gesetzliche Verankerung bestimmter Organisationspflichten des Vorstands einer AG (§ 91 Abs. 2 AktG: Schaffung eines Risikofrüherkennungssystems), einen umfassenden Ausbau der Lageberichterstattung (§ 289 Abs. 1 Satz 4 HGB: Chancen- und Risiken-Bericht) sowie spezifische Anforderungen an Jahresabschlussprüfung (§ 317 Abs. 4 HGB: Beurteilung der Maßnahmen zur Schaffung eines des Risikofrüherkennungssystems), Prüfungsbericht (Vorwegberichterstattung: § 321 Abs. 1 Satz 2 und 3; Aussagen zu Änderungen der Bewertungsgrundlagen und Wahlrechtsausübung sowie zu sachverhaltsgestaltenden Maßnahmen: § 321 Abs. 2 Satz 4 HGB) und Bestätigungsvermerk (§ 322 Abs. 2 Satz 3: bestandsgefährdende Risiken; § 322 Abs. 6 HGB: Stellungnahme zum Chancen-Risiken-Bericht) entgegenzuwirken versucht, sie besteht jedoch aus strukturellen Gründen unverändert fort. Der externe Bilanzanalytiker steht daher vor einer nicht ganz einfachen Aufgabe: Er muss einen weitergehenden Ansatz verfolgen und darf sich nicht auf eine vordergründige Betrachtung beschränken. Dies bedingt die Beachtung nachfolgender Grundsätze:[9] 779

- Ganzheitlichkeit
- Objektivierung
- Neutralität

Ganzheitlichkeit bedeutet, dass das Unternehmen stets im Ganzen betrachtet werden muss. Erst das Gesamtbild der Vermögens-, Finanz- und Ertragslage unter Berücksichtigung aller bestehenden Interdependenzen führt zu richtigen Schlussfolgerungen. Ferner muss der Analyseprozess intersubjektiv nachprüfbar, d.h. objektivierbar sein. Eine auf Einzelaspekte subjektiv beschränkte Sichtweise ist zu vermeiden. Schließlich muss die Analyse den externen Bilanzleser in die Lage versetzen, die bilanzpolitischen Einflüsse zu „neutralisieren", diese also in ihrer verfälschenden Wirkung zu konterkarieren.[10] Aufgabe des externen Bilanzanalytikers ist es daher, die bilanzpolitischen Maßnahmen aufzuspüren, in ihrer Auswirkung einzuschätzen und – soweit zur Gewinnung eines unverfälschten Bildes erforderlich – in ihrer Wirkung zu korrigieren. Die Angaben und Informationen im Jahresabschluss können in diesem Zusammenhang zwar wichtige Hinweise enthalten, da die Inanspruchnahme von Wahlrechten durch Kapitalgesellschaften und Kapitalgesellschaften & Co. in der Regel an gesetzliche Erläuterungen im Anhang geknüpft sind. Wie wir bereits festgestellt haben,[11] sind diese Angaben jedoch in vielen Fällen nur beschränkt aussagekräftig und verwertbar, insbesondere dann, wenn nach dem Gesetz rein verbale Aussagen genügen. Der externe Bilanzanalytiker muss daher in Kenntnis des bilanzpolitischen Gestaltungspotenzials handeln. Dieses besteht in der 780

- Festlegung von Bewertungsgrundlagen

---

[9] Hierzu *Baetge/Kirsch/Thiele,* aaO, S. 65.
[10] *Baetge/Kirsch/Thiele,* aaO, S. 66.
[11] Vgl. Rdn. 697.

- Ausübung von Bewertungswahlrechten und Ermessensspielräumen
- Vornahme sachverhaltsgestaltender Maßnahmen

781 Im Folgenden wollen wir uns diesen Gestaltungsebenen näher zuwenden.

782 **b) Bewertungsgrundlagen, Bewertungswahlrechte und Ermessensspielräume.** Das Gesetz verwendet vielfach den Begriff der „Bewertung“ (z.B. in den §§ 252ff. HGB) und unterscheidet darüber hinaus „Bewertungsgrundlagen“ (vgl. § 321 Abs. 2 Satz 4 HGB) und „Bilanzierungs- und Bewertungsmethoden“ (vgl. § 284 Abs. 2 HGB). Diese Begriffe sind im HGB nicht näher definiert, sie werden ohnehin häufig kumulativ gebraucht und bilden in der Praxis letztlich ein Begriffskonglomerat. Nach herrschender Meinung kann gleichwohl folgende Unterscheidung gemacht werden:

Bilanzierungsmethode →planmäßiges Vorgehen, um einen Posten in der Bilanz anzusetzen (Frage, *ob* ein Geschäftsvorfall im Jahresabschluss als Aktiv- oder Passivposten ausgewiesen werden soll) *Bewertungsmethode* →planmäßiges Verfahren zur Ermittlung eines *Wert*ansatzes (Frage mit welchem von mehreren möglichen *Werten* ein Bilanzposten angesetzt werden soll)

783 Der Begriff der *„Bewertungsgrundlagen“* geht weiter, und zwar in zweierlei Richtung: Er umfasst zum einen – neben den Bilanzierungs- und Bewertungsmethoden – auch übergeordnete *allgemeine Bewertungsgrundsätze* (z.B. die in § 252 Abs, 2 Nr. 1 bis 6 HGB niedergelegten Prinzipien). Darüber hinaus zählen zu den Bewertungsgrundlagen auch *tatsächliche Vorgänge und Verhältnisse,* die – ohne eigentlicher Bestandteil einer Methode zu sein – gleichsam als vorgelagerte Faktoren in den Bewertungsprozess einfließen und daher für die Bewertung von Vermögensgegenständen und Schulden bedeutsam sein können (Rechenparameter, Bewertungsprämissen, Kalkulationszinssätze, Annahmen, unternehmerische Prognosen, Schätzgrößen etc.). Änderungen von Bewertungsgrundlagen im letztgenannten Sinne unterliegen – anders als die Änderungen von Bilanzierungs- und Bewertungsmethoden – nicht der Angabepflicht im Anhang gemäß § 284 Abs. 2 Nr. 3 HGB, wohl aber unter Umständen der Berichtspflicht des Abschlussprüfers (§ 321 Abs. 2 Satz 4 HGB). Sie bleiben dem reinen Bilanzleser daher in der Regel weitgehend verborgen, soweit nicht das Unternehmen bei seinen diesbezüglichen Anhangangaben nach § 284 Abs. 2 HGB freiwillig Zusatzinformationen gibt.

784 Die Vorschriften der Rechnungslegung eröffnen vielfältige *Ermessensspielräume* durch explizite Bilanzierungs- und Bewertungswahlrechte sowie durch implizite Gestaltungsmöglichkeiten auf Grund von fehlenden oder unklaren Regelungsinhalten. Explizite Wahlrechte sind insofern bilanzanalytisch unproblematisch, als ihre Ausübung aus dem Jahresabschluss unmittelbar ersichtlich ist. Bilanzierungswahlrechte sind stets explizite Wahlrechte und der Sache nach *Ansatzwahlrechte.* Hierzu zählt im Wesentlichen der Ansatz bzw. der Nichtansatz:

- eines derivativen *Firmenwerts* (§ 255 Abs. 4 Satz 1 HGB)[12]
- von *Ingangsetzungs- und Erweiterungskosten* (§ 269 HGB)[13]
- aktiven latenten Steuern (§ 274 Abs. 2 HGB)[14]
- eines *Disagio* als aktiver Rechnungsabgrenzungsposten (§ 250 Abs. 3 HGB)[15]

[12] Vgl. Darstellung unter Rdn. 327ff.
[13] Vgl. Rdn. 323ff.
[14] Vgl. Rdn. 335ff.
[15] Vgl. Rdn. 340, 441.

- von *Aufwandsrückstellungen* (§ 249 Abs. 2 HGB)[16] und *Rückstellungen für unterlassene Instandhaltungsmaßnahmen,* die erst nach Ablauf von drei Monaten nach dem Stichtag nachgeholt werden (§ 249 Abs. 1 Satz 3 HGB)[17]
- von *Pensionsrückstellungen für „Altzusagen"* (Art. 28 Abs. 1 EGHGB)[18]

Zu den „Bewertungsmethoden" im Sinne des Gesetzes gehören auch die *Abschreibungsmethoden* (z. B. lineare oder degressive Methode). Die Festsetzung der betriebsgewöhnlichen Nutzungsdauern gehört zu den „Bewertungsgrundlagen". Sie hat erheblichen Einfluss auf den Abschreibungsverlauf. Hier hat der Bilanzierende im Rahmen kaufmännischen Ermessens faktisch ein Wahlrecht. In Deutschland richtet sich der Ansatz der Nutzungsdauern indessen überwiegend nach den steuerrechtlichen „Afa-Tabellen". Auch wenn diese bestimmungsgemäß darauf ausgerichtet sind, realistische Wertverläufe abzubilden, so sind die dort verzeichneten Abschreibungsdauern doch auch von fiskalischen Erwägungen geprägt und stellen in vielen Fällen die zeitliche Obergrenze der Nutzung dar. Andererseits sind Fälle denkbar, in denen Anlagegegenstände tatsächlich erheblich länger in Gebrauch sind als im Abschreibungsverlauf unterstellt. Dies führt dazu, dass durch die überhöhten Abschreibungen stille Reserven gelegt werden. 785

Während bei Gegenständen des Umlaufvermögens stets der niedrigere beizulegende Wert des Bilanzstichtags zugrunde zu legen ist (§ 253 Abs. 3 HGB), hat der Bilanzierende bei *Finanzanlagen* die Wahl, ob er in Fällen einer voraussichtlich nur vorübergehenden Wertminderungen eine Abschreibung vornimmt (§ 253 Abs. 2 Satz 3 2. Halbsatz HGB). Andererseits dürfen bei Gegenständen des Umlaufvermögens auch dann Abschreibungen vorgenommen werden, wenn (erst) „in der nächsten Zukunft" mit Wertminderungen zu rechnen ist (§ 253 Abs. 3 Satz 3 HGB). Das Gesetz räumt danach im Bereich der Abschreibungen folgende explizite Wahlrechte ein: 786

- Methodenwahl bei der *planmäßigen Abschreibung* von Anlagegegenständen (§ 252 Abs. 2 Satz 1 und 2 HGB)[19]
- wahlweise *Abschreibungen auf Finanzanlagen* bei voraussichtlich nur *vorübergehenden* Wertminderungen (§§ 253 Abs. 2 Satz 3, 279 Abs. 1 Satz HGB)[20]
- Vorwegnahme zukünftiger Wertschwankungen bei Gegenständen des Umlaufvermögens durch *Abschreibungen auf den nahen Zukunftswert* (§ 253 Abs. 3 Satz 3 HGB)[21]
- Abschreibungen in Anwendung allein *steuerrechtlicher Vorschriften* (§§ 254 Satz 1, 279 Abs. 2 HGB)
- Wahlrecht hinsichtlich des Abschreibungsverlaufs bei einem aktivierten *Geschäfts- oder Firmenwert* (§ 255 Abs. 4 Satz 2 und 3 HGB)[22]
- bei Nicht-Kapitalgesellschaften[23]: Zulässigkeit der Vornahme sog. „Willkürabschreibungen" (§ 254 Abs. 4 HGB)

Den Bewertungsgrundlagen und Bewertungsmethoden kommt im Bereich des *Vorratsvermögens* besondere Bedeutung zu. Über die einschlägigen soeben dargestellten „Abschreibungswahlrechte" hinaus haben von den nachfolgend genannten expliziten Be- 787

---

[16] Vgl. Rdn. 602 ff.
[17] Vgl. Rdn. 554 ff.
[18] Vgl. Rdn. 610.
[19] Vgl. Rdn. 74, 288.
[20] Vgl. Rdn. 293.
[21] Vgl. Rdn. 290.
[22] Vgl. Rdn. 331.
[23] Zu den Kapitalgesellschaften im hier verstandenen Sinne zählen auch Kapitalgesellschaften & Co. im Sinne von § 264 a HGB.

wertungswahlrechten eigentlich nur die Gestaltungsrechte bei der Ermittlung der Herstellungskosten nennenswerte praktische Relevanz.

- *Festwertansatz* (§§ 240 Abs. 3 Satz 1, 256 Satz 2 HGB)
- *Gruppenbewertung* (§§ 240 Abs. 4, 256 Satz 2 HGB)
- Wahlweise Einbeziehung bestimmter Kostenbestandteile bei der Ermittlung der *Herstellungskosten* (§ 255 Abs. 2 und 3 HGB)[24]
- Anwendung bestimmter *Verbrauchsfolgeverfahren* (§ 256 Satz 1 HGB)[25]

788 Viel bedeutsamer als die gesetzlichen Wahlrechte sind die faktischen Gestaltungsmöglichkeiten bei der Anwendung allgemeiner Bewertungsgrundsätze. Diese sind so vielgestaltig wie die jeweilige Bewertungsmaterie und aus dem Jahresabschluss nach Art und Auswirkung in der Regel nicht ersichtlich. Die nachfolgend genannten Gestaltungen haben lediglich beispielhaften Charakter:

- wahlweiser Ansatz der *Vollkosten* oder nur der *variablen Kosten* bei Anwendung des Niederstwertprinzips im Bereich der Bewertung von Erzeugnisbeständen
- Ansatz und Bemessung von „Reichweitenabschlägen" wegen geringer Umschlagshäufigkeit

Besondere Bedeutung im Bereich impliziter Wahlrechte bei der Bewertung erlangt das bereits vielfach erwähnte *Vorsichtsprinzip* im Zusammenhang mit dem Ansatz von Rückstellungen. Auf die entsprechenden Ausführungen zu dieser Bilanzposition wird verwiesen.[26]

789 **c) Sachverhaltsgestaltende Maßnahmen. (1) Überblick.** Der Begriff der „sachverhaltsgestaltenden Maßnahmen" hat zwar Eingang in das Gesetz gefunden (§ 321 Abs. 2 Satz 4 HGB), er ist aber terminologisch nicht abschließend geklärt. Bei diesen Maßnahmen handelt es sich nicht um eine nach systematischen Gesichtspunkten abtrennbare Fallgruppe. Die Möglichkeiten, bilanzielle Kennzahlen durch Sachverhaltsgestaltung zu verzerren, sind erheblich. Mit Mitteln einer „klassischen" Bilanzanalyse durch Zeit- und Betriebsvergleiche[27] kommt man diesen Maßnahmen, insbesondere aber ihren konkreten Auswirkungen nur sehr schwer auf die Spur. Dies ist ein Grund dafür, dass negative Entwicklungen meist erst zu spät erkannt werden, ohne dass dies auf bewussten Falschdarstellungen („Bilanzmanipulationen") beruht. Dies war für den Gesetzgeber Anlass, die Berichtspflicht des Abschlussprüfers in § 321 Abs. 2 Satz 4 HGB zu schaffen.

790 Bei sachgerechter Würdigung kann es nicht darauf ankommen, ob sachverhaltsgestaltende Maßnahmen *primär* auf die Erzielung einer bestimmten Bilanzdarstellung gerichtet sind oder vorrangig eine sachökonomische Ursache haben. Es ist vielmehr darauf abzustellen, dass es sich um *singuläre* Maßnahmen mit *wesentlicher Auswirkung* auf den Jahresabschluss handeln muss, die der externe Bilanzleser nicht erwarten kann und deren Auswirkungen daher der Gefahr der Fehldeutung unterliegen. Die denkbaren Fälle reichen vom „Vorziehen" oder „Hinausschieben" normaler Umsatzgeschäfte über Änderungen der Beschaffungs- und Vertriebsstruktur bzw. des Debitorenmanagements, die sich noch im Rahmen der operativen Tätigkeit bewegen, bis hin zu komplexen Sondertransaktionen, die Beteiligungen oder andere Finanzinstrumente zum Gegenstand haben und unter Beteiligung von Finanzdienstleistungsunternehmen, eigens gegründeten Zweckgesellschaften *(Special Purpose Entities)* oder anderen externen Mit Akteuren abgewickelt werden.

---

[24] Vgl. Rdn. 269.
[25] Vgl. Rdn. 252f.
[26] Vgl. hierzu im Einzelnen Rdn. 576ff.
[27] Vgl. die Darstellung zu Rdn. 812ff.

- Übertragung von Forderungsbeständen auf Dritte (Factoring, Forfaitierung oder Securitization),[28]
- Verlagerung von Warenbeständen auf Kommissionäre oder Zwischenhändler („pushing down the supply chain")
- Abschluss von Pensionsgeschäften[29] (§ 340b HGB)
- *Aufdeckung stiller Reserven* in Vermögenswerten durch Veräußerung nicht betriebsnotwendigen Vermögens
- Verkauf und gleichzeitige Rückmietung von selbst genutztem Betriebsvermögen *(Sale-and-lease-back),*
- zeitweise Übertragung von betriebsnotwendigen Vermögens unter Aufdeckung stiller Reserven auf Dritte oder abhängige Objektgesellschaften *(Sale-and-buy-back),*
- (scheinbarer oder tatsächlicher) *Transfer wirtschaftlicher Risiken* auf Objektgesellschaften,
- zeitliche *Vorverlagerung von Gewinnen* aus Veräußerungsgeschäften (Erfassung wirtschaftlich noch nicht realisierter Gewinne).

Je nach Ausgestaltung der Konditionen können diese Transaktionen neben einer – 791
häufig betriebswirtschaftlich sinnvollen – „Verflüssigung von gebundenem Kapital" auch zur Ergebnisbeeinflussung dienen. Ist der Liquiditätsvorteil eines Factoringgeschäfts mit entsprechenden Wertabschlägen und Provisionsaufwendungen erkauft und daher stets kurzfristig ergebnisbelastend, kann hat ein *Sale-and-lease-back-Geschäft* häufig den – wenn auch nur einmaligen – Nebeneffekt, dass vorhandene stille Reserven im Anlagevermögen des Unternehmens ergebniserhöhend aufgedeckt werden. Dies erlaubt es, möglicherweise bestehende Verluste aus dem operativen Geschäft zu kompensieren oder zumindest zu mindern und damit das Jahresergebnis zu „glätten".

(2) Sale-and-lease-back. Die zivilrechtliche Grundstruktur von Sale-and-lease-back- 792
Geschäften, die auch Ausgangspunkt ihrer bilanzrechtlichen Einschätzung ist, stellt sich wie folgt dar: Der bilanzierende Sacheigentümer oder Rechtsinhaber veräußert einen Vermögensgegenstand (z.B. ein Verwaltungsgebäude, eine Produktionsanlage oder ein Patent) an einen Dritten, der zivilrechtlich in die Rechtsposition des Veräußerers eintritt. Im
Anschluss überlässt der Erwerber den Vermögensgegenstand dem Veräußerer zur entgeltlichen Nutzung. Die wirtschaftliche Zielsetzung des Geschäfts und die konkrete Vertragsgestaltung (Höhe des Kaufpreises, Verhältnis der Laufzeit des Miet- bzw. Leasingvertrages zur tatsächlichen Nutzungsdauer) können sehr unterschiedlich sein. Bilanzrechtliche Billigung finden *Sale-and-lease-back-Geschäfte* im hier verstandenen Sinn nur dann, wenn

- neben dem Übergang des zivilrechtlichen Eigentums auch das *wirtschaftliche Eigentum* auf den Erwerber übergeht und
- gemäß der *Ausgestaltung des (Rück-) Mietverhältnisses* auch bei diesem verbleibt.

Eine getrennte Berücksichtigung beider Rechtsgeschäfte (Verkauf und Rückmietung) 793
unter *erfolgswirksamer* Behandlung des Veräußerungsvorgangs ist nämlich nur unter der Voraussetzung zulässig, dass im ersten Schritt überhaupt ein wirksamer *Abgang* des übertragenen Vermögensgegenstands aus dem veräußernden Unternehmen erfolgt ist. Dies setzt voraus, dass ein wirtschaftlich relevanter Risiko- und Chancentransfer in Form der *Übertragung des wirtschaftlichen Eigentums*[30] auf den Erwerber stattgefunden hat.

---

[28] Vgl. Rdn. 422ff.
[29] Vgl. Rdn. 426.
[30] Vgl. Rdn. 350ff.

Andernfalls scheidet – trotz Vorliegens einer rechtsgeschäftlich begründeten Transaktion – eine Gewinnrealisierung auf Basis des vereinbarten Veräußerungserlöses aus. Über das wirtschaftliche Eigentum verfügt, wem *dauerhaft* Besitz, Gefahr, Nutzungen und Lasten zustehen (vgl. hierzu insbesondere § 39 AO) und der daher die wirtschaftlichen Chancen und Risiken aus der laufenden Nutzung des übertragenen Gegenstands trägt. Diese bestehen darin, dass der Berechtigte sowohl in den Genuss von Wertsteigerungen kommt als auch dem Risiko von Wertminderungen oder anderweitigen, aus dem Gegenstand herrührenden Verlusten ausgesetzt ist. Ein Vermögensgegenstand ist danach dem Bilanzierenden zuzurechnen, wenn ihm am Abschlussstichtag dessen Substanzwert in einer Weise zusteht, dass er auf Dauer zur wirtschaftlichen Verwertung berechtigt ist, mag diese Befugnis auch allein schuldrechtlich begründet sein.[31] Die Verwertungsbefugnis kann in dem Recht zur Veräußerung bestehen. Es reicht jedoch aus, dass dem Bilanzierenden eine tatsächliche Nutzungsmöglichkeit bis zum Verbrauch der Substanz des Vermögensgegenstands zusteht. Die Zuordnung des wirtschaftlichen Eigentums bei Miet- oder Leasingverhältnissen richtet sich dabei in der Praxis grundsätzlich nach besonderen steuerrechtlichen Grundsätzen.[32]

794 Bleibt dem Bilanzierenden (= Veräußerer = Mieter oder Leasingnehmer) die entscheidende Einwirkungsmöglichkeit auf den übertragenen Vermögensgegenstand erhalten, ist das Geschäft als Darlehen zu qualifizieren; dem übertragenen Vermögensgegenstand kommt die Funktion eines Sicherungsguts zu. Das Nutzungsentgelt dient der Tilgung und Verzinsung des Darlehens. Eine Gewinnrealisierung auf Seiten des Bilanzierenden erfolgt nicht. Erfolgt die (Rück-)Nutzung der veräußerten Gegenstände hingegen lediglich im Wege üblicher Gebrauchsüberlassung und verfügt der Bilanzierende über keine wirtschaftlich relevanten Rechte (z.B. günstige Rückerwerbsoptionen), die einem Übergang des wirtschaftlichen Eigentums auf den Erwerber im Wege stehen, tritt der mit dem Sale-and-lease-back beabsichtigte Effekt (Reduzierung der Kapitalbindung, Aufdeckung stiller Reserven) zulässigerweise ein.

795 **Beispiel:** Die B-AG, ein Kreditinstitut, betreibt ihr Geschäft in einer großen eigengenutzten Immobilie, die zu einem Buchwert von 5 Mio€ bilanziert ist. Das lastenfreie Grundstück in bevorzugter Innenstadtlage wurde bereits vor mehreren Jahrzehnten erworben und gemäß den eigenen Bedürfnissen mit einem Büro- und Geschäftsgebäude bebaut, das zwischenzeitlich modernisiert und erweitert wurde. Die Bank möchte sich von dieser Immobilie trennen, diese aber bis auf weiteres im bisherigen Umfang weiter nutzen. Sie veräußerst diese daher im Jahr 01 für 8,5 Mio€ – dies entspricht nach gutachtlichen Feststellungen dem Verkehrswert – an eine ausländische Immobilienfondsgesellschaft, die mit der B-AG gesellschaftsrechtlich nicht verbunden ist. Gleichzeitig wird ein „Gebäudenutzungsvertrag" über die Immobilie abgeschlossen, der eine Laufzeit von 15 Jahren mit Verlängerungsoption und ansonsten marktübliche Konditionen hat. Der B-AG wird im Vertrag keine ausdrückliche Rückerwerbsoption eingeräumt. Hier deutet das Fehlen einer vertraglich vereinbarten Rückerwerbsoption darauf hin, dass kein Erwerbsinteresse der B-AG vorliegt, bei dieser also das Nutzungsinteresse im Vordergrund steht. Zwar ist das Gebäude nach den Bedürfnissen der B-AG gestaltet, das Alter der Immobilie und die Vertragsgestaltung erwecken jedoch nicht den Eindruck, dass diese für die Fortführung des Geschäfts unverzichtbar ist. Danach erscheint es im vorliegenden Fall zutreffend, das abgeschlossene Geschäft als Verkauf mit anschließendem Erwerb der Nutzungsmöglichkeit zu qualifizieren. Im Anlagevermögen ist daher ein Abgang zu zeigen; es entsteht ein Veräußerungsgewinn von 3,5 Mio€.[33]

796 Hinsichtlich der herrschenden Anschauungen zum *Sale-and-lease-back* ist in letzter Zeit ein grundlegender Wertewandel festzustellen. Die Kapitalbindung im Anlagevermö-

[31] Vgl. *Schulze-Osterloh,* Sale-and-lease-back-Geschäfte, ZIP 2005, 1617 (1619) mwN.

[32] Vgl. Rdn. 351 ff.

[33] Vgl. aber *Kropff,* Zur Wirksamkeit bilanzpolitisch motivierter Rechtsgeschäfte, abgedruckt in ZGR 1993, 41 ff; im Anschluss daran *Schulze-Osterloh,* aaO, S. 1618 f.

gen entsprach insbesondere bei inhabergeführten Gesellschaften traditioneller Prägung einer verbreiteten Unternehmensphilosophie und war daher – nicht zuletzt in Erinnerung zweier Geldentwertungen – häufig gewollt, Liquiditätsüberlegungen traten dahinter zurück. In Anbetracht der für Deutschland bis in die jüngere Zeit vorwiegend üblichen Unternehmensfinanzierung über durch Betriebsvermögen gesicherte Bankkredite vermittelte ein unternehmerisches Immobilieneigentum zudem unter dem Gesichtspunkt des Haftungssubstrats dem Bankensektor ein Bild der Solidität und damit der Kreditwürdigkeit. Nachgewiesene oder vermutete stille Reserven im Anlagevermögen stellten in diesem Zusammenhang aus der Sicht der Beteiligten ein wichtiges „Sicherheitspolster" dar, das deshalb bei guter Unternehmensentwicklung in der Regel unangetastet blieb. Die „Versilberung" des Immobilienbesitzes und dessen Rückmietung durch das Unternehmen konnte vor diesem Hintergrund häufig nur als Krisensignal gewertet werden, das eine Ertragschwäche vermuten ließ. Auch wenn nicht auszuschließen ist, dass derartige Verkaufs- und Rückmiet-Transaktionen im Einzelfall tatsächlich eine kritische Beurteilung rechtfertigen können, müssen diese doch vor dem Hintergrund neuerer Entwicklungen der Unternehmenswirklichkeit differenzierter bewertet werden. Diese Entwicklungen betreffen in erster Linie

- den fortschreitenden *Übergang zur Unternehmensfinanzierung durch Kapitalmarktinstrumente* (z.B. Aktienkapital, Mezzanin-Kapital, Anleihen) mit der Folge der Entbehrlichkeit klassischen Haftungssubstrats
- die zunehmende *Verbreitung der internationalen Rechnungslegung (IFRS)* bei Großunternehmen, welche unter dem vorherrschenden *Fair-Value*-Gesichtspunkt der Bildung stiller Reserven tendenziell entgegensteht
- die Herausbildung eines globalen Markts fondsfinanzierter *Immobilienunternehmen,* die als professionelle Käufer umfangreicher Bestände von Gewerbeimmobilien auftreten
- den Trend zum *Outsourcing* von nicht dem Kernbereich des Unternehmens zugehörigen Aktivitäten wie z.B. dem „Facility-Management".

(3) Sale-and-buy-back. Die dargestellten Transaktionen sind von Vorgängen zu unter- 797
scheiden, bei denen Vermögensgegenstände zunächst an einen Dritten rechtsgeschäftlich veräußert, in einer Folgeperiode aber vom bilanzierenden Unternehmen wieder *zurückerworben* werden und dies entweder von vornherein so vorgesehen oder zumindest nach den Gesamtumständen mit sehr hoher Wahrscheinlichkeit zu erwarten war (sog. *Sale-and-buy-back-Geschäfte*). Die verkauften Vermögensgegenstände werden bei ihrem erneuten Zugang mit entsprechend höheren Anschaffungskosten bilanziert, das Anlagevermögen präsentiert sich somit in unverändertem Umfang aber in aufgewerteter Gestalt. Diese Maßnahmen können vornehmlich darauf gerichtet sein, die erfolgswirksame Realisierung stiller Reserven im Anlagevermögen bei im Ergebnis unverändertem Vermögensbestand zu ermöglichen, ohne die Bewertungsobergrenze in § 253 Abs. 1 HGB zu verletzen. In diesen Fällen sind stets Zweifel angebracht, ob es sich bei der Veräußerung tatsächlich um „echte", d.h. wirtschaftlich nachhaltige Transaktionen handelt, die sich auf den Jahresabschluss unmittelbar auswirken dürfen. Das Bilanzrecht versagt derartigen Maßnahmen zwar nicht grundsätzlich die Anerkennung. Das Unternehmen ist vielmehr grundsätzlich in seiner Entscheidung frei, verkaufte Anlagegegenstände zurück zu erwerben. Wirtschaftliche Anerkennung finden Veräußerung und Rückerwerb jedoch nur dann, wenn jeweils ein wirksamer Übergang des *wirtschaftlichen Eigentums* auf den Erwerber erfolgt und daher ein Gewinnrealisierung eingetreten ist. Das diesbezüglich bereits zum Sale-and-lease-back Gesagte gilt entsprechend. Dabei ist für den Übergang des wirtschaftlichen Eigentums zu fordern, dass

- *Verkaufs- und Rückkaufspreis* dem jeweils *aktuellen Marktwert* entsprechen und
- die *Übernahme eines relevanten Wertänderungsrisikos* durch den zwischenzeitlichen Erwerber für dessen vorübergehende Haltedauer gesichert ist.

798 Danach bedürfen in der Praxis folgende Transaktionen näherer Untersuchung unter Berücksichtigung des Gesamtbilds der Verhältnisse, insbesondere im Hinblick auf mögliche rechtliche oder faktische Risikozuweisungen an den bilanzierenden Veräußerer

- echte und unechte *Pensionsgeschäfte* (§ 340b HGB)[34]
- *Rückerwerbsoptionen* zugunsten des bilanzierenden Veräußerers (Call-Option) bei nach den Umständen bestehendem rechtlichem oder faktischem Zwang zur Optionsausübung
- *gegenläufige Put- und Call-Optionen* von (Zwischen-)Erwerber bzw. bilanzierendem Veräußerer hinsichtlich des Rückerwerbs und Ausgestaltung der Konditionen, die Rückerwerb wahrscheinlich oder sicher macht
- *Verwertungsbeschränkungen* auf Seiten des (Zwischen-)Erwerbers, z. B. Verbot der Weiterveräußerung an Dritte
- Vereinbarungen hinsichtlich der *Zurückbehaltung von Wertänderungsrisiken* beim bilanzierenden Veräußerer (z. B. sog. „Total-Return-Swaps").

799 Transaktionen der dargestellten Art können in unterschiedlichen Geschäftsbereichen auftreten. Sie betreffen dabei in der Regel den Transfer von Immobilien, Waren oder Unternehmensanteilen sowie Wertpapieren oder anderen Kapitalmarktinstrumenten.

800 **Beispiel:** Die A GmbH hat am 15. 5. 01 einen Vertrag über den Verkauf eines Aktienbestandes an die B AG geschlossen, dem nach der getroffenen Vereinbarung – zunächst – der Börsenkurs des Verkaufstages zugrunde gelegt wurde. Auf dieser Grundlage wurde die Transaktion rechtsgeschäftlich vollzogen und der Kaufpreis gezahlt. Im Vertrag ist jedoch ferner geregelt, dass sich der endgültige Kaufpreis nach den Kursverhältnissen des 16. 5. 03 bestimmt, zwischenzeitliche Kurssteigerungen also der A GmbH gut zu bringen, Kursminderungen von dieser auszugleichen sind. Ferner steht der B AG ein Zinsanspruch zu. Hier liegt ein „Total Return Swap" vor. Wirtschaftlich betrachtet handelt es sich um ein verzinstes Darlehen mit Sicherungsübereignung von Wertpapieren. Einen Übergang des wirtschaftlichen Eigentums wird man verneinen müssen.

801 Die Auswirkungen bilanzrechtlich zulässiger Sachverhaltsgestaltungen im hier erörterten Sinn auf die Vermögens-, Finanz- und Ertragslage eines Unternehmens können von erheblichem Umfang sein. Sie bedürfen daher – soweit identifizierbar – bei der Bilanzanalyse besonderer Beachtung, da die aus ihnen resultierenden Sondereinflüsse zu Untersuchungszwecken zu eliminieren sind, um Verzerrungen der Ergebnisentwicklung im Mehrjahresvergleich zu vermeiden. Im *Prüfungsbericht* des Abschlussprüfers wird in der Regel auf wesentliche Transaktionen dieser Art als „sachverhaltsgestaltende Maßnahmen" im Sinne des § 321 Abs. 2 Satz 4 HGB eingegangen werden müssen. Hierbei kann es sich nur um solche Maßnahmen handeln, die – sollte ein uneingeschränkter Bestätigungsvermerk erteilt worden sein – unter Beachtung der Vorschriften über die Rechnungslegung im Jahresabschluss *zutreffend* abgebildet wurden (geglückte Sachverhaltsgestaltung). Gestaltungen, denen hingegen die wirtschaftliche Anerkennung vollständig zu versagen ist, haben daher bei zutreffender Bilanzierung auf den Jahresabschluss keine Wirkung (fehlgeschlagene Sachverhaltsgestaltung).

---

[34] Bei echten Pensionsgeschäften (§ 340b Abs. 2 HGB) fehlt es regelmäßig bereits am Übergang des wirtschaftlichen Eigentums, wohingegen bei unechten Pensionsgeschäften (§ 340b Abs. 3 HGB) zwar ein Übergang des wirtschaftlichen Eigentums erfolgt, eine Gewinnrealisierung aber nicht in Betracht kommt; vgl. Darstellung unter Rdn. 426. Die Anwendung des § 340b HGB, der auf die Rechnungslegung von Kreditinstituten regelt, auf andere Verhältnisse ist zulässig, da diese Vorschrift einen allgemeinen Grundsatz ordnungsmäßiger Buchführung (GoB) verkörpert.

d) Verzerrender Einfluss steuerrechtlicher Vorschriften. In § 5 Abs. 1 Satz 1 EStG ist der Grundsatz verankert, dass Gewerbetreibende, die einer Buchführungspflicht unterliegen, ihr Betriebsvermögen für Zwecke der Besteuerung nach den handelsrechtlichen Grundsätzen ordnungsmäßiger Buchführung (GoB) auszuweisen haben. Dieser *Grundsatz der Maßgeblichkeit* der Handelsbilanz für die Steuerbilanz findet über § 8 Abs. 1 KStG auch für Körperschaften Anwendung. Besteht handelsrechtlich ein Aktivierungs- und Passivierungs*gebot* oder ein Aktivierungs- und Passivierungs*verbot*, gilt dieses auch für die Steuerbilanz. Nach Auffassung des BFH sind indessen handelsrechtliche Aktivierungswahlrechte (z.B. solche im Bereich der Herstellungskosten des Vorratsvermögens) steuerliche Aktivierungsgebote, wohingegen handelsrechtliche Passivierungswahlrechte (z.B. bezüglich des Ansatzes bestimmter Aufwandsrückstellungen gemäß § 249 Abs. 2 HGB) steuerlich Passivierungsverbote darstellen.[35] Gleiches gilt nach der Rechtsprechung des BFH[36] für handelsrechtliche Bilanzierungshilfen (§§ 269, 274 Abs. 2 HGB), welche die wahlweise Aktivierung bestimmter Aufwendungen erlauben, die nicht zu einem Vermögensgegenstand geführt haben.[37] Derartige Kosten bleiben in der Steuerbilanz außer Ansatz. Werden steuerrechtlich zulässige, aber nicht zwingend vorgeschriebene Wertansätze (z.B. Reinvestitionsbegünstigungen nach § 6a EStG, erhöhte Absetzungen, Sonderabschreibungen und Bewertungsfreiheiten) für Zwecke der steuerlichen Gewinnermittlung nur anerkannt, wenn sie sich aus der Handelsbilanz ergeben, spricht man von der sog. *„umgekehrten Maßgeblichkeit“*.[38] Praktisch gesehen ist der Bilanzierende in diesen Fällen zum Zwecke der Inanspruchnahme steuerrechtlicher Vergünstigungen zu einer gleich lautenden Bilanzierung in Handels- und Steuerbilanz gezwungen. Diesem Umstand trägt das deutsche Bilanzrecht Rechnung, indem es sich steuerrechtlich motivierten Gestaltungen öffnet (vgl. §§ 247 Abs. 3, 254, 273, 279 Abs. 2 HGB). Insbesondere die umgekehrte Maßgeblichkeit ist Ursache dafür, dass die deutsche handelsrechtliche Rechnungslegung – zumindest die nicht kapitalmarktorientierter Unternehmen – nach wir vor in größerem Umfang von steuerrechtlichen Vorschriften und der steuerlichen Praxis geprägt ist, um eine weitgehende Konkordanz von Handels- und Steuerbilanz zu erreichen (sog. „Einheitsbilanz“). 802

Das nach wie vor verbreitete und von der geltenden Rechtslage geförderte einheitsbilanzielle Denken führt zu einer Vermischung handelsbilanzieller Rechnungslegungszwecke mit sachfremden fiskalischen oder subventionspolitischen Zielsetzungen und ist grundsätzlich abzulehnen. Denn der Bilanzierende erhält die Möglichkeit, durch steuerrechtliche Mehrabschreibungen unversteuerte stille Reserven zu bilden, was zu einer Verfälschung der Gewinnermittlung auf Grund nicht periodengerechter Aufwandsverrechnung führt. Hierdurch wird in vielen Fällen letzthin Gesichtspunkten im handelsrechtlichen Jahresabschluss Geltung verschafft, welche die Aussagekraft des Jahresabschlusses beeinträchtigen können. Dies trägt mit dazu bei, dass die HGB-Rechnungslegung teilweise an Aussagekraft hinter einer Bilanzierung nach internationalen Vorschriften zurücksteht, die eine Berücksichtigung solcher Effekte nicht zulassen. Gleiches gilt übrigens für die Konzernrechnungslegung nach HGB. 803

Den genannten Auswirkungen auf die Aussagekraft der Rechnungslegung versucht der Gesetzgeber zwar durch entsprechende Zusatzinformationen im Anhang entgegen zu wirken. Zu folgenden praktisch relevanten Sachverhalten sind Angaben im Anhang zu machen: 804

---

[35] Grundlegend: BFH (GrS) v. 3. 2. 1969, BStBl. II 1969, 291.
[36] Z. B. BFH Urt. V. 27. 1. 1954 – IV 255/53 V – BStBl. III 1954, 109.
[37] Vgl. hierzu Rdn. 319ff.
[38] Vgl. hierzu Rdn. 802.

- Ausmaß der *Ergebnisbeeinflussung* durch Anwendung steuerlicher Vorschriften und *erheblicher künftiger Belastungen* aus der Inanspruchnahme steuerlicher Vergünstigungen (§ 285 Nr. 5 HGB)[39]
- *Abschreibungen*, die allein nach steuerlichen Vorschriften gebildet wurden (§ 281 Abs. 2 Satz 1 HGB)
- Bildung von *Sonderposten mit Rücklageanteil*[40] (§§ 273 Satz 2, 281 Abs. 1 Satz 2 HGB) sowie Aufwendungen und Erträge aus der Bildung oder Auflösung dieser Posten (§ 281 Abs. 2 Satz 2 HGB)

805 Für den Bilanzanalytiker sind diese Angaben jedoch nur von beschränktem Wert. Es wird ihm schwer fallen, eine umfassende Neutralisierung steuerbilanzpolitischer Einflüsse sicher zu stellen. Bei betriebswirtschaftlich gesehen zu langen Abschreibungsdauern, die steuerrechtlich bedingt sind (z.B. Abschreibung eines Geschäfts- oder Firmenwertes über 15 Jahre) bietet es sich an, den Abschreibungszeitraum angemessen zu verkürzen und den entsprechenden Mehraufwand zu berücksichtigen.

III. Methodik der externen Jahresabschlussanalyse

806 Ungeachtet der dargestellten Analysehindernisse stellt der handelsrechtliche Jahresabschluss eine unverzichtbare Grundlage für die externe Jahresabschlussanalyse dar, deren methodischer Seite wir uns nun zuwenden wollen. Der Prozess der Jahresabschlussanalyse umfasst neben der Sammlung und Erfassung von Daten in erster Linie die Bildung, Auswahl und Interpretation von *Kennzahlen.*

1. Kennzahlen und Kennzahlensysteme

807 Hierbei handelt es sich um Zahlen, die über die ihnen – in der Regel zugrunde liegende – reine Buchhaltungsinformation hinaus einen „Kennwert" haben, d.h. über einen Aussagewert hinsichtlich bestimmter Verhältnisse und Entwicklungen verfügen. Kennzahlen sind geeignet, einen bestimmten betriebswirtschaftlichen Sachverhalt in verdichteter Form zu charakterisieren.[41] Es handelt sich bei diesen weniger um absolute Zahlen oder „Grundzahlen" (z.B. Jahresüberschuss, Umsatz, Bilanzsumme), da diese allein für sich gesehen wenig aussagekräftig und außerdem dem Jahresabschluss bereits unmittelbar zu entnehmen sind. Demgegenüber ist eine Aussage möglich, wenn zwei absolute Zahlen zueinander in ein Verhältnis gesetzt werden. Kennzahlen sind daher in erster Linie *Verhältniszahlen.* Sie drücken ein Verhältnis aus, das zwischen mehreren Bestands- oder Erfolgsgrößen besteht und stellen mathematisch gesehen einen Quotienten (Bruch) dar, in dem zwei Größen als Zähler oder Nenner in Bezug gebracht werden:

808 **Beispiel:** Die A-GmbH weist in ihrer Bilanz zum 31. 12. 01 bei einer Bilanzsumme von 2.678.900 EUR ein Eigenkapital (Stammkapital, Rücklagen, Jahresüberschuss) von 669.725 EUR aus. Setzt man das Eigenkapital ins Verhältnis zur Bilanzsumme, welche die Gesamtsumme der Vermögensgegenstände der Gesellschaft repräsentiert, so ergibt sich als Kennzahl die Eigenkapitalquote: Eigenkapitalquote = Eigenkapital/Bilanzsumme = 669.725/2.678.900 = 0,25. Die Eigenkapitalquote der A-GmbH beträgt also 25%.

809 Verhältniszahlen abstrahieren von der Größe des analysierten Unternehmens und sind daher einem externen Vergleich zugänglich. Verhältniskennzahlen sind nur bezüglich sol-

[39] Vgl. hierzu Rdn. 697.
[40] Vgl. Rdn. 472f.
[41] Vgl. *Baetge/Kirsch/Thiele,* aaO, S. 35 mwN.

cher Werte sinnvoll, die zueinander in einem analytisch aussagefähigen, d.h. sachlogischen Zusammenhang stehen. Ferner müssen Zähler und Nenner den gleichen Zeitbezug (Stichtag, Geschäftsjahr, Quartal etc.) aufweisen und die gleiche Bewertungsgrundlage oder Werteinheit haben (z.B. Ansatz von Umsatz und Vorratsbestand jeweils zu Verkaufspreisen bei der Ermittlung der Umschlaghäufigkeit). Folgende Typen von Verhältniszahlen werden unterschieden:

- *Gliederungszahlen*
- *Indexzahlen*
- *Beziehungszahlen*

Gliederungszahlen werden in der Weise ermittelt, dass eine Teilaussage oder ein rele- 810
vanter Teilbereich der Geschäftstätigkeit zu einer Gesamtheit bzw. der gesamten Geschäftstätigkeit in Beziehung gesetzt wird. Die oben dargestellte Eigenkapitalquote ist eine solche Gliederungszahl. Hierzu zählen auch die Rohertragsquote, Personalkostenquote oder Umsatzrendite, durch die das Verhältnis des Rohertrags, der Personalkosten oder des Jahresergebnisses zum Umsatz ermittelt wird. Auch der Exportanteil eines Unternehmens stellt eine Gliederungszahl dar, da er einen Teil des Gesamtumsatzes beschreibt. Indexzahlen oder Messzahlen messen die Entwicklung von bestimmten Einzelwerten über einen längeren Zeitraum (z.B. Entwicklung von Preisen und Personalkosten gemessen an einer Basiszahl). Beziehungszahlen stellen einen rechnerischen Zusammenhang her zwischen einzelnen, der Sache nach wesensverschiedenen Angaben oder Werten, wobei dieser nach den konkreten Gegebenheiten eine betriebswirtschaftlich relevante Aussage vermittelt (z.B. Umsatz pro Mitarbeiter oder qm Verkaufsfläche).

Kennzahlen können zu komplexen *Kennzahlensystemen* (Kennzahlenkombinationen) 811
verknüpft werden. Mit Kennzahlensystemen wird eine *Gesamturteilsbildung* angestrebt, welche durch individuelle Kennzahlen nicht geleistet werden kann. Sie sind dadurch gekennzeichnet, dass mehrere einzelne Kennzahlen zu einem System von gegenseitig abhängigen oder einander ergänzenden Kennzahlen zusammengefügt werden.[42] Die Kennzahlen werden dabei auf der Grundlage klassischer Kennzahlensysteme entweder von wenigen Spitzenkennzahlen ausgehend in eine rechentechnisch verknüpfte hierarchische Ordnung von Haupt- und Unterkennzahlen gebracht (Rechensystem) oder sachlogisch verschiedenen Funktionsbereichen zugeordnet (Ordnungssystem), ohne dass eine rechentechnische Verbindung zwischen den einzelnen Kennzahlen besteht. Der klassische Anwendungsfall eines Rechensystems ist das ROI *(Return-on-Investment)*-Kennzahlensystem, das an anderer Stelle dargestellt wird.[43] Das *Reichmann/Lachnit* (RL)-Kennzahlensystem stellt hingegen ein Ordnungssystem dar. Es besteht aus zwei Teilen: einem Rentabilitätsteil, basierend auf der Größe „Jahresüberschuss/-fehlbetrag)“, und einem Liquiditätsteil, basierend auf der Größe „liquide Mittel“. Diese Spitzenkennzahlen werden weiter aufgefächert. Neben diesen klassischen Kennzahlensystemen existieren sog. *Nutzwertanalysen (Scoring-Modelle),* die darauf basieren, dass mehrere zu beurteilende Merkmale oder Objekte in eine nutzwertorientierte Rangfolge gebracht werden. Hierdurch kann unter anderem erreicht werden, die Bilanzpolitik in die Beurteilung des Unternehmens einzubeziehen (z.B. quantitative Bilanzanalyse nach dem „Saarbrücker Modell“ von Prof. Küting). Schließlich finden *mathematisch-statistische Verfahren* der modernen Bilanzanalyse Anwendung, die sich insbesondere zur Früherkennung von Insolvenzen eignen (z.B. Multivariante Diskriminanzanalyse, logistische Regressionsanalyse, künstliche neuronale Netzanalyse), deren Darstellung aber den Rahmen der vorliegenden Darstellung sprengen würde.

---

[42] Vgl. *Baetge/Kirsch/Thiele,* aaO, S. 500ff.
[43] Vgl. Rdn. 819ff.

2. Vergleichsmaßstäbe

812 Kennzahlen bedürfen der Interpretation auf der Grundlage geeigneter Maßstäbe. Solche sind:

- *Zeitvergleich*
- *Betriebsvergleich*
- *Soll-Ist-Vergleich*

813 Der typische Fall des Zeitvergleichs ist der Periodenvergleich, also die vergleichende Gegenüberstellung absoluter oder relativer Kennzahlen mehrerer Abrechnungsperioden eines Unternehmens. Das HGB ordnet zu diesem Zweck die Angabe von Vergleichswerten des Vorjahrs an (§ 265 Abs. 2 Satz 1 HGB) und misst der Vergleichbarkeit der Abschlussangaben und der Konsistenz der Bewertungsmethoden (Bilanzierungsstetigkeit) einen hohen Rang zu (§§ 265 Abs. 2 Satz 2 und 3, 252 Abs. 2 Nr. 1 und Nr. 6 HGB). Eventuelle Durchbrechungen der Methodenkontinuität sind daher anzugeben und zu begründen (§ 284 Abs. 2 Nr. 3 HGB). Der Periodenvergleich bleibt auf der Ebene des einzelnen Unternehmens stehen, dieses macht sich also selbst zum Maßstab. Wichtige Aufschlüsse liefert daher die Gegenüberstellung verschiedener aber vergleichbarer Unternehmen, also z.B. solcher, die derselben Branche angehören oder ein vergleichbares Tätigkeitsspektrum haben (Objektvergleich). Ein grundlegendes Problem eines Objektvergleichs ist jedoch, dass sich Unternehmen auf Grund abweichender Strukturen (Rechtsformen, Größen, Produktionstechniken etc.) vielfach nicht ohne weiteres vergleichen lassen. Entscheidendes Gewicht muss daher in diesem Fall auf die sachgerechte Auswahl der Vergleichsobjekte („Peer Group“) gelegt werden. Die bisherigen Gegenüberstellungen betrafen ausschließlich tatsächliche Verhältnisse im Sinne von Ist-Größen. Zur weitergehenden Analyse können daher Soll- oder Normgrößen herangezogen werden, die als Beurteilungsmaßstäbe für Unternehmenszahlen dienen. Als Maßstäbe für die interne Analyse kommen die Planwerte des Unternehmens in Betracht; die Soll-Ist-Abweichung gibt dann das Ausmaß der Planverfehlung oder der Planüberschreitung an. Für die externe Analyse sind hingegen Branchendurchschnittswerte (sog. Benchmarks) als normative Vergleichsmaßstäbe von großer Bedeutung. Diese erlauben ein Urteil darüber, wie sich das betrachtete Unternehmen gemessen am branchenüblichen Rahmen darstellt.

3. Erfolgswirtschaftliche Bilanzanalyse

814 **a) Erfolgsspaltung.** Die traditionelle Kennzahlenanalyse unterscheidet die *erfolgswirtschaftliche* und die *finanzwirtschaftliche* Bilanzanalyse. Die erfolgswirtschaftliche Analyse hat den ordentlichen Betriebserfolg eines Unternehmens als wichtigsten Indikator der Ertragskraft zum Gegenstand, der bereinigt ist von betriebsfremden oder anderen außerordentlichen Vorgängen sowie von – erkannten – bilanzpolitischen Maßnahmen. Die Ermittlung des Betriebserfolgs setzt eine Analyse und Aufspaltung des Unternehmenserfolgs nach seinen Quellen (sog. Erfolgspaltung) voraus. Folgende Erfolgsquellen sind zu unterscheiden:

- ordentlicher Betriebserfolg
- Finanz- und Verbunderfolg
- außerordentlicher Erfolg
- „Bewertungserfolg“

815 Der *ordentliche Betriebserfolg* speist sich aus der eigentlichen Geschäftstätigkeit des Unternehmens und leitet sich aus einer Gegenüberstellung der dieser zuzuordnenden Aufwendungen und Erträge ab (z.B. Umsatzerlöse, Materialaufwand, Personalaufwand).

Der *Finanz- und Verbunderfolg* umfasst im Wesentlichen diejenigen Ergebniseinflüsse, die aus der Fremdmittelaufnahme (z.B. Finanzierung über Bankdarlehen und Anleihen) und dem Erwerb von Kapitalanlagen (z.B. Beteiligungen, Anteile an verbundenen Unternehmen) herrühren und daher keinen unmittelbaren Bezug zur betrieblichen Leistungserstellung haben. Unter den *außerordentlichen Erfolg* fallen ungewöhnliche, einmalige und unternehmensfremde Vorgänge, die keine Aussage über die Leistungskraft des Betriebes erlauben. Unter den Begriff des *Bewertungserfolgs* werden alle Auswirkungen bilanzpolitisch motivierter Maßnahmen zusammengefasst. Zu seiner Ermittlung sind diese Maßnahmen und Gestaltungen zu identifizieren, zu quantifizieren und zu neutralisieren. Sinnvollerweise erfolgt die Ermittlung der genannten Teilerfolge – zumindest in einem ersten Schritt – *vor Ertragsteuern,* um steuerrechtlich bedingte und vom Unternehmen nur beschränkt gestaltbare Einflüsse (z.B. Unterschiede in der Besteuerung von Personenhandels- und Kapitalgesellschaften, unterschiedliche Gewerbesteuer-Hebesätze, Auswirkungen von Steuernachzahlungen und -erstattungen) zu eliminieren.

b) Intensitätskennzahlen. Nach Vornahme der Erfolgsspaltung können das ordentli- 816
che Betriebsergebnis oder seine wesentlichen Bestandteile (z.B. Umsatz, Rohertrag, Personalkosten) durch Bildung von *Intensitäts- und Rentabilitätskennzahlen* näher untersucht werden, um Bedeutung und Einfluss der einzelnen Aufwandsarten für das Betriebsergebnis zu ermitteln (z.B. Materialintensität, Personalintensität, Kapitalintensität) oder das prozentuale Verhältnis des Periodenergebnisses, des Betriebserfolgs, des Umsatzes oder einer anderen Erfolgsgröße zum eingesetzten Kapital oder einer anderen Verursachungsgröße herauszustellen. Nachfolgend werden lediglich beispielhaft einige verbreitete Erfolgskennzahlen aufgeführt:

- *Rohertragsquote* (Rohertrag zu Umsatzerlösen)
- *Bruttomarge* (Bruttoergebnis vom Umsatz zu Umsatzerlösen)
- *Personalkostenquote* oder „Personal bzw. Arbeitsintensität“ (Personalaufwand zu Umsatzerlösen)
- *Herstellkostenquote* (Herstellungskosten der zur Erzielung der Umsatzerlöse erbrachten Leistungen[44] zu Umsatzerlösen)

(1) Betriebswirtschaftliche Rentabilitätskennzahlen. Rentabilität wird allgemein de- 817
finiert als Beziehungszahl, bei der eine *Erfolgsgröße* zu einer dieses Ergebnis maßgebend bestimmenden *Verursachungsgröße* in Relation gesetzt wird.[45] Rentabilitätsbetrachtungen haben also das prozentuale Verhältnis einer Erfolgsgröße – im Zähler – und einer Verursachungsgröße – im Nenner – zum Gegenstand. Die Erfolgsgröße ist z.B. der (ggf. um Ertragsteuern, Zinsen oder andere Posten bereinigte) Jahresüberschuss oder der ordentliche Betriebserfolg. Die Verursachungsgröße kann z.B. das buchmäßige bzw. das bilanzanalytisch bereinigte Eigenkapital,[46] das Gesamtkapital oder lediglich das betriebsnotwendige Vermögen sein. Die Gestaltungsmöglichkeiten der Rentabilitätsanalyse sind vielfältig. Folgende Rentabilitätsbetrachtungen sind in erster Linie von Bedeutung:

- *Gesamtkapitalrentabilität* (Jahresüberschuss – ggf. vor Steuern und Zinsen – zu bereinigtem Gesamtkapital)
- *Eigenkapitalrentabilität* (Jahresüberschuss – ggf. vor Steuern und Zinsen – zu bereinigtem Eigenkapital)
- *Betriebsrentabilität* (ordentlicher Betriebserfolg zu betriebsnotwendigem Vermögen × 100)

---

[44] Vgl. § 275 Abs. 3 Nr. 2 HGB.
[45] Vgl. *Coenenberg*, S. 1040.
[46] Vgl. hierzu Rdn. 840f.

- *Umsatzrentabilität* oder *Umsatzrendite* (Jahresüberschuss – ggf. vor Steuern und Zinsen – oder ordentlicher Betriebserfolg zu Umsatzerlösen)
- *Umschlaghäufigkeit* des Betriebsvermögens (Umsatz zu Gesamtkapital oder betriebsnotwendigem Vermögen × 100)

818 Die Kapitalrentabilität ist eine zentrale Frage der Bilanzanalyse, die Begriffe „Rentabilität" und „Kapitalrentabilität" werden häufig synonym gebraucht. Die *Gesamtkapitalrentabilität* bringt die Fähigkeit eines Unternehmens, Gewinne zu erzielen, zum Ausdruck, ohne das eingesetzte Kapital nach seiner Herkunft (Eigen- und Fremdkapital) zu differenzieren. Das Gesamtkapital entspricht daher grundsätzlich der Bilanzsumme des handelsrechtlichen Jahresabschlusses. Wird in diese Betrachtung das Eigenkapital hingegen auf bilanzanalytisch bereinigter Basis einbezogen, ergeben sich entsprechende Hinzurechnungen und/oder Kürzungen. Hat sich das Gesamtkapital in der betrachteten Periode wesentlich verändert, kann man das arithmetische Mittel zwischen Anfangs- und Endbestand des Gesamtkapitals zugrundelegen. Die Kapitalrentabilität ist umso besser, je „schlanker" ein Unternehmen investiert ist, d.h. je geringer das zur Erzielung eines gegebenen Umsatzvolumens erforderliche Gesamtkapital ist.

819 Im anglo-amerikanischen Bereich wird die Kapitalrentabilität an diversen Kennzahlen gemessen, unter anderem am „*Return on Capital Employed* (ROCE)" und am „*Return on Investment*" (ROI). Die Kennzahl „ROCE" hat in jüngerer Zeit in Deutschland weitere Verbreitung gefunden. Üblicherweise wird hierbei eine bereinigte Erfolgsgröße (z.B. Jahresüberschuss vor Steuern und Zinsen, EBIT[47]) einer modifizierten Gesamtkapitalgröße gegenübergestellt, die um nicht zinstragende Verbindlichkeiten (z.B. kurzfristige Lieferungs- und Leistungsverbindlichkeiten, sonstige Verbindlichkeiten) und um die sonstigen Rückstellungen gemindert ist, die definitionsgemäß nicht zum „eingesetzten Kapital" im Sinne dieser Kennzahl zu rechnen sind. Der ROCE soll es erlauben, die Effizienz von Unternehmen beim Einsatz von „kostenpflichtigem" Kapital zu vergleichen, also solchem Mitteleinsatz, der mit Renditeerwartungen (Eigenkapital) oder Zinsbelastungen (zinspflichtiges Fremdkapital) verbunden ist, die aus dem Ergebnis zu „bedienen" sind. Der „ROI" hat sich in Deutschland bereits seit längerem durchgesetzt. In seiner Grundbedeutung ist er gleichbedeutend mit der Gesamtkapitalrentabilität im oben dargestellten Sinne. Der ROI wird indessen gelegentlich auf das Betriebskapital als Bezugsgröße beschränkt, dann entspricht er der Betriebsrentabilität. Er kann jedoch auch als Spitzenkennzahl eines komplexen Kennzahlensystems (Rechensystems) fungieren und daher durch Erweiterung von Zähler und Nenner um weitere Bestandteile (z.B. Eigenkapital, Gesamtkapital oder Umsatz) ergänzt werden. In diesem „Return-on-Investment-Konzept" kann der ROI in Teilaussagen zerlegt werden (z.B. in Gesamtkapitalrentabilität, Eigenkapitalrentabilität oder Eigenkapitalquote bzw. Umsatzrentabilität und Umschlaghäufigkeit).

820 Eigentliche Zielgröße eines kaufmännisch geführten Unternehmens ist allerdings die Maximierung der *Eigenkapitalrentabilität.* Sie bringt die Verzinsung des von den Gesellschaftern (Anteilseignern) eingesetzten Kapitals zum Ausdruck, ist daher die entscheidende Kennzahl für Anlageentscheidungen und folglich für die Beurteilung von Unternehmen von großer Bedeutung. Die Eigenkapitalrentabilität ist bei feststehendem Periodenerfolg umso höher, je niedriger die Eigenkapitalquote ist. Sie steigt mit höherer Umsatzrentabilität und einem höheren Kapitalumschlag.

821 Die *Umsatzrentabilität* oder *Umsatzrendite* ist ein Spiegel der Preisverhältnisse am Beschaffungsmarkt und der sonstigen Kostensituation des Unternehmens und damit ein wichtiger Indikator für die Fähigkeit des Unternehmens, rechtzeitig auf Änderungen des

---

[47] Vgl. Rdn. 824ff.

Absatz- oder Beschaffungsmarkts zu reagieren und die Kostenstruktur entsprechend anzupassen. Negative Veränderungen der Umsatzrendite im Zeitvergleich sind daher stets Anlass für weitergehende Untersuchungen. Abweichungen der Umsatzrenditen im Betriebsvergleich beruhen in der Regel auf unterschiedlichen Preisgestaltungen oder Kostenkostenstrukturen und sind daher möglicherweise Anlass für Anpassungsmaßnahmen im „schwächeren" Unternehmen. Die Umsatzrentabilität kann alternativ auf das handelsrechtliche Jahresergebnis oder den ordentlichen Betriebserfolg bezogen werden, wobei in der Regel letzteres vorzugswürdig ist.

Weist das Unternehmen neben den Umsatzerlösen aktivierte Eigenleistungen oder Bestandsveränderungen bei unfertigen oder fertigen Erzeugnissen aus (§ 275 Abs. 2 Nr. 2 und 3 HGB),[48] sollte den Kennzahlenermittlung statt der Umsatzerlöse die Gesamtleistung zugrundegelegt werden.

Die *Betriebsrentabilität* (oder auch Betriebskapitalrentabilität) ist die Relation des ordentlichen Betriebserfolgs zum betriebsnotwendigen Vermögen. Sie ist ein Maß für die Ertragskraft eines Unternehmens, die ihre Quelle in der Verfolgung des eigentlichen Betriebszwecks und der diesem zuzuordnenden Vermögenswerte (betriebsnotwendiges Vermögen) hat. Zur Ermittlung des betriebsnotwendigen Vermögens, dessen genaue Abgrenzung allein anhand der handelsrechtlichen Bilanz schwierig ist, sind solche Vermögenswerte (und ggf. mit diesen korrespondierende Schulden) aus dem Gesamtvermögen zu eliminieren, die keinen Bezug zur betrieblichen Wertschöpfung haben (z. B. Vorratsgrundstücke, Finanzanlagen sowie andere Rechte und Werte, die aus Kapitalanlageinteresse gehalten werden). **822**

Der Kapitalumschlag trifft eine Aussage über die Effizienz des eingesetzten Kapitals. Ein hoher Kapitalumschlag ist eine Voraussetzung für hohe Renditen und wirkt sich damit auch günstig auf die Liquidität aus. Die *Umschlaghäufigkeit* des Kapitals misst den Kapitalumschlag durch eine periodenbezogene Kennzahl. Umsatzrentabilität und Umschlaghäufigkeit ergeben kombiniert wiederum den ROI nach folgender Formel: **823**

$$\text{ROI} = \text{Umsatzrentabilität} \times \text{Umschlaghäufigkeit}$$

(2) „Earnings-before-Kennzahlen". Hinsichtlich der bei der Messung der Rentabilität verwendeten Ergebnisgrößen haben – insbesondere in der Veröffentlichungspraxis börsennotierter Unternehmen – seit einigen Jahren die (Pro-Forma-)Kennzahlen der *„Earnings-before-Familie"* eine große Beliebtheit erlangt: **824**

- *EBT* (*Earnings before Taxes* = Ergebnis vor Ertragsteuern)
- *EBIT* (*Earnings before Interest and Taxes* = Ergebnis vor Zinsen und Ertragsteuern)
- *EBITA* (*Earnings before Interest, Taxes and Amortization* = Ergebnis vor Zinsen, Ertragsteuern und Abschreibungen auf immaterielle Vermögensgegenstände)
- *EBITDA* (*Earnings before Interest, Taxes, Depreciation and Amortization* = Ergebnis vor Zinsen, Ertragsteuern und Abschreibungen – einschließlich der Abschreibungen auf aktivierte Geschäfts- oder Firmenwerte und andere immaterielle Vermögensgegenstände)

Diese Kennzahlen sind, wie ihre Bezeichnung verrät, im anglo-amerikanischen Raum seit langem gebräuchlich. Gemeinsamer Gegenstand dieser absoluten Kennzahlen, die weder in HGB-Vorschriften noch in IAS/IFRS-Standards eine Grundlage finden, ist eine um bestimmte Aufwandspositionen der Gewinn- und Verlustrechnung bereinigte Ergebnisgröße (Earnings). Die in der Praxis verwendeten Begriffe sind indessen nicht eindeutig geklärt, eine einheitliche Anwendungspraxis ist daher nicht gesichert. Unter „Earnings" **825**

[48] Vgl. Rdn. 674 f.

wird üblicherweise das Ergebnis der Gesamtaktivitäten des Unternehmens verstanden, das daher in der Regel dem Jahresüberschuss/-fehlbetrag oder einem vergleichbaren Periodenerfolg entspricht. Dieser wird allerdings häufig um außerordentliche Einflüsse bereinigt, was im Regelfall angemessen ist. Es können ferner Zweifel darüber bestehen, ob sich der Begriff „Taxes" lediglich auf Ertragsteuern (Körperschaftsteuer, Gewerbeertragsteuer, Solidaritätszuschlag) erstreckt oder auch ertragsunabhängige „Kostensteuern" (z.B. Kfz-Steuern, Mineralölsteuer, Stromsteuer) mit einbezieht, was allerdings aus analytischer Sicht nicht recht überzeugt. Ferner besteht kein einheitliches Verständnis im Hinblick darauf, ob unter „Interest" lediglich der Zinsaufwand oder das gesamte Finanz- und Verbundergebnis zu fassen ist, das auch Beteiligungserträge oder Verlustübernahmen umfasst.

826 Das *EBT* vermittelt ein um Einflüsse des Ertragsteuerrechts bereinigtes Ergebnis. Werden sowohl Ertragsteuern als auch sonstige Steuern sowie ein eventuelles außerordentliches Ergebnis eliminiert, entspricht das EBT übrigens dem *„Ergebnis der gewöhnlichen Geschäftstätigkeit"* nach § 275 Abs. 2 Nr. 14 (GKV) bzw. Abs. 3 Nr. 13 (UKV) HGB. Das *EBIT* soll ein um Einflüsse der Kapitalstruktur (Eigen- und Fremdkapitalausstattung) bereinigtes Ergebnis des Unternehmens darstellen. Versteht man EBIT als Ergebnis vor Steuern vom Einkommen und Ertrag, außerordentlichen Aufwendungen und Erträgen sowie dem Finanz- und Verbundergebnis, stellt es ein extern leicht zu ermittelndes und zudem relativ aussagefähiges *„Betriebsergebnis"* (allerdings vor Bereinigung um einen möglicherweise bilanzpolitisch motivierten „Bewertungserfolg!) dar und kann daher Grundlage für betriebswirtschaftlich verwertbare Verhältniskennzahlen sein (z.B. EBIT-Marge). Kann das EBIT mit gewissen Einschränkungen als betriebswirtschaftlich sinnvolle Ergebnisgröße angesehen werden, so sind das *EBITA* oder das *EBITDA* mehr als Aussage zur Liquiditätslage zu werten. Das EBITDA tritt auch in Form des EBDIT *(Earnings before Depreciation, Interest and Taxes)* auf[49] und ist häufig Grundlage für Rentabilitätskennzahlen. Auch wenn es einen von Umfang und Alter des Sachanlagevermögens unabhängigen Unternehmensvergleich ermöglicht, beschleicht einen doch stets der Verdacht, dass dieses Ergebnis in erster Linie dazu dienen soll, eine schwache Ergebnisentwicklung oder gar eine aktuelle Verlustsituation in ein besseres Licht zu rücken.

827 Während die „Earnings-before-Kennzahlen" mit dem Makel möglicher bilanzpolitischer Beeinflussung und eingeschränkter Vergleichbarkeit behaftet sind, existiert für börsennotierte Unternehmen mit dem *Ergebnis je Aktie nach DVFA/SG* in Deutschland ein allgemein akzeptierter Standard zur Ermittlung des Gewinns je Aktie. In den USA gehören die „Earnings per Share" (EPS), die als Pflichtangabe von international bilanzierenden Unternehmen zu veröffentlichen sind, zu den am häufigsten erwähnten Kennzahlen zur Erfolgsanalyse von Konzernen.[50] Bei dem Ergebnis je Aktie nach DVFA/SG handelt es sich um einen zum Zwecke der Erleichterung einer vergleichenden Aktienanalyse auf der Grundlage eines einheitlichen Gewinnbegriffs von Finanzanalysten entwickelten, dem EPS vergleichbaren Indikator, der auf eine gemeinsame Empfehlung der Deutschen Vereinigung für Finanzanalyse und Asset Management (DVFA) und der Schmalenbach-Gesellschaft (SG) zurückgeht aber auch für nicht börsennotierte Unternehmen bedeutsam sein kann. Das Verfahren zur Ermittlung des DVFA/SG-Ergebnisses ist recht komplex, da nicht nur vielfältige Ansatz- und Bewertungsfragen, sondern auch die mit diesen in Zusammenhang stehenden steuerlichen Wechselwirkungen betrachtet werden. Die Ergebnisermittlung ist um eine weitgehende Eliminierung der bereits erläuterten bilanzpo-

---

[49] Zu weiteren EBITDA-Varianten vgl. *Küting/Weber,* Die Bilanzanalyse, 7. Aufl., Stuttgart 2004, S. 305.

[50] Vgl. *Küting/Weber,* aaO, S. 266 mwN.

litischen und anderen Sondereffekte anhand eines umfangreichen Katalogs von Bereinigungen bemüht, was den externen Unternehmensvergleich erleichtert.

4. Finanzwirtschaftliche Bilanzanalyse

Neben der erfolgswirtschaftlichen Jahresabschlussanalyse steht die *finanzwirtschaftliche* Untersuchung des Jahresabschlusses. Deren Aufgabe ist die Gewinnung von Informationen über Kapitalverwendung (Investition) und Kapitalaufbringung (Finanzierung). Die finanzwirtschaftliche Analyse ist daher in erster Linie 828

- Liquiditätsanalyse
- Vermögensstrukturanalyse (Investitionsanalyse)
- statische und dynamische Finanzanalyse

a) Liquiditäts- und Vermögensstrukturanalyse. Bei diesen Fragestellungen steht die Beurteilung der *Liquidität* des Unternehmens im Vordergrund. Hierbei handelt es sich um die Fähigkeit, zu jedem Zeitpunkt in der Lage zu sein, fällige Zahlungsverpflichtungen zu erfüllen. Die Beurteilung der kurzfristigen Liquidität erfolgt auf der Grundlage von Liquiditäts- und Vermögensstrukturkennzahlen, von denen uns bereits die eine oder andere bei der Darstellung der Positionen des handelsrechtlichen Jahresabschlusses begegnet sind. Zur Ermittlung der Liquiditätskennzahlen ist eine vorherige Aufbereitung der Bilanz nach Fristigkeiten erforderlich: 829

Liquiditätskennzahlen
- Liquidität 1. Grades (liquide Mittel zu kurzfristigem Fremdkapital)
- Liquidität 2. Grades (kurzfristiges Umlaufvermögen zu kurzfristigem Fremdkapital)
- Net Working Capital (Umlaufvermögen minus kurz- und mittelfristiges Fremdkapital)

Vermögensstrukturkennzahlen
- Anlageintensität (Anlagevermögen zu Umlaufvermögen)
- Arbeitsintensität (Umlaufvermögen zu Gesamtvermögen)
- Investitionsquote des Anlagevermögens (Zugänge zu den kumulierten historischen Anschaffungskosten eines Geschäftsjahres)
- Wachstumsquote des Anlagevermögens (Abschreibungen zu den Zugängen des Geschäftsjahres)
- Abnutzungsgrad des Anlagevermögens (fortgeführte Buchwerte des abnutzbaren Anlagevermögens zu den entsprechenden historischen Anschaffungskosten)
- Umschlaghäufigkeit des Gesamtvermögens (Umsatz zu durchschnittlichem Gesamtvermögen)
- Umschlaghäufigkeit der Vorräte (Umsatz zu durchschnittlichem Vorratsbestand)
- Vorratsintensität (durchschnittlicher Vorratsbestand zu Gesamtvermögen)
- Umschlagdauer des Vorratsvermögens (durchschnittlicher Vorratsbestand zu Umsatz × 365)
- Umschlaghäufigkeit der Forderungen (Umsatz zum durchschnittlichem Forderungsbestand)
- Debitorenziel (durchschnittlicher Forderungsbestand zu Umsatz × 365)
- Kreditorenziel (durchschnittliche Verbindlichkeiten aus Lieferungen und Leistungen zu Materialaufwand × 365)

Aus dem Verhältnis von langfristig gebundenem Anlagevermögen zu kurzfristig strukturiertem Umlaufvermögen bzw. von Anlagevermögen zu Gesamtvermögen lassen sich wichtige Erkenntnisse ableiten. Es gilt es nämlich folgendes zu beachten: Je größer der Anteil des Anlagevermögens am Gesamtvermögen, umso geringer ist die Flexibilität und damit die finanzwirtschaftliche Anpassungsfähigkeit des Unternehmens. Denn je langfristiger das 830

Vermögen des Unternehmens gebunden ist, desto geringer ist das Liquiditätspotenzial, das im Vermögen gespeichert ist und das im Fall von Beschäftigungs- oder Strukturveränderungen zur Sicherung der finanziellen Stabilität kurzfristig mobilisiert werden kann. Denn Gegenstände des Anlagevermögens können – selbst im eher seltenen Fall ihrer Entbehrlichkeit – nicht immer kurzfristig „zu Geld gemacht" werden. Ein bedeutendes Anlagevermögen deutet zudem auf hohe Produktionskapazitäten und damit hohe Fiskostenanteile der Herstellungskosten hin. Je höher aber der Fixkostenanteil der Herstellungskosten ist, umso stärker wirken sich Verringerungen der Auslastung negativ auf den Unternehmenserfolg aus, ohne dass kurzfristig durch Kostenanpassungsmaßnahmen reagiert werden kann. Demgegenüber spricht ein kleiner Anteil des Anlagevermögens am Gesamtvermögen für eine hohe Kapazitätsauslastung und damit für eine kostengünstige Produktion.

831 **Beispiel:** Die A-GmbH weist in ihrer Bilanz zum 31. 12. 01 ein Anlagevermögen von 1.200 TEUR und ein Umlaufvermögen von TEUR 750 aus. Darüber hinaus besteht ein aktiver Rechnungsabgrenzungsposten von TEUR 50, der im Voraus entrichtete Zahlungen für einen Messestand betrifft, der im Folgejahr betrieben werden soll. Wie lässt sich die Anlageintensität ermitteln? Dazu ist zunächst das Gesamtvermögen zu errechnen, das grundsätzlich der Summe der Aktivposten (Bilanzsumme) entspricht, auch wenn es sich bei Rechnungsabgrenzungsposten nicht um „echte" Vermögensgegenstände handelt. Da die Gesellschaft aber durch ihre Vorauszahlung so etwas wie eine geldwerte Rechtsposition (Recht zum Betrieb eines Messestandes) erworben hat, wollen wir den daraus resultierenden Abgrenzungsposten wirtschaftlich zum „Gesamtvermögen" zählen. Die Bilanzsumme beträgt im vorliegenden Fall TEUR 2.000 (1.200 + 750 + 50). Das Anlagevermögen (TEUR 1.200) verhält sich zum Gesamtvermögen (TEUR 2.000) wie 0,6 zu 1,0. Die Anlageintensität kann, da das Gesamtvermögen im Nenner steht, nicht mehr als 1 betragen. Im vorliegenden Fall beläuft sie sich auf 0,6, ist also mit 60% der Bilanzsumme relativ hoch. Es handelt sich also entweder um einen anlageintensiven Unternehmensgegenstand oder die Gesellschaft unterhält aus strategischen Gründen eine hohe Fertigungskapazität, z. B. um von wechselnden Zulieferern unabhängig zu sein.

832 Misst man die Höhe der bewerteten Vorräte rechnerisch am Gesamtvermögen des Unternehmens, ergibt sich die *Vorratsintensität.* Die Vorratsintensität gibt den Anteil der Vorräte am Unternehmensvermögen an und vermittelt dadurch die Bedeutung dieser Bilanzposition für die Geschäftstätigkeit. Vorräte verbleiben in der Regel nur eine überschaubare Zeit, eventuell sogar nur wenige Tage im Unternehmen. Hält das Unternehmen stets einen in etwa gleich bleibenden Vorratsbestand vor, bedeutet dies, dass ein fortlaufender Austausch der Bestände stattfinden muss, diese sich also möglicherweise unterjährig mehrfach umschlagen.

833 Die *Umschlaghäufigkeit* der Vorräte stellt dementsprechend eine wichtige Kennzahl für die Bilanzanalyse dar, da sie die Mittelbindung in den Vorräten messbar und damit extern vergleichbar macht. Die Umschlaghäufigkeit definiert sich mathematisch als Relation zwischen den umsatznahen Stichtagsbeständen der Vorräte (z.B. Fertigerzeugnisse, Waren) in der Bilanz und dem Umsatz des Geschäftsjahres, also einer zentralen Größe der Gewinn- und Verlustrechnung für den operativen Erfolg des Unternehmens.

834 Multipliziert man den Kehrwert der Umschlaghäufigkeit mit 365, erhält man die *Umschlagdauer des Vorratsvermögens* in Tagen. Eine niedrige Vorratsintensität bzw. eine hohe Umschlaghäufigkeit oder eine niedrige Umschlagdauer der Vorräte deuten in der Regel auf ein hohes Liquiditätspotenzial des Unternehmens hin, denn die Vorräte können danach anscheinend im laufenden Umsatzprozess *(„Cash Cycle")* rasch wieder zu Geld gemacht werden, Kapitalbindungs- und Lagerkosten erscheinen zudem vergleichsweise gering. Andererseits kann bei knapper Vorratshaltung eine hohe Abhängigkeit vom Beschaffungsmarkt bestehen, die sowohl Preis- als auch Produktionsausfallrisiken (z.B. im Fall von Streiks oder Lieferschwierigkeiten) in sich birgt.

835 Eine belastbare Bestandsanalyse kann ohnehin nur im Vergleich mehrerer Geschäftsjahre erfolgen, der Veränderungen der genannten Kennzahlen im Zeitablauf erkennbar

macht. Eine Veränderung der Umschlaghäufigkeit kann indessen sehr unterschiedliche Ursachen haben. Ist die Umschlagshäufigkeit gesunken, spricht einiges dafür, dass die Vorratsbestände stärker gestiegen sind als der Umsatz oder dieser gegenüber dem Vergleichszeitraum zurückgegangen ist. Eine solche Entwicklung kann auf eine falsche Beschaffungspolitik oder auf nicht realisierte Umsatzerwartungen zurückzuführen sein, also entweder auf Planungsfehlern oder auf nicht vorhersehbaren Verschlechterungen der Marktbedingungen beruhen. Dies muss aber nicht der Fall sein: Es kann nämlich in Abhängigkeit von der jeweiligen Situation kaufmännisch geboten sein, bei erwarteten Preissteigerungen auf dem Beschaffungsmarkt – trotz unveränderter Umsatzentwicklung – einen gezielten Bestandsaufbau zu betreiben, um sich für die weitere Entwicklung das bisherige Preisgefüge zu sichern und hierfür vorübergehend eine höhere Mittelbindung im Unternehmen in Kauf zu nehmen. So wird es dem Unternehmen möglich, eine zukünftige Liquiditätsbelastung durch Verteuerung des Einkaufs vorausschauend in Grenzen zu halten. Auch kann ein Bestandsaufbau auf eine gute Auftragslage des Unternehmens hindeuten, die Veranlassung war, sich vorsorglich entsprechend zu bevorraten. Man sieht, eine verlässliche analytische Aussage zum Vorratsbestand kann nur auf der Grundlage von Informationen vorgenommen werden, die sich in der Regel nicht unmittelbar aus dem Jahresabschluss ergeben. Dieser vermittelt jedoch im Mehrjahresvergleich wichtige erste Erkenntnisse über die Bedeutung und die Entwicklung der Vorräte.

Die Kundenforderungen eines Unternehmens stellen nach dem Gesagten dessen **836**
„Außenstände" aus dem laufenden Geschäft dar. Ähnlich wie bei den Vorratsbeständen erzeugt diese Position zwangsläufig eine unerwünschte Kapitalbindung, da das Unternehmen über die den Forderungsbeträgen entsprechende *Liquidität* noch nicht verfügen kann. Vielmehr gewährt es dem jeweiligen Leistungsempfänger – je nach den vereinbarten Zahlungskonditionen bzw. geduldeten Zahlungszielen gewollt oder ungewollt – einen in der Regel zinslosen Kredit. Es besteht daher ein hohes wirtschaftliches Interesse auf Seiten des Unternehmens, den Umfang ausstehender Forderungen so gering wie möglich zu halten. Dies kann in erster Linie durch ein entsprechendes Debitorenmanagement, d.h. die Festlegung kurzer Zahlungsziele und die Einrichtung eines effektiven Mahn- und Inkassosystems, erreicht werden. Hierdurch wird zugleich der Gefahr von Forderungsausfällen vorgebeugt. Ähnlich wie bei der Umschlaghäufigkeit der Vorräte lässt sich bilanzanalytisch eine *Umschlaghäufigkeit der Forderungen* ermitteln

Bildet man den Kehrwert der Umschlaghäufigkeit und multipliziert diesen mit 365, er- **837**
hält man das *Debitorenziel.* Dieses gibt Auskunft darüber, innerhalb welchen Zeitraums die Kunden des Unternehmens ihren Zahlungsverpflichtungen üblicherweise nachkommen. Ein kurzes Kundenziel ist grundsätzlich positiv zu werten, es deutet auf eine gute Zahlungsmoral der Kunden hin.

b) Statische Finanzanalyse. Im Rahmen einer strukturellen (statischen) Finanzanalyse **838**
werden mittel- und langfristige Fragestellungen behandelt. Im Vordergrund der Betrachtung stehen dabei Erwägungen der Liquiditätserhaltung, der Wirtschaftlichkeit und der unternehmerischen Dispositionsfreiheit. Ausgangspunkt der Untersuchung ist die Struktur der Eigen- und Fremdkapitalausstattung sowie die hieraus resultierende finanzielle Deckung des Unternehmensvermögens, also vereinfacht gesagt: das Verhältnis der Passivseite zur Aktivseite der Bilanz.

Hohe Bedeutung kommt bei der Finanzierung dem *Eigenkapital* zu, da es dem Unter- **839**
nehmen langfristig zur Verfügung steht und seine Höhe die Dispositionsfreiheit der Leitungsebene des Unternehmens und dessen Unabhängigkeit von Fremdkapitalgebern daher wesentlich bestimmt. Für letztere stellt das Eigenkapital hingegen in erster Linie eine Haftungsmasse bzw. ein Verwertungspotenzial dar. Anders als der Fremdkapitalgeber

hat der Eigenkapitalgeber keinen juristisch durchsetzbaren Anspruch auf eine ergebnisunabhängige Vergütung des eingesetzten Kapitals. Über je mehr Eigenkapital ein Unternehmen verfügt, umso höher ist sein Sicherheitspolster in Verlustjahren und umso weniger ist es zudem mit Kapitaldienst (Tilgung, Zinsen) belastet. Andererseits ist zu bedenken, dass Eigenkapitalgeber eine risikoadäquate Verzinsung ihres Engagements erwarten und die hierfür maßgebliche Eigenkapitalrendite (als Teil der Gesamtkapitalrendite) grundsätzlich mit einem höherem Fremdkapitalanteil steigt (sog. Hebelwirkung oder „Leverage-Effekt"). Eine optimale Eigenkapitalausstattung muss also sowohl Sicherheits- als auch Rentabilitätsaspekte beachten und diese zum Ausgleich bringen.

840 Vereinfachend kann man der Bilanzanalyse das buchmäßig nachgewiesene Eigenkapital zugrunde legen. Hierbei handelt es sich um das nach den Vorschriften der Rechnungslegung vorsichtig ermittelte Reinvermögen des Unternehmens (Buchkapital). Zu bilanzanalytischen Zwecken ist es allerdings sinnvoller, das „wirtschaftliche Eigenkapital" zu betrachten. Dieses wird durch Kürzungen und ggf. Hinzurechnungen aus dem bilanziellen Eigenkapital entwickelt. Diese Bereinigungen dienen dazu – ähnlich einem Liquidationsszenario – die „wahre" Vermögenssituation darzustellen und bilanzpolitische Verzerrungen zu eliminieren.

841 **Beispiel:** Die A-GmbH verfügt – vereinfacht dargestellt – über folgendes bilanzielles Eigenkapital:

Stammkapital:	5.000.000 EUR
Kapitalrücklage:	1.500.000 EUR
Satzungsmäßige Rücklage:	2.500.000 EUR
Rücklage für eig. Anteile:	500.000 EUR
Jahresüberschuss:	1.500.000 EUR
	11.000.000 EUR

Der Jahresüberschuss soll zur Hälfte ausgeschüttet werden. Auf der Aktivseite der Bilanz werden eingeforderte ausstehende Einlagen von 450.000 EUR sowie ein Geschäfts- oder Firmenwert von 1.600.000 EUR ausgewiesen. In Ausübung des Wahlrechts nach Art. 28 Abs. 1 EGHGB wurden Pensionsrückstellungen in Höhe von 650.000 EUR nicht gebildet. Nach gutachtlich belegten Feststellungen weist das Grundvermögen stille Reserven von 800.000 EUR auf. Auf der Grundlage dieser Angaben ergeben sich – vor Berücksichtigung der Auswirkung latenter Steuern, die aus der Aufdeckung stiller Reserven und Lasten resultieren[51] – folgende Bereinigungen:

Buchkapital:	11.000.000 EUR
– ausstehende Einlagen	450.000 EUR
– Rücklage für eig. Anteile	500.000 EUR
– Geschäfts- oder Firmenwert	1.600.000 EUR
– Pensionsrückstellungen	650.000 EUR
– 50% Jahresüberschuss	750.000 EUR
+ stille Reserven	800.000 EUR
Bereinigtes Eigenkapital (vor Steuereffekten)	7.850.000 EUR

Der Abzug ausstehender Einlagen, der Rücklage für eigene Anteile und des Geschäfts- oder Firmenwerts folgt letztlich aus Sicherheitserwägungen. Die nicht passivierten Pensionsverpflichtungen stellen eine stille Last dar. Gewinnausschüttungen werden das Eigenkapital in Höhe von 50% des Jahresüberschusses kurzfristig mindern und sind deshalb zu kürzen. Stille Reserven sind aufzudecken.

842 Eine wesentliche Kennzahl stellt die *Eigenkapitalquote* dar. Die bilanzielle Eigenkapitalquote ist das Verhältnis von Buchkapital zu Bilanzsumme. Nach dem Gesagten ist die bilanzanalytische Eigenkapitalquote wie folgt zu ermitteln:

> Eigenkapitalquote = Bereinigtes Eigenkapital (nach Steuern) zu Gesamtkapital (Bereinigtes Eigenkapital + Fremdkapital) * 100

[51] Zu passiven latenten Steuern vgl. Rdn. 631, zu Steuerlatenzen allgemein: Rdn. 335 ff.

Ferner kommen folgende Kennzahlenbildungen in Betracht: 843

- „Bilanzkurs“ des gezeichneten Kapitals (Eigenkapital zu Stammkapital)
- Eigenkapitalrendite (Jahresüberschuss zu Eigenkapital)
- Relationen des Fremdkapitals (gesamt, kurz- oder langfristig) zum Eigenkapital

Das „Investitionsrisiko“ steigt mit der Bindungsdauer. Dies führt zu der Überlegung, 844 dass die Fristigkeitsstruktur der Aktivseite auf der Passivseite zweckmäßigerweise ihre Entsprechung finden sollte. Man spricht in diesem Zusammenhang von dem Prinzip der *Fristenkongruenz.* Dieses Prinzip besagt, dass einzelne Vermögenswerte in der Weise finanziert werden sollten,

dass der diesbezügliche Finanzierungszeitraum der Bindungsdauer bzw. Nutzungsdauer 845 dieser Vermögenswerte entspricht. Es hat in der sog. *„goldenen Bilanzregel“* seinen Niederschlag gefunden:

Langfristig gebundenes Vermögen sollte mit langfristigem Kapital, kurzfristig ge- 846 bundenes Vermögen mit kurzfristigem Kapital finanziert werden.

Die Beachtung dieser Bilanzregel misst man anhand sog. Deckungsgrade: 847

Deckungsgrad A = Bereinigtes Eigenkapital/Anlagevermögen * 100
Deckungsgrad B = Bereinigtes Eigenkapital + langfristiges Fremdkapital/ Anlagevermögen * 100
Deckungsgrad C = Bereinigtes Eigenkapital + langfristiges Fremdkapital/ Anlagevermögen + langfristig gebundenes Umlaufvermögen

Ein hoher Deckungsgrad vermittelt dem außen stehenden Fremdkapitalgeber grund- 848 sätzlich ein Zeichen der Solidität und trägt dem beschriebenen Investitionsrisiko Rechnung. Der Wert dieser Kennzahl sollte jedoch nicht überschätzt werden, da ihre Aussage nicht nach den Bestandteilen des langfristig gebundenen Vermögens und deren spezifischer Risikoträchtigkeit differenziert. Nur eine detaillierte Deckungsstrukturanalyse im Mehrjahresvergleich unter Berücksichtigung der Ursachen für Veränderungen der einzelnen Aktivpositionen ist geeignet, die durch den Deckungsgrad B gewonnene Einschätzung zu einem fundierten Analyseurteil auszubauen.

c) Dynamische Finanzanalyse. Die statische Finanzanalyse kann durch eine *dynami- 849 sche Finanzanalyse* ergänzt werden. Diese Analyse ist stromgrößenorientiert und legt den *„Cashflow“* als Maßstab für das Potenzial des Unternehmens zur *Innenfinanzierung* zugrunde. Unter Cashflow wird dabei in der Regel der *„Brutto-Cashflow“* verstanden, der sich als Zwischensumme einer nach der indirekten Methode ermittelten Kapitalflussrechnung ergibt.[52] Nachfolgend sind einige Kennzahlen genannt, die einen Bezug zum Cashflow aufweisen:

- *Cashflow-Rendite* (Cashflow zu Gesamt- oder Eigenkapital)
- *Umsatz-Cashflow-Rate* (Cashflow zu Umsatz)
- *dynamischer Verschuldungsgrad* oder *Schuldentilgungsdauer* (Cashflow zu Nettoverschuldung[53] oder Effektivverschuldung[54])

---

[52] Vgl. Rdn. 724.

[53] Die Nettoverschuldung ist der Saldo aus dem gesamten Fremdkapital (einschl. Rückstellungen) und den liquiden Mitteln (z. B. Kassenbestände, Bankguthaben).

[54] Effektivverschuldung wird verstanden als verzinsliches langfristiges Fremdkapital – ohne langfristige Rückstellungen (z. B. Pensionsrückstellungen) – zuzüglich kurzfristiges Fremdkapital abzüglich liquide Mittel und kurzfristige Forderungen.

850 *Cashflow-Rendite* und *Umsatz-Cashflow-Rate* sind Renditekennzahlen, die sich von den bereits hier behandelten Kennzahlen dadurch unterscheiden, dass als Ergebnisgröße der Cashflow statt des Jahresergebnisses oder des ordentlichen Betriebserfolgs eingesetzt wird. Die *Schuldentilgungsdauer* zeigt den kürzestmöglichen Zeitraum in Jahren, in welchem die Schulden mit eigener Kraft getilgt werden können. Dabei wird von der derzeitigen Ertragssituation ausgegangen und von der Annahme, dass der gesamte Cashflow ausschließlich zu Tilgungszwecken verwendet wird.

Teil N. Rechnungslegungsfragen in Unternehmenskrisen

I. Unternehmerische Risiken und Risikofrüherkennung

851 Risiken sind Bestandteil jeder unternehmerischen Tätigkeit und daher unvermeidbarer Ausdruck der Unsicherheit künftiger Entwicklungen eines Unternehmens, die sowohl von Chancen als auch von Risiken bestimmt sind. Unter *Risiko* ist die Möglichkeit einer *negativen Zielabweichung* zu verstehen. Risiken können grundsätzlich in allen Unternehmensbereichen (betrieblichen Funktionen oder Prozessen) auftreten. Sie können interne und externe Ursachen haben und dabei einzeln oder kumuliert oder in Wechselwirkung mit anderen Risiken *bestandsgefährdend* sein. Zu ihnen zählen in erster Linie:

- Marktrisiken
- Kreditrisiken
- Liquiditätsrisiken
- nicht-finanzielle, operative Risiken.

852 Rechtzeitig erkannte, analysierte und überwachte Risiken können in Kauf genommen (Risikoakzeptanz), hinsichtlich ihres Gefahrenpotenzials begrenzt (Risikominimierung) oder in ihrer möglichen Wirkung kompensiert werden (Ausschaltung oder Transfer des Risikos auf Dritte). Die Gesamtheit aller organisatorischen Regelungen und Maßnahmen zur Risikoerkennung und zum Umgang mit Risiken unternehmerischer Betätigung kann als *Risikomanagement* bezeichnet werden. Dem Vorstand einer AG ist nach § 91 Abs. 2 AktG auferlegt, „geeignete Maßnahmen zu treffen, insbesondere ein Überwachungssystem einzurichten, damit den Fortbestand der Gesellschaft gefährdende Entwicklungen *früh erkannt* werden". Dieses *Risikofrüherkennungssystem* stellt somit einen wichtigen Teilaspekt des gesamten Risikomanagements dar, zu dem neben der Früherkennung und Kommunikation in erster Linie die Reaktion auf identifizierte Risiken zählt.

853 Die Verpflichtung zur Einrichtung eines solchen Systems ist durch das KonTraG[1] vom 27. April 1998 in das AktG eingefügt worden. Auch wenn es sich nach der Regierungsbegründung bei dieser Neuregelung der Sache nach lediglich um eine Verdeutlichung bereits bestehender Vorstandspflichten aus §§ 76 Abs. 1, 93 Abs. 1 Satz 1 AktG handelt[2], sollte ihre praktische Bedeutung für die betroffenen Unternehmen nicht unterschätzt werden, da eine Beachtung der gesetzlich konkretisierten Organisationspflichten häufig weitergehende Maßnahmen und Vorkehrungen erforderlich macht.[3] Das GmbH-Recht enthält – außer der in § 41 GmbHG geregelten allgemeinen Sorgetragungspflicht der Geschäftsführer für die ordnungsmäßige Buchführung der Gesellschaft[4] – zwar keine expliziten Handlungsanweisungen an die Geschäftsführer in Fragen der inneren Organisation des Unternehmens, namentlich des Rechnungswesens; eine § 91 Abs. 2 AktG entsprechende Gesetzesänderung wurde in das GmbHG nicht aufgenommen. Gleichwohl wird gemeinhin von einer „Ausstrahlungswirkung" der aktienrechtlichen Neuregelung auf den

---

[1] BGBl. 1998 I, S. 786.

[2] BegrRegE, BR-Drucks. 872/97 S. 36.

[3] Zu den Anforderungen, die an ein Risikofrüherkennungssystem zu stellen sind. ADS (Ergänzungsband) § 91 nF AktG Rdn. 6ff.

[4] Vgl. Rdn. 113.

Pflichtenrahmen der Leitungsorgane anderer Rechtsformen, namentlich der GmbH, ausgegangen.[5] Dies folgt bereits aus der weitgehenden Identität der Sorgfaltspflichten von Geschäftsführung und Vorstand in § 43 Abs. 1 GmbHG bzw. § 93 Abs. 1 Satz 1 AktG. Der Geschäftsführung einer GmbH wird jedoch im Schrifttum ein höheres Maß an Flexibilität in der Umsetzung und Durchführung eingeräumt als dem Vorstand einer AG.[6] Letztlich bestimmen sich daher die Anforderungen, die an ein Früherkennungssystem als Bestandteil des Risikomanagementsystems im Einzelnen zu stellen sind, weniger nach der Rechtsform, sondern in erster Linie nach der Größe, der Branchenzugehörigkeit und der Struktur des Unternehmens. Für ein funktionierendes Früherkennungssystem werden – unabhängig vom konkreten Einzelfall – grundsätzlich folgende Maßnahmen für erforderlich gehalten[7]

- Schaffung eines *Risikobewusstseins* auf allen Unternehmensebenen
- Festlegung der Risikofelder und *Identifikation der bestandsgefährdenden Risiken*
- *Risikobewertung und -analyse* (Bestimmung des möglichen Schadensumfangs und der Eintrittswahrscheinlichkeit)
- *Risikokommunikation* (systematische und standardisierte Berichterstattung)
- Schaffung eines *Überwachungssystems* zur Kontrolle der Einhaltung der zur Früherkennung von Risiken geschaffenen Maßnahmen (Einrichtung von integrierten und prozessunabhängigen Kontrollen und einer internen Revision)
- *Systemdokumentation* (z. B. in Form eines „Risikohandbuchs“)

854 Eine Verletzung dieser Organisationspflichten hat grundsätzlich die gleichen Folgen wie die Nichtbeachtung der grundlegenden Sorgetragungspflichten für die Buchführung gemäß §§ 91 Abs. 1 AktG und 41 GmbHG. Während der Abschlussprüfer einer notierten AG gemäß § 317 Abs. 4 HGB die Existenz, Zweckentsprechung und Wirksamkeit des Früherkennungssystems zu beurteilen und nach § 321 Abs. 4 HGB über das Ergebnis dieser Prüfung in einem gesonderten Abschnitt des Prüfungsberichts zu berichten hat, besteht eine solche Verpflichtung für den Fall der Prüfung einer GmbH nicht. Es ist jedoch zu beachten, dass die Geschäftsführer im Lagebericht auf „die voraussichtliche Entwicklung mit ihren wesentlichen Chancen und Risiken zu beurteilen und zu erläutern“ haben (§ 289 Abs. 1, Satz 4 HGB).[8] Die Richtigkeit dieser Darstellung ist Gegenstand von Abschlussprüfung, Berichterstattung und Bestätigungsvermerk (§§ 317 Abs. 2 Satz 2, 321 Abs. 1 Satz 2, 322 Abs. 2, Satz 3, Abs. 6 Satz 2 HGB), was die besondere Bedeutung der Risikoberichterstattung der Geschäftsführung unterstreicht. Von großer Bedeutung für die Krisenprävention ist eine zeitnahe laufende interne und externe Berichterstattung der Unternehmensführung über die Geschäftsentwicklung. Über einen Ausbau des bestehenden (internen) Berichtssystems hinaus ist auch die freiwillige Einführung von (externen) Quartalsberichten von hohem Wert. Eine solche Berichtspraxis schärft zugleich die Aufmerksamkeit aller Verantwortlichen.

855 Haben sich Markt-, Preis- oder andere Geschäftsrisiken bereits soweit konkretisiert, dass z. B. der Wert von Beständen unter Anschaffungskosten gesunken oder ein Kunde zahlungsunfähig geworden ist, Verluste aus schwebenden Geschäften drohen oder mit einer Inanspruchnahme durch Dritte ernsthaft gerechnet werden muss, finden diese im Jahresabschluss durch die Bildung von *Wertberichtigungen* oder *Rückstellungen* entsprechende erfolgswirksame Berücksichtigung. Gegenstand der Lageberichterstattung nach

---

[5] ADS (Ergänzungsband) § 91 nF AktG Rdn. 4; Böcking/Orth, BFuP 2000, 242 ff. (245); vgl. auch BegrRegE, BR-Drucks. 872/97, S. 37; *Lutter/Hommelhoff* § 43 Rdn. 78 a ff.

[6] Küting/Weber/*Bohl* Einf. zu Art. 3, Rdn. 17.

[7] Vgl. ADS § 317 Rdn. 227; IdW Prüfungsstandard PS 340, S. 3 f.

[8] Ausnahme: Kleine Kapitalgesellschaften (§§ 264 Abs. 1 Satz 3, 267 Abs. 1 HGB).

§ 289 HGB und des nach § 91 Abs. 2 AktG einzurichtenden Risikofrüherkennungssystems sind hingegen solche bestandsgefährdenden Risiken, deren Eintritt am Bilanzstichtag noch ungewiss ist. Dabei setzt eine zutreffende Risikoberichterstattung in aller Regel die Existenz eines zuverlässigen Früherkennungssystems im Sinne des § 91 Abs. 2 AktG voraus.

II. Krise, existenzvernichtender Eingriff und Eigenkapitalersatz

Eine Risikovorsorge im Sinne eines Systems zur Früherkennung von unternehmeri- **856** schen Risiken dient zugleich der Vermeidung oder Abwendung von Unternehmenskrisen, da sie eine rechtzeitige Anpassung an geänderte Rahmenbedingungen und Einflussfaktoren oder Beseitigung von innerbetrieblichen Störungen erlauben soll. Höhere Gewalt und andere unvorhersehbaren Umstände sowie Führungsprobleme oder Organisationsfehler können gleichwohl dazu führen, dass bisherige Erfolgsfaktoren beeinträchtigt werden und der Bestand des Unternehmens akut gefährdet ist. Das Unternehmen gerät in eine Krise.

1. Krise

Ein *betriebswirtschaftlich* durchgängig gebrauchter Begriff der *Krise* existiert nicht. **857** Nach einer Definition handelt es sich um eine „unbeabsichtigte und unerwartete nachhaltige Störung eines Systems oder wesentlicher, für dessen Überleben zentraler Teile".[9] In gewisser Übereinstimmung mit der chinesischen Bezeichnung für Krise, die zugleich Gefahr *und* Gelegenheit bedeutet, muss eine Unternehmenskrise ungeachtet ihres existenzbedrohenden Charakters nicht unvermeidlich zur Auflösung des Unternehmens führen. Ferner sollte nicht jede vorübergehende Störung, die ohne tiefgreifende strukturelle Eingriffe in das Unternehmen überwunden werden kann, bereits als „Krise" bezeichnet werden.

Krise kann im Sinne der *BGH-Rechtsprechung* definiert werden als ein der Insolvenz- **858** reife vorausgehendes und ggf. in die Insolvenz mündendes Stadium, in dem sich negative wirtschaftliche Entwicklungen im Unternehmen oder seinem Umfeld ereignet haben, die nach Art und Umfang geeignet sind, dessen Lebensfähigkeit ernsthaft zu gefährden. Der genaue Zeitpunkt des Beginns einer wirtschaftlichen Krise ist für die Unternehmensleitung in vielen Fällen nicht eindeutig und für Außenstehende noch schwieriger zu erkennen. Denn diese hat üblicherweise eine Latenzphase und Krisensymptome werden von den unmittelbar Betroffenen zudem gelegentlich erst spät in ihrer Bedeutung richtig erkannt. Dies gilt zumindest in den Fällen, in denen ein funktionierendes Früherkennungssystem für bestandsgefährdende Risiken nicht eingerichtet wurde, eine Erfahrung, die den Gesetzgeber veranlasste, eine entsprechende Organpflicht in § 91 Abs. 2 AktG zu begründen. Bei einer krisenhaften Entwicklung treffen außerdem oftmals mehrere Faktoren zusammen, die jeweils für sich gesehen keinen unbedingt bestandsgefährdenden Charakter haben müssen. Deshalb stellen auch umfangreiche Kataloge (Checklisten) möglicher Krisenindikatoren eine rechtzeitige Aufdeckung von Unternehmenskrisen nicht sicher. Diese beruhen in der Regel auf Fehleinschätzungen bzw. falschen, verspäteten oder unzureichenden Reaktionen auf Marktveränderungen und neue technologische Trends, seltener auf deliktischen Handlungen. Die Fehleinschätzungen können daher bestehen in einer

[9] *Staehle,* Handwörterbuch der Betriebswirtschaft, 5. Aufl., S. 2452.

- falschen Beurteilung des Marktes und der eigenen strategischen Position
- zu optimistischen Plannahmen (z.B. Umsatzerwartungen)
- Unterschätzung des zur Erreichung der Unternehmensziele benötigten Finanzbedarfs
- mangelnder Flexibilität bei der Reaktion auf Änderungen der wirtschaftlichen und rechtlichen Rahmenbedingungen
- verspäteten oder inkonsequenten Vollzug notwendiger Anpassungsmaßnahmen

859 Nachfolgend werden lediglich beispielhaft einige Krisenindikatoren aufgeführt:

- Einbruch des maßgebenden Markts
- Ausfall eines Großkunden
- Verlust eines wichtigen Lieferanten
- Verfall der Preise auf dem Absatzmarkt
- unvermutet starker Anstieg der Preise auf dem Beschaffungsmarkt
- hohe Umsatzrückgänge bei unveränderten Kosten
- häufiger Wechsel in der Unternehmensleitung, hohe Fluktuation in der Mitarbeiterschaft
- anhaltende Auseinandersetzungen zwischen Gesellschaftern (Gesellschafterstämmen)
- Häufung von Sachverhaltsgestaltungen mit dem Ziel des „Windowdressing“ (z.B. Sale-and-lease-back, Asset-backed-securities, Factoring etc.)
- verspätete Vorlage von Jahresabschlüssen
- Rücknahme von angekündigten Unternehmenszielen, wechselnde und inkonsistente Zwischenberichterstattung
- schlechtes oder ungewöhnliches Zahlungsverhalten (z.B. Verzicht auf Inanspruchnahme von Skonti, Überziehung von Kontokorrentlinien, Überschreitung von Zahlungszielen, Ausweitung von Lieferantenkrediten, Lastschriftrückgabe, vermehrte Mahnungen von Gläubigern, Ausweitung des Wechselgeschäfts)

2. Existenz vernichtender Eingriff

860 Im Einzelfall kann eine interne Unternehmenskrise allein darauf beruhen, dass die Gesellschafter einer GmbH die nach der Wertung der Rechtsordnung gebotene angemessene Rücksichtnahme auf die Gesellschaftsinteressen haben vermissen lassen, insbesondere dieser liquide Mittel entzogen haben, welche zur Bedienung von Verbindlichkeiten benötigt werden.[10] Fehlt es auf Seiten der Gesellschafter danach an einer Respektierung der *Zweckbindung des Gesellschaftsvermögens zur vorrangigen Befriedigung der Gesellschaftsgläubiger*, gehen die Gesellschafter ihres Haftungsprivilegs (§ 13 Abs. 2 GmbHG) verlustig, sofern nicht bereits die Vorschriften zur Kapitalerhaltung (§§ 30, 31 GmbHG) und die hieraus abzuleitenden Rechtsprechungsgrundsätze zu einer Korrektur des Gesellschafterhandelns führen. Die Gesellschaftsgläubiger sind in diesen Fällen auch außerhalb eines Insolvenzverfahrens berechtigt, ihre Forderungen unmittelbar gegen die an den Eingriffen in das Gesellschaftsvermögen mitwirkenden Gesellschaftsgläubiger geltend zu machen.

3. Unterbilanz und Eigenkapitalersatz

861 Krisen äußern sich regelmäßig in Ergebnisrückgängen oder Verlusten, die sich im Jahresabschluss und damit im Eigenkapital der Bilanz niederschlagen. Anhaltende Verluste

---

[10] Vgl. hierzu die einschlägige BGH-Rechtsprechung, insbesondere BGH v. 17. 9. 2001, DStR 2001, 1853 = ZIP 2001, 1874 (Bremer Vulkan); BGH v. 25. 2. 2002, DStR 2002, 1010 = ZIP 2002, 848; BGH v. 24. 6. 2002, DStR 2002, 1822.

führen zum Verzehr von Eigenkapital und damit zu einer Erosion des Unternehmensvermögens, sie entziehen dem Unternehmen zudem Liquidität und damit notwendige Finanzkraft zur Abwicklung des betrieblichen Güterkreislaufs (Cash Cycle). Daher stellen sie für dieses eine Existenzgefährdung dar. Außerdem werden bei Kapitalgesellschaften und Kapitalgesellschaften & Co. die Interessen der Gesellschaftsgläubiger bedroht, da der Haftungsfonds (Grundkapital, Stammkapital, Kommanditeinlagen) des Unternehmens schwindet. Bei GmbH ist dieser Haftungsfonds zwar in besonderer Weise durch Kapitalaufbringungs- und -erhaltungsvorschriften geschützt (§§ 30, 31 GmbHG), welche den Transfer von haftendem Kapital zu den Gesellschaftern wirksam unterbinden.

Dieser Schutz kann eine Aushöhlung des Haftungsfonds durch Verluste jedoch nicht **862**
verhindern. Ist das Stammkapital durch Verluste gemindert, entsteht eine *Unterbilanz.* Dieser für den Bestand des Unternehmens und damit zugleich auch für die Interessen der Gläubiger bedrohlichen Entwicklung kann – zumindest in einem ersten Schritt – nur durch *Zuführung neuen Kapitals* wirksam begegnet werden. Auch wenn diese Kapitalzufuhr, sieht man von Fällen der reinen Liquiditätskrise ab, die eigentlichen Krisenursachen in der Regel nicht beseitigt, so sichert sie doch einstweilen die Fortführung des operativen Geschäfts und ermöglicht damit dessen konzeptionelle Neuausrichtung. Eine Stärkung der Eigenkapitalbasis kann durch Erweiterung des Gesellschafterkreises erfolgen (z.B. Beteiligung der kreditgebenden Bank). Dies wird indessen nur unter besonderen Bedingungen realisierbar sein. Auch die Beschaffung von Fremdkapital bei Dritten (z.B. „Private Equity", Bankhilfen) wird in der Krise des Unternehmens ebenfalls nur noch beschränkt oder gar nicht mehr möglich sein. Die Bestandssicherung des Unternehmens obliegt damit zwangsläufig in erster Linie den *Gesellschaftern,* die sich zudem in der Regel anders als außenstehende Dritte umfassenden Einblick in die konkrete Unternehmensentwicklung verschaffen und daher eine angemessene Chancen-Risiko-Abwägung vornehmen können. Als Kapitalmaßnahmen kommen insoweit in Betracht:

- einfache Kapitalerhöhung (auch in Form eines Nachschusses oder einer sonstigen Zuzahlung, die bilanziell in die Kapitalrücklage einzustellen ist, § 272 Abs. 2 Nr. 4 HGB)
- „sanierende" Kapitalerhöhung in Form eines „Kapitalschnitts" (Kapitalerhöhung verbunden mit einer einfachen Kapitalherabsetzung, §§ 229ff. AktG, §§ 55, 58a ff. GmbHG)
- Finanzplandarlehen,[11] mit vertraglich begründeter eigenkapitalersetzender Wirkung (ggf. verbunden mit einem Rangrücktritt[12])
- (eigenkapitalersetzende) Gesellschafterdarlehen (ggf. verbunden mit Rangrücktritt)
- (eigenkapitalersetzende) Gesellschafterbürgschaften (ggf. verbunden mit Rangrücktritt)

Eine Pflicht des Gesellschafters zur Mitwirkung bei einer zu Sanierungszwecken ge- **863**
planten Kapitalerhöhung besteht grundsätzlich nicht.[13] Der Gesellschafter hat – sofern keine gesellschaftsrechtlich begründete Nachschusspflicht (§§ 26ff. GmbHG) existiert – grundsätzlich die Wahl, anstelle einer Kapitalerhöhung ein Fremdkapitalinstrument einzusetzen. Die Gewährung von Gesellschafterdarlehen in der Krise hat zudem praktische Vorteile, da sie formlos möglich sowie frei von den Kapitalaufbringungsrisiken der verdeckten Sacheinlage oder der nicht befreienden Vorauszahlung sind, die bei formellen Kapitalerhöhungen beachtet werden müssen.

Während eine Zuführung von Eigenkapital den Haftungsfonds wieder auffüllt und **864**
damit dessen Funktion wiederherstellt, ist das Unternehmen bei der Gewährung von

[11] Vgl. Rdn. 468f.
[12] Vgl. Rdn. 891ff.
[13] Vgl. *Scholz/Priester,* GmbHG, 9. Aufl., 2002; Rdn. 15 zu § 55.

Fremdkapital allerdings mit einer Rückzahlungsverpflichtung belastet, die den Gesellschafter als Fremdkapitalgläubiger im Insolvenzfall grundsätzlich besser stellt als er in der Rolle eines Eigenkapitalgebers stünde. Die Dritt-Gläubiger tragen in diesen Fällen unverändert die Hauptlast der Finanzierung und die damit verbundenen Risiken, ohne – anders als der Gesellschafter – in der Lage zu sein, die internen Verhältnisse des Unternehmens und dessen weitere wirtschaftliche Entwicklung hinreichend zu überblicken.

865 Die aus dieser Konstellation resultierende *ungerechte Verteilung von Risiken und Lasten* bei Unternehmenskrisen hat im Ergebnis dazu geführt, dass die Rechtsprechung und – dieser in wesentlichen Teilbereichen folgend – auch die Gesetzgebung (§§ 32a /32b GmbHG, §§ 129a, 172a HGB) dem Gesellschafter einer GmbH oder einer Kapitalgesellschaft & Co. eine „Doppelrolle“ als Eigenkapital- und Fremdkapitalgeber zumindest *für die Dauer der Krise* des Unternehmens nicht mehr zubilligen und diesen hinsichtlich der Ausstattung des Unternehmens mit Haftungsmasse gleichsam als Gewährträger persönlich in die Pflicht nehmen wollen. Diese In-Pflicht-Nahme geschieht dadurch, dass nahezu sämtliche Vermögensdispositionen des Gesellschafters in Bezug auf das Unternehmen – ungeachtet ihrer Rechtsnatur und ihrer ursprünglichen Zielsetzung – hinsichtlich ihrer Haftungsqualität dem Eigenkapital gleichgestellt werden (sog. Eigenkapitalersatz).

866 Zeitlicher Anknüpfungspunkt für die weitreichenden Rechtsfolgen des Eigenkapitalersatzrechts ist der *Beginn der Unternehmenskrise,* dessen zutreffende Identifikation – wie dargestellt – im Einzelfall schwierig sein kann. In § 32a Abs. 1 Satz 1 GmbHG ist der Eintritt der Krise definiert als „Zeitpunkt, in dem ... die Gesellschafter [dem Unternehmen zu dessen Erhaltung] als ordentliche Kaufleute Eigenkapital zugeführt hätten (Krise der Gesellschaft).“ Die Besonderheit dieser Definition besteht in ihrem normativen Gehalt: Sie knüpft den Eintritt der Krise, also eines komplexen wirtschaftlichen Geschehensablaufs, an das Finanzierungsverhalten „ordentlicher Kaufleute“, was einem möglicherweise unzeitgemäßen moralischen Postulat entspricht. Zur Konkretisierung des Kriseneintritts ist daher ein Hilfskriterium in den Vordergrund gerückt, die „*Kreditunwürdigkeit*“ (in Fällen der eigenkapitalersetzenden Gebrauchsüberlassung auch „Überlassungsunwürdigkeit“). Diese ist gegeben, wenn das Unternehmen zum fraglichen Zeitpunkt

- für den Fortbestand des Unternehmens *existentielle Finanzierungsmittel oder Gebrauchsüberlassungen*
- von gesellschaftsfremden Dritten zu marktüblichen Bedingungen nicht mehr gegen Unterlegung mit gesellschaftseigenen Aktiva, sondern *nur noch bei entsprechender Besicherung durch Vermögen der Gesellschafter* erhalten bzw. in Anspruch nehmen könnte.

867 Damit ist die unverändert normativ zu entscheidende Frage des Krisenbeginns jedoch noch nicht geklärt, sondern lediglich auf eine komplexere Ebene gehoben. Auch wenn die Krisendefinition des Gesetzes dem Inhalte nach an bestimmte Liquiditätsdaten und damit an realwirtschaftliche Verhältnisse anknüpft, setzt sie im Einzelfall umfassende wirtschaftliche Einschätzungen und Bewertungen voraus. Diese sind – auch wenn sie in der Rechtswirklichkeit naturgemäß nicht ex ante, sondern in aller Regel erst im Nachherein durch den Insolvenzverwalter erfolgen – bezogen auf den *Zeitpunkt der Gewährung oder Belassung* von möglichen eigenkapitalersetzenden Leistungen vorzunehmen.

868 Die Beweislast für das Vorliegen der Kreditunwürdigkeit trägt bei dieser Ausgangslage regelmäßig der Insolvenzverwalter. Er hat den in diesen Fällen üblicherweise erfolgenden Vortrag der Gesellschafter substantiiert zu widerlegen, dass im fraglichen Zeitpunkt eine hinreichende Kreditsicherung mit gesellschaftseigenen Mitteln noch möglich gewesen wäre. Der Gegenbeweis kann nicht allein dadurch geführt werden, dass der Insolvenzverwalter sich auf das Vorliegen einer zum fraglichen Zeitpunkt bestehenden Unterbilanz

oder einer buchmäßigen (rechnerischen) Überschuldung[14] beruft, ohne sich zuvor Aufschluss über das Vorhandensein möglicher besicherungsfähiger stiller Reserven verschafft zu haben. Auch die zwischenzeitlich erfolgte Eröffnung eines Insolvenzverfahrens reicht zum Nachweis der Krisensituation allein nicht aus. Aus dem Gesagten folgt, dass die Kreditunwürdigkeit nur aus einer *umfassenden Analyse der wirtschaftlichen Vermögens-, Finanz- und Ertragslage des Unternehmens* unter Verwertung aussagefähiger Umstände des Einzelfalls abgeleitet werden kann, wobei die unternehmensbezogenen Indizien weitgehend mit den bereits beispielsweise dargestellten Krisenindikatoren übereinstimmen, wohingegen die kreditbezogenen Indizien aus Anlass und Inhalt der zwischen Gesellschaft und Gesellschafter getroffenen schuldrechtlichen Vereinbarung bzw. aus dem Verwendungszweck der Gesellschafterleistung zu gewinnen sind. Folgende Indizien, die allerdings nicht zwingend die Kreditunwürdigkeit zur Folge haben müssen, kommen in Betracht:

- ungünstige Ertragslage, Verfall des Rohertrags
- Fehlen von ausreichenden Kreditsicherheiten, insbesondere von erheblichen stillen Reserven
- Nichtbedienung von Verbindlichkeiten, insbesondere ausstehende Löhne, Steuern und Sozialabgaben
- Pfändungen
- Kürzung von Kreditlinien oder Kündigung von Krediten durch Banken
- Scheitern von Gläubigermoratorien
- Niedrigverzinslichkeit, Unverzinslichkeit und fehlende Besicherung der Gesellschafterfremdfinanzierung

Im Sinne eines Erst-Recht-Schlusses ist der Eintritt einer Krise der Gesellschaft unab- 869
hängig vom Vorliegen einer Kreditunwürdigkeit im dargestellten Sinn immer dann zu bejahen, wenn diese *insolvenzreif* ist, also eine (bestehende oder drohende) *Zahlungsunfähigkeit* oder *materielle Überschuldung* im Sinne des Insolvenzrechts nach §§ 64 Abs. 1 GmbHG, 17–19 InsO vorliegen. Indessen führen nur kurzfristige Liquiditätsschwierigkeiten, die durch Gesellschafterdarlehen lediglich überbrückt werden sollen *(Überbrückungskredit),* nicht zum Kapitalersatz. Wird allerdings durch eine Gesellschafterfremdfinanzierung der andernfalls erfolgende Eintritt der Zahlungsunfähigkeit gerade verhindert, liegt wiederum Kreditunwürdigkeit und damit Eigenkapitalersatz vor.

Sind danach die Voraussetzungen für eine Umqualifizierung von Gesellschafterleistun- 870
gen in Eigenkapitalersatz gegeben, hat dies zwar den Eintritt der zivilrechtlichen Haftungsqualität, nicht aber Auswirkungen auf den Ausweis im *handelsrechtlichen Jahresabschluss* zur Folge. Die eigenkapitalersetzenden Mittel werden nicht unter Position „A. Eigenkapital", sondern unverändert im Fremdkapital ausgewiesen. Gleiches gilt für den insolvenzrechtlichen *Überschuldungsstatus.*[15]

III. Sanierung (Corporate Recovery)

Hinsichtlich eines Unternehmens in der Krise stellt sich in erster Linie die Frage, ob 871
dieses nach Durchführung geeigneter Maßnahmen (Sanierung) in geändertem Bestand fortgeführt oder in einem geordneten Verfahren beendet werden soll (Zerschlagung bzw. Liquidation).

[14] Vgl. Rdn. 535 ff.
[15] Vgl. 886 ff.

Da das primär gläubigerschützend motivierte Kapitalersatzrecht sowie die Grundsätze zum sog. existenzvernichtenden Eingriff in letzter Konsequenz nur der Verbreiterung der Haftungsmasse in der Insolvenz des Unternehmens dienen, bieten diese für bestandserhaltende Sanierungsbemühungen bezüglich des insolvenzgefährdeten Unternehmens kein angemessenes Instrumentarium. Sie wirken als Postulat, da sie jene Gesellschafter wirtschaftlich „bestrafen", welche eine Unternehmenskrise selbst durch Mittelentzug verursachen oder dem Unternehmen in der Krise nicht rechtzeitig vor Insolvenzeintritt einen substanziellen eigenen Sanierungsbeitrag leisten.

872 Erscheint eine Sanierung nicht von vornherein ausgeschlossen, stellt sich im Einzelfall für die Beteiligten die Frage, ob auf Grund der fortgeschrittenen Lage oder aus abwicklungstechnischen Gründen das *Insolvenzverfahren* zur Sanierung genutzt oder vielmehr eine *außergerichtliche Sanierung* versucht werden soll. Bereits bei lediglich „drohender Zahlungsunfähigkeit", also noch *vor* Eintreten einer gesetzlichen Insolvenzantragspflicht eröffnet § 18 InsO den Vertretungsorganen des Unternehmens die Möglichkeit, ein Insolvenzverfahren durch *Antragstellung* einzuleiten und auf diesem Wege eine „gerichtlich kontrollierte Sanierung" herbeizuführen. Die Rechtsordnung macht den Betroffenen gleichsam ein Angebot, sich des insolvenzrechtlichen Instrumentariums zur Krisenbewältigung freiwillig zu bedienen. Alternativ kann in diesem Stadium noch eine außergerichtliche Sanierung in Erwägung gezogen werden. Selbst nach Eintritt der Insolvenzreife erlaubt die Drei-Wochen-Frist des § 64 Abs. 1 Satz 1 GmbHG die – allerdings nur noch sehr eingeschränkte – Suche nach letzten Handlungsalternativen zur Abwendung des andernfalls unvermeidlichen Verfahrenseintritts.

873 Ungeachtet des vom geltenden Insolvenzrecht hilfsweise als letztes Mittel zur Krisenbewältigung vorgesehenen Instrumentariums sollte die Prüfung und Durchführung einer Sanierung grundsätzlich frühzeitig und daher möglichst außerhalb eines Insolvenzverfahrens erfolgen (sog. „*Corporate Recovery*"), da eine *außergerichtliche Sanierung* für das Unternehmen und seine gesetzlichen Vertreter erhebliche Vorteile bieten kann. Die Organe einer Kapitalgesellschaft oder einer Kapitalgesellschaft & Co. sind daher aufgerufen, vorrangig die Chancen einer weniger kosten- und publizitätsträchtigen außergerichtlichen Sanierung zu prüfen und erst bei Scheitern derartiger Bemühungen Insolvenzantrag zu stellen. Außergerichtliche Sanierungen sind zudem durch die Aufhebung des früheren § 419 BGB (Vermögensübernahme) und die Möglichkeit der vereinfachten Kapitalherabsetzung bei GmbH (§§ 58 a ff. GmbHG) wesentlich erleichtert worden. Für eine außergerichtliche Sanierung sprechen bei entsprechend guter konzeptioneller Vorbereitung außerdem:

- geringere Publizität
- größere Schnelligkeit
- Autonomie in der Verfahrensgestaltung (keine Einschaltung außen stehender Instanzen)
- Flexibilität (unmittelbare Ausrichtung an den Interessen der Beteiligten)
- Kostenersparnis (Gerichtskosten und Verwaltervergütung fallen nicht an).

874 Während nach der überwiegenden Praxis der Insolvenzgerichte, die Beteiligten (Unternehmensleitung und Gläubiger) keinen entscheidenden Einfluss auf die Auswahl des Verwalters haben, bietet das außergerichtliche Verfahren für diese die Möglichkeit vollständig autonom gestalteter Entscheidungsprozesse. Als begleitende Instrumente einer außergerichtlichen Sanierung unter aktiver Beteiligung der Gläubiger können z. B. in Betracht kommen:

- Gläubiger-Moratorium (Forderungsstundung)
- vergleichsweiser Forderungsverzicht (ggf. mit Besserungsschein)

- Forderungsumwandlung in Beteiligung (Debt Equity Swap)
- haftungsrechtlich privilegierter Anteilserwerb in der Krise (§ 32a Abs. 3 Satz 3 GmbHG)

Eine außergerichtliche Sanierung wird in der Praxis häufig inhaltlich weitgehend einem Insolvenzplanverfahren[16] (§§ 217ff. InsO) entsprechen, sie kann deshalb z.B. auch eine übertragende Sanierung[17] oder eine Restrukturierung des insolventen Unternehmens auf der Grundlage eines Sanierungskonzepts vorsehen. Außergerichtliche Sanierungen sind indessen in besonderer Weise von der Kooperation der Gesellschaftsgläubiger abhängig, sollen Haftungs- und Anfechtungsrisiken sowie Einzelvollstreckungsmaßnahmen vermieden werden. Sie sind bei Auftreten sog. „Akkordstörer" oder von schlicht nicht mitwirkungsbereiten Gläubigern möglicherweise zum Scheitern verurteilt, da letztere mangels insolvenzrechtlichen Handlungsinstrumentariums nicht gezwungen werden können, einem außergerichtlichen Vergleich beizutreten. Das insolvenzrechtliche Obstruktionsverbot (§ 245 InsO) greift in diesen Fällen nicht. 875

Gelingt eine außergerichtliche Sanierung nicht oder erscheint sie nach dem Umständen nicht hinreichend aussichtsreich, bietet das *Insolvenzverfahren* die Möglichkeit, in verfahrensmäßig festgelegter Weise über die wesentlichen Handlungsalternativen 876

- „stille" oder förmliche *Liquidation*
- *Fortführung* und Sanierung des insolventen Unternehmensträgers
- *übertragende Sanierung*

zu entscheiden und diese unter gerichtlicher Aufsicht bzw. Überwachung der Gläubiger umzusetzen. Durch Liquidation wird die Tätigkeit des insolventen Unternehmens unter Verwertung des vorhandenen Vermögens beendet, sofern eine Fortführung nach den Gegebenheiten ausscheidet. Ist das Unternehmen hingegen im ganzen oder in Teilen sanierungsfähig, kommt eine Fortführung oder eine übertragende Sanierung in Betracht.

Bei der Prüfung der *Sanierungsfähigkeit* handelt es sich um eine komplexe Aufgabenstellung. Diese umfasst – ausgehend von einer Erfassung der wesentlichen Unternehmensdaten, einer eingehenden Untersuchung der Krisensymptome und -ursachen (Bestimmung der „Ist-Lage" des Unternehmens) und einer darauf aufbauenden Chancen-Schwächen-Analyse – eine Prüfung der konkreten Sanierungsmöglichkeiten und die Entwicklung eines *Sanierungskonzepts.* Einem Sanierungskonzept liegt das „Leitbild des sanierten Unternehmens" zugrunde, also eine betriebswirtschaftlich abgesicherte Soll-Vorstellung von den Bedingungen und Verhältnissen, die durch entsprechende Restrukturierungsmaßnahmen (z.B. Schließung unrentabler Teilbetriebe, Änderung der Produktpalette) geschaffen werden müssen, um eine nachhaltige Umkehr der krisenhaften Entwicklung zu bewirken. Ein Unternehmen ist demgemäß sanierungsfähig, wenn es nach der Durchführung von festgelegten Sanierungsmaßnahmen zukünftig in der Lage ist, nachhaltig Einnahmeüberschüsse zu erzielen. 877

Die Prüfung der Sanierungsfähigkeit bzw. die Erstellung von *Sanierungskonzepten* werden häufig von externen Beratern vorgenommen, da in der Regel nur diese über die notwendige „Krisenbewältigungskompetenz" verfügen und zudem – anders als die für die Lage des Unternehmens verantwortliche bisherige Unternehmensleitung – in der Regel die Gewähr dafür bieten, gänzlich unvoreingenommen und objektiv vorzugehen. Die Umsetzung von Sanierungskonzepten erfolgt üblicherweise durch sog. „Sanierungsmanager", für die sich mittlerweile ein eigener Markt von Anbietern unterschiedlicher Größe und Kompetenz herausgebildet hat. Diese Dienstleistung wird gemeinhin auch als 878

[16] Vgl. auch Rdn. 934ff.
[17] Vgl. Rdn. 876f.

„Interimsmanagement" oder „Turnaround-Management" bezeichnet. Sie kann zugleich Aufgabe des Konzepterstellers sein, da viele Auftraggeber, insbesondere Kreditinstitute, Konzepterstellung und Konzeptumsetzung „aus einer Hand" bevorzugen. Dies setzt jedoch voraus, dass der Berater sowohl über Management-Erfahrungen als auch hinreichende personelle Ressourcen verfügt, denn die Steuerung und Überwachung des Sanierungsprozesses macht eine enge Begleitung des zu sanierenden Unternehmens notwendig.

879 Gelingt eine Sanierung des insolventen Unternehmensträgers in seinem bisherigen Bestand nicht, so soll nach der Zielsetzung der InsO gleichwohl wenigstens der überlebensfähige Teil des Geschäftsbetriebs – soweit vorhanden – durch Übertragung auf einen neuen Rechtsträger saniert werden können *(übertragende Sanierung).* Die übertragende Sanierung kann nach den Vorschriften der InsO oder auf der Grundlage eines Insolvenzplans erfolgen. Im ersten Fall bedarf sie der Zustimmung des Gläubigerausschusses bzw. der Gläubigerversammlung (§ 160 Abs. 2 Nr. 1 InsO). Bei der übertragenden Sanierung handelt es sich in der Regel um den Verkauf betriebsnotwendiger Aktiva oder einzelner funktionsfähiger Betriebsteile des insolventen Rechtsträgers im Wege eines „Asset Deal" an ein hierfür bereitgestelltes Erwerbsvehikel des Käufers, die Übernahmegesellschaft (§ 260 Abs. 3 InsO). Gesellschafter der Übernahmegesellschaft können der oder die Gesellschafter der insolventen Gesellschaft und/oder Dritte sein. Nicht verkaufte Vermögensteile werden vom Insolvenzverwalter entweder nach den Vorschriften der InsO oder nach Maßgabe des Insolvenzplans verwertet. Vielfach wird es zweckmäßig sein, dass der Insolvenzverwalter bereits vor Übertragung erste Sanierungsmaßnahmen einleitet und z.B. einen Abbau der Belegschaft und so die Risiken des Erwerbers aus § 613a BGB (Betriebsübergang) minimiert, der sich in der Praxis als das mit Abstand größte Sanierungshindernis erweist. Weitergehende Sanierungsschritte wird der Insolvenzverwalter hingegen dem Erwerber überlassen, zumal er dessen Fortführungskonzept häufig nicht kennt. Bisher unrentable Teilbetriebe des insolventen Unternehmens können durch Einbindung in das Unternehmen des Käufers auf Grund möglicher, damit verbundener Synergieeffekte wieder rentabel werden.

IV. Zahlungsunfähigkeit

880 Kann eine Unternehmenskrise nicht durch rechtzeitige Sanierungsmaßnahmen abgewendet werden, wird eine Insolvenzeröffnung unvermeidlich. Der Eintritt der *Zahlungsunfähigkeit* (§ 17 InsO) oder – auf entsprechenden Antrag des Schuldners – bereits die „drohende Zahlungsunfähigkeit" (§ 18 InsO) stellen den allgemeinen Eröffnungsgrund für ein Insolvenzverfahren dar. Der Tatbestand der drohenden Zahlungsunfähigkeit beinhaltet ein Prognoseelement; die Abgrenzung zur bereits eingetretenen Zahlungsunfähigkeit ist – nicht zuletzt angesichts der nachfolgend dargestellten Rechtsprechung zur Zahlungsstockung – in der Praxis nicht ohne Probleme. Nach den bisherigen Erfahrungen war bei einer Mehrzahl der Antragstellungen wegen drohender Zahlungsunfähigkeit diese tatsächlich bereits eingetreten.

881 Zahlungsunfähig ist, wer nicht in der Lage ist, seine fälligen (§ 271 BGB) Zahlungspflichten zu erfüllen. Zahlungspflichten setzen das einredefreie Bestehen gesetzlicher oder vertraglicher Ansprüche (§ 194 BGB) voraus. Die förmliche Stundung steht der Fälligkeit der Schuld entgegen, ein bloßes Stillhalten des Gläubigers reicht hingegen nicht aus. Zahlungsunfähigkeit ist in der Regel anzunehmen, wenn eine tatsächliche *Zahlungseinstellung* erfolgt ist (§ 17 Abs. 2 Satz 2 InsO). Hierfür ist nicht erforderlich, dass der Schuldner überhaupt keine Zahlungen mehr leistet. Es reicht aus, wenn der Schuldner

nach außen zu erkennen gibt oder auch nur einem Gläubiger gegenüber ausdrücklich erklärt, dass er finanziell außerstande ist, mindestens eine nicht unwesentliche Forderung zu erfüllen.

Eine lediglich vorübergehende *Zahlungsstockung* führt hingegen nicht zur Zahlungsunfähigkeit. Unter der Geltung der KO war dem Begriff der Zahlungsunfähigkeit daher nach allgemeiner Meinung ein Element der *Dauer* eigen, dass sich allerdings im Wortlaut des § 17 Abs. 2 InsO nicht wiederfindet, der erstmals eine Legaldefinition dieses Insolvenzgrundes vornimmt. Der Gesetzgeber wollte hierdurch jedoch lediglich vermeiden, dass eine über längere Zeit andauernde Illiquidität, zur folgenlosen „Zahlungsstockung" erklärt wird und damit den Eintritt der Insolvenzreife hindert. Als Obergrenze für eine Zahlungsstockung wird vom BGH daher ein Zeitraum von *maximal drei Wochen* angesehen.[18] Als Zahlungsstockung ist danach grundsätzlich nur noch eine Illiquidität zu qualifizieren, die den Zeitraum nicht überschreitet, den eine kreditwürdige Person benötigt, um sich die erforderlichen Mittel zu leihen. Dieser Zeitraum wird vom Gericht im Regelfall mit der Drei-Wochen-Frist gleichgesetzt. Neben der zeitlichen Dimension ist nach Auffassung des BGH jedoch auch ein *quantitatives Element* bei der Abgrenzung zwischen bloßer Zahlungsstockung und insolvenzbegründender Zahlungsunfähigkeit zu berücksichtigen. Gelingt die Beseitigung der Zahlungsstockung innerhalb der Drei-Wochen-Frist der BGH-Rechtsprechung nicht, tritt Zahlungsunfähigkeit gleichwohl nicht zwangsläufig, sondern nur bei Hinzutreten besonderer Umstände ein, wenn die zu beseitigende Liquiditätsunterdeckung weniger als 10% der fälligen Gesamtverbindlichkeiten beträgt. Die besonderen Umstände müssen darauf hindeuten, dass mit einer Besserung der Liquiditätslage nicht zu rechnen ist, was das Bestehen einer negativen Fortführungsprognose voraussetzt. Überschreitet die Liquiditätslücke hingegen die 10%-Grenze, kehrt sich die Nachweissituation um: Von dem Eintritt der Zahlungsunfähigkeit ist grundsätzlich auszugehen. Diese ist nur dann abgewendet, wenn konkrete Umstände mit an Sicherheit grenzender Wahrscheinlichkeit erwarten lassen, dass die Liquiditätsunterdeckung in überschaubarer Zeit beseitigt werden kann. Nur bei Vorliegen einer positiven Fortführungsprognose kann danach in diesen Fällen eine Zahlungsunfähigkeit ausgeschlossen werden. Die Darlegungs- und Beweislast hinsichtlich des Eintritts der Zahlungsunfähigkeit obliegt im Streitfall dem Insolvenzverwalter. In der Regel werden die vorstehend erörterten Fragen – auch soweit sie prognostische Elemente enthalten – daher zumindest faktisch gesehen „ex post" beurteilt. Außerdem ist ergänzend zu berücksichtigen, dass bei Kapitalgesellschaften und Kapitalgesellschaften & Co. die Insolvenzantragspflicht ohnehin erst nach Ablauf einer (weiteren) Drei-Wochen-Frist eintritt (vgl. § 64 Abs. 1 Satz 1 GmbHG), also mit insgesamt maximal sechs Wochen ein nennenswerter Zeitraum zur Liquiditätsbeschaffung zur Verfügung steht.[19] 882

Die Unfähigkeit des Schuldners, seine fälligen Zahlungsverpflichtungen zu erfüllen, ist – trotz der vom BGH jüngst geschaffenen Komplizierungen – in der Regel ein realwirtschaftlich anhand von objektiven Merkmalen relativ leicht zu identifizierender Vorgang: Sie erfordert allerdings eine vollständige Gegenüberstellung von bestehenden Geldschulden und verfügbaren oder kurzfristig verfügbar zu machenden Zahlungsmitteln zu einem bestimmten Stichtag (Liquiditätsstatus). Bei dieser Gegenüberstellung sind im Hinblick auf den insolvenzrechtlichen Bezug der Zahlungsunfähigkeit nur solche Zahlungspflichten zu berücksichtigen, die im Insolvenzfall als *Insolvenz- oder Masseforderung* bedient werden müssen. Daher sind Verbindlichkeiten des Unternehmens, deren Begleichung z.B. nach §§ 30ff GmbHG ausgeschlossen ist oder die als eigenkapitalersetzende Leis- 883

[18] BGH v. 24. 5. 2005, ZIP 2005, 1426.

[19] Hierzu kritisch *Hölzle,* aaO.

tungen nach der Rechtsprechung in Analogie zu § 30 GmbHG zu behandeln sind, nicht anzusetzen. Alternativ kommt die Ermittlung eines Liquiditätsquotienten in Betracht.[20]

V. Insolvenzrechtliche Überschuldung

884 Der Begriff der Überschuldung wurde bereits im einleitenden Teil kurz erläutert.[21] Die mit der Überschuldungsmessung im Einzelnen verbundenen Ansatz und Bewertungsfragen stellen indessen eine komplexe Materie dar, die sich zudem mit den üblichen Grundsätzen handelsrechtlicher Rechnungslegung nicht erschließt und daher – nicht zuletzt auch wegen ihrer praktischen Relevanz und noch nicht abschließend geklärter Fragen – eine nähere Darstellung erfordert.

1. Überblick

885 Nach § 19 Abs. 1 InsO ist bei juristischen Personen neben der Zahlungsunfähigkeit die *Überschuldung* weiterer Grund für eine Insolvenzeröffnung. Diese Regelung gilt für Kapitalgesellschaften & Co. entsprechend (§ 19 Abs. 3 InsO, § 130a HGB). Der Überschuldungstatbestand ist in seiner praktischen Anwendung wesentlich komplexer als der Insolvenzgrund der Zahlungsunfähigkeit. Eine Überschuldung kann vorliegen, ohne dass bereits eine – vergleichsweise leicht messbare – Zahlungsunfähigkeit eingetreten ist. Insoweit stellt der Überschuldungstatbestand einen zeitlich vorverlagerten Insolvenzgrund dar. In Fällen drohender Zahlungsunfähigkeit wird hingegen häufig zugleich Überschuldung gegeben sein.

886 Überschuldung ist eingetreten, wenn das Vermögen des Schuldners die bestehenden Verbindlichkeiten nicht mehr deckt (§ 19 Abs. 2 Satz 1 InsO). Die Überschuldungsmessung erfolgt danach in erster Linie auf Basis einer *Gegenüberstellung von Vermögen und Schulden* in einem *Überschuldungsstatus.* Ganz wesentlich für die Frage, ob danach eine Unterdeckung der Verbindlichkeiten durch das vorhandene Vermögen vorliegt, sind die Grundsätze, nach denen dieses bewertet wird. Die Bewertung kann wiederum sehr unterschiedlich ausfallen, je nachdem, ob man hinsichtlich des betroffenen Unternehmens von einer Fortführung oder einer Zerschlagung ausgeht.

887 Die vor Inkrafttreten der InsO bestehende Rechtslage, die wesentlich durch die Rechtsprechung des BGH geprägt war, sah in diesem Zusammenhang folgende zweistufige Überschuldungsprüfung vor: In einer ersten Stufe war die Frage zu untersuchen, ob die Lage des Unternehmens eine positive Fortführungsprognose erlaubt. In diesem Fall schied das Vorliegen einer Überschuldung bereits begrifflich aus; der Erstellung eines Überschuldungsstatus bedurfte es nicht. Reichte hingegen die Finanzkraft des Unternehmens zu dessen Fortführung über mittlere Frist nicht aus, war stets ein *Überschuldungsstatus nach Liquidationswerten* zu erstellen. Die InsO geht einen umgekehrten Weg: In einem ersten Schritt ist zunächst unter Ansatz von Liquidationswerten zu prüfen, ob sich eine rechnerische Überschuldung ergibt. Nach § 19 Abs. 2 Satz 2 InsO ist bei der Bewertung von der Fortführung des Unternehmens auszugehen, „wenn diese nach dem Umständen überwiegend wahrscheinlich ist.“ Dies kann in Fällen einer rechnerischen Überschuldung nach Liquidationswerten dazu führen, dass gleichwohl keine Überschuldung im materiellen Sinn und daher keine Insolvenzantragspflicht besteht, da in einem entsprechend geänderten neuen Überschuldungsstatus höhere Vermögenswerte zum

---

[20] So *Hölzle,* Zahlungsunfähigkeit – Nachweis und Kenntnis im Anfechtungsprozess, ZIP 2006, S. 101 (103).

[21] Vgl. Rdn. 90.

Ansatz kommen können. Eine positive Fortbestehensprognose wirkt nämlich auf die Bewertung im Überschuldungsstatus zurück, dieser ist auf der Grundlage der Fortführungswerte zu korrigieren. Die Untersuchung, ob eine Überschuldung vorliegt (Überschuldungsprüfung), kann daher von der *Frage der Unternehmensfortführung* und den damit verbundenen, unter Umständen schwierigen Prognose- und Bewertungsfragen nicht getrennt werden. Es kann daher zu einem letztlich dreistufigen Vorgehen kommen:

- **1. Stufe:** Prüfung der *rechnerischen Überschuldung nach Liquidationswerten*
  Ergibt sich danach rechnerisch eine Überschuldung:
- **2. Stufe:** *Fortführungsprognose*
  Ist diese positiv:
- **3. Stufe:** Ermittlung der *materiellen Überschuldung nach Fortführungswerten*

2. Ermittlung der rechnerischen Überschuldung

Auf der ersten Stufe ist nach dem Gesagten zunächst eine *Überschuldungsbilanz auf den Prüfungszeitpunkt* zu erstellen. Die Vermögensgegenstände sind zu *Veräußerungswerten* (Liquidationswerte) anzusetzen, wobei der erzielbare fiktive Veräußerungserlös unter Zugrundelegung einer *absatzmarktorientierten Betrachtungsweise* bestmöglichst zu schätzen ist. Wiederbeschaffungswerte (Rekonstruktionszeitwerte) dürfen hingegen keinen Ansatz finden. Dieser Ansatz rechtfertigt sich methodisch dadurch, dass der sorgfältig ermittelte Liquidationswert eines Unternehmens zugleich den *Mindestwert einer betriebswirtschaftlich fundierten Unternehmensbewertung* darstellt. In besonders gelagerten Ausnahmefällen, in denen die Unternehmensfortführung auf Grund voraussichtlich anhaltender Ertragschwäche wenig Erfolg versprechend ist, kann der Liquidationswert eines Unternehmens sogar höher sein als der üblicherweise nach dem Ertragswertverfahren ermittelte Fortführungswert. 888

Die handelsrechtlichen Wertansätze sind nach dem Gesagten für den Überschuldungsstatus grundsätzlich ohne Bedeutung, sie haben allenfalls eine indizielle Funktion. Auch wenn in der Praxis gleichwohl – häufig allein der Einfachheit halber unmittelbar auf der Handelsbilanz aufbauend – im Weg der Einzelbewertung vorgegangen wird, beruht dies nicht auf einer gesetzlichen Verpflichtung. Vielmehr kommt es maßgeblich auf das im Einzelfall als Bewertungsprämisse zugrunde zu legende Veräußerungsszenario (Einzel- oder Gesamtveräußerung), den voraussichtlichen zeitlichen Rahmen (Auflösung unter Zeitdruck oder in einem geordneten Verfahren) und nicht zuletzt auch die Kosten der Abwicklung an (z.B. Kosten der vorherigen Einstellung von Teilbetrieben oder anderer vorsorglicher Sanierungsmaßnahmen). Gegenstände, Rechte und andere Werte sind – unabhängig davon, ob und in welcher Höhe sie im handelsrechtlichen Jahresabschluss ausgewiesen werden – zu ihrem aktuellen Verkehrswert zu erfassen. Handelsrechtliche Bewertungsobergrenzen (§ 253 Abs. 1 HGB) oder gesetzliche Ansatzverbote (z.B. § 248 Abs. 2 HGB) gelten nicht. Daher sind eventuelle stille Reserven im Unternehmensvermögen zumindest insoweit aufzudecken, als diese im Fall einer Veräußerung des Geschäftsbetriebs im Ganzen der Verwertung zugänglich sind. Hierzu gehören insbesondere auch ein *Geschäfts- oder Firmenwert* oder andere bisher nicht aktivierte immaterielle Rechte und Werte. Der Status hat ferner alle bestehenden Verbindlichkeiten einschließlich der Rückstellungen zu ihrem tatsächlichen Erfüllungsbetrag unabhängig von ihrer Fälligkeit zu umfassen. Ein im handelsrechtlichen Jahresabschluss gebildeter Sonderposten mit Rücklageanteil (§ 273 HGB) stellt hingegen zivilrechtlich keine Verbindlichkeit dar und ist deshalb bei der Ermittlung der Überschuldung nicht zu berücksichtigen.[22] 889

[22] BFH, Urt. v. 31. 5. 2005, DStR 2005, 1896.

Stille Lasten, d.h. aus steuerrechtlichen oder anderen Gründen bisher nicht oder nicht in ausreichender Höhe passivierte Verbindlichkeiten (z.B. gemäß § 6a EStG angesetzte Pensionsverbindlichkeiten oder wahlweise nicht bilanzierte Altverpflichtungen zur Pensionszahlung) sind ebenfalls zwingend zu berücksichtigen. Verkürzt gesagt handelt es sich beim Überschuldungsstatus um eine aktuelle *Verkehrswertbilanz unter einzelfallbezogenen Veräußerungsgesichtspunkten.*

890 Fraglich ist, in welchem Umfang die in § 39 InsO geregelten, im Insolvenzverfahren *nachrangigen Verbindlichkeiten* im Überschuldungsstatus anzusetzen sind. Im Hinblick auf das Stichtagsprinzip (Stichtag ist regelmäßig ein der möglichen Eröffnung des Insolvenzverfahrens *vorgelagerter* Zeitpunkt) und den vorläufigen Charakter des rechnerischen Überschuldungsstatus im Rahmen der mehrstufigen Überschuldungsprüfung müssen Verbindlichkeiten gemäß § 39 Abs. 1 Nr. und 2 InsO (Verfahrenskosten und Zinsen seit Insolvenzeröffnung) außer Ansatz bleiben. Die Passivierungspflicht im Überschuldungsstatus umfasst indessen ungeachtet ihres Nachrangs im Insolvenzverfahren (§ 39 Abs. 1 Nr. 5 InsO[23]) auch *kapitalersetzende Darlehen* und andere in der Krise des Unternehmens erbrachte oder belassene Leistungen eines Gesellschafters.

891 Anders verhält es sich – insoweit abweichend vom handelsrechtlichen Jahresabschluss[24] – bei Verbindlichkeiten, die mit einem *Rangrücktritt* ausgestattet sind. Der Rangrücktritt stellt in praktischer Hinsicht eines der bedeutsamsten Mittel zur Beseitigung einer Überschuldung und damit einer drohenden Insolvenzantragspflicht dar. Die konkreten Voraussetzungen, unter denen mit Rangrücktritt ausgestattete Forderungen im Überschuldungsstatus außer Ansatz bleiben können, haben daher für die Unternehmenspraxis besonderes Gewicht. In der Literatur existieren hierzu unterschiedliche Auffassungen. Nach einem jüngeren Urteil des BGH,[25] dem offensichtlich die herrschende Meinung folgt, ist dies nur der Fall, wenn eine Erklärung des Gläubigers abgegeben wird, dass er

- mit seiner Forderung im Range *hinter die Forderungen sämtlicher Gesellschaftsgläubiger* zurücktrete und
- bis zur Abwendung der Krise des Schuldnerunternehmens „auch nicht vor, sondern *nur zugleich mit den Einlagerückgewähransprüchen seiner Mitgesellschafter* berücksichtigt" werden solle.

892 Der Gesellschafter muss also zum Ausdruck bringen, dass er so behandelt werden möchte, als handele es sich bei seiner Gesellschafterleistung um statutarisches Kapital (sog. qualifizierter Rangrücktritt). Wird nämlich der betroffene Anspruch auf diese Weise vertraglich in „funktionales Eigenkapital" umqualifiziert, stellt sich der Gesellschafter insoweit auf dieselbe Stufe, auf der er selbst und seine Mitgesellschafter hinsichtlich ihrer Einlagen stehen. Nur in diesem Fall, so der BGH, ist es gerechtfertigt, die Gesellschafterforderung nicht in den Überschuldungsstatus aufzunehmen. Es reicht danach nicht aus, wenn die betroffenen Forderungen vereinbarungsgemäß „nur aus künftigen Gewinnen oder einem Liquidationsüberschuss oder aus dem die sonstigen Verbindlichkeiten des Schuldners übersteigenden – freien – Vermögen" zu tilgen sind (einfacher Rangrücktritt), was nach bisheriger herrschender Auffassung für ausreichend galt.

893 Den gestiegenen Anforderungen des BGH kann durch eine geeignete Formulierung der Rangrücktrittsvereinbarung in der Praxis leicht Rechnung getragen werden. Unmittelbare Gefahr schien diesem beliebten Instrument zur Vermeidung eines Insolvenzein-

---

[23] Nach § 39 Abs. 2 InsO sind Vereinbarungen zwischen Gesellschaftsgläubiger und Gesellschaft über den Nachrang von Forderungen im Zweifel so auszulegen, dass diese an letzter Rangstelle nach den in § 39 Abs. 1 InsO genannten Forderungen befriedigt werden soll.

[24] Vgl. Rdn. 470.

[25] BGH-Urteil v. 8. 1. 2001, DB 2001, 373.

tritts allerdings – als Folge der zitierten BGH-Entscheidung – nach Auffassung vieler Autoren aus dem Blickwinkel des Steuerrechts zu drohen. Anlass hierzu war ein BMF-Schreiben v. 18. 8. 2004,[26] das zur Anwendung des § 5 Abs. 2a EStG ergangen war. In diesem wurde gefolgert, dass bei Fehlen einer „Bezugnahme auf die Möglichkeit einer Tilgung auch aus sonstigem freien Vermögen" (z.B. einem Liquidationsüberschuss) im Rangrücktritt eine erfolgswirksame Ausbuchung der betreffenden Verbindlichkeit in der Steuerbilanz des Schuldnerunternehmens geboten sei. Eine fehlende Bezugnahme hätte danach den Rangrücktritt in die Nähe des Forderungsverzichts gerückt mit der Folge, dass ein nach Maßgabe der BGH-Rechtsprechung abgefasster und daher insoweit nicht näher präzisierter Rangrücktritt das Risiko ertragsteuerlicher Nachteile begründet hätte. Dem ist der BFH[27] jedoch in einem neueren Urteil entgegen getreten. Es wurde klargestellt, dass ein qualifizierter Rangrücktritt keinen Verzicht auf die Forderung darstelle, das diese nur bis zur Überwindung der Krise im Rang zurücktrete. Dieser Auffassung ist zuzustimmen.

3. Fortführungsprognose

Besteht unter Berücksichtigung vorhandener stiller Reserven oder nachträglich erklärter (qualifizierter) Rangrücktritte keine rechnerische Überschuldung, sind weitere Prüfungsschritte und Prognoseurteile, die über erzielbare Verwertungserlöse hinausgehen, nicht erforderlich. Ein Überschuldungstatbestand liegt nicht vor. Reichen die stillen Reserven indessen zur Kompensation einer buchmäßigen Überschuldung in der Handelsbilanz nicht aus und bieten sich alternativ keine ausreichenden Rangrücktrittskonstellationen an, ist das Unternehmen von einer (materiellen) Überschuldung bedroht. In diesen Fällen kommt es darauf an, ob eine Fortführung überwiegend wahrscheinlich ist. Ist dies nicht der Fall, kommen daher abweichende Wertansätze im Überschuldungsstatus nicht Betracht, die insolvenzrechtliche Überschuldung ist somit definitiv. Fällt die Fortführungsprognose hingegen positiv aus, sind hieraus Folgerungen für die Wertansätze im Überschuldungsstatus zu ziehen. Die Fortführungsprognose ist allerdings ein eigenständiger Prüfungsschritt, der seinerseits von bilanziellen Bewertungsüberlegungen unberührt bleibt. 894

Im Rahmen der Fortführungsprognose ist eine Aussage zur Wahrscheinlichkeit der Fortführung zu machen. Die Fortführungsprognose ist positiv, wenn eine *überwiegende Wahrscheinlichkeit der Unternehmensfortführung* (Going Concern) besteht. Man kann einen Unternehmer nicht zur Unternehmensfortführung zwingen, auch wenn sie im Einzelfall voraussichtlich Erfolg versprechen sollte. Die Fortführungswahrscheinlichkeit kann daher nicht allein nach objektiven Kriterien bestimmt werden, da sie entscheidend von dem Willen und den Absichten der Verantwortlichen bestimmt ist und aus diesem persönlichen Kontext nicht gelöst werden kann. Daher muss zunächst ein *Fortführungswille* erkennbar sein. Besteht nach den Umständen keine Absicht der unmittelbar Betroffenen, namentlich der Gesellschafter, den Geschäftsbetrieb in möglicherweise restrukturierter Form fortzusetzen, ist die Prognose zwangsläufig negativ. 895

Ferner muss eine Fortführung nach den wirtschaftlichen Gegebenheiten, insbesondere der verfügbaren Liquidität, finanziell *möglich* erscheinen. Die Fortführungsprognose ist daher in erster Linie eine *Zahlungsfähigkeitsprognose.* Grundsätzlich ist daher die Erstellung einer aussagefähigen mittelfristigen Finanzplanung zu fordern, wobei der Planungshorizont mindestens 12 Monate umfassen sollte. Die Finanzplanung muss erkennen 896

[26] BStBl. I 2004, S. 850, DB 2004, S. 1965.
[27] BFH-Urteil v. 10. 11. 2005, DB 2006, S. 308.

lassen, dass das Unternehmen im Planungszeitraum in der Lage sein wird, seine Lebensfähigkeit durch hinreichende liquide Mittel sicherzustellen.

897 Auch wenn danach die mittelfristige Liquidität gesichert erscheinen und eine Fortführung grundsätzlich möglich sein sollte, muss diese damit nicht zugleich auch *überwiegend wahrscheinlich* sein. Dies dürfte zumindest in den Fällen nicht ohne weiteres der Fall sein, in denen von einer anhaltend niedrigen Rendite des fortgeführten Unternehmens bei fortbestehenden gewichtigen Risiken auszugehen ist. Überwiegend wahrscheinlich ist die Fortführung des Unternehmens – alternativ zur Zerschlagung – nach hier vertretener Auffassung nämlich nur dann, wenn diese bei Zugrundelegung einer objektiven Sichtweise im Sinne eines nüchternen kaufmännischen Kalküls zumindest auf längere Sicht gesehen zu einem wirtschaftlich besseren Ergebnis führt als es durch eine „Versilberung" des Unternehmensvermögens erzielt werden würde. Letztere ist zwar in der Regel mit einer Wertvernichtung verbunden, kann aber in Einzelfällen der ein mehr Erfolg versprechender Weg sein.

898 Da die Fortführungsprognose weitgehend von den Annahmen und Einschätzungen der für den Kriseneintritt verantwortlichen Unternehmensleitung abhängt, auch bei prüfungspflichtigen Unternehmen vor Eintritt der Insolvenzreife keiner externen Prüfung unterliegt und ohnehin nur in beschränktem Umfang durch entsprechend fachkundiges Personal intersubjektiv nachprüfbar ist, besteht andererseits die Gefahr „geschönter", also zu optimistischer Prognosen zur Abwendung des Insolvenzeintritts. Um drohenden Haftungsansprüchen zu entgehen, ist die Unternehmensleitung allerdings gut beraten, ihr Prognoseurteil angemessen zu fundieren und hinreichend zu *dokumentieren.*

4. Überschuldungsstatus zu Fortführungswerten

899 Für diese Betrachtung gelten grundsätzlich die gleichen Ansatzvorschriften wie für den rechnerischen Überschuldungsstatus der ersten Stufe der Überschuldungsprüfung. In Fällen einer positiven Fortführungsprognose erfolgt jedoch ein Ansatz zu „Fortführungswerten". Dies bedeutet, dass die Vermögenswerte nicht unter Zugrundelegung eines Liquidations-, sondern eines Fortführungsszenarios zu bewerten sind. Gegenstände des Anlage- und Umlaufvermögens sind mit ihrem Zeitwert, verstanden als *Wiederbeschaffungs- oder Rekonstruktionszeitwert* anzusetzen. Bei gestiegenen Wiederbeschaffungskosten sind daher im Überschuldungsstatus diese Werte und nicht die niedrigeren fortgeführten Anschaffungs- und Herstellungskosten zugrunde zu legen. Wurden dem Unternehmen beim Erwerb von Anlagegegenständen nicht rückzahlbare Zuschüsse gewährt, mindern diese deren Ansatz zu Wiederbeschaffungskosten grundsätzlich nicht, sofern die Zuschussgewährung nicht ausnahmsweise Einfluss auf die Höhe der Wiederbeschaffungskosten hat.[28] Langfristige unverzinsliche Verbindlichkeiten können – entgegen geltender handelsrechtlicher Grundsätze – mit ihrem niedrigeren *Barwert* angesetzt werden. Ergibt sich bei Zugrundelegung dieser Wertansätze keine Überschuldung, besteht keine Antragspflicht.

VI. Rechnungslegung von Unternehmen in der Insolvenz

900 Misslingen anderweitige Maßnahmen der Krisenbewältigung und lässt sich der Eintritt der Insolvenz nicht vermeiden, so tritt für das betroffene Unternehmen mit der Eröffnung des Insolvenzverfahrens eine *Zäsur* ein: Aus einem ehemals „werbenden Unter-

[28] BFH, Urt. v. 31. 5. 2005, DStR 2005, 1896.

nehmen" ist ein „Schuldner" im Sinne des Insolvenzrechts geworden, der entweder saniert oder abgewickelt, in jedem Fall aber Objekt externer Eingriffe wird. Im Hinblick auf die Rechnungslegung ergeben sich daher in Anbetracht der besonderen Lage des Unternehmens und der speziellen Anforderungen des Insolvenzverfahrens einige Besonderheiten, die nachfolgend näher dargestellt sind. Dabei ist – wie im Rechnungswesen generell – zwischen der *externen* und der *internen* Rechnungslegung zu unterscheiden. Während die externe Rechnungslegung grundsätzlich der hier bereits umfassend erläuterten kaufmännischen Buchführung und dem handelsrechtlichen Jahresabschluss entspricht und den Informationsinteressen potenzieller Erwerber, Kreditgeber, Lieferanten und Abnehmer des Schuldnerunternehmens dient, hat die interne Rechnungslegung den besonderen Nachweiserfordernissen der InsO zu genügen, insbesondere der Rechenschaftslegung des Insolvenzverwalters gegenüber dem Insolvenzgericht und einem Gläubigerausschuss zu dienen.

1. Externe Insolvenzrechnungslegung

Über die Folgewirkungen des Insolvenzeintritts für die externe Rechnungslegung 901
herrschte in der Vergangenheit lange Rechtsunsicherheit. Die fortbestehende Pflicht zur externen (handelsrechtlichen) Rechnungslegung im Insolvenzverfahren war zwar von der finanzgerichtlichen Rechtsprechung seit jeher anerkannt, wurde aber vor Inkrafttreten der InsO von der Praxis mangels ausdrücklicher spezialgesetzlicher Regelung wenig beachtet, da sie in keinem unmittelbaren sachlichen Zusammenhang mit dem vorwiegend auf eine bloße Abwicklung des Unternehmens (Zerschlagung) gerichteten Verfahrenszweck zu stehen schien. Es war daher streitig, ob und unter welchen Bedingungen im Insolvenzverfahren von Unternehmen die Fortführung der kaufmännischen doppelten Buchführung überhaupt erforderlich ist. Eine bestehende „Massearmut" war in diesem Zusammenhang ein beliebtes Argument, die externen Rechnungslegungspflichten außer Kraft zu setzen. Dabei wurde allerdings nicht hinreichend beachtet, dass die kaufmännische Buchführungspflicht stets erst mit dem Ende der zivilrechtlichen Abwicklung des Unternehmens endet und dabei im Fall von Kapitalgesellschaften ausdrücklich allgemeine handelsrechtliche Rechnungslegungserfordernisse gelten (§§ 270 Abs. 1 AktG und 71 Abs. 1 GmbHG), die für das Insolvenzverfahren analoge Anwendung finden.

a) Fortbestehen der handelsrechtlichen Buchführungspflicht. Nach der ausdrückli- 902
chen gesetzlichen Klarstellung in § 155 Abs. 1 InsO bleiben die handels- und steuerrechtlichen Pflichten des insolventen Unternehmens zur Buchführung und zur externen Rechnungslegung (§§ 238ff. HGB bzw. §§ 140, 141 AO) im bereits vor Verfahrenseröffnung bestehenden Umfang vom Insolvenzeintritt unberührt. Der Insolvenzverwalter ist daher zur kaufmännischen Buchführung verpflichtet, soweit die ihm anvertraute Insolvenzmasse betroffen ist; er hat diese Verpflichtung selbstständig zu erfüllen, darf sich hierzu aber – unter Beachtung des Gesichtspunkts der Masseschonung – in gleicher Weise der Hilfe dritter Personen (z.B. Steuerberater oder Wirtschaftsprüfer) bedienen wie der gesetzliche Vertreter eines werbenden Unternehmens. Von der Verpflichtung zur Fortführung der handelsrechtlichen Buchführung kann nur abgesehen werden, wenn der Geschäftsbetrieb des insolventen Unternehmens eingestellt worden ist und Auswirkungen auf das Insolvenzverfahren nicht zu erwarten sind. Im Einzelfall kann mit dem Finanzamt gemäß §§ 148, 162 Abs. 2 AO eine Befreiung von der Buchführungspflicht vereinbart werden. Die handelsrechtlichen Buchführungspflichten enden in der Regel mit Vollzug der Schlussverteilung (§ 200 Abs. 1 InsO).

Es ist nicht zu leugnen, dass der Fortführung der kaufmännischen Buchführung in In- 903
solvenzfällen in der Praxis erhebliche praktische Probleme entgegenstehen können. An-

dererseits ist festzuhalten, dass Informationen aus dem Rechnungswesen gerade auch für das Insolvenzverfahren von großer Bedeutung sein können, z.B. bei Streitigkeiten über Existenz und Berechtigung von Forderungen, die nicht ohne den Rückgriff auf die Debitoren- oder Kreditorenbuchhaltung gelöst werden können. Schließlich kann das für die noch darzustellende insolvenzrechtliche Rechnungsprüfung benötigte Zahlenmaterial häufig nur aus der kaufmännischen Buchführung entnommen werden. Diese ist insoweit in der Regel unverzichtbar.

904 **b) Änderung des Geschäftsjahrs.** Trotz Fortbestehens der Buchführungspflicht bleibt die Verfahrenseröffnung für die externe Rechnungslegung nicht ohne unmittelbare Folgen. Mit der Eröffnung des Insolvenzverfahrens beginnt in buchhalterischer Hinsicht gleichsam eine „neue Zeitrechnung". Dies findet darin seinen Ausdruck, das mit Insolvenzeintritt zugleich ein *neues Geschäftsjahr* („Insolvenz-Geschäftsjahr") eröffnet wird (§ 155 Abs. 2 InsO), das nach allgemeinem Verständnis grundsätzlich ein volles 12-monatiges Geschäftsjahr ist (vgl. § 240 Abs. 2 Satz 2 HGB). Damit wird nach herrschender Auffassung das laufende, im Gesellschaftsstatut bestimmte „normale" Geschäftsjahr auf Grund gesetzlicher Anordnung vorzeitig beendet. Es entsteht für den bereits abgelaufenen Zeitraum des bisherigen statutarischen Geschäftsjahrs ein verkürztes sog. *Rumpfgeschäftsjahr.* Auf den Beginn des sich daran zeitlich unmittelbar anschließenden (ersten) Insolvenz-Geschäftsjahrs ist folgerichtig eine *Insolvenz-Eröffnungsbilanz* zu erstellen.

905 Es ist indessen bei voraussichtlich mehrjährigen Insolvenzverfahren untunlich, hiermit einen Turnus neuer Geschäftsjahre zu begründen, die an einem wiederkehrenden *Zufallsstichtag* enden, der zudem in aller Regel weder auf ein Kalenderjahresende noch einen Monatsultimo fällt, was zu unpraktikablen buchhalterischen Konsequenzen führt. § 155 Abs. 2 Satz 1 InsO wird indessen allgemein so verstanden, dass er einer *Beibehaltung* des statutarisch festgelegten bisherigen Geschäftsjahresturnus im Ergebnis nicht entgegensteht. Eine Beibehaltung hat zudem den Vorteil, dass die – andernfalls regelmäßig erforderliche – *Zustimmung des Finanzamts*[29] zur Umstellung des Geschäftsjahrs (§ 4a Abs. 1 Satz 1 Nr. 2 Satz 2 EStG) nicht eingeholt werden muss. In der Insolvenzpraxis wird bei erwarteter längerer Verfahrensdauer daher erfahrungsgemäß auf das gewohnte Geschäftsjahr zurückgegangen. Dabei vollzieht der Insolvenzverwalter diesen Schritt in der Praxis häufig auch dann ohne Beteiligung der Gesellschafterebene, wenn eine diesbezügliche ausdrückliche Ermächtigungsvorschrift im Gesellschaftsvertrag fehlt, was wohl die Regel ist. Dieses Vorgehen wirft mehrere, bislang nicht abschließend geklärte Fragen auf.

906 Nach wohl herrschender Auffassung bedarf nämlich die – in Abänderung der spezialgesetzlichen Anordnung des § 155 Abs. 2 InsO vollzogene – unveränderte *Beibehaltung* des bisherigen Geschäftsjahrs eines diesbezüglichen *Gesellschafterbeschlusses,* der den rechtsformabhängigen Formerfordernissen für Änderungen des Gesellschaftsvertrages unterliegen dürfte.[30] Es erscheint gleichwohl vertretbar, in diesen Fällen auf eine erneute Beteiligung der Gesellschafter zu verzichten und stattdessen dem Insolvenzverwalter die „Beibehaltungskompetenz" zuzubilligen. Die gegenteilige Auffassung läuft nämlich auf das formalistische Erfordernis hinaus, den bereits in der Vergangenheit formwirksam betätigten, eindeutigen und mutmaßlich unverändert fortbestehenden *identischen* Willen der Gesellschafter zur Festlegung eines bestimmten Geschäftsjahres durch diese *erneut* aus-

---

[29] Allerdings stellt die Einholung dieser Zustimmung im Regelfall, insbesondere aber in Fällen wie den vorliegenden lediglich eine Formalie dar.

[30] *Hüffer,* Aktiengesetz, 5. Aufl., § 271 Rdn. 4; ADS, 6. Aufl., § 270 AktG Tz. 25 mwN. Von Teilen der Literatur wird allerdings auch ein „formloser Gesellschafterbeschluss" (?) für ausreichend gehalten: vgl. nur *Scholz/K.Schmidt,* Kommentar zum GmbHG, 9. Aufl., § 71 Rdn. 18.

drücklich bekräftigen zu lassen, obwohl den Gesellschaftern im Insolvenzverfahren im Übrigen keine realen Einfluss- oder Gestaltungsmöglichkeiten verblieben sind.[31] Hierfür ist ein zwingendes praktisches oder rechtspolitisches Bedürfnis nicht zu erkennen, zumal gerade die Beibehaltung des Geschäftsjahrs Gesellschaftsvertrag und Rechnungslegungspraxis in wünschenswerter Weise wieder in Einklang bringt.[32]

In diesem Zusammenhang stellt sich die weitere Frage, ab welchem *Zeitpunkt* die Bei- 907
behaltung – wie immer sie auch zu vollziehen ist – wirkt. Die Antwort auf diese Frage bestimmt sich nach dem Regelungsgehalt des § 155 Abs. 2 InsO: Handelt es sich hinsichtlich der dort getroffenen Anordnung eines „neuen" Geschäftsjahres ihrer Natur nach um *dispositives Recht,* hätte ein vor Ablauf des bisherigen statutarischen Geschäftsjahrs erklärte Beibehaltung bereits unmittelbare Wirkung für dieses selbst; ein Wechsel des Geschäftsjahresturnus träte *von Anfang an* nicht ein. Hat die Geschäftsjahresanordnung des § 155 Abs. 2 InsO stattdessen – wie auch jede *statutarische* Festlegung des Geschäftsjahrs – (mindestens) Bestand für ein erstes, hiervon betroffenes Geschäftsjahr und kann diese Bestimmung daher erstmals mit Wirkung für ein *nachfolgendes* Geschäftsjahr geändert werden, hätte dies zur Folge, dass es zunächst bei der beschriebenen Bildung eines Rumpfgeschäftsjahrs des „werbenden Unternehmens" und eines daran anschließenden *neuen* Insolvenz-Geschäftsjahres bliebe. Für den Zeitraum zwischen Verfahrenseröffnung und bisherigem Geschäftsjahresende kann indessen ein *erneutes Rumpfgeschäftsjahr* gebildet werden, um den Anschluss an das statutarisch festgelegte Geschäftsjahresende zu finden. Die letztgenannte Auffassung wird überwiegend vertreten. Für sie spricht, dass § 155 InsO mit der Geschäftsjahresanordnung jedenfalls eine verbindliche buchhalterische Zäsur setzen und damit sicherstellen will, dass auf den Eröffnungsstichtag stets eine *neue Periodenrechnung* – gleich welcher Dauer – begründet wird.

c) Schlussbilanz des werbenden Unternehmens. Zum Ende des durch § 155 Abs. 1 908
InsO verkürzten Geschäftsjahrs ist – in Analogie zur Liquidationsrechnungslegung[33] – nach herrschender Meinung eine *Schlussbilanz des werbenden Unternehmens*[34] zu erstellen, deren Stichtag der letzte, vor der Verfahrenseröffnung liegende Kalendertag ist. Die Schlussbilanz schließt damit formal gesehen die Phase des noch insolvenzfreien Unternehmens ab, ist von der Eröffnung des Insolvenzverfahrens und deren Auswirkungen auf Ansatz und Bewertung gleichwohl wesentlich geprägt, soweit diese in der bis zur Bilanzaufstellung andauernden Wertaufhellungsphase erkennbar geworden sind. Streng genommen obliegt diese Rechnungslegungsverpflichtung zwar noch den bisherigen Vertretungsorganen des Schuldnerunternehmens, denn die handelsrechtlichen Pflichten des Insolvenzverwalters beginnen erst mit dem Zeitpunkt der Insolvenzeröffnung. Die Pflichten der bisherigen Vertretungsorgane sind aber mit Verfahrenseröffnung auf den Insolvenzverwalter übergegangen (§ 80 Abs. 1 InsO) und folglich nunmehr von diesem zu erfüllen.

Folgt man der Mindermeinung, dass ein noch vor Ablauf des bisherigen vollen statuta- 909
rischen Geschäftsjahrs wirksam gefasster Beibehaltungsbeschluss bereits Wirkung für das laufende Geschäftsjahr entfaltet, könnte der Zeitraum bis zur Insolvenzeröffnung buchhalterisch in das in diesem Fall regulär nach dem Eröffnungszeitpunkt endende, unverän-

[31] Eine zwingende Mitwirkung der satzungsändernden Gesellschaftermehrheit an der Entscheidung über die Beibehaltung des Geschäftsjahrs stünde zudem in einem Wertungswiderspruch zu der in der Literatur überwiegend vertretenen Feststellungskompetenz des Insolvenzverwalters und der Wahl des Abschlussprüfers durch das Insolvenzgericht auf Antrag des Insolvenzverwalters.

[32] *Förschle/Weisang,* aaO, verlangen für den Fall der unveränderten Geltung des § 155 Abs. 2 InsO eine entsprechende *Anpassung* des abweichenden Gesellschaftsstatuts.

[33] Vgl. Rdn. 938 ff.

[34] Auf die grundlegenden Ausführungen zur entsprechenden Schlussrechnung in Liquidationsfällen unter Rdn. 943, 914 wird verwiesen.

dert weiter laufende ursprüngliche Geschäftsjahr einbezogen werden. Der Bildung eines Rumpfgeschäftsjahrs und einer Schlussbilanz bedürfte es danach nicht. Eine messbare Arbeitsersparnis entstünde hierdurch jedoch nicht, da ohnehin die zwingende Verpflichtung zur Erstellung einer handelsrechtlichen *Insolvenz-Eröffnungsbilanz* auf den unmittelbar folgenden Tag der Verfahrenseröffnung besteht und dieser Vermögensstatus mit der Schlussbilanz *identisch* ist. Die nach herrschender Meinung zur Einhaltung des bisherigen Geschäftsjahresturnus erforderliche erneute Bildung eines anschließenden Rumpfgeschäftsjahres setzt indessen bereits aus Gründen einer periodengerechten *Ergebnisabgrenzung* zwischen den aufeinander folgenden beiden (verkürzten) Geschäftsjahren einen vollwertigen Zwischenabschluss voraus.

910 Die Schlussbilanz unterliegt grundsätzlich den gleichen Anforderungen wie ein normaler Geschäftsjahresabschluss. Sie ist daher um eine Gewinn- und Verlustrechnung, einen Anhang und ggf. einen Lagebericht zu ergänzen. Für die Wertansätze der Schlussbilanz kommen die allgemeinen Bewertungsgrundsätze für handelsrechtliche Jahresabschlüsse zur Anwendung. Es ist daher die Bewertungsvorschrift des § 253 Abs. 1 HGB zu beachten, eine Bewertung über den fortgeführten historischen Anschaffungs- oder Herstellungskosten ist daher nicht zulässig. Der Grundsatz der Unternehmensfortführung (§ 252 Abs. 1 Nr. 2 HGB) findet nur dann Anwendung, wenn der Insolvenzverwalter trotz Verfahrenseröffnung tatsächlich von der Fortführung des Geschäftsbetriebs ausgeht. Ausschlaggebend ist daher die Strategie, die der Insolvenzverwalter verfolgen will. Ist danach geplant, das Unternehmen über einen Zeitraum von mindestens zwölf Monaten operativ fortzuführen, ist nach *Going Concern* zu bewerten. Stellt sich bei der Abschlusserstellung allerdings noch im Aufhellungszeitraum heraus, dass eine Fortführung über diesen Zeitraum nicht zu erwarten ist, hat ein Ansatz zu niedrigeren beizulegenden Werten (Einzelveräußerungswerten) zu erfolgen.

911 **d) Insolvenz-Eröffnungsbilanz.** Für das nach § 155 Abs. 1 InsO neu eröffnete Geschäftsjahr muss eine externe *Insolvenz-Eröffnungsbilanz* nach § 242 Abs. 1 Satz 1 HGB i.V.m. §§ 154 HGB, 270 Abs. 1 AktG und 71 Abs. 1 GmbHG aufgestellt werden, die übrigens nicht mit der „Vermögensübersicht“ gemäß § 153 InsO (interne Insolvenzeröffnungsbilanz)[35] verwechselt werden darf. Es handelt sich hierbei um ein in analoger Anwendung der handelsrechtlichen Rechnungslegungsvorschriften und der Vorschriften zur Abwicklung von Kapitalgesellschaften zu erstellendes Zahlenwerk, das inhaltlich mit der Schlussbilanz der werbenden Gesellschaft identisch ist, da diese bereits alle wertaufhellenden Gesichtspunkte berücksichtigen muss, die auch für die Eröffnungsbilanz gelten. Der Eröffnungsbilanz ist – in analoger Anwendung der §§ 270 Abs. 1 AktG, 71 Abs. 1 GmbHG – ein *Erläuterungsbericht* beizufügen. Die Erläuterungspflicht ist unter Rückgriff auf den Rechtsgedanken der §§ 130a, 172a HGB auch auf Kapitalgesellschaften & Co. auszudehnen. Erläuterungen zur Eröffnungsbilanz sind insbesondere im Hinblick auf Abweichungen von allgemeinen Ansatz- und Bewertungsvorschriften und zum Verfahrensstand erforderlich. Hinsichtlich der für die Eröffnungsbilanz maßgeblichen Inventarisierungs- und Bilanzierungspflichten im Einzelnen kann im Wesentlichen auf die Darstellung zur *Liquidations-Eröffnungsbilanz* verwiesen werden.[36] Dauert das Insolvenzverfahren über ein Geschäftsjahresende hinaus an, sind jährliche Abschlüsse („Zwischenbilanzen“) zu erstellen.

912 Grundsätzlich sind bei Eröffnungsbilanz und Zwischenabschlüssen die handelsrechtlichen Buchwerte unter Beibehaltung der bisherigen Bilanzierungs- und Bewertungsme-

[35] Vgl. Rdn. 927.
[36] Vgl. Rdn. 942f., 911ff.

thoden fortzuführen. Diese Methoden sind jedoch darauf zu überprüfen, ob sich angesichts des im Einzelfall geplanten Insolvenszenarios Anlässe für geänderte Bewertungsparameter (z.B. Verkürzung von Nutzungsdauern) oder außerplanmäßige Abschreibungen auf den niedrigeren beizulegenden Wert ergeben. Insbesondere ist zu prüfen, ob die Anwendung des für Gegenstände des Umlaufvermögens geltenden *strengen Niederstwertprinzips* (§ 253 Abs. 3 Satz 1 und 2 HGB) über seinen bisherigen Anwendungsbereich hinaus auch für solche Vermögensgegenstände in Betracht kommt, die bisher im Anlagevermögen ausgewiesen wurden, nunmehr aber keiner Daueranlageabsicht mehr unterliegen, da sie entweder zur Veräußerung bestimmt oder zumindest für das insolvente Unternehmen unbrauchbar sind (vgl. §§ 270 Abs. 2 Satz 3 AktG, 71 Abs. 2 Satz 3 GmbHG). Hieraus ist im Einzelnen für die externe Insolvenzrechnungslegung zu folgern:

- Die allgemeinen Bilanzierungs- und Bewertungsmethoden einschließlich der Gliederungsvorschriften haben unverändert Geltung.
- Eine Abweichung von diesen Methoden bedarf stets der Begründung, die in der Entwicklung des Insolvenzverfahrens und den hieraus resultierenden wertbeeinflussenden Faktoren zu suchen ist.
- Die Bewertungsobergrenze des § 253 Abs. 1 HGB (Ansatz zu fortgeführten Anschaffungskosten) besteht fort, d.h. eine Aufdeckung eventuell vorhandener stiller Reserven oder ein Ausweis unrealisierter Wertsteigerungen erfolgt nicht.
- Das gesetzliche Verbot des Ansatz selbst geschaffener immaterieller Anlagewerte (vgl. § 248 Abs. 2 HGB) bleibt ebenfalls unangetastet.
- Der Rechnungslegung ist solange der Grundsatz der Unternehmensfortführung (§ 252 Abs. 1 Nr. 2 HGB) zugrunde zu legen, wie keine konkreten Anhaltspunkte dafür bestehen, dass dessen Geschäftsbetrieb alsbald eingestellt bzw. der Schuldner abgewickelt werden wird.

Zu passivieren sind nur solche Verpflichtungen, die vor Auflösung entstanden sind. **913**
Kosten, die das zukünftige Insolvenzverfahren betreffen, zum Stichtag der Insolvenzeröffnung aber noch nicht als rechtliche Verpflichtungen konkretisiert sind, dürfen nicht zurückgestellt werden. Pensionsverpflichtungen sind indessen nach herrschender Meinung auch insoweit anzusetzen, als diese in der Handelsbilanz einem Passivierungswahlrecht (Art. 28 Abs. 1 EGHGB) unterliegen, da die diesem zugrunde liegende „biologische" Lösungskomponente[37] nicht mehr greifen kann. Andererseits können Ansprüche auf Pensionszahlungen außer Ansatz bleiben, bei denen der Eintritt der Unverfallbarkeit nach Lage der Dinge nicht mehr zu erwarten ist.

e) **Insolvenz-Schlussbilanz.** Mit Beendigung des Insolvenzverfahrens (§§ 200, 207ff. **914**
InsO) endet der Abwicklungszeitraum und das letzte Geschäftsjahr des Unternehmens. Der Insolvenzverwalter hat auf der Grundlage von § 155 Abs. 1 InsO nach allgemeinen handelsrechtlichen Vorschriften eine handelsrechtliche Schlussbilanz auf den Beendigungszeitpunkt (in der Regel: Tag der Aufhebung oder der Einstellung des Verfahrens, ggf. Tag der Einstellung des Geschäftsbetriebs) zu erstellen, die mit der internen „Schlussrechnung" nach § 66 InsO nicht zu verwechseln ist. Zuständig für die Erstellung der Schlussbilanz ist im Fall der Abwicklung der Insolvenzverwalter, bei Fortführung die (wieder) zuständige Unternehmensleitung.

f) Prüfung, Feststellung und Offenlegung. Eine bei Insolvenzeintritt nach §§ 316, 267 **915**
Abs. 2 HGB bestehende Pflicht zur *Abschlussprüfung* besteht fort (§ 155 Abs. 3 InsO).

---

[37] Vgl. hierzu Rdn. 610.

Hinsichtlich der Bestellung des Abschlussprüfers gemäß § 318 HGB besteht jedoch die Besonderheit, dass diese auf *Antrag des Insolvenzverwalters* stets durch das zuständige Gericht erfolgt. Damit steht die Kompetenz zur Auswahl des Abschlussprüfers zwar formal dem Gericht zu, in praxi dürfte jedoch der allein antragsbefugte Insolvenzverwalter auf die Auswahl des Abschlussprüfers entscheidenden Einfluss nehmen. Ist die Bestellung vor Insolvenzeintritt bereits vollzogen, so bleibt diese wirksam (§ 155 Abs. 3 Satz 2 InsO). Diese Regelung stellt eine Ausnahme von den §§ 115, 116 InsO dar, die mit Insolvenzeröffnung grundsätzlich eine automatische Beendigung aller Prüfungs- und Beratungsmandate anordnen. In analoger Anwendung der §§ 270 Abs. 3 AktG, 71 Abs. 3 GmbHG kann das Gericht auf Antrag von der Pflicht zur Abschlussprüfung befreien, wenn die Verhältnisse der Gesellschaft hinreichend überschaubar sind. Eine Prüfung kann also unterbleiben, wenn sie im Interesse der Gesellschaftsgläubiger nicht geboten erscheint und daher zu einem vermeidbaren Aufwand führen würde. Für den Erfolg eines Befreiungsantrags wird es darauf ankommen, welchen Stand das Insolvenzverfahren erreicht und welche Fortschritte die Abwicklung gemacht hat. In diesem Zusammenhang ist anzumerken, dass eine Prüfung des Insolvenzverwalters ergeben kann, dass der bisher tätige Abschlussprüfer unter Verletzung des Selbstprüfungsverbots des § 319 Abs. 3 Nr. 3a HGB an der Führung der Bücher des insolventen Unternehmens oder der Aufstellung der zu prüfenden Jahresabschlüsse mitgewirkt hat. In diesem Fall sind sämtliche diesbezüglichen Honoraransprüche nach der Rechtsprechung gemäß § 134 BGB nichtig mit der Folge, dass die gezahlten Prüfungshonorare zurückgefordert werden können.

916 Fraglich ist, ob im Insolvenzverfahren ein praktisches Bedürfnis an einer Bilanzfeststellung besteht und wem erforderlichenfalls die *Feststellungskompetenz* zusteht. Nach hier vertretener Auffassung liefe eine fortbestehende Kompetenz des bisherigen Organs (in der Regel der Gesellschafterversammlung) praktisch gesehen leer, zumal jedes etwaige Änderungsverlangen folgenlos bliebe,[38] denn – anders als im Fall der Abwicklung durch Liquidation – sind die Gesellschafter nach Insolvenzeröffnung nicht mehr „Herr des Verfahrens". Bejaht man gleichwohl aus grundlegenden Überlegungen ein Feststellungserfordernis, so kann die entsprechende Befugnis nach Eröffnung des Insolvenzverfahrens allein dem *Insolvenzverwalter* und nicht dem bisherigen Feststellungsorgan zustehen, dessen berechtigte Interessen von der Rechtsordnung allein noch durch die *institutionelle Schutzwirkung des Insolvenzverfahrens* gewahrt werden. Die Tätigkeit des Insolvenzverwalters unterliegt nach der Ratio des Gesetzes der alleinigen Kontrolle durch Insolvenzgericht und ggf. Gläubigerausschuss. Die Feststellung wird formal durch *Unterschriftsleistung* des Insolvenzverwalters unter den von ihm erstellten Jahresabschluss vollzogen. Für die *Offenlegung* gelten die allgemeinen Vorschriften der §§ 325–329 HGB.

2. Interne Insolvenzrechnungslegung

917 **a) Überblick.** Von der bisher dargestellten externen Insolvenzrechnungslegung, die der Sache nach handelsrechtliche Rechnungslegung üblicher Prägung ist, sind die Erfordernisse der internen Rechnungslegung im Insolvenzfall zu unterscheiden, die im Wesentlichen in den §§ 66, 151–153, 162, 163, 211 Abs. 2, 229, 245 und 251 InsO geregelt bzw. von Bedeutung sind. Die wesentlichen Aufgaben der internen Insolvenzrechnungslegung sind:

- *Dokumentationsfunktion* hinsichtlich der Vermögensverhältnisse des Schuldnerunternehmens sowie der Masseverwaltung und -verwertung

[38] So auch WP-Handbuch II, 2002, L 247.

- *Kontrollfunktion* für Gläubigerausschuss und Insolvenzgericht hinsichtlich der Tätigkeit des Insolvenzverwalters
- *Informationsfunktion* für die Insolvenzgläubiger hinsichtlich der Entscheidung über die Form der Fortsetzung oder die Einstellung des Verfahrens oder über eine Betriebsveräußerung an besonders Interessierte bzw. unter Wert oder über ein Insolvenzplanverfahrens und hinsichtlich der zu erwartenden Insolvenzquote sowie der Höhe des bilanziellen Abschreibungsbedarfs auf Gläubigerforderungen.

Bei der internen Insolvenzrechnungslegung handelt es sich um die Gesamtheit aller 918
spezifischen Aufstellungen und Zahlenwerke, die der Befriedigung der Dokumentations-, Kontroll- und Informationsbedürfnisse der am Insolvenzverfahren Beteiligten dienen und letztlich eine ordnungsgemäße Verteilung der Insolvenzmasse gewährleisten sollen. Zwar kann und sollte bei der Erstellung dieser Sonderrechnungen im Einzelfall zweckmäßigerweise auf Bestandteile oder Daten der kaufmännischen Buchführung zurückgegriffen werden (z.B. bei der Schlussrechnung des Insolvenzverwalters nach § 66 InsO). Mit der internen Insolvenzrechnungslegung werden indessen von der handelrechtlichen Buchführung z.T. abweichende Rechnungslegungszwecke verfolgt, die wiederum die Geltung besonderer Bewertungsgrundsätze bedingen (z.B. bei der Erstellung von Insolvenzbilanzen zu Zerschlagungswerten gemäß §§ 153, 162, 163 und 251 InsO). Für diese Sonderrechnungen existiert – wie übrigens auch bezüglich der internen betrieblichen Rechnungslegung eines insolvenzfreien Unternehmens – kein spezifisches und verbindliches Norm- und Regelwerk. Die interne Insolvenzrechnungslegung umfasst in erster Linie folgende Gegenstände:

- Verzeichnis der Massegegenstände (§ 151 InsO)
- Verzeichnis der Gläubiger (§ 152 InsO) und – aus diesen beiden Aufstellungen abgeleitet –
- Vermögensübersicht (§ 153 InsO)
- Schluss- und ggf. Zwischenrechnungslegung (§ 66 InsO)
- Vermögensübersicht des Insolvenzplans (§ 229 InsO).

b) Verzeichnis der Massegegenstände. Nach Eröffnung des Insolvenzverfahrens ist 919
gemäß § 151 Abs. 1 InsO auf den Tag der Verfahrenseröffnung ein „*Verzeichnis der Massegegenstände*" aufzustellen, sofern das Insolvenzgericht nicht auf Antrag des Insolvenzverwalters, der im Falle des Bestehens eines Gläubigerausschusses dessen Zustimmung bedarf, gestattet, dass die Aufstellung unterbleibt (§ 151 Abs. 3 InsO). Die erfassten Gegenstände repräsentieren die „Aktivseite" der „Insolvenzbilanz". Es besteht ein *Einzelerfassungsgebot* („Verzeichnis der *einzelnen* Gegenstände"). Die Massegegenstände sind danach

- vollständig, d.h. ungeachtet ihres Werts oder ihrer voraussichtlichen Verwertbarkeit
- einzeln, ggf. aber auch unter Vornahme einer Gruppenbewertung (§ 240 Abs. 4 HGB)
- art- und mengenmäßig
- unter Angabe von Wert und Beschaffenheit (z.B. neuwertig, schrottreif, Anschaffungskosten, Nutzungsdauer, Fabrikat, Baujahr, Leistung)

im Rahmen einer Inventur zu erfassen und in übersichtlicher Form – zweckmäßigerweise ungekürzt um möglicherweise korrespondierende Schuldposten – darzustellen. Für die Inventuraufnahme gelten grundsätzlich die allgemeinen handelsrechtlichen Verfahrensvorschriften, wobei Inventurvereinfachungsverfahren (§§ 240, 241 HGB) dem Zweck des Insolvenzverfahrens in der Regel nicht entsprechen. *Neuerwerb* des Schuldnerunternehmens während des Verfahrens (§ 35 2. Halbsatz InsO) ist nicht zu erfassen.

920 Auf Grund der besonderen Zweckbestimmung der Insolvenzbilanz haben die Ansatzvorschriften des Handelsgesetzbuchs – abgesehen vom Gebot der Vollstandigkeit (vgl. § 246 HGB) – für deren Aufstellung grundsätzlich keine Relevanz. Dies trifft insbesondere für handelsrechtliche Ansatz*verbote* zu (z.B. § 248 Abs. HGB: Verbot der Aktivierung selbst geschaffener immaterieller Vermögensgegenstände; § 252 Abs. 1 Nr. 4 HGB: Verbot des Ansatzes nicht realisierter Gewinne). Erscheint die Durchsetzung eines möglichen Anspruchs aussichtsreich, ist dieser zu berücksichtigen, unabhängig davon, ob dieser erst mit Eröffnung des Insolvenzverfahrens begründet ist (z.B. Anfechtungsansprüche nach §§ 129ff. InsO, Ansprüche aus Eigenkapitalersatz gemäß §§ 32a/32b GmbHG, konzernrechtliche Verlustausgleichsansprüche nach § 302 AktG). Andererseits können auch handelsrechtliche Ansatz*gebote* belanglos werden, wenn die hiervon betroffenen Positionen weder Vermögenszu- noch -abflüsse erwarten lassen (z.B. der Ansatz aktiver oder passiver Rechnungsabgrenzungsposten gemäß § 250 HGB). Hier ist allerdings vom Verwalter zu prüfen, ob vom Unternehmen im Voraus gezahlte oder vereinnahmte Beträge zurückgefordert werden können bzw. von diesem zurück zu zahlen sind. Ähnliches gilt für sog. Bilanzierungshilfen, die im Insolvenzfall in der Regel keine Realisierungschancen verkörpern (z.B. im Fall eines aktivierten Geschäfts- oder Firmenwerts, § 255 Abs. 4 HGB, oder aktivierter Ingangsetzungs- und Erweiterungsaufwendungen, § 269 HGB). *Aufrechenbare Forderungen* sind brutto auszuweisen. Bestehen *Absonderungsrechte* an bestimmten Vermögensgegenständen, sind diese ebenfalls mit ihrem vollen Wert unter Vermerk des Drittrechts anzugeben. Gegenstände, die unzweifelhaft der *Aussonderung* unterliegen, sind nach zutreffender Ansicht nicht in das Verzeichnis aufzunehmen. Es kann indessen aus Gründen der Übersichtlichkeit im Einzelfall gleichwohl eine Aufnahme zweckmäßig sein. Zumindest solange Aussonderungsrechte nicht abschließend geprüft sind, ist die Aufnahme dringend zu empfehlen, zumal sich der Insolvenzverwalter bei ungeprüfter Freigabe nach § 60 InsO schadensersatzpflichtig machen würde.

921 Bewertungsziel ist die möglichst genaue Einschätzung des voraussichtlichen Verwertungserlöses im Fall der Einzelverwertung. Bei Aufstellung des Verzeichnisses ist in aller Regel eine *Alternativbewertung zu Zerschlagungs- und Fortführungswerten* durchzuführen, da der Wert der Massegegenstände in vielen Fällen wesentlich davon abhängt, ob das insolvente Unternehmen fortgeführt wird oder nicht (§ 151 Abs. 2 Satz 2 InsO). Unter „Fortführung" ist die auf Dauer angelegte Fortführung im Rahmen eines Insolvenzplanes oder einer übertragenden Sanierung, nicht eine bloß vorübergehende Fortführung zum Zwecke des „Ausproduzierens" unfertiger Erzeugnisse zu verstehen. Der Insolvenzverwalter selbst ist nicht berechtigt, der Bewertung nach seinem Ermessen die Fortführung oder die Einzelveräußerung zugrunde zu legen. Durch die Alternativbewertung soll vielmehr das Recht der Gläubigerversammlung gesichert werden, über den Fortgang des Insolvenzverfahrens auf gesicherter alternativer Grundlage frei zu entscheiden. Nur in Fällen eines eindeutigen Zerschlagungsszenarios (z.B. bei Betriebseinstellung vor Verfahrenseröffnung) braucht der Insolvenzverwalter daher nur die Zerschlagungswerte anzugeben.

922 Beim Ansatz von *Zerschlagungswerten* ist der Verwertungserlös bei marktgängigen Gegenständen ausgehend von Börsen- oder Marktpreisen zu ermitteln. Besteht keine Möglichkeit zur Anknüpfung an einen Marktpreis, ist er auf Basis der wahrscheinlichsten Verwertungsmöglichkeit zu schätzen. Nach allgemeiner Auffassung finden dabei die allgemeinen handelsrechtlichen Bewertungsgrundsätze, insbesondere der Grundsatz der Unternehmensfortführung (§ 252 Abs. 1 Nr. 2 HGB) und das Vorsichts-, Realisations- und Imparitätsprinzip (§ 252 Abs. 1 Nr. 4 HGB), auf die Ermittlung von Zerschlagungswerten keine Anwendung. In der Praxis dürften jedoch zumindest Erwägungen der Vor-

sicht ein nicht zu vernachlässigendes Gewicht haben, zumal der Insolvenzverwalter ein Interesse daran haben muss, die Preisuntergrenze für etwaige Verkaufsverhandlungen nicht zu hoch anzusetzen und „Unter-Wert-Verkäufe" (§ 163 InsO) zu vermeiden. Wurde bei der vorangegangenen Aufstellung eines Überschuldungsstatus unter Ansatz von Liquidationswerten bereits eine entsprechende Verwertungsstrategie zugrunde gelegt, können die seinerzeit ermittelten Werte im Verzeichnis angesetzt werden. Es gilt im Wesentlichen das dort Gesagte.

Die von § 151 Abs. 1 Satz 1, Abs. 2 InsO vorgesehene Ermittlung von *Fortführungswerten* für *einzelne* Vermögensgegenstände ist aus praktischer Sicht äußerst problematisch. Richtigerweise lassen sich diese Werte nämlich nicht einzeln, sondern nur für ein *Gesamt*unternehmen oder zumindest eine betriebliche Einheit nach dem Ertragswertverfahren, auf der Grundlage eines konkreten Fortführungskonzepts oder eines bereits dem Insolvenzverwalter vorliegenden Übernahmeangebots verlässlich ermitteln. Die Fortführung kann auf Basis eines Insolvenzplans, durch übertragende Sanierung oder durch zeitlich begrenzte Fortführung erfolgen. 923

Als ein geeignetes Mittel zur Fundierung der Entscheidung der Gläubigerversammlung über Fortführung oder Zerschlagung können wohl nur dynamische Rechenwerke wie ein *Finanzplan* und eine *Planergebnisrechnung* angesehen werden, die allerdings lediglich für das Insolvenzplanverfahren nach §§ 217ff. InsO vorgeschrieben sind (vgl. § 229 Satz 2 InsO) und für kurzfristige Fortführungskonzepte in der Regel zu zeit- und kostenaufwändig sein dürften. Die Fortführungswerte richten sich bei nicht abnutzbaren Gegenständen in der Regel nach den handelsbilanziellen Anschaffungs- und Herstellungskosten, bei abnutzbaren Gegenständen nach dem *Wiederbeschaffungswert* (Rekonstruktionszeitwert) unter Aufdeckung eventuell vorhandener stiller Reserven. Wurde vor Insolvenzeröffnung ein Überschuldungsstatus auf Basis von Fortführungswerten erstellt und besteht das seinerzeitige Fortführungskonzept unverändert fort, können die entsprechenden Wertansätze übernommen werden; andernfalls sind sie entsprechend zu aktualisieren. Beruht das vom Insolvenzverwalter befürwortete Fortführungskonzept auf einem Insolvenzplan können die in diesem aufgeführten Werte zugrunde gelegt werden. Liegt ein Übernahmeangebot für den Fall einer geplanten übertragenden Sanierung vor, ist eine Kaufpreisallokation auf die Massegegenstände zweckmäßigerweise unter Zugrundelegung der Wiederbeschaffungswerte vorzunehmen[39] und ein ggf. verbleibender Betrag als „Geschäfts- oder Firmenwert" zu erfassen. 924

c) Verzeichnis der Gläubiger. Der Insolvenzverwalter hat nach § 152 Abs. 1 InsO ferner ein tabellarisches oder anderes übersichtliches *Verzeichnis aller Gläubiger* unterteilt nach absonderungsberechtigten Gläubigern und den einzelnen Rangklassen der nachrangigen Insolvenzgläubiger aufzustellen, das von der „Gläubigertabelle" gemäß § 175 InsO zu unterscheiden ist. Die auf diese Weise vollständig verzeichneten Schulden verkörpern gleichsam die „Passivseite" der Insolvenzbilanz. Aufbau und Inhalt des Gläubigerverzeichnisses sind in § 152 Abs. 2 und 3 InsO weitgehend vorgegeben. Folgender Aufbau kann gewählt werden: 925

- Gläubiger ohne Absonderungsrechte und ohne Nachrang
- Gläubiger mit Absonderungsrechten (unter Angabe des Absonderungsgegenstandes)
- Gläubiger mit Nachrang nach § 39 Abs. 1 Nr. 1 InsO
- Gläubiger mit Nachrang nach § 39 Abs. 1 Nr. 2 InsO
- Gläubiger mit Nachrang nach § 39 Abs. 1 Nr. 3 InsO

---

[39] Alternativ kommt aus Vereinfachungsgesichtspunkten eine Aufteilung nach dem Verhältnis der handelsrechtlichen Buchwerte in Betracht.

- Gläubiger mit Nachrang nach § 39 Abs. 1 Nr. 4 InsO
- Gläubiger mit Nachrang nach § 39 Abs. 1 Nr. 5 InsO
- Gläubiger mit Nachrang nach § 39 Abs. 2 InsO
- Verfahrenskosten und sonstige Masseverbindlichkeiten

926 Die Angaben zu „Masseverbindlichkeiten" umfassen als Ausnahme vom Stichtagsprinzip auch künftige Aufwendungen. Dies ermöglicht den Insolvenzgläubigern eine realistischere Quotenschätzung. Das Bestehen von Aufrechnungslagen hinsichtlich der verzeichneten Schuldposten (§§ 94ff. InsO) ist anzugeben.

927 **d) Vermögensübersicht.** Durch kontenmäßige Gegenüberstellung der in §§ 151 und 152 InsO aufgeführten Rechenwerke wird die von § 153 InsO geforderte, *eigenständige* „Vermögensübersicht" ermittelt. Sie stellt die *Eröffnungsbilanz des Insolvenzverfahrens* (Insolvenzbilanz) dar und ist mit der (handelsrechtlichen) Abwicklungs-Eröffnungsbilanz des insolventen Unternehmens nicht identisch, da diese nach anderen Grundsätzen erstellt wird. Beide Rechenwerke greifen aber zumindest hinsichtlich der Vermögensseite auf die gleichen Bestandsverzeichnisse zurück. Anders als das Verzeichnis der Massegegenstände umfasst die Vermögensübersicht auch den Neuerwerb von Gegenständen im Insolvenzverfahren. Die InsO enthält keine Gliederungsvorschriften für die Vermögensübersicht. Deren Aktivseite wird sich weitgehend an der Gliederung der Handelsbilanz orientieren, wohingegen der Passivseite zweckmäßigerweise die Gliederung des Gläubigerverzeichnisses zugrunde gelegt werden sollte.

928 **e) Schlussrechnung, Zwischenrechnungen.** Der Insolvenzverwalter hat bei der Beendigung seines Amtes einer Gläubigerversammlung Rechnung zu legen (§ 66 Abs. 1 InsO). Neben dieser verbindlich vorgeschriebenen *Schlussrechnung* ist in § 66 Abs. 3 InsO vorgesehen, dass die Gläubigerversammlung dem Insolvenzverwalter die Erstellung von *Zwischenrechnungen* zu bestimmten Zeitpunkten aufgeben kann. Außerdem hat der Insolvenzverwalter nach § 211 Abs. 2 InsO „für seine Tätigkeit nach der Anzeige der Masseunzulänglichkeit gesondert Rechnung zu legen".

929 Die Schlussrechnung soll ein vollständiges Bild der gesamten Tätigkeit des Insolvenzverwalters vermitteln. Sie dient zudem als Prüfungsgrundlage für die Zustimmung zur Schlussverteilung (§ 197 InsO). In der Regel erfolgt die Erstellung der Schlussrechnung danach bei Abschluss des Insolvenzverfahrens, ggf. bei vorzeitiger Beendigung der Verwaltertätigkeit durch Abwahl oder Entlassung. Die Rechnungslegungspflicht besteht auch für den vorläufigen Insolvenzverwalter (§ 21 Abs. 2 Nr. 1 InsO) vor Eröffnung des Insolvenzverfahrens. Somit ist grundsätzlich auch von einem „schwachen" vorläufigen Insolvenzverwalter mit Zustimmungsvorbehalt oder einem „starken" vorläufigen Insolvenzverwalter mit Verwaltungs- und Verfügungsbefugnis für den Zeitraum seiner Bestellung eine Schlussrechnung zu erstellen. Möglich und in der Praxis üblich ist in diesen Fällen auch eine gesonderte Rechnungslegung bei Beendigung des Insolvenzverfahrens.

930 Bei der Schlussrechnung handelt es sich ungeachtet der Begriffswahl um eine *Zeitraumrechnung*, die bereits mit der Inbesitznahme und Inventarisierung nach §§ 148, 151–153 InsO beginnt und mit dem Verfahrensende abschließt. Die Schlussrechnung sollte daher auf der Grundlage einer zeitnah geführten laufenden Buchführung erstellt werden. Erfassungsmängel zu Beginn der Verwaltungstätigkeit schränken die spätere Nachprüfbarkeit erheblich ein. Da gesetzliche Regelungen zu Art und Umfang der Berichterstattung fehlen, bestehen diesbezüglich erhebliche Unsicherheiten. Nach ihrem Sinn und Zweck hat die Schlussrechnung die gesamte Tätigkeit des Verwalters in vollständiger und verständlicher Form nach den Grundsätzen getreuer Rechenschaft nachvollziehbar zu dokumentieren. Es bietet sich im Hinblick auf den rechnerischen Teil aus Gründen der

Praktikabilität an, die Schlussrechnung aus der doppelten handelsrechtlichen Buchführung zu entwickeln.

Nach h.M. soll es jedoch zumindest in Abwicklungs- und Verwertungsfällen ausreichen, dass die Schlussrechnung in Form einer *Einnahmen- und Ausgabenrechnung* (§ 259 BGB) erstellt wird, der sämtliche Belege zu den Zahlungsbewegungen (z.B. Kontoauszüge, Quittungen) beizufügen sind. Die Vorgehensweise und das Ergebnis der Verwertung der Masse sind darzustellen. Die Berichterstattung kann sich daher nicht in der Aufzeichnung und dem Nachweis von Zahlungsvorgängen erschöpfen. Dies ist umso mehr der Fall, wenn das Unternehmen im Insolvenzverfahren fortgeführt wurde und daher eine Wiedergabe der verbliebenen Aktiv- und Passivbestände erforderlich wird. Es kann in derartigen Fällen daher zweckmäßig oder sogar geboten sein, die Schlussrechnung auf der Grundlage einer doppelten Buchführung zu erstellen, die nach den geltenden handelsrechtlichen Vorschriften ohnedies auch im Insolvenzverfahren parallel fortzuführen ist (§ 155 Abs. 1 InsO). 931

Die Schlussrechnung sollte daher um einen darstellenden Teil, den *Schlussbericht,* ergänzt werden, da nur hierdurch gewährleistet ist, dass die Gläubiger den rechnerischen Teil und das hierdurch belegte Ergebnis der Verwaltertätigkeit nachvollziehen können. Sie kann ferner durch eine *„Insolvenz-Schlussbilanz"* ergänzt werden. Dies ist insbesondere dann sinnvoll, wenn auf Grund einer Fortführung des Schuldnerunternehmens oder bei noch nicht abgeschlossener Verwertung noch umfangreiches Vermögen vorhanden ist. Nach erfolgter Abwicklung dürfte eine Schlussbilanz hingegen nur einen sehr beschränkten Aussagewert haben. Üblicherweise enthält die Schlussrechnung auch den *Vergütungsantrag* des Insolvenzverwalters, da dessen Vergütung Einfluss auf die Insolvenzquote hat. 932

Die Schlussrechnung unterliegt der *Prüfung* durch das Insolvenzgericht (§ 66 Abs. 2 Satz 1 InsO) und – soweit vorhanden – durch den Gläubigerausschuss (§ 66 Abs. 2 InsO). Die Prüfungspflicht des Insolvenzgerichts besteht in formeller und materieller Hinsicht (Ordnungsmäßigkeitsprüfung) und erstreckt sich auch auf die *Rechtmäßigkeit* des Verwalterhandelns. Hinsichtlich der Kontrolle des rechnerischen Teils der Berichterstattung kann sich das Gericht eines Sachverständigen bedienen, sofern kein Gläubigerausschuss eingesetzt ist, dem die Prüfungs- und Überwachungsbefugnisse nach § 69 InsO zustehen. Die Prüfung durch den Gläubigerausschuss ist weitergehender als die des Insolvenzgerichts und umfasst auch die *Zweckmäßigkeit* des Verwalterhandelns. 933

f) Insolvenzplan. Der Insolvenzplan (§§ 217ff. InsO) ist ein gemischttypischer privatrechtlicher *Vertrag* eigener Art mit vergleichsähnlichem Charakter, der materiellrechtliche und verfahrensrechtliche Bestandteile umfasst. Es handelt sich um ein spezifisch insolvenzrechtliches Instrument außerhalb des Insolvenzverfahrens, mit dem die Gläubigergesamtheit ihre Befriedigung aus dem Schuldnervermögen auf Basis des Mehrheitsprinzips (§§ 244ff. InsO) organisiert. Der Insolvenzplan ist im Wesentlichen ein Maßnahmenplan und besteht aus einem *darstellenden* und einem *gestaltenden Teil* (§ 219 InsO). Der Insolvenzplan enthält im darstellenden Teil umfangreiche Offenlegungen bezüglich aller unternehmensrelevanten Sachverhalte („Disclosure Statement"), der den Gläubigern eine aussagefähige Entscheidungsgrundlage verschaffen soll. Hierzu gehören u.a.: 934

- Analyse des Unternehmens
- Leitbild des sanierten Unternehmens
- Zusammenfassung der Planmaßnahmen
- Zusammenfassung der Ergebnisse für die Gläubiger bei Annahme des Plans

Der Insolvenzplan kann vorsehen, dass eine von den Bestimmungen der InsO abweichende Liquidation des Unternehmens erfolgt. Sollen die Insolvenzgläubiger im Fall der 935

Fortführung aus den Erträgen des Schuldnerunternehmens befriedigt werden, so ist dem Insolvenzplan nach § 229 Satz 1 InsO eine „*Vermögensübersicht*" beizufügen, wobei es sich um ein Zahlenwerk handelt, dem – anders als bei der gleichnamigen Aufstellung nach § 153 InsO, der sie dem Inhalt nach entspricht – keine Alternativbewertung, sondern die konkrete Planerwartung (z.B. Fortführung) zugrunde liegt. Nach § 229 Satz 2 InsO ist ergänzend darzustellen, welche „Aufwendungen und Erträge für den Zeitraum, während dessen die Gläubiger befriedigt werden sollen, zu erwarten sind" *(Ergebnisplan)* und durch welche „Abfolge von Einnahmen und Ausgaben die Zahlungsfähigkeit des Unternehmens während dieses Zeitraums gewährleistet werden soll" *(Finanz- und Liquiditätsplan).*

936 Damit ist auch für das deutsche Insolvenzrecht, das insoweit dem amerikanischen Vorbild folgt, eine *betriebswirtschaftliche Planrechnung* verpflichtend. Der Ergebnisplan baut auf betriebswirtschaftlichen Teilplanungen auf (Absatz-, Investitions- und Personalkostenplanung) und besteht in erster Linie aus:

- Plan-Bilanzen
- Plan-Erfolgsrechnung (Plan-Gewinn- und Verlustrechnung)
- Plan-Liquiditätsrechnung

937 Der Finanzplan soll darüber Auskunft geben, ob das sanierte Unternehmen in der Lage ist, im vorgesehenen Befriedigungszeitraum zur Erbringung der im Insolvenzplan zugesagten Zahlungen in der Lage ist. Er dient der Sicherstellung der Zahlungsfähigkeit des Unternehmens. Unabhängig von der jeweiligen Zielsetzung des Insolvenzplans (Liquidation oder Fortführung) bestehen daneben die allgemeinen insolvenzrechtlichen Rechenschaftspflichten (z.B. Verzeichnis der Massegegenstände, Gläubigerverzeichnis, Vermögensübersicht), zumal die entsprechenden Zahlenwerke Grundlage der Beschlussfassung über den Insolvenzplan sind (vgl. §§ 154, 235, 236ff., 29 InsO). Die Verantwortlichkeit für die Erstellung von Schlussrechnung und Zwischenberichterstattung fällt indessen den gesetzlichen Vertretern des Unternehmens zu, da diese mit der Aufhebung des Insolvenzverfahrens nach Planbestätigung die Verfügungsmacht über die Insolvenzmasse zurückerhalten (§§ 258 Abs. 1, 259 Abs. 1 Satz 2 InsO). Die Überwachung des Insolvenzplans obliegt grundsätzlich dem Insolvenzverwalter (§ 261 Abs. 1 InsO), der dem Insolvenzgericht sowie einem eventuell bestehenden Gläubigerausschuss gegenüber berichtspflichtig ist (§ 261 Abs. 2 Satz 1 InsO). Der Insolvenzplan kann jedoch abweichende eigene Verfahrensregeln vorsehen (z.B. eine Überwachung der Planerfüllung durch die Gläubiger, § 260 Abs. 1 InsO).

Teil O. Rechnungslegung in der Liquidation

I. Überblick

Unternehmen können auf gesellschaftsrechtlicher Grundlage unabhängig vom Bestehen einer Krise oder Insolvenz beendet werden, wobei für das hierbei durchzuführende Verfahren zur planmäßigen Auflösung und Vollbeendigung (Löschung) der Gesellschaft bei Kapitalgesellschaften der Begriff der *Abwicklung* (AG) oder *Liquidation* (GmbH) verwendet wird, wohingegen man bei Personengesellschaften vom Oberbegriff der *Auseinandersetzung* (§§ 730ff. BGB, § 145 Abs. 1 HGB) ausgeht, deren gebräuchlichster Anwendungsfall wiederum die Liquidation ist. Vereinfachend wird daher nachfolgend durchgängig der Begriff der Liquidation gebraucht. Die formelle Liquidation beginnt mit der *Auflösung* der Gesellschaft, die in der Regel durch Gesellschafterbeschluss erfolgt und deren Anlässe im Wesentlichen in den §§ 131 HGB, 262 AktG und 60 GmbHG spezialgesetzlich geregelt sind. Verschmelzung (§ 2 UmwG) und Aufspaltung (§ 123 UmwG) sind keine Auflösungsgründe und führen nicht zur Liquidation des untergehenden Rechtsträgers. Bei formwechselnder Umwandlung findet lediglich eine „Änderung des Rechtskleides" statt, die Identität des Rechtsträgers bleibt erhalten. Bei der Auflösung handelt es sich um einen im Handelsregister eintragungspflichtigen Vorgang. Von der Liquidation im Rechtssinne ist die „stille Liquidation" zu unterscheiden, die einer Beschlussfassung nicht bedarf und keine Pflichten zur Liquidations-Rechnungslegung auslöst. 938

Nach der im Grundsatz rechtsformunabhängigen Konzeption der Liquidations-Rechnungslegung (§§ 154 HGB, 270 AktG, 71 GmbHG) ist – ähnlich der Insolvenzrechnungslegung[1] – zwischen einer bis zur Beendigung des aufgelösten Unternehmens fortbestehenden *externen* (handelsrechtlichen) Rechnungslegung und der *internen* liquidationsspezifischen Rechenschaftslegung der Liquidatoren zu unterscheiden. Während die externe Rechnungslegung weitgehend auf den allgemeinen Bilanzierungs- und Bewertungsvorschriften des HGB beruht, bestimmen sich die Erfordernisse der Liquidations-Rechnungslegung in erster Linie nach ihrem Zweck, eine ordnungsgemäße und nachvollziehbare Vermögensverteilung zu gewährleisten. 939

II. Externe Liquidations-Rechnungslegung

1. Schlussbilanz des werbenden Unternehmens

Nach herrschender Meinung ist letztmalig ein Abschlusses der werbenden Gesellschaft für den Zeitraum zwischen dem Beginn des laufenden statutarischen Geschäftsjahres und dem letzten Kalendertag vor der Auflösung zu erstellen *(Schlussbilanz)*. Nach dieser Auffassung endet zu diesem Stichtag ein *Rumpfgeschäftsjahr*. Dieses Erfordernis wird im Wesentlichen aus grundsätzlichen Erwägungen (Unterbrechung der formellen und materiellen Bilanzkontinuität) abgeleitet und insbesondere damit begründet, dass zum fraglichen Stichtag Gläubigeransprüche festgestellt werden müssten, die sich auf den bis zur 940

[1] Vgl. Rdn. 900ff.

Auflösung verstrichenen Zeitraum beziehen. Die Ausgangslage entspricht somit weitgehend derjenigen im Fall der bereits behandelten Insolvenz-Eröffnungsbilanz nach § 155 Abs. 1 InsO, auf welche die Grundsätze der externen Liquidationsrechnungslegung Anwendung finden. Auf die entsprechenden Ausführungen wird deshalb verwiesen.[2]

941 Für eine gesonderte Schlussbilanz besteht – hier wie dort – ein praktisches Bedürfnis eigentlich nur dann, wenn hinsichtlich Ansatz und Bewertung andere Grundsätze gelten als für die gesetzlich ohnehin vorgeschriebene Liquidations-Eröffnungsbilanz. Dies ist jedoch nach herrschender Auffassung nicht der Fall, da die Vorschriften des HGB in beiden Fällen unmittelbar gelten. Mögliche Abweichungen werden indessen häufig damit begründet, dass nach § 270 Abs. 2 Satz 3 AktG, § 71 Abs. 2 Satz 3 GmbHG in der Eröffnungsbilanz unter bestimmten Voraussetzungen eine *Neubewertung des Anlagevermögens* „wie Umlaufvermögen" zu erfolgen habe, was gegenüber den Ansätzen in der Schlussbilanz abweichende Ergebnisse zur Folge haben könne. Die in den genannten Vorschriften geregelten Voraussetzungen einer Neubewertung von Anlagegegenständen (Absicht zur Veräußerung innerhalb eines übersehbaren Zeitraums, Entbehrlichkeit des Anlagegegenstands für den Geschäftsbetrieb) führen jedoch auch unter der Geltung allgemeiner HGB-Grundsätze zu einer gleich lautenden bilanziellen Behandlung[3], zumal für beide Zahlenwerke praktisch gesehen der gleiche Wertaufhellungszeitraum gilt. Auch wenn man danach die Erstellung eines Vermögensstatus zum Schlussbilanz-Stichtag in der Regel für entbehrlich halten sollte, da dieser in aller Regel mit der Liquidations-Eröffnungsbilanz übereinstimmt, empfiehlt sich jedoch gleichwohl zum Zwecke der zutreffenden *Erfolgsabgrenzung* stets die Erstellung eines *Zwischenabschlusses* auf den Tag vor Auflösung der Gesellschaft. Nur so kann nämlich die nachfolgend dargestellte Bildung eines anschließenden Liquidationsgeschäftsjahres buchhalterisch und damit auch steuerrechtlich zutreffend vollzogen werden.

2. Liquidations-Eröffnungsbilanz

942 Die Liquidatoren haben nach §§ 270 Abs. 1 AktG, 71 Abs. 1 GmbHG auf den im Auflösungsbeschluss bestimmten Stichtag eine *Eröffnungsbilanz* der aufgelösten Gesellschaft zu erstellen. Da das Gesetz von einer „Eröffnungsbilanz" spricht, wird mit der Auflösung grundsätzlich ein neues (erstes) „Liquidations-Geschäftsjahr" von üblicherweise höchstens zwölf Monaten begründet (§ 240 Abs. 2 Satz 2 HGB). Die Rechtslage ist auch in dieser Frage im Grunde weitgehend mit dem Fall der Insolvenzeröffnung identisch. Während indessen der Zeitpunkt der *Insolvenzeröffnung* (§§ 262 Abs. 1 Nr. 3 AktG, 60 Abs. 1 Nr. 4 GmbHG) unternehmensseitig nicht unmittelbar beeinflusst werden kann, unterliegt zumindest im Fall der Auflösung durch *Beschluss* (§§ 262 Abs. 1 Nr. 2 AktG, 60 Abs. 1 Nr. 2 GmbHG) oder durch *statutarische Regelung* (§§ 262 Abs. 1 Nr. 1 AktG, 60 Abs. 1 Nr. 1 GmbHG) das Datum der Auflösung bzw. ihrer Wirksamkeit (betagte Auflösung) der Bestimmung des Gesellschafter bzw. des zuständigen Beschlussorgans und sollte daher zweckmäßigerweise von vornherein auf einen Jahres- oder zumindest Monatsultimo gelegt werden, um die buchhalterische Umsetzung der hieraus resultierenden Inventarisierungs- und Bilanzierungspflichten nicht unnötig zu erschweren.[4] Für den

---

[2] Vgl. Rdn. 940 ff.

[3] Dies gilt erst recht, wenn man den §§ 270 Abs. 2 Satz 3 AktG, 70 Abs. 2 Satz 3 GmbHG lediglich „klarstellenden Charakter" und keine liquidationsspezifische Bedeutung beimisst; vgl. *Förschle/Deubert,* Sonderbilanzen, R Rdn. 155.

[4] In Ausnahmefällen kommt eine geringfügige zeitliche Verlegung des Stichtags in Betracht auf einem nach der Auflösung liegenden Zeitpunkt in Betracht, vgl. *Förschle/Deubert,* Sonderbilanzen, R Rdn. 92.

Beginn der Liquidation ist nämlich ein *Inventar* aufzustellen (§§ 270 Abs. 2 Satz 2 AktG, 71 Abs. 2 Satz GmbHG), das den Anforderungen einer Stichtagsinventur (§ 240 Abs. 1 HGB) zu genügen und im Wesentlichen eine Sicherungs- und Überwachungsfunktion hinsichtlich des zu verwertenden Unternehmensvermögens hat.

Die allgemeinen Ansatz- und Bewertungsvorschriften gelten zunächst – wie auch im 943
Fall der Insolvenzeröffnung – uneingeschränkt. Die Fortführungsprämisse (§ 252 Abs. 1 Satz 2 HGB) kann bis zur tatsächlichen Einstellung der Geschäftstätigkeit aufrechterhalten werden. Es ist jedoch zu prüfen, ob eine außerplanmäßige Abschreibung für Vermögensgegenstände des Anlagevermögen in Betracht kommt, sofern diese keiner Daueranlageabsicht mehr unterliegen, da sie entweder zur Veräußerung bestimmt oder zumindest für das Unternehmen unbrauchbar sind (vgl. §§ 270 Abs. 2 Satz 3 AktG, 71 Abs. 2 Satz 3 GmbHG). Die Liquidations-Eröffnungsbilanz ist durch einen *Erläuterungsbericht* zu ergänzen.[5] Hinsichtlich der Folgebewertung in den Liquidations-Jahresabschlüssen der externen Rechnungslegung und der Verpflichtung zur Vorlage einer handelsrechtlichen *Liquidations-Schlussbilanz* kann auf die entsprechenden Ausführungen zur externen Insolvenzrechnungslegung verwiesen werden, die insoweit gleichen Grundsätzen folgt.

3. Interne Liquidations-Rechenschaftslegung

Nach §§ 273 Abs. 1 Satz 1 AktG, 74 Abs. 1 Satz 1 GmbHG haben die Liquidatoren ei- 944
ne *Schlussrechnung* zu erstellen, wenn die laufenden Geschäfte beendet und die Forderungen eingezogen sind, das übrige Vermögen „zu Geld gemacht“ und sämtliche Gläubiger befriedigt sind. Die Schlussrechnung dient der internen Rechenschaftslegung, sie stellt keinen Gegenstand der handelsrechtlichen Rechnungslegung dar. Adressat der Schlussrechnung sind die Gesellschafter, an die etwaige Liquidationserlöse auszukehren sind. Umfang und Inhalt dieses Rechenschaftsberichts sind gleichwohl weitgehend einer insolvenzrechtlichen Schlussrechnung nach § 66 InsO vergleichbar und richten sich nach den Erfordernissen des Einzelfalls. Grundsätzlich reicht auch hier eine *Einnahmen-Ausgaben-Rechnung* aus, ggf. sind aber umfassendere Formen der Berichterstattung geboten. Formvorschriften bestehen nicht, eine Prüfung findet nicht statt.

---

[5] Auf die Darstellung des entsprechenden Erläuterungsberichts zur Insolvenz-Eröffnungsbilanz wird verwiesen, vgl. Rdn. 911.

Teil P. Weitere Sonderfälle der Rechnungslegung

945 Neben der Bilanzierung zu Zwecken der Überschuldungsprüfung[1] sowie in Fällen der Insolvenz[2] oder Liquidation[3] bestehen diverse Anlässe für die Erstellung von Bilanzen für besondere Zwecke. Als wesentliche Formen sind zu nennen:

- Eröffnungsbilanz
- Vorbelastungsbilanz
- Bilanzen in Umwandlungsfällen
- Abfindungsbilanz
- Realteilungsbilanz
- steuerrechtliche Korrekturbilanzen bei Personengesellschaften

Nachfolgend sollen diese „Sonderbilanzen" kurz in ihrem jeweiligen rechtlichen und wirtschaftlichen Kontext erläutert werden.

I. Eröffnungsbilanz

946 Wie jeder Kaufmann hat die Unternehmensleitung gemäß § 242 Abs. 1 Satz 1 HGB mit Beginn des Handelsgewerbes eine *Eröffnungsbilanz*[4] aufzustellen. Die Eröffnungsbilanz markiert den buchhalterischen Ausgangspunkt der handelsrechtlichen Gewinnermittlung[5] für das erste Geschäftsjahr der Gesellschaft, das in der Praxis typischerweise ein Rumpfgeschäftsjahr ist, da der Eröffnungsbilanz-Stichtag in der Regel auf ein unterjähriges Datum fällt, das nicht dem Beginn eines regulären Geschäftsjahres entspricht. Sie umfasst als reiner Vermögensstatus diejenigen Vermögensgegenstände und Schulden, die frühestens bei Errichtung einer Gesellschaft, sinnvollerweise aber erst zum Zeitpunkt der tatsächlichen Aufnahme der Geschäftstätigkeit (Geschäftsbeginn) bestanden haben.[6] Mit Errichtung der Gesellschaft entsteht im Fall der GmbH zwar bereits die sog. *Vorgesellschaft,* die mit Eintragung der Gesellschaft endet. Deren (Eröffnungs-)Bilanz hätte jedoch wenig Aussagekraft, da sie als Passiva lediglich die übernommenen und als Aktiva die ausstehenden Einlagen ausweisen würde. Auch der Tag der Entstehung der Anmeldepflicht ist kein relevanter Anknüpfungspunkt, da zu diesem Zeitpunkt nur ein Ausweis der geleisteten Kapitalaufbringung an die Stelle ausstehender Einlagen träte. Der (erstmaligen) Aufnahme der Geschäftstätigkeit steht die Übernahme eines bestehenden Betriebs (z.B. im Wege der Erbfolge oder in Form eines Asset Deal) gleich. Auf die Eröffnungsbilanz sind grundsätzlich die für die Jahresbilanz (Geschäftsjahres-Schlussbilanz) geltenden rechtsform- und größenabhängigen Ansatz-, Bewertungs- und Gliederungs-

[1] Vgl. Rdn. 888 ff.
[2] Vgl. Rdn. 900 ff.
[3] Vgl. Rdn. 940 ff.
[4] Zu unterscheiden von dem Inhalt des Begriffs „Eröffnungsbilanz des Geschäftsjahres" in § 252 Abs. 1 Nr. 1 HGB (Rdn. 49).
[5] ADS § 242 Rdn. 12; sie gilt auch für steuerliche Zwecke (§ 60 Abs. 1 Satz 1 EStDV).
[6] Als Stichtage werden auch die *Anmeldung* zum Handelsregister oder erst die *Eintragung* in Betracht gezogen; zum Meinungsstand vgl. *Förschle/Kropp,* Sonderbilanzen, D, Rdn. 68.

vorschriften anzuwenden (§ 242 Abs. 1 Satz 2 HGB)[7] mit der Maßgabe, dass ein – die Bilanzangaben erläuternder – Anhang weder ausdrücklich gesetzlich vorgeschrieben noch in der Regel aus praktischen Erwägungen erforderlich ist. Die bei Aufstellung der Eröffnungsbilanz angewendeten Bilanzierungs- und Bewertungsmethoden haben aus Gründen der formellen und materiellen Stetigkeit (§ 252 Abs. 1 Nr. 1 und 6 HGB)[8] prägende Bedeutung für die folgenden Geschäftsjahre. Für die Eröffnungsbilanz besteht keine Prüfungs- und Offenlegungspflicht,[9] einer Bilanzfeststellung bedarf es ebenfalls nicht.[10]

II. Vorbelastungsbilanz

Von der Eröffnungsbilanz funktional und inhaltlich zu unterscheiden ist die sog. „*Vorbelastungsbilanz*"[11], die auf den Zeitpunkt der erstmaligen Eintragung[12] der Gesellschaft in das Handelsregister aufzustellen ist, um mögliche Ansprüche aus Unterbilanz- oder Vorbelastungshaftung[13] (§§ 46 Abs. 1 Satz 3 AktG, 9 Abs. 1 GmbHG) zu quantifizieren. Diese Haftung umfasst die gesamte effektive Deckungslücke, die zwischen Aufnahme der Geschäftstätigkeit und Eintragung der Gesellschaft entstanden ist. Die Vermögensgegenstände sind in diesem Rechenwerk grundsätzlich zu fortgeführten Buchwerten (§ 252 Abs. 1 Nr. 2 HGB) anzusetzen, sofern die Fortführungsprognose nicht negativ ist.[14] Besteht die Gesellschaft zum Bilanzierungszeitpunkt bereits als unternehmerische Organisationseinheit, kann ihr Wert unter Aufdeckung bereits bestehender stiller Reserven (einschließlich eines Firmenwertes) nach der Ertragswertmethode angesetzt werden.[15] 947

III. Bilanzen in Umwandlungsfällen

Mit dem Umwandlungsgesetz (UmwG) vom 28. Oktober 1994 erfolgte eine Systematisierung und Erweiterung der bis dahin existierenden unvollständigen Grundsätze des Umwandlungsrechts und dessen erstmalig Zusammenfassung in einem Spezialgesetz. Danach sind folgende Formen der Umwandlung zu unterscheiden: 948

- Verschmelzung (§§ 2 bis 122 UmwG)
- Spaltung (§§ 123 bis 173 UmwG)
- Vermögensübertragung (§§ 174 bis 189 UmwG)
- Formwechsel (§§ 190 bis 304 UmwG)

1. Verschmelzung

Bei der *Verschmelzung* handelt es sich um eine Übertragung des gesamten Vermögens eines Rechtsträgers auf einen anderen, entweder schon bestehenden Rechtsträger (Ver- 949

---

[7] Übersicht über die anwendbaren Vorschriften bei ADS § 242 Rdn. 26.
[8] Vgl. Rdn. 295 ff.
[9] Vgl. § 316 Abs. 1 HGB („Jahresabschluss") und § 267 Abs. 4 Satz 2 HGB („erster Abschlussstichtag nach der Neugründung").
[10] Scholz/*Crezelius* Anh. § 42 a Rdn. 45 mwN.
[11] Scholz/*Crezelius* Anh. § 42 a Rdn. 46 spricht statt dessen von einer „Differenzhaftungsbilanz".
[12] Str.; BGH Urt. v. 9. 3. 1981 – II ZR 54/80 – GmbHR 1981, 114, 117.
[13] *Lutter/Hommelhoff* § 11 Rdn. 20.
[14] Vgl. Rdn. 894 ff.
[15] BGH Urt. v. 9. 11. 1998 – II ZR 190/97 – ZIP 1998, 2151.

schmelzung durch Aufnahme) oder einen zu diesem Zweck neu gegründeten Rechtsträger (Verschmelzung durch Neugründung) im Wege der *Gesamtrechtsnachfolge* unter Auflösung ohne Abwicklung des übertragenden Rechtsträgers gegen Gewährung von Anteilen oder Mitgliedschaften des übernehmenden Rechtsträgers an die Anteilsinhaber des übertragenden Rechtsträgers (§ 2 UmwG). Verschmelzungsfähige Rechtsträger sind Gesellschaften aller gängigen Rechtsformen (Personenhandels- und Kapitalgesellschaften, Genossenschaften, wirtschaftliche Vereine etc.; vgl. im Einzelnen: § 3 UmwG). Auf die formalen Erfordernisse einer Verschmelzung soll hier nicht näher eingegangen werden. An dieser Stelle interessieren allein die Auswirkungen der Verschmelzung auf die handelsrechtliche Rechnungslegung.

950 **a) Bilanzierung des übertragenden Rechtsträgers.** Der übertragende Rechtsträger beendet mit der Verschmelzung seine rechtliche Existenz. Auch wenn die formale Beendigung erst mit Eintragung der Verschmelzung eintritt, der übertragende Rechtsträger bis zu diesem Zeitpunkt als rechtliche Einheit fortbesteht und daher im Außenverhältnis Träger von Rechten und Pflichten bleibt, wird die Verschmelzung im Innenverhältnis der beteiligten Rechträger und Anteilseigner bereits zum Verschmelzungsstichtag vollzogen. Dieser stellt folglich eine Zäsur dar, die auch im Hinblick auf die Rechnungslegung des übertragenden Rechtsträgers zu beachten ist.

951 **(1) Verschmelzungs-Schlussbilanz.** Nach § 17 Abs. 2 Satz 4 UmwG ist der registergerichtlichen Anmeldung der Verschmelzung, die von den jeweiligen Vertretungsorganen beider beteiligter Rechtsträger vorzunehmen ist (§ 16 UmwG), eine *Schlussbilanz des übertragenden Rechtsträgers* beizufügen. Wesentlicher Zweck der Schlussbilanz ist es, die Buchwerte der übertragenen Vermögensgegenstände und Schulden zu einem Zeitpunkt festzuhalten, welcher der Verschmelzung unmittelbar vorangeht. Nur auf diese Weise wird der übernehmende Rechtsträger in die Lage versetzt, sich nach § 24 UmwG entweder für eine Buchwertfortführung oder eine Bewertung nach allgemeinen Grundsätzen zu entscheiden. Da die Gesellschafter des übertragenden Rechtsträgers grundsätzlich bis zum Verschmelzungsstichtag gewinnberechtigt sind, ist zudem eine Erfolgsabgrenzung erforderlich. Schließlich setzt die zum Handelsregister einzureichende Schlussbilanz die Gläubiger des übertragenden Rechtsträgers in die Lage, das Erfordernis zur Geltendmachung eventueller Sicherungsrechte nach § 22 UmwG zu prüfen.

952 Für die Schlussbilanz gelten nach § 17 Abs. 2 Satz 2 UmwG die „Vorschriften über die Jahresbilanz[16]“ (einschl. Prüfung und Offenlegung) entsprechend. Danach unterliegt die Schlussbilanz in formeller und materieller Hinsicht den gleichen Anforderungen wie die Bilanz eines handelsrechtlichen Geschäftsjahresabschlusses (Inventarisierung, Ausweis, Gliederung und Bewertung). Dies gilt auch für den Grundsatz der Unternehmensfortführung (§ 252 Abs. 1 Nr. 2 HGB).[17] Die vereinbarte Umwandlung stellt jedoch nach ganz herrschender Meinung einen Anwendungsfall des § 252 Abs. 2 HGB dar, der ausnahmsweise eine Durchbrechung der Stetigkeit gestattet, sollte hierzu konkreter Anlass bestehen.

Der Stichtag dieser Schlussbilanz kann beliebig festgelegt werden, er darf aber nicht mehr als *acht Monate vor der Anmeldung* der Verschmelzung durch den übertragenden Rechtsträger liegen (§ 17 Abs. 2 Satz 3 UmwG).[18] Mittelbar determiniert § 17 Abs. 2 UmwG damit zugleich den maximal zulässigen Zeitraum, der zwischen Anmeldung und

[16] Gemeint ist „Jahresabschluss“ mit der Maßgabe, dass lediglich eine Bilanz zu erstellen ist.
[17] Vgl. Rdn. 243 ff.
[18] Die Schlussbilanz muss zu diesem Zeitpunkt aber noch nicht zwingend vorgelegt werden, vielmehr kann diese nachgereicht werden.

Verschmelzungsstichtag liegen darf (Rückwirkungszeitraum), denn dieser Stichtag muss notwendig unmittelbar an den Schlussbilanz-Stichtag anschließen. In der Praxis stimmt dieser Stichtag aus Vereinfachungsgründen in aller Regel mit einem „normalen" Geschäftsjahresende des übertragenden Rechtsträgers überein, so dass ohnehin eine nach den rechtsform- und größenabhängigen Erfordernissen der handelsrechtlichen Rechnungslegungsvorschriften erstellte und ggf. auch geprüfte Bilanz vorliegt und damit die Voraussetzungen des § 17 Abs. 2 Satz 2 UmwG ohne weiteres erfüllt sind. Wird für die Schlussbilanz dagegen (was wohl nur ausnahmsweise geschehen dürfte) ein vom Geschäftsjahresende abweichender Stichtag gewählt, tritt gleichwohl keine Änderung des Geschäftsjahresturnus ein, es wird – anders als z.B. im Fall der Insolvenzeröffnung[19] oder des Beschlusses zur Auflösung der Gesellschaft[20] – kein Rumpfgeschäftsjahr begründet. Einer entsprechenden Satzungsänderung bedarf es daher nicht.

(2) Rechnungslegung im Rückwirkungszeitraum. Die in zeitlicher Hinsicht zivilrechtlich gestaltbare Rückwirkung der Verschmelzung berührt die fortbestehende Buchführungspflicht des übertragenden Rechtsträgers als solche nicht, diese erlischt erst mit (konstitutiver) Eintragung der Verschmelzung in das Handelsregister. Endet das Geschäftsjahr des übertragenden Rechtsträgers nach dem Verschmelzungsstichtag, aber vor Eintragung der Verschmelzung, müsste dieser daher grundsätzlich nochmals einen Jahresabschluss aufstellen. Praktisch gesehen läuft diese Aufstellungspflicht indessen in aller Regel leer. Erfolgt nämlich die Eintragung der Verschmelzung noch vor Ablauf des Wertaufhellungszeitraums für den Jahresabschluss des übertragenden Rechtsträgers, steht damit also fest, dass dessen Vermögen im Innenverhältnis rechtswirksam mit Wirkung zum Verschmelzungsstichtag auf den übernehmenden Rechtsträger übergegangen und der übertragende Rechtsträger im Zeitpunkt der erfolgten Eintragung durch Verschmelzung untergegangen ist, entfällt damit die Rechnungslegungspflicht. Steht hingegen die Eintragung zum fraglichen Zeitpunkt noch aus, besteht die Rechnungslegungspflicht des übertragenden Rechtsträgers zwar formal fort. In diesem Fall fehlt es aber in aller Regel an einem bilanzierungsfähigen Rechnungslegungsgegenstand, da davon auszugehen ist, dass das Vermögen des übertragenden Rechtsträgers bereits entsprechend den nachfolgend dargestellten Grundsätzen *wirtschaftlich* auf den übernehmenden Rechtsträger übergegangen ist. 953

b) Bilanzierung des übernehmenden Rechtsträgers. Zunächst stellt sich die Frage, in welcher Form der übernehmende Rechtsträger die Verschmelzung zu berücksichtigen hat. Darüber hinaus werfen die rechtlichen Besonderheiten, die sich aus dem Umstand ergeben, dass eine Verschmelzung regelmäßige mit Rückwirkung beschlossen wird, auch für die Bilanzierung beim übernehmenden Rechtsträger praktische Anwendungsfragen auf. Diese betreffen insbesondere den *Zeitpunkt*, ab dem dieser die übertragenen Vermögensgegenstände und Schulden in sein Rechnungswesen übernehmen kann. Schließlich ist zu klären, zu welchen Wertansätzen das übernommene Vermögen beim Übernehmer auszuweisen ist. 954

(1) Form der Übernahme. Handelt es sich um eine – in der Praxis allerdings höchst seltene – Verschmelzung zur Neugründung, hat die neu gegründete Gesellschaft in formaler Hinsicht eine Eröffnungsbilanz (Übernahmebilanz) aufzustellen (§ 242 Abs. 1 HGB), die ausschließlich das übernommene Vermögen ausweist. Als Stichtag dieser Eröffnungsbilanz kann nach ganz überwiegender Auffassung bereits der Verschmelzungsstichtag zugrunde gelegt werden, obwohl die neue Gesellschaft rechtlich erst mit Eintragung der Verschmelzung (= Gründung) ex nunc entsteht und es vor diesem Zeitpunkt an einer bereits geschäftstätigen Vorgesellschaft im üblichen Sinne fehlt, zumal die Geschäfte 955

[19] Vgl. Rdn. 904 ff.
[20] Vgl. Rdn. 941.

bis zu diesem Zeitpunkt noch vom übertragenden Rechtsträger geführt werden. Liegt hingegen der Regelfall der Verschmelzung durch Aufnahme vor, bedarf es der Aufstellung einer Übernahmebilanz nicht. Die Verschmelzung ist wie ein laufender Geschäftsvorfall des Geschäftsjahres zu behandeln, die übernommenen Vermögensgegenstände und Schulden sind vom übernehmenden Rechtsträger in sein Rechenwerk einzubuchen.

956 **(2) Rechnungslegung im Rückwirkungszeitraum.** Die Frage des Zeitpunkts der erstmaligen Bilanzierung des übernommenen Vermögens beim Übernehmer hat im Fall der Verschmelzung durch Aufnahme dann praktische Bedeutung, wenn der Bilanzstichtag des übernehmenden Rechtsträgers noch in den Rückwirkungszeitraum fällt. Ein *zivilrechtlicher* Eigentumsübergang der Vermögensgegenstände des übertragenden Rechtsträgers auf den übernehmenden Rechtsträger findet erst mit Registereintragung statt. Bis dahin herrscht auch nach Vereinbarung der Verschmelzung und Erfüllung der für deren Umsetzung erforderlichen übrigen formalen Voraussetzungen ein rechtlicher Schwebezustand. Andererseits kann das für Bilanzierungszwecke letzthin maßgebliche *wirtschaftliche Eigentum*[21] am übertragenen Vermögen bereits vor Eintragung auf den übernehmenden Rechtsträger übergegangen und daher von diesem bereits zu bilanzieren sein. Ob dies der Fall ist, hängt von der kumulativen Erfüllung der nachfolgend genannten Voraussetzungen ab:

- formwirksamer Abschluss eines Verschmelzungsvertrages
- Beschlussfassung der Gesellschafter
- Verschmelzungsstichtag liegt vor dem Abschlussstichtag des übernehmenden Rechträgers oder fällt mit diesem zusammen
- Sicherstellung durch vertragliche Vereinbarung oder faktische Verhältnisse, dass der übertragende Rechtsträger im Rückwirkungszeitraum über sein Vermögen nur mit Einwilligung des übernehmenden Rechtsträgers verfügen kann

957 Sind die genannten Voraussetzungen erfüllt, was in der Praxis die Regel ist, kann der übernehmende Rechtsträger die Vermögensgegenstände und Schulden des übertragenden Rechtsträgers bereits vor Eintragung der Verschmelzung in das Handelsregister als „eigene" bilanzieren.

958 **(3) Wertansatz des übernommenen Vermögens.** Die der Verschmelzung zugrunde liegende Gesamtrechtsnachfolge (§ 2 UmwG) erstreckt sich nicht auf die Wertansätze in der Schlussbilanz des übertragenden Rechtsträgers. Diese Ansätze binden den übernehmenden Rechtsträger nicht. Die Verschmelzung wird vielmehr nach ganz überwiegender Auffassung als ein *entgeltliches Anschaffungsgeschäft* angesehen.[22] Die Übernahme des Vermögens der übertragenden Gesellschaft ist ein Erwerbsvorgang, die Gegenleistung des übernehmenden Rechtsträgers besteht in der Gewährung von Anteilsrechten am übernehmenden Rechtsträger, die Wesensmerkmal der Verschmelzung ist.[23] An einer Anteilsgewährungspflicht des übernehmenden Rechtsträgers fehlt es nach allgemeiner Auffassung – ausnahmsweise – dann, wenn dieser bereits sämtliche Anteile des übertragenden Rechtsträgers hält (sog. „Upstream-Merger" im Mutter-Tochter-Verhältnis). Die aufnehmende Muttergesellschaft „bezahlt" in diesem Fall jedoch wirtschaftlich betrachtet die Übernahme des Vermögens der Tochtergesellschaft mit dem Untergang der bisher an dieser gehaltenen Anteile. Hinsichtlich der Bilanzierung gilt daher das *Anschaffungskostenprinzip* (§ 253 Abs. 1 Satz 1 HGB).[24] Der übernehmende Rechtsträger hat die erwor-

---

[21] Vgl. Rdn. 793 ff.
[22] Vgl. nur *Hörtnagel* in: Umw/UmwStG Rdn. 10 zu § 24 m. w. N.
[23] Vgl. *Hörtnagel* in: Umw/UmwStG Rdn. 14 zu § 2.
[24] Vgl. Rdn. 254 ff.

benen Vermögensgegenstände folglich mit ihren Anschaffungskosten, die übernommenen Schulden mit ihrem Rückzahlungsbetrag anzusetzen. Anschaffungskosten bestimmen sich grundsätzlich nach dem *Wert der Gegenleistung.* Diese kann im Regelfall der Anteilsgewährung in zweierlei Form gestaltet werden kann, nämlich durch *Gewährung neuer, durch Kapitalerhöhung geschaffener Anteile* (dieser Fall entspricht technisch der Kapitalerhöhung durch Erbringung einer Sacheinlage in Form des Vermögens der untergehenden Gesellschaft) oder durch *Übertragung bereits bestehender eigener Anteile* des übernehmenden Rechtsträgers auf die Anteilsinhaber des untergehenden Rechträgers (diese „tauschen" im zweiten Fall die Anteile an der untergehenden Gesellschaft gegen Anteile an der übernehmenden Gesellschaft).

Der übernehmende Rechtsträger hat nach dem Inhalt des § 24 UmwG für den Ansatz 959 des übernommenen Vermögens ein *Wahlrecht* zwischen einer *Anwendung allgemeiner Bewertungsgrundsätze* für Anschaffungsvorgänge und einer *Fortführung der Buchwerte* des übertragenden Rechtsträgers (Buchwertverknüpfung). Denn nach dem Wortlaut des Gesetzes kann der Übernehmer „auch" die Buchwerte laut Schlussbilanz des übertragenden Rechtsträgers „als Anschaffungskosten im Sinne von § 253 Abs. 1 HGB" fortführen. In dieser Formulierung kommt indirekt zum Ausdruck, dass es sich bei der Fortführung der Buchwerte der Schlussbilanz durch den Übernehmer um eine ausnahmsweise gestattete Durchbrechung des grundsätzlich geltenden Anschaffungskostenprinzips handelt. Macht der Übernehmer von dieser Möglichkeit Gebrauch, sind die Bilanzansätze des übernommenen Vermögens mit den Ansätzen in der Schlussbilanz identisch, es besteht also insoweit wertmäßig „Bilanzkontinuität". Eine Buchwertfortführung führt allerdings im Abschluss des übernehmenden Rechtsträgers regelmäßig zu einer Ergebnisauswirkung, einem *Buchgewinn oder -verlust* aus Verschmelzung. Dieser Umstand resultiert aus dem zwangsläufig bestehenden Wertunterschied zwischen dem übergehenden Vermögen zu den Buchwerten laut Schlussbilanz und dem Wert der vom Übernehmer erbrachten Gegenleistung. Dieser bilanziert nämlich in diesem Fall gerade nicht zu *seinen* tatsächlichen Anschaffungskosten, sondern zu davon abweichenden fortgeführten historischen Anschaffungs- oder Herstellungskosten des übertragenden Rechtsträgers. Typischerweise führt dieses Vorgehen zu einem Verlust, da die tatsächlichen Anschaffungskosten im wirtschaftlichen Normalfall den Buchwert des übernommenen Vermögens übersteigen.

Beispiel: Die A-GmbH wird auf die B-GmbH, mit der bisher keine Gesellschafteridentität und 960 keine gesellschaftsrechtliche Verbindung besteht, verschmolzen. Das Buchkapital der A-GmbH beträgt 3.000.000 EUR und ergibt sich rechnerisch wie folgt: Anlagevermögen 5.000.000 EUR, Umlaufvermögen 1.600.000 EUR sowie Rückstellungen von 800.000 EUR und Verbindlichkeiten von 2.800.000 EUR. Der Unternehmenswert beträgt 5.000.000 EUR; er wird der Verschmelzung zugrunde gelegt. Der „Mehrwert" gegenüber dem bilanzierten Buchwert des Vermögens ist im Wesentlichen als Geschäfts- oder Firmenwert zu qualifizieren, da nennenswerte stille Reserven im Sachanlagevermögen nicht existieren. Die B-GmbH erhöht ihr Stammkapital im Rahmen der Verschmelzung nominal um 4.000.000 EUR. Der Verschmelzungsvertrag weist den überschießenden Wert der Kapitalrücklage zu. Die B-GmbH wählt hinsichtlich der Übernahme des Vermögens der A-GmbH die Buchwertverknüpfung. Es ergibt sich folgendes Bild:

	EUR	EUR
Zugang Aktiva:	6.600.000	
Zugang Passiva:	– 3.600.000	
Saldo Vermögenszugang		3.000.000
Erhöhung Stammkapital	4.000.000	
Einstellung Rücklage	1.000.000	
Anschaffungskosten		5.000.000

Bei Anschaffungskosten von 5.000.000 EUR wächst der B-GmbH also lediglich ein bilanzielles Vermögen von 3.000.000 EUR zu. Es entsteht folglich ein Verschmelzungsverlust von 2.000.000 EUR. Das Eigenkapital der B-GmbH erhöht sich unter Berücksichtigung dieser Ergebnisauswirkung per Saldo lediglich um 3.000.000 EUR – dem Buchwert der A-GmbH. Die in der Bilanz der A-GmbH ruhenden Reserven werden auf diese Weise in den Abschluss der B-GmbH über- und damit in diesem fortgeführt. Dies hat eine – wenngleich vom Gesetzgeber ausdrücklich geduldete – Verzerrung des Jahresabschlusses zur Folge und begegnet daher Bedenken.

961 Es ist zu fordern, dass eine Buchwertfortführung gemäß § 284 Abs. 2 Nr. 1 HGB als – von den allgemeinen Grundsätzen abweichende – besondere Bewertungsgrundlage gemäß § 24 UmwG im Anhang angegeben wird. Einer bilanzverzerrenden Buchwertverknüpfung können aus dem Blickwinkel der externen Bilanzanalyse[25] indessen im Einzelfall sehr unterschiedliche Sachverhalte zugrunde liegen, die nicht notwendig aus dem Jahresabschluss ersichtlich sind und deshalb nachfolgend näher dargestellt werden sollen.

962 Entsteht als Folge einer Verschmelzung auf der Ebene des übernehmenden Rechtsträgers ein *Verlust,* drückt dieser nach dem Gesagten im Regelfall keinen tatsächlichen Wertverzehr aus, sondern ist üblicherweise (steuer-)bilanzpolitisch motiviert. Ein Verschmelzungsverlust, der sich bei einer Umwandlung im Mutter-Tochter-Verhältnis ergibt (Upstream- oder Downstream-Merger) kann seine Ursache indessen auch darin haben, dass der Ansatz der Beteiligung der Muttergesellschaft an der Tochtergesellschaft zum Verschmelzungsstichtag in seinem Wert gemindert war, in der Vergangenheit also außerplanmäßige Abschreibungen auf den Beteiligungsansatz unterblieben sind, die nunmehr in Gestalt eines Verschmelzungsverlusts „nachgeholt" werden. In diesem Fall spiegelt der Verschmelzungsverlust (ausnahmsweise) einen bereits eingetretenen tatsächlichen Wertverzehr wider. In beiden Fällen erscheint der Ausweis dieses Aufwandspostens in der Gewinn- und Verlustrechnung unter der Position „außerordentliche Aufwendungen"[26] oder auch unter einer zusätzlichen neuen Position „Verschmelzungsverlust" sachgerecht.

963 Seltener löst eine Verschmelzung einen *Gewinn* aus. Dieser kann entstehen, wenn bei Vornahme einer Buchwertverknüpfung die Anschaffungskosten (Wert der Gegenleistung) niedriger angesetzt wurden als der Buchwert des Vermögens der verschmolzenen Gesellschaft. Im Bereich des Unternehmenskaufs spricht man in diesen Fällen in der Regel von einem „lucky buy". Dieser dürfte in Verschmelzungsfällen jedoch in der Regel nicht vorliegen. Vielmehr spricht alles dafür, dass bei dem verschmolzenen Unternehmen in der Vergangenheit notwendige Wertkorrekturen (Abschreibungen) oder Vorsorgemaßnahmen (Bildung von Rückstellungen) unterlassen wurden, die sich im Rahmen der Verschmelzung anschaffungskostenmindernd ausgewirkt haben. Der „Verschmelzungsgewinn" kompensiert in diesem Fall Aufwendungen auf der Ebene des übernehmenden Rechtsträgers, die diesem als Folge der Verschmelzung zukünftig entstehen werden. Per Saldo betrachtet liegt eine ergebniswirksame Vermögensmehrung auf Seiten des übernehmenden Rechtsträgers nicht vor. Anders verhält sich der Fall, wenn bei Verschmelzungen im Mutter-Tochter-Verhältnis ein Gewinn auftritt. Dieser kann seine Ursache darin haben, dass die Muttergesellschaft in der Vergangenheit Abschreibungen auf den Beteiligungsbuchwert der Tochter vorgenommen hat, die sich angesichts der vorhandenen Buchwerte zum Verschmelzungsstichtag als obsolet erweisen. In diesem Fall steht der „Verschmelzungsgewinn" wirtschaftlich einer Zuschreibung gleich, die bei fortbestehender Beteiligungskonstellation nach dem Gebot der Wertaufholung (§ 280 Abs. 1 HGB) vorzunehmen gewesen wäre. Ferner kann die Tochtergesellschaft – unter entsprechender Minderung der Dividendenansprüche – in der Vergangenheit Gewinne eigenkapital- und daher buchwerterhöhend thesauriert haben, die nunmehr nachträglich im Abschluss der Mutter auf dem Wege eines „Verschmelzungsgewinns" realisiert werden, der wirtschaftlich gesehen eine „nachgeholte Dividendenausschüttung", also einen Beteiligungsertrag darstellt.

---

[25] Vgl. hierzu ausführlich Rdn. 760ff.
[26] Zu dieser Position vgl. im Einzelnen: Rdn. 662f.

Vorzugswürdig bei der Zugangsbewertung in Verschmelzungsfällen ist die Anwendung „allgemeiner Grundsätze", zu deren konkreter Ausprägung allerdings in Einzelfragen unterschiedliche Auffassungen bestehen. Diese Grundsätze schreiben keine einheitliche Handhabung vor, sondern eröffnen in Abhängigkeit von der Rechtsform des übernehmenden Rechtsträgers und der Ausgestaltung des Verschmelzungsvertrages unterschiedliche Wahlrechte. Zunächst ist danach zu unterscheiden, ob eine Anteilsgewährung durch Ausgabe neuer Anteile erfolgt – Kapitalerhöhung gegen *Sacheinlage* – oder ein Fall des *Anteilstauschs* vorliegt. Im ersten Fall gelten die Grundsätze für die Bewertung von Sacheinlagen, im zweiten Fall die sog. Tauschgrundsätze. 964

Bei Sacheinlagen in Kapitalgesellschaften gelten die §§ 27 Abs. 1, 183 Abs. 1 AktG und §§ 5 Abs. 4, 56 Abs. 1 GmbHG. Danach kann grundsätzlich der Ausgabebetrag der neuen Anteile oder – soweit die getroffene Vereinbarung nicht entgegensteht – der höhere Zeitwert des übernommenen Vermögens angesetzt werden, der ohnehin stets die Obergrenze des bilanziellen Wertansatzes darstellt. Deckt der Zeitwert den Ausgabebetrag auch unter Einbeziehung eines Geschäfts- oder Firmenwerts nicht, ist daher in Höhe der Differenz eine Ausgleichsforderung anzusetzen. Erfolgt ein Ansatz zum höheren Zeitwert, ist der über den Nennbetrag der neuen Anteile hinausgehende Betrag (Agio) nach § 272 Abs. 2 Nr. 1 HGB in die Kapitalrücklage einzustellen. 965

Fallvariante: Die B-GmbH bilanziert – anders als im unter Rdn. 960 dargestellten Fall – das übernommene Vermögen nach allgemeinen Grundsätzen. Im Verschmelzungsvertrag ist ein Ausgabebetrag in Höhe des Zeitwerts der A-GmbH festgesetzt, der sich auf einen Nennbetrag von 4.000.000 EUR und ein Agio von 1.000.000 EUR verteilt. Da die Buchwerte des beim übertragenden Rechtsträger bisher bilanzierten Vermögens per Saldo lediglich 3.000.000 EUR betragen und nennenswerte stille Reserven im Sachanlagevermögen nicht bestehen, kann eine vollständige Abbildung der tatsächlichen Anschaffungskosten nur dadurch erfolgen, dass ein Geschäfts- oder Firmenwert in Höhe von 2.000.000 EUR aufgedeckt wird, von dessen Vorhandensein auf Grund des nachgewiesenen Unternehmenswerts ausgegangen werden muss. Der Anschaffungsvorgang ist damit ergebnisneutral. Die Vermögensverhältnisse der B-GmbH werden wirtschaftlich zutreffend dargestellt.

Sacheinlagen in Personenhandelsgesellschaften bestimmen sich nach den gleichen Grundsätzen, die für Anschaffungskosten bei Tauschgeschäften gelten. Nach diesen Regeln kann der Bilanzierende den Tauschgegenstand wahlweise mit dem Buchwert oder mit dem höheren Zeitwert des erworbenen Vermögens ansetzen. Löst der Tauschvorgang beim Erwerber eine Ertragsteuerbelastung aus, kann er diese neutralisieren, indem er die Anschaffungskosten entsprechend erhöht (steuerneutraler Zwischenwert). 966

c) Bilanzielle Auswirkungen für den Gesellschafter des übertragenden Rechtsträgers. Für den Gesellschafter des übertragenden Rechtsträgers stellt sich die Verschmelzung stets als ein Tauschvorgang dar. An die Stelle der Anteile an der durch Verschmelzung untergegangenen Gesellschafts- oder Geschäftsanteile treten die Anteile an dem aufnehmenden bzw. neu gegründeten übernehmenden Rechtsträger. Eine Ausnahme besteht lediglich bei Verschmelzungen im Mutter-Tochter-Verhältnis, bei denen keine Pflicht zur Anteilsgewährung besteht. In diesen Fällen treten an die Stelle des Beteiligungsansatzes der Tochtergesellschaft deren Vermögensgegenstände, Rechnungsabgrenzungsposten und Schulden. Es liegt gleichsam ein Fall der Konsolidierung vor, wie wir ihn im Rahmen der Konzernrechnungslegung kennengelernt haben.[27] Hinsichtlich eines dabei realisierten Verschmelzungsgewinns oder -verlusts wird auf die vorangegangene Darstellung verwiesen.[28] 967

---

[27] Vgl. Rdn. 744 f.
[28] Vgl. Rdn. 963.

968 Für den Wertansatz beim Gesellschafter finden die Tauschgrundsätze Anwendung. Es besteht daher handelsrechtlich kein Zwang zur Gewinnrealisierung, wenn in der untergegangenen Beteiligung stille Reserven enthalten waren, die im Rahmen der Verschmelzung aufgedeckt und entsprechend bewertet wurden. Der bilanzierende Gesellschafter hat vielmehr die Wahl, die verschmelzungsbedingt erworbenen Anteile an der aufnehmenden bzw. neu gegründeten Gesellschaft zum bisherigen Buchwert der untergegangenen Beteiligung fortzuführen (Buchwertfortführung) oder diese zu ihrem vorsichtig geschätzten Zeitwert anzusetzen. In der Regel wird die Verschmelzung unter Nutzung des Umwandlungsteuerrechts so gestaltet sein, dass eine Ertragsteuerbelastung beim Gesellschafter nicht eintritt. Sollte dies jedoch im Fall der Buchwertfortführung ausnahmsweise der Fall sein, hat dieser die Möglichkeit, den entstehenden Steueraufwand ohne Belastung des Periodenergebnisses dadurch bilanziell zu neutralisieren, dass er den Beteiligungsansatz entsprechend erhöht.

2. Spaltung

969 **(a) Überblick.** Nach § 123 UmwG sind drei Arten der Spaltung zu unterscheiden:

- Aufspaltung (Abs. 1)
- Abspaltung (Abs. 2)
- Ausgliederung (Abs. 3)

Alle Formen der Spaltung können – wie die Verschmelzung – auf bestehende oder neu zu errichtende Rechtsträger als Zielgesellschaft bezogen sein. Bei der *Aufspaltung* überträgt ein Rechtsträger, der in der Folge ohne Abwicklung erlischt, sein gesamtes Vermögen im Wege der Gesamtrechtsnachfolge auf mehrere andere Rechtsträger. Bei der *Abspaltung* bleibt hingegen der rechtliche Bestand des übertragenden Rechtsträgers unberührt. Dieser überträgt lediglich Teile seines Vermögens im Weg der partiellen Gesamtrechtsnachfolge auf einen oder mehrere andere Rechtsträger. In beiden Fällen erhalten die Gesellschafter des übertragenden Rechtsträgers als Kompensation für den Untergang oder den partiellen Wegfall ihrer Beteiligungsrechte am übertragenden Rechtsträger Anteile an dem aufnehmenden bzw. neu gegründeten Rechtsträger. Die *Ausgliederung* ähnelt der Abspaltung darin, dass lediglich ein Unternehmensteil des ansonsten fortbestehenden übertragenden Rechtsträgers von dem Übertragungsvorgang betroffen ist. Bei der Ausgliederung erwirbt jedoch – anders als bei der Abspaltung – der übertragende Rechtsträger und nicht dessen Gesellschaftersphäre im Gegenzug Anteile am übernehmenden Rechtsträger.

970 **(b) Spaltungs-Schlussbilanz.** Analog der Verschmelzung hat auch bei der Spaltung der übertragende Rechtsträger eine *Schlussbilanz* zu erstellen (§§ 125, 17 Abs. 2 Satz 2 UmwG). Die obigen Ausführungen zur Verschmelzungs-Schlussbilanz[29] gelten daher für die Spaltungs-Schlussbilanz grundsätzlich entsprechend. Diese bildet in Form einer „Wertnachweisbilanz" den Gesamtbestand des Vermögens des übertragenden Rechtsträgers im Spaltungszeitpunkt zu Fortführungswerten ab. Anders als bei der Verschmelzung geht der übertragende Rechtsträger aber – sieht man vom Fall der Aufspaltung ab – nicht unter, sondern besteht mit reduzierter Vermögensmasse als wirtschaftliche Einheit fort. Die Spaltung zeichnet sich also dadurch aus, dass nicht dessen gesamtes Vermögen auf *einen* anderen Rechtsträger übertragen wird, sondern das stets eine wie auch immer geartete *Vermögensteilung* zwischen mindestens zwei Rechtsträgern erfolgt. Es ist deshalb sachgemäß, wenngleich nicht gesetzlich vorgeschrieben, in der Spaltungs-Schlussbilanz

[29] Vgl. Rdn. 951 f.

bereits eine Aufteilung des Vermögens entsprechend dem Spaltungsplan vorzunehmen oder – besser – neben der Gesamt-Schlussbilanz bereits Teilbilanzen zu erstellen. Nicht ausreichend ist es indessen, in Fällen der Abspaltung oder Aufgliederung lediglich eine Spaltungsteilbilanz bezüglich des übergehenden Vermögens vorzusehen.

(c) Exkurs: Steuerrechtliches Teilbetriebserfordernis. Auch wenn die vorliegende Darstellung auf eine Erläuterung der handelsrechtlichen Rechnungslegung beschränkt ist und daher spezifische Aspekte des Steuerrechts außer Betracht bleiben müssen, soll an dieser Stelle auf eine steuerrechtliche Problematik bei Spaltungsfällen hingewiesen werden, die der gesellschaftsrechtlich geprägte Jurist bei der Gestaltung von Spaltungsfällen bisweilen unterschätzt. Denn diese Probleme können es im Einzelfall aus praktischen Erwägungen geboten erscheinen lassen, von einer Spaltung aus *steuerrechtlichen* Gründen Abstand zu nehmen oder nur auf der Grundlage einer bei der Finanzverwaltung zuvor eingeholten verbindlichen Auskunft durchzuführen. 971

Die steuerlichen Folgen der Spaltung unter Beteiligung von Kapitalgesellschaften sind im Umwandlungsteuergesetz vom 28. Oktober 1994 (UmwStG) in den §§ 15 und 16 geregelt. Spaltungen auf Personenhandelsgesellschaften stellen Einbringungssachverhalte nach §§ 20ff. UmwStG dar. Ohne auf die vom Handelsrecht abweichende Systematik des Umwandlungsteuerrechts näher einzugehen, ist festzuhalten, dass dieses nur solche Spaltungsobjekte umfasst und steuerlich privilegiert (vgl. §§ 11 bis 13 UmwStG), die das steuerrechtliche *Teilbetriebserfordernis* erfüllen (vgl. §§ 15 Abs. 1 Satz 1, 20 Abs. 1 Satz 1 UmwStG). Andernfalls erfolgt eine Besteuerung nach den Voraussetzungen der Aufgabe- und Liquidationsbesteuerung unter steuerwirksamer Aufdeckung stiller Reserven, die in der Praxis regelmäßig gerade vermieden werden soll. 972

Der Teilbetriebsbegriff ist rein steuerrechtlicher Natur. Er ist gesetzlich nicht geregelt, sondern Definitionsgegenstand von Finanzrechtsprechung und Verwaltungsanweisungen, deren Inhalte den zuständigen Behörden im Einzelfall ein faktisch weitgehend gestaltetes Entscheidungsermessen hinsichtlich des Vorliegens eines Teilbetriebs einräumen. Danach wird unter Teilbetrieb „ein mit einer gewissen Selbstständigkeit ausgestatteter, organisch geschlossener Teil des Gesamtbetriebs, der für sich betrachtet alle Merkmale eines Betriebs im Sinne des EStG aufweist und für sich lebensfähig ist", verstanden. Der Teilbetriebsbegriff basiert danach auf einer eigenständigen, fiskalisch orientierten Sichtweise und korrespondiert nicht mit den wesentlich „liberaler" gestalteten zivilrechtlichen Spaltungserfordernissen. Insbesondere ist er nicht mit den in § 126 Abs. 1 Nr. 9 UmwG verwendeten Begriffen „Betriebe oder Betriebsteile" deckungsgleich, was gelegentlich nicht hinreichend beachtet wird. Die Erfüllung des steuerrechtlichen Teilbetriebserfordernisses ist nahezu stets „Tatfrage" und solange nicht abschließend gesichert, wie sich die Finanzverwaltung oder ein Finanzgericht nicht im konkreten Einzelfall der Auffassung des Steuerpflichtigen anschließt. Das steuerrechtliche Teilbetriebserfordernis bedingt daher stets eine sorgfältige Berücksichtigung bei der zivilrechtlichen Gestaltung einer Spaltung und bei der Organisation der Verfahrensschritte. 973

(d) Sonstige Bilanzierungsfragen. Auch hinsichtlich der Bilanzierung bei dem bzw. den übernehmenden Rechtsträger(n) gilt das zur Verschmelzung Gesagte entsprechend.[30] Aufspaltung und Abspaltung führen auf der Ebene der Gesellschafter des übertragenden Rechtsträgers zu entsprechenden Änderungen im Beteiligungsbereich. Bei der Aufspaltung gehen die bisher am Spaltungsobjekt gehaltenen Anteile unter. Die bilanziellen Auswirkungen für den Gesellschafter des übertragenden Rechtsträgers entsprechen insoweit der Situation bei der Verschmelzung. 974

---

[30] Vgl. Rdn. 967f.

3. Vermögensübertragung

975 Die Vermögensübertragung (§§ 174ff. UmwG) entspricht je nach dem, ob sie in Form der *Vollübertragung* unter weitgehender Anwendung der Verschmelzungsvorschriften erfolgt (§§ 174 Abs. 1, 176 Abs. 1, 180 Abs. 1, 186, 188 Abs. 1 UmwG) oder als *Teilübertragung* in Analogie zum Spaltungsrecht ausgestaltet ist (§§ 174 Abs. 2, 177 Abs. 1, 184 Abs. 1, 186, 189 Abs. 1 UmwG), letztlich einer Verschmelzung bzw. Spaltung mit der Maßgabe, dass die Gegenleistung für das übertragene Vermögen nicht in einer Anteilsgewährung, sondern in anderen Vermögenswerten besteht. Die hieraus resultierenden bilanziellen Fragestellungen sind mit den bereits unter den vorangestellten Umwandlungsfällen behandelten identisch.

4. Formwechsel

976 Durch Formwechsel erhält ein (fort-) bestehender Rechtsträger lediglich eine andere Rechtsform. Es ist stets nur ein Rechtsträger beteiligt. Dieser ändert lediglich sein „Rechtskleid". Aus Sicht des Handels- und Gesellschaftsrechts findet daher *keine Vermögensübertragung* statt.[31]

977 **(a) Vermögensaufstellung.** Nach § 192 Abs. 2 UmwG ist dem Umwandlungsbericht des Vertretungsorgans „eine *Vermögensaufstellung* beizufügen, in der die Gegenstände und Verbindlichkeiten des formwechselnden Rechtsträgers mit dem *wirklichen Wert* anzusetzen sind, der ihnen am Tage der Erstellung des Berichts beizulegen ist." Die Pflicht zur Erstellung dieses Zahlenwerks entfällt indessen, wenn an dem formwechselnden Rechtsträger nur ein Gesellschafter beteiligt ist (§ 192 Abs. 3 UmwG), bei einer formwechselnden Personenhandelsgesellschaft alle Gesellschafter geschäftsführungsbefugt sind (§ 215 UmwG) oder alle Anteilsinhaber auf die Erstellung eines Umwandlungsberichts verzichtet haben (§ 192 Abs. 3 Satz 1 Alt. 2 UmwG). In Anbetracht der nachstehend dargestellten inhaltlichen Erfordernisse an die Vermögensaufstellung liegt es in aller Regel nicht im Interesse des Unternehmens, die in ihr zwangsläufig enthaltenen Informationen „ohne Not" auf dem Wege der Einreichung zum Handelsregister öffentlich zugänglich zu machen.[32] Soweit die Erstellungspflicht nicht schon aus anderen Gründen entfällt, wird den Gesellschaftern daher häufig ein Verzicht auf den Umwandlungsbericht nahe gelegt werden. Im Gegenzug kann eine Information über Hintergründe und Folgen des Formwechsels *im Innenverhältnis* der Gesellschaft zu den Gesellschaftern vereinbart und so sichergestellt werden, sofern diese nach den konkreten Umständen nicht ohnehin bereits hinreichend informiert sind. In praktischer Hinsicht hat die Vermögensaufstellung daher keine Bedeutung erlangt.

978 Die formalen und inhaltlichen Anforderungen an die Vermögensaufstellung sind gesetzlich nicht geregelt. Parallelen zur Schlussbilanz[33] nach § 17 Abs. 2 UmwG oder zum Überschuldungsstatus[34] (vgl. §§ 63, 64 GmbHG) bestehen nicht. Zwar sind die Gliederungsvorschriften des HGB für die Handelsbilanz (§ 266 HGB) für diesen Vermögensstatus nicht verbindlich, es bietet sich zum Zwecke der Übersichtlichkeit und Klarheit der

---

[31] Es ist jedoch zu beachten, dass die §§ 14, 25 UmwStG im Falle eines Formwechsels zwischen Kapital- und Personengesellschaften *steuerrechtlich* einen Vermögensübergang fingieren.

[32] In der Literatur bestehen unterschiedliche Auffassungen darüber, ob der Umwandlungsbericht zu den nach § 199 UmwG einzureichenden Unterlagen gehört oder ob sie im Fall der Einreichungspflicht, die nach herrschender Meinung bejaht wird, bei den öffentlich zugänglichen Akten aufzubewahren sind (vgl. *Stratz,* in Schmitt/Hörtnagl/Stratz, UmwG/UmwStG, Rdn. 21 zu § 192 UmwG).

[33] Vgl. Rdn. 951f.

[34] Vgl. Rdn. 886ff.

Darstellung jedoch an, sich strukturell an diese Vorgaben anzulehnen. Handelsrechtliche Ansatzverbote gelten nicht. Da die „wirklichen Werte“ zu zeigen sind, besteht das Erfordernis, sämtliche stillen Reserven aufzudecken. Maßgeblicher Zeitpunkt für die Wertermittlung ist der Erstellungstag. Eine Prüfungspflicht besteht nicht.

(b) Sonstige Bilanzierungsfragen. Neben der Pflicht zur Erstellung des Vermögens- 979
status nach § 192 Abs. 2 UmwG bestehen beim Formwechsel keine gesonderten handelsrechtlichen Berichterstattungspflichten. Die Rechnungslegung der formgewechselten Gesellschaft wird grundsätzlich nahtlos fortgeführt. Gewisse Änderungen im Hinblick auf Gliederung, formalen Ausweis, Prüfungs- und Offenlegungspflichten können sich lediglich auf Grund von rechtsformabhängigen Besonderheiten ergeben (z.B. im Fall des Wechsels von der Kapitalgesellschaft in die nicht haftungsbeschränkte Personengesellschaft und umgekehrt). Besonderheiten können sich ferner in Abfindungsfällen ergeben (§ 196 UmwG), wobei von der Gesellschaft zu leistende Abfindungszahlungen als Aufwand zu erfassen sind.

Für den bilanzierenden Gesellschafter ergeben sich grundsätzlich keine Auswirkungen 980
auf den Wertansatz der formgewechselten Beteiligung. Besonderheiten können sich jedoch in den Fällen ergeben, in denen im Rahmen des Formwechsels einer Kapital- in eine Personenhandelsgesellschaft keine betragsmäßige Identität von altem und neuem Eigenkapital besteht, sondern bisherige Eigenkapitalbestände in Verbindlichkeiten gegenüber Gesellschaftern umgewandelt wurden. Der bilanzierende Gesellschafter hat dann eine spiegelbildliche Umgliederung im Bilanzausweis vorzunehmen. Es handelt sich um eine ergebnisneutrale Darstellungsänderung. Soweit die umgewandelten Eigenkapitalanteile des formgewechselten Unternehmens auf thesaurierte Ergebnisanteile entfallen, über die der Gesellschafter bisher nicht individuell verfügen durfte und die sich daher auch nicht im bisherigen Beteiligungsansatz widerspiegeln, liegt in entsprechender Höhe ein (gewinnerhöhender) Beteiligungsertrag vor. Der Formwechsel wirkt insofern wie ein Gewinnausschüttungsbeschluss. Bare Zuzahlungen nach § 196 UmwG sind ebenfalls als Beteiligungserträge erfolgswirksam zu vereinnahmen, sofern sie nicht zur Kompensation der Verringerung eines Beteiligungsrechts dienen und daher erfolgsneutral vom Beteiligungsbuchwert zu kürzen sind.

IV. Bilanzierung in Abfindungsfällen

Scheidet ein Gesellschafter einer Personenhandelsgesellschaft durch Kündigung (§§ 131 981
Abs. 3 Nr. 3, 161 Abs. 2 HGB) gegen Abfindung aus und wächst sein bisheriger Anteil am Gesellschaftsvermögen den verbleibenden Gesellschaftern zu (Anwachsung nach § 738 Abs. 1 BGB), so hat er einen gesetzlichen *Anspruch auf Abfindung* gegen die Personengesellschaft, der vertraglich in bestimmten Grenzen ausgestaltet aber nicht gänzlich ausgeschlossen werden kann. Es gilt in diesem Fall das *Prinzip der Gesamtabrechnung.* Schwebende Geschäfte, die nach allgemeinen Rechnungslegungsgrundsätzen nicht bilanzierungsfähig sind,[35] unterliegen nach § 740 BGB der Pflicht zur gesonderten Abrechnung. Die Höhe des Abfindungsanspruchs bestimmt sich grundsätzlich nach dem „wahren Wert“ des Unternehmens im Ganzen, auf dessen Grundlage der auf den ausscheidenden Gesellschafter entfallende Anteil nach dem geltenden Verteilungsschlüssel zu ermitteln ist.

[35] Vgl. Rdn. 589.

Sofern rechtswirksam vereinbarte vertragliche Regelungen zur Bemessung des Abfindungsanspruchs (Abfindungsklauseln) nicht entgegenstehen, bestimmt sich dieser grundsätzlich auf der Grundlage des Ertragswerts der Gesellschaft,[36] der nach heute ganz überwiegender Meinung in Rechtsprechung und Lehre Gegenstand einer Unternehmensbewertung ist.[37]

1. Abfindungsbilanz

982 Das Ergebnis der Unternehmensbewertung fließt in eine *Auseinandersetzungs- oder Abschichtungsbilanz* ein. Dieser reine Vermögensstatus, der weder ein Rumpfgeschäftsjahr abschließt noch in sonstiger Hinsicht einer Handelsbilanz entspricht, dient dem Zweck, die tatsächliche („wahre") Vermögenslage der Personengesellschaft zum Zeitpunkt des Ausscheidens des Gesellschafters festzuhalten. Sie spiegelt den Verkehrswert der Gesellschaft wider. Daher gelten die handelsrechtlichen Ansatz- und Bewertungsgrundsätze des HGB nicht. Sie finden – hilfsweise – nur insoweit Anwendung, als sie der Vollständigkeit, Klarheit und Übersichtlichkeit der Abfindungsbilanz dienen und deren vom handelsrechtlichen Jahresabschluss abweichender Zwecksetzung nicht entgegenstehen. Gesetzliche Ansatzverbote (§ 248 Abs. 2 HGB) gelten nicht. Daher ist entgegen den handelsrechtlichen Grundsätzen auch ein originärer Geschäfts- oder Firmenwert zu berücksichtigen, der sich als Überschuss des Unternehmenswerts (Ertragswerts) über die Verkehrswerte der übrigen Vermögensgegenstände abzüglich der Schulden ergibt. Andererseits ist auch ein negativer Geschäfts- oder Firmenwert zu berücksichtigen, falls im konkreten Fall der Unternehmenswert unter der Summe der identifizierten Einzel-Zeitwerte liegen sollte. Diese Konstellation kann darauf beruhen, dass bei der Unternehmensbewertung negative Ertragserwartungen oder vorhersehbare Risiken identifiziert wurden, die in der Rechnungslegung der Gesellschaft keinen Niederschlag gefunden haben. Schwebende Geschäfte sind in der Abfindungsbilanz auch insofern nicht zu berücksichtigen, als sie auf – handelsrechtlich bilanzierungspflichtige – Rückstellungen für drohende Verluste aus schwebenden Geschäften entfallen (vgl. § 249 Abs. 1 Satz 1 HGB), da diese Geschäfte im Abfindungsfall nach § 740 BGB generell einer gesonderten Aufzeichnungspflicht unterliegen. Ein Ansatz von Verkehrswerten führt zur Aufdeckung stiller Reserven (und eventuell auch stiller Lasten) im Vermögen der Personengesellschaft. Mögliche steuerliche Auswirkungen geänderter Wertansätze sind jedoch in der Abfindungsbilanz in der Regel nicht zu berücksichtigen. Die Gesellschaft ist nur gewerbesteuerlich gesehen Steuersubjekt, mögliche einkommen- oder schenkungsteuerrechtliche Folgen sind auf Ebene der Gesellschafter zu erfassen. Ein beim Ausscheiden eines Gesellschafters auf Gesellschaftsebene entstehender Veräußerungsgewinn oder -verlust unterliegt überdies nur in bestimmten Fällen (§ 7 Satz 2 GewStG, § 18 Abs. 4 UmwStG) der Gewerbesteuer. Der auf den ausscheidenden Gesellschafter entfallende anteilige gewerbesteuerliche Verlust ist von den verbleibenden Gesellschaftern nicht nutzbar (§§ 10a Satz 5, 2 Absatz 5 GewStG).

983 Der Gesellschaftsvertrag der Personengesellschaft kann zur Berechnung des Abfindungsanspruchs abweichende Regelungen enthalten, die hinsichtlich ihrer Wirksamkeit allerdings der gerichtlichen Kontrolle unterliegen können. Diese Regelungen können u.a. bestehen in:

---

[36] Dieser Unternehmenswert schließt als zukunftsgerichteter Erfolgswert die Erträge aus am Abfindungsstichtag noch schwebenden Geschäften qua definitionem ein, so dass ein Erfordernis zur gesonderten Abrechnung – bei sachgerechter Würdigung – nicht besteht.

[37] Zur Ertragswertermittlung vgl. die Darstellung unter Rdn. 1019ff.

- *Buchwertklauseln* (Abfindungsanspruch auf Grundlage des handelsbilanziellen Buchvermögens, d.h. Außerachtlassung des tatsächlichen Unternehmenswerts und möglicher stiller Reserven im Gesellschaftsvermögen)
- *Substanzwertklauseln* (Abfindungsanspruch einschließlich stiller Reserven in bilanzierungsfähigen Vermögensgegenständen aber ohne originären Geschäfts- oder Firmenwert)

Regelungen dieses Inhalts sind zulässig, sofern nicht im Einzelfall ein *erhebliches Missverhältnis* zwischen dem „Abfindungswert" und dem Verkehrswert des Unternehmens besteht und hierdurch die Freiheit des Gesellschafters zur Kündigung unvertretbar eingeengt wird (§ 723 Abs. 3 BGB). Ein unzulässiges Missverhältnis wurde von der Rechtsprechung in einem Fall angenommen, in dem die Buchwertabfindung lediglich 20% der gesetzlichen Verkehrswertabfindung betrug.[38] Im Falle ihrer Wirksamkeit sind die vertraglichen Vorgaben bei der Erstellung der Abfindungsbilanz zu beachten und bestimmen dann die dort zu berücksichtigenden Wertansätze abweichend von den oben unter Rdn. 982 dargestellten Grundsätzen. 984

2. Bilanzierung des Ausscheidens bei der Gesellschaft

Verfügt eine Personenhandelsgesellschaft über mindestens drei Gesellschafter, bleibt 985 diese durch das Ausscheiden eines Gesellschafters sowohl rechtlich als auch wirtschaftlich in ihrem Bestand unberührt, eine Zäsur in buchhalterischer Hinsicht findet nicht statt. Das Ausscheiden ist vielmehr ein Geschäftsvorfall des laufenden Geschäftsjahres. Es stellt sich jedoch die Frage, wie dieser Vorgang im Rechnungswesen der Personenhandelsgesellschaft zu erfassen ist.

Wird der Ausscheidende im konkreten Fall *durch die Personenhandelsgesellschaft* unter 986 Beachtung der Grundsätze der Rechtsprechung zulässigerweise zum *Buchwert* seines Gesellschaftsanteils abgefunden, tritt lediglich eine Umwidmung seines bisherigen, unter dem Eigenkapital ausgewiesenen Kapitalkontos („Kapitalkonto I") in Fremdkapital ein. Das Kapitalkonto wird zur Abfindungsverbindlichkeit. Übersteigt die Abfindung den Buchwert des Anteils am Gesellschaftsvermögen, werden also *anteilige stille Reserven* in Gegenständen des Gesellschaftsvermögens abgegolten, hat die Gesellschaft bei den betreffenden Bilanzposten eine entsprechende *Wertaufstockung* vorzunehmen. Dies kann auch zur – anteiligen – Aufdeckung eines bisher wegen § 248 Abs. 2 HGB nicht bilanzierungsfähigen Geschäfts- oder Firmenwerts in der ansonsten unverändert fortgeführten Handelsbilanz der Gesellschaft führen, sofern der Abfindungsbetrag höher ist als die Zeitwerte des übrigen Vermögens.

Diese – heute gesicherte[39] – Konsequenz ist nicht selbstverständlich. Nachträgliche An- 987 schaffungskosten (§ 253 Abs. 1 Satz 1 HGB) der Gesellschaft liegen nämlich nach wohl allgemeiner Auffassung nicht vor.[40] Eine Entnahme durch die verbleibenden Gesellschafter in Höhe des an den Ausgeschiedenen ausgekehrten Mehrbetrages und damit eine erfolgsneutrale Minderung von deren Kapitalkonten scheidet ebenfalls aus. Auch eine Erfassung als Aufwand der Gesellschaft kann angesichts der tatsächlichen Verhältnisse nicht als angemessene Form der Bilanzierung angesehen werden. Aus § 738 Abs. 1 Satz 2 BGB i.V.m. §§ 105 Abs. 2, 161 Abs. HGB ergibt sich vielmehr, dass das Ausscheiden aus Personenhandelsgesellschaften im Ergebnis als eine *Teil-Liquidation* zu werten ist: Der Gesellschafter ist wirtschaftlich so zu stellen, als würde die Gesellschaft aufgelöst und ihr

---

[38] BGH-Urteil v. 24. 9. 1984, NJW 1985, 192.

[39] Vgl. hierzu insbesondere IDW RS HFA 7, Tz. 48 (veröffentlicht in: WPg 2002, S. 1259ff.).

[40] Vgl. hierzu die Veröffentlichung des IDW, Personengesellschaft und Bilanzierung, 1990, S. 184ff.

Vermögen abgewickelt. Danach sind die Grundsätze für die Bilanzierung in Liquidationsfällen[41] auf die bilanziellen Auswirkungen der Gesellschafterabfindung bei der betroffenen Personenhandelsgesellschaft zumindest insoweit entsprechend anzuwenden, als der anteilig aufgedeckte Vermögenswert betroffen ist.[42] Demgemaß ist eine *fiktive Verwertung des Gesellschaftsvermögens im ganzen* zu unterstellen. Daher ist auch ein eventueller Geschäfts- oder Firmenwert zu berücksichtigen, der sich in diesem Fall ergäbe. Sollte die Abfindung – ausnahmsweise – geringer ausfallen als der Buchwert des Kapitalkontos, deutet dies auf einen bilanziellen Korrekturbedarf hin (z.B. fehlende außerplanmäßige Abschreibungen oder Rückstellungen), der durch die Wertermittlungen im Zuge der Erstellung der Abfindungsbilanz aufgedeckt worden sein muss.

V. Realteilungsbilanz

988 Unter Realteilung ist die Auseinandersetzung eines Gesamthandvermögens (z.B. einer Personenhandelsgesellschaft) zu verstehen. Es handelt sich in der Regel um eine Auflösung durch Naturalteilung auf die bisherigen Gesellschafter. Eine Realteilung kann jedoch auch unter Fortbestand der Gesellschaft in der Weise vollzogen werden, dass mehrere ausscheidende Gesellschafter eine neue Personengesellschaft gründen und ihre Abfindung in der Form erfolgt, dass Teile des Gesamthandsvermögens der ursprünglichen Gesellschaft auf die neue Gesellschaft übertragen werden. Auf die handelsrechtliche Realteilungsbilanz, die getrennt von der Gesamthandsbilanz zu erstellen ist, finden die Grundsätze der externen Liquidationsrechnungslegung entsprechende Anwendung.[43]

VI. Steuerrechtliche Bilanzen bei Personengesellschaften

989 Wie bereits an anderer Stelle dargestellt,[44] wird die der steuerlichen Gewinnermittlung dienende Rechnungslegung – die „Steuerbilanz" – gemäß § 5 Abs. 1 Satz 1 EStG (Grundsatz der Maßgeblichkeit der Handelsbilanz für die Steuerbilanz) aus der handelsrechtlichen Buchführung und Rechnungslegung unter Berücksichtigung bestimmter steuerrechtlich bedingter Modifikationen (insbesondere nach §§ 4 bis 7 EStG) abgeleitet. Ein bilanzielles Spezifikum der Besteuerung von Personengesellschaften soll hier angesprochen werden, da es in unmittelbarem Zusammenhang mit der handelsrechtlichen Rechnungslegung steht, nämlich die – neben der eigentlichen Steuerbilanz zu führenden – steuerrechtlichen Zusatz- und Korrekturbilanzen bei der Personenhandelsgesellschaft. Ein Verständnis von Funktion und Inhalt dieser Zahlenwerke erlaubt es dem Juristen, diese im Grenzbereich zwischen Handels- und Steuerbilanz angesiedelte Thematik besser einzuordnen. Der für die deutsche Rechnungslegung typische Dualismus von Handels- und Steuerrecht führt in diesem Fall nämlich zu einer auf den ersten Blick möglicherweise verwirrenden bilanziellen Gemengelage.

990 Dies folgt im Kern daraus, dass sich die vermögensrechtlichen Anknüpfungspunkte von Handels- und Steuerrecht bei Personengesellschaften (gemeint sind: OHG, KG oder gewerblich tätige GbR) voneinander unterscheiden. Maßgebend für die steuerliche Ge-

---

[41] Zur Rechnungslegung im Liquidationsfall vgl. Rdn. 938 ff.
[42] *Herrmann,* WPg 1994, 511.
[43] Vgl. Rdn. 940 ff.
[44] Vgl. Rdn. 473, 802.

winnermittlung bei Personengesellschaften ist das (steuerliche) *Betriebsvermögen* – dieses ist nicht notwendig mit dem (handelsrechtlichen) Gesamthandsvermögen identisch. Das steuerliche Betriebsvermögen einer Personengesellschaft setzt sich vielmehr aus zwei Komponenten zusammen, dem Gesamthandsvermögen, dass in der Steuerbilanz abgebildet ist, und dem (steuerlichen) *Sonderbetriebsvermögen.* Das Gesamthandsvermögen stimmt grundsätzlich mit dem Vermögen überein, das der Personengesellschaft zivilrechtlich oder nach den Grundsätzen des „wirtschaftlichen Eigentums“[45] unmittelbar zuzurechnen ist, soweit dieses aus steuerrechtlicher Sicht betrieblichen Zwecken dient. Das Sonderbetriebsvermögen umfasst zum einen Vermögensgegenstände (steuerrechtlich: „Wirtschaftsgüter“) und Schulden, die zwar nicht Bestandteil des Gesamthandsvermögens sind, sondern statt dessen zur Gesellschaftersphäre gehören, aber den betrieblichen Zwecken der Personengesellschaft dienen („notwendiges Sonderbetriebsvermögen“) oder nach dem Willen der Mitunternehmer zu dienen bestimmt sind („gewillkürtes Sonderbetriebsvermögen“). Diese beiden Vermögenskomponenten werden zum sog. „Sonderbetriebsvermögen I“ zusammengefasst. Darüber hinaus werden auch solche Gegenstände zum steuerlichen Sonderbetriebsvermögen gerechnet, die der Begründung und Stärkung der Beteiligung an der Personengesellschaft dienen oder mit deren Erwerb im Zusammenhang stehen (sog. „Sonderbetriebsvermögen II“). Diese Zusammenhänge werden aus nachfolgender Übersicht deutlich:

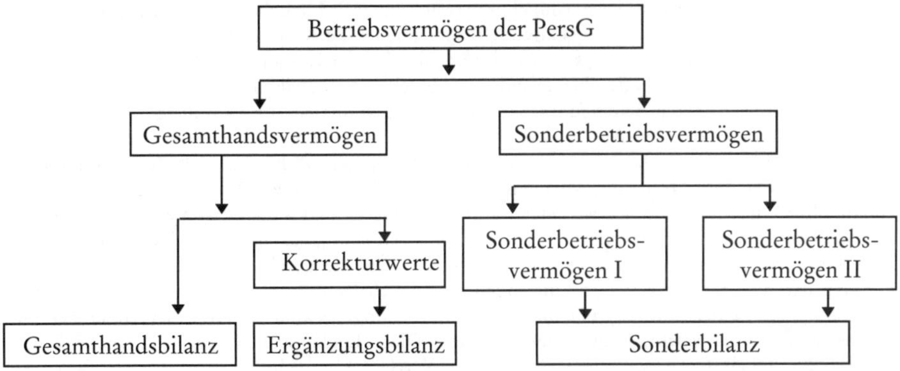

Die steuerbilanzielle Gewinnermittlung erfolgt in *zwei Stufen.* Zur ersten Stufe gehö- 991
ren die aus der Gesamthandsbilanz abgeleitete und mit dieser in der Regel weitgehend identische *Steuerbilanz* der Personengesellschaft sowie die steuerlichen *Ergänzungsbilanzen* der Gesellschafter. Zur zweiten Stufe gehören die steuerlichen *Sonderbilanzen* der Gesellschafter. Ergänzungs- und Sonderbilanzen sind zu steuerlichen Zwecken erstellte, *gesellschafterbezogene* Rechenwerke, die zur Ermittlung von Ergebniseinflüssen dienen, die – *zusätzlich* zum anteiligen Gesamthandsergebnis laut Steuerbilanz – in die steuerliche Gewinnermittlung des einzelnen Gesellschafters einfließen. Die Erstellung von *Ergänzungsbilanzen* dient der Erfassung von Wertkorrekturen, die aus steuerrechtlicher Sicht an der Steuerbilanz der Personengesellschaft vorzunehmen sind. Sie wird in folgenden Fällen erforderlich:

- Gesellschafterwechsel
- Einbringungen in die Personengesellschaft
- Inanspruchnahme personenbezogener Steuervergünstigungen

[45] Vgl. Rdn. 793 ff.

992 In Ergänzungsbilanzen erscheinen *Mehr- oder Minderwerte* zu den in der Steuerbilanz der Personengesellschaft bilanzierten oder zumindest unter bestimmten Umständen bilanzierungsfähigen „Wirtschaftsgütern“ (handelsbilanziell: Vermögensgegenständen) des Gesamthandsvermögens. Eine Ergänzungsbilanz ist – wie eine Handels- oder Steuerbilanz, an welche sie strukturell angenähert ist – vom Zeitpunkt ihrer Bildung an über die Folgejahre fortzuführen bis sich die rechnerisch abgeschichteten Mehr- oder Minderwerte (z.B. durch Abschreibungen) ergebniswirksam abgebaut haben, die von ihnen betroffenen Wirtschaftsgüter aus dem Gesamthandsvermögen ausgeschieden sind oder der die Ergänzungsbilanz führende Gesellschafter aus der Personengesellschaft ausgeschieden ist. Die Ergebnisse der steuerlichen Ergänzungsbilanz sind dem betreffenden Gesellschafter im Rahmen der personenbezogenen steuerlichen Gewinnermittlung jeweils individuell zuzurechnen.

993 **Beispiel:** Die A-GmbH ist alleiniger Kommanditist der C-GmbH & Co. KG – im Folgenden „KG“ – und Alleingesellschafter der C-GmbH, ihrer Komplementärin, die an der KG keine Einlage hält („typische GmbH & Co. KG“). Das buchmäßige Eigenkapital der von der A-GmbH gegründeten KG beträgt 2.500.000 EUR. Im Jahr 01 veräußert die A-GmbH ihre Anteile an der Komplementär-GmbH und der KG zu einem Gesamtkaufpreis an die X-AG, der zu 5.400.000 EUR auf die Kommanditeinlage entfällt.

Der Gesellschafterwechsel hat auf den zivilrechtlichen und wirtschaftlichen Bestand der KG sowie ihre handelsrechtliche Rechnungslegung, insbesondere den Wertansatz von Vermögensgegenständen und Schulden, keinen Einfluss. Anders als im Fall der Abfindung eines ausgeschiedenen Gesellschafters durch die Gesellschaft ist diese nämlich im vorliegenden Fall lediglich Objekt einer Transaktion zwischen der A-GmbH und der X-AG und selbst nicht einer der Kontrahenten.

Die X-AG hatte Anschaffungskosten, die das Buchkapital der KG um 2.900.000 EUR übersteigen. Die Anschaffungskosten betreffen handelsbilanziell gesehen die Beteiligung an einer teilrechtsfähigen Personengesellschaft, deren Beteiligungsansatz zum nicht abnutzbaren Finanzanlagevermögen zählt, das nur im Rahmen des § 253 Abs. 2 Satz 3 HGB außerplanmäßig gemindert sein kann. Aus steuerrechtlicher Sicht ist der Rechtsträger „Personenhandelsgesellschaft“ hingegen als Zuordnungsobjekt von Wirtschaftsgütern irrelevant, vielmehr erwirbt die X-AG deren Wirtschaftsgüter gleichsam „unmittelbar“, hat diese also in geeigneter Form zu aktivieren und – soweit abnutzbar – zeitanteilig abzuschreiben. So gesehen stellt auch die Steuerbilanz (Gesamthandsbilanz) der KG im Bereich des Einkommensteuerrechts lediglich eine Ausgangsgröße für die gesellschafterbezogene Gewinnermittlung dar. Die Steuerbilanz spiegelt jedoch den Anschaffungswert der KG nur in Höhe ihres Buchvermögens wider, wohingegen die im Kaufpreis aufgedeckten stillen Reserven in der Gesamthandsbilanz unberücksichtigt bleiben müssen. Diese Lücke schließt eine steuerliche Ergänzungsbilanz, die ab dem Erwerbszeitpunkt für die X-AG geführt wird. Nimmt man vereinfachend an, dass der gezahlte Mehrpreis in vollem Umfang auf einen Geschäfts- oder Firmenwert entfällt, hat diese Bilanz folgendes Bild:

AKTIVA			PASSIVA
	EUR		EUR
Geschäfts- oder Firmenwert	2.900.000	Ergänzungskapital	2.900.000

Der Geschäfts- oder Firmenwert bzw. das Ergänzungskapital mindern sich jährlich um den Abschreibungsbetrag, der nach steuerlichen Regelungen auf der Grundlage einer Nutzungsdauer von 15 Jahren zu ermitteln ist. Der allein zu steuerlichen Zwecken ermittelte Abschreibungsbetrag mindert zum einen die gewerbesteuerliche Bemessungsgrundlage der Personengesellschaft, die Gewerbesteuer-Subjekt ist. Darüber hinaus fließen die Abschreibungen zusätzlich zum Gesamthandsergebnis der KG in die steuerliche Gewinnermittlung der X-AG hinsichtlich ihrer Beteiligung an der KG ein.

Teil Q. Bewertung von Unternehmen

Die hier dargestellten Grundsätze der handelsrechtlichen Rechnungslegung nach HGB zielen nicht darauf ab, den tatsächlichen Wert des bilanzierenden Unternehmens zu ermitteln. Der Bilanz sind zwar wichtige Aussagen zur – vorsichtig bewerteten – Unternehmenssubstanz und damit zu Investition und Finanzierung zu entnehmen. Die Gewinn- und Verlustrechnung bietet ferner die Grundlage für eine – allerdings vergangenheitsbezogene – Erfolgsanalyse und damit für eine Einschätzung der bestehenden Ertragskraft des Unternehmens. Der Jahresabschluss stellt danach zwar eine wichtige Informationsgrundlage für Unternehmensführung, Gesellschafter und Gläubiger dar und liefert somit notwendige Grundlagen für eine Wertmessung, er ist aber weder bestimmt noch geeignet zur Bestimmung des Unternehmenswerts im betriebswirtschaftlichen Sinne. 994

I. Bewertungsanlässe

Es sind diverse Anlässe denkbar, welche die verlässliche Bewertung eines Unternehmens oder Unternehmensteils nach gefestigten betriebswirtschaftlichen Grundsätzen erfordern. Vor allem dann, wenn das Erfordernis einer Wertermittlung und deren gerichtliche Überprüfung ausdrücklich *gesetzlich* verankert ist (vgl. insbesondere in den Fällen der §§ 304 Abs. 4, 305 Abs. 5, 327f AktG sowie bei Spruchkammerverfahren nach dem Spruchverfahrensgesetz, SpruchG) können auch Juristen vor die Aufgabe gestellt werden, gutachtlich ermittelte Bewertungsurteile hinsichtlich ihrer Aussagekraft einzuschätzen. Daher gilt: 995

Unternehmensbewertungen sind nicht allein eine betriebswirtschaftliche Aufgabe. Eine nach betriebswirtschaftlichen Grundsätzen erstellte Unternehmensbewertung wird im Falle ihrer gerichtlichen Überprüfung zwangsläufig auch zu einer rechtlichen Aufgabe. 996

Erfolgt in diesem Zusammenhang in einem Gerichtsverfahren die Beauftragung eines Sachverständigen, hat das Gericht das Bewertungsergebnis nach allgemeinen Verfahrungsgrundsätzen (§ 286 ZPO) zu würdigen. Das Gutachten des Sachverständigen ist durch das Gericht auf seine Geschlossenheit, fachliche Stichhaltigkeit und Überzeugungskraft zu überprüfen. Macht sich das Gericht die Bewertungsansätze eines Sachverständigengutachtens unkritisch zueigen, obwohl ein Privatgutachten einer Prozesspartei zu deutlich anderen Bewertungsergebnissen gelangt, verstößt dies gegen den Grundsatz des rechtlichen Gehörs. 997

Bewertungen können ihre Grundlage in speziellen gesetzlichen Vorschriften, vertraglichen Vereinbarungen oder sonstigen Umständen haben. Die Unternehmensbewertung ist naturgemäß eine Domäne der Betriebswirtschaft, einen „Unternehmenswert" im zivilrechtlichen Sinne gibt es nicht. Es existieren daher auch keine gesetzlichen Vorschriften, welche die Wertermittlung in Zivilrechtsfällen im Einzelnen regeln. Zu bestimmten Aspekten der Bewertung im Zivilprozess hat sich indessen ein Richterrecht entwickelt. Nachstehend sind einige der wichtigsten Bewertungsanlässe genannt. Diese unterliegen allerdings nur zum Teil der unmittelbaren gerichtlichen Nachprüfung und verlangen nicht in jedem Fall die gleiche „Methodentiefe" bei der Wertermittlung: 998

- Gesamtwertermittlung als Grundlage einer Kaufpreisallokation in Fällen des „Asset Deal"
- Überprüfung der Werthaltigkeit der Bilanzansätze von Finanzbeteiligungen, Anteilen an verbundenen Unternehmen[1] oder eines aktivierten Geschäfts- oder Firmenwerts („Goodwill Impairment Test"[2])
- Ermittlung steuerlicher Bemessungsgrundlagen (z. B. im Fall außerplanmäßiger Abschreibungen auf Beteiligungen oder der Aufdeckung stiller Reserven im Rahmen von bestimmten Vermögensübertragungen)
- Ermittlung eines angemessenen Ausgleichs außenstehender Aktionäre gemäß § 304 AktG
- Ermittlung der Abfindung in Aktien gemäß §§ 305, 320 b AktG
- Ermittlung einer Barabfindung der Gesellschafter bei Abschluss eines Gewinnabführungs- oder Beherrschungsvertrages, Eingliederung, Ausschluss von Minderheitsaktionären, Übernahmeangeboten und im Rahmen von Umwandlungen (gemäß §§ 305, 320 b, 327 a AktG, § 31 WPüG, §§ 29, 36, 125, 174, 176 bis 180, 184, 188, 189, 207 UmwG)
- Ermittlung von Umtauschverhältnissen bei Verschmelzungen, Auf- und Abspaltungen
- Bewertung stiller Beteiligungen nach § 25 d KAGG
- Ermittlung von Abfindungsguthaben ausscheidender Gesellschafter (z. B. gemäß § 738 BGB)
- Bewertungen bei Erbauseinandersetzungen und Erbteilungen
- Bewertungen im Zugewinnausgleich
- Ermittlung von Entscheidungs- oder Marktwerten im Zusammenhang mit Unternehmenskäufen bzw. -verkäufen (z. B. auch Spin-Offs) oder zur Vorbereitung von Börsengängen
- Bewertungen in Sanierungsfällen
- Bewertungen auf Grund von vertraglichen Schiedsklauseln
- Bewertungen im zivilgerichtlichen Verfahren auf Grund eines Beweisbeschlusses

II. Bewertungszwecke

999 **Unter einem „Unternehmenswert" versteht man den potenziellen Preis eines Unternehmens.[3] Dieser Preis kann nicht absolut bestimmt werden, sondern ist vom Bewertungszweck beeinflusst: Der Bewertungszweck prägt das Bewertungsurteil *(Zweckadäquanzprinzip[4]).***

1000 Die betriebswirtschaftliche Bewertungslehre geht grundsätzlich von einer *entscheidungsorientierten Preisbildung* aus, d. h. subjektive Interessen der an einer Unternehmenstransaktion Beteiligten sind für die Bestimmung der jeweiligen – subjektiven – Entscheidungswerte maßgeblich. Der potenzielle Einigungsbereich ist von der Preisuntergrenze

---

[1] Vgl. hierzu im Einzelnen: IDW RS HFA 10 *„Anwendung der Grundsätze des IDW S 1 bei der Bewertung von Beteiligungen und sonstigen Unternehmensanteilen für Zwecke eines handelsrechtlichen Jahresabschlusses"* (veröffentlicht in: WPg 2003, S. 1257 ff.).

[2] Vgl. hierzu insbesondere für den Bereich der internationalen Rechnungslegung: IAS 36.80 – 99 sowie SFAS 142. Im Bereich des HGB findet der vorstehend zitierte RS HFA 10 sinngemäße Anwendung.

[3] So *Moxter* aaO.

[4] Vgl. hierzu *Moxter,* Grundsätze ordnungsmäßiger Unternehmensbewertung, 2. Aufl. 1983, S. 5 ff.; *Ballwieser,* Unternehmensbewertung, 2004, S. 1 ff.

des Verkäufers und der Preisobergrenze des Käufers bestimmt. Diese Werte bezeichnet man als „Grenzpreise“. Liegen diese Grenzpreise im Einzelfall deutlich auseinander, stellt sich häufig die weitere Aufgabe, einen zwischen beiden Grenzen liegenden Preis zu finden, auf den sich Käufer und Verkäufer einigen könnten. Soll dieser Preis durch einen externen Bewerter bestimmt werden, spricht man vom „Schiedspreis“. Ausgehend von der funktionsorientierten Lehre von der Unternehmensbewertung kann der Wirtschaftsprüfer je nach Fallgestaltung in unterschiedlichen Rollen tätig werden kann, nämlich als

- *neutraler Gutachter* zur Ermittlung eines „objektivierten Unternehmenswerts“
- *Berater* zur Ermittlung subjektiver Entscheidungswerte
- *Schiedsgutachter* zur Ermittlung eines Schiedswerts

Als neutraler Gutachter abstrahiert der Wirtschaftsprüfer von den subjektiven Ele- 1001
menten des Entscheidungskalküls einzelner Beteiligter und ermittelt mit nachvollziehbarer Methodik einen unparteiischen *„objektivierten“ Wertansatz* (typisierter Unternehmenswert). Als Berater unterstützt der Wirtschaftsprüfer hingegen den Mandanten bei der Ermittlung des für diesen maßgeblichen *subjektiven Entscheidungswerts.* Die Tätigkeit des Schiedsgutachters ist auf die Ermittlung eines *fairen Einigungspreises* gerichtet. Zu diesem Zweck ist es geboten, die Preisober- und -untergrenzen der Beteiligten realistisch einzuschätzen und in angemessenem Umfang zu berücksichtigen.

Die Unternehmensbewertung ist – insbesondere in allen Fällen gerichtlich nachprüfba- 1002
rer Bewertungsentscheidungen – in Deutschland eine Domäne des Berufsstands der *Wirtschaftsprüfer.*[5] Dies ergibt sich bereits daraus, dass die Unternehmensbewertung vorrangig zu „den Gebieten der wirtschaftlichen Betriebsführung“ zählt, die gemäß § 2 Abs. 3 Nr. 1 WPO Gegenstand der privilegierten Tätigkeit von Wirtschaftsprüfern als Sachverständiger ist (Vorbehaltsaufgabe). Die kapitalmarktorientierte Unternehmensbewertung ist in Deutschland – außerhalb des Wirtschaftsprüfern vorbehaltenen Bereichs – hingegen eine Domäne der *Finanzanalytiker.* Allerdings haben kapitalmarktorientierte Überlegungen die Grundsätze, die der Unternehmensbewertung nach der Rechtsprechung und der Berufsauffassung der Wirtschaftsprüfer zugrunde zu legen sind, schon seit längerem geprägt. Demgemäß besteht in grundlegenden methodischen Fragen kein wesentlicher Unterschied zwischen der Vorgehensweise beider Berufsgruppen.

III. Überblick über die Bewertungsverfahren

1. Systematisierung

Die Ansätze zur Systematisierung von Bewertungsverfahren sind unterschiedlich. Im 1003
internationalen Bereich werden – in Abhängigkeit vom jeweiligen Bewertungsanlass und -gegenstand ganz allgemein die nachfolgenden drei Bewertungsverfahren unterschieden. Diese Unterscheidung vermittelt einen hilfreichen ersten Einblick in die Welt der Bewertungsmethoden:

- marktpreisorientierte Verfahren
- kapitalwertorientierte Verfahren
- kostenorientierte Verfahren

Preise bestimmen sich durch Angebot und Nachfrage. Beim vorrangig anzuwendenden 1004
marktpreisorientierten Verfahren ist daher der auf einem aktiven Markt feststellbare Preis

[5] So ist z.B. die Barabfindung gemäß §§ 327aff. AktG ist nach § 327c Abs. 2 Satz 2 AktG hinsichtlich ihrer Angemessenheit „durch einen oder mehrere *sachverständige Prüfer* zu prüfen.“

für das jeweilige Bewertungsobjekt maßgeblich, denn dieser Preis ist bei normalen Marktverhältnissen im Allgemeinen der verlässlichste Wertindikator für Bewertungsgegenstände jeder Art. Dies gilt insbesondere für einzelne Vermögensgegenstände des Anlage und Umlaufvermögens und findet im geltenden deutschen Bilanzrecht u.a. darin seinen Niederschlag, dass der Börsen- oder Marktpreis vorrangiger Maßstab für das Niederstwertprinzip ist (vgl. § 253 Abs. 3 Satz 1 HGB). Sind entsprechende Informationen (z.B. Aktienkurse) jedoch nicht verfügbar, muss man auf anderen Wegen versuchen, sich den potenziellen Marktverhältnissen weitestmöglich anzunähern. Deshalb ist zunächst zu klären, ob ein hinreichend aussagefähiger Vergleich vorgenommen werden kann zwischen dem beobachteten Marktpreis für ein hinreichend analoges Vergleichsobjekt und dem gesuchten Wert für das Bewertungsobjekt.

1005 Führt auch dieser Ansatz nicht zum Erfolg scheidet eine rein marktpreisorientierte Bewertung aus. Ersatzweise ist in erster Linie ein *kapitalwertorientiertes* Verfahren in Betracht zu ziehen. Bei dieser stromgrößenorientierten Methode bestimmt sich der Wert des Bewertungsobjekts nach dessen Fähigkeit, zukünftige Cashflows[6] zu erwirtschaften und damit einen „Return on Investment" zu gewährleisten. Diese Methode ist letztlich darauf gerichtet, ein potenzielles Marktverhalten fiktiver Akteure unter Berücksichtigung von entsprechend gewählten Basis- oder Vergleichsgrößen, Modellannahmen und Äquivalenzmaximen nach finanzmathematischen Grundsätzen so sorgfältig abzubilden, dass das Ergebnis einer tatsächlichen Marktpreisbildung nahe kommt. Dies ist das Feld der „klassischen" Unternehmensbewertung. Lediglich in bestimmten Sonderfällen (z.B. Insolvenz, Liquidation oder Ermittlung des niedrigeren beizulegenden Werts einzelner Vermögensgegenstände) kommt ersatzweise ein *kostenorientiertes* Verfahren in Betracht, das alternativ in Form der Reproduktionskosten- oder Wiederbeschaffungspreismethode angewendet werden kann.

1006 Sieht man von börsennotierten Unternehmen ab, sind verlässliche tatsächliche Marktpreise für Unternehmen in der Regel nicht verfügbar. Die in diesen Fällen üblicherweise in Deutschland verwendeten Methoden der Unternehmensbewertung können wie folgt systematisiert werden:

- Gesamtbewertungsverfahren
- Einzelbewertungsverfahren
- Mischverfahren

2. Gesamtbewertungsverfahren

1007 *Gesamtbewertungsverfahren* beziehen sich auf das Unternehmen als *Bewertungseinheit.* Der Unternehmenswert bestimmt sich nach dem Gesamtertrag, der künftig aus dem Unternehmen erwartet wird.

1008 **(a) Kapitalwertorientierte Verfahren.** Zu den Gesamtbewertungsverfahren zählen in erster Linie das „klassische" Ertragswertverfahren sowie das – weitgehend ähnlich gestaltete und heute in der Praxis vorherrschende – Discounted-Cashflow-Verfahren (DCF-Methode). Auf beide Verfahren wird im Rahmen dieser Darstellung noch näher eingegangen. Sie sind in aller Regel Grundlage betriebswirtschaftlicher Unternehmensbewertungen in Deutschland.

1009 **(b) Vergleichsverfahren.** Ferner können *marktpreisorientierte Vergleichsverfahren* systematisch zu den Gesamtbewertungsverfahren gerechnet werden. Diese Verfahren basieren entweder auf *tatsächlich realisierten Marktpreisen,* die bei vergangenen Transaktio-

[6] Vgl. Rdn. 721 ff.

nen bezüglich des Bewertungsobjekts (Transactions Approach) bzw. bei der Veräußerung vergleichbarer Unternehmen erzielt wurden (Comparative Company Approach, CCA) oder auf *fiktiven Preisen,* die mit Hilfe von Multiplikatoren ermittelt werden, die aus Schlüsselkennzahlern vergleichbarer Unternehmen abgeleitet sind (Multiplikatormethode).

(1) Verfahren auf Basis realisierter Marktpreise. Der Transactions Approach, also die 1010
Verwendung historischer Preise, scheidet immer dann aus, wenn zwischen dem Transaktionstag und dem Bewertungsstichtag ein längerer Zeitraum liegt oder die frühere Transaktion aus anderen Gründen nicht mehr aussagefähig ist, z.B. weil sich die Ertragsaussichten zwischenzeitlich stark verändert haben. Die dem CCA zuzuordnenden Bewertungsverfahren haben in Deutschland bisher auf Grund der fehlenden Datenbasis hinsichtlich geeigneter börsennotierter Vergleichsunternehmen keine nennenswerte Bedeutung erlangt.

(2) Verfahren auf Basis fiktiver Marktpreise (Multiplikatorverfahren). Bei Anwen- 1011
dung der *Multiplikatormethode* ist der Bewerter hingegen nicht auf die Kenntnis von Börsenwerten oder anderen am Markt tatsächlich realisierten Kaufpreisen angewiesen. Er stützt sich vielmehr – vereinfacht gesagt – auf branchenbezogene „Daumenregeln". In diesem Fall wird der Unternehmenswert als potenzieller Marktpreis nämlich durch Multiplikation einer bestimmten absoluten Kennzahl des zu bewertenden Unternehmens – typischerweise einer Rentabilitätskennzahl wie Gewinn, EBIT[7] oder Jahresumsatz – mit einem von der jeweils gewählten Basis abhängigen, branchenspezifischen festen Faktor (Multiplikator) ermittelt. Die Multiplikatormethode hat auf Grund ihrer geringen Bewertungskomplexität und hohen Bewertungsgeschwindigkeit in Deutschland bei Investmentbanken und anderen Marktakteuren größere Verbreitung gefunden, namentlich bei der überschlägigen und daher kostengünstigen Bewertung kleinerer Unternehmen oder Unternehmensteile. Auch bei der Bewertung von Freiberuflerpraxen (z.B. Ärzten, Apothekern, Rechtsanwälten, Steuerberatern) werden Praxiswerte[8] häufig entsprechend den Empfehlungen von Kammern und Standesorganisationen vereinfachend in einem Prozentsatz des durchschnittlichen Jahresumsatzes ausgedrückt (sog. Umsatzverfahren). Diese Empfehlungen binden weder Gutachter noch Gerichte. Dennoch sollte ein Gutacher zur Bewertung von Praxen auf die vorgeschlagenen Verfahren eingehen und eine abweichende Methodik begründen.

Hinter dieser Methode verbirgt sich eine auf (angeblichen) Erfahrungswerten aufbau- 1012
ende typisierende Betrachtung, die von einer branchenüblichen Mindestprofitabilität des Umsatzes ausgeht. Dieser Ansatz kann zwar eine überschlägige erste Einschätzung eines Bewertungsobjekts unter vereinfachenden Annahmen zur internen Entscheidungsvorbereitung vermitteln. Multiplikatoren helfen im Allgemeinen aber nicht bei der Findung begründbarer fallspezifischer Entscheidungswerte und sind daher mit Ausnahme ganz eindeutig gelagerter Fälle nicht als explizite Grundlagen einer Preisvereinbarung geeignet. Die Erfahrung zeigt nämlich, dass die Verwendung von Multiplikatoren im zivilrechtlichen Streitfall auf Grund häufig intransparenter Herleitung angreifbar ist. Sie ist insbesondere dem Vorwurf ausgesetzt, die spezifische Kostenstruktur nicht zu berücksichtigen, die in den einzelnen Praxen voneinander abweichen kann. In diesem Zusammenhang ist anzumerken, dass sich ein Multiplikator – bei Verfügbarkeit entsprechender Kapitalmarkt- und Brancheninformationen – auch selbstständig rechnerisch ermitteln und damit überprüfen lässt, da er dem Kehrwert des Kapitalisierungszinses im Sinne des Ertrags-

---

[7] Vgl. Rdn. 824ff.

[8] Den Praxiswerten wird bisweilen der Substanzwert der Praxis *hinzugerechnet,* was die Gefahr der Doppelberücksichtigung begründet.

wert- und des Discounted-Cashflow-Verfahrens entspricht. Auf die entsprechenden Ausführungen kann daher verwiesen werden.[9]

3. Einzelbewertungsverfahren

1013 Bei Anwendung von *Einzelbewertungsverfahren* ergibt sich der Unternehmenswert aus der Summe der isoliert betrachteten Werte einzelner Vermögensgegenstände und Schulden. Diese kostenorientierten Verfahren sind an Substanzwerten orientiert. Sie unterscheiden sich danach, ob diese unter Reproduktions- oder Liquidationsgesichtspunkten zu bestimmen sind.

1014 **(a) Reproduktionswert.** Der Ansatz von *Reproduktionswerten* kommt grundsätzlich nur in Betracht, wenn von einer Fortführung des Unternehmens auszugehen, also gleichsam dessen „Nachbau auf der grünen Wiese" zu unterstellen ist. Die Reproduktionswerte entsprechen den Wiederbeschaffungskosten für die vorhandenen gebrauchten Anlagegegenstände des Unternehmens. Diese Methode kann nur hilfsweise zur Anwendung kommen. Sie geht nämlich von dem unrealistischen Gedanken aus, dass ein Unternehmen mindestens so viel wert sein muss, wie dass, was ein gedachter Käufer aufwenden müsste, um sich die gleiche Unternehmenssubstanz auf anderem Wege selbst „einzeln zusammen zu kaufen." Dieser Ansatz entspricht in aller Regel nicht der ökonomischen Wirklichkeit, nach der die Unternehmenssubstanz lediglich gebundenes Kapital ist, das in seiner Gesamtheit betrachtet als bloßes Mittel zur Erzielung zukünftiger Zahlungsströme dient. Die Fähigkeit hierzu ist nur zum Teil durch die Substanz bestimmt und darüber hinaus wesentlich durch sonstige nicht-finanzielle Leistungsindikatoren und Geschäftswertfaktoren (Kundenstamm, Renommé, Standortvorteile, Knowhow, selbst geschaffene Patente und Markenrechte) beeinflusst. Die Bewertung der Unternehmenssubstanz unter Wiederbeschaffungsgesichtspunkten führt daher nur zu einem *Teil-Rekonstruktionswert.* Dieser hat nur in seltenen Ausnahmefällen einen selbstständigen Aussagewert für die Ermittlung des Gesamtwerts eines fortzuführenden Unternehmens. Ein Substanzwert wird deshalb in betriebswirtschaftlichen Gutachten zur Unternehmensbewertung in aller Regel nicht ermittelt. Er kann jedoch z.B. zur Anwendung kommen als Folge einer entsprechenden vertraglich vereinbarten Abfindung ausscheidender Gesellschafter[10] oder z.B. als „Sachzeitwert" von Stromnetzen.

1015 **(b) Liquidationswert.** Ist nicht von Fortführung sondern von einer Zerschlagung des Unternehmens auszugehen, da sich diese im konkreten Fall gegenüber der Unternehmensfortführung ausnahmsweise als vorteilhafter erweist, sind bei einer Unternehmensbewertung generell *Liquidationswerte* (Einzelzerschlagungswerte) zugrunde zu legen. In diesem Fall ist die Summe der durch eine Einzelveräußerung des Unternehmensvermögens erzielbaren Erlöse zu berücksichtigen, von denen die Ablösebeträge der vorhandenen Schulden abzusetzen sind. Der sich dabei ergebende Netto-Gesamterlös – der Liquidationswert eines Unternehmens – hat für die betriebswirtschaftliche Unternehmensbewertung in der Regel keine Bedeutung. Er stellt den Mindestwert eines Unternehmens dar.

4. Mischverfahren (Stuttgarter Verfahren)

1016 Die *Mischverfahren* kombinieren bestimmte Elemente der Gesamtbewertungs- und der Einzelbewertungsverfahren. Sie basieren entweder auf der Ermittlung eines Mittelwerts zwischen Ertrags- und Substanzwert (Mittelwertverfahren), wobei beide Bewertungs-

---

[9] Vgl. Rdn. 1019ff.
[10] Zu den hiermit verbundenen Bilanzierungsfragen vgl. Rdn. 981 ff.

komponenten unterschiedlich gewichtet werden können, oder auf der Summe von Substanzwert und dem Barwert der über die Normalverzinsung hinaus erwirtschafteten Gewinne (Übergewinnverfahren). Ein für die juristische Praxis bedeutsamer Anwendungsfall eines Mischverfahrens ist das für steuerliche Zwecke entwickelte sog. *„Stuttgarter Verfahren"* gelten, das nachfolgend näher dargestellt werden soll.

Diese Bewertungsmethode, die ein modifiziertes Übergewinnverfahren darstellt, wurde 1017
von der Finanzverwaltung unter Berücksichtigung der Rechtsprechung ursprünglich für vermögensteuerliche Zwecke zur Schätzung des „gemeinen Werts" (X) von Anteilen an nicht börsennotierten Kapitalgesellschaften entwickelt. Der gesuchte gemeine Wert wird bestimmt als Summe von „Vermögenswert" und einem in stark vereinfachter Form die „Ertragsaussichten" berücksichtigenden Korrekturbetrag, der methodisch betrachtet den Übergewinn repräsentiert. Ausgangswerte für die Wertermittlung sind daher ein aus dem steuerlichen Einheitswert des Betriebsvermögens abgeleiteter Substanzwert (steuerlich „Vermögenswert") sowie der als gewichtetes Mittel der um gewisse Ergebniseinflüsse bereinigten Ergebnisse der letzten drei Geschäftsjahre abgeleitete Durchschnittsertrag (E). Vermögenswert (V) und Ertrag (E) werden beim Stuttgarter Verfahren – überflüssigerweise – nicht in absoluten Zahlen, sondern als Relationen zum Nennkapital, also als Prozentsätze, ausgedrückt. Eingang in den Unternehmenswert findet allein der modifizierte Übergewinn, der für eine Dauer von fünf Jahren auf der Basis einer Normalverzinsung (i) zu 9% ermittelt wird. Der Unternehmenswert ergibt sich demgemäß nach folgender Formel:

$$X = V + 5\,(E - iX)$$

Das Stuttgarter Verfahren ist derzeit nur noch für erbschaft- und schenkungsteuerliche 1018
Zwecke verbindlich anzuwenden.[11] Es findet darüber hinaus wegen seiner objektivierten Grundlage und auch für Nicht-Kaufleute vergleichsweise einfachen Handhabbarkeit oftmals Eingang in gesellschaftsvertragliche Bewertungsvorschriften, z. B. im Fall von Abfindungsvereinbarungen. Letzteres mag seine Ursache nicht zuletzt darin haben, dass eine Bewertung nach diesem Verfahren den – vorsichtig angesetzten – Substanzwert gegenüber vergangenheitsbezogenen Ertragsgesichtspunkten deutlich übergewichtet und daher bei ertragsstarken Unternehmen tendenziell zu Werten führt, die in der Höhe hinter den Ergebnissen einer Bewertung nach dem Ertragswertverfahren zurückbleiben. Zukünftige Ertragsverbesserungen, die sich bereits zum Bewertungszeitpunkt deutlich abzeichnen, sich aber noch nicht in der laufenden Buchführung niedergeschlagen haben, bleiben nämlich außer Betracht. Gleiches gilt für nicht bilanzierungsfähige, da selbst geschaffene immaterielle Werte. Liegt der tatsächliche Ertragswert hingegen im konkreten Fall unter dem Substanzwert, führt das Verfahren ebenfalls zu abstrusen Ergebnissen, diesmal aber in die entgegen gesetzte Richtung. Als „fairer Einigungspreis" kann ein Wert nach dem Stuttgarter Verfahren daher in aller Regel nicht angesehen werden. Dies sollte der rechtliche Berater eines Anspruchsberechtigten bei der Ausgestaltung von vertraglichen Vereinbarungen berücksichtigen.

IV. Bewertung nach dem Ertragswertverfahren

1. Ertragswert

Der Wert eines Unternehmens wird – unabhängig vom Bewertungsobjekt – nach 1019
herrschender Meinung in der Betriebswirtschaftslehre, im Berufsstand der Wirtschaftsprüfer und in der Rechtsprechung grundsätzlich als Ertragswert bestimmt.

---

[11] Vgl. R 98, 99 ErbStR.

1020 Dies gilt nach der Berufsauffassung des Berufsstands der Wirtschaftsprüfer auch dann, wenn für das zu bewertende Unternehmen Börsenkurse vorliegen sollten. Letztere können indessen zur Plausibilitätsbeurteilung herangezogen werden. Andere Bewertungsverfahren, z.B. die oben dargestellten marktpreisorientierten Vergleichsverfahren, können nicht an die Stelle einer erfolgsorientierten Unternehmensbewertung nach dem Ertragswertverfahren treten; ihnen kommt ebenfalls lediglich die Funktion eines Plausibilitätsmaßstabs zu.

1021 **Der Ertragswert entspricht bei Kapitalgesellschaften dem abgezinsten Barwert der erwarteten Netto-Ausschüttungen und bei Einzelkaufleuten und Personengesellschaften dem Barwert der erwarteten Netto-Entnahmen.**

1022 Dieser Wert leitet sich in seiner rechnerischen *Grundform,* die – stark vereinfachend – einen gleichförmigen jährlichen Zahlungsstrom von unendlicher Dauer bei konstantem Zins unterstellt, aus der Formel der „ewigen Rente" ab:

$$\text{Unternehmenswert (UW)} = \frac{\text{nachhaltiger Periodenerfolg (E)}}{\text{Kalkulationszinssatz (i)}}$$

1023 **Beispiel:** Unterstellt man bei der zu bewertenden X-GmbH einen nachhaltigen jährlichen Ertrag von 15.000 EUR und wird ein Kapitalisierungszinsfuß von 10% p.a. angenommen, ergibt sich danach folgender Unternehmenswert (UW):

$$UW = \frac{E}{i} = \frac{15.000}{0,1} = 150.000$$

1024 In differenzierteren Bewertungsmodellen, die sich – wie von den Bewertungsgrundsätzen gefordert – auf eine fundierte Mehrjahresplanung stützen können, findet die dargestellte Rentenformel nur für den sich an den Planungshorizont anschließenden verbleibenden Betrachtungszeitraum (fernere Phase) Anwendung, wohingegen die konkret ermittelten Einnahmeüberschüsse der Planjahre (nähere Phase) jeweils einzeln auf den Bewertungsstichtag abgezinst werden. Den so ermittelten Barwerten hinzuzurechnen ist der Wert eines etwaigen nach abweichenden Methoden gesondert zu bestimmenden, nicht betriebsnotwendigen Vermögens[12]. Dann errechnet sich der Unternehmenswert als Summe aus

	Einzel-Barwerten der Periodenerfolge in der Planungsphase
+	Barwert der künftigen finanziellen Überschüsse in der Nach-Planungsphase
+	Ansatz des nicht betriebsnotwendigen Vermögens
=	Unternehmenswert

2. Bewertung als Investitionsrechnung

1025 Methodik und Vorgehensweise einer nach dem Ertragswertverfahren ausgerichteten Unternehmensbewertung erschließen sich am besten, wenn man sich vorab verdeutlicht, dass es sich bei dieser Wertermittlung der Sache nach um eine *Investitionsrechnung* handelt. Der Bewerter versetzt sich nämlich in die Rolle eines gedachten oder tatsächlichen Investors, dessen Investitionsbereitschaft maßgeblich von den Renditeerwartungen abhängig ist, die mit einer Investition verknüpft sind. Der Investor wird daher in seinem

[12] Diese Auffassung gilt heute in der Theorie und Praxis der Unternehmensbewertung als gesichert; sie hat ihren Niederschlag in den Verlautbarungen des Instituts der Wirtschaftsprüfer, insbesondere im Standard IDW S 1 „Grundsätze zur Durchführung von Unternehmensbewertungen" bzw. in dessen im Entwurf vorliegender Neufassung IDW ES 1 n.F. gefunden und ist auch in der Rechtsprechung anerkannt.

Entscheidungskalkül mehrere gleich geartete Anlagealternativen grundsätzlich danach differenzieren, welche Netto-Einnahmen diese Investitionen jeweils erwarten lassen. Anders ausgedrückt: Er wird die Anlagealternativen auf der Grundlage der erwarteten Netto-Einnahmen vergleichen.

Bewerten heißt vergleichen. Der Vergleich mit einer Alternativinvestition ist der Grundgedanke jeder ertragswertbasierten Unternehmensbewertung. 1026

Beispiel: Ein potenzieller Investor verfügt über Anlagemöglichkeiten für sein freies Kapital zu 12,5% p. a. Steht er vor der Entscheidung, eine Anlage vorzunehmen, wird er daher diese bestehende Renditemöglichkeit zum Maßstab für Alternativeanlagen erheben. Lässt ein Erwerbsobjekt einen nachhaltigen jährliche Einnahmeüberschuss von 10 EUR pro Aktie erwarten, wird er für die Aktien dieses Unternehmens höchstens einen Preis von 80 EUR je Stück zu zahlen bereit sein, denn eine Anlage dieses Betrages zu 12,5% würde ebenfalls eine Rendite von 10 EUR abwerfen. Entsprechend würde auch ein potenzieller Verkäufer dieser Aktien vorgehen, wenn ihm eine Alternativanlage zu den gleichen Bedingungen eröffnet wäre. Allerdings stellt der Preis von 80 EUR pro Aktie für diesen den Mindestpreis dar. 1027

Investitionen sind eine Form der Mittelverwendung, sie wandeln anlagefähige „freies Kapital" in gebundene Mittel um. Nach dem finanzwirtschaftlichen Investitionsbegriff ist eine Investition durch *Zahlungsströme* gekennzeichnet, die mit der Mittelverwendung (Anschaffungsauszahlung) beginnen und zu späteren Zahlungszeitpunkten weitere Zahlungsabflüsse (Auszahlungen) sowie darüber hinaus Zahlungszuflüsse (Einzahlungen) erwarten lassen. Die dynamische Investitionsrechnung klassischer Prägung geht dabei u. a. von der Prognostizierbarkeit der zukünftigen Daten, dem Bestehen eines vollkommenen Kapitalmarkts (d. h. finanzielle Mittel können zu einem einheitlichen Zinssatz jederzeit in beliebiger Höhe ausgeliehen bzw. angelegt werden) sowie von einer Beschränkung auf monetär quantifizierbare Größen aus. Um die zukünftigen Netto-Einnahmen nun aber einander vergleichbar gegenüberstellen zu können, müssen diese erwarteten Zahlungsströme zum potenziellen Erwerbszeitpunkt, dem Bewertungsstichtag, nach betriebswirtschaftlichen Grundsätzen und finanzmathematischen Verfahren rechnerisch bestimmt und als Gesamtbetrag durch einen *Kapitalbarwert* ausgedrückt werden („kapitalisiert") werden. Dieser Betrag entspricht dem höchsten Auszahlungsbetrag zur Beschaffung des Investitionsgegenstands, der aus der objektiven Sicht eines kaufmännisch denkenden Dritten noch als wirtschaftlich sinnvoll betrachtet werden kann. Er bezeichnet daher unter allgemeinen Gesichtspunkten der Wirtschaftlichkeit sowie unter Außerachtlassung möglicher, im Einzelfall identifizierbarer Synergieeffekte oder anderer subjektiv geprägter Bewertungselemente die Preisobergrenze eines potenziellen Käufers. 1028

In der Praxis der Investitionsrechnung können zukünftige Einzahlungen allerdings häufig nur näherungsweise auf Basis der geplanten Erlöse und Auszahlungen auf Grundlage der geplanten Kosten bestimmt werden. Soweit bei der Schätzung der künftigen Einzahlungen daher von *Ertrags*überschüssen und nicht von *Einzahlungs*überschüssen ausgegangen wird, ist grundsätzlich der Unterschied zwischen Zahlungs- und Erfolgswirksamkeit einzelner Geschäftsvorfälle auszugleichen. Dies geschieht durch eine gesonderte Hilfsrechnung, die Finanzbedarfsrechnung, die auch aus einer Kapitalflussrechnung[13] abgeleitet werden kann. 1029

Mit den finanzmathematischen Verfahren der dynamischen Investitionsrechnung sollen die einem Investitionsprojekt zurechenbar verbundenen zukünftigen laufenden Ein- und Auszahlungen zum Zwecke der Vergleichbarmachung unter Anwendung einer Zinseszinsrechnung auf den Bewertungszeitpunkt „zurückgerechnet" werden. 1030

[13] Vgl. Rdn. 710 ff.

3. Zukunftsbezogenheit als Kernproblem der Unternehmensbewertung

1031 Ein alter Erfahrungssatz besagt: „Für das *Gewesene* gibt der Kaufmann nichts.“ Offenkundig wird mit diesem Ausspruch zwar auf nicht mehr Vorhandenes abgehoben, jedoch dürfte dieser Satz auch in folgender Abwandlung Geltung haben: „Für lediglich in der Vergangenheit erzielte Erfolge gibt der Kaufmann nichts“. Während der gedachte Erwerber mit der Übernahme des Unternehmens eine Quelle zukünftiger Erträge gewinnt, gibt der Veräußerer diese hin. Der Erwerber vergütet dem Veräußerer folglich im Kaufpreis die diesem vom Übergabezeitpunkt an entgehenden Erträge, die zukünftig ihm selbst zufließen werden. Die Ableitung der Unternehmensbewertung aus dem Investitionsansatz führt damit zwangsläufig zu ihrer Zukunftsbezogenheit: Der Ertragswert wird allein durch die künftigen Erträge bestimmt, er beruht auf einer *Ertragsprognose,* also auf einer fundierten Aussage über den voraussichtlichen Verlauf der zukünftigen Unternehmensentwicklung. Dies bedeutet zugleich, dass eine Analyse der Ertragsentwicklung des Unternehmens bis zum Übergabezeitpunkt (Vergangenheitsanalyse) im Sinne einer Erfassung des Ist-Zustandes der zum Bewertungszeitpunkt existierenden wirtschaftlichen Verhältnisse – so wichtig sie als Prognosegrundlage und Plausibilitätsmaßstab auch sein mag – allein keine zuverlässige Basis für eine Unternehmensbewertung abgeben kann. Vielmehr erfordert eine Ertragsprognose das Vorliegen einer *Unternehmensplanung,* die sich sinnvollerweise auf einen mehrjährigen Zeitraum erstrecken sollte.

1032 Da eine Unternehmensplanung aber in aller Regel mit Unsicherheiten über den Eintritt oder Nichteintritt bestimmter zukünftiger Ereignisse belastet ist, wird der Bewerter auf Grund der Zukunftsbezogenheit der Bewertung unvermeidlich mit einem erheblichen Unsicherheitsproblem belastet, nämlich dem Risiko, dass die zukünftigen Erträge höher oder niedriger ausfallen als bei der Bewertung unterstellt. Lässt sich ein zukünftiger Ertrag zahlenmäßig nicht sicher, d.h. im Sinne einer *ein*-wertigen Prognose, vorhersagen, kommt vielmehr eine Mehrzahl von denkbaren Resultaten in Betracht, spricht man von einer *Mehrwertigkeit der Erwartungen.* Der Bewerter ist vor die Aufgabe gestellt, diesem Unsicherheitsproblem, das eine Kernfrage der Unternehmensbewertung darstellt, methodisch angemessen Rechnung zu tragen.

1033 Dies kann durch entsprechende Vorkehrungen auf den verschiedenen Stufen des Wertermittlungsprozesses in unterschiedlicher Weise geschehen. Die Wertermittlung gliedert sich grob betrachtet in zwei Stufen, nämlich in einer ersten Stufe erfolgt die *Prognose* der künftigen finanziellen Überschüsse und in einer zweiten Stufe deren *Kapitalisierung* auf den Bewertungsstichtag. Es ist deshalb grundsätzlich möglich, die Bewertungsunsicherheit bereits auf der ersten Stufe, der Ermittlung der zukünftigen finanziellen Überschüsse, zu erfassen und diese daher mehrwertig zu prognostizieren, also innerhalb einer Bandbreite möglicher unterschiedlicher Zukunftserfolge festzulegen. Dieses Vorgehen wird von der Wissenschaft präferiert.[14] Auch wenn Bandbreitenüberlegungen durchaus Anwendung finden, geht die Bewertungspraxis doch in der Regel dahin, das Risiko hinsichtlich der Höhe der zukünftigen Erträge erst auf der zweiten Stufe durch Anpassungen des Kapitalisierungszinsfußes[15] zu berücksichtigen, diesen also *„risikoäquivalent“* zu machen.

4. Wesentliche Bewertungsgrundsätze

1034 Es gelten im Wesentlichen folgende Grundsätze für die Ermittlung von Unternehmenswerten:

---

[14] Vgl. *Moxter* aaO, S. 116ff.; *Ballwieser* aaO, S. 66ff.

[15] Vgl. Rdn. 1054ff.

- Grundsatz der wirtschaftlichen Unternehmenseinheit
- Stichtagsprinzip
- Zahlungsstromorientierung
- Substanzbezogenheit des Erfolgs
- Ausschüttungsäquivalenz (Unterstellung eines realitätsnahen Ausschüttungsverhaltens)
- Berücksichtigung des Einflusses von Einkommens- und Ertragsteuern
- Trennung von betriebsnotwendigem und nicht betriebsnotwendigem Vermögen
- Unbeachtlichkeit des bilanzrechtlichen Vorsichtsprinzips
- Nachvollziehbarkeit

Wie bereits dargestellt, ist das Ertragswertverfahren eine *Gesamtbewertungs*methode. **1035** Es betrachtet das Unternehmen nicht als Summe von Einzelwerten, sondern als *wirtschaftliche Einheit.* Diese Unternehmenseinheit umfasst das Vermögen, das alle für die Erfassung der übertragbaren Ertragskraft relevanten Faktoren umfasst. Dieses betriebsnotwendige Vermögen ist nach wirtschaftlichen Gesichtspunkten abzugrenzen.

Unternehmenswerte sind darüber hinaus zeitpunktbezogen zu ermitteln. Maßgeblich **1036** ist der vertraglich oder gesetzlich bestimmte *Bewertungsstichtag,* z.B. der Zeitpunkt des Ausscheidens eines Gesellschafters, der Beschlussfassung einer Hauptversammlung über einen Gewinnabführungs- oder Beherrschungsvertrag oder die Rechtshängigkeit eines Scheidungsantrags auf Zugewinnausgleich. Fallen Bewertungsstichtag und Zeitpunkt der Wertermittlung auseinander, ist lediglich der Informationsstand zu berücksichtigen, der zum Bewertungsstichtag verfügbar war. Das im Rahmen der handelsrechtlichen Rechnungslegung geltende Wertaufhellungsprinzip[16] ist grundsätzlich auch in diesem Zusammenhang anwendbar, beschränkt sich nach Auffassung des BGH jedoch auf solche Erkenntnisse, die im Zeitraum vor dem Bewertungsstichtag ihre Ursache haben (sog. Wurzeltheorie) und von denen zumindest denkbar ist, dass die erst später allgemein verfügbaren Erkenntnisse von Einzelnen bereits am Bewertungsstichtag erwartet wurden.

Die Beantwortung der Frage, welche am Bewertungsstichtag bereits bekannten oder **1037** zumindest erkennbaren aber noch nicht realisierten Vorhaben Eingang in die zukunftsgerichtete Unternehmensbewertung finden können, bestimmt sich in erster Linie nach dem Bewertungszweck, also danach, ob durch einen neutralen Gutachter ein objektivierter Wert ermittelt werden soll oder nach dem subjektiven Entscheidungswert eines potenziellen Käufers gefragt wird. Maßgeblich für den *objektivierten Unternehmenswert* im Falle eines neutralen Gutachtens ist die am Bewertungsstichtag vorhandene Ertragskraft im Sinne eines Unternehmens „wie es steht und liegt." Zu diesem Zeitpunkt noch nicht eingeleitete oder zumindest durch bereits verbindliche Planungen inhaltlich konkretisierte Maßnahmen bleiben bei der Wertermittlung genauso außer Betracht wie Synergieeffekte, sofern diese nicht bezüglich ihres Eintritts vom jeweiligen Erwerber unabhängig sind, sich also mit einer beliebigen Vielzahl von Übernehmern verwirklichen lassen (unechte Synergieeffekte). Dies hat zur Folge, dass feststellbare Kosten- oder Ertragsabhängigkeiten des potenziellen Erwerbsobjekts, die aus einer Verbundbeziehung zum Käuferunternehmen resultieren würden (z.B. Kostensenkung auf Grund Zusammenfassung des Einkaufs), keinen Eingang in den objektivierten Unternehmenswert finden und daher wirtschaftlich betrachtet allein dem Erwerber zufallen. Ferner wird in diesem Fall zu Bewertungszwecken das Verbleiben des bisherigen Managements im Unternehmen typisierend unterstellt.

Erfolgt die Bewertung hingegen zur Ermittlung eines *subjektiven Entscheidungswerts* **1038** aus Sicht eines potenziellen Erwerbers, sind bei der Bewertung auch solche strukturver-

---

[16] Vgl. Rdn. 301.

ändernden Maßnahmen zu berücksichtigen, die noch nicht Bestandteil des bestehenden Unternehmenskonzepts sind (z.B. Erweiterungsinvestitionen, Bereinigungen des Produktportfolios, Veränderungen der strategischen Ausrichtung etc.). Vom potenziellen Erwerber geplante Änderungen der Geschäftsfuhrungsorganisation und diesem zugängliche abweichende Finanzierungskonditionen sind in diesem Fall zu berücksichtigen. Synergieeffekte sind auch dann einzubeziehen, wenn diese von der spezifischen Erwerberkonstellation abhängig sind (echte Synergieeffekte).

1039 Die zukünftigen Einnahmeüberschüsse sind nur gesichert, wenn die erfolgbringende *Substanz* des Unternehmens *erhalten* bleibt. Dies ist nur gewährleistet, wenn dem Unternehmen nicht solche Mittel entzogen werden, die zur Eigenfinanzierung notwendiger Reinvestitionen in das Anlage- und Umlaufvermögen erforderlich sind. Zu diesem Zweck werden die entsprechenden Ausgaben zu Wiederbeschaffungspreisen der eigenfinanzierten Güter in die Unternehmensplanung eingestellt. Die Unternehmensbewertung hat zukünftige rechtlich und finanzwirtschaftlich *ausschüttungsfähige* Nettoeinnahmen zum Gegenstand, die in den freien Verfügungsbereich der Unternehmenseigner gelangen *(Zuflussprinzip)*. Sie ist daher *zahlungsstromorientiert* und beruht auf einer Prognose der nachhaltig entziehbaren zukünftigen finanziellen Überschüsse des Unternehmens.

1040 Ein wichtiges Thema bei der Unternehmensbewertung ist die Berücksichtigung der unternehmensbezogenen und der persönlichen *Ertragsteuern*. Bei der Schätzung der Einnahmeüberschüsse müssen Steuern dabei auf zwei Ebenen berücksichtigt werden, auf Unternehmensebene sowie auf Ebene des Unternehmenseigners. Ertragsteuern – die von der Rechtsform abhängige, definitive Körperschaftsteuer und die rechtsformunabhängig anfallende Gewerbesteuer – entstehen bereits bei der Einkunftsquelle und belasten das *Unternehmensergebnis*. Sie mindern damit den Zahlungsstrom, der für Ausschüttungszwecke zur Verfügung steht, und sind daher von den zu kapitalisierenden finanziellen Überschüssen abzusetzen.

1041 Das nunmehr geltende Körperschaftsteuerrecht führt dazu, dass Gewinne unabhängig davon, ob sie einbehalten oder ausgeschüttet werden, mit einer Definitiv-Körperschaftsteuer in Höhe von 25% belastet werden. Handelt es sich bei dem zu bewertenden Unternehmen um ein Einzelunternehmen oder eine Personenhandelsgesellschaft, unterliegt der Unternehmer bzw. Gesellschafter mit seinen Einkünften unmittelbar der Einkommensteuer, das Unternehmen wird hierdurch nicht belastet, wohl aber durch die Gewerbesteuer. Nach Abschaffung des körperschaftsteuerrechtlichen Anrechnungsverfahrens wird eine Anrechnung der auf Unternehmensebene entrichteten Körperschaftsteuer auf die persönliche Einkommensteuerschuld des Anteilseigners nicht mehr vorgenommen. Im Gegenzug ist bei diesem nur die Hälfte der Einkünfte aus der Ausschüttung einkommensteuerpflichtig sog. Halbeinkünfteverfahren). Im Fall eines Einzelunternehmens oder einer Personengesellschaft ist bei Ermittlung der persönlichen Ertragsteuerbelastung die anrechenbare Gewerbesteuer in Abzug zu bringen. Nach den Berufsgrundsätzen der Wirtschaftsprüfer ist bei der Berechnung des objektivierten Unternehmenswerts typisierend von einem persönlichen Steuersatz des Anteilseigners von 35% auszugehen. Im Geltungsbereich des Halbeinkünfteverfahrens gilt bei Erträgen daher ein Steuersatz von 17,5%.

1042 Können bestimmte Vermögensgegenstände des Bewertungsobjekts frei veräußert werden, ohne dass davon dessen Fähigkeit zur Durchführung de eigentlichen Unternehmensaufgabe berührt wird, handelt es sich insoweit um *nicht betriebsnotwendiges Vermögen*. Ist dies der Fall, ist insoweit eine differenzierte Bewertung vorzunehmen. Die betreffenden Gegenstände werden außerhalb des Ertragswertverfahrens gesondert bewertet (Einzelverwertung) und in den Gesamtunternehmenswert eingerechnet.

Das für die HGB-Rechnungslegung schlechthin prägende *Vorsichtsprinzip*[17] hat bei der Unternehmensbewertung grundsätzlich keine Geltung, unabhängig davon, ob ein objektivierter Unternehmenswert oder ein subjektiver Entscheidungswert ermittelt wird. Eine Übergewichtung von Risiken oder die generelle Annahme eines risikoscheuen Verhaltens auf Seiten potenzieller Erwerber setzt die Bewertung der Gefahr aus, Risiken wirtschaftlich allein dem Verkäufer zuzurechnen und diesen daher einseitig zu benachteiligen. Dies bedeutet jedoch andererseits nicht, dass Risiken und drohende Lasten bei der Unternehmensbewertung grundsätzlich unberücksichtigt blieben oder gar eine Risikoneutralität des Investors unterstellt würde. Den Risiken der künftigen Entwicklung ist vielmehr entweder durch Bildung von Bewertungsbandbreiten bei der Ermittlung der finanziellen Überschüsse oder durch den Ansatz eines risikoadäquaten Kapitalisierungszinsfußes Rechnung zu tragen. Den letztgenannten Weg verfolgen die Berufsgrundsätze der Wirtschaftsprüfer. 1043

Das Bewertungsurteil muss schließlich *intersubjektiv nachvollziehbar* sein. Der Bewerter hat in seinem Gutachten deutlich zu machen, welches Bewertungsverfahren er angewendet hat und auf welchen wesentlichen Annahmen der von ihm ermittelte Unternehmenswert beruht. Besonders wichtig sind dabei Aussagen zu Weichenstellungen des Bewertungsprozesses, wie z. B. zu 1044

- Rahmendaten der Entwicklung von Markt bzw. Branche
- Grundlagen für die Quantifizierung von Synergieeffekten
- Berücksichtigung der Steuerlast der Unternehmenseigner
- Abgrenzung und Bewertung des nicht betriebsnotwendigen Vermögens
- Finanzierungsannahmen
- Berücksichtigung der Unsicherheit bei der Bestimmung des Kapitalisierungszinssatzes

5. Erfolgsprognose

a) Informationsbeschaffung, Bereinigung der Vergangenheitserfolgsrechnung. Die Prognose der zukünftigen finanziellen Überschüsse aus dem betriebsnotwendigen Vermögen stellt den Kern jeder Unternehmensbewertung dar. Sie setzt eine sorgfältige und umfassende *Informationsbeschaffung* und darauf aufbauende fundierte vergangenheits- und zukunftsorientierte Analysen und Plausibilitätsprüfungen durch den Bewerter voraus. Am Anfang der Datensammlung stehen dabei die Vergangenheit und der Ist-Zustand zum Bewertungszeitpunkt. Sieht man dem Sonderfall des „geschichtslosen" Unternehmens ab (z. B. bei Bewertung eines neu gegründeten und noch in der Aufbauphase befindlichen Unternehmens), hat jedes Unternehmen eine Vergangenheit, über die belastbare Informationen vorliegen. 1045

Die in der Vergangenheit tatsächlich erzielten Ist-Ergebnisse geben einen ersten Plausibilitätsmaßstab für die Beurteilung der zukünftigen Ertragskraft, die aus der Unternehmensplanung abgeleitet werden kann. Die *Vergangenheitsanalyse* ist in der Regel auf der Grundlage (geprüfter) handelsrechtlicher Jahresabschlüsse vorzunehmen. 1046

Sie umfasst die wesentlichen rechtlichen und wirtschaftlichen Verhältnisse und Erfolgsfaktoren des Unternehmens – insbesondere die Analyse von 1047

- Beschaffungs- und Absatzmärkten (Wettbewerbssituation, Marktstellung, Abnehmerstruktur)
- Produkten (Produktpalette, Produktflexibilität, Produktlebenszyklen etc.)

[17] Vgl. Rdn. 270 ff.

- finanziellen Ergebnissen und Einflussfaktoren (Erfolgs- und Liquiditätsanalyse)[18]
- Stärken und Schwächen

1048 Die Vergangenheitswerte sind indessen von Vorgängen und Maßnahmen beeinflusst, die entweder aus bewertungstechnischen Gründen unbeachtlich oder geeignet sind, das Bewertungsergebnis zu verzerren.[19] Um die Vergangenheitswerte den Planungen inhaltlich und strukturell vergleichbar zu machen, sind diese um einmalige Vorgänge und daher nicht nachhaltige Aufwendungen und Erträge zu bereinigen. Die *Bereinigungen* betreffen darüber hinaus im Wesentlichen die

- Eliminierung von Ergebniseinflüssen des *nicht betriebsnotwendigen Vermögens*
- entstehungsgerechte Zuordnung von Aufwendungen und Erträgen, die in der Ist-Rechnung der Vergangenheit aperiodisch erfasst wurden (*Periodisierung* langfristiger Investitionsprozesse)
- Korrektur der *verzerrenden Wirkung* bilanzrechtlicher Vorschriften oder (steuer-)bilanzpolitischer Einflüsse
- Korrektur nicht marktkonformer Konditionsgestaltungen bei bestehenden *Verbundbeziehungen*

1049 **b) Beurteilung der Planung.** Hinsichtlich der Beurteilung der Planung (Plan-Bilanzen, Plan-Gewinn- und Verlustrechnungen, Finanzplanungen) hat sich in der Praxis der Unternehmensbewertung eine *Zwei-Phasen-Methode* durchgesetzt. Diese beruht darauf, dass sich die Entwicklung der finanziellen Überschüsse für einen ersten überschaubaren Zeitraum von drei bis fünf Jahren, für den – zumindest bei größeren Unternehmen – häufig bereits detaillierte Planungsrechnungen existieren (Detailplanungsphase), sicherer und fundierter vorhersagen lassen als für einen späteren Zeitraum (fernere zweite Phase). Während in der Detailplanungsphase zahlreiche Einflussgrößen einzeln betrachtet werden können, beruhen die Ansätze der zweiten Phase in der Regel auf langfristigen Fortschreibungen und Trendentwicklungen, also groben, pauschalierten Aussagen zur Ertragsentwicklung, die auf der Planung der ersten Phase aufbauen. Eventuell kann es sinnvoll sein, mehrwertige Planungen, Szenarien oder Ergebnisbandbreiten zu betrachten, um dem bereits dargestellten Unsicherheitsproblem Rechnung zu tragen.

1050 Die Unternehmensplanung und die übrigen Bewertungsgrundlagen sind vom Bewerter auf ihre Verlässlichkeit, Vollständigkeit und Plausibilität hin zu beurteilen. Da sich die finanziellen Überschüsse der zweiten Phase noch stark auf das Bewertungsergebnis auswirken aber weniger fundiert sind als die Werte der Detailplanungsphase, kommt der kritischen Überprüfung der insoweit zugrunde liegenden Prämissen eine besondere Bedeutung zu. Mögliche nachhaltige Veränderungen wesentlicher Einflussfaktoren (Entwicklung des Absatz- und Beschaffungsmarkts, der Wettbewerbssituation, zukünftige Marktchancen etc.) gegenüber den Verhältnissen der Detailplanungsphase sind ggf. durch Anpassungen zu berücksichtigen.

6. Kapitalisierungszins

1051 Die Rückrechnung der künftigen finanziellen Überschüsse auf den Bewertungsstichtag (Barwertermittlung) erfolgt unter Ansatz eines *Kapitalisierungszinsfußes.* Diese Vorgehensweise bewirkt, dass zeitlich frühere Ein- oder Auszahlungen finanzmathemathisch stärker gewichtet werden als zeitlich später anfallende Zahlungen. Hierdurch wird der Umstand berücksichtigt, dass ein bereits heute feststehender Nominalbetrag – real be-

[18] Vgl. Rdn. 814 ff. bzw. 828 ff.
[19] Vgl. insbesondere Rdn. 771 ff.

trachtet – umso weniger wert ist, je später er dem Zahlungsempfänger zufließt und er über diesen tatsächlich verfügen kann („time value of money").

a) Bedeutung für das Bewertungsergebnis. Der Kapitalisierungszinsfuß stellt eine für 1052
die Ermittlung des Unternehmenswerts nach dem Ertragswertverfahren bedeutsame Größe dar, deren Ermittlung und Rechtfertigung daher im Vordergrund jeder gutachtlichen Darstellung oder streitigen Erörterung eines auf diesem Wege errechneten Unternehmenswerts steht. Die Höhe des Kapitalisierungszinssatzes hat wesentlichen Einfluss auf das rechnerische Bewertungsergebnis, wie sich an nachfolgendem Beispiel zeigt.

Beispiel: Die zu bewertende A-AG erzielt nach dem Ergebnis der Bewertungsarbeiten unstreitig einen zukünftigen nachhaltigen ausschüttungsfähigen Jahresertrag von 5.000.000 EUR. Wird nach den im Folgenden näher ausgeführten Gesichtspunkten ein Kapitalisierungszinsfuß von 10% ermittelt, ergibt sich unter vereinfachender Zugrundelegung der Barwertformel der „ewigen Rente" folgender Unternehmenswert (UW):

$$UW = \frac{5.00.000 \text{ EUR}}{0{,}10} = 50.000.000 \text{ EUR}$$

Beträgt im konkreten Fall bei sachgerechter Würdigung aller Umstände der äquivalente Kapitalisierungszins nicht 10 sondern 8%, hat dies folgenden Wert zur Folge:

$$UW = \frac{5.000.000 \text{ EUR}}{0{,}08} = 62.500.000 \text{ EUR}$$

Durch eine Verringerung des Zinssatzes um zwei Prozentpunkte erhöht sich hier also der Unternehmenswert um 12.500.000 EUR, was einem Mehrwert von 25% entspricht.

b) Äquivalenzgedanke. Wir haben bereits erörtert,[20] dass der Bewertung gedanklich 1053
ein *Renditevergleich* des zu bewertenden Objekts mit einer Alternativanlage zugrunde liegt. Will man dabei aber nicht „Äpfel und Birnen" vergleichen, müssen die Werte im Zähler und im Nenner des Quotienten der Bewertungsformel zueinander in einer aussagefähigen Relation stehen. Dies ist nur dann der Fall, wenn diese Werte bezüglich ihrer wesentlichen Merkmale strukturell gleichartig (äquivalent) sind. Ein Schlüsselbegriff der Unternehmensbewertung ist daher die *Äquivalenz*. Da im Zähler eine von den konkreten Gegebenheiten des zu bewerteten Unternehmens geprägte Ertragsgröße nach Abzug typisierter Einkommensteuer steht, muss die Vergleichbarkeit notwendig über den Nenner, den Kapitalisierungszins, gewährleistet werden. Bei dessen Ermittlung, der eine entscheidende Bedeutung für den Bewertungsprozess zukommt, sind folgende Äquivalenzgesichtspunkte zu berücksichtigen:

- Risiko (Risikoäquivalenz)
- Laufzeit (Laufzeitäquivalenz)
- Steuerbelastung (Steueräquivalenz)
- Geldwertentwicklung (Geldwertäquivalenz)
- Ausschüttungsumfang (Ausschüttungsäquivalenz)

c) Risiko- und Laufzeitäquivalenz. Die Investition in ein Unternehmen unterscheidet 1054
sich hinsichtlich des damit verbundenen Anlagerisikos wesentlich von einer Anlage in Immobilien, Währungspositionen oder festverzinslichen Wertpapieren. Die Bewertung eines Unternehmens hat vielmehr die spezifische Risikosituation zu berücksichtigen, die mit Investitionen in Unternehmensanteilen verbunden ist. Soll sich die Risikomessung zum Zweck der Ermittlung eines objektivierten Unternehmenswerts dabei auf empirisch nachprüfbare Wirtschaftsdaten stützen, liegt es nahe, bei der Ermittlung einer risikoäquivalenten Alternativrendite als Ausgangsgröße auf Renditen von *am Kapitalmarkt notier-*

[20] Vgl. Rdn. 1025 ff.

ten Unternehmensanteilen (Aktienportfolio) zurückzugreifen. Diesen Weg geht die national und international herrschende Bewertungspraxis. Da diese insoweit eine typisierende Betrachtung vornimmt, gilt die grundsätzliche Maßgeblichkeit der Renditen börsennotierter Unternehmen unabhängig davon, ob das zu bewertende Unternehmen tatsächlich am Kapitalmarkt gehandelt wird.

1055 **Der Ermittlung der risikoadäquaten Alternativrendite liegt die *Risikozuschlagsmethode* zugrunde. Diese Methode beruht auf der Erfahrung, dass die Teilnehmer am Kapitalmarkt zukünftige Risiken stärker gewichten als Chancen und sich deshalb erhöhte Risiken durch Zuschläge auf den Zins abgelten lassen. Diesem gedanklichen Ansatz folgend lassen sich Kapitalmarktrenditen grundsätzlich in einen quasi risikolosen Basiszinssatz und eine von den Anteilseignern auf Grund der Übernahme unternehmerischen Risikos zusätzlich geforderte Risikoprämie – den Zinszuschlag – zerlegen.**

1056 Bei der Bestimmung des *Basiszinssatzes* ist von der Verzinsung langfristiger Staatsanleihen auszugehen. Hierbei ist zu berücksichtigen, dass die Investition in das zu bewertende Unternehmen mit einer laufzeitkongruenten Alternativanlage zu vergleichen ist, der Basiszinssatz also ein fristadäquater Zinssatz sein muss *(Laufzeitäquivalenz*[21]*).* Denn ein Investor, der bereit ist, sein Kapital für einen längeren Zeitraum anzulegen, erreicht üblicherweise eine andere Rendite, als ein Anleger, der seine Mittel nur kurz- oder mittelfristig bindet. Die Erfassung der Renditen festverzinslicher Anleihen im Hinblick auf deren Abhängigkeit von der Restlaufzeit heißt Zinsstruktur, ihre graphische Darstellung erfolgt in *Zinsstrukturkurven.* Bei Vorliegen einer „normalen" Renditestruktur nehmen die Renditen mit steigender Restlaufzeit der Papiere zu (Renditen „am langen Ende"). Eine Bundesanleihe hat bei Emission eine Laufzeit von 10 bis 30 Jahren. Bei Bundesobligationen (Bobl) ist die Laufzeit deutlich kürzer, in der Regel 5 Jahre. Lediglich im angloamerikanischen Bereich sind auch längere Laufzeiten von bis 50 Jahren gebräuchlich. Demgegenüber ist die Lebensdauer von Unternehmen im Grundsatz zeitlich unbegrenzt (daher „ewige Rente"). Die praktische Lösung dieses Äquivalenz-Problems liegt in einer „Wiederanlagefiktion" unter Zugrundelegung langfristiger Zinstrends.

1057 Die Zinsstruktur am Rentenmarkt zeigt den Zusammenhang zwischen den Zinssätzen und Laufzeiten von Zerobonds ohne Kreditausfallrisiko. Für eine gegebene Zahlungsreihe lässt sich finanzmathematisch ein einheitlicher Zinssatz aus der Zinsstrukturkurve ableiten. Aus Praktikabilitätsgründen kann ein einheitlicher Basiszinssatz verwendet werden. Auf der Basis der veröffentlichten durchschnittlichen Zinsstrukturdaten der Bundesbank leitet sich nach dieser Vorgehensweise unter der Annahme einer moderat wachsenden abzuzinsenden Zahlungsreihe bei Rundung auf ¼%-Punkte ein Basiszinssatz ab von derzeit:[22]

4,00%

1058 Der Zinszuschlag, also die *Risikoprämie,* um die der Basiszinssatz zu erhöhen ist, wird in der Praxis üblicherweise mit Hilfe von Modellen der Kapitalmarktpreisbildung (Capital Asset Pricing Model, CAPM, oder Tax Capital Asset Pricing Model, Tax-CAPM) ermittelt. Man macht sich also bei der Unternehmensbewertung die Erkenntnisse zunutze, die man in der Betriebswirtschaftslehre über das Verhalten von Teilnehmern am

[21] Vgl. auch *Gebhardt/Daske,* Kapitalmarktorientierte Bestimmung von risikofreien Zinssätzen für die Unternehmensbewertung, WPg 2005, S. 655.

[22] In 2005 wurde in der Regel noch ein Zinssatz von 4,25% zugrunde gelegt (vgl. Mitteilung des AKU – Arbeitskreis Unternehmensbewertung des IDW – zur 86. Sitzung des AKU, IDW-Fachnachrichten, IDW FN 2005, S. 555f.

Kapitalmarkt gewonnen hat, und leitet hieraus einen rechnerischen Ansatz für die Ermittlung der objektbezogenen Risikoprämie ab. Das CAPM greift dabei auf die Portfolio-Theorie zurück. Diese wiederum legt typisierend ein bestimmtes Investorenverhalten am Kapitalmarkt zugrunde.

Das Erklärungsmodell der Portfolio-Theorie geht vom Bestehen eines *Marktgleichgewichts* aus. Dieses besteht, wenn sämtliche Marktteilnehmer homogene Erwartungen hinsichtlich der zu erzielenden Erträge aus Aktien haben und daher jeweils ein strukturell identisches Aktienportfolio unter Einschluss *aller* riskanten Wertpapiere einer Volkswirtschaft halten. Dabei entsprechen die Anteile jeder einzelnen Aktie am Portfolio genau ihrem Anteil am Gesamtwert aller Wertpapiere („optimales Portfolio" oder „Marktportfolio"). 1059

Das modellhaft gebildete Marktportfolio dient dazu, in einem ersten Schritt die generell bestehende Renditedifferenz zwischen risikobehafteten Aktien und quasi risikolosen Rentenpapieren zu ermitteln. Diese Renditedifferenz, die auch als *Überrendite* des Marktes bezeichnet wird, rechtfertigt sich wirtschaftlich als – allgemeine – Marktrisikoprämie. 1060

Sie ist nämlich als „Marktpreis der Risikoübernahme" zu verstehen, also als ein Preis, den die gedachten Marktteilnehmer als Gegenleistung dafür erwarten, dass sie das gesteigerte Risiko von Aktienanlagen in der Zusammensetzung des Marktportfolios eingehen. Risiko ist mit der Volatilität der Marktrendite gleichzusetzen. Die Marktrisikoprämie (Überrendite) ergibt sich daher aus der Differenz zwischen dem allgemeinen Erwartungswert der Rendite aus dem Marktportfolio und einem sicheren Zins. 1061

Überrendite = Rendite des Marktportfolios – sicherer Zins

Die Überrendite eines diversifizierten Aktienportfolios wird in der Bewertungspraxis aus einer langfristigen Vergangenheitsbetrachtung abgeleitet. Die als Folge der Volatilität der Kapitalmärkte in der Vergangenheit aufgetretenen, möglicherweise erheblichen Veränderungen der Renditedifferenz zwischen Aktien und Renten finden auf dem Wege einer solchen langfristig ausgerichteten Durchschnittsbildung angemessene Berücksichtigung und gewährleisten somit eine bessere Aussage auch für langfristige zukünftige Trends. In der Regel wird dabei auf die Renditedifferenz abgestellt, die im Mittel über einen Zeitraum von 10 Jahren vor dem Bewertungsstichtag zwischen Bundesanleihen mit einer Restlaufzeit von neun bis zehn Jahren und den Aktienwerten des einschlägigen Index (z.B. DAX oder CDAX) feststellbar ist. Als Datenquellen fungieren auch hier Veröffentlichungen der Bundesbank. Darüber hinaus werden üblicherweise Daten von Informationsdienstleistern (z.B. Bloomberg) herangezogen. Nach wissenschaftlichen Studien und Renditeanalysen bezüglich der Verhältnisse am deutschen Renten- und Aktienmarkt, die Zeiträume von bis zu 100 Jahren umfassten, wurden Überrenditen ermittelt, die sich in der Größenordnung von 5 bis 6% bewegten. 1062

Die Ermittlung des Zinszuschlags würde aber zu kurz greifen, wäre sie nur auf die Überrendite eines modellhaft definierten Marktportfolios ausgerichtet, dessen definitionsgemäß umfassende Diversifikation zwangsläufig zu einer weitgehenden Nivellierung branchentypischer oder einzelfallbezogener Risikoaspekte führt. Vielmehr müssen nunmehr in einem zweiten Schritt auch die Verhältnisse des zu bewertenden Unternehmens Eingang in die „Zinsformel" finden. Hierzu muss ein rechenbarer Zusammenhang hergestellt werden zwischen der Überrendite des Marktportfolios und der zu erwartenden Rendite des Bewertungsobjekts. Dies geschieht durch Hinzufügung eines Faktors (genannt „Beta-Faktor"), der die durchschnittliche *Kovarianz* – das Maß des Zusammen- 1063 hangs bzw. der Unabhängigkeit – zwischen der Rendite des Bewertungsobjekts mit den Renditen des Marktportfolios ausdrückt.

Risikozuschlag = Überrendite × Beta-Faktor

1064 Auch wenn die Anteile des zu bewertenden Unternehmens als Aktien gehandelt werden, somit selbst Bestandteil des Marktportfolios sind und daher bereits in die – risikoorientierte – Marktpreisbildung eingehen, kann nämlich das von diesen Aktien ausgehende spezifische Einzelrisiko durch diese Diversifikation nicht gänzlich beseitigt werden. Es verbleibt ein nicht eliminierbares Restrisiko (Kovarianz-Risiko oder *systematisches Risiko*).

1065 **Unter der Modell-Prämisse eines Marktgleichgewichts besteht eine lineare Beziehung zwischen dem systematischen Risiko einer einzelnen Aktie und ihrem erwarteten Ertrag. Der Beta-Faktor ist Maßstab für das systematische Risiko eines Finanztitels. Er spiegelt die relative Kursschwankung (Volatilität) einer spezifischen Aktie gegenüber der Gesamtheit aller Aktien wider.**

1066 Das Marktportfolio hat in der Systematik des CAPM einen Beta-Faktor zum Wert von 1. Bewegt sich das unternehmensindividuelle Risiko im Rahmen des Marktportfolios, besteht also kein systematisches Risiko, führt die Anwendung des Beta-Faktors zu keiner rechnerischen Veränderung der Marktrisikoprämie. Übersteigt die Volatilität des zu bewertenden Finanztitels hingegen die des Marktportfolios ergibt sich ein Beta-Faktor > 1. Je größer der sich dabei ergebende Beta-Faktor, desto höher ist das Anlagerisiko und desto höher wird die vom Investor erwartete Risikoprämie ausfallen. Im umgekehrten Fall beläuft sich der Beta-Faktor auf einen Wert < 1. Der Beta-Faktor einer risikolosen Festzinsanlage beträgt definitionsgemäß Null.

1067 Werden die Aktien des zu bewertenden Unternehmens an der Börse gehandelt, kann die Volatilität und damit der Beta-Faktor unmittelbar aus den Kursdaten dieses Finanztitels abgeleitet werden. Für nicht börsennotierte Unternehmen greift man zur Ermittlung des Beta-Faktors auf eine Gruppe von Vergleichsunternehmen (sog. „Peer Group") zurück, bezüglich derer Börsendaten verfügbar sind, die eine Berechnung individueller Beta-Faktoren erlauben. Als Vergleichsunternehmen werden dabei solche börsennotierten Gesellschaften ausgewählt, die auf Grund einer Analyse öffentlich verfügbarer Daten dem Bewertungsobjekt nach Größe, Branchenzugehörigkeit, Produktportfolio und Marktausrichtung möglichst nahe kommen. Da die Vergleichsunternehmen trotz sachgerechter Auswahl im Einzelfall spezifische Unterschiede zum Bewertungsobjekt aufweisen können (z.B. sehr geringes Handelsvolumen), welche geeignet sind, die Stärke des Zusammenhangs zwischen der Entwicklung des Gesamtmarkts und der einzelnen Aktie und damit die Aussagekraft ihres Beta-Faktors zu mindern, fließen diese individuellen Beta-Faktoren in der Bewertungspraxis häufig gewichtet in die vergleichende Durchschnittsbetrachtung ein.

1068 **d) Steueräquivalenz.** Unter Berücksichtigung des bisher Gesagten ergibt sich ein Kapitalisierungszinssatz vor *Berücksichtigung persönlicher Einkommensteuern der Anteilseigner*, denn das in den USA entwickelte Standard-CAPM sieht eine solche nicht vor. Bliebe man also bei der Ermittlung der Risikoprämie hier stehen, fände der bereits oben dargestellte Umstand keine Berücksichtigung bei der Zinsermittlung, dass die Einkünfte auf der Ebene des Anteilseigners einer Besteuerung unterliegen, diesem also nicht in voller Höhe zur Verfügung stehen. Dies gilt grundsätzlich in gleicher Weise für die zu bewertende Unternehmensrendite wie für die Alternativrendite, so dass in älterer Zeit mit der Begründung, der Effekt aus der persönlichen Steuerbelastung „kürze sich im Zähler wie im Nenner der Bewertungsformel heraus", kein Anlass zu methodischen Folgerungen für die Unternehmensbewertung gesehen wurde.[23]

Hierbei blieb jedoch unberücksichtigt, dass auf Grund des in Deutschland existierenden Steuersystems die verschiedenen Einkunftsarten aus Unternehmensanteilen (Zinsen, Dividendeneinkommen und Kursgewinne) jeweils einer unterschiedlichen Besteuerung unterliegen: Zinseinkünfte werden voll versteuert, Dividenden aus Kapitalgesellschaften unterliegen dem Halbeinkünfteverfahren und Kursgewinne bleiben beim einzelnen Aktionär in der Regel steuerfrei. 1069

Um die Besteuerungsunterschiede auf der Einkunftsseite bei der Ermittlung des Kapitalisierungszinssatzes besser abzubilden und damit eine realitätsnähere Ermittlung von Aktienrenditen und Risikoprämien zu erreichen *(Steueräquivalenz)*, wurde das Standard-CAPM um eine explizite Berücksichtigung der Wirkungen persönlicher Ertragsteuer erweitert (Tax-CAPM). Das Tax-CAPM berücksichtigt in typisierender Form die unterschiedlichen Besteuerungswirkungen der Einkommensteuer auf den risikolosen Basiszins und auf die Risikoprämie, bestehend aus Kurs- und Dividendenrendite. 1070

Wie eine neuere Studie belegt, führt die Nachsteuer-Betrachtung zu höheren Marktrisikoprämien und damit zu tendenziell niedrigeren Unternehmenswerten. Während sich nach bisheriger Methodik eine Marktrisikoprämie zwischen 4% und 5% ergab, liegt diese unter Zugrundelegung des Tax-CAPM nämlich bei 5% bis 6%. Die in der Praxis ermittelten und von Zivilgerichten bestätigten Kapitalisierungszinsfüße lagen in den 90er Jahren des vorigen Jahrhunderts je nach Fallgestaltung in einer Bandbreite von 6% bis 9,5%. Bei den derzeitigen Verhältnissen ist bei Abwesenheit von vom allgemeinen Marktrisiko abweichenden unternehmensindividuellen Risiken üblicherweise mit Kapitalisierungszinsfüßen zwischen 9% und 10% zu rechnen. 1071

e) Geldwertäquivalenz. Für die Entwicklung von Volkswirtschaften ist typisch, dass sie mit laufenden Änderungen des Geldwerts einhergehen. Vergleichbar sind Ertragspotenziale nur dann, wenn sie in der gleichen Währung und auf der Grundlage der gleichen Kaufkraft ermittelt werden. Hierzu muss man sorgfältig zwischen nominalen und realen Größen trennen. Nominale Größen sind inflationsangepasst, reale Größen sind inflationsbereinigt. 1072

Zähler *und* Nenner der Bewertungsformel müssen entweder beide von vornherein unter Berücksichtigung der inflationsbedingter Veränderungen bestimmt oder unter Verwendung inflationsbereinigter Größen gestaltet werden. 1073

Der Kapitalmarktzins enthält – in der Annahme einer fortschreitenden Geldentwertung – in der Regel einen (mehr oder minder angemessenen) Inflationszuschlag, der die allgemeine Inflationserwartung der Marktteilnehmer widerspiegelt und damit die für den Anlagezeitraum des entsprechenden Finanztitels erwartete künftige Geldentwertung bereits vorwegnimmt. Der Zinssatz ist also „inflationiert". Demgegenüber werden die zukünftigen Erträge eines Unternehmens üblicherweise nach den Kaufkraftverhältnissen des Bewertungsstichtags bestimmt („Euro = Euro"), erwartete zukünftige Kaufkraftverluste bleiben daher unberücksichtigt. Die zukünftigen Jahreserträge müssen daher mit einem inflationsbereinigten Kapitalmarktzins abgezinst werden. Dies geschieht üblicherweise durch Ansatz eines sog. „Wachstumsabschlags". 1074

---

[23] Vgl. Rdn. 1041 ff.

1075 **f) Ausschüttungsäquivalenz.** Vom zu bewertenden Unternehmen einbehaltene (d.h. thesaurierte) Erträge sind für die Anteilseigner nicht frei verfügbar und deshalb als solche nicht in die Wertermittlung einzubeziehen. Sie stellen jedoch ein Potential gestiegener zukünftiger Erträge dar, da sie die Selbstfinanzierungsbasis des Unternehmens stärken und ihrerseits zukünftig eine Anlagerendite erzielen. Entspricht die tatsächliche künftige Anlagerendite des Unternehmens – also die interne Verzinsung der einbehaltenen Gewinne – dem angesetzten Kapitalisierungszinssatz, ergibt sich zwar für die Ermittlung des Unternehmenswerts im rechnerischen Ergebnis bei Außerachtlassung der persönlichen Steuerbelastung des Anteilseigners kein Unterschied, ob Gewinne ausgeschüttet oder thesauriert werden. Soweit diese theoretische Annahme indessen nicht zutrifft, kommt es auf das tatsächliche Ausschüttungsverhalten des zu bewertenden Unternehmens an. Bei der Ermittlung des Ertragswerts wurde bisher generell davon ausgegangen, dass die – nach Abzug des zur Erhaltung der zur Ertragserzielung notwendigen Substanz verbleibenden – Einnahmeüberschüsse *vollständig ausgeschüttet* werden (Vollausschüttungshypothese). Empirische Analysen haben jedoch gezeigt, dass diese Hypothese den realem Verhältnissen nicht entspricht und an den Kapitalmärkten typischerweise Ausschüttungsquoten von 40% bis 70% zu beobachten sind.

1076 **Dementsprechend ist nach den Berufsgrundsätzen in der Regel von einer *Teil-Thesaurierung* der Überschüsse auszugehen, um der Unternehmensbewertung ein realitätsnahes Ausschüttungsverhaltens zugrunde zu legen (Grundsatz der *Ausschüttungsäquivalenz*).**

In der Bewertungspraxis wird auf Grund von empirischen Untersuchungen in der Regel eine Ausschüttungsquote von 45% unterstellt. Diese Ausschüttungsquote korreliert übrigens mit einer durchschnittlichen Nachsteuer-Marktrisikoprämie von 5,5%.

V. Bewertung nach dem DCF-Verfahren

1077 Es gibt verschiedene Varianten von DCF-Verfahren. Im Wesentlichen werden das *Adjusted-Present Value Verfahren* (APV) und der Ansatz mit gewogenen durchschnittlichen Kapitalkosten (*Weighted Average Cost of Capital,* WACC) unterschieden. Das bereits dargestellte Ertragswertverfahren und die DCF-Verfahren beruhen auf der gleichen konzeptionellen Grundlage, nämlich der Bestimmung eines Unternehmenswerts als Kapitalwert. Bei gleichen Bewertungsannahmen und -vereinfachungen (Plandaten, Risikozuschlag etc.) führen beide Verfahren zu gleichen Unternehmenswerten. Die DCF-Verfahren bestimmen den Unternehmenswert durch Diskontierung von Cashflows. Das Konzept des angepassten Barwerts und das Konzept der gewogenen Kapitalkosten gehen von einer Bruttokapitalisierung aus. Der Marktwert des Eigenkapitals ermittelt sich nach diesen Verfahren indirekt als Differenz aus einem Gesamtkapitalwert und dem Marktwert des Fremdkapitals.

Sachregister

Zahlen beziehen sich auf Randnummern